OPERACJA PAPERCLIP

Annie Jacobsen

OPERACJA PAPERCLIP

JAK AMERYKANIE KORZYSTALI Z USŁUG NAZISTOWSKICH UCZONYCH, ŻEBY UTRZYMAĆ DOMINACJĘ W POWOJENNYM ŚWIECIE

PRZEŁOŻYŁ
JERZY MALINOWSKI

AKURAT

Tytuł oryginału: *Operation Paperclip. The Secret Intelligence Program that Brought Nazi Scientists to America*
Projekt okładki: *Paweł Panczakiewicz*/PANCZAKIEWICZ ART.DESIGN
Redakcja: *Jacek Ring*
Redakcja techniczna: *Karolina Bendykowska*
Korekta: *Dorota Wojciechowska-Ring, Renata Kuk*

Zdjęcia wykorzystane na okładce:
© Ullstein bild/BE&W
© J. Helgason/Shutterstock
© Jim Vallee/Shutterstock

ISBN 978-83-7758-988-5

Wydawnictwo Akurat
Warszawa 2015

Kevinowi

SPIS TREŚCI

CZĘŚĆ IV

CZĘŚĆ V

PROLOG

To jest książka o nazistowskich naukowcach i tajemnicach amerykańskiego rządu. O tym, jak urzędnicy państwowi potrafią ukrywać przed opinią publiczną mroczną prawdę w imię bezpieczeństwa narodowego, oraz o nieprzewidywalnych, często przypadkowych okolicznościach, dzięki którym ta prawda wyszła na jaw.

Operacja Paperclip była przedsięwzięciem amerykańskiego wywiadu, który po wojnie sprowadził do Ameryki niemieckich naukowców i zawarł z nimi tajne umowy. Pod przyjaznym obliczem prezentowanym opinii publicznej krył się utajniony, pełen sekretów i kłamstw groźny program. „Mam bzika na punkcie techniki"[1], powiedział do swoich najbliższych współpracowników Adolf Hitler podczas uroczystej kolacji w 1942 roku, a po kapitulacji Niemiec ponad szesnaście tysięcy naukowców Hitlera zaczęło pracować dla Stanów Zjednoczonych. W niniejszej książce przyjrzymy się sylwetkom dwudziestu jeden z nich.

W ramach Operacji Paperclip, która rozpoczęła się w maju 1945 roku, naukowcy pomagający Trzeciej Rzeszy w prowadzeniu wojny kontynuowali prace nad bronią, ale już dla rządu amerykańskiego. Budowali rakiety, pracowali nad bronią chemiczną i biologiczną, prowadzili badania w dziedzinie medycyny lotniczej i kosmicznej (mające zwiększyć możliwości działania pilotów i astronautów), uczestniczyli w gorączkowych i paranoicznych zimnowojennych zbrojeniach. Rozpoczęła się era broni masowego rażenia a wraz z nią pojawiła się koncepcja odstraszania – polityczna gra na przetrzymanie, groźnie balansująca na granicy bezpieczeństwa. Zatrudnienie zdeklarowanych nazistów było krokiem bez precedensu, całkowicie sprzecznym z zasadami i ewidentnie niebezpiecznym, nie tylko dlatego, że jak stwierdził podsekretarz stanu w Departamencie Wojny, Robert Patterson, podczas debaty nad Operacją Paperclip: „Ci ludzie to wrogowie"[2], ale także dlatego, że stało to w sprzeczności z ideałami demokracji. Dwudziestu jeden ludzi opisanych w tej książce nie było tylko formalnie nazistami. Ośmiu z nich – Otto Ambros, Theodor Benzinger, Kurt Blome, Walter Dornberger, Siegfried Knemeyer, Walter Schreiber, Walter Schieber i Wernher von Braun – blisko współpracowało w czasie wojny z Adolfem Hitlerem, Heinrichem Himmlerem i Hermannem Göringiem. Piętnastu było gorliwymi członkami partii nazistowskiej; dziesięciu wstąpiło do ultranacjonalistycznych oddziałów paramilitarnych partii nazistowskiej, SA (Sturmabteilung – Oddziały Szturmowe NSDAP) i do SS (Schutzstaffel – Eskadra Ochronna NSDAP); dwóch miało złotą odznakę partyjną, świadczącą o wielkim uznaniu Führera, a jeden otrzymał za swoje osiągnięcia naukowe nagrodę w wysokości miliona marek niemieckich.

Sześciu z nich stanęło przed trybunałem w Norymberdze, siódmy został w tajemniczych okolicznościach zwolniony bez procesu, a ósmy za zbrodnie wojenne stanął przed sądem w Dachau. Jeden został uznany za winnego masowych zabójstw i zmuszania do pracy niewolniczej, spędził jakiś czas w więzieniu, a potem został ułaskawiony i zatrudniony przez amerykański Departament Energii. Wszyscy zostali sprowadzeni do Stanów Zjednoczonych na rozkaz Kolegium Szefów Połączonych Sztabów. Część oficjeli uważała, że decydując się na przeprowadzenie Operacji Paperclip, wybierają mniejsze zło; jeśli Ameryka nie wykorzysta wiedzy tych naukowców, zrobią to Rosjanie. A część generałów i pułkowników po prostu szanowała i podziwiała tych ludzi.

Aby zrozumieć znaczenie Operacji Paperclip dla bezpieczeństwa narodowego w początkowym okresie zimnej wojny, trzeba wiedzieć, że była ona kierowana z elitarnego pierścienie „E" Pentagonu. Powołano do życia sekcję JIOA (Joint Intelligence Objectives Agency – Agencję Połączonych Celów Wywiadu), która miała za zadanie zwerbowanie i zatrudnienie nazistowskich naukowców przy projektach badawczych nad bronią w siłach lądowych, powietrznych, marynarce wojennej, w CIA (począwszy od 1947 roku) i innych organizacjach. W niektórych sytuacjach, kiedy jakiś naukowiec był zbyt blisko związany z Hitlerem, JIOA zatrudniała go w amerykańskich bazach wojskowych na terenie okupowanych Niemiec. JIOA była podkomitetem w JIC (Joint Intelligence Committee – Połączonym Komitecie Wywiadu), który zajmował się dostarczaniem informacji dotyczących bezpieczeństwa narodowego Kolegium Szefów Połączonych Sztabów. JIC pozostaje do tej pory najmniej znaną i najmniej zbadaną amerykańską agencją wywiadowczą dwudziestego wieku. Nastawienie JIC najlepiej określa następujący fakt: rok po zrzuceniu bomby atomowej na Hiroszimę i Nagasaki Komitet ostrzegał Kolegium Szefów Połączonych Sztabów, że trzeba się przygotować do „totalnej wojny" z ZSRR z użyciem broni atomowej, chemicznej i biologicznej, a nawet określił przybliżoną datę jej wybuchu na 1952 rok[3]. W tej książce koncentruję się na niełatwym okresie od 1945 do 1952 roku, kiedy JIOA na coraz szerszą skalę rekrutowała nazistowskich naukowców, a kulminacją tego procesu była Operacja Paperclip, która pozwoliła na sprowadzenie do Stanów Zjednoczonych osób wcześniej uznanych za niepożądane – między innymi naczelnego lekarza Trzeciej Rzeszy, generała dr. Waltera Schreibera[4].

Operacja Paperclip pozostawiła po sobie spuściznę w postaci pocisków balistycznych, bomb kasetowych z sarinem[5], podziemnych bunkrów, kapsuł kosmicznych i zarazków dżumy przeznaczonych dla celów wojskowych. Pozostały także tajne niegdyś dokumenty, do których udało mi się dotrzeć i które cytuję w tej książce – protokoły przesłuchań, akta wywiadu wojskowego, dokumenty partii nazistowskiej, raporty wywiadu aliantów, odtajnione notatki JIOA, stenogramy z procesu norymberskiego, przekazy ustne, terminarze, dzienniki i wspomnienia śledczych trybunału norymberskiego. Do tego dochodzą rozmowy i korespondencja z dziećmi i wnukami nazistowskich naukowców, z których pięcioro udostępniło mi osobiste dokumenty i niepublikowane pisma członków swojej rodziny. Wszystko to razem składa się na intrygującą historię Operacji Paperclip.

Wszyscy opisani w tej książce ludzie już nie żyją. Byli ludźmi sukcesu, rzutkimi i przedsiębiorczymi. Większość otrzymywała najwyższe odznaczenia wojskowe i nagrody naukowe, kiedy służyła Trzeciej Rzeszy; otrzymywała też najwyższe odznaczenia wojskowe i cywilne, służąc Stanom Zjednoczonym. Imieniem jednego z nich nazwano amerykański budynek rządowy, a jeśli chodzi o dwóch innych, corocznie nadawane są prestiżowe nagrody naukowe ich imienia. Jeden wynalazł termometr do mierzenia temperatury ciała w uchu. Dzięki innym człowiek postawił swoją stopę na Księżycu.

Jak do tego doszło i co to oznacza? Czy dokonania naukowe przekreślają zbrodnie z przeszłości? To jedno z kluczowych pytań w tej mrocznej i skomplikowanej historii. Historii pełnej makiawelicznych ludzi, którzy poświęcili swoje życie dla tworzenia broni na potrzeby przyszłej wojny. Historii o zwycięstwie i tym, co zwycięstwo za sobą pociąga. Historii o nazistach, których wielu było współwinnymi mordów, a nie zostało nigdy skazanych i żyło w dobrobycie w Stanach Zjednoczonych. A jeśli nawet sprawiedliwość została wymierzona, to tylko połowicznie.

CZĘŚĆ I

Tylko umarli widzieli koniec wojny.

Anonim

ROZDZIAŁ PIERWSZY

Wojna i broń

Dwudziestego szóstego listopada 1944 roku Strasburg we Francji był nadal atakowany. Na brukowanych ulicach tego średniowiecznego miasta panował chaos. Trzy dni wcześniej francuska 2. Dywizja Pancerna wyparła Niemców i oficjalnie wyzwoliła miasto, ale teraz alianci mieli duży kłopot[1] z powstrzymywaniem natarcia wroga. Na ulice spadały niemieckie pociski moździerzowe. Na niebie toczyła się bitwa powietrzna[2], a w centrum miasta, w eleganckim mieszkaniu przy Quai Klébar, uzbrojeni amerykańscy żołnierze strzegli siedzącego w fotelu i wertującego papiery holendersko-amerykańskiego fizyka cząstek elementarnych, Samuela Goudsmita[3]. Mieszkanie należało do niemieckiego specjalisty od wirusów, dr. Eugena Haagena, uważanego za twórcę nazistowskiego programu rozwoju broni biologicznej. Haagen musiał w pośpiechu opuścić mieszkanie kilka dni wcześniej, pozostawiając oprawioną w ramki fotografię Hitlera na gzymsie kominka i ważne dokumenty w szafach[4].

Goudsmit i jego dwóch kolegów, ekspertów od broni bakteriologicznej, Bill Cromartie i Fred Wardenberg, studiowali dokumenty dr. Haagena przez kilka godzin[5]. Widząc, co mają przed sobą, planowali spędzić tam całą noc. Większa część Strasburga była pozbawiona prądu, więc Goudsmit i jego koledzy czytali przy świecach.

Samuel Goudsmit kierował jednostką zaangażowaną w inny rodzaj walki niż oddziały żołnierzy toczących boje na ulicach. Goudsmit i jego ekipa polowali na owoce nazistowskiej nauki – broń bardziej zaawansowaną od tej, którą dysponowali alianci. Goudsmit był dyrektorem ds. naukowych tej ściśle tajnej misji nazwanej Operacją Alsos, tajemniczego i niebezpiecznego przedsięwzięcia będącego odgałęzieniem Projektu Manhattan. Goudsmit i jego koledzy nawykli do pracy w laboratorium, a nie na polu bitwy, tymczasem znaleźli się tutaj, w ogniu walki. To do nich należała ocena, jak blisko użycia przeciwko wojskom alianckim broni atomowej, biologicznej i chemicznej była Trzecia Rzesza. W Alsos nazywano tę broń bronią A-B-C. Od sukcesu tej operacji zależało życie niezliczonej rzeszy ludzi.

Samuel Goudsmit miał kwalifikacje, które czyniły go idealnym dyrektorem ds. naukowych misji. Urodzony w Holandii, biegle znał język holenderski i niemiecki. W wieku dwudziestu trzech lat stał się sławny w gronie fizyków dzięki odkryciu spinu elektronu. Dwa lata później obronił pracę doktorską na uniwersytecie w Lejdzie i przeniósł się do Stanów Zjednoczonych, gdzie zaczął wykładać. W czasie wojny pracował nad nowymi rodzajami broni w finansowanym przez rząd laboratorium w Massachusetts Institute of Technology. Dzięki temu poznał tajemny świat broni atomowej, biologicznej i chemicznej i znalazł się w Strasburgu, gdzie czytał przy migotliwym świetle świec dokumenty Haagena. Zaledwie kilka dni wcześniej zespół Goudsmita złapał czterech ważnych naukowców Hitlera i dowiedział się od nich, że nazistowski projekt budowy bomby atomowej zakończył się fiaskiem. Pojmanie naukowców było nieoczekiwanym sukcesem wywiadowczym, a po ich przesłuchaniu alianci poczuli wielką ulgę. Zespół Alsos skoncentrował się teraz na programie rozwoju broni biologicznej, który według krążących plotek był mocno zaawansowany.

Goudsmit i agenci Alsos wiedzieli, że uniwersytet w Strasburgu był głównym ośrodkiem badań nad bronią biologiczną Trzeciej Rzeszy. Liczący sobie czterysta lat niegdyś prężny francuski uniwersytet został w 1941 roku przejęty przez Radę Badań Naukowych Rzeszy Hermanna Göringa i przekształcony w modelową placówkę nazistowskiej nauki[6]. Większość kadry profesorskiej zastąpili członkowie NSDAP i SS Heinricha Himmlera[7].

Tamtego listopadowego wieczoru Goudsmit podjął decyzję, żeby jego zespół urządził w mieszkaniu Haagena swoją bazę i przejrzał starannie wszystkie dokumenty[8]. Oddział ochraniający zespół Alsos odłożył broń, przygotował w jadalni posiłek z żołnierskich racji żywnościowych[9], a potem zajął się grą w karty. Tymczasem Goudsmit i eksperci od broni biologicznej, Cromartie i Wardenberg, rozsiedli się w fotelach profesora Haagena i zaczęli przeglądać wszystkie dokumenty. Zapadła noc i zaczął sypać śnieg, co tylko spotęgowało panujący za oknami chaos. Mijały godziny.

Nagle Goudsmit i Wardenberg „wydali z siebie jednocześnie okrzyk, kiedy obaj natrafili na papiery, które nagle odsłoniły nam wszystkie tajemnice". Tam, w mieszkaniu profesora Haagena, „w pozornie niewinnej korespondencji kryło się całe bogactwo informacji bezcennych dla tego, kto potrafił je zrozumieć". Goudsmit nie musiał łamać szyfrów. Papiery nie nosiły klauzuli tajności. „To były zwykłe plotki, którymi dzielili się koledzy, zwyczajne notatki"[10], wspominał Goudsmit. Ale notatki te nigdy nie miały trafić w ręce amerykańskich naukowców. Plany zakładały przecież, że Trzecia Rzesza będzie istniała tysiąc lat.

„Ze stu więźniów, których mi przysłałeś – pisał Haagen do kolegi z uniwersytetu, anatoma, dr. Augusta Hirta – 18 zmarło podczas transportu. Tylko 12 było w takim stanie, że nadawało się do eksperymentów. Dlatego proszę Cię o przysłanie kolejnych 100 więźniów, w wieku od 20 do 40 lat, zdrowych, w stanie fizycznym porównywalnym ze stanem żołnierzy. *Heil Hitler*, prof. dr. E. Haagen"[11]. Dokument nosił datę 15 listopada 1943 roku[12].

Dla Samuela Goudsmita to odkrycie było szokujące. Wśród zwyczajnych, osobistych papierów Haagena natrafił na jeden z najbardziej diabolicznych sekretów Trzeciej Rzeszy. Nazistowscy lekarze przeprowadzali eksperymenty medyczne na zdrowych ludziach. Dla społeczności naukowców była to zupełnie nowa informacja. A przy tym wyjątkowo niepokojąca, ponieważ chodziło o broń biologiczną[13]. Haagen był wirusologiem, specjalizującym się w tworzeniu nowych szczepionek. Fakt, że był zaangażowany w doświadczenia medyczne na ludziach, dał Goudsmitowi do myślenia. Żeby użyć broni biologicznej przeciwko siłom nieprzyjaciela, atakująca armia musiała już dysponować skuteczną szczepionką, chroniącą jej żołnierzy przed śmiertelnym patogenem. Taka szczepionka byłaby tarczą, a broń biologiczna mieczem[14]. Dokument, który Goudsmit miał przed oczami, powstał nieco ponad rok wcześniej. Jakie postępy naziści poczynili przez ten czas?

Patrząc na ten dokument, Goudsmit zetknął się z trudną rzeczywistością. Eugen Haagen kiedyś był porządnym człowiekiem, lekarzem oddanym pomaganiu pacjentom. W 1932 roku dr Haagen został uhonorowany prestiżowym członkostwem w nowojorskiej Fundacji Rockefellera i przyczynił się do powstania pierwszej na świecie szczepionki przeciwko żółtej febrze. W 1937 roku znalazł się na liście kandydatów do Nagrody Nobla. Był jednym z najznakomitszych niemieckich lekarzy. A teraz testował śmiercionośne szczepionki na zdrowych wcześniej więźniach obozów koncentracyjnych, których dostarczało mu SS Heinricha Himmlera. Skoro taki lekarz jak Haagen był zdolny bezkarnie przeprowadzać tego rodzaju eksperymenty, to co jeszcze się działo?

Goudsmit z kolegami wertował papiery Haagena, zwracając szczególną uwagę na nazwiska lekarzy, z którymi Haagen korespondował na temat transportów więźniów i swoich przyszłych planów badawczych. Goudsmit zaczął tworzyć listę nazistowskich naukowców, którzy powinni zostać w pierwszej kolejności odnalezieni, ujęci i przesłuchani przez zespół Alsos. Doktor Eugen Haagen nigdy nie został objęty programem Paperclip. Po wojnie uciekł do radzieckiej strefy okupacyjnej w Niemczech i pracował dla Rosjan. Ale pośród nazwisk odkrytych w jego mieszkaniu było dwóch lekarzy, którzy odegrali ważną rolę w Operacji Paperclip. Był to zastępca naczelnego lekarza Trzeciej Rzeszy, Kurt Blome, i lekarz naczelny, Walter Schreiber. Doktor Blome kierował nazistowskim programem badań nad bronią biologiczną, a doktor Schreiber zajmował się szczepionkami. Jeden był mieczem, drugi tarczą.

Zanim Hitler doszedł do władzy, Blome i Schreiber byli cenionymi w świecie lekarzami. Czy nazistowska nauka także z nich uczyniła potworów?

Niemal dwa tygodnie po odkryciu w Strasburgu, niecałe pięćset kilometrów na północ, w Niemczech, trwały przygotowania do wielkiej uroczystości[15]. W głębi mrocznego sosnowego lasu Coesfeld stał wspaniały, otoczony fosą, osiemsetletni zamek Varlar, cenny średniowieczny zabytek regionu Münster z olśniewającymi basztami, balustradami i wieżami strażniczymi. Tamtego wieczoru 9 grudnia 1944 roku w sali balowej pełno było emblematów partii nazistowskiej. Podium zdobił treliaż pokryty bluszczem. Ze ścian zwieszały się sztandary z orłem i swastyką. Ten sam motyw występował na porcelanowej zastawie stołowej[16], z której jedli zaproszeni goście Trzeciej Rzeszy.

Pokryty śniegiem teren wokół zamku Varlar również został odpowiednio przygotowany. Przez kilka stuleci zamek pełnił funkcję klasztoru, a po otaczających go trawnikach przechadzali się, prowadząc rozmowy o Bogu, benedyktyńscy mnisi. Teraz, w grudniowym mrozie, wojskowi technicy czynili ostatnie przygotowania przy metalowych platformach z wyrzutniami rakietowymi. A na każdej z platform znajdował się pocisk V-2.

Potężny pocisk rakietowy V-2 był najbardziej zaawansowaną technicznie bronią latającą, jaką kiedykolwiek skonstruowano. Miał czternaście metrów długości, stożkową głowicę wypełnioną dziewięciuset kilogramami materiałów wybuchowych i mógł pokonać dystans trzystu kilometrów z prędkością pięciokrotnie większą od prędkości dźwięku. Jego wcześniejsza wersja, latająca bomba V-1, od 13 czerwca 1944 roku, kiedy to spadła po raz pierwszy na Londyn, wywoływała popłoch w miastach północnej Europy. Pocisk V-2 był szybszy i jeszcze bardziej przerażający. Żaden aliancki myśliwiec nie był w stanie go strącić; po pierwsze, z powodu wysokości, na jakiej leciał, a po drugie – prędkości opadania. Widok pocisku V-2 spadającego na zaludnione centra miast, niszczącego wszystko i zabijającego wszystkich dookoła był przerażający. „Odgłos wybuchu każdej z rakiet [V-2] słuchać było w promieniu trzydziestu kilometrów", donosił „Christian Science Monitor"[17]. Pociski typu V budziły grozę. Od początku wojny Hitler przechwalał się przerażającą „dotychczas nieznaną, wyjątkową bronią"[18], wobec której wrogowie będą bezradni. Z czasem, za sprawą ministra propagandy Josepha Goebbelsa, tej tajemniczej broni nadano przerażającą i chwytliwą nazwę: cudowna broń, czyli *Wunderwaffe*[19]. I teraz, latem i jesienią 1944 roku, ta broń stała się realnym zagrożeniem. Fakt, że naziści skonstruowali cudowną broń o takiej sile rażenia, napawał niepokojem całą Europę i kazał się zastanawiać, co jeszcze Hitler może chować w zanadrzu. Ponieważ oficerowie wywiadu brytyjskiego przewidywali, że następna generacja pocisków V może być zdolna do przenoszenia broni biologicznej i chemicznej, stworzono plany ewakuacji miliona cywilów z centrum Londynu. Anglia rozdała mieszkańcom miast 4,3 miliona masek gazowych i zaapelowała do swoich obywateli, żeby się modlili.

Generał brygady Walter Dornberger był człowiekiem, który kierował programem rakietowym w niemieckim departamencie uzbrojenia. Dornberger był niskim, łysiejącym mężczyzną i kiedy pojawiał się na fotografiach w towarzystwie Himmlera, zwykle miał na sobie długi do łydek skórzany płaszcz, żeby lepiej pasować do Reichsführera SS. Jako zawodowy żołnierz brał już udział w drugiej wojnie światowej. Był też utalentowanym wynalazcą, właścicielem czterech patentów w dziedzinie napędu rakietowego, a tytuł inżyniera zdobył na Uniwersytecie Technicznym w Berlinie. Na przyjęciu w zamku Varlar był jednym z czterech gości honorowych. Tak później wspominał tamte wydarzenia: „Wokół zamku w ciemnym lesie rozmieszczono stanowiska startowe baterii V-2 ostrzeliwujących Antwerpię"[20]. To był pomysł Dornbergera, żeby wystrzeliwać pociski V-2 z ruchomych wyrzutni, a nie z ufortyfikowanych baz w kontrolowanej przez Niemców części Francji – pomysł dobry, biorąc pod uwagę fakt, że od czerwcowego desantu w Normandii wojska alianckie parły przez kontynent w kierunku Niemiec.

Antwerpia była tętniącym życiem i najdalej na północ wysuniętym belgijskim portem, oddalonym dwieście dwadzieścia kilometrów od wyrzutni pocisków rakietowych V-2 w zamku Varlar. Przez tysiąc lat była strategicznym miastem Europy Zachodniej, dziesiątki razy zdobywanym i wyzwalanym. W tej wojnie, w czasie czterech lat brutalnych rządów nazistów, Belgia poniosła ogromne straty. Trzy miesiące wcześniej, 4 września 1944 roku, alianci wyzwolili Antwerpię. Na ulicach zapanowała radość, kiedy przez miasto przejeżdżała brytyjska 11. Dywizja Pancerna. Siły amerykańskie i brytyjskie wykorzystywały od tej pory port w Antwerpii do przerzucania żołnierzy i sprzętu dla wsparcia walk na froncie zachodnim i przygotowań do wkroczenia na teren Niemiec. Teraz, w drugim tygodniu grudnia 1944 roku, Hitler zamierzał odzyskać Antwerpię. Führer wraz ze swoim najbliższym otoczeniem przygotowywał się do ostatniej, tajnej jeszcze kontrofensywy w Ardenach, a do tego konieczne było zamknięcie portu w Antwerpii. Zadanie to przypadło w udziale pociskom V-2. W trakcie uroczystego przyjęcia w zamku Varlar mieli zostać uhonorowani czterej ludzie, którzy przyczynili się do skonstruowania cudownej broni Trzeciej Rzeszy, a jednocześnie zamierzano odpalić jeden po drugim napędzane płynnym paliwem i ważące 13 ton pociski.

Naukowcem zaangażowanym w program rakietowy V-2 był trzydziestodwuletni arystokrata i genialny fizyk, Wernher von Braun[21]. Von Braun oraz Dornberger mieli w zamku Varlar otrzymać najwyższe odznaczenie niebojowe, Krzyż Rycerski Wojennego Krzyża Zasługi[22]. Prócz nich odznaczony został także Walther Riedel, naukowiec z biura projektowego, oraz Heinz Kunze, przedstawiciel Ministerstwa Uzbrojenia Rzeszy. Medale miał wręczać minister uzbrojenia i produkcji wojennej, Albert Speer.

Zbrojenia były podstawą militarnej potęgi Niemiec i Speerowi, jako ministrowi uzbrojenia, podlegały wszystkie programy badawcze nad nowymi rodzajami broni. Speer wstąpił do NSDAP w 1931 roku w wieku dwudziestu sześciu lat i doszedł do wysokich stanowisk partyjnych jako architekt Hitlera. Projektował budynki symbolizujące potęgę Rzeszy i odzwierciedlające jej ideały, i szybko stał się jednym z najbliższych współpracowników Hitlera. W lutym 1942 roku, kiedy dotychczasowy minister uzbrojenia i produkcji wojennej, Fritz Todt, zginął w katastrofie lotniczej, Hitler mianował na to stanowisko Speera[23]. W pierwszych miesiącach urzędowania Speer przekonał Hitlera, że niemiecka gospodarka powinna zostać całkowicie podporządkowana produkcji zbrojeniowej. „Wydajność produkcji zbrojeniowej wzrosła o 59,6 procent"[24], twierdził po wojnie Speer. Trzydziestosiedmioletni Albert Speer był teraz odpowiedzialny za wszystkie programy badawcze[25] niezbędne do prowadzenia wojny. Ale z setek projektów, nad którymi sprawował pieczę, za najważniejszy uważał program V-2.

Podobnie jak von Braun, Speer był potomkiem bogatego i szacownego niemieckiego rodu. Speer lubił wymieniać poglądy z młodymi ambitnymi naukowcami w rodzaju Wernhera von Brauna. Jak pisał we *Wspomnieniach*: „Chętnie przebywałem w tym gronie obiektywnych, młodych naukowców i wynalazców, którymi kierował dwudziestosiedmioletni, mający skrystalizowany cel przed sobą i realistyczny pogląd na przyszłość, Wernher von Braun"[26].

Dla generała Dornbergera uroczystość w zamku Varlar była ukoronowaniem jego kariery. Był zachwycony pompą, z jaką ją zorganizowano: „To była scena – wspominał podekscytowany po wojnie – mrok nocy...". W pewnym momencie podczas kolacji, pomiędzy kolejnymi daniami, w całym zamku zgasły światła i sala bankietowa zatonęła w ciemnościach. Po chwili pełnej wyczekiwania ciszy uniosła się wielka kurtyna w końcu sali, a oczom gości ukazał się widok mrocznego parku otaczającego zamek. „Salę nagle rozświetlił blask silników rakietowych, a mury zadrżały od huku", wspominał Dornberger. Rozpoczął się spektakl. Potężne silniki rakietowe wyniosły masywne pociski w powietrze i skierowały je w stronę Belgii. Wystrzelenie pocisków napełniło Dornbergera „niewiarygodnym" uczuciem dumy. Już wcześniej, przy próbie wystrzelenia pocisku, generał zapłakał z radości.

Tego wieczoru uwaga zebranych kierowała się to na wystrzeliwanie rakiety, to na uroczystość wręczenie odznaczeń. Po każdym wystrzelonym pocisku Speer dekorował jednego laureata. Tłum gości klaskał, wiwatował i pił szampana[27], a potem sala ponownie pogrążała się w ciemnościach i startował następny pocisk.

Przyjęcie dobiegło końca, ale świętowanie trwało. Zespół naukowców wrócił do Peenemünde, tajnego ośrodka badawczego na wybrzeżu Bałtyku, gdzie skonstruowano i produkowano pociski V, i wieczorem 16 grudnia 1944 roku w klubie oficerskim odbyła się kolejna uroczystość na cześć konstruktorów. Von Braun i Dornberger pojawili się we frakach z Krzyżami Rycerskimi na szyi. Odczytano telegramy z gratulacjami, a zebrani wznieśli szampanem toast za swój sukces. Z punktu widzenia Rzeszy było co świętować. O 15.20 pocisk V-2 trafił w kino Rex w Antwerpii, w którym blisko 1200 osób oglądało film z Garym Cooperem. Ten pojedynczy atak rakietowy pociągnął za sobą największą jednoczesną liczbę ofiar śmiertelnych w tej wojnie – zginęło 567 osób[28].

Alianci mieli obsesję na punkcie nazistowskich pocisków V. Gdyby były gotowe wcześniej, przebieg wojny mógłby być inny, twierdził naczelny dowódca sił alianckich w Europie, generał Dwight D. Eisenhower. „Wydaje się prawdopodobne, że gdyby Niemcom udało się dopracować tę nową broń i użyć jej sześć miesięcy wcześniej, nasza inwazja w Europie byłaby niezwykle trudna, a może nawet niemożliwa"[29], powiedział Eisenhower. Na szczęście okoliczności działały na korzyść aliantów i jesienią 1944 roku siły sprzymierzonych znalazły się na kontynencie europejskim. A w Waszyngtonie, w budynku Pentagonu, pracowała tajna komórka zajmująca się zbieraniem informacji wywiadowczych na temat programu rakietowego. Pierwszym szefem nowo utworzonego Oddziału Rakiet w Departamencie Uzbrojenia został pułkownik Gervais William Trichel. Zaczął on od zebrania grupy wojskowych naukowców, których zamierzał wysłać do Europy w ramach Misji Specjalnej V-2[30]. Stany Zjednoczone były dwadzieścia lat w tyle za Niemcami w badaniach nad rakietami, a Trichel dostrzegł okazję do odrobienia tych zaległości i zaoszczędzenia milionów dolarów potrzebnych na badania i rozwój. Zespół Trichela miał zdobyć rakiety V-2 i wszystko, co było z nimi związane, i przewieźć je do Stanów Zjednoczonych. Misja miała się rozpocząć, kiedy tylko armia amerykańska dotrze do niemieckiego miasta Nordhausen.

W dziedzinie wywiadu dotyczącego broni V główną rolę odgrywali Brytyjczycy[31]. Ich pracownicy interpretujący zdjęcia lotnicze określili dokładnie, gdzie są budowane pociski rakietowe – w fabryce w środkowych Niemczech, w stanowiących naturalną fortyfikację górach Harz. Zbombardowanie fabryki z powietrza nic by nie dało, ponieważ znajdowała się ona pod ziemią, w dawnej kopalni gipsu. Kiedy Amerykanie snuli swoje plany w Pentagonie, a von Braun z kolegami pił szampana w Peenemünde, ludzie produkujący rakiety V-2 wiedli zupełnie inny żywot. Niemiecka nauka przywróciła w całych Niemczech instytucję niewolnictwa, a więźniowie obozów koncentracyjnych zapracowywali się na śmierć w służbie wojny. Wśród robotników konstruujących rakiety były tysiące groteskowo niedożywionych więźniów pracujących mozolnie w rozległym kompleksie tuneli, zwanym eufemistycznie Mittelwerk. Miejsce to nazywano także Nordhausen, od nazwy pobliskiego miasta, oraz Dora, od kryptonimu znajdującego się tam obozu koncentracyjnego.

Dla zwykłych Niemców Harz był krainą baśniową, górzystą, porośniętą mrocznymi lasami. Dla tych, którzy czytali Goethego, było to miejsce, gdzie na górze Brocken odbywały się sabaty czarownic. Nawet w Ameryce znano te góry dzięki filmowi Disneya *Fantazja*. To tam gromadziły się siły zła. Ale pod koniec drugiej wojny światowej wielki sekret Trzeciej Rzeszy, podziemna kolonia karna w Nordhausen, był faktem, a nie fikcją. Mittelwerk było miejscem, gdzie obywatele Francji, Holandii, Belgii, Włoch, Czechosłowacji, Węgier, Jugosławii, Rosji, Polski i Niemiec zostali zamienieni w niewolników Trzeciej Rzeszy.

Podziemna fabryka w Nordhausen działała od końca sierpnia 1943 roku, kiedy nalot Royal Air Force na Peenemünde wymusił przeniesienie produkcji broni w inne miejsce. Dzień po ataku Reichsführer SS Heinrich Himmler złożył wizytę Hitlerowi i zaproponował przeniesienie produkcji rakiet pod ziemię[32]. Hitler zgodził się, a SS zostało zobowiązane do zapewnienia robotników przymusowych i nadzoru nad budową fabryki. Za przekształcenie dawnej kopalni w Nordhausen w zakład zbrojeniowy był osobiście odpowiedzialny generał brygady Hans Kammler[33], inżynier lądowy i architekt, który wcześniej zasłużył się budową komór gazowych w Auschwitz-Birkenau.

Pierwsza grupa robotników przymusowych przyjechała do Mittelwerk pod koniec sierpnia 1943 roku ze znajdującego się osiemdziesiąt kilometrów na południowy wschód od Nordhausen obozu koncentracyjnego w Buchenwaldzie. Napis nad wykonaną z kutego żelaza bramą w Buchenwaldzie głosił *Jedem des Seine*[34], „Każdemu, co mu się należy". Kopanie tuneli było wyjątkowo ciężkim zadaniem, ale SS obawiało się, że więźniowie wyposażeni w narzędzia górnicze mogą dokonać rewolty, i dlatego kazano im pracować gołymi rękami. Dawna kopalnia była wykorzystywana przez armię niemiecką jako magazyn paliw. Były tam dwa biegnące równolegle w głąb góry długie tunele, które trzeba było poszerzyć, żeby zmieściły się w nich tory kolejki. Co kilka metrów znajdowały się również poprzeczne tunele, które wymagały wydłużenia dla zapewnienia odpowiedniego miejsca do produkcji. We wrześniu 1943 roku przetransportowano z Peenemünde maszyny i personel. Człowiek kierujący produkcją, absolwent wyższej uczelni, Arthur Rudolph[35], był postacią bardzo ważną, również dla Amerykanów.

Specjalnością Rudolpha był montaż silników rakietowych. Zajmował się tym pod kierownictwem von Brauna od 1934 roku.

Rudolph był prawdziwym nazistowskim ideowcem. Wstąpił do NSDAP w 1931 roku, zanim zaczęto wywierać presję, żeby znaczący coś dla Rzeszy ludzie przyłączali się do partii. Braki w akademickim rodowodzie nadrabiał gnębieniem robotników przymusowych. Jako dyrektor wykonawczy Mittelwerk współpracował z ekipą budowlaną SS przy budowie podziemnej fabryki[36]. Później nadzorował produkcję na linii montażowej, podlegając dyrektorowi naukowemu, Wernherowi von Braunowi.

Więźniowie pracowali przy montażu pocisków V na dwunastogodzinnych zmianach przez siedem dni w tygodniu[37]. Pod koniec pierwszych dwóch miesięcy pracy w ciasnych tunelach żyło i pracowało osiem tysięcy ludzi. Brakowało świeżego powietrza i światła, nie było systemu wentylacyjnego i wody. „Roboty strzałowe trwały dzień i noc, a po każdym strzale unosił się w powietrzu tak gęsty kurz, że ograniczał widoczność do pięciu kroków"[38], czytamy w jednym z raportów. Robotnicy spali w tunelach na drewnianych piętrowych pryczach. Nie było żadnych umywalek ani urządzeń sanitarnych. Za latryny służyły przecięte na pół beczki. Robotnicy cierpieli i umierali z głodu, a także z powodu dyzenterii, zapalenia płuc i opłucnej, gruźlicy i zakrzepicy[39]. Ludzie wyglądali jak chodzące szkielety, sama skóra i kości. Część umierała z powodu poparzenia płuc amoniakiem. Inni ginęli przygnieceni ciężarem części rakiet, które musieli nosić. Martwych zastępowali kolejni więźniowie[40]. Do tunelu wchodzili ludzie i maszyny. Wychodziły rakiety i trupy. Robotnicy pracujący zbyt wolno na linii produkcyjnej byli bici na śmierć. Nieposłuszeństwo karano powieszeniem. Po wojnie śledczy ocenili, że mniej więcej połowa z sześćdziesięciu tysięcy robotników przymusowych w Nordhausen zmarła[41].

Mittelwerk nie był pierwszym obozem pracy przymusowej stworzonym w Trzeciej Rzeszy. SS zdawało sobie sprawę z wartości pracy niewolniczej już w połowie lat 30. Z ciągle rosnącej liczby więźniów obozów koncentracyjnych wybierano ludzi do pracy w kamieniołomach i fabrykach. Od 1939 roku SS tworzyło szeroko rozbudowany system pracy niewolniczej w okupowanej Europie za pośrednictwem jednostki o niewinnie brzmiącej nazwie

Główny Urząd Gospodarki i Administracji[42]. Urzędem kierował Heinrich Himmler[43], a partnerami były firmy z sektora prywatnego, między innymi IG Farben, Volkswagen, Heinkel i Steyr-Daimler-Puch. Ale najbardziej znaczącym partnerem było Ministerstwo Uzbrojenia i Produkcji Wojennej Alberta Speera. Kiedy Speer przejął kierowanie resortem w lutym 1942 roku, pierwszym wyzwaniem, jakie przed nim stanęło, była odpowiedź na pytanie, jak ożywić produkcję na potrzeby wojny i zwiększyć jej wydajność. Rozwiązaniem, które zastosował Speer, było ukrócenie biurokracji i wykorzystanie na szerszą skalę pracy niewolniczej. Sam był od lat blisko powiązany z programem pracy niewolniczej, jeszcze w czasach kiedy pracował jako architekt. Do wznoszenia projektowanych przez Speera budynków[44] potrzebne były ogromne ilości kamieni, wydobywanych w kamieniołomach przez więźniów obozów koncentracyjnych w Mauthausen i Flossenbürgu.

Główny Urząd Gospodarki i Administracji SS specjalizował się w realizacji niebezpiecznych i wymagających pośpiechu projektów, takich jak utworzenie fabryki pocisków V-2 w Nordhausen. „Nie przejmujcie się ofiarami ludzkimi – powiedział generał brygady Hans Kammler swoim podwładnym, wizytując budowę tuneli. – Prace muszą iść naprzód i zakończyć się jak najszybciej"[45]. W ciągu pierwszych sześciu miesięcy prac w tunelach zginęło 2882 robotników[46]. Albert Speer chwalił Kammlera za, jego zdaniem, znakomite osiągnięcia w inżynierii, bardzo efektywną i szybką pracę. „[Pańska praca] przewyższa wszystko, co do tej pory zrobiono w Europie, i nie ma sobie równych nawet według amerykańskich standardów"[47], pisał Speer.

Był też inny powód, dla którego wykorzystywanie pracy niewolniczej miało tak wielkie znaczenie przy produkcji cudownej broni, a mianowicie zachowanie tajemnicy. Projekt V-2 był ściśle tajny; im mniej wiedział o niej wywiad aliancki, tym lepiej dla Rzeszy. Kiedy Albert Speer i Heinrich Himmler spotkali się z Hitlerem w sierpniu 1943 roku, żeby przekonać go o korzyściach płynących z użycia robotników przymusowych, Himmler przypomniał

Führerowi, że gdyby cała siła robocza Trzeciej Rzeszy opierała się na więźniach obozów koncentracyjnych, „wszelki kontakt ze światem zewnętrznym zostałby wyeliminowany. Więźniowie nie otrzymują nawet poczty”[48].

Wiosną 1944 roku produkcja V-2 przyspieszyła do tego stopnia, że SS zorganizowało dla Mittelwerk własny obóz koncentracyjny, Dora, który rozrósł się z czasem i dzielił na trzydzieści podobozów[49]. Osobą zarządzającą „personelem” w Mittelwerk i dyrektorem generalnym był czterdziestosześcioletni inżynier Georg Rickhey[50], gorliwy nazista i członek partii od 1931 roku. W swoim *curriculum vitae*, na którego podstawie zatrudnili go później Amerykanie, Rickhey opisał siebie jako „dyrektora generalnego Mittelwerk, odpowiedzialnego za produkcję pocisków V i całej broni rakietowej, dyrektora podziemnej fabryki broni, dyrektora całego koncernu”. Jako dyrektor generalny olbrzymiego podziemnego przedsiębiorstwa Rickhey zajmował się „wypożyczaniem” niewolników od SS[51]. A jako były dyrektor fabryki zbrojeniowej Demag nadzorował budowę tuneli wokół Berlina o powierzchni stu czterdziestu tysięcy metrów kwadratowych, gdzie wykorzystywano pracę niewolniczą. Z takim doświadczeniem Rickhey stał się doskonałym negocjatorem pomiędzy prywatnym sektorem przemysłowym a Głównym Urzędem Gospodarki i Administracji SS w kwestii pozyskiwania niewolniczej siły roboczej. „W efekcie, SS zaczęło wypożyczać niewolników firmom i przedsiębiorstwom państwowym za ujednoliconą stawkę czterech marek za dzień pracy robotnika niewykwalifikowanego i sześciu marek za dzień pracy robotnika wykwalifikowanego”[52], pisze historyk zajmujący się pociskami V, Michael J. Neufeld. Losem niewolników nikt się nie przejmował. Kiedy któryś umierał, zastępowano go innym. W Nordhausen SS dało Rickheyowi rabat i obciążało Mittelwerk kwotą dwóch i trzech marek za dniówkę[53].

Szóstego maja 1944 roku, kilka dni po mianowaniu na stanowisko dyrektora generalnego Mittelwerk, Rickhey zwołał zebranie na temat zdobycia większej liczby więźniów do pracy niewolniczej. Na zebraniu obecni byli Wernher von Braun, Walter Dornberger i Arthur Rudolph[54]. Postanowiono, że SS powinno uwięzić kolejnych osiemnaście tysięcy francuskich robotników, którzy zastąpiliby zmarłych. Z dokumentów wynika, że von Braun, Dornberger i Rudolph nie zgłosili obiekcji wobec planu Rickheya.

W sierpniu omawiano ten problem ponownie. Tym razem z inicjatywą wyszedł Wernher von Braun. Piętnastego sierpnia 1944 roku napisał list do inżyniera Albina Sawatzkiego z Mittelwerk, opisując laboratorium, które chciałby urządzić w tunelach. Von Braun napisał, że dla usprawnienia procesu wziął na siebie zdobycie robotników przymusowych z obozu koncentracyjnego w Buchenwaldzie.

„Podczas mojej ostatniej wizyty w Mittelwerk zaproponował Pan wykorzystanie dobrego wykształcenia technicznego więźniów z Buchenwaldu – pisał von Braun. – Natychmiast przeanalizowałem Pańską propozycję, udając się do Buchenwaldu razem z doktorem Simonem w celu wyszukania wykwalifikowanych więźniów. Ustaliłem ze Standartenführerem [pułkownikiem] Pisterem, że zostaną przeniesieni do Mittelwerk"[55]. Pister był komendantem obozu w Buchenwaldzie.

W grudniu 1944 roku, kiedy robotnicy przymusowi umierali tysiącami w tunelach Mittelwerk, a rakiety V-2 siały spustoszenie w centrach europejskich miast, trudno było przypuszczać, że część osób bezpośrednio za to odpowiedzialnych zostanie uznana za wartościowe dla Stanów Zjednoczonych. I że za niecały rok Arthur Rudolph, Georg Rickhey, Wernher von Braun, generał Walter Dornberger oraz inni inżynierowie zajmujący się rakietami zostaną w tajemnicy przewiezieni do Ameryki i podejmą tam pracę. W ostatnich dniach drugiej wojny światowej niewielu chyba wierzyło w taki rozwój wypadków.

Wojna zbliżała się ku końcowi. Trzy miesiące po uroczystościach w zamku Varlar Albert Speer nie miał już czego świętować. W swoich pamiętnikach wydanych w 1969 roku napisał, że kiedy w towarzystwie dowódcy sił pancernych Josefa „Seppa" Dietricha odwiedzał miasto Houffalize na granicy z Belgią, zdał sobie sprawę z sytuacji. Patrząc na ciała setek niemieckich żołnierzy zabitych w czasie alianckiego bombardowania, zrozumiał, że wojna została już przez Trzecią Rzeszę przegrana. Niemiecka machina wojenna nie była dłużej w stanie konkurować z potęgą alianckiej ofensywy. „Wyjące i detonujące bomby, kolorowe, czerwone i żółte, błyski w chmurach, warkot silników, a wzdłuż i wszerz żadnej obrony; byłem przygnębiony tym obrazem militarnej słabości, spowodowanej mylnymi ocenami Hitlera, opartymi na groteskowych przesłankach"[56], pisał Speer. I właśnie tam, w Houffalize, Speer – minister uzbrojenia i produkcji wojennej Hitlera – postanowił uciec z niebezpiecznej strefy.

O czwartej rano 31 grudnia, pod osłoną ciemności, Speer wraz ze swoim bliskim współpracownikiem wsiadł do prywatnego samochodu i ruszył na wschód, szukając schronienia w znajdującym się w pobliżu Frankfurtu zamku Kransberg. Zamek, zbudowany nad stromym, skalistym urwiskiem w górach Taunus był jedną z kwater Luftwaffe Hermanna Göringa. Wielu naukowców Hitlera miało wkrótce stać się naukowcami amerykańskimi, a wiele kwater wojennych Trzeciej Rzeszy – ważnymi ośrodkami wykorzystywanymi w Operacji Paperclip. Zamek Kransberg również miał swoją wojenną historię. Budowla pochodziła z jedenastego wieku, ale została wzniesiona na ruinach fortyfikacji z czasów cesarstwa rzymskiego. Przez dwa tysiące lat stoczono w tej okolicy wiele wojen i bitew.

Zamek Kransberg był stopniowo rozbudowywaną przez wieki, olbrzymią i wspaniałą budowlą z wieżami strażniczymi, murami z kamienia, salami z imponującym belkowanym stropem. Miał ponad sto pięćdziesiąt pokoi, wliczając w to skrzydło odnowione w 1939 roku przez ówczesnego architekta Hitlera, Alberta Speera. Na rozkaz Hitlera Speer dobudował do zamku kilka supernowoczesnych obiektów obronnych, w tym kompleks podziemnych bunkrów o powierzchni stu dziesięciu metrów kwadratowych ze śluzami chroniącymi przez atakiem gazowym[57]. Teraz schronił się w tej cytadeli, uciekając z linii frontu. Następnym razem znajdzie się tu w roli więźnia Amerykanów.

Hitler miał własną kwaterę – Adlerhorst, czyli Orle Gniazdo, oddaloną zaledwie kilka kilometrów, którą także zaprojektował

Speer. Był to szereg małych betonowych bunkrów na brzegu długiej doliny w pobliżu uzdrowiska Bad Nauheim[58]. Niewiele osób wiedziało o jej istnieniu. Z Orlego Gniazda Hitler dowodził bitwą o Ardeny[59].

Po przybyciu późno w nocy do zamku Kransberg Speer i jego współpracownik zostali skierowani do swoich kwater, gdzie odświeżyli się i pojechali do Adlerhorst, żeby świętować z Hitlerem nadejście nowego roku 1945. Kiedy Speer około 2.30 po północy 1 stycznia dotarł do Orlego Gniazda, Hitler, który nigdy nie pił, sprawiał wrażenie pijanego. „Zdawał się być upojony i znajdować w stanie chronicznej euforii"[60], wspominał Speer. Hitler wzniósł toast i zapewniał, że obecne trudności na froncie wkrótce zostaną pokonane. „Jego [Hitlera] magnetyczna siła wciąż działała", wspominał później Speer. W końcu Niemcy zwyciężą, powiedział Hitler. To wystarczyło Speerowi żeby zmienić zdanie na temat losów wojny.

Dwa tygodnie później, 15 stycznia, choć wojna rzekomo mogła jeszcze zostać wygrana, Hitler wsiadł do swojego pociągu pancernego i rozpoczął dziewiętnastogodzinną podróż do Berlina, w którym spędził resztę życia pod ziemią w swoim Führerbunker[61] (Führerhauptquartier, FHQ – Głównej Kwaterze Wodza). Bunkier był prawdziwą fortecą i szczytem inżynierskich umiejętności, a znajdował się pod budynkiem Nowej Kancelarii Rzeszy. Jego strop, przykryty kilkoma tonami ziemi, miał grubość blisko pięciu metrów, a ściany – dwóch metrów. Życie w Führerbunker, gdzie był niski sufit, a korytarze wyglądały jak krypty, przypominało życie „w betonowym okręcie podwodnym", powiedział członek straży przybocznej SS, kapitan Beermann. Beermann opisał „porządek dnia ludzi przypominających nietoperze uwięzione w jaskini. Godnych pożałowania szczurów gnieżdżących się w zatęchłym betonowym grobowcu w Berlinie". Nie wszyscy podzielali jego odczucia. Miesiąc później, kiedy dyrektor generalny Mittelwerk, Georg Rickhey, starał się o pracę u Amerykanów, przechwalał się, że on osobiście nadzorował budowę wielkiego Führerbunker w Berlinie.

W połowie stycznia 1945 roku, kiedy Hitler wrócił do Berlina[62], została podjęta decyzja, że Speer ma jechać na Śląsk i sprawdzić, co tam się dzieje. Na terenie Polski zbudowano fabryki produkujące broń chemiczną we współpracy z potentatem przemysłu chemicznego, firmą IG Farben. Lokalizacja tych fabryk nie była przypadkowa; większa część Polski znajdowała się poza zasięgiem alianckich bombowców. Tymczasem pojawiło się nowe zagrożenie. Rosjanie rozpoczęli właśnie w Polsce wielką ofensywę, ostatnią kampanię, która miała się zakończyć wkroczeniem Armii Czerwonej do Berlina. Niemcy były brane w kleszcze ze wschodu i z zachodu.

Tego samego dnia, kiedy Hitler opuszczał Orle Gniazdo, Speer został wysłany do Polski. Tam przekonał się na własne oczy, jak niewiele pozostało z niemieckiej machiny wojennej. Dwudziestego pierwszego stycznia dotarł do Opola (Oppeln), gdzie miał się zameldować u nowo mianowanego dowódcy grupy armii, feldmarszałka Ferdinanda Schörnera, i tam zobaczył, jak niewiele pozostało z Wehrmachtu. Niemal wszyscy żołnierze trafili do niewoli[63], prawie cały sprzęt został zniszczony. Na drogach walały się wypalone wraki czołgów. Zwłoki tysięcy niemieckich żołnierzy leżały w przydrożnych rowach, a całe mnóstwo wisiało na drzewach. Ci, którzy ośmielili się zdezerterować z niemieckiej armii, byli zabijani przez feldmarszałka Schörnera, gorliwego i fanatycznego członka NSDAP[64], który nie na darmo zasłużył sobie na swój przydomek Krwawy Schörner. Powieszeni żołnierze mieli na szyjach tabliczki z napisem „Jestem dezerterem. Nie chciałem bronić niemieckich kobiet i dzieci i dlatego zostałem powieszony"[65].

W trakcie spotkania z Schörnerem Speer usłyszał, że nikt dokładnie nie wie, kiedy Armia Czerwona zajmie Opole, ale szturm jest nieunikniony[66]. Speer udał się do opustoszałego hotelu i próbował zasnąć[67].

Ta noc pozostała żywa w pamięci Alberta Speera przez lata. „W moim pokoju wisiał sztych Käthe Kollwitz *Karmaniola*: wrzeszczący tłum tańczy z wykrzywionymi twarzami wokół gilotyny, nieco z boku przykucnęła na ziemi płacząca kobieta.

W rozpaczliwej sytuacji kończącej się wojny widziałem również siebie, ogarniętego coraz większą troską"[68], wspominał Speer na starość... W hotelowym pokoju w Opolu Alberta Speera dręczyła ta sama myśl, która nie dawała spokoju wielu innym nazistom. Co się ze mną stanie? Gilotyna? Czy rozszarpie mnie rozwrzeszczany tłum?

Jedem das Seine. Czy to może okazać się prawdą? Czy naprawdę każdy dostaje to, na co zasługuje?

W następnym tygodniu, 30 stycznia 1945 roku, Speer napisał dla Hitlera notatkę, podkreślając ogromne straty poniesione na Śląsku. „Wojna jest przegrana"[69], tak zaczynał się jego raport.

Teraz miało się rozpocząć niszczenie dowodów na masową skalę.

ROZDZIAŁ DRUGI

Niszczenie

Sto pięćdziesiąt kilometrów od pokoju hotelowego Speera w Opolu w obozie śmierci Auschwitz-Birkenau panował chaos. Przewodniczący supertajnego Komitetu C, zajmującego się bronią chemiczną, chemik z wykształcenia, dr Otto Ambros, miał do zniszczenia dużo dokumentów. Był 17 stycznia 1945 roku i każdy Niemiec w Auschwitz, od oficerów po kierownictwo IG Farben, próbował uciekać. Ale nie Ambros. On nie opuści obozu zagłady jeszcze przez kolejnych sześć dni.

Otto Ambros był pedantem. Jego obliczenia były nieodmiennie dokładne, słowa odpowiednio dobrane, paznokcie wypielęgnowane. Włosy miał zawsze starannie wypomadowane i uczesane. Był nie tylko ulubionym chemikiem Hitlera, ale także dyrektorem fabryki IG Farben w Auschwitz, produkującej syntetyczny kauczuk i paliwo. W związku ze zbliżaniem się oddziałów Armii Czerwonej zarząd IG Farben polecił zniszczenie wszystkich tajnych dokumentów. Mieli się tym zająć Ambros i jego kolega, Walther Dürrfeld. Ambros był dyrektorem fabryki w tym przeklętym miejscu, a jednocześnie najmłodszym członkiem zarządu firmy.

W całym obozie esesmani niszczyli dowody. Krematorium II i III zostało rozebrane, planowano wysadzić w powietrze krematorium V. Część oficerów SS uciekła już konno, a pozostali przygotowywali ewakuację więźniów w marszu śmierci. Świszczały pejcze. Ujadały psy. Po błotnistych ulicach przed obozem sunęły czołgi pomalowane dla kamuflażu na biało. Krążyły plotki, że Armia Czerwona jest już tylko kilka kilometrów od obozu. Chemiczka z wydziału polimeryzacji fabryki Buna-Werke poprosiła więźnia, a w przyszłości światowej sławy pisarza, Primo Leviego, chemika z wykształcenia, żeby naprawił jej dętkę w rowerze. Po wojnie Levi wspominał, jak dziwnym uczuciem było dla żydowskiego więźnia usłyszeć od pracownika IG Farben słowo „proszę"[1].

Auschwitz było największym obozem zagłady w Trzeciej Rzeszy. Obóz składał się z trzech oddzielnych, ale zależnych od siebie obozów: Auschwitz I – obozu głównego; Auschwitz II – komór gazowych i krematoriów w Birkenau; oraz Auschwitz III[2] – obozu pracy kierowanego przez chemicznego giganta, firmę IG Farben. IG Farben od 7 kwietnia 1942 roku budowało w Auschwitz największą fabrykę chemiczną Rzeszy, wykorzystując jako siłę roboczą robotników przymusowych wyselekcjonowanych z transportów trafiających do Auschwitz. Firma nazwała swoją fabrykę „IG Auschwitz".

IG Auschwitz było pierwszym w Trzeciej Rzeszy obozem koncentracyjnym należącym do firmy[3]. Baraki, w których żyli i umierali robotnicy przymusowi, nosiły oficjalną nazwę Monowitz. „Ci, którzy tam żyli, nazywali je Buna", wspomina Gerhard Maschkowski, który przeżył obóz. Maschkowski był dziewiętnastoletnim żydowskim chłopcem, który uniknął śmierci w komorze gazowej, ponieważ okazał się przydatny dla IG Farben jako elektryk. Fakt, że wciąż żył w drugim tygodniu stycznia 1945 roku, zakrawa na cud. Przyjechał do Auschwitz 20 kwietnia 1943 roku, co oznacza, że spędził w obozie rok i dziewięć miesięcy. Przeciętna długość życia więźniów wykonujących pracę niewolniczą w Bunie wynosiła trzy miesiące. Wielu kolegów Gerharda Maschowskiego dawno już zmarło z wycieńczenia albo zostało zabitych za najdrobniejsze naruszenie regulaminu[4], jak na przykład ukrywanie żywności.

Gerhard Maschkowski pamięta dokładnie 18 stycznia 1945 roku, ponieważ był to ostatni dzień jego pobytu w Auschwitz[5]. Było jeszcze ciemno, kiedy do baraku wpadli esesmani. „Krzyczeli: «Wstawać! Marsz!». Mieli broń, grube kurtki, psy", wspomina Maschkowski. Włożył buty i wybiegł na zewnątrz. Tam w równych rzędach stało już dziewięć tysięcy wycieńczonych, wygłodzonych więźniów z Buny. Maschkowski słyszał dobiegającą z oddali kanonadę artylerii, a z bliska odgłos wystrzałów z broni palnej. Wokół panował chaos. Esesmani palili dokumenty. Popioły z płonących papierów unosiły się wysoko na spowitym mrokiem niebie. Padał coraz mocniej śnieg. Nadciągała prawdziwa śnieżyca. Strażnicy, w ciepłych płaszczach i butach, wymachiwali karabinami maszynowymi. „Psy na skórzanych smyczach ujadały i warczały"[6], wspomina Gerhard Maschkowski. Więźniowie Buna-Monowitz w cienkich piżamach rozpoczęli marsz śmierci w głąb Rzeszy. W ciągu czterdziestu ośmiu godzin sześćdziesiąt procent z nich umrze.

Primo Levi nie poszedł w marszu śmierci. Tydzień wcześniej zaraził się szkarlatyną i został odesłany na oddział chorób zakaźnych[7]. „Miał wysoką gorączkę i zapalenie języka"[8], wspominał Aldo Moscati, włoski lekarz więzień, który się nim opiekował. „Z gorączką czterdziestu stopni byłem bardzo osłabiony i nie mogłem nawet zrobić kroku"[9], tłumaczył po wojnie Primo Levi. Leżąc na wznak na oddziale zakaźnym, słuchał odgłosów wyludniającego się obozu.

Dwudziestego pierwszego stycznia z Berlina przyszło polecenie ewakuacji wszystkich pracowników IG Farben. Tego samego dnia po południu odjechał z Auschwitz ostatni pociąg z Niemcami, głównie z kobiecym personelem obozu. Tymczasem Otto Ambros pozostał. Jego oficjalne stanowisko nosiło nazwę: dyrektor fabryki Buna-Werk IV[10] i dyrektor zarządzający zakładu przetwarzania paliw w IG Auschwitz. Był zaangażowany w budowę fabryki od stycznia 1941 roku, kiedy dopiero powstawały jej plany. To Ambros wybrał lokalizację zakładu i narysował projekt. To także on wynalazł sztuczny kauczuk dla Trzeciej Rzeszy. Kauczuk jest niezbędny do produkcji opon dla samochodów i samolotów, a w czasie wojny wyczyn Ambrosa został uznany za tak strategicznie istotny dla Rzeszy, że wynalazca otrzymał od Führera nagrodę w wysokości miliona marek[11].

Ostatecznie 23 stycznia 1945 roku Ambros opuścił obóz koncentracyjny[12]. Pozostali w nim tylko przypadkowi więźniowie, tacy jak Primo Levi, którzy byli zbyt osłabieni, żeby maszerować, nie zostali zabici przez esesmanów i leżeli na oddziale chorób zakaźnych. Kiedy u Leviego gorączka wreszcie ustąpiła i wyszedł na zewnątrz, dostrzegł grupę więźniów błąkających się po obozie w poszukiwaniu pożywienia. Levi znalazł silos pełny zmrożonych ziemniaków. Rozpalił ognisko i ugotował sobie pierwszy od kilku dni posiłek. Dwudziestego siódmego stycznia ciągnął zwłoki zmarłego kolegi do wielkiego dołu wykopanego na odległym polu, kiedy dostrzegł czterech mężczyzn na koniach zbliżających się do obozu. Mieli na sobie białe maskujące ubrania, ale kiedy znaleźli się bliżej, na ich czapkach zobaczył jaskrawoczerwone gwiazdy. Nadeszła Armia Czerwona. Auschwitz zostało wyzwolone.

Ambros był już wtedy w drodze do Falkenhagen w Niemczech, gdzie miał zniszczyć dokumenty[13] w kolejnej fabryce IG Farben. Speer wrócił do Berlina. Żaden z nich nie odważył się pojechać na północ Polski, gdzie innej fabryce zbrojeniowej groziło zajęcie przez Rosjan. Fabryka nosiła nazwę Dyhernfurth, tak jak pobliskie miasteczko (Brzeg Dolny). IG Farben produkowało w niej broń chemiczną – środki paralityczno-drgawkowe – na skalę przemysłową. Dwudziestego czwartego stycznia 1945 roku, dzień po tym, jak Ambros opuścił Auschwitz, zdecydowano się na ewakuację personelu i zniszczenie wszystkich dowodów[14]. Wyprodukowana broń została załadowana na wagony kolejowe i ciężarówki i odesłana na zachód.

Niszczenie dowodów stało się teraz standardową procedurą w laboratoriach, ośrodkach badawczych i fabrykach zbrojeniowych na terenie całej Rzeszy. A kiedy stało się jasne, że nazistowskie Niemcy czeka rychły upadek, naukowcy, inżynierowie i biznesmeni musieli zacząć się zastanawiać nad swoją przyszłością.

Na terenie całej okupowanej przez nazistów Polski siły niemieckie masowo wycofywały się pod naporem kroczącej naprzód Armii Czerwonej. Piątego lutego 1945 roku Rosjanie zajęli Dyhernfurth znajdujący się dwieście siedemdziesiąt kilometrów na północny zachód od Auschwitz. Radzieccy żołnierze obsadzili znajdujący się w mieście zamek zbudowany w siedemnastym i osiemnastym wieku i wypili cały zapas wina z zamkowych piwnic. Pijani Rosjanie śpiewali głośno pieśni zwycięstwa. Wspaniała budowla z bajkowymi wieżami zwieńczonymi stożkowymi dachami stała się świadkiem dzikiego rozpasania. Sytuacja wymknęła się spod kontroli do tego stopnia, że radzieccy dowódcy wstrzymali dalsze działania bojowe, aż sytuacja wróciła do normy. To dla ukrywających się w lesie nazistowskich komandosów stało się znakomitą okazją do przeprowadzenia śmiałego i bezprecedensowego szturmu.

Niecały kilometr dalej znajdowała się ukryta głęboko pod ziemią jedna z najważniejszych fabryk produkujących cudowną broń Rzeszy. W olbrzymim kompleksie podziemnych bunkrów zbudowanych w lesie sosnowym 560 niemieckich specjalistów i 3000 robotników przymusowych produkowało od 1942 roku na masową skalę ciekły tabun – śmiercionośny środek paralityczno-drgawkowy – o którego istnieniu świat nie miał pojęcia.

Tabun był jedną z najpilniej strzeżonych tajemnic Hitlera, prawdziwą cudowną i najbardziej chyba diaboliczną bronią. Fosforoorganiczny tabun, podobny do pestycydów, był jedną z najbardziej śmiercionośnych substancji na świecie. Mała kropla na skórze mogła zabić człowieka w ciągu kilku minut[15], a czasem nawet kilkunastu sekund. Po wchłonięciu trucizny następują gwałtowne skurcze mięśni i zostaje sparaliżowany układ oddechowy[16]. W fabryce Dyhernfurth zdarzały się wypadki[17], a śmierć człowieka przypominała ostatnie chwile mrówki potraktowanej środkiem owadobójczym[18].

Podobnie jak w przypadku zakładu produkującego sztuczny kauczuk i paliwo w Auschwitz, właścicielem fabryki środka paralityczno-drgawkowego w Dyhernfurcie była firma IG Farben. Ministerstwo Speera współpracowało z IG Farben przy napełnianiu tabunem bomb lotniczych, które miały być potem zrzucane przez samoloty Luftwaffe. Nikt z najbliższego otoczenia Hitlera nie był pewny, kiedy, o ile w ogóle, wódz spełni w końcu życzenie wielu swoich ministrów i zgodzi się na użycie broni chemicznej przeciwko aliantom. Przykład fabryki w Dyhernfurcie dowodzi, że taka ewentualność była możliwa. Wyprodukowano tam tyle gazu bojowego, że można by nim dowolnego dnia zdziesiątkować ludność Londynu lub Paryża.

Mimo zdecydowanej ofensywy Armii Czerwonej w tym regionie w lutym 1945 roku Hitler nie zamierzał pozwolić, żeby tajemnica tabunu wpadła w ręce wroga. Rankiem 5 lutego 1945 roku generał brygady Max Sachsenheimer z 17. polowego batalionu uzupełnień wraz ze swoimi żołnierzami ukrywał się w lesie rosnącym na brzegu Odry. Oddział specjalny Sachsenheimera liczył kilkuset żołnierzy, ale w jego skład wchodził dodatkowo wyjątkowy kontyngent – osiemdziesięciu dwóch naukowców i techników[19]. Część była wojskowymi, ale większość stanowili pracownicy IG Farben i specjaliści od broni chemicznej. Zadaniem Sachsenheimera było ochrona naukowców niszczących wszelkie ślady po produkcji tabunu w fabryce.

Dyhernfurth był olbrzymią i nowoczesną fabryka. Ministerstwo Uzbrojenia i Produkcji Wojennej Speera zapłaciło firmie IG Farben blisko 200 milionów marek za zbudowanie fabryki i prowadzenie w niej produkcji. Zakład został zaprojektowany przez Ottona Ambrosa, który nim później zarządzał. Podobnie jak w przypadku IG Auschwitz, Ambros nadzorował całą budowę fabryki od zimy 1941 roku, czyli od chwili, gdy 120 więźniów obozu koncentracyjnego wycięło gęsty las sosnowy[20].

Kiedy naziści zaprzęgli do swoich ludobójczych planów wojennych przemysł, niewiele korporacji mogło się równać z IG Farben. Firma była największym koncernem chemicznym w Europie i czwartym pod względem wielkości na świecie[21]. IG Farben było właścicielem patentu na cyklon B, a w samej korporacji nie było chyba osoby równie ważnej jak Otto Ambros. Za pracę na stanowisku przewodniczącego Komitetu C[22], zajmującego się bronią chemiczną w ministerstwie Speera, Ambros otrzymał prestiżowy tytuł lidera gospodarki wojennej (*Wehrwirtschaftsführer*)[23]. Był odznaczony Wojennym Krzyżem Zasługi pierwszej i drugiej klasy oraz Krzyżem Rycerskim Wojennego Krzyża Zasługi, takim samym, jaki otrzymali Dornberger i von Braun.

Był jeszcze drugi naukowiec, który odgrywał ważną rolę w badaniach nad bronią chemiczną – człowiek, który podobnie jak Otto Ambros miał stać się celem Operacji Paperclip. Był to SS-Brigadeführer dr Walter Schieber, z wykształcenia chemik, zastępca Speera i dyrektor Departamentu Zaopatrzenia. Schieber był zdeklarowanym nazistą i członkiem osobistego sztabu Reichsführera SS Himmlera. Był dość tęgi jak na oficera SS – ważył 125 kilogramów – i wnętrza jego służbowego samochodu i samolotu musiały zostać przebudowane, żeby się w nich zmieścił[24]. Wraz z lekarzem Hitlera, Karlem Brandtem, Schieber był odpowiedzialny za produkcję masek gazowych, niezbędnego wyposażenia każdego żołnierza w razie ataku chemicznego. Podobnie jak w przypadku broni biologicznej, prócz miecza potrzebna jest również tarcza i od stycznia 1945 roku Schieber nadzorował produkcję 46,2 miliona masek gazowych. Skuteczność masek testowano w Dyhernfurcie na więźniach obozu koncentracyjnego[25]. Relacje z tych testów, jakie pojawiły się podczas procesu norymberskiego, brzmiały makabrycznie. Na przykład więźniów zamykano w pomieszczeniu o szklanych ścianach i spryskiwano ich środkiem paralityczno-drgawkowym. Śledczy zastanawiali się później, czy tego rodzaju działania były programem pilotażowym przed wprowadzeniem komór gazowych[26]. W tej książce po raz pierwszy ujawniam wszystkie fakty na temat pracy doktora Waltera Schiebera dla amerykańskiego wojska i dla CIA.

Zaledwie kilka tygodni przed tym, nim Armia Czerwona zajmie Dyhernfurth, obsadzi zamek i wypije całe zapasy wina, tysiące więźniów obozu koncentracyjnego wykonywało niewolniczą, najgorszą z możliwych pracę w tajnej fabryce broni chemicznej IG Farben. Ubrani w dwuwarstwowe gumowe kombinezony i okrągłe hełmy więźniowie napełniali artyleryjskie łuski i korpusy bomb lotniczych gazem bojowym. Każda sztuka amunicji była oznaczana specjalnym tajnym kodem. O zawartości tabunu świadczyły trzy zielone kółka namalowane farbą. Kombinezony więźniów działały na podobnej zasadzie jak stroje nurków głębinowych[27]. Z tyłu hełmu dołączona była rura, którą dostarczano powietrze do oddychania. Ale rura była krótka i ograniczała więźniom ruchy. Jeśli rura doprowadzająca powietrze przypadkowo się odłączyła, śmiercionośne opary docierały do wnętrza kombinezonu, powodując śmierć pracownika.

Rano 5 lutego 1945 roku fabryka była opustoszała. Nie było ani chemików, ani robotników przymusowych. Amunicja została wywieziona, dokumenty zniszczone, a cały personel IG Farben uciekł. Więźniowie zostali ewakuowani przez esesmanów trzy tygodnie wcześniej. W więziennych piżamach i niedopasowanych drewnianych chodakach pomaszerowali na zachód, w głąb Niemiec. Świadkowie z okolicznych wiosek opisali kolumnę liczącą trzy tysiące żywych trupów[28]. Temperatura spadała wtedy do –27 stopni Celsjusza. Nim więźniowie dotarli do oddalonego o osiemdziesiąt kilometrów obozu Gross-Rosen, dwie trzecie z nich zmarło w wyniku wyziębienia.

Teraz, działając na rozkaz Hitlera, ekipa techników przygotowywała się do powrotu do tajnej fabryki, żeby pozbyć się wszelkich śladów tabunu[29]. Nadchodził świt, było mroźno, a dwóch chemików, osiemdziesięciu techników i grupa niemieckich komandosów w dwuwarstwowych gumowych kombinezonach i maskach gazowych skradała się brzegiem Odry. Przeszła cicho przez częściowo zbombardowany most kolejowy i ruszyła wzdłuż torów w kierunku fabryki. Kombinezony ochronne były niewygodne i pokonanie pół kilometra zajęło ekipie aż sześćdziesiąt pięć minut. Po dotarciu do fabryki grupa przeszła do działu produkcji, gdzie znajdowały się wielkie kotły o ścianach pokrytych srebrem, w których powstawał środek bojowy. Każdy z kotłów został umieszczony w komorze o podwójnych ścianach ze szkła, za którymi był skomplikowany system wentylacyjny z dwuwarstwowymi rurami. Jedna grupa zajęła się odkażaniem komór za pomocą amoniaku i pary wodnej, a druga szorowała całą powierzchnię działu napełniania gazem amunicji, miejsca, gdzie zginęło tylu robotników przymusowych. Komandosi ograniczali się do ubezpieczania pracujących techników.

W tym czasie, w odległości czterech kilometrów od fabryki w dół rzeki, do akcji wkroczył pozostały pluton żołnierzy generała brygady Sachsenheimera. Ostrzelał pogrążonych we śnie radzieckich żołnierzy ogniem artyleryjskim, pozorując manewr zaczepny. Rosjanie przegrupowali się i odpowiedzieli ogniem. Do południa oddział Sachsenheimera związał walką osiemnaście radzieckich czołgów. Bitwa trwała akurat tyle czasu, ile potrzeba było ekipie technicznej, żeby wejść do fabryki, wyjść z niej i zniknąć.

Armia Czerwona natknęła się na fabrykę broni chemicznej w Dyhernfurcie (Brzegu Dolnym) dopiero kilka dni później. Wtedy nie było już w niej śladu po ludziach i tabunie, chociaż sam zakład pozostał nietknięty. Kiedy dowódcy rosyjscy oglądali starannie wyczyszczoną fabrykę, nie mieli wątpliwości, że produkowano w niej coś, co miało wyjątkową wartość dla Rzeszy. Wygląd laboratoriów wskazywał na produkcję broni chemicznej i Rosjanie wezwali swoich własnych specjalistów od broni chemicznej z 16. i 18. brygady chemicznej[30]. Wyposażenie fabryki zostało rozmontowane, spakowane do skrzyń i wywiezione do Związku Radzieckiego[31]. Co produkowano w fabryce, pozostawało tajemnicą dla nowych właścicieli, Rosjan, nieco ponad rok. Do 1946 roku całe wyposażenie fabryki chemicznej z Brzegu Dolnego zostało na nowo zmontowane w małym miasteczku Bekietowka niedaleko Stalingradu, a zakład otrzymał kryptonim Fabryka Chemiczna nr 91[32]. Wkrótce Rosjanie sami zaczęli produkować tabun na skalę przemysłową. Od 1948 roku tabun pojawił się w rosyjskim *Podręczniku chemii wojskowej* jako broń występująca w arsenale Armii Czerwonej[33]. Ale rok 1948 dopiero nadejdzie. A przecież tyle się działo z Ameryką i nazistowskimi chemikami pomiędzy 1945 a 1948 rokiem w obliczu rosnącego zagrożenia ze strony Rosjan.

Tymczasem w Berlinie Hitler przeczytał pierwszą stronę raportu Speera i kazał odłożyć go *ad acta*. A następnie wpadł we wściekłość. Jego furię wzmagała jeszcze konferencja odbywająca się w Jałcie na Krymie. Rozpoczęła się 4 lutego 1945 roku i miała trwać osiem dni. Roosevelt, Churchill i Stalin potwierdzili na niej swoją wolę doprowadzenia do bezwarunkowej kapitulacji Niemiec. Trzej mężowie stanu zadeklarowali, że nie może być mowy o żadnych pertraktacjach. Ani o zawieraniu jakichkolwiek układów z nazistami. Koniec wojny powinien oznaczać koniec Trzeciej Rzeszy. Zbrodniarze wojenni powinni zostać osądzeni, a sprawiedliwości ma się stać zadość.

Ale pogląd na to, co oznacza sprawiedliwość, różnił się w sposób radykalny. Brytyjski premier Winston Churchill chciał, żeby nazistowskich przywódców traktować jak „ludzi wyjętych spod prawa". Twierdził, że powinno się ich raczej postawić pod ścianą i rozstrzelać, niż sądzić. Przywódca Związku Radzieckiego, Józef Stalin, dość nieoczekiwanie nie zgodził się: „żadnych egzekucji bez sądu"[34]. Prezydent Franklin D. Roosevelt chciał procesu zbrodniarzy wojennych. Strony uzgodniły, że po kapitulacji Niemcy zostaną podzielone na trzy strefy okupacyjne. (Wkrótce dołączyła Francja i stąd cztery strefy). Kiedy Hitler dowiedział się o alianckich planach podzielenia pokonanych Niemiec, wpadł w furię. A następnie wezwał Alberta Speera.

„Jeśli przegramy wojnę – brzmiały znane słowa Hitlera – naród także zginie. To jest nieuniknione"[35]. Jeśli Niemcy przegrają wojnę, powiedział Hitler, ludzi spotka zasłużona kara za to, że okazali słabość. „Po tej walce pozostaną w każdym razie tylko najgorsi, ponieważ ci najlepsi polegli"[36]. Kierując się taką logiką, Hitler postanowił, że ministerstwo Speera nie jest zobowiązane zapewniać niemieckim obywatelom nawet najbardziej podstawowych rzeczy jak schrony czy żywność. Hitler powiedział Speerowi, że jeśli ten kiedykolwiek przedstawi mu kolejne memorandum mówiące o nadchodzącej klęsce i potrzebie przeprowadzenia negocjacji z wrogiem, uzna to za zdradę, za którą karą jest śmierć[37].

Następnie Hitler zaczął wprowadzać w życie taktykę „spalonej ziemi". Speer miał zająć się przygotowaniami do całkowitego zniszczenia niemieckiej infrastruktury, zarówno wojskowej, jak i cywilnej – począwszy od systemu transportu i komunikacji po mosty i zapory wodne. Oficjalna nazwa dekretu Hitlera brzmiała Rozkaz Zniszczenia Terytorium Rzeszy, ale znany jest on jako Rozkaz Nerona (*Nerobefehl*)[38], w nawiązaniu do cesarza rzymskiego, który polecił wzniecić w 64 roku n.e. wielki pożar, a potem podziwiał widok płonącego Rzymu.

Mimo wyraźnych sygnałów, że Niemcy wkrótce przegrają wojnę, w środkowych Niemczech, w niedostępnych górach Harz produkcja broni V szła pełną parą. Pod koniec lutego 1945 roku warunki w tunelach Nordhausen stały się tragiczne. Było przeraźliwie zimno, tysiące więźniów umierało z głodu, brakowało żywności. Za cały posiłek musiała wystarczyć wodnista zupa. Obóz koncentracyjny Nordhausen-Dora był przepełniony; więźniowie masowo przybywali w marszach śmierci z Auschwitz i Gross-Rosen[39]. Część docierała tu pieszo, część ciężarówkami. Wielu przybyłych umierało. Krematorium Dora nie nadążało z paleniem zwłok. I w takich warunkach Wernher von Braun i generał Dornberger naciskali na zwiększenie dziennej produkcji.

Po przeniesieniu swojego biura z ośrodka w Peenemünde w góry Harz von Braun awansował[40]. Teraz był szefem Biura Planowania Mittelbau-Dora, oddziału znajdującego się w strukturach SS. Mieszkał w odległości zaledwie kilku kilometrów od kompleksu Nordhausen, w willi skonfiskowanej rok wcześniej dotychczasowemu żydowskiemu właścicielowi fabryki[41]. Codziennie dojeżdżał do swojego biura w Bleicherode, osiemnaście kilometrów od kompleksu tuneli, gdzie zajmował się projektowaniem nowych, ulepszonych wersji ramp wyrzutni rakiet V-2[42]. Mimo że wojna była już praktycznie przegrana, w okolicy wciąż powstawały nowe podziemne fabryki zbrojeniowe. „Podziemne tunele w całej okolicy były ryte przez więźniów już z ponad 40 podobozów Mittelbau-Dory"[43], tłumaczył Michael J. Neufeld. Von Braun zamierzał zwiększyć produkcję rakiet z dwóch, trzech dziennie do dwustu. Żeby wprowadzić swoje ambitne plany w życie, przejmował wszystkie fabryki, szkoły i kopalnie w okolicy[44]. Ale montaż rakiet opierał się na taniej sile roboczej, a śmiertelność wśród więźniów w Nordhausen wciąż rosła. Von Braun musiał o tym wiedzieć[45]; zimą 1945 roku dziesięciokrotnie oficjalnie wizytował podziemne tunele.

Wycieńczonym robotnikom przymusowym, którym udało się przeżyć i którzy montowali pociski w brudnych, niewykończonych tunelach bez pożywienia i wody, w strasznych warunkach sanitarnych, w przejmującym chłodzie, coraz trudniej było pracować, a warunki pracy odbijały się na jakości. Montowane w pośpiechu rakiety coraz częściej rozpadały się w powietrzu przed osiągnięciem celu. Albo eksplodowały jeszcze przed wystrzeleniem na ruchomych wyrzutniach rozmieszczonych w sosnowych lasach na północy Niemiec, także obok zamku Varlar. Kierownictwo Mittelwerk podejrzewało sabotaż. Odpowiedzią były publiczne egzekucje[46].

„Jednego dnia wieszano nawet do 57 więźniów – głosi jeden z raportów na temat zbrodni wojennych. – Zostali powieszeni w tunelu na ramie suwnicy, po dwunastu za każdym razem, z rękami związanymi na plecach i drewnianym kołkiem w zębach... żeby nie krzyczeli"[47]. Egzekucje odbywały się bezpośrednio nad liniami produkcyjnymi rakiet V-2. Robotnicy byli zmuszani do patrzenia, jak ich towarzysze niedoli powoli konają. W akcie solidarności grupa rosyjskich i ukraińskich więźniów zaczęła organizować bunt. Podejrzani zostali wyłapani, a kierownictwo Mittelwerk i esesmani postanowili przykładnie ich ukarać. Zostali powieszeni, a ich ciała pozostawiono na widoku na cały dzień. Zostały zdjęte dopiero po tym, jak dyrektor Mittelwerk, Arthur Rudolph, otrzymał od jednego z niemieckich inżynierów notatkę z pytaniem, kiedy znów będą mogli używać suwnicy[48].

Wraz z awansem na szefa Biura Planowania Mittelbau-Dora von Braun otrzymał również awans na Sturmbannführera SS, czyli odpowiednik stopnia majora. Jednym z przywilejów, jaki się z tym wiązał, był samochód z szoferem, który woził von Brauna w jego podróżach z Nordhausen do Berlina[49]. W nocy 12 marca 1945 roku von Braun o mało nie zginął, kiedy siedział z tyłu tego samochodu. Na autostradzie prowadzącej do Berlina jego kierowca zasnął za kierownicą. Samochód zjechał z drogi, stoczył się po dwunastometrowym nasypie i zatrzymał na boku obok torów kolejowych. Kierowca stracił przytomność. Von Braun złamał rękę. Obaj leżeli zakrwawieni w samochodzie, a noc była bardzo zimna. Na szczęście przypadkowo przejeżdżali tamtędy koledzy von Brauna z Nordhausen, projektant Bernhard Tessmann[50] i architekt Hannes Lührsen. Zauważyli rozbity samochód i wezwali wojskowy ambulans, który przewiózł von Brauna i jego kierowcę do szpitala[51].

Kiedy von Braun dochodził do zdrowia w szpitalu, odwiedził go bliski współpracownik, Dieter Huzel[52], oraz Bernhard Tessmann, jeden z tych, którzy uratowali von Braunowi życie. Tessmann i Huzel powiedzieli von Braunowi, że rychło pojawi się armia amerykańska i operacja V-2 lada dzień się zakończy. Krążyły pogłoski, że wszyscy mężczyźni, którzy nie byli uważani za wartościowych naukowców, mieli zostać wcieleni do jednostek piechoty, otrzymać broń i walczyć z Amerykanami na froncie.

Von Braun był teraz gotów przyznać, że Niemcy przegrają wojnę. Nie zamierzał jednak rezygnować z kariery. Potrzebował karty przetargowej, której mógłby użyć w rozmowach z Amerykanami, kiedy zostanie złapany. Von Braun powiedział Tessmannowi i Huzlowi, gdzie przechowuje najcenniejsze tajne dokumenty dotyczące V-2. Ponieważ von Braun był przykuty do łóżka, potrzebował swoich dwóch współpracowników, żeby spakowali dokumenty do skrzyń i ukryli je w bezpiecznym miejscu, gdzie aliantom nigdy nie uda się ich samodzielnie odnaleźć. Von Braun zapewnił Tessmanna i Huzla, że jeśli to zrobią, on wspomni o nich w swoich przyszłych negocjacjach z aliantami. W tej grupie miał się też znaleźć generał Dornberger. Von Braun powiedział Tessmannowi i Huzlowi, że osobiście poinformuje generała.

Robotnicy zakładów Mittelwerk produkowali rakiety aż do końca marca. Ostatnie pociski V-2 zostały wystrzelone 27 marca, a ostatnie V-1 następnego dnia[53]. Pierwszego kwietnia Dornberger otrzymał od generała SS Kammlera rozkaz natychmiastowej ewakuacji personelu z Mittelwerk. Kammler wybrał pięciuset najważniejszych naukowców i inżynierów, którzy mieli wsiąść do stojącego w Bleicherode jego prywatnego pociągu, nazywanego Ekspresem Zemsty, i po przejechaniu sześciuset pięćdziesięciu kilometrów na południe znaleźć schronienie w Alpach Bawarskich. Nazwiska Huzla i Tessmanna były na liście Kammlera, ale po naradzie z generałem Dornbergerem postanowili zostać i zająć się ukryciem dokumentów. Von Braun, wciąż w ciężkim gipsowym gorsecie, wymagający opieki lekarskiej, został przewieziony w Alpy prywatnym samochodem[54]. Dornberger i jego sztab uciekli z Harzu oddzielnie, w niewielkim konwoju.

Kiedy zapadła noc, Dörnten, niewielka osada górnicza na północnym skraju Harzu, tonęła w mroku. Miejscowi gauleiterzy (przywódcy lokalnych struktur NSDAP) kazali mieszkańcom pozasłaniać okna, zgasić światła i pozostać w domach. Był 4 kwietnia 1945 roku i siły amerykańskie podobno stacjonowały pięćdziesiąt kilometrów na zachód. Brukowane uliczki w osadzie były opustoszałe, jeśli nie liczyć pojedynczej ciężarówki jadącej wolno ze zgaszonymi światłami. W kabinie siedział Tessmann i Huzel. A z tyłu siedmiu niemieckich żołnierzy z opaskami na oczach[55]. W ciężarówce było też kilkadziesiąt skrzyń zawierających tajne informacje na temat V-2.

Ciężarówka przejechała przez osadę i ruszyła wyboistą wiejską drogą prowadzącą do wejścia nieczynnej kopalni. Huzel i Tessmann zatrzymali pojazd i przywitali się z dozorcą, Herr Nebelungiem, lojalnym nazistą, który wskazał inżynierom miejsce w jednej z komór w głębi kopalni Dörnten. Siedmiu żołnierzom pozwolono zdjąć opaski z oczu i kazano wziąć się do pracy.

Żołnierze wyładowali skrzynie, umieścili je na wagonach platformach, a następnie pilnowali, kiedy cały skład ciągnięty przez lokomotywę napędzaną energią elektryczną z akumulatorów ruszył w głąb tunelu. Na końcu tunelu, za żelaznymi drzwiami, znajdowało się niewielkie, suche pomieszczenie. Skrzynie z dokumentami trafiły do środka, a drzwi zamknięto. Po wydostaniu się z tunelu jeden z żołnierzy podpalił laskę dynamitu, zasypując gruzem wejście do kopalni i grzebiąc ważne nazistowskie dokumenty[56].

Huzel i Tessmann przysięgli, że nie powiedzą nikomu, co zrobili, ale przed wyjazdem do Bawarii, gdzie mieli się spotkać z Dornbergerem i von Braunem, postanowili uczynić wyjątek[57]. Karl Otto Fleischer był kierownikiem w zakładach Mittelwerk. Jego nazwisko nie znalazło się na liście Kammlera, w związku z czym postanowił ukryć się w swoim domu w Nordhausen. Karl Fleischer był lojalnym nazistą, który w procesie produkcji rakiet V-2 podlegał bezpośrednio Dornbergerowi i dlatego Huzel i Tessmann uznali, że potrafi dochować tajemnicy. Fleischer był z tych stron i mógł przypilnować, czy nikt nie próbuje dostać się do dawnej kopalni. Huzel i Tessmann zdradzili Fleischerowi miejsce ukrycia dokumentacji V-2, a ponieważ armia amerykańska zbliżała się już do Nordhausen, zaraz potem odjechali.

ROZDZIAŁ TRZECI

Ścigający i ścigani

Samuel Goudsmit i jego ekipa naukowców z Operacji Alsos od listopada cierpliwie czekali we Francji na rozpoczęcie ich misji wywiadowczej[1]. Minęły cztery miesiące od znaczącego odkrycia dokonanego w strasburskim mieszkaniu nazistowskiego wirusologa, doktora Eugena Haagena. Teraz, w ostatnim tygodniu marca 1945 roku, Goudsmit i jego wojskowy przełożony, pułkownik Boris Pash, zaczęli się w końcu przygotowywać do zajęcia swoich dwóch kolejnych celów – fabryk firmy IG Farben na terytorium Niemiec, będących, jak sądzili, miejscem produkcji broni chemicznej.

Od listopada mieszkanie Haagena w Strasburgu służyło za kwaterę główną Operacji Alsos. Operacja miała spore opóźnienie. Grudniowa kontrofensywa Hitlera w Ardenach sprawiła, że naukowcy z Alsos nie mogli przeprowadzić planowanych działań na pierwszej linii. Szczęśliwym trafem całe piętro pod należącym do IG Farben mieszkaniem Haagena w Strasburgu było własnością głównego dostawcy broni chemicznej dla Trzeciej Rzeszy, firmy IG Farben, i ludzie z Alsos znaleźli tam sporo dokumentów[2].

Naukowcy z Alsos wiedzieli, że IG Farben było zaangażowane w badania nad szczepionkami dla wojska, i podejrzewali, że w laboratoriach firmy prowadzono też eksperymenty medyczne na więźniach. Dwie fabryki, które ich interesowały, znajdowały się w odległości zaledwie stu trzydziestu kilometrów od Strasburga, w Ludwigshafen i w Mannheim. W ramach przygotowań sformowano największą do tej pory grupę zadaniową: dziesięciu naukowców cywilnych, sześciu naukowców wojskowych i osiemnastu ludzi do ochrony misji[3]. Uznano jednak, że wejście na terytorium opanowane przez Niemców byłoby dla amerykańskich naukowców zbyt ryzykowne. Czekali więc z rozpoczęciem operacji, aż siły sprzymierzonych sforsują Ren. I teraz, w trzecim tygodniu marca 1945 roku, wydawało się, że ta długo oczekiwana chwila zaraz nadejdzie.

Dwudziestego trzeciego marca 1945 roku brytyjski marszałek Bernard Montgomery rozpoczął gigantyczną operację forsowania Renu, Operację Plunder*. Słynne są słowa Montgomery'ego: „A zatem forsujemy Ren. Wszystkim życzę udanych łowów na drugim brzegu"[4]. Plądrowanie podbitego kraju na koniec wojny jest równie stare jak wojna, ale konwencje haskie z 1899 i 1907 roku zabraniały grabieży, z wyłączeniem drobiazgów określanych jako „zdobycze wojenne". Co właściwie miał na myśli Montgomery? Na szczeblu taktycznym sforsowanie Renu oznaczało, że na odcinku ośmiuset kilometrów na zachodnim froncie alianci mieli przed sobą otwartą drogę do natarcia. W kwestii zbierania informacji wywiadowczych oznaczało to faktycznie grabież[5].

Kiedy żołnierze wdzierali się w głąb terytorium Niemiec, towarzyszyło im ponad trzy tysiące naukowców i techników z brytyjsko-amerykańskiego Mieszanego Podkomitetu ds. Celów Wywiadu (Combined Intelligence Objectives Subcommittee – CIOS), powołanego do życia w Londynie latem poprzedniego roku. Zespoły

* *Plunder* (ang.) – łup, grabież.

wchodzące w skład CIOS podlegały Naczelnemu Dowództwu Alianckich Sił Ekspedycyjnych (Supreme Headquarters Allied Expeditionary Forces – SHAEF) w Wersalu, a w ich skład wchodzili specjaliści: naukowcy, inżynierowie, lekarze i technicy, a także językoznawcy zajmujący się tłumaczeniem zdobytych dokumentów. Stany Zjednoczone reprezentowali w CIOS ludzie ze sztabu generalnego Departamentu Wojny, z marynarki wojennej, amerykańskich sił powietrznych, Departamentu Stanu, Biura Służb Strategicznych (OSS) oraz Biura Badań Naukowych i Rozwoju[6]. Brytyjczycy przysłali ekspertów z Ministerstwa Spraw Zagranicznych, admiralicji, Ministerstwa Lotnictwa, a także ministerstw zaopatrzenia, produkcji lotniczej, wojny ekonomicznej, paliw i energii. W swoich pracach CIOS opierał się na stworzonych wcześniej listach celów, analogicznych do tych wykorzystywanych przez Alsos, nazywanych Czarnymi Listami[7]. Z obszaru objętego walkami przychodziło do SHAEF zapotrzebowanie na konkretny zespół CIOS, który był wysyłany na linię frontu[8].

Zespołom CIOS towarzyszyły siły bezpieczeństwa zwane T-Force, z charakterystyczną jaskrawoczerwoną literą T na hełmach[9]. Te małe, elitarne oddziały działały na poziomie grupy armii, ale niezależnie od tradycyjnych jednostek bojowych. Ich zadaniem było rozpoznanie celów potencjalnie wartościowych dla nauki i zabezpieczenie ich do czasu pojawienia się personelu CIOS.

Zadanie Mieszanego Podkomitetu ds. Celów Wywiadu (CIOS) polegało na badaniu wszystkiego, co było związane z niemiecką nauką. Zakres potencjalnych celów był bardzo szeroki: radary, pociski balistyczne, samoloty, medycyna, bomby i zapalniki, laboratoria broni chemicznej i biologicznej. I choć CIOS pozostawał wspólnym przedsięwzięciem Amerykanów i Brytyjczyków, były też inne grupy, które rywalizowały między sobą.

Równolegle do misji CIOS prowadzono dziesiątki innych operacji polegających na gromadzeniu danych wywiadowczych. Przodowali w tym Amerykanie. Misja Specjalna V-2 Pentagonu to tylko jeden z przykładów. Pod koniec marca 1945 roku pułkownik Trichel, szef Oddziału Rakiet w Departamencie Uzbrojenia, wysłał swoją grupę do Europy[10]. Także sekcja wywiadu technicznego Marynarki Wojennej USA miała swoich oficerów w Paryżu, przygotowujących się do poszukiwania ściśle tajnych danych na temat zaprojektowanego przez nazistów pocisku kierowanego Henschel Hs 293, przeznaczonego do niszczenia i zatapiania okrętów nieprzyjaciela. Amerykańskie siły powietrzne US Army Air Force (AAF) były co prawda zaangażowane w kampanię strategicznych nalotów bombowych, ale niewielka grupa wojskowych z Wright Field w pobliżu Dayton w stanie Ohio snuła plany zlokalizowania i przejęcia sprzętu i kadry inżynierskiej Luftwaffe. Ściśle tajnymi misjami wywiadu brytyjskiego zajmował się oddział komandosów zwany 30. jednostką uderzeniową[11], dowodzony przez Iana Fleminga, adiutanta dyrektora wywiadu brytyjskiej marynarki wojennej i przyszłego autora powieści o Jamesie Bondzie. Zdarzało się, że członkowie tych równoległych misji współpracowali w terenie z oficerami CIOS. A na pewno korzystali z udostępnianych im przez CIOS informacji, w tym z czarnych list. Niemniej każda misja miała niemal zawsze jakiś swój określony, nadrzędny cel. Oficerowie żartowali często, że w rezultacie w CIOS panował CHAOS[12].

To, co było na początku dżentelmeńską współpracą aliantów, szybko przerodziło się w największe w historii wojen współzawodnictwo w zbieraniu informacji wywiadowczych na temat nowych rodzajów broni[13]. Po sforsowaniu Renu polowanie na nazistowskich naukowców zmieniło się w zwyczajną bijatykę.

W poszukiwaniu broni chemicznej naukowcy z Alsos w ślad za Trzecią Armią przekroczyli Ren. Podróżowali w niewielkim konwoju wojskowych jeepów. „Okolica nie wyglądała dobrze – wspominał po wojnie pułkownik Pash. – Budynki w mieście były uszkodzone falą uderzeniową wywołaną przez pociski artyleryjskie", a „porzucone lub uszkodzone pojazdy stały obok zniszczonych ciężarówek i transporterów wycofujących się nazistów"[14]. Wjeżdżając do Ludwigshafen, jeden z jeepów Alsos odłączył się od konwoju i znalazł się na linii ognia niemieckiego działa przeciwpancernego. Niemcy byli najwyraźniej zaskoczeni, nie spodziewali się na drodze pojedynczego jeepa bez osłaniającego go czołgu. „Rozległa się pojedyncza salwa z działa i kilka serii z karabinu maszynowego”[15], wspominał po wojnie Pash.

Naukowcy z Alsos usłyszeli, że tuż za nimi podążają oddziały T-Force przygotowujące przyjazd dużej grupy ekspertów pod sztandarami CIOS. Ludzie z Alsos byli zdecydowani zająć fabrykę IG Farben pierwsi. Ale to, co zastali w Ludwigshafen, ich rozczarowało. Nie dość, że fabryka została poważnie zniszczona w wyniku alianckich nalotów bombowych[16], to na dodatek szafy na dokumenty okazały się puste. Papiery zostały zniszczone lub wywiezione[17]. Żadnej broni chemicznej nie znaleziono.

Następnego ranka, 24 marca 1945 roku, w porze śniadania ekipa Alsos spotkała się z ludźmi z T-Force i CIOS, którzy przyjechali na inspekcję fabryki IG Farben. „Miło było popatrzeć na efekt wywołany wypowiadanymi od niechcenia słowami naszych naukowców – wspominał Pash – w rodzaju: Oczywiście, możecie jutro obejrzeć fabrykę Farben, kiedy T-Force ją zabezpieczy. Przekonacie się, że jest interesująca. My to już wiemy, byliśmy tam wczoraj”. Pomiędzy obiema ekipami toczyła się widoczna rywalizacja.

Grupą naukowców CIOS zajmujących się bronią chemiczną dowodzili amerykański podpułkownik Philip R. Tarr i brytyjski major Edmund Tilley. Obaj wkrótce odegrali kluczową rolę w Operacji Paperclip. Obaj byli też uważani za ekspertów w dziedzinie broni chemicznej, ale major Tilley miał pod pewnym względem przewagę nad swoim amerykańskim kolegą – biegle znał język niemiecki. Oprócz tego, że pełnił funkcję dowódcy CIOS, podpułkownik Tarr[18] był też oficerem sztabowym wydziału wywiadu wojskowego amerykańskich wojsk chemicznych w Europie. Major Tilley nie wiedział w tym czasie, że wkrótce lojalność podpułkownika Tarra wobec armii amerykańskiej weźmie górę nad lojalnością wobec wspólnej pracy w zespole CIOS[19].

Teraz, kiedy siły amerykańskie znajdowały się już na niemieckiej ziemi, groźba, że Hitler zrobi użytek ze swojej cudownej broni i sięgnie po arsenał chemiczny, była realna, ale Tarr i Tilley nie wiedzieli, gdzie niemiecka broń chemiczna może być składowana. Agenci niemieckiego kontrwywiadu wykonali kawał dobrej roboty, ukrywając przed obcymi wywiadami program rozwoju broni chemicznej. Tabun występował pod różnymi kryptonimami: trylon 83, substancja 83 i gelan 1. Nawet surowce służące do produkcji tabunu miały swoje kryptonimy[20]. Alkohol etylowy to „A4", a sód „A17". Dzięki temu identyfikacja była niemożliwa. W raporcie wywiadu amerykańskiego z 1942 roku „Nowy niemiecki gaz bojowy" pisano, że możliwość posiadania przez Niemców nowej broni chemicznej „nie była traktowana poważnie". Dopiero w maju 1943 roku, kiedy w Afryce Północnej pojmano niemieckiego chemika, brytyjscy agenci dowiedzieli się, że naukowcy z IG Farben w Berlinie wyprodukowali bezbarwny gaz bojowy o „nadzwyczajnych właściwościach". Brytyjscy oficerowie przesłuchujący niemieckiego chemika uznali jego informacje za wiarygodne i napisali dziesięciostronicowy tajny raport dla Ośrodka Badań nad Bronią Chemiczną (Chemical Defense Experimental Establishment) w Porton Down. Niestety, pojmany naukowiec znał tylko kryptonim nowej substancji – trylon 83. Z braku innych informacji Brytyjczycy nie podjęli żadnych działań. Teraz, w marcu 1945 roku, Tarr i Tilley szukali tajemniczego trylonu 83.

Ekipa CIOS pod dowództwem Tarra i Tilleya przeprowadziła inspekcje w fabrykach IG Farben w Ludwigshafen, Mannheim i Elberfeld. Podejrzenia wojskowych wzbudził fakt, że naukowcy z IG Farben tak mało wiedzieli. We wszystkich fabrykach powtarzał się ten sam scenariusz: tam, gdzie powinny znajdować się stosy firmowych dokumentów, były tylko puste szafy. A uwięzieni i przesłuchiwani naukowcy mówili to samo – IG Farben zajmowało się produkcją artykułów chemicznych do użytku domowego: detergentów, farb, lakierów i mydeł[21]. Żaden z przesłuchiwanych przez oficerów CIOS naukowców nie miał pojęcia, gdzie podziali się szefowie firmy.

W swojej notatce Tilley i Tarr wyrazili rosnące rozczarowanie. Naukowcy, jeden po drugim, „przekonująco kłamali na temat swojej działalności”[22], napisali w raporcie „Przesłuchanie niemieckiego personelu naukowego”. Tymczasem, dzięki zbiegowi okoliczności, przełomu dokonali agenci Alsos w położonym dalej na północ Bonn.

Po wkroczeniu 23 marca do Ludwigshafen ekipa Alsos podążała śladem 3. Dywizji Pancernej[23]. Kilka dni później amerykańskie wojsko wyzwoliło Kolonię i szykowało się do zdobycia odległego o dwadzieścia pięć kilometrów Bonn. Zwiadowcy donosili, że widzieli mężczyzn wyglądających na profesorów, palących skrzynie z dokumentami na podwórzu uniwersytetu. Nie widzieli natomiast, że profesorowie spuszczali dokumenty z wodą w toaletach łazienek uniwersyteckich[24], próbując pozbyć się dowodów świadczących o popełnianiu przez nich zbrodni wojennych. Kiedy alianci zajęli w końcu budynki uniwersytetu, do brytyjskiego żołnierza podszedł polski technik laboratoryjny i powiedział, że ocalił gruby plik dokumentów, które nie spłynęły z wodą w toalecie.

Laborant powiedział, że jego zdaniem papiery mogą być ważne. I rzeczywiście były. Polak przekazał wywiadowi brytyjskiemu tajną listę najważniejszych naukowców Trzeciej Rzeszy. Lista ta trafiła w ręce Samuela Goudsmita z Operacji Alsos i doprowadziła go do tak zwanej listy Osenberga.

Doktor Werner Osenberg, inżynier mechanik, był zdeklarowanym nazistą i członkiem SS. Był też wysokim funkcjonariuszem tajnej policji – gestapo. W czerwcu 1943 roku Osenberg został mianowany przez Göringa szefem Biura Planowania przy Radzie Naukowej Rzeszy[25]. W zatwierdzonym dekretem Hitlera z 9 czerwca 1942 roku statucie Rady czytamy: „Przede wszystkim czołowi naukowcy mają prowadzić owocne badania nad bronią, współpracując ze sobą w swoich obszarach działania”[26].

Biuro Planowania Osenberga miało koordynować prace nad sporządzeniem listy niemieckich naukowców, inżynierów i techników.

Osenberg przystąpił do pracy i z biurokratyczną precyzją wyszukiwał i wciągał na listę wszystkich niemieckich naukowców. Jego zadaniem było zaprzęgnięcie tych ludzi do pracy w służbie Trzeciej Rzeszy. Bezzwłocznie przygotował listę piętnastu tysięcy ludzi i tysiąca czterystu ośrodków badawczych. W wyniku Akcji Osenberga, jak nazwał ją Hitler, ściągnięto z linii frontu wszystkich najważniejszych niemieckich naukowców, inżynierów i techników. W rezultacie zwolniono ze służby wojskowej pięć tysięcy ludzi[27]. Po sprawdzeniu ich przydatności i wiedzy umieszczono ich w odpowiednich uczelniach i ośrodkach badawczych, gdzie mogli zająć się pracą na potrzeby niemieckiej machiny wojennej[28].

Nigdy nie wyjaśniono, w jaki sposób lista Osenberga znalazła się w toalecie uniwersytetu w Bonn, ale dla Alsos okazała się ona istną kopalnią złota. Dzięki niej nie tylko wiadomo było, kto zajmował się jakim projektem naukowym w Rzeszy, ale zawierała ona także adresy, w tym adres samego Wernera Osenberga. Goudsmit wysłał swoją ekipę do małego miasteczka w pobliżu Hanoweru. Agenci Alsos schwytali tam Osenberga i przejęli sporządzoną przez niego kompletną listę[29].

Dokumenty znalezione w toalecie były wartościowe, ale to katalog z gabinetu Osenberga okazał się bezcenny. „Katalog podstawowy mieści się w szafie z czterema półkami i zawiera około dwóch tysięcy obustronnie zapisanych kartek papieru (10×7 cali)"[30], czytamy w raporcie Alsos. Katalogi dodatkowe składały się z trzech części „po blisko tysiąc kart każda, o rozmiarach 6 cali na 4 cale… i zawierały te same informacje, ale inaczej uporządkowane i umożliwiające szukanie według różnych kryteriów". Była to tak ogromna skarbnica wiedzy, że jedna organizacja nie była w stanie poradzić sobie z jej usystematyzowaniem. Alos podzieliło się listą Osenberga z CIOS; były tam tysiące tropów, którymi należało podążyć. Powstało kilka zespołów, które dzięki kartom katalogowym Osenberga zaczęły nareszcie rozumieć, jak działały programy naukowe Trzeciej Rzeszy i kto nimi kierował.

Oficerowie z Alsos spakowali całe biuro Osenberga i przewieźli je wraz z nim do Paryża, gdzie miał zająć się porządkowaniem informacji. Goudsmit był zbulwersowany pychą, jaką przejawiał Osenberg, kiedy trafił do strzeżonego ośrodka w Wersalu[31]. „Osenberg pracował tak jak dotychczas, kazał tylko sekretarce zmienić w nagłówku adres na «aktualnie w Paryżu»", wspominał po wojnie Goudsmit. Goudsmita irytowało też, kiedy Osenberg próbował przekonać go o swojej bezgranicznej lojalności wobec aliantów. „Straciłem cierpliwość", wyjaśnił Goudsmit i powiedział Osenbergowi: „Nie można panu ufać... Kierował pan sekcją nauki w gestapo, do czego pan się nigdy nie przyznał, i spalił pan wszystkie świadczące o tym dokumenty"[32]. Oskarżycielskie słowa rozjuszyły Osenberga. „Nie spaliłem tych dokumentów – odpowiedział Goudsmitowi. – Ukryłem je i, co więcej, nie byłem szefem sekcji nauki w gestapo. Byłem tylko zastępcą". Teraz Goudsmit z łatwością już wydobył od Osenberga informację „gdzie te papiery zostały ukryte i gdzie były przechowywane brakujące dokumenty z Berlina".

Na razie jednak nikt z aliantów do Berlina się nie wybierał. Pod koniec marca 1945 roku Berlin wciąż pozostawał stolicą Rzeszy i był zaciekle broniony. Miał pozostać w rękach Niemców jeszcze przez miesiąc, aż do ostatniego dnia kwietnia 1945 roku.

Miasto leżało w gruzach, a morale berlińczyków z każdym dniem słabło. Prawie osiemdziesiąt pięć procent miasta było zniszczone[33]. W większości ocalałych budynków nie było szyb w oknach. Wszyscy marzli. Podziemne schrony były przepełnione. Brakowało paliwa do piecyków. „Na początku kwietnia – tłumaczy historyk Anthony Beevor – gdy Berlin wyczekiwał na rozpoczęcie radzieckiego ataku na miasto z frontu na Odrze, atmosfera w stolicy stawała się coraz bardziej gorączkowa. Widać było już straszliwe wyczerpanie i desperację mieszkańców"[34].

Nazistowskie radio przypominało berlińczykom, że są zobowiązani walczyć do końca. „Pozostaje nam jedno hasło: zwycięstwo albo śmierć", twierdził Goebbels. Hitler obwiniał o wszystko Żydów i Słowian. „Horda naszych śmiertelnych żydobolszewickich wrogów rozpoczyna ostatni szturm"[35], powiedział do żołnierzy na froncie wschodnim w swoim ostatnim wystąpieniu 15 kwietnia. Twierdził, że Rosjanie zamierzają zlikwidować cały naród niemiecki. „Starcy i dzieci zostaną zamordowani, a kobiety i dziewczęta zmuszone do prostytucji". Cała reszta zostanie zesłana na Syberię.

W samym centrum Berlina, przy Wilhelmstrasse, gdzie mieściły się ministerstwa Rzeszy, pułkownik Siegfried Knemeyer starał się zapanować nad personelem, za który był odpowiedzialny w Ministerstwie Lotnictwa. Budynek ministerstwa jakimś cudem jeszcze pozostał cały. Zbudowany z żelbetu, był dumnym symbolem ponurej nazistowskiej architektury. Miał sześć pięter, dwa tysiące osiemset pomieszczeń, cztery tysiące okien, a łączna długość jego korytarzy wynosiła sześć i pół kilometra. Kiedy na szeroką skalę zaczęła się toczyć wojna w powietrzu, pracowało tam cztery tysiące nazistowskich biurokratów i ich sekretarek[36]. Teraz sprawy miały się inaczej. Luftwaffe była w rozsypce.

Siegfried Knemeyer był od 1943 roku szefem wszystkich projektów rozwojowych realizowanych na potrzeby Luftwaffe. Jego oficjalny tytuł brzmiał: doradca techniczny marszałka Rzeszy Göringa. Göring uwielbiał Knemeyera i nazywał go „swoim chłopcem"[37]. Zanim skierował jakikolwiek projekt, nieważne, czy dotyczył silników lotniczych, czy instrumentów pokładowych, do dalszych prac, chciał znać stanowisko Knemeyera. Ale teraz, w drugim tygodniu kwietnia 1945 roku, większości rozkazów przychodzących do Ministerstwa Lotnictwa Knemeyer nie był w stanie wypełnić. W drugiej połowie 1944 roku niemieckie siły powietrzne straciły ponad dwadzieścia tysięcy samolotów[38]. Ministerstwo Speera zdołało w tym czasie wyprodukować około trzech tysięcy nowych samolotów, ale i one były bezużyteczne. Całe niemieckie lotnictwo było uziemione. Alianci zbombardowali pasy startowe i brakowało paliwa lotniczego. Plany produkcji syntetycznego paliwa przez IG Farben w fabryce Buna spaliły na panewce, kiedy Armia Czerwona 27 stycznia 1945 roku wyzwoliła Auschwitz. Źródła dostaw paliw z Węgier i Rumunii były już niedostępne. Niemieckie samoloty odrzutowe uzyskiwały w powietrzu przewagę nad tradycyjnymi myśliwcami alianckimi, ale nie miało to większego znaczenia, skoro Luftwaffe nie mogła poderwać swoich maszyn[39].

Knemeyer wkrótce uciekł z Berlina, ale wcześniej wykonał ostatnie zadanie zlecone mu przez Speera. Z zeznań przed trybunałem w Norymberdze wynika, że Speer nakazał Knemeyerowi ukrycie w lesie pod Berlinem dokumentów dotyczących rozwiązań technicznych stosowanych przez Luftwaffe. Ukrywanie oficjalnych dokumentów było zdradą stanu, ale z prywatnych zapisków Knemeyera wynika, że doszli ze Speerem do wniosku, iż tak doniosłe odkrycia naukowe nie mogą pod żadnym pozorem trafić w ręce Rosjan[40]. Speer obarczył Knemeyera jeszcze jednym, nieoficjalnym zadaniem, o którym nie wspomniano podczas procesu norymberskiego, a o którym Speer napomknął kilkadziesiąt lat później. Speer poprosił Knemeyera o pomoc w zorganizowaniu swojej ucieczki.

Speer planował ucieczkę z Niemiec już od jakiegoś czasu. Trzeba było tylko dopracować szczegóły. Od czasu kiedy obejrzał film *SOS – góra lodowa* z Leni Riefenstahl i Ernstem Udetem w rolach głównych, nie miał wątpliwości, że w razie klęski Niemiec ucieknie na Grenlandię[41]. Tam zamierzał się osiedlić i pisać pamiętniki, jak później tłumaczył. Potrzebował, oczywiście, pilota i tu przydatny mógł się okazać Knemeyer.

Knemeyer był inżynierem lotnictwa, ale jednocześnie jednym z najbardziej cenionych pilotów Luftwaffe. Kiedy na początku wojny latał jako pilot, jego specjalnością były loty szpiegowskie. Od 1938 do 1942 roku wykonał kilka wyjątkowo niebezpiecznych misji zwiadowczych, między innymi nad Anglią i Norwegią. Knemeyer wykonał też pierwszy lotniczy wypad nad Afrykę Północną na dużej wysokości –13 700 metrów[42]. Ale Knemeyer był także pragmatykiem. Zdawał sobie sprawę, lepiej niż Speer, że ucieczka z Niemiec na Grenlandię z jednym z najbardziej poszukiwanych zbrodniarzy wojennych Trzeciej Rzeszy na pokładzie może być wyczynem niemożliwym do zrealizowania. Na

Grenlandii panowały trudne warunki pogodowe i terenowe. Wykonanie takiej misji wymagało bardzo specyficznego samolotu, zdolnego znieść trudne warunki lotu i lądowania, czyli Bv 222, zaprojektowanego przez przedsiębiorstwo Blohm und Voss. Do tej pory zbudowano tylko trzynaście takich samolotów. I był tylko jeden człowiek, który miał dostęp do takiej maszyny, przyjaciel Knemeyera, dwudziestoośmioletni pilot bombowców nurkujących, Werner Baumbach, którego Hitler mianował inspektorem lotnictwa bojowego.

Knemeyer zdawał sobie sprawę, że warunkiem powodzenia ucieczki na Grenlandię jest zabranie ze sobą Baumbacha. W czasie wojny Baumbach latał na trasie pomiędzy Norwegią a niemiecką stacją meteorologiczną na Grenlandii. Speer zgodził się i Baumbach został wtajemniczony w plan ucieczki. Na polecenie Speera Baumbach i Knemeyer zaczęli w tajemnicy gromadzić „skrzynie z książkami, lekarstwa, przybory do pisania, dużo papieru [...], sprzęt strzelecki, składany kajak, namioty, granaty ręczne do połowu ryb i prowiant”[43]. Baumbach przygotował do lotu stojący na lotnisku Travemünde na północ od Berlina samolot Bv 222. Pozostawało tylko czekać na rozkaz Speera[44]. A czas uciekał. Berlin był bliski kapitulacji.

ROZDZIAŁ CZWARTY

Wyzwolenie

Na całym terytorium Niemiec rozpoczęła się akcja wyzwalania. Nacierający w czołgach, jeepach i pieszo alianccy żołnierze uwalniali więźniów kolejnych obozów koncentracyjnych i pracujących w niemieckich fabrykach robotników przymusowych. Wyzwalanie zaczęło się od zachodniej części Niemiec i trwało nieprzerwanie wraz z posuwaniem się aliantów na wschód w kierunku Monachium i Berlina. Przy okazji żołnierze natykali się na nazistowskie laboratoria i ośrodki badawcze. W takiej sytuacji wzywana była grupa naukowców CIOS. W drugim tygodniu kwietnia 1945 roku odkryto cztery ważne obiekty – w Nordhausen, Gerabergu, Völkenrode i Raubkammer – a także pojmano naukowców, którzy mogli zostać objęci Operacją Paperclip.

Rankiem 11 kwietnia 1945 roku oddział amerykańskich żołnierzy ze 104. Dywizji Piechoty, znany jako „Timberwolves" (Wilki), wkroczył do tuneli w Nordhausen. Wśród wyzwalających fabrykę żołnierzy był strzelec wyborowy, szeregowy John Risen Jones Jr. W swoim plecaku miał aparat fotograficzny, prezent otrzymany od rodziny, kiedy został powołany do wojska. Droga i elegancka leica III Jonesa była jednym z pierwszych modeli małych aparatów 35 mm[1].

Minęło już siedem miesięcy od września 1944 roku, kiedy John Risen Jones wylądował we Francji. Na kontynencie spędził do tej pory sto dziewięćdziesiąt pięć dni, biorąc udział w zaciekłych walkach, posuwając się naprzód w śniegu, deszczu i błocie, w większości pieszo. Jones przeszedł Francję, Belgię i Holandię, aż wreszcie znalazł się w Harzu w środkowych Niemczech. Stracił w bojach wielu przyjaciół i zrobił wiele zdjęć. Kiedy jego oddział wkroczył do tego małego górskiego miasteczka, sądził, że dzień minie mu podobnie jak poprzednie. Że to tylko kolejny krok zbliżający go do końca tej brutalnej wojny.

Ale nawet hart bojowy nie przygotował Johna Risena Jonesa na to, co zobaczył w obiektywie swojego aparatu, kiedy znalazł się w Nordhausen. Zdjęcia, które zrobił, stanowią dokumentację tragedii tysięcy robotników skazanych na powolną śmierć przy niewolniczej pracy. W tunelach leżały setki ciał. Równie straszny widok przedstawiały setki tych, którzy jeszcze żyli – wycieńczonych, z ciałami pokrytymi ranami i sińcami, zbyt słabych, by utrzymać się na nogach. „To było zbiorowisko jęków i skowytu, majaczenia i szaleństwa"[2], wspominał inny żołnierz, sierżant sztabowy Donald Schulz. John Risen Jones nie chciał o tym rozmawiać przez pięćdziesiąt jeden lat.

Za wojskiem szła grupa siedmiu śledczych zajmujących się zbrodniami wojennymi[3]. Wśród nich był młody Holender pracujący dla armii amerykańskiej, William J. Aalmans. Podobnie jak John Risen Jones, Aalmans był głęboko poruszony tym, co zobaczył i co poczuł. „Odór, gruźlica i umierający z głodu więźniowie – opowiadał dziennikarzowi Tomowi Bowerowi po wojnie. – Każdej godziny umierało czterech ludzi. Coś niewiarygodnego"[4]. Aalmans i jego zespół zaczęli zbierać relacje więźniów, którym dla wzmocnienia podawano rozwodnione mleko. Praca śledczych była wyczerpująca, a pracowali bez wytchnienia. Po pięciu dniach spędzonych w Nordhausen dostali rozkaz kontynuowania marszu. Większość oficjalnych dokumentów dotyczących produkcji rakiet została ukryta lub zniszczona, ale Aalmansowi i jego ludziom udało się znaleźć pozostawioną przez nieuwagę, przyklejoną do ściany kartkę papieru. Był to spis telefonów przedsiębiorstwa Mittelwerk wraz z nazwiskami kierownictwa zakładu. Na samym szczycie znajdowały się dwa nazwiska: dyrektora produkcji, Georga Rickheya, i zastępcy kierownika produkcji, Arthura Rudolpha. Aalmansowi dokument wydał się na tyle interesujący, że dołączył go do raportu. I chociaż minęło wiele lat, nim ujrzał on ponownie światło dzienne, to ta jedna kartka papieru doprowadziła w końcu do upadku Rudolpha i Rickheya i zagroziła ujawnieniem mrocznych sekretów Operacji Paperclip.

Sto dwadzieścia kilometrów na południe od Nordhausen, w Lesie Turyńskim, na skraju Harzu, żołnierze alianccy wyzwolili miasto Geraberg. Natknęli się tam na ukryty w gęstym lesie ciekawie wyglądający ośrodek badawczy. Obiekt musiał zostać opuszczony niedawno. Znajdowało się w nim laboratorium, izolatka, klatki dla zwierząt i kwatery mieszkalne dla czternastu ludzi. Część obiektu nie była jeszcze ukończona. Do kwatery SHAEF w Wersalu trafiła prośba o przysłanie do Gerabergu grupy bakteriologów. Na miejsce udała się ekipa naukowców Alsos. Jeden z pierwszych pojawił się tam Bill Cromartie, który od samego początku misji Alsos szukał dowodów na istnienie programu rozwoju broni biologicznej. Wtedy, w listopadzie, Cromartie razem z Samuelem Goudsmitem przeglądał dokumenty znalezione w mieszkaniu dr. Eugena Haagena i dowiedział się z nich, że naziści testowali szczepionki na więźniach obozów koncentracyjnych. Po przyjeździe do Gerabergu Cromartie uznał, że znajdujące się tu laboratorium stanowi ważny trop.

„Budynki znajdowały się po obu stronach niewielkiej doliny, w cieniu wysokich drzew – czytamy w tajnym raporcie Cromartiego. – Po jednej stronie był budynek [który] musiał służyć jako laboratorium do przeprowadzania eksperymentów”[5]. Podejrzewał, że w obiekcie tym produkowano eksperymentalne szczepionki, które miały chronić niemieckich żołnierzy przed skutkami użycia broni biologicznej.

Dwóch informacji kluczowych dla rozwiązania tej zagadki dostarczył Cromartiemu i jego koledze J. M. Barnesowi jeden z mieszkańców miasteczka. Powiedział, że prace w tym ośrodku nadzorował esesman, dr Karl Gross. Gross na górnej kondygnacji miejscowej szkoły trzymał zamknięte skrzynie i kufry, a kiedy zniknął, kufry pozostały. Informator zaprowadził amerykańskich naukowców do szkoły.

Dokładnie zinwentaryzowano dobytek dr. Grossa, na który składał się głównie sprzęt laboratoryjny[6]. „Były tam skrzynie z probówkami, buteleczkami i stojakami na probówki. Były też dwa inkubatory i autoklaw. W dwóch pudłach znajdowały się filtry do masek gazowych i kilka gumowych kitli", czytamy w raporcie. Wszystko było starannie zapakowane i opisane jako „otrzymane z Instytutu Higieny Waffen SS". Była tam też spora kolekcja książek, „kilka skrzyń z periodykami poświęconymi chorobom zakaźnym". Szczególną uwagę naukowców wzbudziły „rosyjskie prace naukowe na temat dżumy"[7].

Miejscowy informator zaprowadził następnie agentów Alsos do sąsiedniego pensjonatu, gdzie dr Gross wynajmował pokój. Pokój był opróżniony i nie znaleziono w nim żadnych rzeczy osobistych. „Właścicielka pensjonatu powiedziała, że jej zdaniem Gross w nocy przed wyjazdem spalił mnóstwo papierów"[8], zanotowali w raporcie naukowcy z Alsos. Ale, jak twierdziła kobieta, dr Gross był postacią drugorzędną. Do ośrodka przyjechał inny mężczyzna, który wyglądał na szefa. Miał około pięćdziesięciu lat, wąsy i czarne włosy, był średniego wzrostu. Na jego górnej wardze widniała wyraźna blizna. Musiał mieć wysoką rangę, bo cały personel pytał go o zdanie. Po sprawdzeniu listy Osenberga wszystko stało się jasne: dr Karl Gross był podwładnym dr. Kurta Blomego, odpowiedzialnego za badania nad bronią biologiczną zastępcy lekarza naczelnego Trzeciej Rzeszy.

Wszystko wskazywało na to, że w Gerabergu znajdował się ośrodek zajmujący się badaniami nad bronią biologiczną. Agenci

Alsos sfotografowali cały obiekt: klatki dla zwierząt, stację szczepień, laboratorium i szpitalną izolatkę. Napisali raport i odłożyli go na półkę w celu późniejszego wykorzystania. Teraz na pierwszym miejscu na czarnej liście znalazło się nazwisko dr. Kurta Blomego.

Sto kilometrów na północ od Nordhausen batalion żołnierzy z amerykańskiej 1. Dywizji Piechoty ostrożnie maszerował przez las na zachodnim skraju miasteczka Braunschweig (Brunszwik). Trzynastego kwietnia 1945 roku dotarli do ośrodka składającego się z około siedemdziesięciu budynków. Żołnierze zwrócili uwagę, że z wielką starannością zakamuflowano jego istnienie. Posadzono tysiące drzew, co sprawiło, że z powietrza okolica wyglądała jak gęsty las. Budynki z zewnątrz przypominały gospodarstwa wiejskie. Przy domach urządzono tradycyjne ogródki i dbano o ich wygląd. Na dachach domów były nawet bocianie gniazda.

Wewnątrz budynków żołnierze odkryli nowoczesne laboratoria, a także całe magazyny pełne części do samolotów i paliwa do napędu rakiet. Tunele aerodynamiczne były o wiele bardziej zaawansowane technologicznie od tych, którymi amerykańskie lotnictwo dysponowało w Wright Field. Najstarsza dywizja armii amerykańskiej nieoczekiwanie natknęła się na najbardziej zaawansowany technologicznie lotniczy ośrodek badawczy na świecie. Jego nazwa brzmiała Centrum Badawcze Lotnictwa Hermanna Göringa w Völkenrode[9]. Alianci nic wcześniej o nim nie wiedzieli. Nie występował na czarnej liście CIOS. To było niewiarygodne odkrycie.

Początkowo miejsce sprawiało wrażenie opuszczonego. Ale po trwającej godzinę inspekcji żołnierze natknęli się na dyrektora naukowego instytutu, Adolfa Busemanna. Busemann powiedział im, że obiekt był w skrócie nazywany Völkenrode i działał od dziesięciu lat. Do zbadania instytutu przysłano zespół ekspertów wywiadu technicznego amerykańskich sił powietrznych, działających w ramach Operacji Lusty[10], a stacjonujących w Saint-Germain we

Francji. Tymczasem lotnictwo strategiczne USA zdążyło zniszczyć Luftwaffe w Europie i naloty bombowe ustały. Dowódca sił strategicznych, generał Carl A. „Tooey" Spaatz, otrzymał właśnie czwartą gwiazdkę za sukcesy osiągnięte przez największą flotę samolotów bojowych. Teraz Spaatz zlecił swoim dowódcom w terenie następną misję. „Operacja Lusty", pisał w swojej notatce, „była prowadzona" i każdy, kto „nie był zaangażowany w działania operacyjne" miał szukać „technicznych i naukowych informacji, [które mogłyby] pomóc w prowadzeniu wojny z Japonią". Człowiekiem, który otrzymał od Spaatza zadanie ścigania naukowców i inżynierów Luftwaffe, był pułkownik Donald L. Putt.

Kiedy Putt pojawił się 22 kwietnia 1945 roku w Völkenrode[11], przeraziło go to, co zobaczył. Interesowało go tylko, jak szybko zdoła przewieźć całe wyposażenie do Stanów Zjednoczonych. Putt był legendarnym pilotem oblatywaczem[12], związanym od 1933 roku z bazą lotniczą Wright Field. Udało mu się przeżyć katastrofę lotniczą, w której zginęli jego koledzy, a z której on sam wyszedł z oparzeniami drugiego stopnia twarzy i szyi. Putt był nadzwyczajną osobowością, prawdziwym tygrysem pośród ludzi. „Umiał znosić ogromne napięcia emocjonalne, nieźle sobie z nimi radził"[13], tłumaczył jego kolega z Wright Field. Putt był także bardzo inteligentny, ukończył Wydział Elektryczny w Carnegie Institute of Technology i studia magisterskie w California Institute of Technology. W starszym wieku Donald Putt wspominał przedwojenne nastawienie wobec pilotów, którzy byli także inżynierami. „Obowiązywała wówczas taka filozofia: «Nie wpuszczaj za stery pilota inżyniera, bo będzie się zastanawiał, jak to wszystko działa»". Ale kiedy wojna w powietrzu w Europie i Japonii przybrała na sile, amerykańskie siły powietrzne zaczęły potrzebować takich niekonwencjonalnie myślących pilotów jak Putt. Odłożyły więc na bok dotychczasową filozofię i postanowiły skorzystać z doświadczenia Putta. Kariera Putta nabrała nowego tempa w 1944 roku, kiedy został osobą odpowiedzialną za modyfikację bombowca B-29, tak żeby mógł przewozić wyjątkowo ciężkie i ściśle tajne ładunki nad Japonię. W końcu okazało się, że te ładunki to bomby atomowe, które zostały zrzucone na Hiroszimę i Nagasaki[14]. Kiedy Putt skończył w styczniu 1945 roku prace nad przebudową bombowca B-29, został wysłany do Europy jako dyrektor służb technicznych Dowództwa Sił Lotniczych. I w ostatnim tygodniu kwietnia 1945 roku znalazł się w Völkenrode.

Dzięki swojemu doświadczeniu Putt mógł ocenić, jak rewolucyjna była technologia, którą tam zobaczył. Największe wrażenie zrobiły na nim tunele aerodynamiczne, pozwalające Luftwaffe badać zachowanie skośnych skrzydeł przy przekraczaniu prędkości dźwięku. Moment przekraczania bariery dźwięku, w przedziale pomiędzy mach 0,8 a mach 1,2, był dla amerykańskich lotników w 1945 roku czymś zupełnie nieznanym[15]. Putt był szczerze zdumiony, kiedy dowiedział się od dyrektora ośrodka Völkenrode, Adolfa Busemanna, że niemieckim naukowcom udało się w tych tunelach aerodynamicznych przekroczyć prędkość dźwięku[16]. Nie ulegało wątpliwości, że ośrodek dysponuje „najznakomitszym sprzętem i wyposażeniem" na świecie[17].

Putt otrzymywał rozkazy od Wydziału Eksploatacji Zarządu Wywiadu Europejskiego Teatru Działań, co oznaczało, że w razie potrzeby miał do dyspozycji samoloty B-17 i B-24, którymi mógł przetransportować do Stanów Zjednoczonych większość wyposażenia ośrodka w Völkenrode[18]. Napisał do swojego szefa, generała Hugh Knerra, zastępcy dowódcy amerykańskich strategicznych sił powietrznych w Europie, proponując przetransportowanie sprzętu do Stanów i podsuwając jeszcze jeden pomysł – żeby wywieźć z Niemiec także takich naukowców jak Adolf Busemann. „Jeśli tylko duma nie przeszkodzi nam w wykorzystaniu tych informacji, możemy osiągnąć wielkie korzyści i dokończyć to, co rozpoczęli Niemcy"[19], napisał Putt. Niemieccy naukowcy „byliby bardzo przydatni w naszym programie budowy silników odrzutowych". Putt i Knerr zdawali sobie sprawę, że w Sztabie Generalnym Departamentu Wojny pełno jest ludzi nieufnych wobec Niemców i przeciwnych zawieraniu jakichkolwiek układów z nazistowskimi naukowcami[20]. Wiedzieli też jednak, że tylko oni są w stanie skłonić Departament Wojny do ustępstw.

Generał Knerr wysłał do Departamentu Wojny w Waszyngtonie pismo, w którym tłumaczył, że wykorzystanie technologii Luftwaffe w wojnie z Japonią jest absolutnie konieczne. Dodał też, że należy przymknąć oko na członkostwo naukowców w NSDAP. „Duma i chęć zachowania twarzy nie może być ważniejsza od bezpieczeństwa narodowego"[21], napisał Knerr.

Sztab Generalny Departamentu Wojny nie dał się tak łatwo przekonać, przynajmniej nie od razu. Pułkownik Putt został poinformowany, że sprzęt z Völkenrode może zostać wywieziony natychmiast, ale przewiezienie niemieckich naukowców do Wright Field zajmie trochę czasu. Putt nadzorował osobiście transport części niemieckich samolotów i rakiet z Völkenrode do Stanów Zjednoczonych. Wraz z nimi przewieziono też pięć tysięcy różnego rodzaju dokumentów naukowych. Jednocześnie wraz ze sztabem swoich ludzi wytropił tylu członków personelu Luftwaffe, ilu zdołał, i dogadywał się z nimi prywatnie. Informował ich, że nie może im jeszcze w tej chwili zapewnić podpisania umów z armią amerykańską, ale wkrótce powinno to być możliwe. Dziesiątki naukowców i inżynierów Luftwaffe zakwaterował w hotelu Wittelsbacher Hof w miejscowości uzdrowiskowej Bad Kissingen i dopilnował, żeby nie brakowało im jedzenia, picia i papierosów. Czekającym w hotelu naukowcom mówiono, że umowy z armią amerykańską są właśnie szykowane.

Pułkownik Putt i generał Knerr wspólnie zastanawiali się, jak przekonać Departament Wojny, że ich punkt widzenia jest najlepszy dla Stanów Zjednoczonych.

Mniej więcej w tym samym czasie sto dwadzieścia kilometrów na zachód od Hanoweru odkryto największy skład broni chemicznej. Szesnastego kwietnia 1945 roku żołnierze brytyjskiej 21. Grupy Armii Montgomery'ego natknęli się na bramę opuszczonego terenu doświadczalnego niemieckiej armii znanego pod nazwą

Raubkammer, czyli Złodziejska Dziupla. Miejsce wydawało się zupełnie wyludnione, ale w okolicznych lasach wciąż czaili się snajperzy Waffen SS. Żołnierze w transporterach opancerzonych z największą ostrożnością przekroczyli bramę ozdobioną czarnym orłem i swastykami.

Na pierwszy rzut oka obiekt przypominał standardowy wojskowy poligon – miejsce, gdzie dokonuje się eksplozji bomb i mierzy ich siłę rażenia. Poligon Raubkammer znajdował się w zalesionej okolicy zwanej Münster-Nord i obejmował obszar ponad dwustu kilometrów kwadratowych. Olbrzymie leje na otwartej przestrzeni wskazywały, że samoloty Luftwaffe ćwiczyły w tym miejscu zrzucanie bomb. Znajdowały się tam również eleganckie domy dla setek oficerów, a także budynki administracyjne i kantyna oficerska. A potem żołnierze natknęli się na ogród zoologiczny.

To było duże zoo, zdolne pomieścić wiele gatunków zwierząt wszelkich rozmiarów. Znajdowały się tam klatki dla myszy, kotów i psów, a także duże zagrody dla zwierząt hodowlanych jak konie, krowy i świnie. Były też klatki dla małp. Ale najbardziej alarmujące było odkrycie ogromnej, cylindrycznej komory. Konstrukcja miała dwadzieścia metrów wysokości i trzydzieści metrów szerokości i była otoczona rusztowaniem, plątaniną rur i wentylatorów. Obecność ogrodu zoologicznego i komory upewniła żołnierzy, że Raubkammer nie był zwyczajnym poligonem wojskowym. Wszystko wskazywało na to, że był to ośrodek, w którym testowano gazy bojowe. Wysłano pilną notatkę do SHAEF z prośbą o przysłanie ekipy ekspertów od broni chemicznej[22]. Przyjechały dwa zespoły: jeden z British Chemical Defense Experimental Establishment (Brytyjskiego Towarzystwa Eksperymentalnej Broni Chemicznej) z Porton Down, a drugi z CIOS, z majorem Tilleyem i podpułkownikiem Tarrem.

W tym samym czasie inny oddział brytyjskich żołnierzy, działający kilka kilometrów na południowy zachód od Złodziejskiej Dziupli, natknął się na dwa zespoły bunkrów liczące ogółem prawie dwieście budowli. Z powietrza cały teren był niewidoczny, ponieważ skutecznie maskował go gęsty las. Pierwszy zespół bunkrów składał się z kilkudziesięciu małych drewnianych budynków rozrzuconych nieregularnie pomiędzy podobnej wielkości betonowymi blokhauzami. Żołnierze z zachowaniem szczególnej ostrożności zinwentaryzowali zawartość. W jednym zespole bunkrów znaleźli tysiące bomb ułożonych starannie w stosy. Na bokach każdej z bomb znajdowało się namalowane żółtą farbą kółko[23]. Było to standardowe oznaczenie dla gazu musztardowego, broni chemicznej używanej przez obie walczące strony w czasie pierwszej wojny światowej. Brytyjscy żołnierze w trakcie inwentaryzacji doliczyli się stu tysięcy bomb z gazem musztardowym.

Drugi skład amunicji był oznaczony jako należący do Luftwaffe. W tym wypadku w 175 bunkrach znajdowały się bomby, których alianci nie potrafili zidentyfikować. Na każdej bombie widniały trzy zielone kręgi. Żołnierze Montgomery'ego wysłali do SHAEF pilną depeszę z prośbą o przysłanie ekspertów, którzy zajęliby się zbadaniem znalezionej w lesie amunicji.

Naukowcy z CIOS i z Porton Down byli zaniepokojeni możliwą zawartością tajemniczych bomb. Uznali, że najlepiej będzie odszukać niemieckich naukowców, którzy mogli mieć pojęcie o zawartości, zanim sami spróbują dostać się do środka. W związku z tym zaczęli pukać do drzwi co ładniejszych domów w okolicy Raubkammer. Zgodnie z oczekiwaniami oficerom CIOS udało się natrafić na kilka osób, które przyznały się do pracy naukowej w Raubkammer. I choć wszyscy zgodnie twierdzili, że nie mają pojęcia, jaki rodzaj broni był testowany na poligonie, to oficerom CIOS udało się przekonać kilku Niemców, żeby towarzyszyli im przy wydobyciu z wnętrza bomb znajdującej się tam płynnej substancji[24].

Na miejscu pojawili się chemicy z 44. kompanii chemicznej armii amerykańskiej wraz z przenośnym laboratorium i klatkami z królikami. Początkowo podejrzewano, że substancja oznaczona trzema zielonymi kółkami to jakiś nowy rodzaj nazistowskiego środka parzącego – podobnego do gazu musztardowego, choć być może o silniejszym działaniu. Ale chemicy się mylili. Pobrano próbki, które przetestowano na królikach w ruchomym laboratorium. Czymkolwiek była ta substancja, zabijała ciepłokrwiste króliki pięć razy szybciej niż cokolwiek, co widzieli albo o czym słyszeli brytyjscy i amerykańscy naukowcy. Jeszcze bardziej niepokojący był fakt, że zabójcze działanie tajemniczej substancji nie wymagało jej wdychania. Jedna kropla na skórze królika wystarczała, żeby go zabić w ciągu kilku minut[25]. Okazało się, że miliony masek gazowych rozdanych mieszkańcom angielskich miast nie gwarantowały ochrony przeciwko tak potężnej broni chemicznej, jaką była ta zabójcza substancja.

Agenci terenowi CIOS napisali ściśle tajny raport dla swoich przełożonych w SHAEF. Odkryto nowy rodzaj groźnej broni chemicznej[26]. Bomby lotnicze „zawierające silną i dotychczas nieznaną paralityczno-drgawkową substancję fosforoorganiczną" zostały w czasie wojny wyprodukowane przez nazistów i zmagazynowane w 200 bunkrach w okolicznym lesie. Nigdy wcześniej nie znano równie zabójczej dla człowieka substancji chemicznej. Agenci CIOS jeszcze wtedy tego nie wiedzieli, ale tą substancją był tabun. Trzy zielone kółka zostały wymalowane na bombach Luftwaffe w fabryce IG Farben w Brzegu Dolnym (Dyhernfurth) w Polsce.

Nieoczekiwanie alianccy eksperci weszli w posiadanie jednego z najgroźniejszych rodzajów cudownej broni – i jednego z najpilniej strzeżonych sekretów Trzeciej Rzeszy. Zdumiewające było to, że ta broń nigdy nie została użyta.

Kim byli naukowcy, którzy wynaleźli ten środek paralityczno-drgawkowy i gdzie znajdują się obecnie?

W podziemiach, w centrum Berlina, w prowizorycznym szpitalu zorganizowanym w tunelu metra pod Kancelarią Rzeszy, generał doktor Walter Schreiber operował rannych żołnierzy Wehrmachtu[27]. Przeprowadzał transfuzje krwi, dokonywał amputacji, robił wszystko, co trzeba było zrobić. Jako naczelny lekarz Trzeciej Rzeszy Schreiber nie miał wcześniej bezpośrednio do czynienia z procedurą segregowania rannych. Jak potem zeznał przed trybunałem w Norymberdze, wszyscy jego koledzy lekarze wcześniej uciekli z Berlina. To nie była do końca prawda[28]. Schreiber był niskim, przysadzistym mężczyzną. Miał blond włosy, niebieskie oczy i mięsisty nos. Był też człowiekiem wytrwałym i obdarzonym silną wolą. Szczycił się tym, że jeśli podjął się jakiegoś zadania, realizował je do końca.

Tego dnia, 20 kwietnia 1945 roku, przypadały pięćdziesiąte szóste urodziny Führera. I z tego powodu poranek w Berlinie zaczął się od przemówienia radiowego ministra propagandy, Josepha Goebbelsa, wzywającego wszystkich Niemców do zaufania Hitlerowi i wiernego trwania przy nim aż do samego końca[29]. Kiedy generał doktor Schreiber przeprowadzał operacje w swoim prowizorycznym podziemnym szpitalu, grupa jego kolegów z partii nazistowskiej brała udział w przyjęciu zorganizowanym tuż nad jego głową, w na wpół zniszczonym budynku Kancelarii Rzeszy. Około południa najbliżsi współpracownicy Hitlera przeszli do olbrzymiej sali ze ścianami z polerowanego marmuru i drzwiami sięgającymi sufitu. Byli wśród nich: Speer, Göring, Himmler, Obergruppenführer SS i generał policji oraz Waffen SS Ernst Kaltenbrunner, minister spraw zagranicznych Joachim von Ribbentrop, Grossadmiral Karl Dönitz, feldmarszałek Wilhelm Keitel, generał Alfred Jodl i Brigadeführer SS Hans Krebs. Mężczyźni zgromadzili się wokół olbrzymiego stołu pełnego butelek szampana i znakomitych potraw. Hitler powiedział kilka słów i obiecał, że już wkrótce Rosjanie poniosą druzgocącą klęskę[30].

Tymczasem tego ranka Armia Czerwona rozpoczęła ostateczny szturm na Berlin[31]. Przed świtem niemieccy żołnierze wycofali się z oddalonych o dziewięćdziesiąt kilometrów od centrum Berlina wzgórz Seelow. Radziecka operacja zdobycia Berlina miała kolosalne rozmiary, wzięło w niej udział dwa i pół miliona żołnierzy Armii Czerwonej, dysponujących 41 600 armatami i moździerzami, 7500 samolotów i ponad 6000 czołgów[32].

Miasto aż huczało od plotek, narastała panika i chaos. Większość berlińczyków mieszkała teraz pod ziemią, w piwnicach i schronach przeciwlotniczych, i wychodziła na powierzchnię tylko w poszukiwaniu pożywienia. Wszystkie drogi wyjazdowe z Berlina prowadzące na zachód były zapełnione uciekinierami. W zawrotnym tempie rosła liczba ofiar. Odkomenderowani do walki na południu Berlina, w pobliżu lasu Buckow, członkowie Hitlerjugend znaleźli się w samym centrum wielkiego pożaru lasu i większość z nich spłonęła żywcem. Prowizoryczny szpital generała doktora Waltera Schreibera nie nadążał z przyjmowaniem rannych. W ciągu najbliższych dwunastu dni Armia Czerwona zużyje w szturmie na miasto 1,8 miliona pocisków[33].

Dzień urodzin Hitlera był jednocześnie dniem, w którym Knemeyer i Baumbach ostatecznie uciekli z Berlina[34]. Rankiem Baumbach otrzymał zaszyfrowaną wiadomość od Göringa, który polecił mu spotkać się z Brigadeführerem Walterem Friedrichem Schellenbergiem, cieszącym się złą sławą szefem wywiadu wojskowego i prawą ręką Himmlera. Koniec wojny był bliski i chyba wszyscy zdawali sobie z tego sprawę, czego więc Schellenberg mógł chcieć od Baumbacha? Schellenberg powiedział Baumbachowi, że został wydany nakaz jego aresztowania, które ma nastąpić w trakcie przyjęcia urodzinowego Führera. Schellenberg powiedział też, że Baumbach powinien natychmiast opuścić miasto. Każdą osobę z bliskiego otoczenia Hitlera, aresztowaną pod koniec wojny – zwykle pod zarzutem zdrady – czekała szybka egzekucja. Tak działo się w całym Berlinie. Czyżby Hitler dowiedział się o planie ucieczki na Grenlandię?

„Schellenberg, którego znałem od lat – wspominał później Baumbach – był bystrym człowiekiem"[35]. Baumbach uznał, że ten cynk oznaczał jedno: Schellenberg potrzebował Baumbacha żywego, żeby ten pomógł mu w ucieczce. „W grupie wyższych oficerów SS wiadomo było, że Himmler, za pośrednictwem Szwedzkiego Czerwonego Krzyża, próbował wykorzystać więźniów obozów koncentracyjnych jako karty przetargowej dla zyskania sobie łaskawości aliantów"[36], tłumaczył Baumbach. Oczywiście Himmler nie mógł liczyć na żadną łaskę; Baumbach sądził, że Schellenberg i Himmler chcieli go zachować przy życiu, żeby pomógł im w ucieczce gdzieś daleko od Europy.

Baumbach odszukał Knemeyera i dwóch pilotów, którzy zgodzili się natychmiast wylecieć z Berlina. Wsiedli do bmw

Baumbacha i ruszyli w kierunku oddalonego trzysta dwadzieścia kilometrów na północ od Berlina lotniska Travemünde nad Morzem Bałtyckim. Samolot dalekiego zasięgu, który zamierzali wykorzystać do ucieczki ze Speerem, czekał załadowany i zatankowany na pasie startowym[37]. „Mieliśmy zapasy wszystkiego, co potrzebne na sześć miesięcy", wspominał po wojnie Baumbach. Knemeyer i Baumbach widzieli wielu oficerów Luftwaffe pakujących swój dobytek, zrywających wojskowe oznaki i przygotowujących się do wtopienia się w tłum cywilów. Adiutant przekazał Baumbachowi pilną wiadomość. Tym razem od samego Himmlera. Reichsführer chciał się natychmiast spotkać z Baumbachem. Baumbach miał pojechać do znajdującej się w połowie drogi do Berlina Meklemburgii, gdzie zatrzymał się Himmler. Baumbach poprosił Knemeyera, żeby mu towarzyszył.

Na drodze prowadzącej do Meklemburgii roiło się od uciekinierów. Był to jeden z nielicznych już regionów znajdujących się wciąż pod kontrolą Niemców. Esesmani pędzili więźniów obozów koncentracyjnych jak bydło, nie chcąc, żeby trafili oni w ręce wyzwolicieli. Drogi były prawie nieprzejezdne i pokonanie stu pięćdziesięciu kilometrów zajęło Baumbachowi i Knemeyerowi pięć godzin. Kiedy w końcu dotarli do wielkiej wiejskiej posiadłości – majątku Dobbin[38], esesmani wprowadzili ich do wnętrza domu.

„Reichsführer zaraz pana przyjmie", powiedział jeden ze strażników. Knemeyer miał czekać pod drzwiami gabinetu Himmlera, a Baumbach został poprowadzony długim, wąskim korytarzem, a potem krętymi schodami do apartamentu Himmlera. Himmler był sam, siedział za biurkiem. Miał na sobie szary mundur polowy z emblematem SS – trupią czaszką (*Totenkopf*). Rękawy munduru były przydługie i Baumbach zauważył tani sygnet na małym palcu lewej ręki Himmlera. Himmler przyjrzał się uważnie generałowi zza swoich charakterystycznych binokli i przeszedł od razu do rzeczy.

„Posłałem po pana, żeby wyjaśnić kilka problemów dotyczących Luftwaffe – powiedział według powojennej relacji Baumbacha

Himmler. – Wojna wkroczyła w ostatni etap i muszę podjąć kilka bardzo ważnych decyzji". Baumbach słuchał. „W bardzo niedalekiej przyszłości spodziewam się negocjacji z naszymi wrogami za pośrednictwem jakiegoś neutralnego kraju – ciągnął Himmler. – Słyszałem, że wszystkie samoloty mogące do takiego kraju polecieć są pod pańskim dowództwem"[39]. Baumbach wyglądał przez okno na starannie wypielęgnowany ogród i zastanawiał się nad odpowiedzią. W końcu powiedział Himmlerowi, że ma samolot, który jest w każdej chwili do dyspozycji Reichsführera. Baumbach wspominał, że Himmler przyjął wówczas jeszcze bardziej przyjazny ton i zapytał, gdzie może znaleźć Baumbacha w najbliższych dniach. Na lotnisku Travemünde, odpowiedział Baumbach. Rozmowę przerwał adiutant, obwieszczając przybycie feldmarszałka Keitla. Baumbach został odprawiony.

Baumbach wrócił do poczekalni, gdzie czekał na niego Knemeyer, który zdążył rozejrzeć się po wspaniałej posiadłości Himmlera[40]. Majątek należał kiedyś do sir Henry'ego Deterdinga, angielskiego lorda nazywanego Napoleonem Ropy Naftowej. Na stoliku, obok którego siedział Knemeyer, stały dwa portrety oprawione w srebrne ramki. Jeden przedstawiał Göringa w średniowiecznym stroju myśliwskim z dużym nożem w dłoni. Podpis brzmiał: „Mojemu drogiemu Deterdingowi w dowód wdzięczności za szlachetny podarunek w postaci domku myśliwskiego Reichsjägerhof Rominten" – powiedział synowi Knemeyer kilkadziesiąt lat po wojnie. Druga fotografia przedstawiała Hitlera. „Dla sir Henry'ego Deterdinga – głosił podpis – w imieniu narodu niemieckiego za szczodry dar miliona reichsmarek. Adolf Hitler".

Knemeyer i Baumbach skierowali się ku wyjściu. Oficer pełniący wartę w korytarzu sztywno zasalutował i powiedział, że Reichsführer SS kazał podać im kawę i kanapki, zanim wyruszą w drogę powrotną do Travemünde.

Powodem, dla którego plan ucieczki na Grenlandię wciąż odkładano[41], była decyzja Speera o odwiedzeniu po raz ostatni

Hitlera w jego Führerbunker, spowodowana „przemożną chęcią zobaczenia go raz jeszcze"[42]. Speer sam prowadził samochód w drodze z Hamburga do Berlina[43], ale dziewięćdziesiąt kilometrów przed stolicą droga stała się nieprzejezdna z powodu, jak wspominał później Speer, „korka, w którym utknęło dziesięć tysięcy pojazdów". Nikt już nie jechał w kierunku Berlina; wszyscy stamtąd uciekali. Pasy były zajęte przez samochody kierujące się na zachód. Drogę blokowały „najstarsze modele i luksusowe samochody, ciężarówki i wozy dostawcze, motocykle, a nawet motopompy berlińskiej straży ogniowej". Nie mogąc się przedostać, Speer zjechał z głównej drogi i dotarł do sztabu dywizji w Kyritz, gdzie dowiedział się, że siły rosyjskie okrążyły Berlin.

Poinformowano go tam również, że w Berlinie pozostało już tylko jedno lotnisko pod kontrolą niemiecką, Gatow, na brzegu rzeki Haweli. Speer postanowił polecieć do Berlina samolotem. Ale najbliższy zatankowany samolot stacjonował na poligonie Luftwaffe Rechlin w Meklemburgii. Paliwo lotnicze było teraz na wagę złota, a samolot z całą pewnością przeznaczono do innych zadań. Speer nalegał, żeby komendant bazy w Rechlinie znalazł pilota, który poleciałby z nim do Berlina. Komendant tłumaczył, że z Gatow Speer nie zdoła przedostać się samochodem ani pieszo do bunkra Führera, ponieważ drogę kontrolują Rosjanie. Żeby dostać się do bunkra pod nową Kancelarią Rzeszy, Speer potrzebowałby drugiego, mniejszego samolotu, który przewiózłby go z Gatow pod Bramę Brandenburską. Musiałaby to być maszyna zdolna do krótkiego startu i lądowania, na przykład Fieseler Fi 156 Storch.

„Eskortowani przez eskadrę myśliwców polecieliśmy na południe na wysokości około dziewięciuset metrów kilka kilometrów od pola walki – wspominał Speer. – Widoczność była doskonała... Widać było tylko błyski wystrzałów artyleryjskich i eksplodujących pocisków". Kiedy wylądowali, lotnisko w Gatow było opustoszałe, jeśli nie liczyć kilku generałów uciekających z Berlina. Speer wraz z pilotem wsiedli do czekającego storcha i przelecieli nad Berlinem, żeby wylądować wśród gruzów tuż pod Bramą Brandenburską[44]. Speer zarekwirował samochód wojskowy i sam pojechał do Kancelarii Rzeszy, a właściwie tego, co z niej pozostało.

Amerykańskie bombowce zmieniły kancelarię w stos gruzów. Speer przedarł się przez rumowisko pozostałe po stropie i wszedł do dawnej poczekalni. Tam, adiutant Hitlera, Julius Schaub, stał w otoczeniu znajomych i pił brandy. Speer go zawołał. Schaub wydawał się zaskoczony widokiem Speera. Towarzystwo się rozproszyło. Schaub pobiegł poinformować Hitlera, że Speer chce się z nim widzieć, a Speer czekał obok sterty gruzów. W końcu dobiegły go słowa, które chciał usłyszeć: „Führer jest gotów pana teraz przyjąć".

Speer zszedł do bunkra, gdzie przywitał go „Mefistofeles Hitlera", Martin Bormann. Bormann chciał wiedzieć, czy Speer przybył, żeby nakłonić Hitlera do ucieczki z Berlina. W bunkrze był też minister propagandy Joseph Goebbels, który wraz z żoną Magdą zajęty był planowaniem samobójstwa swojego i swoich dzieci. Kochanka Hitlera, Ewa Braun, zaprosiła Speera do swojej kwatery, gdzie jedząc ciasto i pijąc moët & chandon, miał zaczekać, aż Hitler będzie gotów go przyjąć. O trzeciej nad ranem powiedziano Speerowi, że może wejść. „Byłem jednocześnie poruszony i zmieszany – wspominał później Speer. – [Hitler] ze swojej strony nie przejawiał żadnych emocji, kiedy stanęliśmy twarzą w twarz. Jego słowa były równie zimne jak jego dłoń".

„Więc wyjeżdżasz?" – zwrócił się Hitler do Speera. I dodał: „Dobrze. *Auf Wiedersehen*". Do widzenia.

Speer poczuł się zlekceważony. „Żadnych pozdrowień dla mojej rodziny, żadnych życzeń, żadnych podziękowań, żadnego bywaj zdrów". Speer przez chwilę stracił panowanie nad sobą i zaczął coś mamrotać o powrocie. Ale Hitler odprawił swojego ministra wojny i uzbrojenia i Speer wyszedł.

Sześć dni po ostatnim spotkaniu Speera z Hitlerem armia amerykańska wyzwoliła Dachau[45], obóz koncentracyjny położony dwadzieścia kilometrów od Monachium. Była siódma trzydzieści rano 29 kwietnia, kiedy pięćdziesiąt czołgów trzeciego batalionu 157. pułku piechoty, wchodzącego w skład 7. Armii, zatrzymało się przy czymś, co na pierwszy rzut oka wyglądało na zwyczajny posterunek wojskowy przylegający do obozu treningowego SS. Było zimno i prószył śnieg. Posterunek był otoczony wysokim murem z cegły, drutem kolczastym pod napięciem i głębokim rowem[46]. Wysoko w niebo wznosiło się siedem ufortyfikowanych wież strażniczych. Olbrzymia żelazna brama była zamknięta. Kilku amerykańskich żołnierzy wspięło się na ogrodzenie, przecięło łańcuchy i otworzyło bramę. Wojsko weszło na ogrodzony teren. Nastąpiła krótka wymiana ognia z karabinów maszynowych. Turecki korespondent Nerin E. Gun, uwięziony w Dachau za artykuły na temat warszawskiego getta, był świadkiem, jak cześć esesmanów zaczęła strzelać z wież strażniczych do więźniów. Ale amerykańscy żołnierze, wspominał Gun, błyskawicznie położyli temu kres. „Esesmani szybko zaczęli schodzić po drabinach z rękami w górze". Inne źródła opisują brutalne akty zemsty dokonywanej przez więźniów na esesmanach. Kolejna wymiana ognia nastąpiła, kiedy od południowego zachodu dotarł do Dachau inny amerykański oddział – 45. Dywizja Piechoty „Thunderbird". Żołnierze tej jednostki znaleźli tuż przed garnizonem pięćdziesiąt porzuconych ciężarówek. Każda z nich była wypełniona wychudzonymi zwłokami. Ogółem naliczono kilka tysięcy ciał[47].

Dachau, pierwszy nazistowski obóz koncentracyjny, został założony przez Himmlera 20 marca 1933 roku. Początkowo był miejscem, dokąd zsyłano komunistów i innych politycznych przeciwników narodowego socjalizmu. Nazwa nawiązuje do tego, że więźniów można było „skoncentrować" w jednej grupie i trzymać w zamknięciu zgodnie z nazistowskim prawem[48]. Ale to szybko się zmieniło. Himmler uczynił obozy koncentracyjne „niezależnymi jednostkami administracyjnymi pozostającymi poza ramami systemu prawnego"[49]. Dachau służyło jako ośrodek treningowy dla strażników innych obozów koncentracyjnych i stało się modelowym obozem, na którego wzór zakładano setki kolejnych. Było też modelowym ośrodkiem nazistowskich badań medycznych, a zaangażowani w te badania lekarze stali się później obiektem zainteresowania Operacji Paperclip.

Rankiem 30 kwietnia 1945 roku do Dachau przybył młody porucznik armii amerykańskiej i lekarz, doktor Marcus J. Smith. W swoim dzienniku zanotował, że to liczące sobie tysiąc lat miasto było wyjątkowo zimne i ponure[50]. Przed południem zaczął padać grad. Doktor Smith był jedynym lekarzem wojskowym w dziesięcioosobowym zespole przysłanym do obozu dzień po jego wyzwoleniu. Zespół otrzymał rozkaz udzielenia wszelkiej możliwej pomocy 32 tysiącom wygłodzonych, schorowanych i umierających więźniów do nadejścia oczekiwanej pomocy ze strony Czerwonego Krzyża. „Uwolnieni więźniowie cierpieli na dyzenterię, gruźlicę, tyfus i inne choroby zakaźne we wczesnych, późnych i terminalnych stadiach, a także na zapalenie płuc oraz świerzb – pisał Smith. – Choć pracowałem w szpitalu i przywykłem do widoku śmierci, zaczynam się załamywać... Jeden z moich ludzi ciągle płacze"[51].

W przerwach od obowiązków dr Smith oglądał komory gazowe, starając się zrozumieć, co tu się działo. „Nie mogę uwierzyć, że takie coś było możliwe w dzisiejszych czasach – napisał. – Z tyłu krematorium jest rysunek przedstawiający człowieka jadącego okrakiem na olbrzymiej świni. A pod nim podpis: «Myj ręce. Twoim obowiązkiem jest zachowanie czystości»"[52].

W wolnym czasie Smith włóczył się po obozie. „Podczas jednego z takich spacerów wszedłem do parterowego budynku, w którym znajdowały się stoły laboratoryjne i regały – napisał Smith. – Prawie wszystko było zdemolowane, porozbijane stoły i szuflady, potłuczone szkło laboratoryjne. Wśród tych resztek znalazłem kilka nieuszkodzonych słojów i butelek, a w nich zakonserwowane tkanki ludzkie i owadzie"[53]. Chcąc dowiedzieć się czegoś więcej, Smith rozpytywał wśród ludzi z obozu. Więźniowie powiedzieli mu, że laboratorium służyło nazistowskim lekarzom do przeprowadzania eksperymentów medycznych. Wszyscy się bali tego miejsca, ponieważ „tam dokonywano selekcji więźniów wykorzystywanych do eksperymentów".

Choć amerykański i brytyjski wywiad jeszcze o tym nic nie wiedział, dr Marcus Smith natknął się w Dachau na miejsce, gdzie grupa lekarzy Luftwaffe przeprowadzała eksperymenty medyczne na ludziach. Działo się to w wolno stojących barakach[54], odizolowanych od pozostałych, nazywanych Blokiem Eksperymentalnym 5[55]. Przez laboratorium w Dachau przewinęło się wielu najznakomitszych lekarzy Trzeciej Rzeszy[56]. W Bloku Eksperymentalnym 5 zajmowano się nauką pozbawioną sumienia, złą nauką, przynoszącą złe skutki. A fakt, że przynajmniej sześciu nazistowskich lekarzy zaangażowanych w badania w Dachau znalazło się w grupie pierwszych naukowców, którzy zostali zaangażowani przez armię amerykańską, stał się jedną z najbardziej mrocznych tajemnic Operacji Paperclip.

ROZDZIAŁ PIĄTY

Pojmani i przesłuchujący

Momentem przełomowym było schwytanie nazistowskich naukowców. Jednego po drugim wyłapywano na terenie całej Rzeszy, aresztowano i przesłuchiwano. Dzień po wyzwoleniu Dachau, sześćset kilometrów na północ, radzieccy dowódcy planowali ostateczny szturm na symboliczny budynek Reichstagu w Berlinie[1]. Około piętnastej trzydzieści, w swoim bunkrze, Hitler strzelił sobie w głowę[2]. Rosjanie znajdowali się wówczas w odległości pięciuset metrów od wejścia do bunkra. Za rogiem, pod Kancelarią Rzeszy, żołnierze Armii Czerwonej zdobyli tunele metra, w tym ten, w którym generał dr Walter Schreiber zorganizował swój szpital. Na radzieckim filmie – według Schreibera nakręconym dopiero kilka dni później – widać, jak Schreiber wychodzi z podziemi z rękami nad głową.

Dalej na północ Brytyjczycy złapali Siegfrieda Knemeyera. Baumbach, Knemeyer i Speer nigdy nie uciekli na Grenlandię. Krótko po samobójstwie Hitlera admirał Dönitz kazał Baumbachowi udać się do małego miasteczka Eutin oddalonego sześćdziesiąt pięć kilometrów na północ od Hamburga. Hitler wyznaczył

Dönitza na swojego następcę, a Dönitz powołał swój nowy rząd w koszarach marynarki wojennej w Eutin, jednym z nielicznych miejsc niezdobytych jeszcze przez aliantów.

Siegfried Knemeyer nie został zaproszony do tego nowego kręgu władzy. Baumbach zostawił mu swoje bmw i Knemeyer uciekł na zachód. Na bocznej drodze pod Hamburgiem Knemeyer zobaczył nadjeżdżający z naprzeciwka samochód z żołnierzami brytyjskimi. Zdawał sobie sprawę, że bmw, którym kierował, zostanie uznane za pojazd wyższego oficera, zjechał więc na pobocze, rozbijając samochód, i zaczął uciekać pieszo. Żołnierze znaleźli go ukrytego pod mostem i aresztowali. Knemeyer został przewieziony do wyzwolonego właśnie obozu koncentracyjnego pod Hamburgiem, gdzie przetrzymywano setki innych niemieckich oficerów i dostojników partii nazistowskiej. Był teraz jeńcem wojennym i został pozbawiony wszelkich wartościowych przedmiotów oraz insygniów wojskowych. Kilka lat później powiedział swojemu synowi, że udało mu się ukryć w bucie jedną wartościową rzecz: banknot o nominale 1000 franków szwajcarskich, który dostał od Alberta Speera[3].

Von Braun i Dornberger nie zostali schwytani. Byli tak pewni swojej przydatności dla armii amerykańskiej, że sami się ujawnili. Od chwili opuszczenia, kilka tygodni wcześniej, ośrodka w Nordhausen, von Braun, Dornberger i setki innych ludzi zaangażowanych w program rakietowy, ukrywali się w niewielkim kurorcie narciarskim w Alpach Bawarskich. Pensjonat, w którym mieszkali, Haus Ingeburg[4], znajdował się na wysokości 1178 metrów przy stromej górskiej drodze biegnącej wówczas przez Przełęcz Adolfa Hitlera (wcześniej i po wojnie przełęcz Oberjoch). Dzięki zapasom zgromadzonym przez SS naukowcom nie brakowało żywności i trunków. Był tam słoneczny taras i, jak wspominał po wojnie von Braun, znakomita większość nie robiła nic, tylko jadła, piła, opalała się i podziwiała widok pokrytych śniegiem Alp Algawskich. „W tym eleganckim hotelu na płaskowyżu żyłem po królewsku[5] – wspominał później von Braun. – Poniżej, na zachodzie, byli

Francuzi, a na południu Amerykanie. Nikt nie podejrzewał, że tam sobie siedzieliśmy".

Wieczorem 1 maja 1945 roku naukowcy słuchali w radiu VII symfonii Brucknera, kiedy dokładnie o 22.26 audycję przerwał dźwięk wojskowego werbla. „Nasz Führer, Adolf Hitler, walcząc do ostatniego tchu z bolszewizmem, dzisiaj po południu zginął za Niemcy w swoim punkcie dowodzenia w Kancelarii Rzeszy"[6], ogłosił spiker. Walka była wymysłem. Ale śmierć Hitlera popchnęła Wernhera von Brauna do działania. Zwrócił się do generała Dornbergera z sugestią, że powinni szybko zawrzeć układ z Amerykanami[7]. „Zgadzam się z tobą, Wernher – brzmiały podsłuchane tego wieczoru słowa Dornbergera. – Musimy oddać nasze dziecko w dobre ręce"[8].

Specjaliści od broni rakietowej w Haus Ingeburg korzystali z niemieckich i austriackich źródeł wywiadowczych, śledząc postępy wojsk amerykańskich w terenie[9]. Von Braun i Dornberger wiedzieli, że u podnóża góry po austriackiej stronie rozlokował się oddział amerykańskiego wojska. Obaj mężczyźni uzgodnili, że najlepiej będzie posłać młodszego brata von Brauna – Magnusa, który spróbuje porozumieć się z Amerykanami. Magnus był człowiekiem godnym zaufania. Wiedział, co może powiedzieć o rakietach V-2, a czego nie wolno mu mówić pod żadnym pozorem. Magnus von Braun nadzorował produkcję żyroskopów do rakiet, wytwarzanych przez robotników przymusowych, i zdawał sobie sprawę, że tematu pracy przymusowej więźniów należy unikać. Poza tym najlepiej z całej grupy znał angielski.

Drugiego maja rano Magnus von Braun wsiadł na rower i w jaskrawym alpejskim słońcu zaczął pedałować w dół stromej przełęczy. Krótko przed porą lunchu natknął się na amerykańskiego żołnierza pełniącego wartę przy drodze. Był to szeregowy Fred Schneikert, syn farmera z Wisconsin, pełniący służbę w 44. Dywizji Piechoty. Kiedy szeregowy Schneikert zobaczył samotnego Niemca na rowerze, kazał mu z niego zsiąść i podnieść ręce[10]. Magnus von Braun zastosował się do polecenia. Łamaną angielszczyzną próbował wyjaśnić amerykańskiemu żołnierzowi, że jego brat chce zawrzeć układ w sprawie rakiet V-2. „Zabrzmiało to tak, jakby chciał sprzedać swojego brata Amerykanom", wspominał szeregowy Schneikert.

Szeregowy Schneikert sprowadził Magnusa von Brauna do podnóża góry, żeby mógł porozmawiać z kimś w sztabie kontrwywiadu (Counter Intelligence Corps – CIC) 44. Dywizji, mieszczącym się w Reutte, tuż za granicą z Austrią. CIC skontaktował się z siedzibą SHAEF w Wersalu, a SHAEF z kolei z ekipą CIOS. Na czarnej liście CIOS dotyczącej programu rakietowego znajdowało się tysiąc nazwisk naukowców i inżynierów, których chciano przesłuchać[11]. Wernher von Braun widniał na jej czele.

Był 2 maja 1945 roku i chociaż Hitler nie żył, niemiecka Rzesza jeszcze nie skapitulowała. Alianci obawiali się członków fanatycznej grupy oporu, Werwolfu, którzy gromadzili się w Bawarii, szykując się do ostatecznego ataku. Podejrzewając, że misja brata Wernhera von Brauna może być pułapką, kontrwywiad powiedział Magnusowi, że ma nakłonić brata do zejścia na dół i poddania się. Magnus ruszył z powrotem na szczyt z wiadomością od Amerykanów.

Wernher von Braun i generał Dornberger wybrali spośród ludzi zgromadzonych w Haus Ingeburg niewielką grupkę, która miała zająć się układaniem się z Amerykanami. W jej skład wszedł Magnus von Braun; szef sztabu generała Dornbergera, Herbert Axster; specjalista od silników Hans Lindenberg oraz dwóch inżynierów, którzy ukryli w kopalni Dörnten dokumentację V-2, Dieter Huzel i Bernhard Tessmann. Mężczyźni zapakowali swoje rzeczy osobiste do trzech szarych furgonetek i ruszyli w dół Przełęczy Adolfa Hitlera. Śnieżyca ustąpiła miejsca rzęsistemu deszczowi.

Kiedy cała siódemka dotarła późnym wieczorem do Reutte, zastała porucznika Charlesa Stewarta ślęczącego przy świetle świec nad papierami. Według licznych relacji spotkali się z ciepłym przyjęciem. „Nie spodziewałem się złego traktowania – powiedział von Braun kilka lat później amerykańskiemu dziennikarzowi. – My mieliśmy V-2, a wy nie. Nic dziwnego, że chcieliście wiedzieć o nich wszystko". Naukowcom podano jajka, kawę i chleb z prawdziwym masłem. Całkiem nieźle, choć skromniej niż w Haus Ingeburg. Każdy otrzymał pokój i czystą pościel. Rano pojawili się dziennikarze. „Ujęcie" naukowców i inżynierów zajmujących się produkcją śmiercionośnej broni V-2 było wspaniałym tematem dla prasy. Niemcy pozowali do zdjęć i na wszystkich fotografiach są uśmiechnięci. Von Braun przechwalał się, że to on skonstruował V-2. Jak twierdził, był jej „twórcą i przewodnią siłą". Wszyscy pozostali mieli drugorzędne znaczenie.

Część oficerów kontrwywiadu 44. Dywizji Piechoty pycha von Brauna bulwersowała. „Pozował do mnóstwa zdjęć z żołnierzami, uśmiechał się, ściskał dłonie i zachowywał się bardziej jak gwiazdor niż więzień, traktując naszych żołnierzy z życzliwą protekcjonalnością wizytującego jednostkę kongresmana", zauważył jeden z oficerów. Osobą odpowiedzialną za przesłuchanie von Brauna był oficer wywiadu amerykańskiego, podporucznik Walter Jessel. Jego pierwszym i najlepiej zapamiętanym wrażeniem był brak jakichkolwiek wyrzutów sumienia. „Zdaje sobie sprawę z klęski Rzeszy, ale nie ma poczucia winy i odpowiedzialności Niemiec". Von Braun i Dornberger byli tak przekonani o swoim znaczeniu dla amerykańskiej armii, że zażądali spotkania z generałem Eisenhowerem, o którym mówili „Ike"[12].

Inny obserwator zauważył: „Jeśli nawet nie złapaliśmy najwybitniejszego naukowca Trzeciej Rzeszy, to na pewno złapaliśmy największego łgarza".

Tymczasem poszukiwanych chemików Hitlera nigdzie nie można było znaleźć. Był początek maja i 7. Armia zajęła piękne, stare miasto Heidelberg leżące nad rzeką Neckar. W poszukiwaniu członków zarządu IG Farben do miasta przyjechało dwudziestu pięciu agentów związanych z Wydziałem Karteli amerykańskich sił okupacyjnych[13], a także z Biurem Służb Strategicznych (Office of Strategic Services – OSS) i Foreign Economic Division. Członkowie zarządu IG Farben mieli być sądzeni nie tylko za zbrodnie wojenne, ale także za pranie brudnych pieniędzy. Było wiadomo, że kilku wysoko postawionych szefów koncernu miało swoje domy w Heidelbergu, ale do tej pory nikomu nie udało się natrafić na ślad potężnego i tajemniczego prezesa zarządu – Hermanna Schmitza. Schmitz był także dyrektorem niemieckiego banku centralnego Deutsche Reichsbank oraz dyrektorem Banku Rozrachunków Międzynarodowych w Genewie. Uważany był za najbogatszego bankiera w całych Niemczech[14]. Hermanna Schmitza nikt nie potrafił znaleźć nie dlatego, że się ukrywał albo uciekł, ale dlatego, że wojskowi szukali w Heidelbergu „pałacu Schmitza". Hermann Schmitz, mimo nagromadzonych w czasie wojny niewyobrażalnych bogactw, był wielkim skąpcem. Mieszkał w skromnym, a właściwie szpetnym małym domku. „Nikt nie potrafił powiązać legendarnego Schmitza z domem, w którym mieszkał"[15], wspominał po wojnie prokurator z procesu norymberskiego, Josiah DuBois.

Na podstawie wskazówek i chodząc od drzwi do drzwi w poszukiwaniu zbrodniarzy wojennych, grupa żołnierzy zapukała do drzwi „domku przypominającego otynkowany bunkier" wznoszącego się nad miastem. Drzwi otworzył im niski mężczyzna z czerwoną twarzą i grubym karkiem. Wiszący na ścianie za jego plecami plakat głosił, że w tym domu rządzi Bóg. Schmitz miał ciemne oczy i kozią bródkę, a towarzyszyła mu żona, którą żołnierze opisali jako „przysadzistą Frau w świeżo wyprasowanej kraciastej sukience"[16]. Frau Schmitz zaproponowała żołnierzom kawę, ale wtrącił się Schmitz i powiedział, że żadnej kawy Amerykanom w jego domu podawać się nie będzie. Schmitz powiedział, że nie ma żadnego interesu w odpowiadaniu na pytania żołnierzy, którzy na drabinie społecznej stoją niżej od niego. Gdyby przyszedł do niego oficer, mógłby ewentualnie mieć coś do powiedzenia.

Żołnierze przeprowadzili pobieżną rewizję domu. Gabinet Schmitza był skromnie urządzony i nie było w nim niczego specjalnie wartościowego. Jednak przeszukując biurko, żołnierze przekonali się, że Schmitz miał wysoko postawionych przyjaciół. Znaleźli plik telegramów z życzeniami urodzinowymi od Hitlera i Göringa, w których obaj zwracali się do niego „Justizrat", doktorze prawa.

„Doktor prawa Schmitz? – zapytali go żołnierze prześmiewczo. – Ile pieniędzy trzyma pan w domu i gdzie one są?"[17].

Schmitz odmówił odpowiedzi, a żołnierzom udało się znaleźć tylko niewielką skrytkę z 15 tysiącami reichsmarek, co stanowiło równowartość połowy rocznych zarobków feldmarszałka. W końcu opuścili dom, zapowiadając Schmitzowi, że wrócą następnego dnia. Następnego dnia Schmitz znowu wpuścił żołnierzy do domu. Tym razem udało im się znaleźć schron przeciwlotniczy za domem, gdzie Schmitz ukrył skrzynię wypełnioną dokumentami IG Farben. Wciąż jednak brakowało dowodów pozwalających aresztować Schmitza[18]. Musiało minąć jeszcze kilka dni, nim dokonano niewiarygodnego odkrycia.

Kiedy szef zespołu CIOS, major Tilley, dowiedział się, że odnaleziono Hermanna Schmitza, natychmiast pojechał do Heidelbergu. Tilley i Tarr kierowali misją CIOS w Niemczech, mającą na celu odnalezienie broni chemicznej. Od chwili, gdy w lesie niedaleko Złodziejskiej Dziupli znaleźli ukrytą skrzynię z tabunem, zaczęli szukać przedstawicieli kierownictwa IG Farben. I teraz natrafili na jednego z najważniejszych.

Major Tilley mógł umiejętnie poprowadzić przesłuchanie Hermanna Schmitza[19]. Nie tylko biegle władał niemieckim, ale też doskonale znał się na broni chemicznej. Po przybyciu do Heidelbergu Tilley natychmiast skierował się do domu Schmitza. Zaproponował gospodarzowi rozmowę w jego prywatnym gabinecie, na co ten przystał.

Tilley zadał mu serię banalnych pytań, opukując przy tym ściany gabinetu. Powoli obchodził pomieszczenie, starając się wychwycić jakiś nietypowy odgłos. Schmitz stawał się coraz bardziej nerwowy. W końcu zaczął krzyczeć. Tilley znalazł to, czego szukał – sejf ukryty w ścianie gabinetu[20].

Hermann Schmitz był jednym z najbogatszych bankierów w Niemczech i jednym z najbardziej wpływowych ludzi w gospodarce Trzeciej Rzeszy. Jaki sekret skrywał jego sejf? Major Tilley kazał Schmitzowi go otworzyć. W środku znajdował się album ze zdjęciami. „Fotografie były w inkrustowanych drewnianych okładkach z dedykacją: dla Hermanna Schmitza z okazji dwudziestopięciolecia piastowania stanowiska dyrektora IG Farben", napisał Tilley w raporcie CIOS dla wywiadu. Tilley wyjął z sejfu album, otworzył go i zaczął przeglądać. Na pierwszej stronie znajdowało się słowo „Auschwitz". Tilley przyglądał się zdjęciu ulicy w polskim miasteczku. Obok fotografii był karykaturalny rysunek „przedstawiający w sposób niepochlebny osoby narodowości żydowskiej wcześniej zamieszkujące to miasto"[21], napisał Tilley. Podpis pod rysunkiem brzmiał: „Dawne Auschwitz. Takie, jakie było. Auschwitz w 1940".

Tilley napisał w swoim raporcie, że był zaskoczony tym, jak „bardzo emocjonalny" stał się w tym momencie Schmitz. Tilley nie wiedział jeszcze wtedy, że oglądany przez niego album jest kroniką budowy obozu koncentracyjnego zakładów Farben, IG Auschwitz[22]. W maju 1945 roku prawie nikt, włączając w to majora Tilleya, nie miał pojęcia, co naprawdę działo się w Auschwitz, nie wiedział, że zostało tam poddanych eksterminacji co najmniej 1,1 miliona ludzi. Fakty dotyczące obozu nie ujrzały jeszcze światła dziennego. Dwudziestego siódmego stycznia 1945 roku żołnierze radzieccy wyzwolili Auschwitz, a fotografowie Armii Czerwonej zrobili zdjęcia i nakręcili film przedstawiający okropności, jakie tam zastali. Ale ta informacja nie dotarła jeszcze do reszty świata. Dwudziestego ósmego stycznia 1945 roku w gazecie Armii Czerwonej „Stalinskoje Znamja" ukazał się krótki artykuł na temat obozu zagłady. Stalin czekał z podaniem szerszej informacji do chwili kapitulacji Niemiec[23]. Major Tilley czuł tylko, że ten album fotograficzny ma duże znaczenie dla Schmitza i dlatego został ukryty w sejfie. Ale dlaczego, Tilley nie wiedział[24].

Major Tilley jako szef zespołu CIOS zajmował się ściganiem chemików IG Farben, którzy pracowali nad związkiem paralityczno-drgawkowym. Hermann Schmitz, chociaż był osobą znaczącą w IG Farben, nie był chemikiem. Twierdził, że nie wie, gdzie się podziali chemicy. Album Schmitza został włączony do materiału dowodowego, a Tilley zajął się dalszymi poszukiwaniami. Tymczasem w południowych Niemczech, w miasteczku Gendorf przy granicy z Austrią, amerykańscy żołnierze właśnie zlokalizowali człowieka, którego major Tilley szukał – dr. Otto Ambrosa. Tyle że żołnierze nie wiedzieli, kim Ambros naprawę jest.

Kiedy amerykańscy żołnierze wjechali do położonego dziewięćdziesiąt kilometrów na południe od Monachium miasteczka Gendorf, ich uwagę zwrócił mężczyzna, który nie pasował do otoczenia. Spotkanie z Ambrosem, przywołane później podczas procesu w Norymberdze[25], dobrze utkwiło w pamięci żołnierzy, ponieważ witał zwycięzców ubrany w elegancki garnitur. Wyglądem nie przypominał człowieka, który przeszedł trudy wojny. Żołnierze zapytali go o stopień i numer seryjny.

„Nazywam się Otto Ambros", odpowiedział z uśmiechem. Dodał, że nie jest wojskowym, tylko „zwyczajnym chemikiem"[26].

Żołnierze zapytali, czy jest Niemcem.

„Tak, jestem Niemcem", odparł Ambros i zażartował, że ma tylu francuskich przyjaciół, iż mógłby uchodzić za Francuza. Faktycznie, pochodził z Ludwigshafen, przy granicy z Francją. Powiedział żołnierzom, że znalazł się w południowej Bawarii, ponieważ był dyrektorem dużego koncernu o nazwie IG Farben. Wyjaśnił, że firma miała tu, w Gendorfie, fabrykę detergentów. Jako członek zarządu został wyznaczony do nadzorowania produkcji. Powiedział też żołnierzom, że choć niemieckie społeczeństwo spotkał upadek, to każdy chce być czysty.

Żołnierze kazali się zaprowadzić do fabryki. W środku znaleźli wielkie kadzie z mydłem i innymi środkami czyszczącymi. Wyglądało na to, że mimo wojny fabryka pracowała nieprzerwanie. Ambros zaprowadził żołnierzy do swojego gabinetu, gdzie na ścianie wisiała cała paleta kolorowych wzorników. Oprócz środków czyszczących w fabryce produkowano także farby, wyjaśnił Ambros. Żołnierze rozejrzeli się, podziękowali Ambrosowi za pokazanie fabryki i poprosili, żeby nie opuszczał miasta.

„Nie ma powodów do ucieczki", odpowiedział Ambros. Żołnierze zwrócili uwagę, że stale się uśmiechał.

W ciągu następnych kilku dni w Gendorfie pojawiło się więcej wojska. Brudni amerykańscy żołnierze byli zachwyceni, kiedy ten „zwyczajny chemik" rozdawał im za darmo kostki mydła. Niektórzy od ponad miesiąca nie mieli okazji się umyć. Hojność chemika poszła jeszcze dalej. Otto Ambros dał żołnierzom silne rozpuszczalniki do mycia zabłoconych wozów bojowych.

Żołnierze przesłuchali Otto Ambrosa po raz drugi. Tym razem Ambros dobrowolnie przedstawił im ludzi, którzy mieli wystawić mu dobrą opinię. W fabryce w Gendorfie pracowali wychudzeni mężczyźni z ogolonymi głowami. Ambros twierdził, że są to uchodźcy wojenni, którzy zaświadczą, jakim dobrym jest szefem. Pochodzili z Polski. Ambros powiedział żołnierzom, że osobiście sprowadził tych biednych robotników do Gendorfu. Wybrał najodpowiedniejszych i nauczył ich ciężkiej pracy. Dzięki temu uchodźcy opanowali umiejętności, które pozwolą im zarabiać na życie, kiedy wrócą już do swoich domów, tłumaczył. Wychudzeni uchodźcy milczeli i nie kwestionowali słów zwyczajnego chemika. Niektórzy pomagali nawet amerykańskim żołnierzom w myciu czołgów.

Otto Ambros był człowiekiem rozmownym. Zasypywał Amerykanów opowieściami o zaletach chemii. Na przykład, czy zdają sobie sprawę, jakim cudem jest to, że dla jednego związku chemicznego, tlenku etylenu, można znaleźć sto różnych zastosowań? Albo jak wspaniałym wynalazkiem jest syntetyczny kauczuk? Ambros opowiadał żołnierzom, że był na Cejlonie, gdzie są plantacje kauczukowców. Guma ma tyle wspólnego z ludźmi, mówił Ambros. Był specjalistą od gumy, więc wiedział o tym najlepiej. Guma została ucywilizowana. I wymaga czystości w procesie produkcji. Cała fabryka i pracujący w niej ludzie muszą być zawsze bardzo czyści. Drobina kurzu lub brudu w kadzi z płynną gumą może doprowadzić do rozerwania opony w trakcie jazdy. IG Farben miało fabryki syntetycznego kauczuku i – podobnie jak w przypadku kauczuku naturalnego – laboratoria i fabryki musiały być utrzymywane w idealnej czystości. Ambros mówił dużo, ale nie wspomniał słowem o fabryce kauczuku, którą zbudował i zarządzał w Auschwitz. Żołnierze podziękowali mu za prezent w postaci mydła i środków czyszczących. Przed wyjściem przypomnieli mu, że ma nie opuszczać miasta. Praktycznie pozostawał w areszcie domowym.

Kiedy wreszcie kilka dni później w Gendorfie pojawili się wyżsi stopniem amerykańscy przedstawiciele, zaczęli zadawać Ambrosowi bardziej konkretne pytania. Dlaczego część fabryki detergentów została zbudowana pod ziemią? Śledczym z CIOS zajęło kilka miesięcy ustalenie, że fabryka w Gendorfie produkowała w czasie wojny broń chemiczną, a Ambros po ucieczce z Auschwitz pod koniec stycznia 1945 roku przyjechał tu ze swoim zastępcą, Jürgenem von Klenckiem, żeby zniszczyć dowody, ukryć dokumentację i zmienić fabrykę w zakład produkujący tylko detergenty i mydło.

Siedemnastego maja 1945 roku w Monachium żołnierze amerykańscy przeprowadzali rutynową kontrolę dokumentów, podczas której jakiś dobrze ubrany mężczyzna – 60 kg wagi, 175 cm wzrostu, czarne włosy, orzechowe oczy, długa blizna z lewej strony twarzy pomiędzy nosem a górną wargą – pokazał im niemiecki paszport wystawiony na profesora doktora Friedricha Ludwiga Kurta Blomego.

Nazwisko Blomego wywołało alarm[27]: „Natychmiast aresztować. Sprawa najwyższej wagi". Doktora Blomego poszukiwał Samuel Goudsmit i cały zespół ekspertów od broni biologicznej w ramach Operacji Alsos. Aresztowania dokonał agent Arnold Vyth z kontrwywiadu wojskowego. Agent Vyth wypełniał wszystkie niezbędne dokumenty, a tymczasem dr Blome został przewieziony do Centrum Przesłuchań 12. Grupy Armii. Kilka dni później dalekopisem nadeszła informacja z Biura Służb Strategicznych, poprzednika Centralnej Agencji Wywiadowczej. Okazało się, że amerykańska agencja szpiegowska również poszukuje dr. Blomego[28].

Biuro Zbrodni Wojennych dysponowało istotnymi informacjami na temat dr. Kurta Blomego. Był on zastępcą naczelnego lekarza Trzeciej Rzeszy i wiceprzewodniczącym Izby Lekarskiej Rzeszy, Reichsärztekammer. Podejrzewano, że podlegał bezpośrednio Göringowi, a może nawet Himmlerowi, albo obu naraz. W 1942 roku został szefem programu badań nad rakiem. Ludzie z Alsos i OSS podejrzewali, że program ten był przykrywką dla prac nad bronią biologiczną. Blome był zagorzałym nazistą[29]. W swojej książce *Arzt im Kampf* (Lekarz na wojnie) porównywał wysiłek lekarzy z wysiłkiem wojennym Trzeciej Rzeszy[30]. Żołnierze, oficerowie i lekarze nie różnili się niczym, jedni toczyli bój z siłami przeciwnika, a drudzy z chorobami.

Śledczy starali się poznać zawiłą strukturę władz medycznych Trzeciej Rzeszy[31], żeby wiedzieć, kto kierował którą organizacją. Szczególnie interesujący był dla nich fakt, że dr Kurt Blome należał do elitarnej grupy nazistowskich lekarzy zajmujących się „higieną". Słowo to miało oznaczać kontrolę nad rozprzestrzenianiem się chorób, ale podejrzewano, że było eufemizmem używanym w Rzeszy do określania czystek etnicznych i eksterminacji Żydów. Ludzie z Alsos weszli w posiadanie korespondencji pomiędzy Blomem a Himmlerem, w której była mowa o „specjalnym traktowaniu" (*Sonderbehandlung*) określonych grup chorych[32] – w tym wypadku chorych na gruźlicę Polaków. Co dokładnie mogło oznaczać specjalne traktowanie? W chwili, kiedy przesłuchiwano Blomego, agencje wywiadowcze aliantów uważały, że był tylko jeden lekarz postawiony wyżej w hierarchii Komitetu Higieny Rzeszy niż Blome[33], cieszący się złą sławą minister zdrowia Rzeszy (Reichsgesundheitsführer), Leonardo Conti.

Doktor Blome rozmawiał z pierwszym przesłuchującym biegłą angielszczyzną. Nazwał siebie „dobrym nazistą" – posłusznym – i wyraził wolę współpracy z aliantami. Śledczy byli w pierwszej chwili poruszeni perspektywą dowiedzenia się czegoś więcej na temat medycyny w Trzeciej Rzeszy od takiej grubej ryby jak Blome.

Zapytali go, dlaczego zgodził się na współpracę.

„Nie mogę zaaprobować stosowania nowych odkryć w naukach medycznych do takich okropności"[34], odparł Blome.

„Jakich okropności?", zapytał przesłuchujący Blomego oficer.

Blome powiedział, że jako zastępca naczelnego lekarza Rzeszy „wiedział o nowych badaniach naukowych i eksperymentach, które prowadziły do dalszych okropności, na przykład masowej sterylizacji czy gazowania Żydów"[35]. To było zdumiewające wyznanie. Do tego czasu żaden lekarz ze szczytów władzy nie przyznał się do tego, że wiedział o takich potwornościach jak program masowej eksterminacji czy sterylizacji. Gotowość Blomego do mówienia była wyjątkowo obiecującą wiadomością. Blome był „chętny do współpracy i inteligentny", zauważył przesłuchujący. A co najważniejsze, był „gotów dostarczać informacji".

Niestety, radość amerykańskich śledczych nie trwała długo. Podczas następnego przesłuchania dr Kurt Blome całkowicie zamilkł. Powiedział przesłuchującemu go oficerowi, majorowi E.W. B. Gillowi, że pełnił w Rzeszy wyłącznie funkcje administracyjne i nie miał na nic bezpośredniego wpływu. Major Gill chciał wydobyć z Blomego informacje na temat jego bezpośredniego przełożonego, dr. Leonardo Contiego[36]. Ale Blome powiedział, że nic nie wie na temat pracy Contiego.

„Kiedy zauważyłem, że zastępca musiał coś wiedzieć na temat pracy swojego szefa – napisał w swoim raporcie major Gill – odpowiedział, że organizacja służby zdrowia była wyjątkowo skomplikowana i chciałby mi ją rozrysować". Gill stracił cierpliwość. „Powiedziałem Blomemu, że nie potrzebuję jego cholernych szkiców, tylko odpowiedzi na proste pytanie. Jak mógł zastępować Contiego w razie jego nieobecności lub choroby, skoro nic nie wiedział o pracy swojego szefa?"

Blome pozostał przy swoim zdaniu, że wszystko było zbyt skomplikowane, żeby to wyjaśniać komuś takiemu jak major Gill. Rozzłoszczony uchylaniem się Blomego od odpowiedzi Gill nie rezygnował. Ale do końca przesłuchania prowadzonego przez Alsos major Gill nie uzyskał od Blomego nawet strzępka nowej informacji. Blome twierdził, że nigdy nie słyszał większości nazwisk lekarzy, o których pytał Gill[37]. Utrzymywał też uparcie, że nie znał struktury zarządzania w służbie zdrowia Trzeciej Rzeszy i SS, nie licząc faktu, że od 1943 roku pięciokrotnie spotkał się osobiście z Himmlerem. Gill pytał, dlaczego Blome, „specjalista od raka", został szefem programu rozwoju broni biologicznej w Rzeszy, o której, jak sam twierdził, miał niewielkie pojęcie. Blome odparł, że nie zna odpowiedzi na to pytanie.

„Na moją sugestię, że najważniejsza dziedzina badań nie mogła zostać powierzona kompletnemu ignorantowi, po niekończących się wyjaśnieniach na temat złożoności niemieckiej struktury organizacyjnej w końcu przyznał, że powodem mógł być fakt, iż jego praca doktorska była o broni biologicznej". Major Gill był pewny, że Blome kłamie. Nie mógł jednak zrobić nic prócz przedstawienia Blomemu informacji i dowodów, jakie Alsos zebrało na jego temat po zajęciu mieszkania dr. Eugena Haagena sześć miesięcy wcześniej.

Gill powiedział Blomemu, że w trakcie serii przesłuchań szesnastu lekarzy również zaangażowanych w badania nad bronią biologiczną oficerowie Alsos dowiedzieli się o licznych zbrodniach medycznych. Gill wyjaśnił, że Alsos ma dokumenty, które łączą Blomego z tymi zbrodniami. Na przykład, w mieszkaniu dr. Eugena Haagena znaleziono listy świadczące o znajomości Blomego z Haagenem oraz lekarzem z SS dr. Augustem Hirtem. Z listów tych jasno wynikało, że ktoś dostarczał lekarzom Rzeszy ludzkich królików doświadczalnych. Kto właściwie kierował tym programem? – zapytał Blomego Gill, który chciał znać nazwisko.

Blome odparł, że nie ma pojęcia, o czym Gill mówi. Major przypomniał Blomemu, że ma list, który go obciąża. W kolejnym liście, powiedział Gill, Blome nakazywał dr. Hirtowi kontynuowanie badań nad „działaniem gazu musztardowego na organizmy żywe". Wyrażenie „organizmy żywe" miało oznaczać ludzi, czy tak? – pytał Gill. Blome w dalszym ciągu unikał odpowiedzi. „Cały czas powtarzał, że badania prowadzone przez SS były do tego stopnia tajne, iż nawet szef konsultantów medycznych Rzeszy nic na ich temat nie wiedział", napisał w swoim raporcie major Gill.

Gill był przekonany, że dr Kurt Blome kłamie. Miał pewność, że Haagen, Hirt, Blome i SS byli zaangażowani w eksperymenty medyczne na więźniach obozów koncentracyjnych.

„To przesłuchanie było całkowicie bezowocne – podsumował w swoim raporcie Gill. – Chociaż nie chcę się wypowiadać definitywnie, moje pierwsze wrażenie jest takie, że Blome to kłamca i oszust".

Na południu, w Alpach Bawarskich, do naukowców zajmujących się rakietami V-2, którzy starali się zawrzeć układ z armią amerykańską, próbował dołączyć były dyrektor naczelny Mittelwerk, Georg Rickhey. Rickhey podjął pracę sto czterdzieści kilometrów od Nordhausen, w kopalni soli. Przez kilka tygodni nikt go nie szukał. Potem z misją zleconą przez Departament Wojny pojawił się na tym terenie pułkownik Peter Beasley z Komisji Strategicznego Lotnictwa Bombowego USA (US Strategic Bombing Survey – USSBS). Jego zadaniem było odszukanie inżynierów, którzy zbudowali podziemne umocnione obiekty w górach Harzu. Te bunkry przeciwlotnicze były nadzwyczajnym osiągnięciem inżynierii i USSBS było zaskoczone tym, że tak wiele z nich przetrwało nieustające rajdy bombowe aliantów. Szczególnie ważna dla oficerów USSBS była fabryka rakiet w Nordhausen. Pułkownik Beasley zainstalował się w opuszczonych koszarach w miasteczku Ilfeld, na północ od dawnej fabryki Mittelwerk. Dziwnym zbiegiem okoliczności w budynku, który wybrał, mieściło się kiedyś biuro Georga Rickheya. Z pozostawionych w nim dokumentów pułkownik Beasley dowiedział się, że Rickhey dysponował ważnymi informacjami na temat sposobu budowy podziemnej fabryki. Beasley rozpytywał o Rickheya[38], ale nikt z miejscowych nie wiedział, gdzie on się podział.

„Codziennie odwiedzałem więzienia w okolicznych miasteczkach w nadziei, że trafię na kogoś, kto może mnie zainteresować"[39], napisał w swoim raporcie Beasley. W końcu trafił na człowieka, który dał mu wskazówkę. Georg Rickhey jest kierownikiem w kopalni soli w Szwarcwaldzie, powiedział informator. Pułkownik wysłał w teren dwóch oficerów, którzy mieli odnaleźć Rickheya.

Tymczasem Beasley i jego ekipa podążyli innym tropem. „W Blankenburgu – napisał w raporcie – natrafiliśmy na budynek szkolny, a w nim na rozmaite papiery z nagłówkiem ministerstwa kierowanego przez Speera". Z dokumentów tych Beasley dowiedział się, że Georg Rickhey był łącznikiem pomiędzy firmą Mittelwerk a Ministerstwem Uzbrojenia. Kiedy dwóch oficerów wróciło z Rickheyem, Beasley umieścił go w areszcie i zaczął przesłuchiwać. Rickhey był „znerwicowanym człowieczkiem, który bez ustanku palił i wciąż sprowadzał rozmowę do kwestii naukowych i technicznych"[40], wspominał po wojnie Beasley, ale jednocześnie okazał się „najwartościowszą zdobyczą".

„Mam dla pana zadanie – powiedział Beasley do Rickheya. – Chcę, żeby opisał pan teraz siebie, funkcjonowanie fabryki V-2 oraz to, nad czym pracowali pańscy ludzie". Rickhey wypełnił polecenie. Kiedy zadanie zostało wykonane, Beasley powiedział byłemu dyrektorowi Mittelwerk: „Uznajemy pana za urzędnika niemieckiego rządu. Jesteśmy cierpliwi, mamy czas i dość ludzi – wy przegraliście wojnę, a pan jest człowiekiem, który dużo wie na temat rakiet. Jako amerykański oficer chcę, żeby mój kraj poznał wszystkie te informacje. Będę rekomendował przełożonym przewiezienie pana do Stanów Zjednoczonych"[41].

Rickhey przyjął tę wiadomość z radością. Powiedział Beasleyowi, że jest naukowcem i pragnie jedynie dogodnych warunków do pracy, które mogą mu zapewnić Stany Zjednoczone. Zgodził się zdradzić miejsce ukrycia ważnych dokumentów. Zaprowadził go do oddalonej o kilka kilometrów jaskini, w której znajdowały się czterdzieści dwie skrzynie z kartami pracy i światłokopiami projektów fabryki Nordhausen i rakiet V-2. Nie była to na pewno dokumentacja Wernhera von Brauna, ale dla USSBS i tak było to dużo. Teraz, po zdobyciu takiej ilości dokumentów, pułkownik Beasley zdał sobie sprawę, że musi je przetłumaczyć ktoś z dobrą znajomością problematyki technicznej. Obiecał Rickheyowi, że postara się załatwić mu pracę w Stanach Zjednoczonych[42], ale najpierw zamierzał zabrać go ze sobą do Londynu, gdzie dokumenty zostaną przetłumaczone i przeanalizowane.

Jeden z najbardziej poszukiwanych nazistowskich zbrodniarzy wojennych, Albert Speer, został w końcu pojmany rankiem 23 maja 1945 roku. Stało się to w jednej z łazienek w należącym do jego przyjaciela zamku Glücksburg, niedaleko Flensburga, w północnych Niemczech. Następca Hitlera, admirał Dönitz, zdążył już przenieść siedzibę swojego rządu z Eutin do położonego kilka kilometrów od duńskiej granicy Flensburga. Speer, który był członkiem gabinetu Dönitza, codziennie dojeżdżał piętnaście kilometrów z zamku Glücksburg do siedziby rządu[43]. Jak opisywał to później Speer, golił się akurat w łazience, kiedy usłyszał odgłos kroków i głośne komendy wydawane po angielsku. Czując, że nadchodzi koniec jego wolności, z twarzą w połowie pokrytą kremem do golenia[44] uchylił drzwi łazienki i zobaczył brytyjskich żołnierzy.

„Czy pan nazywa się Albert Speer?" – zapytał brytyjski sierżant.

„Tak, nazywam się Speer" – odpowiedział po angielsku.

„Jest pan moim więźniem" – stwierdził sierżant.

Speer ubrał się i spakował torbę. Zamek był otoczony przez oddział brytyjskich żołnierzy z bronią przeciwpancerną[45]. Speer został aresztowany i wywieziony z zamku[46].

Amerykańskie władze już prawie dwa tygodnie przed aresztowaniem Speera przez Brytyjczyków wiedziały, gdzie on się ukrywa[47]. Przez jedenaście dni spędzonych w zamku Glücksburg Speer rozmawiał z przedstawicielami amerykańskiej Komisji Strategicznego Lotnictwa Bombowego (USSBS)[48]. Szef tej komisji, Paul Nitze, pierwszy zdołał trafić na ślad Alberta Speera. Nitze uważał Speera za swoje najcenniejsze trofeum wywiadowcze, toteż 12 maja 1945 roku wsiadł na pokład stacjonującego w Londynie swojego DC-3 i „w okamgnieniu", jak wspominał po wojnie, poleciał do zamku Glücksburg. Ponieważ Flensburg znajdował się w brytyjskiej strefie okupacyjnej, to Brytyjczycy musieli aresztować Speera. Ale wcześniej Amerykanin Nitze miał okazję wyciągnąć z niego maksymalnie dużo informacji. „Szukaliśmy najważniejszych, absolutnie kluczowych informacji, a Speer był jedyną osobą w Niemczech, która mogła nam ich dostarczyć”[49], wspominał po latach Nitze.

Organizacja Nitze'a chciała przede wszystkim wiedzieć, które bombardowania alianckie przyniosły Niemcom największe straty. Ameryka wciąż jeszcze była w stanie wojny z Japonią i USSBS uważała, że Speer może dostarczyć informacji, które pomogą Amerykanom osiągnąć zwycięstwo. Do Nitze'a dołączyło w zamku dwóch jego kolegów: George Ball i John Kenneth Galbraith. Przez następne jedenaście dni cała trójka zadawała Speerowi pytania. W eleganckim salonie ze ścianami obitymi czerwono-złotym brokatem dyskutowano o tym, który aliancki nalot spowodował największe zniszczenia, a który najmniejsze. Nitze'a, Balla i Galbraitha interesowało szczególnie, jak przemysł zbrojeniowy Trzeciej Rzeszy zdołał tak długo funkcjonować. Speer wyjaśnił, że z jego inicjatywy większość niemieckich fabryk broni została przeniesiona pod ziemię. I te kompleksy zbrojeniowe okazały się odporne nawet na najsilniejsze bombardowania. Zdaniem Speera były triumfem myśli inżynierskiej i wielkim osiągnięciem Franza Dorscha oraz zastępcy Speera, Waltera Schiebera. Notatki z rozmów robiła sekretarka Speera, Annemarie Kempf. A rozmowy przerywano tylko wtedy, gdy zamkowy kucharz wzywał wszystkich na lunch.

Speer nie wspomniał, że jego zastępca, Brigadeführer SS Schieber, chemik z wykształcenia, pracował z nim także nad produkcją broni chemicznej, gdyż to mogłoby otworzyć puszkę Pandory w kwestii zbrodni wojennych. Amerykanie nie byli zainteresowani oskarżaniem na siłę Speera o zbrodnie wojenne, a Speer nie zamierzał dostarczać im dowodów na swoją zbrodniczą działalność. Głównie przechwalał się osiągnięciami swojego ministerstwa. George Ball wspominał, że tylko raz, może dwa, w trakcie rozmów z USSBS, Speer był pytany o obozy koncentracyjne. „Zapytałem go, co wie o eksterminacji Żydów. Odpowiedział, że nie może tego skomentować, ponieważ nic o tym nie wiedział, dodał jednak, że nieodkrycie tego faktu było błędem”[50], powiedział Ball po wojnie autorce biografii Speera, Gitcie Sereny.

John Kenneth Galbraith był jedynym z całej trójki członków Komisji Strategicznego Lotnictwa Bombowego USA, który zwiedził obóz koncentracyjny przed rozmowami ze Speerem. Galbraith widział okropności Dachau i Buchenwaldu. „Dopiero zaczynało być głośno na temat Auschwitz”, tłumaczył. Czy wierzył, że Speer nie miał pojęcia o eksterminacji Żydów? „Nie, nie wierzyłem, że nie wiedział – powiedział Galbraith Sereny. – Na pewno wiedział o pracy niewolniczej. Pamiętam, jak powiedział do nas: «Powinniście powiesić Saukla» [Saukel był zastępcą Speera odpowiedzialnym za pracę niewolniczą], a kilka tygodni później Saukel powiedział nam: «Powinniście powiesić Speera». Uroczy ludzie, prawda?”

Przez jedenaście dni Amerykanie rozmawiali ze Speerem, wreszcie Brytyjczycy go namierzyli i aresztowali. Zabrali go do Flensburga, gdzie trzymali pozostałych członków rządu Hitlera. Pod eskortą ponad trzydziestu pojazdów opancerzonych więźniowie zostali przetransportowani do czekających na nich dwóch samolotów, na których pokładzie przewieziono ich do ściśle tajnego ośrodka przesłuchań o kryptonimie Ashcan.

* * *

Tego samego popołudnia, sto sześćdziesiąt kilometrów na południe od Flensburga, w 31. obozie jenieckim koło Lüneburga, pewien sierżant Wehrmachtu czynił wiele hałasu. Oficerowi dowodzącemu obozem, kapitanowi Thomasowi Selvestrowi, zachowanie mężczyzny wydało się dziwne. Uwięzieni żołnierze Wehrmachtu rzadko zwracali na siebie uwagę. Kapitan Selvester posłał po podekscytowanego mężczyznę, którego opisał jako niską, „sprawiającą wrażenie schorowanej” osobę w cywilnym ubraniu, z czarną przepaską na lewym oku. Stanąwszy twarzą w twarz z kapitanem Selvestrem, mały, szpetny mężczyzna ceremonialnie zdjął opaskę z oka, odsłaniając bladą, nieogoloną twarz. Następnie wyjął z kieszeni i założył okulary w rogowych oprawkach.

„Heinrich Himmler", przedstawił się spokojnie więzień[51].

Kapitan Selvester natychmiast rozpoznał twarz w okularach. Stał przed nim człowiek uważany za najpotężniejszego po Hitlerze w Trzeciej Rzeszy. Himmler był Reichsführerem SS i szefem niemieckiej policji, dowódcą Armii Rezerwowej Wehrmachtu i ministrem spraw wewnętrznych Rzeszy. Ta twarz. Dołek w podbródku i złowrogie spojrzenie uśmiechniętych oczu. Od chwili, gdy na okładce magazynu „Time" z 11 października 1943 roku pojawił się rysunek Himmlera – „Szefa policji nazistowskiej Europy"[52] – na tle sterty trupów, stał się synonimem zła. Teraz, kiedy stał przed Selvestrem w okularach z małymi, okrągłymi szkłami, kapitan był pewien, że ten człowiek to rzeczywiście Heinrich Himmler. Mimo to kapitan Selvester trzymał się procedury i zażądał weryfikacji podpisu. Kiedy kilka dni wcześniej Himmler został złapany, wylegitymował się podrobionymi dokumentami wystawionymi na sierżanta Wehrmachtu Heinricha Hitzingera[53].

Podpis pasował i kapitan Selvester wezwał najbardziej doświadczonego śledczego w 31. obozie, kapitana Smitha. Kiedy pojawił się Smith, Selvester kazał jeszcze raz obszukać Himmlera. Tym razem brytyjscy żołnierze znaleźli w jego ubraniu dwie fiolki z trucizną. To lekarstwo na skurcze żołądka, tłumaczył Himmler. Kapitan Smith nakazał powtórne badanie lekarskie więźnia i lekarz obozowy, kapitan Clement Wells, znalazł w głębi jamy ustnej Himmlera jakiś przedmiot z niebieskim czubkiem[54]. Kiedy dr Wells próbował go wydobyć, Himmler odrzucił głowę do tyłu i rozgryzł ampułkę z trucizną[55]. Po kilku sekundach więzień osunął się na ziemię. Heinrich Himmler nie żył. Asystent dr. Wellsa zapisał w swoim dzienniku: „To wcielone zło wydało ostatnie tchnienie o 23.14"[56].

Wojna w Europie była zakończona. Niemcy nazwali to *die Stunde Null*, godziną zero. Miasta leżały w gruzach. W wyniku bombardowań alianckich zniszczeniu uległo ponad 1,8 miliona niemieckich domów. Z 18,2 miliona mężczyzn służących w niemieckiej armii, marynarce wojennej, Luftwaffe i Waffen-SS zginęło ogółem 5,3 miliona[57]. W wojnie rozpętanej przez Niemcy uczestniczyło sześćdziesiąt jeden krajów. Zginęło około pięćdziesięciu milionów ludzi[58]. Trzecia Rzesza przestała istnieć.

Heinrich Himmler i Adolf Hitler nie żyli. Albert Speer był w areszcie. Podobnie Siegfried Knemeyer i dr Kurt Blome. Otto Ambros znajdował się w areszcie domowym w Gendorfie i nikt z CIOS i Alsos nie wiedział jeszcze, kim jest naprawdę. Wernher von Braun, Walter Dornberger i Arthur Rudolph przebywali w areszcie i starali się zawrzeć układ z armią amerykańską. Georg Rickhey był w Londynie zajęty tłumaczeniem dokumentów dla Komisji Strategicznego Lotnictwa Bombowego USA.

Ważyła się przyszłość wojny i przyszłość broni. Co miało się stać z nazistowskimi naukowcami? Kto zostanie zatrudniony, a kto powieszony? W maju 1945 roku nie było jeszcze żadnej oficjalnej polityki wobec nich. „Pytanie, kto jest nazistą, pozostaje mroczną zagadką"[59], napisał w raporcie przesłanym w maju do kwatery SHAEF oficer sztabu 3. Armii.

W ciągu kilku następnych miesięcy zostaną podjęte istotne decyzje na temat tego, co zrobić z dawnymi naukowcami i inżynierami Hitlera, niemal za każdym razem oparte na zapotrzebowaniu konkretnych organów wojskowych i uzasadnione przewidywanymi zagrożeniami. Pójdzie za tym oficjalna polityka – w jednej wersji dla opinii publicznej, w zupełnie innej dla Kolegium Szefów Połączonych Sztabów. Pojawi się bezgłowy potwór – Operacja Paperclip.

CZĘŚĆ II

Skala, w jakiej nauka i inżynieria zostały w Niemczech zaprzęgnięte do rydwanu zniszczenia, jest doprawdy zdumiewająca. Musimy się obecnie bardzo dużo na ten temat dowiedzieć[1].

W.S. Farren, brytyjski ekspert lotniczy
z Royal Aircraft Establishment

ROZDZIAŁ SZÓSTY

Zaprzężeni do rydwanu zniszczenia

Co począć z dawnymi uczonymi Hitlera? Walki ustały, siły alianckie przeistaczały się ze zwycięskiej armii w siły okupacyjne. Niemcy miały zostać rozbrojone, zdemilitaryzowane i zdenazyfikowane, tak żeby możliwość wywołania przez nie wojny ograniczyć do zera. Dlatego istotna pozostawała kwestia nauki i technologii. „To oczywiste, że niemiecka nauka musi zostać okiełznana[2] – napisał w raporcie CIOS dotyczącym rozwoju Luftwaffe podpułkownik John O'Mara z Sił Powietrznych Armii Stanów Zjednoczonych (United States Army Air Forces – USAAF). – Ale jak?". Pierwsza wojna światowa zakończyła się traktatem pokojowym, który pośród innych ograniczeń „starał się zapobiec rozwojowi niemieckich sił powietrznych przez zakaz utrzymywania lotnictwa wojskowego. Rezultat – tłumaczył O'Mara – był równie groteskowy, jak tragiczny". Przed wybuchem drugiej wojny światowej niemieckie siły powietrzne były najpotężniejsze na świecie. Tego błędu nie można było powtórzyć i amerykańskie zalecenia proceduralne dla okupowanych Niemiec, zawarte w dyrektywie znanej jako JCS[3] (Joint Chiefs of Staff – Szefów Połączonych Sztabów) 1076, gwarantowały przekreślenie niemieckich dążeń do wojny. Wszelkie badania prowadzone dla celów wojskowych miały zostać zaprzestane. Naukowcy zostali wyłapani i osadzeni w ośrodkach odosobnienia, gdzie poddawano ich prowadzonym na szeroką skalę przesłuchaniom.

W całej dawnej Rzeszy SHAEF utworzyło ośrodki internowania, w których przetrzymywano ponad tysiąc pięciuset naukowców odseparowanych od pozostałych niemieckich jeńców wojennych[4]. Armia amerykańska trzymała w areszcie w Garmisch-Partenkirchen w Alpach Bawarskich około 500 naukowców, w tym grupę von Brauna i Dornbergera. W Heidenheim, na północ od Monachium, osadzono 444 osoby; 200 w Zell am See w Austrii; 30 w Château du Grande Chesnay we Francji. Amerykańska marynarka wojenna przetrzymywała 200 naukowców i inżynierów, w tym wielu specjalistów od tuneli aerodynamicznych, w ośrodku internowania w Kochel w Niemczech. Natomiast Siły Powietrzne Armii Stanów Zjednoczonych trzymały pod kluczem w Bad Kissingen w Niemczech 150 inżynierów i techników z Luftwaffe, których większość ujął pułkownik Donald Putt. CIOS przetrzymywał w Wersalu 50 naukowców, w tym Wernera Osenberga. Nie było jednak jasno określonej polityki wobec przyszłości naukowców, inżynierów i techników, a generał Eisenhower szukał rozwiązania problemu[5]. Z Naczelnego Dowództwa Alianckich Sił Ekspedycyjnych we Francji wysłał do Sztabu Generalnego Departamentu Wojny w Waszyngtonie depeszę z pytaniem o szczegółowe wytyczne w kwestii osiągnięcia dalekosiężnych celów. „Bardzo wskazane jest ograniczenie i kontrola przyszłych niemieckich badań naukowych – napisał generał Eisenhower – ale naczelne dowództwo w Europie nie otrzymało żadnych wskazówek w tej kwestii i nie jest władne ustalać długofalowej polityki". Czy zatem ci ludzie mieli być przetrzymywani w nieskończoność? Czy przesłuchani i zwolnieni?

Departament Wojny odpowiedział na depeszę Eisenhowera informacją, że jego zapytanie zostało uznane za „sprawę niecierpiącą zwłoki"[6]. Jednostką tymczasowo odpowiedzialną za niemieckich uczonych został Wydział Jeńców i Sprzętu Zdobycznego Służby Wywiadu Wojskowego w Europie. Od tej chwili to on zaspokajał ich podstawowe potrzeby, jak kwatery mieszkalne, żywność, a w niektórych wypadkach – wynagrodzenie. Minęły jednak kolejne dwa tygodnie, nim Departament Wojny odpowiedział ponownie generałowi Eisenhowerowi na temat polityki wobec naukowców. W tym czasie doszło do kilku zdarzeń – w Ameryce i w Niemczech – które mogły wpłynąć na decyzje Sztabu Generalnego Departamentu Wojny.

Z braku jednolitej polityki w Pentagonie pojawiały się różne pomysły. Niektórzy, jak generał dywizji Kenneth B. Wolfe z sił powietrznych, brali sprawy w swoje ręce. Generał Wolfe był szefem inżynierii i zaopatrzenia w Dowództwie Lotniczych Służb Technicznych w Wright Field i wspierał generała Knerra i pułkownika Putta w ich staraniach przejęcia wyposażenia pozostawionego przez Luftwaffe w Völkenrode. Ale generał Wolfe wyobrażał sobie znacznie szerszy program wykorzystania nauki niemieckiej i był przeświadczony o pilnej potrzebie ustalenia spójnej polityki. Wolfe poleciał do siedziby SHAEF we Francji[7], gdzie starał się przekonać do swojego pomysłu zastępcę Eisenhowera, generała Luciusa D. Claya.

Generał Clay zapewnił Wolfe'a, że nie jest przeciwny takiemu programowi, ale to nie jest najodpowiedniejszy czas do wprowadzenia go w życie[8]. „Zasypywany niezliczonymi żądaniami, przytłoczony chaosem typowym dla końca wojny i uciążliwym, złożonym procesem planowania pokoju, Clay uważał, że takie wysiłki można podjąć za sześć miesięcy"[9], tłumaczy historyk Clarence Lasby. Generał Clay powiedział Wolfe'owi, żeby wracał do Stanów i wrócił do tematu za sześć miesięcy. Tymczasem Wolfe wyruszył do Nordhausen, gdzie jego kolega z Pentagonu, pułkownik Gervais William Trichel, przeprowadzał Misję Specjalną V-2, ściśle tajną operację wywiadowczą zleconą przez Wydział Rakiet Korpusu Uzbrojenia Armii.

Misja Specjalna V-2 właśnie rozpoczynała swoją pracę w opuszczonej fabryce rakiet w kompleksie tuneli w Nordhausen. Kiedy generał Wolfe zobaczył ogromną ilość porzuconej broni V, nie miał już żadnych wątpliwości, że program wykorzystania nazistowskiej nauki musi zostać wdrożony natychmiast. Po powrocie do Waszyngtonu napisał do generała Claya, że armia Stanów Zjednoczonych musi nie tylko bezzwłocznie przejąć nazistowskie uzbrojenie, ale także zatrudnić „niemieckich naukowców i inżynierów", którzy skonstruowali tę broń, i sprowadzić ich do Ameryki. „Jeśli poczynimy takie kroki, osiągniemy dwa cele – zapobiegniemy odrodzeniu się potęgi militarnej Niemiec i przyczynimy się do rozwoju naszego przemysłu". Clay nie odpowiedział na list; powiedział już przecież Wolfe'owi, żeby wstrzymał się na sześć miesięcy. Tymczasem prace pod auspicjami Misji Specjalnej V-2 w Nordhausen już trwały i miały wywrzeć wielki wpływ na przyszłość wszystkich programów związanych z nazistowską nauką.

Człowiekowi kierującemu Misją Specjalną V-2, dwudziestoośmioletniemu majorowi Robertowi B. Staverowi, nieobce było przeświadczenie o militarnym znaczeniu nazistowskich rakiet. Kiedy poprzedniej zimy przygotowywał się do misji w Londynie, o mało nie zginął od wybuchu takiej rakiety. Pewnego lutowego popołudnia wraz z brytyjskimi kolegami pracował w biurze przy Grosvenor Square 27, kiedy potężna eksplozja rzuciła ich na podłogę. Staver dotarł do okna i zobaczył „wielką, okrągłą chmurę dymu tam, gdzie w powietrzu eksplodowała rakieta V-2"[10]. Obserwując deszcz spadających z nieba płonących odłamków, Staver dokonał w pamięci kilku prostych obliczeń i wyszło mu, że rakieta zmierzała „wprost" w kierunku budynku, w którym pracował, tyle że przedwcześnie eksplodowała. Kilka tygodni później major Staver spał w pokoju hotelowym niedaleko monumentu Marble Arch, kiedy potężny podmuch zrzucił go z łóżka. Okazało się, że rakieta V-2 trafiła w pobliski Hyde Park, zabijając sześćdziesiąt dwie osoby.

Te doświadczenia sprawiły, że Staver bardzo mocno zaangażował się w Misję Specjalną V-2. Przez sześć tygodni pracował po dwanaście godzin na dobę, studiując zdjęcia lotnicze Nordhausen dostarczone mu przez Brytyjczyków i czytając wszystko, co było dostępne na temat broni V[11]. Kiedy siły alianckie wyzwolą w końcu podziemny kompleks, major Staver będzie jednym z pierwszych oficerów wywiadu, który wejdzie do jego wnętrza.

I teraz nareszcie Staver znalazł się w Nordhausen. Był 12 maja 1945 roku i chociaż jego misja już się niemal skończyła, to należało działać, ponieważ lada chwila mieli się tu pojawić Rosjanie. Według obliczeń armii amerykańskiej w ciągu osiemnastu dni powinni dotrzeć do tego miejsca z Berlina[12].

Amerykański Korpus Uzbrojenia był przekonany, że rakieta V-2 może pomóc w osiągnięciu zwycięstwa w wojnie na Pacyfiku i dlatego Staver przez blisko dwa tygodnie ciężko pracował. Nadzorował zebranie czterystu ton części do rakiet, które przewiózł koleją do portu w Antwerpii, skąd popłynęły statkiem do Stanów Zjednoczonych. Ale jako absolwent Wydziału Mechaniki na Uniwersytecie Stanforda Staver wiedział, że rakieta V-2 to coś więcej niż suma jej części składowych. Bez światłokopii projektu i rysunków technicznych było mało prawdopodobne, żeby amerykańskim inżynierom udało się złożyć w całość rakietę i sprawić, aby poleciała. Rysunki techniczne i projekt musiały zostać ukryte gdzieś w pobliżu Nordhausen. Gdyby tylko majorowi Staverowi udało się znaleźć przekupnego niemieckiego naukowca, mógłby się dowiedzieć, gdzie ukryto dokumentację.

Staver teraz od dwóch tygodni przemierzał Harz i zwiedzał podziemne fabryki broni, szukając jakiegoś śladu lub kogoś, kto wiedziałby więcej na temat dokumentacji technicznej V-2. Miejscowi opowiadali przeróżne historie. Jedni mówili, że papiery spłonęły. Inni wspominali o ciężarówkach wyładowanych metalowymi skrzyniami, które ukryto później w opuszczonych budynkach, ogródkach piwnych albo zamurowano w murach zamku. Ale to wszystko były tylko pogłoski. Nikt nie potrafił wskazać konkretnego tropu i nietrudno się domyślić dlaczego. Śledczy zajmujący się zbrodniami wojennymi też byli w Nordhausen i zadawali miejscowym mnóstwo pytań. A kiedy Staver szukał naukowców, amerykańscy żołnierze w dalszym ciągu odnajdywali na terenie obozu pracy niewolniczej Nordhausen-Dora masowe groby, a w nich tysiące ciał. Nad miasteczkiem Nordhausen wciąż jeszcze unosił się zapach śmierci.

Jeżdżąc po okolicy, major Staver miał na tylnym siedzeniu swojego wojskowego jeepa kartony pełne papierosów, alkoholu i puszek z mielonką. Te cenne czarnorynkowe dobra świetnie służyły jako zapłata za informacje. W końcu Staver wpadł na trop, którego szukał. Z pewnego źródła dowiedział się, że w okolicy mieszkał naukowiec zajmujący się rakietami V-2 – Karl Otto Fleischer. Fleischer był inżynierem pracującym w tunelach Nordhausen i wiedział o wiele więcej, niż był gotów ujawnić. A podlegał bezpośrednio generałowi Dornbergerowi. Staver pojechał do domu Fleischera i przedstawił mu propozycję znacznie ciekawszą niż puszka mielonki.

Major Staver powiedział Fleischerowi, że albo będzie współpracował, albo trafi do więzienia. Gdzieś w pobliżu Nordhausen ukryto dokumentację V-2, powiedział Staver, który przypuszczał, że jeśli ktokolwiek zna miejsce, gdzie ją złożono, to będzie to właśnie Fleischer. Faktycznie, Dieter Huzel i Bernhard Tessmann, zanim uciekli w Alpy Bawarskie, opowiedzieli Fleischerowi o dokumentacji ukrytej w kopalni Dörnten. Ponieważ jednak Fleischer złożył kolegom przysięgę, skłamał Staverowi i powiedział, że nie wie, o czym major mówi. Wskazał za to innego kolegę, zastępcę von Brauna, inżyniera Eberharda Reesa. Proszę zapytać Reesa, powiedział Fleischer[13]. Rees był wcześniej szefem linii montażowej w Peenemünde.

Przesłuchiwany przez Stavera dr Eberhard Rees również posunął się do dezinformacji i wykorzystał wpływy majora do uwolnienia z więzienia trzeciego kolegi[14]. Walther Riedel, szef projektantów silnika rakietowego V-2, był jedną z czterech osób odznaczonych w zamku Varlar w grudniu poprzedniego roku. A obecnie przebywał w więzieniu w oddalonym o sto trzydzieści kilometrów Saalfeld, gdzie był brutalnie traktowany[15]. Wywiad wojskowy przez pomyłkę uznał go za szefa programu badań nad bronią biologiczną. Agenci kontrwywiadu wojskowego wybili mu przednie zęby. W raporcie określono go jako „aktywnego nazistę, który nosił mundur i odznaki partyjne. Żarliwego". Riedel wstąpił do NSDAP w 1937 roku i był członkiem pięciu nazistowskich organizacji.

Po serii przesłuchań major Staver uznał Riedla za dziwaka. Riedel miał obsesję na punkcie pojazdów kosmicznych, które nazywał „rakietami pasażerskimi". W trakcie jednej z rozmów Riedel upierał się, że zaprojektował taką pasażerską rakietę[16] do „krótkich podróży wokół Księżyca"[17], a także że zajmował się „kosmicznymi zwierciadłami, które można by wykorzystać w dobrych albo złych celach". Powiedział też, że zna co najmniej czterdziestu uczonych zajmujących się tak jak on rakietami, którzy powinni trafić do Ameryki, żeby dokończyć swoje wiekopomne dzieło. Jeśli Amerykanie nie zaczną działać, powiedział, to na pewno zrobią to Rosjanie. Staver zapytał Riedla, czy wie, gdzie ukryto rysunki techniczne V-2. Riedel odpowiedział, że nie ma pojęcia.

Problemem niedającym Staverowi spokoju byli nadciągający Rosjanie. Nordhausen zostało wyzwolone przez Amerykanów i miało znaleźć się w amerykańskiej strefie okupacyjnej. Ale Stalin zaprotestował, twierdząc, że ZSRR stracił na wojnie siedemnaście milionów żołnierzy i należą się mu większe reparacje wojenne. Alianci zgodzili się przekazać Rosjanom 1 czerwca dużą połać terytorium Niemiec zajętą przez Stany Zjednoczone. Na tym terytorium znajdowało się Nordhausen[18] i wszystko, co tam się kryło.

Staver miał jednak większe zmartwienie niż Rosjanie. Osiemnastego maja 1945 roku na pokładzie samolotu przybył do Nordhausen fizyk i ekspert od uzbrojenia, dr Howard Percy „H.P." Robertson. Robertson był kierownikiem zespołu w ramach Operacji Alsos, a prezydent Eisenhower mianował go właśnie szefem Sekcji Doradczej Wywiadu Naukowego w SHAEF. Doktor H. P. Robertson poinformował majora Stavera, że zamierza zabrać inżynierów Fleischera, Riedla i Reesa do Garmisch-Partenkirchen na przesłuchanie[19]. Mieli tam pozostać, obok generała Dornbergera i Wernhera von Brauna, do czasu aż Sztab Generalny Departamentu Wojny zadecyduje, jaką politykę należy prowadzić wobec nazistowskich naukowców.

Major Staver odmówił wydania Fleischera, Riedla i Reesa. Powiedział Robertsonowi, że są jego podopiecznymi. Na kwestię wykorzystania przez Amerykanów nazistowskiej nauki Staver i Robertson mieli podobny pogląd. Ale różniła ich diametralnie kwestia nadawania nazistowskim naukowcom specjalnych przywilejów. Pomysł ten doprowadzał do furii Robertsona, który uważał ich za amoralnych oportunistów „wrogich ideałom aliantów"[20].

Doktor Robertson był fizykiem matematycznym[21], który wziął urlop na Uniwersytecie Princeton, żeby wspomóc wysiłek wojenny swojego kraju. Był jowialnym człowiekiem o łagodnym usposobieniu, lubiącym krzyżówki, mecze futbolowe i szkocką whisky. Biegle władał językiem niemieckim i był szanowany przez elitę akademicką Niemiec nie tylko za osiągnięcia naukowe, ale też za to, że w 1925 roku studiował w Getyndze i Monachium. Przed wojną dr Robertson uważał wielu wybitnych niemieckich naukowców za swoich przyjaciół. Ale druga wojna światowa zmieniła jego punkt widzenia, szczególnie wobec tych, którzy pozostali w Niemczech i pracowali dla Hitlera.

W Princeton dr Robertson zaprzyjaźnił się z Albertem Einsteinem. Obaj zajmowali się teoretycznymi projektami, a wolny czas wypełniali dyskusjami na temat Hitlera, narodowego socjalizmu i wojny. Urodzony w Niemczech Einstein pracował tam do 1933 roku, piastując stanowisko dyrektora Instytutu Fizyki Cesarza Wilhelma oraz profesora Uniwersytetu Berlińskiego. Ale kiedy Hitler doszedł do władzy, Einstein natychmiast zrzekł się obywatelstwa i wyemigrował do Stanów Zjednoczonych[22]. Doktor Robertson podzielał jego pogląd. Obowiązkiem niemieckich uczonych było protestowanie przeciwko rasistowskiej polityce Hitlera, która zaczęła się w 1933 roku. Nikt, kto służył machinie wojennej Rzeszy, nie powinien teraz zdaniem Robertsona otrzymać pozwolenia na wjazd do USA.

Zdecydowany zatrzymać nazistowskich uczonych w więzieniu, Staver zagrał rosyjską kartą. Robertson mógł być antynazistą, ale był także wielkim patriotą. Miał dostęp do tajnych informacji wywiadowczych Alsos, zdawał więc sobie sprawę, że rozwój radzieckiej techniki rakietowej stanowił poważne i wciąż rosnące zagrożenie. Obaj wiedzieli, że już za dwanaście dni Rosjanie znajdą się w Nordhausen. Jeśli Staver nie odnajdzie do tej pory dokumentacji V-2, znajdą ją w końcu Rosjanie. Major Staver starał się przekonać dr. Robertsona, argumentując, że zatrzymanie w areszcie Fleischera, Riedla i Reesa jest dla armii ostatnią szansą na odnalezienie ukrytej dokumentacji. W końcu dr Robertson się zgodził. Staver poprosił jeszcze Robertsona o pomoc w poszukiwaniach, bo mógł jakiś ślad czy szczegół przeoczyć.

I rzeczywiście przeoczył. Dzięki znajomości zagadnień naukowych i wiedzy wywiadowczej dr Robertson był nadzwyczaj skuteczny w przesłuchiwaniu nazistowskich uczonych i wojskowych. A generałowie Wehrmachtu, oficerowie SS i naukowcy wyjątkowo chętnie z nim rozmawiali. Słuchając Stavera, Robertsonowi przyszło coś do głowy. Wyjął z kieszeni koszuli niewielki notatnik i zaczął przeglądać swoje notatki. W trakcie wcześniejszego przesłuchania von Ploetza, specjalisty od rakiet, Robertson wpadł na interesujący trop. I teraz postanowił się swoją wiedzą podzielić z majorem Staverem.

„Von Ploetz zeznał, że generał Dornberger powiedział generałowi Rossmanowi [szefowi Departamentu Uzbrojenia niemieckiej armii], iż dokumentacja broni V została zamurowana w jednym z szybów Kaliwerke [kopalni soli] w miejscowości Bleicherode"[23], wyczytał ze swoich notatek Robertson, sugerując, że informacja ta może okazać się przydatna dla Stavera. Zgodził się zostawić Fleischera, Riedla i Reesa pod kuratelą majora Stavera, a sam pojechał do Garmisch-Partenkirchen, żeby przesłuchać generała Dornbergera i Wernhera von Brauna.

Po przyjeździe do Garmisch-Partenkirchen Robertson zastał niemieckich uczonych opalających się w alpejskim słońcu. W tym uroczym bawarskim ośrodku narciarskim Adolf Hitler zorganizował w 1936 roku zimowe igrzyska olimpijskie. Obecnie armia amerykańska przetrzymywała tu – w dawnych koszarach wojskowych

– setki niemieckich uczonych. Jedzenia było w bród, nie brakowało świeżego, czystego powietrza. „Wiosna w górach – wspominał później Dieter Huzel. – Drzewa zdążyły się już zazielenić, z okien i balkonów jak okiem sięgnąć widać było kwitnące kwiaty. Deszcz padał rzadko i niemal codziennie mogliśmy się opalać na trawniku przed domem”. Huzel skarżył się tylko na to, że nie otrzymywał poczty i nie mógł dzwonić.

Wernher von Braun, generał Dornberger i ich grupa przebywali tu od chwili przewiezienia ich z siedziby kontrwywiadu w Reutte. Odizolowani w Alpach, obaj uczeni sprawiali dużo kłopotu śledczym, unikając odpowiedzi na pytania i skrywając ważne informacje. Doktor Robertson przyjechał, żeby przekonać się, czy jemu pójdzie lepiej w wyciąganiu informacji od naukowców. Znalazła się tu większa część zespołu zajmującego się rakietami, w tym dwóch ludzi, którzy ukryli poszukiwaną teraz przez Stavera dokumentację, Dieter Huzel i Bernhard Tessmann. Ani Huzel, ani Tessmann nie podzielili się z von Braunem i Dornbergerem informacją[24], że zdradzili miejsce ukrycia dokumentów Karlowi Ottonowi Fleischerowi. Tymczasem przypuszczano, że ta wiadomość jest kartą przetargową Dornbergera i von Brauna.

Oficer wywiadu Walter Jessel podejrzewał, że coś jest nie w porządku z Dornbergerem i von Braunem – że obaj uczeni bawią się z nimi w kotka i myszkę. „Dornberger w trakcie przesłuchań prowadzonych przez CIOS zachowywał się w sposób opanowany”, napisał w swoim raporcie Jessel. „Pierwsze instrukcje [udzielone przez Dornbergera pozostałym naukowcom], wydane prawdopodobnie pod wrażeniem obietnicy natychmiastowego przetransportowania całej grupy do Stanów Zjednoczonych, nakazywały im w pełni współpracować z przesłuchującymi”, tłumaczył Jessel. Ale z upływem czasu, w wyniku braku propozycji układu ze strony aliantów, Jessel zauważył, że Dornberger staje się nieustępliwy. „Nieco później [Dornberger] dał słowo [pozostałym], że przestanie dzielić się informacjami i powie tylko tyle, ile będzie musiał”. Naukowcy balansowali na krawędzi. Gdyby powiedzieli za dużo, wielu z nich zostałoby zamieszanych w zbrodnicze wykorzystywanie pracy niewolniczej, jak choćby dyrektor wykonawczy Mittelwerk, Arthur Rudolph.

Dla Rudolpha najlepszą taktyką było mówienie możliwie mało. Swój pobyt w Garmisch-Partenkirchen opisał jako przyjemny, ponieważ „skończył się okropny czas ucieczki". Wiele lat później opisał tygodnie spędzone w ośrodku internowania w Alpach jako czas, kiedy wreszcie „miał kilka dni spokoju", choć ten spokój nie trwał długo dzięki jego „niespokojnemu intelektowi". Potrzebował czegoś więcej niż tylko opalania się, powiedział później. „Krążyły już wtedy pogłoski, że Amerykanie zabiorą nas do Stanów Zjednoczonych. W związku z tym postanowiłem nauczyć się angielskiego".

Oficer przesłuchujący Arthura Rudolpha postrzegał go inaczej niż on sam siebie. W dokumentach wywiadu wojskowego Rudolph jest określany mianem „stuprocentowego nazisty, osobnika niebezpiecznego"[25]. Należało podjąć decyzję – czy wykorzystać Rudolpha jako źródło wywiadowcze, czy internować go w celu późniejszej denazyfikacji i przeprowadzenia śledztwa pod kątem ewentualnego popełnienia zbrodni wojennych. Denazyfikacja była strategią aliantów mającą na celu demokratyzację i demilitaryzację powojennych Niemiec i Austrii[26] za pośrednictwem miejscowych sądów cywilnych (*Spruchkammern*), które zostały powołane do rozpatrywania poszczególnych przypadków. Każdy lustrowany przez sąd Niemiec był zaliczany do jednej z pięciu kategorii: 1) poważny przestępca; 2) działacz partyjny, militarysta, spekulant; 3) osoba mniej winna; 4) zwolennik partii nazistowskiej; 5) osoba oczyszczona z zarzutów. Oficer przesłuchujący Rudolpha nie wierzył, że zagorzały nazista w rodzaju Arthura Rudolpha może być wartościowym źródłem wywiadowczym, i napisał „proponuję internowanie".

Rudolph miał nadzieję, że Amerykanie zaproponują mu pracę. W bibliotece w Garmisch-Partenkirchen znalazł kryminał *The Green Archer* i z jego pomocą próbował się nauczyć angielskiego[27].

Tymczasem w Nordhausen major Staver czynił postępy[28]. Podążając tropem podsuniętym mu przez dr. Robertsona, umówił się na spotkanie na parkingu z Karlem Fleischerem. Tym razem Staver zabrał ze sobą Walthera Riedla. Na parkingu Staver demonstracyjnie wyjął z kieszeni na piersi notes, tak jak wcześniej uczynił to Robertson. Odczytał na głos tekst, który sam napisał, będący częściowo prawdą, a częściowo fikcją. „Von Braun, [Ernst] Steinhoff i wszyscy pozostali, którzy uciekli na południe, zostali internowani w Garmisch-Partenkirchen – wyrecytował Staver swoim dwóm więźniom. – Oficerowie naszego wywiadu przeprowadzili rozmowy z von Ploetzem, generałem Dornbergerem, generałem Rossmanem i generałem Kammlerem". Te słowa też były tylko po części prawdziwe. „Powiedzieli nam, że wiele z pańskich rysunków technicznych i dokumentacji zostało ukryte pod ziemią w pobliskiej kopalni i że Riedel albo pan, Fleischer, może pomóc nam w ich odszukaniu". To było już całkowicie zmyślone.

Staver dodał, że w najlepszym interesie obu mężczyzn jest staranne przemyślenie ich następnego kroku. Mogą podjąć współpracę i zdradzić miejsce ukrycia dokumentacji. Mogą też pójść w zaparte, ryzykując więzienie za zatajenie informacji. Mają jedną noc na przemyślenia. Staver spotka się z nimi następnego dnia na tym samym parkingu, dokładnie o jedenastej.

Kiedy Staver przyjechał następnego dnia na umówione spotkanie, poczuł zniechęcenie na widok czekającego na niego tylko Riedla. Co dziwne, Riedel powiedział, że ma do przekazania wiadomość od Fleischera – czeka on w pobliskiej wiosce Haynrode i ma do przekazania majorowi Staverowi „jakieś bardzo ważne informacje". Staver miał pojechać do Haynrode, znaleźć pensjonat Pod Trzema Lipami i zapytać o dozorcę[29]. Czy to była pułapka, czy może kolejny fałszywy trop?

Staver i Walther Riedel pojechali razem do pensjonatu Pod Trzema Lipami. Tam spotkali właściciela, który przekazał im wiadomość od Fleischera. Mieli przejść na drugi koniec miasteczka, gdzie znajdą dom miejscowego pastora. Staver i Riedel spełnili żądanie i dotarli do domu pastora, który bezbłędną angielszczyzną poinformował Stavera, że Fleischer wkrótce się z nim spotka. Rzeczywiście, na szczycie schodów pojawił się Fleischer. Zszedł na parter i zaprosił Stavera do ogrodu, gdzie będą mogli spokojnie porozmawiać pod jabłonią. Tam, „prawie niesłyszalnie, w przepraszającym tonie, Fleischer przyznał, że nie był do końca szczery”[30] w kwestii ukrycia dokumentacji V-2. W rzeczywistości wie, gdzie dokumentacja została złożona i „jego zdaniem jest jedyną osobą w Nordhausen, która to wie”. Jest jednak pewien problem, powiedział Fleischer. Opisał, jak nadzorca kopalni wysadził w powietrze wejście do szybu, uniemożliwiając jego odnalezienie. To był gorliwy nazista i nigdy nie przekaże dokumentacji amerykańskiemu oficerowi w rodzaju majora Stavera. Fleischer zaproponował, że zabierze ze sobą dr. Reesa i zajmie się tym. Chociaż Fleischer nie wydawał się wiarygodny, major Staver postanowił potraktować jego słowa poważnie. Dał mu przepustkę uprawniającą do podróżowania w rejonie Nordhausen i zapas paliwa na wyprawę do kopalni i z powrotem. Fleischerowi i Reesowi udało się nakłonić dozorcę kopalni, Herr Nebelunga, do współpracy. Fleischer opłacił pieniędzmi armii amerykańskiej miejscowych górników, którzy mieli przedostać się przez zwałowisko i wydobyć ukryte dokumenty.

Skrzynie z dokumentacją ważyły ponad czternaście ton. Teraz pozostawało tylko je wydostać z kopalni. Na 27 maja zapowiedziano pojawienie się brytyjskich żołnierzy, którzy mieli nadzorować przekazanie terenu Armii Czerwonej. A to oznaczało, że major Staver musiał szybko wyciągnąć dokumenty. Wcześniejsze porozumienie Brytyjczyków i Amerykanów zakładało dzielenie się całą wiedzą na temat broni V. Gdyby Brytyjczycy dowiedzieli się, że Staver planował przetransportowanie w tajemnicy stu rakiet V-2 do Stanów Zjednoczonych, uznaliby to za brak lojalności. Major Staver musiał udać się do Paryża. Tylko w ten sposób mógł zdobyć dziesięciotonowe ciężarówki potrzebne do przewiezienia całego ładunku w krótkim czasie.

Staver wyznaczył jednego z kolegów do nadzorowania operacji w kopalni Dörnten, a sam próbował złapać okazję do Paryża na pokładzie samolotu P-47 Thunderbolt[31]. Pilot powiedział, że to niemożliwe – Thunderbolt był myśliwcem z jednym fotelem, tylko dla pilota. Staver upierał się, że to pilne, i zdecydował się zająć ciasną przestrzeń za fotelem pilota. W końcu pilot się zgodził. Dla uniknięcia trudnych warunków atmosferycznych na dużym pułapie lecieli „tuż nad czubkami drzew" i bezpiecznie dotarli na lotnisko Orly. Dalej Staver pojechał Champs-Élysées amerykańskim jeepem. W siedzibie Korpusu Uzbrojenia znalazł człowieka, którego szukał, pułkownika Joela Holmesa. Jako szef wydziału technicznego pułkownik Holmes miał prerogatywy do przydzielenia majorowi Staverowi ciężarówek z przyczepami, potrzebnych do ewakuacji dokumentów przed przybyciem Brytyjczyków i Rosjan.

Ale Staver rozważał już inny plan i jak później tłumaczył, w Paryżu trafiła się pierwsza sposobność, żeby wprowadzić go w życie. Powiedział pułkownikowi Holmesowi, że jest jeszcze trzeci element niezbędny do sukcesu amerykańskiego programu rakietowego. Staver znalazł części rakiet i dokumentację potrzebną do złożenia z nich rakiet. Ale żeby rakiety latały, Ameryka potrzebowała także niemieckich uczonych. Armia musiała przetransportować ich do Stanów Zjednoczonych, tłumaczył Staver. Dzięki ich wiedzy możliwe było szybkie zwycięstwo w wojnie z Japonią.

„Niech pan napisze depeszę, a ja ją podpiszę", miał według późniejszej relacji Stavera powiedzieć pułkownik Holmes. I Staver napisał w Paryżu depeszę, która miała wielki wpływ na przyszłość nazistowskich uczonych. „Trzymamy w areszcie ponad 400 osób personelu z Peenemünde. Tych, którzy skonstruowali V-2 – napisał Staver. – Ich uczeni wyprzedzają nas o 25 lat… Wersja rakiety, nad którą pracowali, mogłaby zostać wystrzelona w Europie i dolecieć do USA". Ponieważ w 1945 roku nikomu nawet się nie śniło, że rakieta mogłaby przelecieć w ciągu jednego dnia z kontynentu na kontynent, Staver naciskał: „Zalecana jest błyskawiczna akcja, która zapobiegnie trafieniu całej grupy albo jej części w ręce innych zainteresowanych stron. Prośba o pilną odpowiedź"[32].

Depesza została wysłana do biura pułkownika Trichela w Pentagonie i major Staver wrócił do Nordhausen[33]. Dokumentacja została załadowana na ciężarówki i przewieziona pod eskortą do Paryża. Stamtąd trafiła do Centrum Oceny Dokumentacji Zagranicznej na poligonie Aberdeen w Marylandzie. Misja Specjalna V-2 została uznana za sukces. Wydział Rakiet Korpusu Uzbrojenia Armii dysponował teraz setką pocisków rakietowych i czternastoma tonami dokumentacji technicznej. Ale Staver nie uważał Misji Specjalnej V-2 za zakończoną. Na jego celowniku wciąż byli konstruktorzy rakiet.

Niecałe czterdzieści osiem godzin przed pojawieniem się Rosjan w Nordhausen Staver otrzymał długo oczekiwaną zgodę z kwatery głównej SHAEF. Pojechał do Garmisch-Partenkirchen, zabrał stamtąd von Brauna i wrócił do Nordhausen. Nie było czasu do stracenia. Staver potrzebował pomocy von Brauna w błyskawicznym wywiezieniu z Harzu wszystkich specjalistów od rakiet.

„Wszystko robiliśmy w pośpiechu", wspominał członek zespołu Stavera, dr Richard Porter. Nasi ludzie w Nordhausen byli zajęci szukaniem tych naukowców, którzy wciąż jeszcze mieszkali w tej okolicy. Staver miał cały plik kartek z nazwiskami i adresami inżynierów. Wszystkim amerykańskim żołnierzom, jakich miał do dyspozycji, polecił przeczesywanie Harzu na sprzęcie, jaki udało im się zdobyć – ciężarówkach, motocyklach, furmankach zaprzężonych w osły. Uczonym i ich rodzinom składano ofertę. Mogli zostać wywiezieni z obszaru, który miał się za chwilę stać rosyjską strefą okupacyjną, albo pozostać.

Żona Arthura Rudolpha znajdowała się w Stepferhausen, oddalonym o sto czterdzieści kilometrów od Nordhausen, kiedy do jej drzwi zapukał amerykański żołnierz. „Do miasta przyjechał czarnoskóry żołnierz, który mnie szukał – wspominała Martha Rudolph. – Miał listę z nazwiskami, a wśród nich było moje. Powiedział, że jeśli chcę wyjechać, to mam się spakować. Wróci po mnie za 30 minut. Wszyscy moi znajomi mówili: «Uciekaj, uciekaj, nadchodzą Rosjanie. Po co miałabyś tu zostać?». Spakowałam więc to, co zdołałam, i pojechałam, kiedy żołnierz wrócił"[34]. Córka Rudolpha, Marianne, towarzyszyła jej w drodze na dworzec kolejowy.

Na dworcu rozgrywały się zupełnie surrealistyczne sceny, przypominające transportowanie więźniów, tyle że tym razem role się odwróciły. Na peronie stało ponad tysiąc Niemców[35] – naukowców i ich rodzin – czekając, aż ich upchną w wagonach pasażerskich i towarowych. Lokomotywa powinna już dawno być dołączona do składu i nikt nie tłumaczył przyczyny opóźnienia. Rosło napięcie, ale tłum zachowywał spokój do chwili, gdy stację wypełnił tłum przesiedleńców. Rozeszła się pogłoska, że niemieccy naukowcy są ewakuowani z Nordhausen przed przybyciem Armii Czerwonej. Nagle wielu pozostałych mieszkańców miasteczka również zapragnęło wyjechać. Armia Czerwona cieszyła się wyjątkowo złą opinią. Krążyły opowieści o całych oddziałach pijanych żołnierzy szukających zemsty. Na stację wezwano amerykańskich żołnierzy. Grożąc bronią, nie pozwolili wsiąść do wagonów nikomu prócz naukowców.

W jedenastej godzinie operacji major Staver i dr Porter dowiedzieli się o ostatnim już nieszczęściu, z którym musieli się zmierzyć. Generał Dornberger, zanim wsiadł do pociągu, wyznał, że również ukrył część dokumentacji – pięć dużych skrzyń – na polu w uzdrowisku Bad Sachsa. Drewniane skrzynie obite blachą zawierały istotne informacje na temat V-2, które skompromitowałyby armię amerykańską, gdyby wpadły w ręce Rosjan. Staver i Porter podjęli rozpaczliwą próbę odnalezienia dokumentacji Dornbergera.

Pokonali sto kilometrów, docierając do sztabu 332. pułku wojsk inżynieryjnych w Kassel, skąd pożyczyli łopaty, kilofy, wykrywacz min i trzech ludzi do pomocy. W Bad Sachsa badali ziemię na polu, jakby szukali zakopanej miny. W końcu natrafili na obite blachą skrzynie Dornbergera, zawierające sto dwadzieścia kilogramów rysunków i dokumentów. Całość załadowano na ciężarówkę i przewieziono do bazy wojskowej w amerykańskiej strefie okupacyjnej.

Po drodze Staver i Porter mijali Nordhausen i mieli okazję po raz ostatni spojrzeć na miasto. „Chciałem przed wyjazdem wysadzić w powietrze fabrykę, ale nie mogłem tego załatwić w sposób legalny. Bałem się wtedy zrobić to «nieoficjalnie» i do tej pory tego żałuję”[36], wspominał Porter. Miał na myśli dekret Europejskiej Komisji Doradczej, podpisany 5 czerwca 1945 roku w Berlinie przez generała Eisenhowera, który zabraniał niszczenia wojskowych ośrodków badawczych w innych strefach okupacyjnych.

Teraz Harz przypadł w udziale Rosjanom. Majorowi Staverowi udało się wywieźć w tajemnicy dość elementów, żeby w Ameryce zmontować sto rakiet V-2. Pozostały jednak na miejscu tysiące ton części. Podziemna fabryka w Nordhausen była praktycznie nietknięta. Na liniach produkcyjnych pozostały tysiące elementów, z których można było wyprodukować kolejne części rakiet.

Z jedenastodniowym opóźnieniem w Nordhausen pojawili się Rosjanie. A na czele ich oddziałów eksperci od broni rakietowej z Komitetu Specjalnego Gieorgija Malenkowa. Wielu naukowców i inżynierów nie skorzystało z amerykańskiej oferty ewakuacji i pozostało w domach. Radziecka tajna policja zaczęła ich teraz wyłapywać i zmuszać do pracy. Naczelny inżynier, Borys Czertok, wprowadził się nawet do dawnej willi von Brauna, tej, którą kilka lat wcześniej SS skonfiskowało żydowskiemu przedsiębiorcy. Czertok nadzorował przekształcenie kompleksu w Nordhausen z Mittelwerk w Instytut Rabe[37], co było skrótem od Raketenantrieb Bleicherode.

Von Brauna i osiemdziesięciu naukowców z rodzinami przewieziono do odległego o sześćdziesiąt pięć kilometrów od Nordhausen miasta Witzenhausen w amerykańskiej strefie okupacyjnej. Zostali zakwaterowani w piętrowym budynku szkolnym[38], a tymczasem Korpus Uzbrojenia Armii zaczął pracować nad planem przetransportowania ich do bazy w Fort Bliss w Teksasie. Amerykanie w czasie wojny mieli obsesję na punkcie broni V. Teraz dysponowali nie tylko wiedzą, ale mieli też do dyspozycji naukowców.

Członkowie Sztabu Generalnego Departamentu Wojny w Waszyngtonie nie umieli podjąć decyzji w kwestii polityki wobec nazistowskich uczonych. Pytania generała Eisenhowera o długoterminowe plany nie doczekały się jeszcze odpowiedzi i poproszono o opinię podsekretarza w Departamencie Wojny, Roberta Pattersona. Wysłana z Paryża depesza majora Stavera na temat czterystu „przetrzymywanych" naukowców zwróciła uwagę na problem. W Ameryce pracowało już potajemnie nad nowymi rodzajami broni pięciu nazistowskich uczonych. Zaledwie kilka dni po kapitulacji Niemiec dyrektor wywiadu marynarki wojennej przekonał Sztab Generalny Departamentu Wojny do obejścia przepisów ustalonych przez Departament Stanu po to, żeby specjalista od pocisków kierowanych, dr Herbert Wagner, i czterech jego asystentów mogło rozpocząć prace nad technologią[39], która miała przyśpieszyć zakończenie wojny z Japonią. Departament Wojny przystał na to i w połowie maja dr Wagner ze swoimi ludźmi wyleciał z Niemiec na pokładzie wojskowego samolotu z zaciemnionymi szybami i wylądował na małym lądowisku pod Waszyngtonem.

W czasie wojny dr Herbert Wagner piastował stanowisko szefa zespołu projektowego w fabryce Henschel. To on skonstruował pierwszy pocisk kierowany wykorzystany przez Niemców w walce, Hs 293. Te zdalnie sterowane pociski były prawdziwą zmorą amerykańskiej i brytyjskiej marynarki wojennej i zdołały zatopić kilka alianckich okrętów[40]. US Navy uważała technologię latających bomb za nadzwyczajnie ważną w wojnie na Pacyfiku, a dr. Wagnera za człowieka „o wiedzy, doświadczeniu i umiejętnościach niemających sobie równych w świecie".

Znaczenie wiedzy Wagnera dla prowadzenia wojny z Japonią ilustruje dobrze dramatyczne wydarzenie, jakie rozegrało się w Portsmouth w stanie New Hampshire akurat wtedy, kiedy Wagner i jego ludzie pojawili się w Stanach. Piętnastego maja 1945 roku niemiecki okręt podwodny, opisany w nagłówku „New York Timesa" jako „zmierzający do Japonii U-234", poddał się amerykańskiemu okrętowi USS „Sutton" pięćset mil od Cape Race[41]. Na pokładzie okrętu podwodnego płynącego do Japonii znajdowała się cudowna broń nazistów oraz plany nowej broni i jej elementy. Tą cudowną bronią był między innymi pocisk kierowany dr. Wagnera, Hs 293, który miał zostać użyty przeciwko amerykańskiej marynarce wojennej w wojnie na Pacyfiku. Dodatkowo znalazły się tam rysunki techniczne i plany latającej bomby V-1 oraz rakiety V-2[42], eksperymentalne wyposażenie czyniące okręty podwodne niewidocznymi, cały samolot myśliwski Me 262 i dziesięć ołowianych pojemników zawierających 550 kilogramów tlenku uranu – podstawowego składnika używanego do produkcji bomb atomowych. Dokładna zawartość okrętu podwodnego nie została ujawniona opinii publicznej, ale wzmianka o tym, że naziści przekazali sekrety swojej cudownej, tajnej broni sojusznikowi, Japonii, wywołała duże zaniepokojenie. Scenariusz był tym bardziej złowrogi, że na pokładzie U-234 znajdował się także jeden z najważniejszych uczonych Trzeciej Rzeszy, którego zadaniem było przekazanie Japończykom technologii produkcji tej broni.

Uczonym tym był dr Heinz Schlicke, dyrektor poligonu niemieckiej marynarki wojennej w Kilonii. Dla opinii publicznej pozostał tylko niemieckim „technikiem". W rzeczywistości był jednym z najznakomitszych nazistowskich naukowców w dziedzinie wojny elektronicznej[43]. Do jego obszarów zainteresowania należały techniki radiolokacyjne, kamuflaż, zakłócanie i przeciwdziałanie zakłócaniu, zdalne sterowanie i sterowanie podczerwienią. Amerykańska marynarka wojenna uznała Schlickego za jeńca wojennego i przetransportowała go do Centrum Wywiadu Wojskowego w Fort Meade w stanie Maryland.

Marynarka wojenna starała się zaspokajać wszystkie życzenia dr. Wagnera w nadziei, że jego dalsza praca będzie przynosić oczekiwane owoce. Żeby nie czuł się prawdziwym więźniem, jego status określono jako „dobrowolne pozbawienie wolności". Wagner i jego asystent potrzebowali tajnego, ale wygodnego miejsca do pracy – napisano w raporcie wywiadowczym marynarki wojennej – najlepiej „wieży z kości słoniowej albo złoconej klatki, gdzie życie będzie przyjemne, strażnicy uprzejmi, a zamki solidne, ale nierzucające się specjalnie w oczy"[44]. Marynarka znalazła odpowiedni obiekt w postaci Hempstead House, olbrzymiego zamku z kamienia na Sand Point, na północnym wybrzeżu Long Island, dawnej siedziby Daniela i Florence Guggenheimów. Sześćdziesięciopięciohektarowa posiadłość została podarowana przez Guggenheimów marynarce wojennej na potrzeby centrum szkoleniowego. Budynek miał trzy kondygnacje i czterdzieści pokojów z widokiem na morze i dowództwo marynarki uznało, że będzie to idealne miejsce do pracy dla Wagnera. Hempstead House otrzymał kryptonim Centrum Instalacji Specjalnych i dr Wagner z asystentem przystąpili do pracy.

Więcej problemów było w Waszyngtonie, a to za sprawą FBI. Jeśli nazistowscy naukowcy mieli pracować dla amerykańskiego wojska, to powinni zostać poddani szczegółowej kontroli, uznał Departament Sprawiedliwości. Kierowane przez Edgara Hoovera FBI przyjrzało się przeszłości dr. Wagnera, opierając się na informacjach zgromadzonych przez wywiad wojskowy w Europie, i dowiedziało się, że dr Wagner „należał kiedyś do SS", paramilitarnej organizacji partii nazistowskiej. A to oznaczało, że był zagorzałym nazistą. Gdyby pozostał w Niemczech, jako były członek SS mógł zgodnie z prawem sił okupacyjnych zostać aresztowany i poddany procesowi denazyfikacji[45]. FBI zdawało sobie jednak sprawę, jak bardzo marynarce wojennej zależy na Wagnerze, i dlatego przylepiło mu łatkę „oportunisty, którego interesuje tylko nauka"[46]. Większym zmartwieniem dla FBI były, jak czytamy w raporcie wywiadowczym, ilości alkoholu wypijanego później przez Wagnera. FBI nie uznało Wagnera za „pijaka", a za wytłumaczenie niemal codziennego upojenia alkoholowego uznało niedawną śmierć jego żony.

Naukowiec z okrętu podwodnego, dr Heinz Schlicke, został uwięziony w Fort Meade, gdzie szybko marynarka wojenna uznała go za osobę „wyjątkowo wykwalifikowaną". Wkrótce Schlicke zaczął prowadzić tajne wykłady na temat technologii, którą opracował w czasie wojny[47]. Tytuł pierwszego brzmiał „Ogólny przegląd środków elektronicznych, których planowała użyć admiralicja niemiecka w celu unowocześnienia U-Bootów". Marynarka wojenna chciała natychmiast zatrudnić Schlickego, ale na przeszkodzie stały przepisy ustanowione przez Departament Stanu. Schlicke miał już w Stanach Zjednoczonych status jeńca wojennego. Według Departamentu Stanu przed podjęciem pracy w USA powinien zostać repatriowany do Niemiec. Historia okrętu U-234 unaoczniła jeden bezsporny fakt: jeśli Departament Stanu chciał zacząć zatrudniać niemieckich uczonych, konieczne było powołanie do życia komitetu rozpatrującego każdy taki przypadek osobno. W końcu 28 maja 1945 roku podsekretarz w Departamencie Wojny, Robert Patterson, wypowiedział się na temat zatrudnienia nazistowskich naukowców w amerykańskich wojskowych ośrodkach badawczych.

Patterson napisał do szefa sztabu prezydenta, admirała Williama D. Leahy'ego: „Zdecydowanie opowiadam się za uczynieniem wszystkiego co możliwe dla pełnego wykorzystania informacji zdobytych od Niemców lub z innych źródeł do prowadzenia wojny z Japonią". Jednocześnie wyraził niepokój. „Ci ludzie są naszymi wrogami i należy pamiętać, że mogą sabotować nasz wysiłek wojenny. Sprowadzenie ich do naszego kraju jest delikatną kwestią z uwagi na silne resentymenty amerykańskiej opinii publicznej, która może błędnie zrozumieć cel sprowadzenia ich tutaj i zawierania z nimi porozumienia"[48]. Patterson był zdania, że sposobem na uniknięcie nietrudnych do przewidzenia problemów ze strony Departamentu Stanu, który wydawał wizy, było włączenie go teraz do procesu decyzyjnego[49]. Zaproponował, żeby do czasu powołania do życia nowego komitetu zajmującego się kwestią nazistowskich uczonych zajmował się nimi State-War-Navy Coordinating Committee (SWNCC).

Skutkiem listu Pattersona do prezydenckiego szefa sztabu, który nie trafił w ręce samego prezydenta Trumana, była narada Sztabu Generalnego Departamentu Wojny w Pentagonie. Uczestnicy narady zaaprobowali tę tymczasową politykę wobec naukowców. Kontrakty miały zostać zawarte z ograniczoną liczbą niemieckich uczonych „pod warunkiem, że nie byli oskarżeni o zbrodnie wojenne". Mieli oni znaleźć się pod ścisłą kuratelą wojska i zostać bezzwłocznie odesłani do Niemiec po zakończeniu tajnych prac nad bronią.

Do kwatery SHAEF w Wersalu wysłano depeszę będącą odpowiedzią na prośbę generała Eisenhowera sprzed dwóch tygodni, dotyczącą sformułowania długofalowej polityki wobec naukowców. Ale decyzje podjęte w Waszyngtonie miały niewielki wpływ na to, co działo się w Europie z naukowcami służącymi wcześniej przez długie lata Adolfowi Hitlerowi.

ROZDZIAŁ SIÓDMY

Lekarze Hitlera

Jeszcze w trakcie wojny do lekarzy służących w lotnictwie amerykańskim dotarły pogłoski o nowatorskich badaniach prowadzonych przez niemieckich specjalistów od medycyny lotniczej. Luftwaffe utrzymywało te badania w ścisłej tajemnicy, a lekarze nie publikowali regularnie wyników swoich prac w czasopismach medycznych. Kiedy już to zrobili, zwykle w sponsorowanym przez NSDAP magazynie „Luftfahrtmedizin"[1]; amerykańskie lotnictwo, łamiąc prawa autorskie, tłumaczyło te artykuły na angielski i publikowało dla swoich specjalistów. Obszarami, w których naziści dokonali znacznych postępów, były programy ratownictwa morskiego, badania nad funkcjonowaniem organizmu ludzkiego na dużych wysokościach i nad chorobą dekompresyjną. Innymi słowy, nazistowscy lekarze wiedli prym w badaniach nad zachowaniem organizmu ludzkiego w warunkach skrajnego zimna, skrajnych wysokości i skrajnych prędkości.

Wraz z końcem wojny znalazło się dwóch amerykańskich oficerów szczególnie zainteresowanych poznaniem sekretów nazistowskiej medycyny lotniczej. Był to naczelny lekarz amerykańskich strategicznych sił powietrznych w Europie, generał dywizji Malcolm Grow, oraz naczelny lekarz amerykańskiej 8. Armii Powietrznej[2], podpułkownik Harry Armstrong. Obaj byli lekarzami i pionierami w zakresie medycyny lotniczej.

Przed wojną Grow i Armstrong wspólnie powołali do życia laboratorium medycyny lotniczej w Wright Field, gdzie owocnie pracowali nad rozwiązaniami, dzięki którym amerykańskim lotnikom udawało się często przeżyć w czasie działań wojennych. Armstrong udoskonalił maskę tlenową dla pilota i prowadził przełomowe badania nad fizjologią człowieka w lotach na dużych wysokościach. Grow zaprojektował kamizelkę kuloodporną dla lotników[3], ważącą dziesięć kilogramów i chroniącą przed ogniem artylerii przeciwlotniczej. Wraz z nadejściem końca wojny Grow i Armstrong dostrzegli niepowtarzalną okazję poznania wiedzy nazistów i wykorzystania jej na potrzeby amerykańskich sił powietrznych.

Z przeprowadzonego kilkadziesiąt lat później wywiadu z Armstrongiem wynika, że plan powstał w trakcie spotkania z generałem Growem w kwaterze amerykańskich strategicznych sił powietrznych w Europie, w Saint-Germain we Francji[4]. Obaj panowie wiedzieli, że wiele instytutów badawczych Luftwaffe mieściło się w Berlinie. Plan zakładał, że pułkownik Armstrong pojedzie tam, odnajdzie jak najwięcej lekarzy Luftwaffe i nakłoni ich do wyjazdu do Stanów Zjednoczonych, gdzie będą pracować dla armii. Grow, jako naczelny lekarz, miał zadbać o to, żeby Armstrong trafił do amerykańskiego sektora w Berlinie w charakterze szefa lekarzy amerykańskiego kontyngentu. A generał Grow miał wrócić do kwatery głównej amerykańskich sił powietrznych w Waszyngtonie i lobbować na rzecz stworzenia nowego laboratorium, w którym kontynuowano by prace prowadzone przez nazistowskich uczonych w czasie wojny[5]. Plan wprowadzono w życie i Armstrong znalazł się w Berlinie.

Początkowo poszukiwania szły z trudnością. Wyglądało na to, że wszyscy lekarze Luftwaffe uciekli z Berlina. Armstrong dysponował listą 115 osób, które miał nadzieję odnaleźć[6]. Na jej szczycie było nazwisko jednego z najważniejszych specjalistów medycyny lotniczej, dr. Hubertusa Strugholda. Armstrong miał już wcześniej osobisty kontakt z dr. Strugholdem.

„Korzenie tej historii sięgają 1934 roku", opowiadał po wojnie Armstrong podczas dorocznej konwencji Stowarzyszenia Medycyny Lotniczej w Waszyngtonie. Obaj lekarze mieli dużo wspólnego i „zostali całkiem dobrymi przyjaciółmi"[7]. Obaj byli pionierami w dziedzinie fizjologii pilota i przeprowadzali na sobie przełomowe eksperymenty na dużych wysokościach. „Łączyło nas sporo: on i ja byliśmy niemal w tym samym wieku, obaj w tamtym roku opublikowaliśmy książki na temat medycyny lotniczej, a on wypełniał w Niemczech to samo zadanie, które ja wypełniałem w Stanach Zjednoczonych", tłumaczył Armstrong. Po raz drugi spotkali się obaj w 1937 roku na międzynarodowej konferencji w hotelu Waldorf-Astoria w Nowym Jorku. Doktor Strughold na konferencji reprezentował Niemcy. W 1937 roku obaj mieli jeszcze więcej wspólnego. Armstrong był dyrektorem laboratorium badawczego medycyny lotniczej w Wright Field, a Strughold dyrektorem Instytutu Badawczego Medycyny Lotniczej[8] przy Ministerstwie Lotnictwa Rzeszy w Berlinie. Zajmowali się niemal tym samym. Teraz nie widzieli się już od ośmiu lat, ale Strughold przez cały ten czas piastował to wysokie stanowisko. Nikt nie znał lepiej sekretów badań medycznych Luftwaffe jak dr Hubertus Strughold. Dlatego Harry Armstrong był zdecydowany go odnaleźć.

Pierwszym miejscem, które odwiedził Armstrong, było dawne biuro Strugholda w Instytucie Badawczym Medycyny Lotniczej, mieszczącym się w eleganckiej dzielnicy Berlina, Charlottenburgu. Szukał tropu. Ale wspaniała niegdyś niemiecka wojskowa akademia medyczna z przystrzyżonymi trawnikami i zadbanym parkiem była teraz zbombardowana i opuszczona. Gabinet Strugholda stał pusty. Armstrong krążył dalej po Berlinie, odwiedzając uniwersytety, z którymi Strughold był niegdyś związany. Wszyscy profesorowie, z którymi rozmawiał, udzielali mu podobnej odpowiedzi: twierdzili, że nie mają pojęcia, gdzie się podział dr Strughold i olbrzymi zespół lekarzy Luftwaffe.

Przełom nastąpił dopiero na Uniwersytecie Berlińskim, gdzie Armstrong natrafił na specjalistę w dziedzinie układu oddechowego, Ulricha Lufta[9], który w zdemolowanej sali dawał niewielkiej grupce studentów wykład z fizjologii. Luft wyglądał niezwykle dzięki szopie rudych włosów na głowie. Był wysoki, uprzejmy i biegle mówił po angielsku, ponieważ jego matka była Szkotką. Ulrich Luft powiedział Harry'emu Armstrongowi, że Rosjanie zabrali z uniwersyteckiego laboratorium wszystko, nawet krany i umywalki, a on zarabia na życie w miejscowej klinice leczącej uchodźców wojennych chorujących na dur brzuszny[10]. Armstrong uznał, że trudna sytuacja Lufta stanowi niepowtarzalną okazję, i zwierzył mu się, że próbuje odnaleźć niemieckich specjalistów medycyny lotniczej, których chce zatrudnić przy programach badawczych armii amerykańskiej. Wyznał także, że szczególnie zależy mu na odszukaniu jednego człowieka, doktora Hubertusa Strugholda. Osoba, która mu w tym pomoże, otrzyma zapłatę. Luft powiedział Armstrongowi, że Strughold był dawniej jego szefem.

Według relacji Lufta Strughold zwolnił cały personel Instytutu Badawczego Medycyny Lotniczej w ostatnim miesiącu wojny, a sam z kilkoma najbliższymi współpracownikami przeniósł się na uniwersytet w Getyndze. Byli tam do tej pory i pracowali w laboratorium nadzorowanym przez Brytyjczyków. Armstrong podziękował Luftowi i pojechał do Getyngi. Niezależnie od tego, jak dużo Brytyjczycy płacili Strugholdowi, Armstrong był przekonany, że zdoła go przekonać dzięki osobistej znajomości. Poza tym w grę wchodziły olbrzymie kwoty na stworzenie nowego laboratorium, w którym Armstrong i Grow zamierzali zatrudnić ponad pięćdziesięciu lekarzy Luftwaffe. Pracy na pewno nie zabrakłoby nie tylko dla Strugholda, ale także dla jego kolegów.

W tym momencie rozpoczyna się wielki dramat, jako że dr. Hubertusa Strugholda poszukiwał jeszcze jeden oficer amerykańskiej armii – śledczy tropiący zbrodniarzy wojennych i zarazem lekarz, major Leopold Alexander. Nazwisko doktora Strugholda znajdowało się w sporządzonym przez wywiad wojskowy Centralnym Rejestrze Przestępców Wojennych i Podejrzanych (CROWCASS).

Zadaniem majora Alexandra było ustalenie miejsca pobytu Strugholda.

Nie wiadomo, czy Armstrong wiedział o zarzutach wobec Strugholda i postanowił je zlekceważyć, czy też nie miał pojęcia o tym, że jego nazwisko jest na liście CROWCASS. Jednak wprowadzając w życie plan zatrudnienia dr. Strugholda w laboratorium amerykańskich sił powietrznych, Armstrong działał niezgodnie z polityką ustaloną przez Departament Wojny. Niemieccy uczeni mogli być zatrudniani przez wojsko „pod warunkiem, że nie byli zbrodniarzami wojennymi albo podejrzanymi o popełnienie zbrodni wojennych". A zarzuty CROWCASS wobec dr. Strugholda były poważne. I dotyczyły także najcięższych zbrodni wojennych.

Lista CROWCASS została sporządzona bezpośrednio po kapitulacji Niemiec, kiedy presja opinii publicznej w kwestii osądzenia nazistów odpowiedzialnych za zbrodnie wojenne sięgnęła zenitu. Siódmego maja 1945 roku magazyn „Life" opublikował artykuł na temat wyzwolenia Buchenwaldu, Bergen-Belsen i innych obozów koncentracyjnych, dołączając do niego fotografie. Były to pierwsze dowody zbrodni udostępnione opinii publicznej[11]. Publikacja tych zdjęć przedstawiających skalę potwornych zbrodni nazistowskich wywołała na całym świecie wstrząs. Obozy śmierci, obozy pracy niewolniczej, systematyczna eksterminacja całych grup ludzi – wszystko to było sprzeczne z regułami prowadzenia wojny. Opinia publiczna uznała, że naziści muszą ponieść odpowiedzialność za swoje zbrodnie.

Organem odpowiedzialnym za ściganie zbrodni wojennych była Komisja Narodów Zjednoczonych do spraw Zbrodni Wojennych (UNWCC)[12], która miała siedzibę w Londynie i została powołana do życia przez aliantów w 1942 roku (pierwotnie pod nazwą Komisji Narodów Zjednoczonych do Ścigania Zbrodni Wojennych). Zadaniem komisji nie było wyłapywaniem zbrodniarzy wojennych; tym zajmowało się SHAEF. Komisja składała się z trzech komitetów: komitet I zajmował się listami zbrodniarzy, komitet II koordynował działania z SHAEF, a komitet III zajmował się doradztwem prawnym. Komisja i jej komitety współpracowały z mającym siedzibę w Paryżu CROWCASS, odpowiedzialnym za gromadzenie informacji na temat podejrzanych o popełnienie zbrodni wojennych.

Kiedy ustały działania wojenne, SHAEF wysłało w teren swoich śledczych z zadaniem odnalezienia niemieckich lekarzy i doprowadzenia ich na przesłuchanie. Jednym z takich śledczych był major Leopold Alexander, psychiatra i neurolog z Bostonu, a także lekarz wojskowy. Alexander opiekował się rannymi weteranami w szpitalu wojskowym w Anglii, kiedy dwa tygodnie po zakończeniu wojny otrzymał nowe zadanie. To przedsięwzięcie miało całkowicie zmienić jego życie i sposób postrzegania, co to znaczy być lekarzem i co to znaczy być Amerykaninem.

Doktor Alexander stał się mimowolnie jedną z najważniejszych postaci w czasie norymberskiego procesu lekarzy[13]. Stał się też przypadkowo głównym rozgrywającym w jednym z najbardziej dramatycznych wydarzeń w historii Operacji Paperclip. Miało mu to zająć kolejnych siedem lat. Ale teraz wraz z końcem wojny przyjął rozkazy SHAEF, wsiadł w Anglii na pokład wojskowego samolotu i poleciał do Niemiec. Jego pierwszym przystankiem był obóz koncentracyjny w Dachau. Alexander nie wiedział wtedy jeszcze, że to tam, w barakach zwanych Blokiem Eksperymentalnym 5, lekarze Luftwaffe przeprowadzali najbardziej barbarzyńskie i zbrodnicze eksperymenty medyczne.

Dwudziestego trzeciego maja 1945 roku trzydziestodziewięcioletni dr Alexander siedział na pokładzie samolotu transportowego armii amerykańskiej lecącego do Monachium, kiedy mniej więcej dwadzieścia pięć kilometrów przed lotniskiem maszyna zniżyła lot i wtedy po raz pierwszy zobaczył wyzwolony obóz koncentracyjny w Dachau[14]. „Ocalali więźniowie machali radośnie do przelatującego samolotu. Na terenie obozu widać było dwa amerykańskie szpitale polowe", napisał Alexander w swoim dzienniku tego dnia wieczorem. Amerykański samolot dostarczył uwolnionym więźniom, wciąż zbyt osłabionym, by opuścić obóz, kilka ton peklowanej wołowiny, sałatki ziemniaczanej i prawdziwej kawy. Samolotami dowożono też lekarzy i pielęgniarki z Amerykańskiego Czerwonego Krzyża[15], a przy okazji śledczych w rodzaju dr. Alexandra. Obóz koncentracyjny w Dachau był pierwszym z długiej listy nazistowskich ośrodków i instytucji medycznych, które dr Alexander zamierzał odwiedzić, gdzie, jak podejrzewano, popełniano zbrodnie wojenne[16]. Alexander był wyposażony w instrukcje SHAEF, które dawały mu „pełnię władzy w prowadzeniu każdego śledztwa" oraz uprawnienia do „usuwania dokumentacji, sprzętu i personelu, ilekroć uzna to za konieczne".

Do wykonania swojego zadania przygotowało go zrządzenie losu i okoliczności. Doktor Alexander, podobnie jak dyrektor naukowy Operacji Alsos, Samuel Goudsmit, miał nie tylko wyjątkowe kwalifikacje do ścigania niemieckich lekarzy, ale też powody osobiste. Był Żydem i niegdyś wschodzącą gwiazdą w gronie niemieckiej elity lekarskiej. Uchwalone w 1933 roku ustawy rasowe zabraniały dwudziestoośmioletniemu wówczas lekarzowi dalszej praktyki. Załamany Alexander opuścił ojczyznę i po pewnym czasie znalazł się w Ameryce[17]. I teraz, po trzynastu latach, ponownie stanął na niemieckiej ziemi, choć wspomnienia o życiu tutaj wydawały się bardzo odległe.

Leopold Alexander, odkąd sięgał pamięcią, marzył o tym, żeby pójść w ślady ojca, Gustava, i zostać lekarzem. „Nie zdawałem sobie z tego sprawy, ale pragnąłem zostać lekarzem, bo był nim mój ojciec", powiedział kiedyś, wyjaśniając swoje zamiłowanie do medycyny[18]. Gustav Alexander był wiedeńskim laryngologiem przełomu wieków, uczonym, który przed urodzeniem się Leopolda opublikował ponad osiemdziesiąt rozpraw naukowych. Matka Leopolda, Gisela, była pierwszą kobietą, która uzyskała dyplom doktora filozofii na Uniwersytecie Wiedeńskim, najstarszej uczelni świata niemieckojęzycznego[19]. Leopold od najmłodszych lat był wybrańcem losu. Alexandrowie żyli w przepychu w olbrzymim domu, a po ich ogrodzie przechadzały się pawie[20]. Częstym gościem był u nich Zygmunt Freud, a także kompozytor Gustaw Mahler. Kiedy Leopold skończył piętnaście lat, dostał zgodę na towarzyszenie ojcu w weekendowych obchodach lekarskich w szpitalu. Więź ojca z synem się umacniała. W weekendy spacerowali po wiedeńskich parkach lub odwiedzali muzea, dyskutując żywo o historii, antropologii i medycynie, jak wspominał później dr Alexander.

W 1929 roku Leopold Alexander ukończył Wydział Medycyny Uniwersytetu Wiedeńskiego i został lekarzem, specjalizującym się w rozwoju i patologii mózgu. Niemal każdy kandydat na lekarza w Europie pragnął w owym czasie studiować medycynę w Niemczech. W 1932 roku dr Alexander został członkiem prestiżowego Instytutu Badań nad Mózgiem Cesarza Wilhelma w Berlinie. Tam zaprzyjaźnił się z najznakomitszymi niemieckimi lekarzami, między innymi z profesorem Karlem Kleistem, cenionym specjalistą w dziedzinie patologii mózgu, który został jego mentorem[21]. Alexander skupił się w swoich badaniach na zaburzeniach pracy mózgu i zaczął pracę z pacjentami chorymi na schizofrenię. Jego życie zapowiadało się obiecująco.

I wtedy los zadał mu dwa ciosy. W 1932 roku Gustav Alexander został zabity przez swojego pacjenta psychiatrycznego[22] – zamordowany z zimną krwią na ulicy w Wiedniu przez człowieka, którego dziesięć lat wcześniej leczył i uznał za obłąkanego. Druga tragedia zdarzyła się w styczniu 1933 roku, kiedy kanclerzem Niemiec został Adolf Hitler. Narodowy socjalizm rósł w siłę. Wkrótce życie każdego Żyda w Niemczech miało ulec radykalnej zmianie. Ale szczęście sprzyjało doktorowi Alexandrowi. Dwudziestego stycznia 1933 roku, tuż przed przejęciem władzy przez Hitlera, ambitny lekarz był gotów do wyjazdu na chińską prowincję, gdzie miał się zajmować chorobami psychicznymi. „Przyjąłem zaproszenie Pekińskiej Szkoły Medycznej, gdzie przez pół roku będę honorowym wykładowcą neurologii i psychiatrii", napisał do swoich profesorów z Instytutu Cesarza Wilhelma, obiecując jednocześnie, że do 1 października 1933 roku wróci do Niemiec. Tej obietnicy nie zdołał dotrzymać.

Dwa miesiące po dojściu Hitlera do władzy naziści rozpoczęli ogólnokrajowy bojkot lekarzy, prawników i biznesmenów pochodzenia żydowskiego. A w kwietniu 1933 roku weszła w życie ustawa o odrodzeniu stanu urzędniczego. Od tej chwili nie-Aryjczykom nie wolno było piastować żadnych stanowisk w administracji państwowej[23]. Zakaz ten obejmował także wykładanie na niemieckich uniwersytetach. We Frankfurcie, gdzie mieszkał dr Alexander, wyrzucono z pracy sześćdziesięciu dziewięciu profesorów pochodzenia żydowskiego. Wiadomość o tak radykalnych posunięciach zastała dr. Alexandra w Chinach. Prawnik rodziny Alexandra, Maximilian Friedmann, napisał do niego list, ostrzegając go przed powrotem: „Perspektywy w Niemczech są wyjątkowo niekorzystne". Wuj dr. Alexandra, Robert, był jeszcze bardziej otwarty w krytykowaniu tego, co się działo w Niemczech, pisząc, że naród „uległ swastyce"[24]. Przyjaciel dr. Alexandra, neurolog żydowskiego pochodzenia Arnold Merzbach, również napisał rozpaczliwy list, informując go, że wszyscy ich żydowscy znajomi z uniwersytetu we Frankfurcie zostali zwolnieni z pracy. „Nasze życie legło w gruzach – napisał Merzbach. – Wszyscy straciliśmy nadzieję"[25].

Alexander przez kilka miesięcy nie przyjmował tego do wiadomości. Roił sobie, że nazistowskie prawa jego nie dotyczą, i przysięgał, że wróci do Niemiec, kiedy skończy się jego stypendium. W Chinach był ordynatorom neurologii w kilku szpitalach polowych[26], gdzie zajmował się żołnierzami, którzy doznali na polu bitwy urazu głowy. Nie zważając na nazistowskie prawo zakazujące Żydom pracy w charakterze lekarza czy wykładowcy, napisał list do swojego mentora, profesora Kleista, w którym wspomniał, jak bardzo nie może się doczekać powrotu do kraju. Kleist odpisał mu, że jego powrót do Niemiec jest „absolutnie niemożliwy... Jeśli jako żyd nie służyłeś w wojsku w czasie pierwszej wojny światowej, nie możesz zostać zatrudniony". Na zakończenie Kleist napisał: „Pozbądź się złudzeń"[27]. Ten list być może uratował Alexandrowi życie.

Niezwiązany już kontraktem w Chinach Alexander był teraz koczownikiem, człowiekiem bez domu. Ale ponieważ nie brakowało mu ambicji i hartu ducha, nie poddawał się. Podobnie jak wcześniej ojciec, publikował w czasopismach naukowych artykuły na temat chorób psychicznych, dzięki którym stał się całkiem realnym kandydatem do otrzymania stypendium w Ameryce. Los uśmiechnął się do niego ponownie, kiedy jesienią 1933 roku zaproponowano mu pracę w stanowym szpitalu psychiatrycznym w Worcester w stanie Massachusetts, osiemdziesiąt kilometrów od Bostonu. Doktor Alexander wsiadł na pokład amerykańskiego parowca President Jackson i popłynął do Stanów Zjednoczonych z przystankiem w Japonii. W połowie rejsu, kiedy statek znajdował się ponad tysiąc mil od stałego lądu, doszło do dziwnego zdarzenia. Rozpętała się cała seria sztormów, nie pozwalając pasażerom przez kilka dni wyjść na pokład. Kiedy w końcu pogoda się poprawiła, Alexander postanowił zagrać na świeżym powietrzu w shuffleboard. Kiedy spojrzał na bezkresne wody oceanu, dostrzegł olbrzymią, pojedynczą falę sunącą z ogromną prędkością wprost na ich statek. Nie było przed nią ucieczki. Zanim zdążył skryć się pod pokładem, fala uderzyła w statek, unosząc go. „Statek powoli unosił się na stromej fali coraz wyżej i wyżej, aż w końcu znalazł się na jej szczycie"[28], napisał do swojego brata, Thea. A dalej opisał przerażające uczucie, kiedy statek balansował niepewnie na grzbiecie fali. „Nagle niczego za nią nie było... niczego prócz stromego urwiska". Statek zaczął swobodnie opadać „z dziobem zanurzonym głęboko w wodzie... Uderzenie było gwałtowne, woda rozbryzgiwała się na wszystkie strony, a w kuchni i kajutach pospadały wszystkie przedmioty". Statek bez trudu odzyskał równowagę i popłynął dalej. „Wszystko działo się tak niewyobrażalnie szybko – pisał Alexander. – Kiedy było po wszystkim, uświadomiłem sobie, że teraz rozumiem znaczenie słów «ocean otwiera się przed tobą i połyka cię w całości»".

Alexandrowi szybko zaczęło się dobrze powodzić w Ameryce[29]. Był człowiekiem wyjątkowo pracowitym. Sypiał po pięć godzin na dobę, a praca lekarza w szpitalu psychiatrycznym w Nowej Anglii pochłaniała go bez reszty. Pewnego razu powiedział dziennikarzowi, że najbardziej interesuje go określenie, co kieruje ludzkim postępowaniem. Kilka miesięcy po przybyciu do Nowej Anglii otrzymał propozycję pełnoetatowej pracy na oddziale neuropsychiatrycznym szpitala stanowego w Bostonie. W 1934 roku poznał podczas obchodów lekarskich pracownicę opieki społecznej, Phyllis Harrington. Pobrali się i w 1938 roku mieli już dwoje dzieci, chłopca i dziewczynkę. Alexander był bardzo płodnym autorem – opublikował pięćdziesiąt rozpraw naukowych. Pod koniec dekady został wykładowcą Akademii Medycznej w Harvardzie. Uzyskał też amerykańskie obywatelstwo. Dziennikarze pisali artykuły na temat „doktora z Wiednia" i jego nadzwyczajnych osiągnięć w leczeniu chorób psychicznych. Miał wreszcie nowy dom i stał się członkiem bostońskiej elity lekarskiej.

W grudniu 1941 roku Ameryka przystąpiła do wojny. Alexander został wysłany do 65. Szpitala Ogólnego w Fort Bragg w Karolinie Północnej[30], a następnie do szpitala wojskowego w Anglii. w czasie wojny pomagał rannym żołnierzom pozbyć się nerwicy frontowej. Gromadził też dane na temat nerwic pilotów. Po kapitulacji Niemiec spodziewał się odesłania do domu, a tymczasem otrzymał niespodziewany rozkaz z SHAEF. Miał polecieć do Niemiec i zbadać zarzuty dotyczące nazistowskich zbrodni wojennych, stając przy tym twarzą w twarz ze swoimi profesorami, mentorami i kolegami ze studiów. Do niego miało należeć wydanie postanowienia, kto jest winny, a kto nie[31].

Pierwsza wyprawa do Dachau nie naprowadziła Alexandra na żaden znaczący trop. Usłyszał tylko pogłoski na temat przeprowadzanych tam barbarzyńskich eksperymentów medycznych. Piątego czerwca 1945 roku, po przejechaniu nieco ponad trzydziestu kilometrów, znalazł się w Instytucie Medycyny Lotniczej Luftwaffe w Monachium[32]. Ośrodkiem badawczym kierował w dalszym ciągu, mimo kapitulacji Niemiec, radiolog, Georg August Weltz. Cieszył się dobrą opinią. Miał pięćdziesiąt sześć lat, łagodne usposobienie, siwe włosy i pomarszczoną, opaloną twarz. Podczas pierwszej rozmowy powiedział dr. Alexandrowi, że przez całe życie był lekarzem wojskowym, a zaczynał swoją karierę w Korpusie Wojsk Balonowych w czasie pierwszej wojny światowej.

Alexander otrzymał z SHAEF dossier Weltza, z którego wynikało, że wstąpił on do NSDAP w 1937 roku, po czym szybko zaczął awansować w strukturach zarządzania niemiecką służbą zdrowia. Od 1941 roku podlegał bezpośrednio marszałkowi Luftwaffe, Erhardowi Milchowi, który z kolei był podwładnym marszałka Rzeszy, Hermanna Göringa. Pod koniec wojny niewiele osób miało w swoich rękach tyle władzy w kwestiach medycznych jak Georg August Weltz – może tylko Hubertus Strughold.

Podczas pierwszej rozmowy Weltz powiedział Alexandrowi, że jego zadaniem było prowadzenie badań nad sposobami ratowania życia pilotów Luftwaffe[33]. Wspomniał o tym, co się działo z pilotami Luftwaffe w trakcie bitwy o Anglię w 1940 roku. Wielu z nich zostało zestrzelonych przez brytyjskie siły powietrzne nad kanałem La Manche, wyskoczyło na spadochronach i przeżyło upadek do wody. Często jednak umierali po kilku godzinach z powodu wychłodzenia organizmu. Ciała wielu pilotów Luftwaffe wyławiano z lodowatych wód kanału zaledwie kilka minut po tym, jak zamarzli na śmierć. Luftwaffe chciało wiedzieć, czy lekarze są w stanie opracować metodę „odmrożenia człowieka"[34] i przywrócenia go do życia. Doktor Weltz pochwalił się Alexandrowi, że jego zespół badawczy przeprowadził w tej kwestii przełomowe badania, które doprowadziły do „zaskakującego i przydatnego odkrycia"[35]. Wyniki były, zdaniem Weltza, po prostu „zdumiewające"[36].

„Jak wyglądały wyniki?" – zapytał Alexander.

Weltz wahał się, czy zdradzić szczegóły, ale zapewnił, że armia amerykańska będzie bardzo zainteresowana jego wiedzą, i zapytał, czy możliwe jest zawarcie umowy. Dodał, że jest zainteresowany otrzymaniem stypendium Fundacji Rockefellera. Alexander wyjaśnił, że nie ma żadnego wpływu na prywatne fundacje, a Weltz musi przede wszystkim opowiedzieć mu o tym „zdumiewającym" odkryciu.

Weltz powiedział, że jemu i jego zespołowi udało się rozwiązać stary jak świat problem – czy można przywrócić do życia człowieka, który zamarzł na śmierć[37]. Odpowiedź brzmi: tak – zapewniał Weltz. Ma na to dowód. Jego zespół rozwiązał tę medyczną zagadkę dzięki wynalezieniu techniki radykalnego rozgrzewania ciała. Alexander poprosił o więcej szczegółów. Zdaniem Weltza sukces zależał od precyzyjnego ustalenia proporcji pomiędzy temperaturą ciała i czasem jego rozgrzewania a masą człowieka. Weltz nie czuł się jeszcze upoważniony do podania dokładnych danych, ale metoda opracowana przez jego zespół była tak skuteczna, że służby ratunkowe Luftwaffe wykorzystywały ją w czasie wojny[38]. Eksperymenty, jak stwierdził Weltz, przeprowadzano na dużych zwierzętach. Krowach, koniach i „dorosłych świniach"[39].

Doktor Alexander trafił do Niemiec, żeby zbadać nazistowskie zbrodnie wojenne. Przeszedł więc od razu do sedna i zapytał Weltza, czy do eksperymentów Luftwaffe wykorzystywano kiedykolwiek ludzi.

„Weltz odparł stanowczo, że nie przeprowadzał żadnych tego rodzaju [eksperymentów na ludziach] i nic nie wie o tego rodzaju pracach"[40], napisał w tajnym raporcie Alexander. Ale sposób, w jaki Weltz reagował, sprawił, że Alexander nabrał wobec niego podejrzeń.

Alexander stanął przed dylematem. Czy powinien Weltza aresztować? Czy lepiej będzie spróbować dowiedzieć się więcej? „Uważałem wtedy, że dla dobra tego śledztwa rozsądniej będzie nie uciekać się do takich środków represji jak areszt", tłumaczył Alexander. Poprosił Weltza, żeby zaprowadził go do laboratorium, w którym przeprowadzano eksperymenty na dużych zwierzętach.

Weltz twierdził, że z powodu silnych nalotów lotniczych na Monachium ośrodek Luftwaffe, w którym testowano metodę ogrzewania ciała, przeniesiono na farmę krów w wiosce Weihenstephan. Alexander i Weltz pojechali tam wojskowym jeepem. Alexander znalazł ukrytą w stodole nowoczesną komorę niskociśnieniową. Weltz tłumaczył, że piloci Luftwaffe poznawali w nich, pod okiem lekarzy, granice własnej wytrzymałości. Komora pozwalała specjalistom medycyny lotniczej symulować wpływ dużych wysokości i niskiego ciśnienia na organizm ludzki. Doktor Alexander nie znalazł natomiast na farmie żadnych urządzeń do ogrzewania ciała. Gdzie one są? – zapytał Weltza.

Weltz odpowiedział po chwili wahania, że zostały wywiezione, tym razem do należącej do rządu eksperymentalnej farmy w pobliżu Freising. Alexander upierał się, że chce zobaczyć farmę. Na miejscu Alexander zobaczył kolejny robiący wrażenie ośrodek badawczy, podobnie jak poprzedni ukryty w stodole. Była tam obszerna biblioteka oraz starannie zakonserwowane aparaty rentgenowskie. Wyraźnie było jednak widać, że laboratorium zostało zaprojektowane do przeprowadzania eksperymentów na małych zwierzętach – myszach i świnkach morskich – a nie na tak dużych jak krowy, konie czy świnie. Znajdowała się tu dokumentacja, rysunki i wykresy dotyczące eksperymentów z zamrażaniem – wszystko starannie zabezpieczone. Ale znowu cała dokumentacja dotyczyła eksperymentów na małych zwierzętach, głównie myszach. Gdzie przeprowadzano eksperymenty na dużych zwierzętach? Weltz zaprowadził Alexandra za stodołę, do szopy znajdującej się w głębi gospodarstwa. Tam pokazał mu dwie brudne i roztrzaskane drewniane balie[41].

To była niezwykła chwila, zeznawał później Alexander, przerażająca w swej oczywistości. W żadnej z balii nie udałoby się zanurzyć krowy, konia czy świni. Mogły natomiast „pomieścić człowieka", powiedział Alexander.

Mroczna prawda na temat ośrodka dr. Weltza wyszła na jaw. „Z wszystkich tych rozmów wyniosłem przeświadczenie, że przeprowadzano eksperymenty na ludziach, i robili to bądź sami członkowie tej grupy, bądź inni pracownicy dobrze znani członkom tej grupy, a fakt ten był ukrywany"[42], napisał dr Alexander. Ale bez przyznania się do winy były to tylko podejrzenia. Żeby dokonać aresztowania, potrzebne były dowody. Alexander podziękował Weltzowi za towarzystwo i powiedział, że w przyszłości jeszcze tu wróci.

Doktor Alexander przebywał w Niemczech dwa tygodnie i był do głębi poruszony dewiacyjnym charakterem nazistowskiej nauki. W liście do żony, Phyllis, opisał, czym stała się niemiecka nauka pod nazistowskimi rządami. „Niemiecka nauka przedstawia sobą ponury obraz[43] – napisał. – Ponury z kilku powodów. Po pierwsze stała się niekompetentna i została wciągnięta w wir deprawacji, którym cuchnie ten kraj – smród obozów koncentracyjnych, smród brutalnej śmierci, tortur i cierpień". Niemieccy lekarze nie „uprawiali nauki", napisał Alexander, tylko „prowadzili niemoralną, pseudonaukową działalność przestępczą". Prócz badania zbrodni dokonywanych w imię badań naukowych medycyny lotniczej dr Alexander kierował śledztwem w sprawie zbrodni popełnianych na gruncie neuropsychiatrii i neuropatologii. W tym wypadku natknął się na ohydne nazistowskie przekonanie, które przeniknęło do medycyny pod rządami Hitlera, że ludzie nie tylko nie są sobie równi, ale że niektórzy w ogóle nie są istotami ludzkimi. Zgodnie z nazistowską ideologią, *Untermenschen*[44] – podludzie, jak nazywano Żydów, Cyganów, homoseksualistów, Polaków, Słowian, Rosjan, upośledzonych i chorych umysłowo – nie różnili się niczym od białych myszy czy królików doświadczalnych, na których przeprowadzano eksperymenty medyczne. „Podczłowiek jest tworem biologicznym, stworzonym przez naturę – twierdził Heinrich Himmler – mającym ręce, nogi, oczy i usta, a nawet pozory mózgu. Mimo to ten okropny stwór jest tylko częściowo istotą ludzką... Nie każdy, kto przypomina istotę ludzką, faktycznie nią jest". Obywatele Niemiec mieli wierzyć w te pseudonaukowe teorie; miliony nie protestowały. Niemieccy uczeni i lekarze wykorzystywali rasistowską politykę państwa do usprawiedliwiania eksperymentów medycznych, których efektem było okaleczenie i śmierć. W przypadku osób upośledzonych i chorych psychicznie teoria o *Untermenschen* służyła niemieckim lekarzom do usprawiedliwienia ludobójstwa.

Doktor Alexander był jednym z pierwszych amerykańskich wojskowych, który dowiedział się, że Trzecia Rzesza, na podstawie ustawy o zapobieganiu narodzinom obciążonego chorobą dziedziczną potomstwa, najpierw wysterylizowała, a następnie pozbawiła życia niemal całą populację ludzi chorych psychicznie, w tym dziesiątki tysięcy dzieci[45]. W całych południowych Niemczech jeden niemiecki lekarz po drugim potwierdzał w rozmowie z Alexandrem, że wiedział o programie eutanazji dzieci. Był wśród nich także dawny mentor Alexandra, profesor Karl Kleist. W trakcie rozmowy we Frankfurcie Kleist wyznał, że wiedział o programie eutanazji, i przekazał Alexandrowi wojskową dokumentację psychiatryczną, dzięki czemu uniknął osobistej odpowiedzialności. Kleist nie został aresztowany, ale kilka dni później stracił uprawnienia do nauczania. Dawny student i jego profesor nigdy już potem nie rozmawiali ze sobą i pozostaje zagadką, czy to dr Alexander zażądał wyrzucenia z pracy Kleista[46]. Kilka lat później nazwisko Kleista pojawi się na tajnej liście rekrutacyjnej Operacji Paperclip. Nie wiadomo, czy dotarł do Stanów Zjednoczonych.

Każdy dzień przynosił nowe, przerażające odkrycia. „Chwilami wydaje się, jakby naziści specjalnie zadawali sobie dużo trudu, wprowadzając w życie praktycznie każdy koszmar"[47], mówił później swojej żonie dr Alexander, porównując niemiecką medycynę do czegoś rodem z mrocznych germańskich legend. Podczas gdy lekarze, którzy wiedzieli o programie eutanazji, chętnie udzielali informacji – program ten był „usprawiedliwiany" niemieckim prawem, trzymanym w sekrecie przed opinią publiczną – Alexandra zastanawiał fakt, że zbrodnicze eksperymenty na ludziach przeprowadzane przez lekarzy Luftwaffe, jak choćby eksperymenty Weltza z zamrażaniem ludzi, były znacznie staranniej ukrywane. Alexander zdawał sobie sprawę, że jeśli chce poznać fakty na temat działalności lekarzy Luftwaffe w czasie wojny, musi dowiedzieć się więcej. Przede wszystkim musiał ustalić, gdzie jeszcze takie zbrodnie były popełniane. Najprościej było porozmawiać z inną osobą będącą wówczas blisko szczytów władzy, dr. Hubertusem Strugholdem. Strughold kierował Instytutem Badawczym Medycyny Lotniczej Luftwaffe przez dziesięć z dwunastu lat rządów NSDAP. Kiedy Alexander dowiedział się, że dr Strughold jest w Getyndze, w brytyjskiej strefie okupacyjnej, natychmiast tam pojechał.

Podczas podróży Alexandra do Getyngi nastąpił przypadkowo pewien przełom. „Doszło do ciekawego zbiegu okoliczności – napisał. – W drodze do Getyngi... kiedy jadłem obiad w kasynie oficerskim 433. batalionu w bazie Rennerod w Westerwaldzie, poznałem innego przypadkowego gościa, kapelana wojskowego, porucznika Bigelowa. W trakcie rozmowy porucznik Bigelow powiedział mi, że jest ciekawy mojej opinii na temat okrutnych eksperymentów na ludziach, przeprowadzanych w obozie koncentracyjnym w Dachau"[48]. Dowiedział się o nich kilka dni wcześniej z audycji alianckiego radia, w której byli więźniowie Dachau opowiadali o okrutnych eksperymentach. To był właśnie trop, którego dr Alexander szukał. Poprosił porucznika Bigelowa, żeby opowiedział mu wszystko, co zapamiętał z audycji.

Porucznik Bigelow powiedział Alexandrowi, że jako duchowny miał do czynienia z wieloma ofiarami wojny. Słyszał przerażające opowieści o tym, co się działo w blokach medycznych obozów koncentracyjnych. Ale nic nie mogło się równać z tym, co usłyszał w tamtej audycji radiowej. Lekarze w Dachau zamrażali ludzi na śmierć w baliach z lodowatą wodą, żeby sprawdzić, czy zdołają ich odmrozić i przywrócić do życia. Te eksperymenty miały najwyraźniej na celu symulację warunków, w jakich znajdowali się piloci Luftwaffe zestrzeleni nad kanałem La Manche. Alexander miał wreszcie wyraźny trop. W jego ocenie eksperymenty, o których wspominał Bigelow, wyglądały „uderzająco podobnie do eksperymentów na zwierzętach przeprowadzanych przez dr. Weltza i jego grupę" na farmie Freising[49]. Czy Luftwaffe było też zamieszane w badania medyczne w obozach koncentracyjnych? Doktor Alexander zapytał kapelana, czy pamięta nazwiska lekarzy prowadzących zbrodnicze eksperymenty w Dachau. Bigelow odpowiedział, że nie pamięta, ale na pewno słyszał o zaangażowaniu Luftwaffe. Jeszcze bardziej zdeterminowany Alexander wyruszył w dalszą podróż do Getyngi z zamiarem przesłuchania dr. Hubertusa Strugholda.

Alexander odnalazł Strugholda w Instytucie Fizjologii w Getyndze i zaaranżował spotkanie, podczas którego od razu przeszedł do rzeczy. Opowiedział Strugholdowi o audycji radiowej, w której pojawiły się oskarżania o przeprowadzanie przez Luftwaffe w Dachau eksperymentów z zamrażaniem ludzi[50]. Czy Strughold, jako lekarz kierujący badaniami w dziedzinie medycyny lotniczej dla Luftwaffe, wie coś o tych zbrodniczych eksperymentach? Strughold odpowiedział, że dowiedział się o eksperymentach na sympozjum lekarskim w Norymberdze w 1942 roku. Konferencja „Medyczne problemy związane z zagrożeniami ze strony wody i zimy"[51] odbywała się w hotelu Deutscher Hof i zgromadziła dziewięćdziesięciu lekarzy Luftwaffe. Podczas konferencji dr Sigmund Rascher[52] zaprezentował odkrycia osiągnięte w wyniku eksperymentów przeprowadzanych na więźniach obozu koncentracyjnego w Dachau. To ten sam człowiek, „o którym wspomniano w tamtej audycji radiowej", powiedział Strughold. Strughold nazwał Raschera ekstremistą, którego jedyną asystentką w Dachau była jego żona, Nini. Oboje Rascherowie już nie żyją.

Czy Strughold aprobował takie eksperymenty?[53] Strughold odpowiedział, że „choć dr Rascher wykorzystywał do swoich eksperymentów kryminalistów, to on [Strughold] z zasady nie aprobuje przeprowadzania eksperymentów na ludziach bez ich zgody". Doktor Strughold przysięgał, że w jego instytucie w Berlinie „nigdy nie pozwalał nawet myśleć o tego rodzaju eksperymentach… po pierwsze z przyczyn moralnych, a po drugie ze względu na etykę lekarską". Alexander zapytał, czy wie coś o innych lekarzach Luftwaffe zaangażowanych w eksperymenty na ludziach w Dachau. Strughold powiedział: „Wszystkie eksperymenty na ludziach, które przeprowadzaliśmy, przeprowadzaliśmy wyłącznie na własnym personelu i na studentach zainteresowanych tym tematem, i zawsze na zasadzie dobrowolności". Nie ujawnił, że kilku lekarzy z jego zespołu odwiedzało regularnie Dachau i przeprowadzało tam eksperymenty.

Alexander rozmawiał w Getyndze także z kilkoma innymi lekarzami, którzy pracowali dla Strugholda i zadał każdemu z nich szczegółowe pytania na temat eksperymentów na ludziach. Wszystkie odpowiedzi były uderzająco podobne. Za wszystko, co działo się w Dachau, miał być obwiniany dr Sigmund Rascher, który już nie żył. Ale jednej osobie, dr. Friedrichowi Hermannowi Reinowi, wymknęła się pewna ważna informacja. Powiedział, że dr Rascher był esesmanem. Ta informacja była dla Alexandra nowym, ważnym elementem w układance, którego do tej pory mu brakowało. Oznaczała ona, że w eksperymenty z zamrażaniem ludzi było także zaangażowane SS.

Dzień po ujawnieniu takiej rewelacji dr Alexander otrzymał kolejną, równie nadzwyczajną informację[54]. „Dowiedziałem się, że niedawno została odnaleziona tajna skrytka Himmlera w Hallein, zawierająca mnóstwo ściśle tajnych dokumentów SS, które trafiły" do Centrum Dokumentacji 7. Armii w Heidelbergu. Cenne papiery żołnierze odnaleźli w jaskini. Wszystkie nosiły symbol SS i zawierały na marginesach odręczne dopiski wykonane zielonym ołówkiem, którego Himmler lubił używać. Alexander pojechał do Centrum Dokumentacji, żeby się przekonać, co uda mu się z tych papierów wyczytać. Okazało się, że były to najbardziej obciążające dokumenty, jakie dotychczas znaleziono.

Kiedy dr Alexander przyjechał do Heidelbergu, dokumenty były właśnie inwentaryzowane i porządkowane. Jedną z osób wykonujących tę pracę był Hugh Iltis, syn czeskiego lekarza, który z całą rodziną opuścił Europę przed mającymi nastąpić aktami ludobójstwa. Iltis był dziewiętnastoletnim amerykańskim żołnierzem, który w ostatnich miesiącach wojny walczył na froncie we Francji, kiedy, jak wspominał, „pojawił się samochód, wysiadł z niego jakiś oficer, wskazał na mnie palcem i zawołał: «Hej, ty, pojedziesz ze mną!»"[55]. Iltis wsiadł do samochodu i pojechał z oficerem. Ktoś się dowiedział, że Hugh Iltis biegle włada językiem niemieckim (a zapewne także, że jego ojciec jest znanym genetykiem i antynazistą). Iltis był potrzebny w Paryżu do tłumaczenia zdobytych dokumentów nazistowskich. Teraz, sześć miesięcy później, zajmował się w Heidelbergu dokumentowaniem dla Komisji do spraw Zbrodni Wojennych potworności dokonywanych przez nazistów. To Iltis zwrócił uwagę na znaczenie papierów ze skrytki Himmlera, które stały się najważniejszym zbiorem dokumentów na temat eksperymentów na ludziach przedstawionym w procesie lekarzy[56].

Alexander wyjaśnił Iltisowi, czego szuka: dokumentów sporządzonych przez dr. Sigmunda Raschera na temat eksperymentów na ludziach. Razem z Iltisem zerwał oryginalne pieczęcie z teczki o niewinnie brzmiącej nazwie Sprawa nr 707 – eksperymenty medyczne[57], która, jak się okazało, zawierała kilkuletnią korespondencję pomiędzy Rascherem a Himmlerem.

„Na pomysł przeprowadzania w Dachau eksperymentów na ludziach wpadł bez wątpienia dr Rascher"[58], tłumaczył w ściśle tajnym raporcie wywiadowczym Alexander. Ale Alexander dowiedział się z dokumentów, że Rascher nie ograniczał się do angażowania do eksperymentów tylko lekarzy Luftwaffe. A same eksperymenty nie ograniczały się do zamrażania ludzi. Okazało się, że eksperymenty przeprowadzane przez Raschera w Dachau nadzorował jeden z najbliższych współpracowników i kolegów dr. Strugholda, dr Siegfried Ruff[59]. To była zaskakująca informacja. „Doktor Ruff i jego asystent, dr Romberg, połączyli siły [z Racherem] i zawieźli do Dachau komorę niskociśnieniową", napisał w swoim raporcie Alexander. Komora była używana w drugim etapie badań nad reakcjami ludzi na dużych wysokościach. Czytając papiery Himmlera zgromadzone w Centrum Dokumentacji 7. Armii, dr Alexander zdał sobie sprawę, że Strughold go okłamał, mówiąc, że jedynym lekarzem Luftwaffe zaangażowanym w eksperymenty w Dachau był „ekstremista" Rascher. W rzeczywistości zamieszany był w to także przyjaciel Strugholda, dr Ruff.

Najbardziej wstrząsające były dla Alexandra zdjęcia pokazujące, co się działo w trakcie eksperymentów ze zdrowymi młodymi mężczyznami[60], uznanymi przez nazistów za *Untermenschen*. Byli oni przywiązywani do specjalnej uprzęży w komorze niskociśnieniowej i poddawani gwałtownej dekompresji. Te przerażające w swoim sadyzmie zdjęcia były dowodami morderstw dokonywanych w imię medycyny. Inne zdjęcia z dokumentacji Himmlera przedstawiały przeprowadzane w Dachau eksperymenty z zamrażaniem ludzi. Eksperymenty Raschera nie były w żadnym wypadku incydentalną działalnością zdeprawowanego człowieka. Były też fotografie innego kolegi Strugholda z Luftwaffe, dr. Ernsta Holzlöhnera, trzymającego więźniów w baliach z lodowatą wodą i mierzącego temperaturę ich ciała. Istnieje podejrzenie, że zdjęcia robiła żona Raschera, Nini.

W tajnym raporcie CIOS dr Alexander oznajmił, że wątpi w prawdziwość wcześniejszych słów dr. Strugholda wypowiedzianych w trakcie ich rozmowy w Getyndze. Eksperymenty w Dachau były wspólnym przedsięwzięciem Luftwaffe i SS i mimo zaprzeczeń Strugholda w papierach Himmlera wymieniono kilku lekarzy z jego zespołu, w tym bezpośrednio mu podległych. „Strughold musiał przynajmniej wiedzieć, jaką rolę odgrywa jego współpracownik i przyjaciel Ruff"[61], napisał dr Alexander. W swoim raporcie dla SHAEF zwrócił uwagę, że choć nie jest jeszcze pewny, czy dr Strughold był bezpośrednio zaangażowany w przeprowadzanie eksperymentów, to bez wątpienia „ukrywa" zbrodnie medyczne Trzeciej Rzeszy[62].

Dwudziestego czerwca Alexander wrócił do Monachium, żeby porozmawiać z dr. Weltzem. Tymczasem odnalazł kolegę Weltza, dr Lutza, który załamał się i wyznał, że członkowie jego zespołu przeprowadzali eksperymenty na ludziach, ale on nie. Lutz twierdził, że Weltz zaproponował mu „pracę z ludźmi", ale odmówił, tłumacząc się, że jest „zbyt miękki"[63].

Przed konfrontacją ze Strugholdem dr Alexander pojechał do Dachau[64] w poszukiwaniu naocznych świadków. Znalazł trzech byłych więźniów, którzy zgodzili się złożyć zeznania[65]. John Bauduin, Oscar Häusermann i dr Paul Hussarek zdołali przeżyć obóz koncentracyjny dzięki pracy w charakterze ordynansów esesmanów. Po wyzwoleniu obozu postanowili zostać, żeby pomóc śledczym w gromadzeniu dowodów zbrodni wojennych. Utworzyli Komitet do Badania Zbrodni Wojennych SS. Alexander dowiedział się od nich, że eksperymenty przeprowadzano na Żydach, Cyganach, homoseksualistach i księżach katolickich w wolno stojących barakach nazywanych Blokiem Eksperymentalnym 5. „Z reguły więźniowie przenoszeni do Bloku 5 umierali w ciągu 2–3 dni", zeznał John Bauduin. Drugi świadek, dr Hussarek, czeski uczony wysłany do Dachau za „przestępstwa literackie", powiedział Alexandrowi, że „tylko nieliczne obiekty eksperymentów przeżyły pobyt w komorze niskociśnieniowej. Większość zginęła". Wszyscy trzej stwierdzili, że wiadomo im tylko o jednej osobie, która przeżyła eksperymenty. Był to polski ksiądz, Leon Michałowski.

Zeznanie księdza Michałowskiego było najważniejszym brakującym ogniwem w śledztwie dotyczącym eksperymentów medycznych i sposobów, w jaki je utrzymywano w tajemnicy. W raportach Luftwaffe używano słów „świnki morskie", „duże świnie" i „dorosłe świnie" na określenie ludzkich ofiar eksperymentów. W jednym z dokumentów skonfiskowanych przez Alexandra, zatytułowanym „Alkohol a ogrzewanie", Weltz napisał, że „zatapianie statku [symulowano] na dużych świniach"[66]. Świnie umieszczano w zbiornikach z wodą i bryłkami lodu i podawano im alkohol, żeby się przekonać, czy działa on rozgrzewająco. Badania wykazały, napisał Weltz, że „alkohol podawany świniom nie zwiększa ani nie przyspiesza utraty ciepła". W złożonym pod przysięgą zeznaniu ksiądz Michałowski opisał, co robiono z nim w Dachau: „Zostałem zabrany do pokoju nr 4 w Bloku 5... Wrzucono mnie do wody, w której pływały bryły lodu. Byłem świadomy przez godzinę... potem dano mi trochę rumu"[67]. W dokumencie Weltza słowo „duża świnia" znaczyło naprawdę „ksiądz katolicki".

Dwudziestego drugiego czerwca dr Alexander wrócił do Centrum Dokumentacji w Heidelbergu, żeby z pomocą Iltisa poszukać dalszych informacji[68]. Dzięki nowym szczegółom i znajomości kluczowych słów przewijających się w zeznaniach ocalałych Alexander znalazł to, co dr Rascher nazywał „raportami z eksperymentów". Karty te, jak się przekonał Alexander, były naukowym zapisem morderstw. Rascher miał też bardziej dalekosiężne plany. Zamierzał wspólnie z SS przenieść eksperymenty w dziedzinie medycyny lotniczej z Dachau do Auschwitz. „Auschwitz jest pod każdym względem bardziej odpowiednim miejscem niż Dachau do przeprowadzania eksperymentów na szeroką skalę, ponieważ jest tam zimniej, a rozległy teren obozu sprawi, że eksperymenty nie będą się wydawały podejrzane"[69], napisał Rascher. Alexander dowiedział się również o groteskowym „filmie z przebiegu eksperymentów" wyświetlonym na życzenie Himmlera na specjalnym pokazie w Ministerstwie Lotnictwa[70]. Lekarz Luftwaffe organizujący ten pokaz to kolejny bliski przyjaciel Strugholda, fizjolog i urzędnik państwowy, dr Theodor Benzinger[71]. Alexandrowi nie udało się odnaleźć Benzingera, ale wymienił jego nazwisko w swoim raporcie. Następnie wrócił do Getyngi, żeby porozmawiać jeszcze raz ze Strugholdem i uzyskać potwierdzenie, że Strughold go wcześniej okłamał.

Tymczasem w Getyndze zaszły zmiany. Śledczy z sił powietrznych armii Stanów Zjednoczonych (USAAF) i brytyjskiej Royal Air Force (RAF) zajmujący się operacjami wywiadu naukowego przesłuchali wielu lekarzy Luftwaffe, w tym dr. Strugholda, i ich wnioski różniły się w znaczący sposób od wniosków Alexandra. Żaden z oficerów RAF i USAAF nie pofatygował się do Centrum Dokumentacji w Heidelbergu, żeby przeczytać papiery Himmlera. Ich raporty miały za zadanie utrzymanie w tajemnicy istnienia nowego laboratorium Armstronga i Growa.

Podpułkownik RAF, R.H. Winfield, napisał w swoim raporcie: „Strughold był motorem niemieckich badań na polu medycyny lotniczej" i miał duży zespół ludzi, wśród nich dr. Siegfrieda Ruffa, którzy zdawali się „ogromnie cierpieć z powodu swojej izolacji w latach wojny"[72]. Winfield, który nie miał pojęcia, że dr Ruff nadzorował pracę Raschera w Dachau, stwierdził, że „podczas przesłuchania [Ruffa] nie wyszło na światło dzienne wiele informacji nieznanych dotąd aliantom". Winfield widział w Strugholdzie postać patrycjuszowską, „niespokojną o los swojego personelu, który nie zdołał ewakuować się z Berlina i któremu teraz groziło niebezpieczeństwo ze strony Rosjan".

Amerykańskie siły powietrzne reprezentował pułkownik W. R. Lovelace, ekspert od awaryjnych skoków spadochronowych na dużych wysokościach. W następnej dekadzie Lovelace stanie się sławnym lekarzem zaangażowanym w zimnowojenny projekt kosmiczny NASA – Projekt Mercury. Przed napisaniem poufnego raportu CIOS, zatytułowanego „Badania w dziedzinie medycyny lotniczej na potrzeby niemieckich sił powietrznych", Lovelace rozmawiał z dr. Strugholdem i wieloma jego kolegami, w tym ze specjalistą od zamarzania, Georgiem Weltzem. Podobnie jak Winfield, Lovelace nie miał pojęcia o zabójczych eksperymentach medycznych przeprowadzanych w obozach koncentracyjnych. Uważał badania Weltza za niegroźne i poświęcił pięć stron swojego raportu CIOS na wychwalanie jego badań nad „szybkim ogrzewaniem wychłodzonych zwierząt". Szczególne wrażenie wywarł na nim fakt, że Weltz doprowadził do śmierci z wychłodzenia „świnkę morską", a mimo to nadal rejestrował uderzenia jej serca. „Serce może bić jeszcze przez jakiś czas, kiedy zwierzę jest pozostawione na mrozie"[73], napisał Lovelace w podsumowaniu odkryć Weltza.

W przeciwieństwie do dr. Alexandra pułkownik Lovelace rozmawiał z kolegą Strugholda i Ruffa, dr. Theodorem Benzingerem, specjalistą od dużych wysokości[74], który kierował stacją doświadczalną Centrum Badawczego Luftwaffe w Rechlin na północ od Berlina. Był to ten sam dr Benzinger, który organizował dla Himmlera pokaz filmu w Ministerstwie Lotnictwa Rzeszy w Berlinie na temat eksperymentów medycznych na więźniach. Alexander o tym wiedział, a pułkownik Lovelace nie. Lovelace'a szczególnie interesowały prace Benzingera na temat „ratunkowych skoków spadochronowych z dużych wysokości", do których zgromadził mnóstwo danych; ponadto przeprowadził „badania nad odwracalną i nieodwracalną śmiercią"[75]. Benzinger powiedział Lovelace'owi, że eksperymentował na królikach.

I wreszcie Lovelace rozmawiał z dr. Konradem Schäferem, chemikiem i fizjologiem, który zasłynął w kręgach Luftwaffe próbami uzdatnienia do picia słonej wody[76]. Otrzymawszy dobre opinie od oficerów RAF i USAAF, doktorzy Ruff, Benzinger i Schäfer mogli liczyć na kierownicze stanowiska w nowym laboratorium badawczym.

Był koniec czerwca 1945 roku i czas pracy w terenie dr. Alexandra w charakterze oficera śledczego dobiegał końca. Otrzymał rozkaz powrotu do Londynu, gdzie napisał wkrótce siedem poufnych raportów CIOS liczących łącznie ponad tysiąc pięćset stron. Dwa tygodnie po wyjeździe Alexandra z Niemiec pojechał tam szef działu medycyny lotniczej USAAF, Detlev Bronk, oraz ekspert USAAF w dziedzinie stresu psychologicznego i fizjologicznego, Howard Burchell. Ich zadaniem było ocenienie postępu prac nad powołaniem do życia nowego laboratorium badawczego wymyślonego przez Armstronga i Growa. Bronk i Burchell przesłuchali wielu tych samych lekarzy i uznali, że są oni dobrymi kandydatami do centrum USAAF. W przeciwieństwie do podpułkownika Winfielda i pułkownika Lovelace'a Bronk i Burchell byli świadomi kontrowersji, jakie budził Strughold i jego koledzy z Luftwaffe. We wspólnym raporcie napisali: „Nie zrobiono niczego, żeby ocenić polityczne i etyczne poglądy [lekarzy] oraz ich odpowiedzialność za zbrodnie wojenne". Zakończyli raport konkluzją: „Strughold nie zawsze był szczery, gdy przedstawiał prawdziwe znaczenie prac, które wspierał"[77]. Ale Bronk i Burchell powiedzieli, że ich zdaniem wywiad wojskowy miał lepsze kwalifikacje do oceny, kto jest nie do przyjęcia „z powodów politycznych", a kogo można zatrudnić. Jak się okazało, wywiad wojskowy zakwestionował zatrudnienie dr. Benzingera i dr. Ruffa, ponieważ obaj byli zagorzałymi propagatorami nazizmu. Jednak już po kilku miesiącach wywiad wojskowy uznał, że praca lekarzy w Heidelbergu może mieć charakter „tymczasowy"[78] i obaj dostali zgodę na zatrudnienie przez armię amerykańską.

Siły Powietrzne Armii Stanów Zjednoczonych zawarły z dr. Strugholdem układ. Wspólnie z Armstrongiem miał on kierować ściśle tajnym ośrodkiem badawczym, który USAAF potajemnie organizowała w dawnym Instytucie Cesarza Wilhelma w Heidelbergu i który miał nosić nazwę Centrum Medycyny Lotniczej Sił Powietrznych Armii. Nikt, prócz niewielkiej grupy ludzi, nie wiedział o tym kontrowersyjnym projekcie, ponieważ zgodnie z dyrektywą 1076 Kolegium Szefów Połączonych Sztabów żadne obce siły zbrojne nie miały prawa prowadzić badań o charakterze militarnym, w tym medycznych, na terytorium Niemiec.

Strughold osobiście wybrał do programu badawczego pięćdziesięciu ośmiu lekarzy Luftwaffe[79], w tym dr. Siegfrieda Ruffa, dr. Theodora Benzingera i dr. Konrada Schäfera. Byli to pierwsi nazistowscy lekarze zatrudnieni przez USAAF. Doktor Georg Weltz został aresztowany w Monachium i chwilowo osadzony w obozie internowania. Stamtąd miał zostać przewieziony do kompleksu w więziennego w Norymberdze i czekać na proces.

W ciągu niecałych dwóch lat wielu nazistowskich lekarzy wybranych przez Strugholda zostało dyskretnie przewiezionych do Stanów Zjednoczonych.

ROZDZIAŁ ÓSMY

Czarne, białe i szare

Nowa polityka została już nieformalnie wprowadzona w życie, a tymczasem w Waszyngtonie, w State-War-Navy Coordinating Committee (SWNCC), rozpoczęła się ożywiona debata na temat programu wykorzystania nazistowskiej nauki[1]. Podobnie jak jego następczyni, Rada Bezpieczeństwa Narodowego (National Security Council), SWNCC miał charakter głównego prezydenckiego forum zajmującego się sprawami polityki zagranicznej i bezpieczeństwa narodowego. Departament Stanu był zdecydowanie przeciwny programowi. Sytuację Departamentu Stanu utrudniało jego zaangażowanie się w inną związaną z tym programem kwestię. Nie było tajemnicą, że kraje Ameryki Południowej, a szczególnie Argentyna i Urugwaj, dawały bezpieczne schronienie nazistowskim zbrodniarzom wojennym, którzy pod koniec wojny zbiegli z Niemiec. Departament Stanu wywierał naciski na rządy tych krajów, żądając repatriacji nazistów z powrotem do Europy, gdzie można by im postawić zarzuty popełnienia zbrodni wojennych. Gdyby wyszło na jaw, że Departament Stanu nie tylko daje schronienie, ale także zatrudnia nazistowskich naukowców w USA, wybuchłby międzynarodowy skandal. I choć część generałów i pułkowników z Departamentu Wojny zdecydowanie opowiadała się za programem zatrudnienia nazistów, to pozostali byli temu absolutnie przeciwni. Jak wyglądał konflikt w sprawie pomysłu zatrudnienia niemieckich naukowców przez amerykańskie wojsko, najlepiej oddaje rozmowa dwóch generałów potajemnie nagrana w Pentagonie.

„Jedną z podstawowych zasad dotyczących ściągnięcia ich tutaj będzie tymczasowy charakter pracy, a po wykorzystaniu ich wiedzy zostaną odesłani do Niemiec", powiedział jeden generał, którego nazwisko zostało utajnione.

„Ja jestem przeciwny i Pop Powers [przezwisko szefów Pentagonu] są przeciwni, cały Departament Wojny jest przeciwny – rzekł drugi generał. – Przyjmować z otwartymi ramionami niemieckich specjalistów i traktować ich jak gości honorowych" to bardzo zły pomysł[2].

Departament Sprawiedliwości był niezadowolony, ponieważ sprawdzenie przeszłości niedawnych wrogów wymagało olbrzymich nakładów pracy. Departament Pracy martwił się, jakie prawo ma regulować pracę cudzoziemców, a Departament Handlu martwił się o prawa patentowe. Aby załagodzić spór, podsekretarz wojny, Robert Patterson, wysłał do Sztabu Generalnego Departamentu Wojny memorandum[3], w którym napisał, że osobą odpowiedzialną za rozwiązanie tych kwestii jest John J. McCloy, asystent sekretarza wojny i przewodniczący SWNCC[4].

John J. McCloy miał od 1949 roku stać się wyjątkowo ważną personą w Operacji Paperclip. Ale na razie, latem 1945 roku, pełnił dwie funkcje związane z nazistowskimi naukowcami. Z jednej strony podsekretarz wojny, Robert Patterson, zlecił McCloyowi koordynację działań związanych z przyjazdem nazistowskich naukowców do pracy w Stanach Zjednoczonych. A z drugiej szef Pattersona, sekretarz wojny Henry Stimson, dał McCloyowi zadanie pomocy w rozwijaniu programu ścigania zbrodniarzy wojennych[5]. Stanowisko McCloya na temat wykorzystania nazistowskiej nauki i naukowców było jasne. Uważał, że program pomoże

Ameryce uzyskać militarną przewagę i wesprzeć gospodarkę. Te dwa cele były dla niego usprawiedliwieniem do zastosowania każdych środków. Nie znaczyło to jednak, że McCloy chciał uchronić nazistów przed karą, a przynajmniej nie latem 1945 roku i dlatego popierał powołanie Międzynarodowego Trybunału Wojskowego i pomysł osądzenia zbrodni wojennych. Widział to jednak w kategoriach czarno-białych. Kim innym byli naukowcy, a kim innym zbrodniarze.

Zdaniem McCloya zbrodniarzem był Himmler, Hess, Göring czy Bormann[6]. Naukowcy, podobnie jak przemysłowcy, stanowili trzon zdrowej gospodarki w nowym, powojennym świecie[7]. Latem 1945 roku McCloy był regularnie informowany o aresztowaniach kolejnych zbrodniarzy wojennych, którzy byli następnie przewożeni do ściśle tajnego ośrodka przesłuchań o kryptonimie Ashcan w Luksemburgu. Tam wydobywano z nich wszelkie informacje, a dopiero potem stawiano ich przed obliczem trybunału w Norymberdze.

John Dolibois, oficer wywiadu wojskowego G-2, pracujący w Wydziale Gromadzenia i Rozpowszechniania Informacji, przez ostatnie osiem miesięcy wojny oglądał wciąż na nowo *Triumf woli*, trzygodzinny film propagandowy nakręcony przez ulubioną reżyserkę Hitlera Leni Riefenstahl. W każdy czwartkowy wieczór w sali kinowej w Centrum Szkolenia Wywiadu Wojskowego w Camp Ritchie, 130 kilometrów na północ od Waszyngtonu, w górach Catoctin, dwudziestoszescioletni Dolibois wykorzystywał film jako pomoc naukową, z której amerykańscy pułkownicy, generałowie i oficerowie wywiadu szykujący się do wyjazdu na wojnę poznawali hierarchię w partii nazistowskiej oraz niemiecką strukturę dowodzenia.

Triumf woli był znakomitą pomocą naukową. Dolibois pokazywał swoim uczniom, jak poszczególni dygnitarze NSDAP mówili i gestykulowali, jakie nosili insygnia, kto komu podlegał. John Dolibois tak się naoglądał tych wszystkich parad, marszów z pochodniami, twarzy najbardziej zaufanych dworaków Hitlera, że mógł z pamięci recytować wszystkie ich przemówienia.

Dolibois lubił swoje zajęcie, ale jak wielu oddanych ojczyźnie Amerykanów z jego pokolenia chciał wziąć udział w działaniach zbrojnych w Europie[8]. Była w tym również nuta zazdrości. Pozostawał w kontakcie z kolegami ze szkoły oficerskiej, których większość została już kilka miesięcy wcześniej wysłana na Stary Kontynent. Wielu z nich awansowało do stopnia kapitana i majora. Kiedy wojna zbliżała się ku końcowi, John Dolibois pogodził się z myślą, że według wszelkiego prawdopodobieństwa nie zostanie wysłany do Europy wraz z zespołem specjalistów od przesłuchań, zwanym zespołem IPW. Tymczasem w Niedzielę Wielkanocną 1 kwietnia 1945 roku otrzymał rozkaz wyjazdu z następną grupą oficerów. Zaledwie kilka dni później wypływał już z portu w Nowym Jorku. Kiedy stał na pokładzie „Île de France", ktoś wręczył mu telegram. Został awansowany do stopnia porucznika.

Kiedy przepłynął Atlantyk, wydarzenia potoczyły się szybko. Trzynastego kwietnia statek Dolibois dopłynął do zachodniej Szkocji. Na wszystkich okrętach w porcie flagi były opuszczone do połowy masztu; poprzedniego dnia zmarł prezydent Roosevelt. Po podróży pociągiem do Londynu zobaczył „przerażające zniszczenia". Na każdej ulicy piętrzyły się stosy gruzów. Dolibois przepłynął przez kanał La Manche przy pełni księżyca i dziękował Bogu, że spokojnie dotarł do zniszczonego po działaniach wojennych portu w Hawrze. „Jak dotąd nasza podróż z Camp Ritchie do Hawru była dobrze przygotowana – opowiadał Dolibois. – Ale teraz rozpoczął się chaos". Podróż samochodem do Monachium, zniszczone samochody i wozy bojowe na poboczu drogi. W lasach szczątki rozbitych samolotów Luftwaffe z pourywanymi skrzydłami i kadłubami podziurawionymi od kul. W rowach gnijące ludzkie ciała. „Nagle wojna stała się bardzo realna"[9], wspomina Dolibois.

Dolibois został skierowany do Dachau, zaledwie dwa dni po wyzwoleniu obozu koncentracyjnego. Miał się tam przyjrzeć grupie pojmanych niemieckich żołnierzy i sprawdzić, czy nie ukrywają się wśród nich generałowie, ważni działacze partyjni albo naukowcy. „W pierwszej kolejności miałem szukać wysokich rangą nazistów w przebraniu – wspomina Dolibois. – Otrzymywaliśmy raporty, że wielu z nich przebierało się za zwyczajnych niemieckich żołnierzy w nadziei, że nie zostaną rozpoznani"[10]. Jego zadaniem było zwrócenie uwagi na specyficzny sposób chodzenia, pozdrawiania się i mówienia. Dolibois szukał ludzi mających wartościowe dla aliantów informacje, powinni oni zostać szczegółowo przesłuchani w ośrodkach przesłuchań w zupełnie innych miejscach.

John Dolibois wypatrywał w tłumie twarzy z charakterystycznymi znakami, których nie można było ukryć. A najbardziej charakterystyczna wśród nazistowskiej elity była blizna po pojedynku. Ale Dolibois stał się w Camp Ritchie również ekspertem w rozpoznawaniu oznak świadczących o tym, że ktoś się ukrywa. Świeżo ogolona twarz albo zerwane pagony wskazywały, że dana osoba ma coś do ukrycia. Wszystko polegało na dostrzeganiu szczegółów.

Po kilku dniach spędzonych w Dachau Dolibois otrzymał kolejny przydział służbowy. Trafił do Centralnego Obozu dla Jeńców Wojennych nr 32, w skrócie CCPWE nr 32. Misja, którą otrzymał, była ściśle tajna. Każdy, kogo pytał o CCPWE nr 32, odpowiadał, że nigdy o takim obozie nie słyszał. Kiedy kierowca przekroczył granicę niemiecką i ruszył w stronę Luksemburga, do Doliboisa wróciły wspomnienia. Cóż za zrządzenie losu, że miał trafić właśnie tam. John Dolibois urodził się w Luksemburgu. Do Ameryki trafił jako dwunastoletni chłopiec, ze swoim ojcem. Jego matka zmarła w czasie wielkiej epidemii grypy. Jadąc do Luksemburga w 1945 roku, Dolibois widział swoje rodzinne strony po raz pierwszy od czternastu lat. Kiedy jego wojskowy jeep wjechał do małego miasteczka uzdrowiskowego Mondorf-les-Bains, przed oczami stanęły mu obrazy z dzieciństwa. Przypomniał sobie „piękny park, spokojną rzeczkę, po której można było pływać łódką, mnóstwo starych drzew i hektary kwiatów"[11]. Miasteczko Mondorf leżało kilka kilometrów od Mozeli i było uzdrowiskiem już w czasach rzymskich. Słynęło ze źródeł mineralnych i świeżego powietrza, które przywracały nadwątlone siły. Teraz wyglądało zupełnie inaczej. Kolejne miasteczko zniszczone przez wojnę. Większość domów i sklepów była splądrowana lub zniszczona. Jadąc główną aleją miasteczka, Dolibois przyglądał się zburzonym fasadom domów. Widział ludzi żyjących w środku, w tym, co pozostało z ich mieszkań.

Kiedy jeep dotarł do celu, Dolibois zorientował się, że przyjechał do hotelu Palace. Nie poznał go. Główny budynek otaczał czteroipółmetrowy mur zwieńczony podwójnym zwojem drutu kolczastego. Było tam również drugie ogrodzenie, które wyglądało na podłączone do prądu. Na murze wisiały siatki maskujące. Także między drzewami rozwieszono szerokie płachty płótna. Okolicę rozświetlały światła reflektorów. Były tu cztery wieże strażnicze, a na nich amerykańscy żołnierze z bronią maszynową. John Dolibois nawet na zdjęciach nie widział wcześniej tak ufortyfikowanego obozu jenieckiego. Przed bramą wjazdową stał jeep z wyłączonym silnikiem. W środku siedział sierżant z surową miną. Na przywieszce na mundurze widniało: „sierżant Gwardii Narodowej Robert Block". Block skinął głową na powitanie.

„Dobry wieczór, sierżancie – odezwał się Dolibois. – Mam tu służyć".

Block tylko mu się przyjrzał. Dolibois wspominał później, że pytał sierżanta, co to za miejsce i co tu się dzieje.

Block odpowiedział, że nigdy nie był w środku.

Zapadła długa, niezręczna cisza. W końcu Block zaczął mówić. „Żeby tu wejść, trzeba mieć przepustkę od samego Pana Boga". Ruchem głowy wskazał budynki obozu. „A i tak ktoś jeszcze musi potwierdzić autentyczność podpisu".

Dolibois wręczył mu swoje dokumenty. Block przejrzał je i brama się otworzyła. Mimo że to miejsce zostało zamienione w twierdzę, hotel Palace, o dziwo, nie ucierpiał podczas wojny. Przypominający kształtem bumerang budynek liczył pięć kondygnacji[12]. Fontanna przed głównym wejściem była nieczynna i wyrzeźbiona w kamieniu nimfa stała pośrodku pustego zbiornika na wodę. W hotelowym foyer Doliboisa powitało dwóch strażników. Trzeci żołnierz wręczył mu klucz i wskazał klatkę schodową. Powiedział, że Dolibois ma zostawić swoje rzeczy w pokoju numer 30 na pierwszym piętrze.

„Wszedłem po schodach, znalazłem pokój numer 30 i otworzyłem drzwi kluczem, który dostałem na dole. To był zwyczajny pokój hotelowy – wspomina Dolibois – z dość krzykliwą tapetą na ścianach”[13]. W środku, zamiast eleganckiego żyrandola i obitych pluszem mebli, był składany stolik, dwa krzesła i wojskowa prycza. Dolibois rozpakował swój worek. Rozległo się pukanie do drzwi.

Obóz Ashcan był pilnie strzeżony z zewnątrz, ale w środku więźniowie poruszali się swobodnie. Dolibois otworzył drzwi i stanął twarzą w twarz z potężnie zbudowanym mężczyzną ubranym w podniszczony perłowoszary mundur ze złotymi dystynkcjami na kołnierzyku i złotymi emblematami na naramiennikach. Przez ramię miał przewieszone spodnie. Strzelił obcasami i skinął głową, przedstawiając się, jakby był na bankiecie, a nie w więzieniu. Otworzył usta i warknął: „Göring, Reichsmarschall!”.

Więc to był Hermann Göring. Dolibois rozpoznał go natychmiast po wielokrotnym oglądaniu *Triumfu woli*. A teraz stał przed nim człowiek z krwi i kości. Göring był bez wątpienia najważniejszą, wciąż żywą osobistością z najbliższego kręgu Hitlera. Były głównodowodzący Luftwaffe. Pełnomocnik ds. planu czteroletniego. Przez długi czas typowany na następcę Hitlera, aż do końca wojny, kiedy dopuścił się zdrady. To Hermann Göring wydał rozkaz szefowi służby bezpieczeństwa, Reinhardowi Heydrichowi, opracowania planów „rozwiązania kwestii żydowskiej”[14].

„Natychmiast pojąłem, na czym miało polegać moje zadanie”[15], wspominał Dolibois. Został wysłany do Luksemburga, żeby zająć się przesłuchiwaniem wysokiej rangi zbrodniarzy wojennych z NSDAP. To nie był film propagandowy. Tu znajdowały się osoby, które absorbowały wszystkie jego myśli przez ostatnie osiem miesięcy w Camp Ritchie. I teraz były więźniami.

Göring stał przed nim, sapiąc. Powiedział, że został nieuczciwie potraktowany przez ludzi, którzy go pojmali. „Powiedziano mu, że jedzie do okazałego domu zdrojowego"[16], tłumaczył Dolibois. Kiedy trafił wraz ze swoim służącym, Robertem Kroppem, do Ashcan, spodziewał się wakacyjnej atmosfery. Przywiózł ze sobą jedenaście walizek i dwadzieścia tysięcy tabletek paracodinu, i upewnił się wcześniej, że będzie mógł podczas całego pobytu malować sobie paznokcie u rąk i nóg na jasnoczerwony kolor[17]. Nie spodziewał się, że żyrandole zniknęły, a hotel w Mondorf został zamieniony w pilnie strzeżony kompleks więzienny. Jego materac jest wypchany słomą, poskarżył się Johnowi Dolibois. Nie miał poduszki. Człowiek jego rangi zasługiwał na więcej.

Dolibois przyjrzał się Göringowi i zanotował sobie w pamięci jego słowa.

„Czy jest pan może oficerem, który dopilnuje, żebyśmy byli odpowiednio traktowani, zgodnie z prawem wojennym?" – zapytał Göring.

Dolibois postanowił wykorzystać okazję.

„Tak" – odpowiedział[18]. Zamierzał „trzymać się tej wersji". Göring był zadowolony. „Jeszcze raz zrobił pokaz strzelania obcasami, ukłonił się i zabrał swoje 140 kilogramów z mojego pokoju".

Göring wrócił do swoich kolegów więźniów. Powiedział im, że pojawił się nowy oficer i do jego obowiązków będzie należało zapewnienie im wszystkim lepszego traktowania. Nagle wszyscy chcieli porozmawiać z porucznikiem Johnem Dolibois.

Centralny Obóz dla Jeńców Wojennych nr 32 był pełen nazistowskich „bonzów", wielkich trybów, jak nazywał go Dolibois i inni śledczy. Hans Frank, „rzeźnik z Krakowa", dotarł do Ashcan na noszach, w jedwabnej piżamie przesiąkniętej krwią. Próbował popełnić samobójstwo, podrzynając sobie gardło. Kiedy go schwytano, miał przy sobie trzydzieści osiem tomów swoich dzienników, spisywanych w czasie wojny dowodów popełnionych zbrodni. „Ciemnooki i łysiejący", zapisał komendant Ashcan, pułkownik Burton Andrus[19], Frank miał „blade, owłosione dłonie". Wśród pozostałych więźniów byli także członkowie niemieckiego Sztabu

Generalnego: feldmarszałek Wilhelm Keitel, szef Oberkommando der Wehrmacht (OKW), czyli naczelnego dowództwa sił zbrojnych; generał Alfred Jodl, szef oddziału operacyjnego zarządu sztabu Wehrmachtu; admirał Karl Dönitz, dowódca niemieckiej marynarki wojennej; feldmarszałek Albert Kesselring, były dowódca wojsk niemieckich we Włoszech, a później naczelny dowódca na froncie zachodnim; Joachim von Ribbentrop, minister spraw zagranicznych, i Albert Speer, minister uzbrojenia i produkcji wojennej. To byli ludzie, którzy osobiście pomagali Hitlerowi w zaplanowaniu i prowadzeniu drugiej wojny światowej oraz Holocaustu – ci spośród nich, którzy nie zdążyli uciec, zginąć albo popełnić samobójstwa[20].

„Druga grupa, czy raczej klika, to byli prawdziwi nazistowscy gangsterzy – tłumaczył Dolibois – starzy wyjadacze, którzy stali u boku Hitlera od samego początku jego marszu po władzę"[21]. W tej grupie był m.in. Robert Ley, przywódca Niemieckiego Frontu Pracy; Julius Streicher, wydawca antysemickiej gazety propagandowej „Der Stürmer"; Alfred Rosenberg, nazistowski ideolog; Arthur Seyss-Inquart, człowiek, który zdradził Austrię i został później komisarzem Rzeszy w Holandii; oraz Wilhelm Frick, były minister spraw wewnętrznych, a następnie protektor Czech i Moraw.

Byli pozbawieni władzy, ale drobne szczegóły wiele mówiły Dolibois. Göring bał się burzy. Keitel miał obsesję na punkcie opalania się i przeglądania w jedynym w Ashcan lustrze w holu wejściowym. Robert Ley był wielokrotnie karcony za masturbowanie się w wannie[22]. Joachim von Ribbentrop, przez dziewięć kolejnych lat nazywany przez nazistowskie Ministerstwo Propagandy najlepiej ubranym mężczyzną w Niemczech, okazał się leniwym flejtuchem. John Dolibois przesłuchiwał go dzień w dzień.

„Niemal wszyscy w Ashcan byli chętni do rozmowy – wspominał Dolibois. – Czuli się lekceważeni, jeśli nie przesłuchiwano ich przez kilka dni z rzędu… Ich ulubionym zajęciem było zrzucanie winy na innych". Dla Johna Dolibois i jego kolegów największym wyzwaniem było określenie, czy raczej próba określenia, kto kłamie, a kto mówi prawdę. „Krzyżowy ogień pytań. Napuszczanie jednego więźnia na drugiego" było, zdaniem Dolibois, najlepszą taktyką.

„Często zdarzało się, że obdarzali mnie zaufaniem, kiedy chcieli wypłakać mi się w mankiet – tłumaczył Dolibois. – Siedzieli w Mondorf i nie mogli uwierzyć, że zostaną osądzeni za swoje zbrodnie"[23].

ROZDZIAŁ DZIEWIĄTY

Chemicy Hitlera

Pod koniec wojny sztab amerykańskich wojsk chemicznych skupił się na zadaniu sprowadzenia do Stanów Zjednoczonych chemików Hitlera. Wojskowi dostrzegli olbrzymi potencjał w poznaniu sekretów nazistowskiego programu produkcji środków paralityczno-drgawkowych i byli gotowi zrobić wiele, żeby osiągnąć swój cel. Niecały miesiąc po tym, jak brytyjskie czołgi dotarły do Raubkammer, a żołnierze znaleźli w lasach niedaleko Münsteru bomby wypełnione tabunem, Amerykanie otrzymali próbki tabunu i zaczęli badanie jego właściwości w swoim laboratorium w USA[1]. Prace zaczęły się 15 maja 1945 roku i trwały dwa tygodnie. Analiza chemiczna wykazała, że tabun to rewolucyjna broń, zdolna zdziesiątkować armię przeciwnika. Szef wojsk chemicznych, generał William N. Porter, wydał rozkaz przetransportowania „priorytetowo drogą powietrzną" pięciu bomb wypełnionych 260 kg tabunu każda[2] celem przeprowadzenia testów na poligonie. Odrębnym trybem generał Porter poprosił USAAF oraz Departament Uzbrojenia o przeprowadzenie analizy i określenie, czy bomby z tabunem mogłyby zostać użyte w walce przez amerykańskie wojsko.

Większość ludzi traktowała broń chemiczną z odrazą. W przemówieniu z czerwca 1943 roku sam prezydent Roosevelt stwierdził, że użycie broni chemicznej do zabijania ludzi[3] jest niemoralne i nieludzkie. Prezydent nie zgodził się na zmianę dotychczasowej nazwy Chemical Warfare Service na Chemical Corps, gdyż nowa nazwa sugerowałaby możliwość wykorzystania broni chemicznej w walce. I oto wojska chemiczne otrzymały interesującą wiadomość. Kiedy niemiecki środek paralityczno-drgawkowy stał się znany światu, wiadomo było, że Amerykanie będą rozwijać program produkcji broni chemicznej w czasie pokoju. Według eksperta od broni chemicznej, Jonathana B. Tuckera, „w 1945 roku, tuż po zakończeniu drugiej wojny światowej, amerykańskie wojska chemiczne podjęły decyzję o skoncentrowaniu się na badaniach nad niemieckim środkiem paralityczno-drgawkowym, którego zaawansowana technologia produkcji mogła zapewnić tej służbie przetrwanie w sytuacji powojennej demobilizacji i cięć budżetowych na obronność”[4]. W ciągu kilku miesięcy po kapitulacji Niemiec do USA przetransportowano 530 ton tabunu[5] i wykorzystano go do ściśle tajnych prób na poligonie.

Wkrótce pojawiło się żądanie sprowadzenia do Stanów Zjednoczonych niemieckich chemików. Ale podobnie jak w przypadku konstruktorów rakiety V-2, sugestia na temat wydania wiz chemikom Hitlera spotkała się z niechętnym przyjęciem w Departamencie Stanu. Kiedy o tym pomyśle dowiedział się szef wydziału paszportowego Departamentu Stanu, Howard K. Travers, wysłał do swoich kolegów wewnętrzną notatkę, w której napisał: „Musimy zrobić wszystko, co w naszej mocy, żeby nie pozwolić niemieckim chemikom wjechać do kraju”[6].

Tymczasem w Niemczech dyrektor naukowy Alsos, Samuel Goudsmit, tropił chemików Hitlera od chwili, kiedy alianci sforsowali Ren. Podobnie było z zespołem CIOS zajmującym się bronią chemiczną, kierowanym przez podpułkownika Philipa R. Tarra z U.S. Chemical Warfare Service i jego brytyjskiego kolegę, majora Edmunda Tilleya. Kiedy Alsos znalazło Richarda Kuhna w Instytucie Cesarza Wilhelma w Heidelbergu, Samuel Goudsmit złożył mu wizytę. Kuhn był swego czasu światowej sławy chemikiem organicznym, ale jak głosiła plotka, w czasie wojny stał się zagorzałym nazistą. W 1938 roku otrzymał Nagrodę Nobla w dziedzinie chemii, ale odmówił jej przyjęcia na żądanie Hitlera, który nazywał ją żydowską nagrodą. Na rozmowę z Richardem Kuhnem Samuel Goudsmit zabrał ze sobą dwóch amerykańskich chemików, Louisa Fiesera z Harvardu i Carla Baumanna z Uniwersytetu Wisconsin. Obaj pracowali z Kuhnem w jego laboratorium przed wojną. Po wymianie serdeczności na powitanie rozpoczęło się przesłuchanie. Alsos szukało informacji o programie badań nad środkiem paralityczno-drgawkowym. Co Herr Kuhn wiedział na ten temat?

Kuhn, mężczyzna z czupryną rudobrązowych włosów, przebiegłym uśmiechem i wyglądem uczniaka, przysięgał, że nie miał nic wspólnego z badaniami przeprowadzanymi przez Trzecią Rzeszę. Powiedział dawnym kolegom, że jest tylko naukowcem i w czasie wojny pracował nad opracowaniem formuły nowych leków[7]. Samuel Goudsmit miał wątpliwości. „Życiorys Richarda Kuhna nie wydawał mi się taki czysty – wspominał Goudsmit po wojnie. – Jako prezes Niemieckiego Stowarzyszenia Chemików dość gorliwie postępował zgodnie z nazistowskimi rytuałami. Nigdy nie zapomniał przed rozpoczęciem wykładu oddać cześć Hitlerowi i zawołać «Sieg heil!»[8]". Szefowi Alsos brakowało jednak dowodów, na podstawie których mógłby aresztować Kuhna, kazał więc tylko wziąć go pod obserwację.

W innych częściach Niemiec podpułkownik Tarr i major Tilley z CIOS wyłapywali niemieckich chemików i posyłali ich do najbliższych obozów jenieckich. Począwszy od 1 czerwca 1945 roku, wszyscy chemicy mieli być wysyłani do jednego miejsca – ściśle tajnego ośrodka przesłuchań pod Frankfurtem. SHAEF przenosiło swoją siedzibę z Wersalu do Frankfurtu i w połowie lipca miało zostać rozwiązane. Nową organizacją, która miała się zająć wszystkimi sprawami, w tym nauką, był Zarząd Wojskowy dla

Niemiec (Office of Military Government for Germany – OMGUS), na którego czele stał zastępca Eisenhowera, generał Lucius D. Clay. Alianci zreorganizowali też sposób zbierania wywiadowczych informacji naukowych[9]. CIOS podzieliło się na amerykański FIAT (Field Information Agency, Technical) i brytyjski BIOS (British Intelligence Objectives Sub-committee). Zespoły CIOS miały pracować aż do zakończenia otwartych dochodzeń.

Siedzibą nowego centrum przesłuchań został zamek Kransberg, czyli dawna siedziba Luftwaffe, miejsce, gdzie Albert Speer i jego prawa ręka spędzili ostatnią noc sylwestrową tej wojny. Alianci nadali zamkowi kryptonim Dustbin. W średniowiecznej budowli w górach Taunus były olbrzymie komnaty, drewniane posadzki, wspaniałe kominki z kamienia i błyszczące żyrandole. Trudno było uznać to za gułag. W kwestii bezpieczeństwa Dustbin spełniał najwyższe kryteria. Po Ashcan było to drugie najlepiej strzeżone centrum przesłuchań. Dustbin ograniczał się do obszaru zamkniętego kilkusetletnimi kamiennymi murami, podczas gdy w Ashcan więźniowie mogli chodzić po rozległym terenie i swobodnie ze sobą rozmawiać. Lekarz Hitlera, Karl Brandt, organizował w ogrodzie poranną gimnastykę. Inni grali w szachy. Przemysłowcy wygłaszali wykłady w wielkiej sali bankietowej, w której Göring niegdyś urządził kasyno. Speer przechadzał się po zamkowym sadzie jabłoniowym, z własnego wyboru niemal zawsze samotnie[10]. W Ashcan byli przetrzymywani przeważnie wysocy nazistowscy dowódcy, podczas gdy w Dustbin naukowcy, lekarze i przemysłowcy. A wśród nich ponad dwudziestu chemików z IG Farben i co najmniej sześciu członków zarządu tej firmy.

Wczesnym latem 1945 roku kilka ważnych osób zaangażowanych w program produkcji tabunu przez IG Farben wciąż pozostawało na wolności. Dla majora Tilleya zagadką pozostawało, kiedy Farben zaczęło produkcję środka paralityczno-drgawkowego i kiedy ta produkcja przyjęła masową skalę. Wyjaśniło się to, gdy został zamknięty w Dustbin chemik z IG Farben, dr Gerhard Schrader.

Schrader był człowiekiem, który stworzył bojowy środek trujący znaleziony w Raubkammer. Informacje, które znał Schrader, były chyba najcenniejszymi informacjami wywiadowczymi na świecie. Tilley spodziewał się silnego oporu ze strony chemika IG Farben. Tymczasem dr Schrader nie odmawiał odpowiedzi na pytania, bez wahania dzieląc się swoją wiedzą, poczynając od niezwykłego odkrycia tabunu jesienią 1936 roku.

Doktor Schrader przez kilka lat pracował w zajmującym się badaniami nad środkami owadobójczymi laboratorium IG Farben w Leverkusen[11], na północ od Kolonii. Od 1936 roku miał do wykonania poważne zadanie. Owadzie szkodniki niszczyły uprawy w całych Niemczech i Schraderowi powierzono zadanie stworzenia sztucznego środka owadobójczego, który zdołałby wyplenić szkodniki. Rząd przeznaczał rocznie trzydzieści milionów reichsmarek na pestycydy produkowane przez Farben i inne firmy chemiczne. IG Farben chciało stworzyć środek owadobójczy, który pozwoliłby Rzeszy zaoszczędzić pieniądze, a firmie zapewniłby monopol na rynku[12].

Syntezowanie związków organicznych odbywało się metodą prób i błędów, powiedział majorowi Tilleyowi dr Schrader. Było to pracochłonne i niebezpieczne. Schrader, przykładny mąż i ojciec, podejmował nadzwyczajne środki ostrożności i zawsze pracował pod włączonym wyciągiem. Nawet śladowe ilości chemikaliów, których używał, miały potencjalnie zabójcze działanie. Schrader uskarżał się na częste bóle głowy i czasami dostawał zadyszki. Pewnego wieczoru, kiedy jechał do domu po pracy nad nowym produktem, ledwie widział drogę przed maską samochodu. Kiedy zatrzymał się na poboczu i spojrzał w lusterko wsteczne, zobaczył, że jego źrenice zwęziły się do wielkości łebka szpilki. W ciągu kilku następnych dni jego wzrok pogorszył się jeszcze bardziej. W krtani pojawił się pulsujący ucisk. W końcu Schrader zgłosił się do szpitala. Po dwutygodniowych badaniach został odesłany do domu z zaleceniem odpoczynku.

Po ośmiu dniach spędzonych w domu wrócił do pracy. Pracował nad środkiem owadobójczym zawierającym cyjanek, któremu nadał kryptonim Preparat 9/91. Wznowiwszy badania, sporządził niewielką ilość nowej substancji, rozcieńczając ją w proporcji 1:200 000, żeby się przekonać, czy zabije ona mszyce na liściach. Ze zdumieniem stwierdził, że preparat zabił sto procent mszyc. Schrader powtórzył eksperyment w obecności kolegów. Wszyscy zgodnie stwierdzili, że Preparat 9/91 jest stukrotnie bardziej zabójczy od wszystkiego, nad czym do tej pory pracowano w laboratorium w Leverkusen.

Doktor Schrader wysłał próbkę tego nowego środka owadobójczego do dyrektora IG Farben ds. higieny przemysłowej, profesora Eberharda Grossa (nie należy go mylić z dr. Karlem Grossem, bakteriologiem z Waffen-SS, związanym z odkryciem w Gerabergu). Gross przetestował substancję na małpach i jak się należało spodziewać, był zaszokowany rezultatami. Po wstrzyknięciu zdrowej małpie niewielkiej ilości Preparatu 9/91– 0,1 miligrama na kilogram masy ciała – małpa zdychała w niecałą godzinę. Następnie Gross przeprowadził eksperyment na małpie umieszczonej w specjalnej komorze. Patrzył, jak zdrowa małpa oddychająca powietrzem z preparatem zdycha w ciągu szesnastu minut. Profesor Gross powiedział Schraderowi, że jego Preparat 9/91 został wysłany do Berlina, a on powinien czekać na dalsze instrukcje.

Schrader powiedział majorowi Tilleyowi w Dustbin, że kiedy dowiedział się, iż jego preparat potrafi zabić drogą powietrzną w ciągu kilku minut zdrową małpę, bardzo się tym przejął. Lamentował, że jego odkrycie nie miało zostać nigdy wykorzystane do niszczenia szkodników. Było po prostu zbyt niebezpieczne dla wszystkich istot ciepłokrwistych. Schrader mówił, że jego celem było zaoszczędzenie pieniędzy dla Rzeszy, a informację o zabójczych właściwościach Preparatu 9/91 odebrał jako fiasko swoich badań. Wrócił do pracy nad środkami owadobójczymi lepiej nadającymi się do niszczenia szkodników.

Tymczasem profesor Gross pokazał substancję swoim zwierzchnikom. Od 1935 roku obowiązywało w Niemczech rozporządzenie, na którego podstawie wszystkie odkrycia naukowe o potencjalnym znaczeniu militarnym musiały być zgłaszane do Ministerstwa Wojny[13]. Departament Broni Chemicznej Rzeszy rozpoczął prace nad możliwością wykorzystania Preparatu 9/91 w wojnie chemicznej. W maju 1937 roku Schrader został zaproszony do Berlina, gdzie miał zademonstrować, w jaki sposób dokonał syntezy Preparatu. „Wszyscy osłupieli"[14], powiedział Schrader Tilleyowi. To było najbardziej obiecujące odkrycie od czasu wyprodukowania przez Niemców gazu musztardowego. Preparat 9/91 został objęty klauzulą tajności i otrzymał kryptonim tabun, pochodzący od słowa „tabu"[15].

Doktor Schrader otrzymał polecenie wyprodukowania jednego kilograma tabunu dla armii niemieckiej[16], która miała zająć się później produkcją na masową skalę. Schrader otrzymał premię w wysokości 50 000 marek (w tym czasie niemiecki robotnik zarabiał średnio 3100 marek rocznie) oraz polecenie powrotu do pracy. IG Farben wciąż potrzebowało jego badań nad skutecznym środkiem do zwalczania mszyc.

Szefowie IG Farben szybko dostrzegli okazję do zrobienia dobrego interesu na produkcji nowego związku. Prezes zarządu firmy, Karl Krauch, zaczął razem z Hermannem Göringiem opracowywać dalekosiężny plan wyposażenia armii niemieckiej w broń chemiczną, którą można by zrzucać na terytorium wroga z samolotów. W swoim raporcie dla Göringa[17] Krauch nazwał tabun „dziełem ponadprzeciętnej inteligencji i nadzwyczajnej myśli naukowo-technicznej". Piękno tego środka, pisał Krauch do Göringa, polega na tym, że można go „użyć na głębokich tyłach nieprzyjaciela". Göring przyznał mu rację, dodając, że najbardziej w broni chemicznej podoba mu się to, jak ludzie panicznie się jej boją. Göring odpowiedział Krauchowi na piśmie, zwracając uwagę, że śmiertelne działanie gazów bojowych w rodzaju tabunu może dokonać „psychologicznego spustoszenia wśród ludności cywilnej, doprowadzając je do szaleństwa ze strachu"[18].

Dwudziestego drugiego sierpnia 1938 roku Göring mianował Karla Kraucha swoim pełnomocnikiem do spraw specjalnych w zakresie produkcji broni chemicznej. Przedsiębiorstwo IG Farben miało stworzyć od podstaw przemysł broni chemicznej w Trzeciej Rzeszy. Traktat wersalski nakazywał Niemcom zniszczenie wszystkich fabryk broni chemicznej po pierwszej wojnie światowej, a to oznaczało, że nowe fabryki musiały powstawać potajemnie. To nadzwyczajne przedsięwzięcie stało się teraz oficjalnie częścią tajnego planu czteroletniego nazistów, a dzięki Krauchowi IG Farben zostało włączone do planów wojennych Rzeszy, zanim Niemcy rozpoczęli wojnę.

W ośrodku przesłuchań Dustbin major Tilley pytał Schradera o produkcję na masową skalę. Sądząc po odkryciu tysięcy ton bomb z tabunem w lesie niedaleko Raubkammer, IG Farben musiało dysponować wielką fabryką, gdzie potajemnie produkowano ten związek. Schrader tłumaczył, że nie był zaangażowany w masową produkcję tabunu. Tym zajmował się jego kolega, dr Otto Ambros.

Major Tilley poprosił Schradera, żeby powiedział mu coś więcej o Ambrosie. Schrader twierdził, że większość tego, czym zajmował się Ambros, była tajna[19], ale jeśli major Tilley chce wiedzieć więcej na temat pracy Ambrosa, to powinien porozmawiać z osobami z zarządu IG Farben, dr. Karlem Krauchem albo baronem Georgiem von Schnitzlerem. Obaj są internowani tutaj, w Dustbin.

„Kim jest pan Ambros?"[20] – zapytał barona Georga von Schnitzlera major Tilley podczas przesłuchania, którego przebieg stał się później dowodem w procesie norymberskim.

„Jest jednym z naszych młodych techników – odpowiedział von Schnitzler. – Był kierownikiem w Dyhernfurt [*sic*], a także w Auschwitz i Gendorg [*sic*]".

„Gdzie teraz przebywa Ambros?" – zapytał Tilley. Baron zasugerował majorowi, żeby porozmawiał z Karlem Krauchem.

Major Tilley od Kraucha dowiedział się nieco więcej na temat Ambrosa[21]. Na przykład to, że Ambros kierował działem rozwojowym produkcji broni chemicznej w Gendorfie i w Dyhernfurcie. Że w Gendorfie wytwarzano na skalę przemysłową gaz musztardowy, a w Dyhernfurcie – tabun. Krauch ujawnił też zupełnie nowe informacje. W Dyhernfurcie produkowano także środek paralityczno-drgawkowy, o jeszcze potężniejszym działaniu niż tabun – sarin. Nazwa sarin była akronimem od nazwisk czterech osób, które w największym stopniu przyczyniły się do powstania tego związku: Schradera i Ambrosa z IG Farben oraz dwóch oficerów, Rüdigera i Lindego. Krauch powiedział też majorowi Tilleyowi, że fabryka w Dyhernfurcie wpadła w ręce Rosjan.

Karl Krauch wspomniał o czymś jeszcze, co przykuło uwagę majora Tilleya. Krauch przed przewiezieniem do Dustbin leżał w szpitalu, gdzie złożyło mu wizytę dwóch amerykańskich oficerów. Jednym z nich był podpułkownik Tarr. „Sądząc z rozmów, jakie prowadziłem kilka miesięcy temu w szpitalu z członkami USSBS [pułkownik Snow] i Korpusu Broni Chemicznej [podpułkownik Tarr] – tłumaczył Krauch – panowie ci byli szczególnie zainteresowani sarinem i tabunem. Pytali mnie o plany konstrukcyjne i technologię produkcji. Z tego, co zrozumiałem, zamierzali zbudować podobne fabryki w USA. Powiedziałem im, żeby zgłosili się do dr. Ambrosa i jego zespołu z Gendorfu”[22].

Major Tilley był wstrząśnięty. Podpułkownik Tarr był jego partnerem w CIOS, a nie wspomniał mu słowem o tym, że odwiedził Kraucha w szpitalu. Dla Tilleya było to wskazówką, że Tarr prowadzi jakąś misję na zlecenie amerykańskiej służby chemicznej, której cel ma niewiele wspólnego z celami CIOS. Już wkrótce cała dramatyczna historia miała zostać ujawniona.

Otto Ambros był od czerwca 1945 roku wielokrotnie przesłuchiwany przez żołnierzy 3. Armii. Z przyczyn, które pozostają do tej pory niejasne, nikt nie został poinformowany, że Ambros jest poszukiwany w związku z popełnieniem zbrodni wojennych ani że kierował produkcją broni chemicznej w fabrykach IG Farben. Dla 3. Armii był „zwyczajnym chemikiem”[23] z bawarskiego miasteczka Gendorf, uśmiechniętym, dobrze ubranym biznesmenem, który sprezentował amerykańskim żołnierzom kostki mydła.

Major Tilley przekazał tę nadzwyczaj ważną informację dotyczącą dr. Ottona Ambrosa swoim zwierzchnikom z FIAT (Field Information Agency, Technical), a ci z kolei przesłali ją do Szóstej Grupy Armii w Gendorfie, nakazując natychmiastowe aresztowanie dr. Ambrosa. Szósta Armia miała przetransportować Ambrosa bezpośrednio do Dustbin, gdzie chciał go przesłuchać major Tilley. W dossier Ambrosa została umieszczona odpowiednia notatka. Strzępy informacji zaczęły się wreszcie układać w spójną całość. „Sprawa nr 21 877. dr Otto Ambros[24]. Plotki głoszą, że był zamieszany w wykorzystywanie personelu obozu koncentracyjnego do testowania skuteczności nowego środka paralityczno-drgawkowego powstałego w laboratorium w Gendorfie".

Centralny Rejestr Przestępców Wojennych i Podejrzanych powiadomił SHAEF, nalegając na aresztowanie dr. Ambrosa. Jako dyrektor fabryki Buna w Auschwitz Otto Ambros brał udział w zbrodniach wojennych, w tym w masowych mordach i niewolniczym wykorzystywaniu więźniów. Do akcji wkroczyła 6. Grupa Armii. Ale kiedy żołnierze pojawili się w domu Ambrosa w Gendorfie z nakazem aresztowania w ręku, okazało się, że ten zniknął.

Początkowo sądzono, że uciekł na własną rękę. Jednak nie było to prawdą. Został wywieziony przez podpułkownika Philipa Tarra. W pierwszej chwili komendant Dustbin nie mógł tego pojąć[25]. To, że Tarr próbował przesłuchiwać Ambrosa, zanim zrobili to eksperci od broni chemicznej, to nic nadzwyczajnego[26]. Tego rodzaju rywalizacja miała miejsce, od kiedy różne zespoły ludzi z wywiadu naukowego przekroczyły Ren. Ale dlaczego Tarr miałby zignorować rozkaz aresztowania Ambrosa wydany przez SHAEF? Kiedy żołnierze 6. Armii dobijali się do drzwi domu Ambrosa, Ambros i Tarr zmierzali amerykańskim jeepem w kierunku Heidelbergu. Celem ich podróży był amerykański ośrodek przesłuchań dowodzony przez oficerów wywiadu wojsk chemicznych. Przez wiele dni nikt w Dustbin nie miał pojęcia, gdzie się podziali Tarr i Ambros.

Otto Ambros miał przenikliwy umysł. Był sprytny i sympatyczny, a przy tym przebiegły jak lis. Na jego twarzy niemal zawsze gościł uśmiech. Amerykański prokurator ścigający zbrodniarzy wojennych, Josiah DuBois, mówił o nim jako o człowieku darzącego go „diaboliczną życzliwością". Miał też drażniący zwyczaj pociągania nosem[27]. Ambros był niski i przysadzisty, miał siwe włosy i płaskostopie. Był znakomitym naukowcem. Studiował chemię i agronomię pod kierunkiem laureata Nagrody Nobla, Żyda, Richarda Willstättera. W dziedzinie chemii potrafił wprowadzić naukę na zupełnie nowe, niezbadane wcześniej tory. Niewiele osób było w czasie wojny równie ważnych dla IG Farben jak Otto Ambros[28].

Przedsiębiorstwo IG Farben zaczynało w 1935 roku od produkcji syntetycznego kauczuku, który od głównego składnika, butadienu, nazwano Buna[29]. W 1937 roku firma zaprezentowała swój syntetyczny kauczuk na arenie światowej i otrzymała złoty medal na Wystawie Światowej w Paryżu. Kiedy we wrześniu 1939 roku Niemcy dokonały inwazji na Polskę, zmniejszyły się ich możliwości importu naturalnego kauczuku. Palącą potrzebą stało się stworzenie syntetycznej alternatywy dla tego strategicznego produktu, ale kierownictwo IG Farben wiedziało o tym już wcześniej. Samochody i samoloty potrzebowały opon, więc Farben musiało produkować syntetyczny kauczuk. Hitler zażądał, żeby firma zwiększyła produkcję. Osobą za to odpowiedzialną był dr Ambros, który doprowadził do otwarcia drugiej, a potem trzeciej fabryki syntetycznego kauczuku. Po raz kolejny Hitler wezwał zarząd IG Farben do zwiększenia produkcji, kiedy niemieckie dowództwo zaczęło rozważać potajemnie inwazję na Związek Radziecki. Przedsiębiorstwo musiało zbudować nową, olbrzymią fabrykę. Zadanie to powierzono znowu Ottonowi Ambrosowi[30]. Fabrykę zdecydowano postawić w Auschwitz.

Wcześniej Auschwitz było zwyczajnym miastem. „Żyli tam zwyczajni ludzie, turyści przyjeżdżali, żeby obejrzeć zamek, kościoły, duży średniowieczny rynek i synagogę", napisali historycy Debórah Dwork i Robert Jan van Pelt. W latach 30. turyści wysyłali stamtąd pocztówki z napisem „Pozdrowienia z Auschwitz"[31].

Kiedy jesienią 1940 roku Otto Ambros przeglądał mapy Górnego Śląska w poszukiwaniu miejsca pod budowę fabryki, znalazł wreszcie to, czego szukał. Produkcja syntetycznego kauczuku wymagała czterech rzeczy: wody, płaskiego terenu, dobrej sieci połączeń kolejowych i dużych zasobów siły roboczej[32]. Auschwitz spełniało wszystkie te warunki. Spotykały się tu trzy rzeki: Soła, Wisła i Przemsza, ich wspólny przepływ wynosił 15 tysięcy m³ na godzinę. Teren był płaski, położony dwadzieścia metrów nad linią wody, nie groziły więc powodzie. Sieć kolei była dobrze rozwinięta. Ale najważniejsza była kwestia siły roboczej. Pobliski obóz koncentracyjny mógł dostarczyć tej siły w nieograniczonych ilościach. Ludzkie życie było tanie, a robotnicy zapracowywali się na śmierć.

Korzystanie z pracy niewolniczej oznaczało dla IG Farben osiągnięcie efektywności, o jakiej wcześniej nie marzono. Ale najpierw trzeba było zawrzeć finansowy układ z SS. Ambros odegrał w tej sprawie kluczową rolę. Przez kilka miesięcy przed ostateczną decyzją dotyczącą budowy fabryki SS i IG Farben targowały się o najdrobniejsze szczegóły umowy. Część dokumentów ocalała z pożogi wojennej. Ósmego listopada 1940 roku minister gospodarki Rzeszy napisał do zarządu IG Farben list z żądaniem szybkiego „uzgodnienia kwestii lokalizacji fabryki"[33]. Otto Ambros opowiadał się zdecydowanie za Auschwitz i w grudniu IG Farben wysłało na miejsce pełen autobus specjalistów od produkcji kauczuku oraz budowlańców. Brygadzistą ekipy budowlanej został pracownik IG Farben, Erich Santo.

„Istniejący obóz koncentracyjny z siedmioma tysiącami więźniów ma zostać powiększony", napisał Santo w oficjalnym raporcie dla firmy[34]. Dla Ambrosa umowa z SS dotycząca robotników przymusowych była niejasna, a on cenił klarowne ustalenia. „Konieczne jest jak najszybsze rozpoczęcie negocjacji z Wodzem SS Rzeszy [Himmlerem] w celu uzgodnienia zastosowania odpowiednich środków"[35], napisał Ambros w oficjalnym raporcie dla firmy. Obaj panowie znali się od dziesięcioleci – od szkoły podstawowej. Ambros potrafił przekonać Himmlera o korzyściach, jakie Auschwitz mogło przynieść zarówno IG Farben, jak i SS.

W rzeczywistości SS i IG Farben potrzebowały siebie nawzajem. Himmler chciał, żeby Farben wykorzystywało siłę roboczą z Auschwitz, i był gotów zawrzeć porozumienie na dostarczenie robotników, podobnie jak pozostali oficerowie SS, którzy w sali bankietowej podjęli obiadem specjalistów od produkcji kauczuku i budowy fabryk[36]. W trakcie wielkiej fety uzgodniono wszystkie pozostałe kwestie. Farben miało zapłacić SS trzy marki za dzień pracy każdego robotnika[37]. Pieniądze miały oczywiście trafić do skarbca SS, a nie do kieszeni niewolników. „Przy okazji uroczystego obiadu wydanego przez kierownictwo obozu koncentracyjnego dokonaliśmy wszelkich uzgodnień związanych z naprawdę wielkim wsparciem obozu dla fabryki Buna – napisał Ambros do swojego szefa, Fritza Ter Meera, 12 kwietnia 1941 roku. – Nasza niedawno zawiązana przyjaźń z SS wydaje się przynosić zyski"[38].

SS zgodziło się natychmiast dostarczyć IG Farben tysiąc robotników przymusowych. Ta liczba, jak obiecał Himmler, mogła szybko się zwiększyć do trzydziestu tysięcy, w zależności od zapotrzebowania. Związek IG Farben z SS w Auschwitz został scementowany. To dzięki Ottonowi Ambrosowi fabryka Buna okazała się sukcesem. Dzięki wiedzy na temat syntetycznego kauczuku i doświadczeniu menedżerskiemu – kierował też tajnymi fabrykami produkującymi środek paralityczno-drgawkowy – był idealnym kandydatem na szefa fabryki w Auschwitz.

Major Tilley czekał w Dustbin na powrót Tarra i Ambrosa. Teraz stało się dla niego jasne, że nie było ważniejszej osoby w programie rozwoju broni chemicznej Hitlera od Ottona Ambrosa, który kierował fabrykami broni chemicznej w Gendorfie i Dyhernfurcie oraz był dyrektorem fabryki Buna w Auschwitz. Dzięki przesłuchaniom licznych chemików IG Farben przetrzymywanych w Dustbin Tilley dowiedział się również, że gaz używany do mordowania milionów ludzi w Auschwitz oraz w innych obozach koncentracyjnych, cyklon B, także wyprodukowało IG Farben. Było właścicielem patentu na cyklon B i sprzedawała go Rzeszy. W trakcie jednego z takich przesłuchań Tilley zapytał członka zarządu przedsiębiorstwa, barona Georga von Schnitzlera, czy Otto

Ambros wiedział, że produkty Farben będą używane do mordowania ludzi.

„Wczoraj powiedział pan, że [pracownik Farben] «zrobił aluzję», jakoby trujące gazy [*sic*] i środki chemiczne produkowane przez IG Farben były używane do mordowania ludzi w obozach koncentracyjnych”[39], przypomniał baronowi Tilley.

„Tak zrozumiałem jego słowa”, odparł von Schnitzler.

„Nie wypytywał pan dalej swoich pracowników o wykorzystywanie tych gazów?”

„Odparli, że wiedzieli, iż są one wykorzystywane w tym celu”, odpowiedział von Schnitzler.

„Co pan zrobił, kiedy powiedziano panu, że środki chemiczne IG są wykorzystywane do mordowania ludzi w obozach koncentracyjnych?” – zapytał major Tilley.

„Byłem wstrząśnięty”, odparł von Schnitzler.

„Czy coś pan zrobił?”

„Zachowałem to dla siebie [*sic*], ponieważ to było straszne – wyznał von Schnitzler. – Zapytałem [pracownika IG Farben], czy Ambros i pozostali dyrektorzy w Auschwitz wiedzą, że gazy i chemikalia są używane do mordowania ludzi”.

„I co odpowiedział?”

„Tak, wszyscy dyrektorzy IG w Auschwitz o tym wiedzieli”[40].

* * *

Podpułkownika Philipa R. Tarra czekała kolejna misja. Zespół nr 1 Służby Wywiadu ds. Wyposażenia Nieprzyjaciela, w którym służył, potrzebował informacji, jakich mógł udzielić tylko dr Otto Ambros. Zespół potrzebował przede wszystkim planów aparatury niezbędnej do produkcji tabunu.

Kiedy Tarr i Ambros dotarli do Heidelbergu, wojska chemiczne USA przetrzymywały już w areszcie innego chemika IG Farben, który miał razem z Ambrosem wykonywać tajną pracę. W dokumentach człowiek ten występuje jako Herr Stumpfi. Ambros i Stumpfi mieli pojechać do fabryki metalurgicznej w Hanau i odnaleźć „30 lub 40 rysunków posrebrzanego sprzętu"[41]. Amerykanie z wojsk chemicznych ufali Ambrosowi do tego stopnia, że posłali go tam ze Stumpfim bez eskorty[42].

Produkcja tabunu wymagała nie tylko tajności, ale także precyzji. Stany Zjednoczone chciały za wszelką cenę odtworzyć proces produkcji, ale bez znajomości ściśle tajnych receptur i bez odpowiedniego sprzętu taka próba byłaby wyrokiem śmierci dla przeprowadzających ją chemików. IG Farben wydało miliony marek na badania i rozwój. Stosowanie metody prób i błędów przypłaciły życiem setki robotników z obozów koncentracyjnych[43]. Kiedy oficerowie z wojsk chemicznych USA dowiedzieli się, że posrebrzany sprzęt używany do produkcji tabunu pochodził z fabryki metalurgicznej o nazwie Heraus, zapragnęli zdobyć projekty i plany. Ambros i Stumpfi mieli pojechać do siedziby tej firmy, odnaleźć plany i przywieźć je do Heidelbergu. Agenci wojsk chemicznych nie mogli sami przeprowadzić tej operacji, ponieważ nie mieli pojęcia, jakiego sprzętu szukać.

Dwóch chemików z IG Farben, Ambros i Stumpfi, wyruszyło w tajną misję. „Kiedy dotarli do fabryki w Hanau, ludzie z CIC [Counter Intelligence Corps, kontrwywiad wojskowy], którego kwatera główna znajdowała się aktualnie w Hanau, aresztowali ich[44] – czytamy w tajnym raporcie. – Kiedy wyjaśnili, na czym polega ich misja, zaniepokojony personel CIC skomunikował się z Heidelbergiem, uzyskał potwierdzenie prawdziwości słów dwóch Niemców i uwolnił ich". Ambros i Stumpfi odjechali. „Personel CIC, dowiedziawszy się za pośrednictwem dwóch Niemców o szkicach, zdobył je i zabrał do swojej kwatery", czytamy w tajnym raporcie. Wojska chemiczne nigdy nie dostały rysunków, których szukały. Ale Tarr kontrolował dr. Ambrosa, a przynajmniej tak mu się wydawało.

Gdzieś pomiędzy Hanau, gdzie został uwolniony przez kontrwywiad, a Heidelbergiem Ambros zdołał skontaktować się ze swoją „siatką szpiegów i informatorów w Gendorfie"[45]. Od nich dowiedział się, że żołnierze z 6. Armii otrzymali rozkaz aresztowania go. Dlatego zamiast wracać do aresztu Tarra, Ambros pojechał do uroczego pensjonatu pod Heidelbergiem o nazwie Villa

Kohlhof[46], należącego do IG Farben, gdzie cały sztab ludzi dbał o zaspokajanie wszystkich jego zachcianek.

Przedstawicielom CIOS i FIAT z Dustbin udało się w końcu nawiązać kontakt z Tarrem i przekazać mu polecenie natychmiastowego powrotu do ośrodka przesłuchań z Ambrosem. Tyle że Tarr nie wiedział, gdzie jest Ambros. Major Tilley zaczął szukać Ambrosa na własną rękę i wreszcie znalazł go w Villa Kohlhof[47]. Ambros powiedział Tilleyowi, że jest gotów kontynuować współpracę z wojskami chemicznymi USA oraz różnymi agencjami alianckimi pragnącymi uzyskać informacje, którymi on dysponuje, ale pod jednym warunkiem: że Tilley „doprowadzi do uwolnienia wszystkich osób zajmujących się bronią chemiczną, uwięzionych w Dustbin". To było niedorzeczne żądanie.

Przełożony Tilleya, major P. M. Wilson z Sekcji Wykorzystania Personelu Nieprzyjaciela FIAT, próbował zapanować nad sytuacją, każąc bezzwłocznie przewieźć Ambrosa do Dustbin. To nie jest kwestia współpracy, powiedział Wilson. Został wydany rozkaz aresztowania tego człowieka. W sprawie Ambrosa interweniował podpułkownik Tarr. Poprosił brytyjskie Ministerstwo Zaopatrzenia (odpowiadające za broń chemiczną) o pomoc w uwolnieniu kolegów Ambrosa z Dustbin. Dla Tarra wydobycie z Ambrosa jego tajemnej wiedzy było ważniejsze niż osądzenie go za dokonane zbrodnie wojenne. Ale Brytyjczycy też kategorycznie odmówili Tarrowi pomocy.

Podpułkownik Tarr poleciał do Paryża. Tego samego wieczoru do Dustbin dotarł telegram wysłany z Paryża jakoby przez brytyjskie Ministerstwo Zaopatrzenia. W telegramie znalazł się rozkaz uwolnienia wszystkich chemików Farben z obozu Dustbin, podpisany przez ministra, pułkownika J.T.M. Childsa. Wojskowi z Dustbin nabrali podejrzeń i skontaktowali się z pułkownikiem Childsem[48], pytając o ten dziwaczny rozkaz. Childs przysięgał, że nigdy nie wysłał takiego telegramu ani nie podpisał się pod takim rozkazem, i oskarżył podpułkownika Tarra o fałszerstwo.

FIAT wzmógł wysiłki mające na celu aresztowanie dr. Ambrosa w Heidelbergu. Tyle że te wysiłki nic nie dały. Ambros uniknął aresztowania, uciekając do francuskiej strefy okupacyjnej. Wystawiając do wiatru podpułkownika Tarra, Otto Ambros dobił targu z francuskimi ekspertami od broni chemicznej. W zamian za informacje otrzymał posadę dyrektora fabryki chemicznej IG Farben w Ludwigshafen[49].

Kiedy oficerowie FIAT o tym się dowiedzieli, byli oburzeni. Ucieczce Ambrosa można było przecież zapobiec. „Nie ulega wątpliwości, że nie był przetrzymywany w więzieniu ani w areszcie domowym", zauważył kapitan R.E.F. Edelsten z brytyjskiego Ministerstwa Zaopatrzenia. Major P.M. Wilson widział całą sytuację w znacznie ciemniejszych barwach[50]. Podpułkownik Tarr „podjął działania mające na celu pomoc [Ambrosowi] w uniknięciu aresztowania", napisał zjadliwie w swoim raporcie. Wilson był zbulwersowany „przyjaznym traktowaniem człowieka podejrzewanego o zbrodnie wojenne". Ale to były tylko słowa. Ambros był teraz wolnym człowiekiem, mieszkał i pracował we francuskiej strefie okupacyjnej.

Związki Tarra, Ambrosa i amerykańskich wojsk chemicznych wcale nie osłabły. Wiadomo było, że wcześniej czy później jakiś amerykański koncern chemiczny zorientuje się, że wojsko jest zainteresowane całkowicie nowym obszarem, jakim byłaby broń chemiczna. W tym samym czasie w Niemczech przebywał amerykański chemik, dr Wilhelm Hirschkind. Hirschkind wziął urlop w Dow Chemical Company i na zlecenie wojsk chemicznych dokonywał oceny niemieckiego przemysłu chemicznego. Kilka miesięcy zajęła mu inspekcja fabryk IG Farben w amerykańskiej i brytyjskiej strefie okupacyjnej, a teraz przyjechał do Heidelbergu, licząc na spotkanie z Ambrosem. Podpułkownik Tarr zwrócił się do pułkownika Weissa, francuskiego komendanta fabryki IG Farben w Ludwigshafen, i spotkanie zostało zaaranżowane.

Dwudziestego ósmego lipca 1945 roku dr Hirschkind spotkał się w Heidelbergu z dr. Ambrosem i podpułkownikiem Tarrem. Ambros zabrał ze sobą na spotkanie swojego zastępcę z czasów wojny, chemika Jürgena von Klencka. To von Klenck w ostatnich miesiącach wojny pomagał Ambrosowi niszczyć dowody, ukrywać dokumentację i stworzyć pozory, że fabryka w Gendorfie produkowała mydło, a nie broń chemiczną. Jürgen von Klenck był początkowo przetrzymywany w Dustbin, lecz później go zwolniono. Spotkanie w Heidelbergu trwało kilka dni. Wyjeżdżając, dr Wilhelm Hirschkind wypowiedział do Ambrosa następujące słowa: „Czekam na rezultaty traktatu pokojowego, żeby jako przedstawiciel Dow Company utrzymywać relacje między nami"[51].

Śledczy z FIAT dowiedzieli się o tym spotkaniu później. Podejrzenia majora Tilleya uzyskały potwierdzenie. W wojskach chemicznych istniała grupa, do której należał między innymi jego były partner podpułkownik Tarr, i motywy działania tej grupy stały w sprzeczności z motywami, jakimi kierowało się CIOS, FIAT oraz Komisja ONZ ds. Zbrodni Wojennych. Przełożony Tilleya w Dustbin, major Wilson, potwierdził ten niepokojący fakt w tajnym raporcie wywiadowczym na temat sprawy Ambrosa. „Uważa się, że konflikt pomiędzy FIAT... a podpułkownikiem Tarrem wynika z chęci wykorzystania Ambrosa przez tego ostatniego w przemyśle chemicznym"[52] w Stanach Zjednoczonych.

Wszystkie dokumenty dotyczące sprawy Ambrosa miały pozostać utajnione przez następne czterdzieści lat, do sierpnia 1985 roku. Fakt, że oficer amerykańskich wojsk chemicznych, podpułkownik Tarr, ukrywał po kapitulacji Niemiec poszukiwanego zbrodniarza wojennego, zasługuje na potępienie. Ale to, że ten oficer brał udział w spotkaniach zbrodniarza z przedstawicielem koncernu Dow, było skandaliczne.

W 1945 roku wojska chemiczne zajmowały się także programem rozwoju broni biologicznej, którego istnienie ukrywano przed amerykańską opinią publiczną. Program był konkretny. Gdyby bomba atomowa nie zakończyła wojny w Japonii, planowano użycie broni biologicznej do zniszczenia japońskich upraw. Po upadku Rzeszy sztab amerykańskich wojsk chemicznych rozpoczął przesłuchania twórców niemieckiej broni biologicznej, z których wielu było internowanych w Dustbin. Wojska chemiczne czuły olbrzymi potencjał tkwiący w nazistowskim programie produkcji broni biologicznej i dlatego starały się go adaptować do swoich potrzeb, szukając wszelkich możliwych źródeł informacji wywiadowczych. A najbardziej poszukiwanym człowiekiem był główny ekspert Hitlera od broni biologicznej, dr Kurt Blome.

Dwudziestego dziewiątego czerwca 1945 roku Blome został wysłany do Dustbin. Do przesłuchania go wyznaczono dwóch oficerów z Operacji Alsos: Billa Cromartiego i J.M. Barnesa. Obaj doskonale znali przeszłość Blomego. Cromartie był obecny w mieszkaniu dr. Eugena Haagena w Strasburgu w listopadzie 1944 roku, kiedy dyrektor naukowy Alsos, Samuel Goudsmit, dokonał przerażającego odkrycia, że Rzesza dokonywała w czasie wojny eksperymentów na ludziach (nazwisko Blomego zostało wymienione w dokumentach Haagena). Poza tym to Cromartie i Barnes prowadzili śledztwo w sprawie opuszczonego, tajemniczego ośrodka badawczego Geraberg w Lesie Turyńskim. Obaj zgodnie uznali, że Geraberg było nazistowskim ośrodkiem badawczym zajmującym się bronią biologiczną oraz że kierował nim dr Blome.

Podczas przesłuchania wstępnego Blome odmówił współpracy[53]. „Kiedy był przesłuchiwany po raz pierwszy, mówił mało konkretnie", napisali Cromartie i Barnes. Ale kilka dni później, w trakcie bardziej drobiazgowego przesłuchania, jego „nastawienie uległo radykalnej zmianie i zeznał wszystko, co wiedział, nie tylko na temat tego, co zrobił, ale także na temat planów na przyszłość". Cromartie i Barnes nie byli pewni, czy cieszyć się z takiej odmiany Blomego, czy zachować podejrzliwość. Zauważono, że Blome długo rozmawiał w stołówce z dr. Heinrichem Kliewem[54], agentem niemieckiego kontrwywiadu zajmującym się bronią bakteriologiczną. Być może obmyślali oni plan szerzenia dezinformacji.

W czasie wojny do obowiązków dr. Kliewego należało śledzenie postępów w pracach nad bronią biologiczną wrogów Rzeszy, a przede wszystkim Rosji. „Kliewe twierdzi, że sam weryfikował otrzymywane raporty i podejmował decyzje, jakiego rodzaju działania powinien podjąć jego departament"[55], napisali śledczy w dossier Kliewego sporządzonym w Dustbin. Kliewe powiedział Blomemu, że najprawdopodobniej zostanie przewieziony do Heidelbergu na szczegółowe przesłuchanie przez agentów Alsos, i tak rzeczywiście się stało.

Cromartie i Barnes mogli być zaskoczeni nagłą gotowością Blomego do zwierzeń, ale zdawali sobie sprawę, że większości tego, co im powiedział, nie można w sposób niezależny zweryfikować[56]. „Nie można sprawdzić wielu z jego słów", czytamy w notatce z dossier Blomego. To, co Blome opisywał, było mroczną opowieścią na temat planów wojny biologicznej, których inicjatorem był Heinrich Himmler.

Himmler był laikiem zafascynowanym perspektywą wojny biologicznej. Ten dawny hodowca kur ukończył szkołę rolniczą. Według słów Blomego to Himmler stał za nazistowskim programem produkcji broni biologicznej. Hitler ponoć nie aprobował planów wojny biologicznej i dlatego nie był zaznajamiany ze szczegółowymi planami[57]. Himmlera najbardziej fascynowała dżuma dymienicza.

Trzydziestego kwietnia 1943 roku Göring stworzył stanowisko pełnomocnika ds. badań nad rakiem, które powierzono Blomemu. Blome zeznał, że w ciągu następnych dziewiętnastu miesięcy spotkał się z Himmlerem pięciokrotnie.

W trakcie pierwszego spotkania latem 1943 roku – według Blomego był to lipiec albo sierpień – Himmler kazał mu zająć się różnymi metodami rozprzestrzeniania bakterii dżumy w wojnie ofensywnej[58]. Blome miał podzielić się z Himmlerem swoimi obawami dotyczącymi przeciwnych do zamierzonych skutków, jakie mogłoby przynieść Niemcom użycie bomby z zarazkami dżumy. Himmler odpowiedział, że w takim razie Blome powinien natychmiast przystąpić do pracy nad szczepionką zapobiegającą takim skutkom. Dla przyspieszenia badań nad szczepionką Himmler miał polecić Blomemu „wykorzystanie ludzi".

Do prowadzenia badań Himmler zaproponował oddanie Blomemu do dyspozycji bloku medycznego w obozie koncentracyjnym takim jak Dachau. Blome miał według swojej relacji wspomnieć Himmlerowi, że jest świadomy „poważnych obiekcji określonych kręgów" dotyczących wykorzystania istot ludzkich do badań nad szczepionką. Himmler odpowiedział, że eksperymenty na ludziach są w czasie wojny konieczne. A odmowa „oznacza zdradę".

Tak jest, odpowiedział Blome. Uważał się za lojalnego nazistę i zamierzał pomóc Niemcom w wygraniu tej wojny. „Historia zna przykłady chorób mających wpływ na rezultat wojny[59] – pouczył śledczych Blome w trakcie przesłuchania. – Wiemy, że od czasów starożytnych po wojny napoleońskie na zwycięstwa i klęski wpływ miały epidemie i głód". Rozprzestrzenienie choroby zakaźnej mogłoby doprowadzić do klęski wojsk nieprzyjaciela. Blome dodał, że do niepowodzenia kampanii Napoleona w Rosji „w dużej mierze przyczyniła się nosacizna u koni". Blome powiedział też, że odradzał Himmlerowi przeprowadzanie eksperymentów z bakteriami dżumy w obozie koncentracyjnym ze względu na zbyt duże zagęszczenie ludzi.

Blome miał również powiedzieć Himmlerowi, że jeśli ma przeprowadzać eksperymenty z bakteriami dżumy, to musi mieć własny instytut położony z dala od skupisk ludzkich. Himmler i Blome doszli do porozumienia, że najlepszą lokalizacją będzie terytorium Polski i wybrali Nesselstedt[60] (Pokrzywno), niewielkie miasteczko znajdujące się w niewielkiej odległości od Uniwersytetu Poznańskiego. Ośrodek badawczy Blomego miał otrzymać nazwę Instytutu Bakteriologicznego w Nesselstedt.

Na razie jednak Blome nadzorował w Berlinie badania z wykorzystaniem szczurów, zwierząt odpowiedzialnych w przeszłości za szerzenie się zarazy. W Instytucie Higieny Waffen-SS toczyła się dyskusja, czy faktycznie szczury w sposób najskuteczniejszy przenoszą zarazki dżumy. Pomysł Himmlera polegał na tym, żeby „zabrać zainfekowane szczury na pokład okrętów podwodnych i wypuścić je w pobliżu wybrzeża nieprzyjaciela, tak żeby same zdołały dopłynąć do brzegu"[61]. Blome wątpił, czy szczury są zdolne przepłynąć długi dystans. Uważał, że mogą pływać, dopóki powietrze w ich futrach utrzymuje je na powierzchni. Żeby tego dowieść, przeprowadził eksperyment na jeziorze w Berlinie. „Z policyjnej łodzi wyrzucono w różnych odległościach od brzegu około trzydziestu szczurów, które miały płynąć z wiatrem i pod wiatr". Blome powiedział, że szczury okazały się głupsze, niż się spodziewał – wrzucone do wody „nie wiedziały, gdzie jest brzeg, i pływały w kółko w różnych kierunkach". Kilka utonęło w ciągu dziesięciu minut. Jeden pływał przez trzydzieści minut. Ze wszystkich szczurów wrzuconych do wody niecały kilometr od brzegu tylko jedna trzecia dopłynęła do lądu. Zdaniem Blomego pomysł Himmlera z wyrzucaniem szczurów z okrętów podwodnych był niepraktyczny.

Drugie spotkanie odbyło się miesiąc lub dwa później, we wrześniu lub październiku 1943 roku, i z grubsza wyglądało tak jak pierwsze, przynajmniej według relacji Blomego. Nastąpiła jednak jedna znacząca zmiana. Himmler zapytał Blomego, czy potrzebuje asystenta. Blome stwierdził, że przydałby mu się bakteriolog do pomocy. Himmler wskazał dr. Karla Grossa, wcześniej pracującego w Instytucie Higieny Waffen-SS[62].

Dwaj naukowcy nie byli w dobrych stosunkach. Blome był coraz bardziej przekonany, że Himmler przysłał Grossa na przeszpiegi. Śledczym powiedział, że naciskano, żeby pracował szybciej[63]. Himmler „stale powtarzał, że trzeba zbadać metody prowadzenia wojny biologicznej, żeby wiedzieć, jak się bronić". Znaczyło to, że Himmler chce, żeby Blome zarażał ludzi, dzięki czemu znane staną się skutki.

Do trzeciego spotkania doszło cztery lub pięć miesięcy później, w lutym 1944 roku. Do tego czasu, jak powiedział Blome, ośrodek w Nesselstedt został już zbudowany. Znalazły się tam mieszkania dla personelu, dobrze wyposażone laboratorium i farma zwierząt. W bloku eksperymentalnym było pomieszczenie klimatyzowane, pomieszczenie zimne, śluza odkażająca oraz pomieszczenia do „czystych" i „brudnych" eksperymentów. Była też izolatka dla szesnastu pacjentów, na wypadek gdyby zaraził się ktoś z personelu Blomego. Prace postępowały powoli, powiedział Blome, i Himmler był coraz bardziej wściekły. Humor psuły mu powtarzane nieustannie pogłoski o zbliżającym się desancie alianckim na kontynent. Himmler chciał wiedzieć, dlaczego program produkcji broni biologicznej nie jest dość zaawansowany. Pytał Blomego, czy można „zrobić coś już teraz – na przykład rozprzestrzenić zarazki grypy – co opóźniłoby angielsko-amerykańską inwazję z zachodu". Według relacji Blomego miał on powiedzieć Himmlerowi, że „nic takiego nie jest możliwe". Himmler wpadł na kolejny pomysł: A gdyby tak rozprzestrzenić zarazki pryszczycy? Albo tularemii, którą człowiek zaraża się podobnie jak dżumą? Blome ostrzegł Himmlera, że są to niebezpieczne pomysły, ponieważ epidemia może dosięgnąć także niemieckich żołnierzy. Rzesza potrzebowała odpowiedniej ilości szczepionki, zanim przeprowadzi atak biologiczny.

Himmler zaczął zastanawiać się nad zaatakowaniem aliantów na ich własnym terytorium. A gdyby tak rozprzestrzenić księgosusz, czyli pomór bydła, w Ameryce lub Anglii? Himmler powiedział Blomemu, że skażenie żywności miałoby złowrogi wydźwięk dla wojsk przeciwnika. Blome przyznał mu rację i obiecał, że sprawdzi, jak można wywołać epidemię wśród bydła. Pojawił się jednak pewien problem, tłumaczył Blome. Traktaty międzynarodowe zakazywały przechowywania wirusa księgosuszu na terenie Europy. Szczepy wirusa można było znaleźć tylko w krajach Trzeciego Świata.

Himmler zadeklarował, że sam zdobędzie wirusa. Wysłał do Turcji dr. Ericha Trauba, weterynarza z Państwowego Instytutu Badawczego, mieszczącego się na wyspie Riems. W Turcji dr Traub zdobył szczep śmiercionośnego wirusa[64]. Pod kierownictwem Blomego rozpoczęto próby zakażenia zdrowego bydła wirusem księgosuszu. Wyspa Riems, w Zatoce Gryfijskiej, była całkowicie odizolowana od świata i samowystarczalna. Tak więc stanowiła idealne miejsce do przeprowadzania tego rodzaju niebezpiecznych testów. Sekcja weterynaryjna rozpyliła z samolotów wirusa nad łąkami, na których pasły się krowy. Blome powiedział, że niewiele wie na temat tego programu i jego rezultatów, a dr Traub, drugi w kierowniczej hierarchii instytutu, został wzięty do niewoli przez Rosjan w kwietniu 1945 roku, kiedy wyspę Riems zdobyła Armia Czerwona.

Czwarte spotkanie Blomego z Himmlerem odbyło się w kwietniu lub maju 1944 roku. Himmler był już wtedy paranoikiem, powiedział Blome. Uważał, że alianci przygotowują atak na Rzeszę z użyciem broni biologicznej. „Blome został telefonicznie wezwany w trybie pilnym do Himmlera. Ten drugi otrzymał kilka osobliwych raportów. Nad niektórymi regionami Austrii z nieba zaczęła spadać trawa, a krowy, które ją zjadły, zdechły". Blome obiecał Himmlerowi, że sprawdzi te doniesienia. Doszło też do innych dziwnych zdarzeń, wyznał Himmler. „Pod Salzbergiem [*sic*] i Berchtesgaden", czyli niedaleko górskiej rezydencji Hitlera Berghofu, „znaleziono kilka małych balonów". A w Normandii zrzucano z powietrza stonkę ziemniaczaną. Blome obiecał zająć się także tymi incydentami.

Blome powiedział Himmlerowi, że też ma pilną sprawę. Biorąc pod uwagę szybko postępującą naprzód Armię Czerwoną, uważa za rozsądne przeniesienie swojego instytutu z okolic Poznania gdzieś w głąb Niemiec. Blome zaproponował Geraberg w Lesie Turyńskim, na skraju gór Harzu. Himmler odpowiedział, że Rosjanie nigdy nie dotrą do Poznania. Ale wczesną jesienią zmienił zdanie. W październiku w sosnowym lesie w pobliżu miasteczka Geraberg został wybudowany nowy ośrodek badań nad bronią biologiczną.

Tymczasem, jak zeznał śledczym Blome, prace nad szczepionką posuwały się naprzód – ale nie w żadnym z jego instytutów, tylko w samej armii. Göring powierzył kwestie związane z epidemiologią generałowi Walterowi Schreiberowi, naczelnemu lekarzowi Trzeciej Rzeszy. Blome zachował stanowisko zastępcy lekarza naczelnego Rzeszy, ale wobec Göringa obaj byli na równorzędnych stanowiskach. On, Blome, zajmował się stworzeniem broni biologicznej, a dr Schreiber miał ochronić Niemcy przed bronią biologiczną, gdyby została ona użyta, ponieważ był epidemiologiem. Miecz i tarcza.

Członkowie Alsos bardzo chcieli dowiedzieć się więcej na temat tych szczepionek. Blome powiedział, że o tym należy porozmawiać z generałem Schreiberem. A gdzie go można znaleźć?

Według Blomego ostatnio widziano Schreibera w Berlinie. Krążyła plotka, że poddał się Armii Czerwonej i był teraz jeńcem Rosjan.

Blome dodał coś jeszcze, co zaalarmowało przesłuchujących[65]. Jeszcze w czasie wojny dr Kliewe powiedział Blomemu, że Rosjanie dysponują najbardziej zaawansowanym programem broni biologicznej na świecie – nawet bardziej zaawansowanym niż Japonia. Co więcej, Rosjanie zdołali przejąć całe laboratorium Trauba w Riems, wraz ze szczepem wirusa księgosuszu zdobytym w Turcji. Później, zimą 1945 roku, Rosjanie zajęli Instytut Bakteriologiczny w Nesselstedt pod Poznaniem. To oznaczało, że w rękach Rosjan znajdował się teraz najnowocześniejszy ośrodek badawczy z komorami parowymi, inkubatorami, chłodziarkami oraz aparaturą do głębokiego zamrażania. W rękach Rosjan były też wszystkie patogeny – wirusowe i bakteryjne – nad którymi pracował Blome przed swoją ucieczką na zachód.

Alsos znało teraz dwie kluczowe informacje: Rosjanie mieli poznańskie laboratorium oraz lekarza zajmującego się szczepionkami, generała dr. Waltera Schreibera[66].

ROZDZIAŁ DZIESIĄTY

Zatrudnieni albo powieszeni

Przyszłość naukowców z Dustbin była niejasna. Zostaną zatrudnieni przez rząd amerykański czy skazani przez aliantów za zbrodnie wojenne? Przyszłość nazistowskich dowódców przetrzymywanych w Ashcan rysowała się niemal na pewno ponuro, choć było jeszcze wiele do zrobienia. Prokuratorzy zajmujący się zbrodniami wojennymi stanęli przed tytanicznym zadaniem. Musieli stworzyć akty oskarżenia, zaczynając od zera, rozwiązać zagadki opisane po wojnie przez norymberskiego prokuratora, generała Telforda Taylora. „Naszym zadaniem było przygotowanie aktów oskarżenia nazistowskich przywódców[1], dotyczących zarzutów kryminalnych… Pierwsze pytanie, jakie zadaje prokurator, brzmi: «Gdzie są dowody?». Tymczasem naga prawda przedstawiała się tak: chociaż «wszyscy wiedzieli» o działaniach nazistowskich przywódców, to brakowało niepodważalnych dowodów". Prokuratorzy w rodzaju Telforda Taylora opierali się na zeznaniach nazistów internowanych w Ashcan, przesłuchiwanych przez takich śledczych jak John Dolibois.

W Ashcan narastało poczucie rozczarowania. Więźniowie konspirowali, żeby zataić informacje. „Ważnymi sekretami dzielili się między sobą szeptem – wspominał dowódca Ashcan, pułkownik Burton Andrus – nie zamierzając wyjawiać miejsca ukrycia łupów czy pobytu takich ludzi jak Martin Bormann i inni zbrodniarze wojenni"[2]. Pułkownik Andrus łamał sobie głowę, jak zmusić więźniów do mówienia. „Żeby przypomnieć im powagę sytuacji i odświeżyć pamięć, postanowiliśmy pokazać im film nakręcony w Buchenwaldzie"[3].

Pułkownik Andrus zgromadził w jednej sali pięćdziesięciu dwóch swoich nazistowskich więźniów. Przed rozpoczęciem projekcji zwrócił się do nich następującymi słowy: „Znacie to i nie mam wątpliwości, że wielu z was aktywnie w tym uczestniczyło. Pokazujemy wam to po to, żebyście wiedzieli, że my też o tym wiemy".

Zgasły światła i na ekranie pojawiły się pierwsze sceny filmu. Pułkownik Andrus obserwował swoich więźniów. Hans Frank, gubernator generalny okupowanych ziem polskich, prawnik z tytułem doktorskim, odpowiedzialny za wymordowanie Żydów, przyłożył do ust chusteczkę i zaczął się krztusić. Joachim von Ribbentrop, dawniej handlarz winami musującymi, który został ministrem spraw zagranicznych Hitlera i zmusił inne państwa do ekstradycji ze swojego terytorium Żydów i wysłania ich na wschód, do obozów zagłady, wstał i wyszedł z sali projekcyjnej. Albert Kesselring, dowodzący nalotami Luftwaffe na Polskę, Francję i Związek Radziecki, a także dowódca podczas bitwy o Anglię, zbladł. Hermann Göring tylko westchnął znudzony. Julius Streicher, nauczyciel, który został rzecznikiem Hitlera i nawoływał czytelników do eksterminacji Żydów, siedział na krześle „splatając i rozplatając dłonie". Kiedy projekcja dobiegła końca, nikt nie odezwał się słowem. Chwilę później Walter Funk, pięćdziesięciopięcioletni były minister gospodarki wojennej i prezes Reichsbanku, poprosił pułkownika Andrusa o rozmowę w cztery oczy.

Niski, z nadwagą, cierpiący na chorobę weneryczną, a przy tym niezwykle niegdyś wpływowy członek władz partii nazistowskiej, wyłamywał sobie nerwowo palce, tłumacząc pułkownikowi Andrusowi, że musi mu coś wyznać. Walter Funk „wydawał się niezdolny kierować stacją benzynową, a co dopiero bankiem", wspominał Andrus. Funk wiercił się nerwowo w krześle. „Muszę coś panu wyznać. Byłem złym człowiekiem, pułkowniku, i chcę panu o tym opowiedzieć". Funk się rozpłakał[4]. A potem wyznał pułkownikowi Andrusowi, że to on wydał rozkaz, żeby usuwać złote zęby wszystkim więźniom we wszystkich obozach koncentracyjnych Trzeciej Rzeszy i żeby kruszec zasilał rezerwy Reichsbanku. Funk wyznał, że początkowo kazał wybijać złote zęby żyjącym, ale potem uświadomił sobie, że usuwanie ich martwym więźniom było dużo prostsze". Andrus był wstrząśnięty. „Nigdy wcześniej nie sądziłem, że można było wydać rozkaz, o którym opowiedział mi Funk".

Pułkownik Andrus kazał Funkowi wyjść. We wspomnieniach Andrus zastanawiał się, co Walter Funk spodziewał się zyskać swoim wyznaniem, ale nigdy nie poznał odpowiedzi. Motywy, którymi kierował się Funk tamtego dnia, pozostały nieznane. Kilka miesięcy później, w Norymberdze, Funk zaprzeczył, jakoby podobna rozmowa z pułkownikiem Andrusem kiedykolwiek się odbyła. Zeznał za to pod przysięgą, że nigdy nie miał nic wspólnego z rozkazami pozyskiwania złota od Żydów. „Jeśli coś takiego się działo – mówił Funk – to było utrzymywane przede mną w sekrecie".

Pomijając łzawe wyznanie Funka, projekcja filmu na temat okropieństw popełnionych w Buchenwaldzie nie wywarła na pozostałych więźniach większego wrażenia. Ludzie, których ogarniały mdłości, wychodzili z sali, nie mieli nic więcej do powiedzenia, a pozostali milczeli jak zaklęci. Pułkownik Andrus był coraz bardziej poirytowany. Więźniom wolno było przebywać w hotelowym ogrodzie, gdzie ich rozmów nie słyszeli strażnicy. Andrus mógł tylko obserwować, jak najbardziej zaufani współpracownicy Hitlera rozmawiają ze sobą.

„Wygrzewali się w wiosennym słońcu w ogrodzie i mogli rozmawiać do woli[5] – wspominał Andrus. – Bez wątpienia porównywali swoje zeznania z przesłuchań, które toczyły się każdego dnia w szesnastu oddzielnych pomieszczeniach". Gdyby tak G-2 umieściło w ogrodzie mikrofony... Pułkownik Andrus wpadł na pewien pomysł. Sporządził listę czterech mężczyzn, którzy byli jego zdaniem największymi „plotkarzami" w grupie. „Tych z wyrobioną opinią na temat swoich kolegów, nazistów, ludzi gotowych oskarżać się nawzajem o popełnione przez siebie zbrodnie". Wybrał „gadatliwego" Göringa, „złośliwego" von Papena, „próżnego" Kesselringa i admirała Horthyego, „księcia Austrii, który uważał się za lepszego od wszystkich pozostałych". Za zgodą przełożonych Andrus przygotował podstęp mający na celu wyciągnięcie informacji od nazistowskich jeńców.

Całej czwórce powiedziano, że zostanie przekazana Brytyjczykom. Wkrótce mieli zostać przewieziona do willi, gdzie odbywać się będą przesłuchania. W rzeczywistości to wywiad wojskowy G-2 wynajął dom położony sześć kilometrów od Ashcan. Był to tradycyjny niemiecki dom z pruskiego muru, otoczony wysokim murem. Inżynierowie z sekcji technicznej wywiadu przez kilka dni położyli setki metrów kabli pod podłogą, w ścianach, w meblach i żyrandolach. Na koniec zajęli się ogrodem. Wkopali kable w ziemię, a miniaturowe mikrofony umieścili na drzewie nad miejscem do siedzenia. Wszystkie kable podłączono do urządzenia rejestrującego dźwięk i zapisującego go na płytach gramofonowych. Latem 1945 roku było to najnowocześniejsze rozwiązanie techniczne.

Göring, von Papen, Kesselring i admirał Horthy zostali zapakowani do ambulansu – powszechnego środka transportu po wojnie. Okna sanitarki były zasłonięte, więc więźniowie nie wiedzieli, dokąd są zabierani. Ambulans przez kilka godzin krążył wokół Ashcan, pokonując osiemdziesiąt kilometrów i nie opuszczając terytorium Luksemburga. Kiedy w końcu sanitarka zatrzymała się przed domem wyglądającym na niemiecki i więźniowie wysiedli, Göring był zachwycony.

„Ja znam ten dom!" – przechwalał się, zapewniając kolegów, że przyjechali do pięknego Heidelbergu. „Poznaję zdobienia na ścianach", powiedział Göring, kiedy znaleźli się w środku.

W sypialniach czekała na nich świeża pościel, pluszowe materace i miękkie poduszki. Przechadzając się po domu, Göring wskazał palcem żyrandol i ostrzegł kolegów, żeby uważali na podsłuch.

Kiedy jeden z więźniów zapytał, czy mogą usiąść w ogrodzie, strażnik zapytał swojego przełożonego i uzyskał od niego zgodę. Göring zauważył, że jedyne zacienione miejsce znajdowało się pod konarami wierzby płaczącej i zaproponował, żeby tam właśnie usiąść. Mężczyźni zanieśli pod drzewo krzesła ogrodowe, usiedli i zaczęli rozmawiać.

„Ich gardłowe głosy słychać było głośno i wyraźnie – wspominał Andrus. – Nagrywaliśmy je na czarne płyty gramofonowe".

Początek był obiecujący. Ale tylko przez chwilę. Wkrótce zaczął padać deszcz. Mężczyźni wrócili do środka. Usiedli i prawie się nie odzywali. Następnego dnia znowu padało. Wieczorem pułkownik Andrus otrzymał rozkaz z SHAEF. Operacja podsłuchowa miała zostać zakończona. Andrus dostał dwadzieścia cztery godziny na zabranie więźniów i wyjazd.

Tym razem sanitarka pojechała prosto do Mondorfu, pokonując sześć kilometrów. „Göring był wściekły – wspominał Andrus. – Jak mogli wrócić do więzienia tak szybko! Zdali sobie sprawę, że zostali nabrani".

W Ashcan wydarzenia nabrały tempa. Dziesiątego sierpnia 1945 roku John Dolibois otrzymał „pisemne pełnomocnictwo", a wraz z nim decyzję o zamknięciu Centralnego Obozu dla Jeńców Wojennych nr 32. Dolibois miał wejść w skład ekipy odpowiedzialnej za przewiezienie jeńców do nowych ośrodków. Z powodów, których Johnowi Dolibois nie wyjaśniono, trzydziestu trzech z pięćdziesięciu dwóch internowanych w Ashcan[6] miało trafić do nowego ośrodka przesłuchań, położonego w miasteczku Oberursel w górach Taunus. Dopiero później Dolibois dowiedział się, że wielu z tych nazistów zostało zwerbowanych przez armię amerykańską do pisania raportów wywiadowczych na temat tego, czym zajmowali się w czasie wojny. Oberursel znajdowało się w odległości kilku kilometrów od ośrodka Dustbin w zamku Kransberg. Więźniów przetransportowano w konwoju składającym się z sześciu ambulansów, samochodu dowódcy, jeepa oraz ciężarówki z przyczepą, na której znajdowały się bagaże. Dolibois miał jechać w pierwszym ambulansie. Na liście więźniów był między innymi admirał Karl Dönitz, feldmarszałek Albert Kesselring, generał Walter Warlimont, minister Schwerin von Krosigk, szef sekcji zagranicznej OKW admirał Leopold Bürkner oraz admirał Gerhard Wagner[7].

Droga z Mondorfu do Oberursel wiodła przez zdewastowane wojną tereny wiejskie. Po przekroczeniu granicy Luksemburga i Niemiec Dolibois obserwował, jak siedzących z tyłu nazistów zaskoczył widok zniszczeń[8]. „Po raz pierwszy patrzyli na stan swojego kraju", tłumaczył Dolibois. Kościoły i budynki państwowe, domy prywatne i sklepy – całe wioski i miasteczka leżały w gruzach. Po trzech miesiącach pokoju nadal brakowało środków, żeby to wszystko uprzątnąć. Ludzie cierpieli głód i starali się tylko jakoś przeżyć. „Te zniszczenia były skutkiem determinacji Hitlera, który postanowił «walczyć do ostatniego żołnierza»", powiedział Dolibois.

Konwój dotarł do Oberursel. Podobnie jak wiele innych ośrodków internowania w amerykańskiej strefie okupacyjnej Niemiec, także ten w Oberursel pełnił w czasie wojny funkcję ważnego obiektu wojskowego. Oberursel miało bardzo ciekawą przeszłość. Znajdował się tutaj Dulag Luft oraz Durchgangslager (obóz jeniecki albo przejściowy sił powietrznych), w którym Luftwaffe przesłuchiwało wszystkich zestrzelonych w czasie wojny pilotów alianckich. Główny śledczy Luftwaffe, Hanns Scharff, prowadził dziennik[9]. „Każdy schwytany lotnik nieprzyjaciela… zostanie przewieziony tu na przesłuchanie. Nieważne, czy został pojmany na linii frontu, czy spadł z nieba w najdziwniejszym miejscu na tyłach… trafi do Oberursel", napisał Scharff.

Miejsce to nie zmieniło się zbyt mocno, odkąd przeszło w inne ręce. W centrum ośrodka przesłuchań stał „górski domek" z muru pruskiego, który służył jako kasyno oficerskie. W pobliżu znajdowało się czternaście budynków, w których kwaterowali oficerowie. W baraku dla więźniów, dużym, w kształcie litery U, było 150 pojedynczych cel. W czasie wojny barak ten nazywano „chłodnią". To w nim Hanns Scharff przesłuchiwał alianckich pilotów. A teraz barak ten stał się nowym domem dla trzydziestu trzech internowanych z Ashcan. Przynajmniej na razie.

Dolibois przekazał swoich podopiecznych służbie więziennej w Oberursel. Zgodnie z rozkazem miał wrócić do Luksemburga i czekać na nowe polecenia. W drodze powrotnej siedział w jadącym na czele kolumny jeepie, kierowanym przez szeregowca. Po niecałej godzinie jazdy, na południe od Frankfurtu, Dolibois natknął się na stojącą na poboczu kolumnę wojskowych ciężarówek amerykańskich. Jeden z żołnierzy wyszedł na drogę i dał konwojowi Johna Dolibois sygnał do zatrzymania się. Dolibois wysiadł z jeepa. Poczuł przerażający odór, „słodkawy i mdlący", jak później wspominał. Usłyszał, jak jego ludzie, którzy wysiedli z samochodów, wymiotują teraz na skraju drogi.

„Co tak cuchnie?[10] – zapytał Dolibois żołnierza siedzącego za kierownicą jednej z ciężarówek. – Co wy, na miłość boską, wieziecie?"

Z jeepa wysiadł kapitan. Bez słowa skinął na Dolibois, żeby poszedł na nim na tył jednej z ciężarówek. Kapitan rozwiązał linkę i uniósł plandekę. Dolibois zajrzał do wnętrza. Minęła chwila, zanim uświadomił sobie, na co patrzy. To były gnijące ludzkie ciała. „Znajdowały się w stanie rozkładu – wspominał później. – Większość była naga. Niektóre miały na sobie postrzępione obozowe pasiaki. To był najgorszy widok w całym moim życiu".

„Są ich tysiące, pięć pełnych ciężarówek – odezwał się głucho, beznamiętnie kapitan. – Wieziemy je z jednego masowego grobu do innego. Proszę nie pytać dlaczego". To były zwłoki więźniów z Dachau, znalezione po wyzwoleniu obozu. Kapitan zarządził postój po tym, jak jedna z ciężarówek się zepsuła. Konwój czekał na poboczu na eskortę, kiedy pojawiła się kolumna Dolibois. Kapitan zapytał, czy kolumna Dolibois może eskortować jego pojazdy do najbliższego posterunku wojskowego. Dolibois zgodził się. „Poprowadziłem dziwaczną karawanę: sześć pustych ambulansów i pięć dwuipółtonowych ciężarówek ze skutkami nazistowskiego ostatecznego rozwiązania", wspominał Dolibois. Ciała były przewożone do miejsca spoczynku z rozkazu Biura Wojskowego Rządu Stanów Zjednoczonych (OMGUS).

Po powrocie Johna Dolibois do Ashcan świat nie był już dla niego taki sam. Pozostawała tu reszta najbliższych współpracowników

Hitlera, ludzie „bezpośrednio odpowiedzialni za tamten koszmarny transport", powiedział Dolibois. Jeśli John Dolibois miał wcześniej jakiekolwiek wątpliwości dotyczące stopnia barbarzyństwa i zbiorowej winy ludzi, których przez trzy miesiące przesłuchiwał, to teraz się ich wyzbył. Dziewięćdziesięciotrzyletni John Dolibois mówi: „Wciąż czuję tamten odór śmierci".

Ale w sierpniu 1945 roku młody śledczy nie miał czasu zastanawiać się nad tym, czego był świadkiem. Wróciwszy do Ashcan, położył się do łóżka i twardo zasnął. A rano otrzymał już nowe rozkazy od pułkownika Andrusa. W Ashcan wciąż przebywała grupa nazistowskich bonzów. Dolibois miał dołączyć do oddziału, który przewiezie ich do więzienia w Norymberdze. Pułkownik Andrus wybrał właśnie Johna Dolibois, żeby poleciał samolotem z pozostałymi członkami nazistowskiego wyższego dowództwa.

Świt, 12 sierpnia 1945 roku. Słońce jeszcze nie pojawiło się na niebie. Ostatnia grupa nazistów zostaje przewieziona sanitarkami z tajnego ośrodka internowania na nieodległe lotnisko w mieście Luksemburg[11]. Na pasie startowym stoi z włączonymi silnikami samolot transportowy C-47 pozbawiony wszelkiego dodatkowego wyposażenia. W środku są tylko dwa pojedyncze rzędy foteli. Była tam również prowizoryczna toaleta w postaci wiadra oraz pisuar przymocowany do drzwi w ogonie samolotu. Johnowi Dolibois wydawało się, że pułkownik Andrus jest zdenerwowany. „Coś się święciło", wspominał Dolibois. Pułkownik zawsze dbał o bezpieczeństwo. „Aha! – uświadomił sobie Dolibois. – Kaltenbrunner!"

Ernst Kaltenbrunner był uważany za najbardziej niebezpiecznego z całego nazistowskiego dowództwa. Ten olbrzym miał metr dziewięćdziesiąt centymetrów wzrostu, potężną budowę ciała, ospowatą twarz i siedem albo osiem blizn po pojedynkach na czole, policzkach i brodzie. Dużo pił i palił i miał ubytki w uzębieniu. Brytyjska dziennikarka Rebecca West napisała, że wyglądał jak „wyjątkowo narowisty koń". Miał doktorat z prawa, a zajmował się pracą tajnej policji. Był szefem Głównego Urzędu Bezpieczeństwa

Rzeszy (RSHA) oraz szefem służby bezpieczeństwa i tajnych służb. Podobnie jak inni naziści, był czynnie zaangażowany w zbrodnie popełniane w obozach koncentracyjnych. Według informacji OSS nawet Heinrich Himmler się go bał[12].

Jeśli ktokolwiek miałby „sprawiać kłopoty w czasie lotu do Norymbergi", tłumaczy Dolibois, to pułkownik Andrus obawiał się właśnie Kaltenbrunnera. „Trzeba było podjąć specjalne środki bezpieczeństwa". Kaltenbrunner miał być przypięty kajdankami do lewego nadgarstka Dolibois. „Jeśli spróbuje podbiec czy podejść do drzwi – tłumaczył Dolibois pułkownik Andrus – strzelaj!" Pułkownik Andrus życzył Johnowi Dolibois „powodzenia" w czasie lotu i powiedział, że zobaczą się po wylądowaniu w Norymberdze. Pułkownik Andrus miał lecieć innym samolotem.

Kaltenbrunner nie podbiegł do drzwi w czasie lotu. Za to chciał porozmawiać. Powiedział Dolibois, że pragnie, aby młody śledczy zrozumiał, że on, Kaltenbrunner, nie odpowiada za zbrodnie wojenne. „Czuł potrzebę wyjaśnienia kwestii Żydów", wspominał Dolibois. Kaltenbrunner „przyznał, że ich nienawidził, ale nie miał nic wspólnego z tym, jak traktowano ich w obozach koncentracyjnych. Twierdził nawet, że zwrócił uwagę Hitlerowi na sposób traktowania Żydów". Kiedy samolot podchodził do lądowania w Norymberdze, Kaltenbrunner powiedział to, co wielu nazistów powtarzało po wojnie. „Jestem żołnierzem i tylko wykonywałem rozkazy".

„Nie dyskutowałem z nim, tylko słuchałem – powiedział Dolibois. – Kaltenbrunner był bezwzględnym zbrodniarzem zdecydowanym bronić własnej skóry. Jego spokojne wynurzenia nie zmieniły mojego zdania na jego temat, ale pozwoliły zabić czas w trakcie lotu". Kiedy samolot dotknął wreszcie kołami pasa startowego, Dolibois poczuł wielką ulgę. Więźniowie zostali wyprowadzeni z samolotu i ponownie kontrolę nad nimi przejął pułkownik Andrus. Dolibois, nie oglądając się za siebie, wrócił na pokład maszyny. Samolot podkołował na pas startowy i wzbił się w niebo. Dolibois siedział samotnie w pustym samolocie. Skończyły się tygodnie przesłuchań najwyższego dowództwa nazistowskiego. Teraz mieli być sądzeni za popełnione zbrodnie wojenne w Pałacu Sprawiedliwości w Norymberdze. Większość zostanie powieszona.

Kiedy Dolibois wrócił do swojej kwatery w Ashcan, żeby się spakować, zastał dziwny widok. Przy płocie ogradzającym obóz, niedaleko miejsca, w którym zatrzymał swojego jeepa trzy miesiące wcześniej, kiedy pojawił się tu po raz pierwszy, dostrzegł jakiegoś mężczyznę w średnim wieku, najwyraźniej miejscowego, z rękami w kieszeniach i w berecie na głowie[13]. Mężczyzna stał nieruchomo i coś wykrzykiwał w stronę hotelowego budynku. Dolibois znieruchomiał i zaczął nasłuchiwać.

„*Hello, Meier! Hello, Meier!* – powtarzał bez przerwy mężczyzna. – *Wie gehts in Berlin?*" Dolibois dopiero po chwili uświadomił sobie, jak ważne są te słowa. W tłumaczeniu brzmiały one: „Hej, Meier! Hej, Meier! Co tam słychać w Berlinie?". To była piękna chwila. W pierwszych dniach wojny Hermann Göring był tak pewny zwycięstwa Trzeciej Rzeszy, że powiedział: „Jeśli Brytyjczycy i Amerykanie kiedykolwiek zbombardują Berlin, to ja nazywam się Meier".

Widok luksemburczyka drwiącego z Göringa było odpowiednim końcem tego rozdziału życia Johna Dolibois. Tamten mężczyzna był taki zadowolony, że Dolibois postanowił nie mówić mu, iż Hermanna Göringa już tu nie ma. I nigdy nie wróci.

Szóstego lipca 1945 roku, w Waszyngtonie, w tajnym memorandum zatytułowanym *Wykorzystanie niemieckich specjalistów z dziedziny nauki i techniki w Stanach Zjednoczonych*, Kolegium Szefów Połączonych Sztabów zaaprobowało w końcu – na piśmie – program zatrudnienia nazistowskich naukowców[14]. Prezydent Truman nie został poinformowany o tej inicjatywie. Ciałem wyznaczonym do „pełnienia ogólnego nadzoru" nad programem i „formułowania ogólnej strategii zdobywania, wykorzystania i kontrolowania specjalistów"[15] był Wydział Wywiadu Wojskowego Departamentu Wojny, G-2. Pięciostronicowe memorandum opisujące „zasady i procedury" tajnego programu zostało wysłane do ośmiu agencji w Departamencie Wojny. Trzy najważniejsze punkty mówiły o tym, że „niektórzy niemieccy specjaliści... mogą być wykorzystani do zwiększenia naszego potencjału wojennego przeciwko Japonii i żeby wspomóc powojenne badania w obszarze militarnym"; że „żadna osoba będąca zbrodniarzem wojennym lub podejrzewana o zbrodnie wojenne nie powinna trafić do Stanów Zjednoczonych"; oraz że „celem tego planu jest tymczasowe wykorzystanie militarne jak najmniejszej liczby niemieckich specjalistów". Zgodnie z tą inicjatywą po zakończeniu pracy „specjaliści powinni zostać odesłani do Europy". Stwierdzono, że uczestników programu powinno się określać mianem „wybitnych niemieckich specjalistów", a nie „niemieckich naukowców", ponieważ nie wszyscy naziści niezbędni do realizacji programu mają stopnie naukowe. Prócz naukowców potrzebni byli także nazistowscy urzędnicy, biznesmeni, księgowi i prawnicy. Projekt otrzymał też swoją oficjalną nazwę, Operacja Overcast. Nazwa Paperclip zaczęła być używana dopiero osiem miesięcy później.

Agencje wojskowe zainteresowane zatrudnieniem niemieckich specjalistów miały składać zapotrzebowanie asystentowi szefa sztabu G-2. „Tylko najbardziej przekonujące argumenty mogły spowodować sprowadzenie specjalisty do kraju", głoszono i tylko „wybrane, wyjątkowe umysły, które chcielibyśmy wykorzystać" miały uzyskać aprobatę. O ogólnych warunkach programu mieli zostać poinformowani Brytyjczycy. W pewnym momencie po przyjeździe pierwszej dużej grupy naukowców do Stanów Zjednoczonych Departament Wojny miał wydać „stosowne" oświadczenie dla prasy, żeby „uniknąć możliwego niezadowolenia części amerykańskiej opinii publicznej".

Do memorandum dołączona była lista potrzebnych niemieckich naukowców – „Lista I". Znalazło się na niej 115 specjalistów od budowy rakiet. Kiedy Brytyjczycy dowiedzieli się o zamiarze zatrudnienia niemieckich specjalistów od rakiet przez armię amerykańską, poprosili o możliwość samodzielnego wdrożenia dwóch programów badawczych. Amerykanie wyrazili zgodę i przekazali Brytyjczykom grupę naukowców, inżynierów i techników, w tym Wernhera von Brauna, Waltera Dornbergera i Arthura Rudolpha.

Pierwszy brytyjski projekt nosił nazwę Operacja Backfire i polegał na próbach wystrzeliwania rakiet V-2 na północnym wybrzeżu Niemiec, na dawnym poligonie Kruppa koło Cuxhaven[16]. Operacja Backfire miała na celu analizę danych technicznych rakiet V-2. Wystrzelono cztery rakiety zdobyte w Nordhausen. Dzięki tym próbom Brytyjczycy dowiedzieli się, w jaki sposób rakiety były wystrzeliwane i naprowadzane na cel. Były dyrektor Mittelwerk, Arthur Rudolph, był uważany za eksperta w dziedzinie wystrzeliwania rakiet, według słów jego biografa, tak wspominał jedną ze scen w ramach Operacji Backfire: „V-2 jest napędzane alkoholem, takim samym, jaki znajdziemy w jacku danielsie czy old grandad [*sic*]. Ludzie na poligonie na pewno o tym wiedzieli". Pewnego wieczoru, według Rudolpha, grupa Brytyjczyków i niemieckich techników wspólnie upiła się paliwem rakietowym. Jeden z brytyjskich oficerów natknął się na grupę „bardzo już teraz zaprzyjaźnioną, śpiewającą donośnie *Wir Fahren gegen England*, czyli «Pomaszerujemy na Anglię»"[17]. Generał Dornberger nie brał udziału w pijaństwie i śpiewaniu. Brytyjczycy trzymali go na krótkiej smyczy, z dala od poligonu i zawsze pod czujną strażą, ponieważ mieli wobec niego inne plany. Nie interesowała ich jego wiedza. Chcieli go osądzić za popełnione zbrodnie wojenne. Po próbach na poligonie Dornberger nie miał wrócić do Amerykanów, jak to obiecali Brytyjczycy.

„Brytyjczycy użyli wobec nas podstępu"[18], tłumaczył major Staver, który uczestniczył w Operacji Backfire. Po zakończeniu operacji Amerykanom nie pozwolono zabrać Dornbergera z powrotem. Został „wypożyczony" i przewieziony do Anglii. Tam jego oraz von Brauna „Brytyjczycy przesłuchiwali przez tydzień, a następnie zamknęli na cztery i pół tygodnia za drutami w Wimbledonie"[19]. Ostatecznie von Braun wrócił do Amerykanów, a generał Dornberger nie. Otrzymał za to brązowy kombinezon z literami „PW" czyli Prisoner of War, jeniec wojenny, na plecach[20]. Uzbrojeni strażnicy przewieźli go do obozu jenieckiego London Cage niedaleko mostu Windermere na przesłuchanie. Stamtąd generał Dornberger trafił najpierw do zamku w Walii, a następnie do XI Specjalnego Obozu Jenieckiego w Island Farm w południowej Walii, gdzie był wyjątkowo nielubianym więźniem.

„Walter Dornberger był z pewnością najbardziej znienawidzonym człowiekiem w obozie – wspominał strażnik więzienny, sierżant Ron Williams. – Nawet jego ludzie go nienawidzili. Nigdy nie wychodził, jak pozostali, do pracy w okolicznych gospodarstwach rolnych”[21]. Jeśli gdziekolwiek wychodził, zawsze potrzebował eskorty. Brytyjczycy bali się, że współwięźniowie mogą go zabić.

Rankiem 12 września 1945 roku Wernher von Braun, dr Eberhard Rees oraz pięciu inżynierów średniego szczebla związanych z programem V-2[22] opuścili wynajmowany przez armię amerykańską dom w miejscowości Witzenhausen. Zajęli miejsca w dwóch jeepach i ruszyli w kierunku Francji. Wiedzieli, że jadą do pracy w Stanach Zjednoczonych. Nie wiedzieli natomiast, że ich kierowca, podporucznik Morris Sipser, zna język niemiecki. W drodze do Paryża Sipser wysłuchiwał prostackich antyamerykańskich dowcipów von Brauna[23]. Kiedy przekraczali Saarę na granicy z Francją, Sipser usłyszał, jak von Braun mówi do swoich kolegów: „Przypatrzcie się dobrze Niemcom, przyjaciele. Być może nieprędko tu wrócicie”[24]. Chociaż Operacja Overcast zyskała w Waszyngtonie status programu „tymczasowego”, to von Braun, który zawsze był wizjonerem, przewidywał, że wielu naukowców i inżynierów pozostanie w Ameryce na stałe. „Nie mieliśmy żadnych dylematów moralnych w sprawie przyszłego wykorzystania naszych pomysłów – powiedział później von Braun dziennikarzowi «New Yorkera» Danielowi Langowi[25]. – Interesowało nas wyłącznie badanie przestrzeni kosmicznej. Wszystko sprowadzało się do kwestii, jak najlepiej wykorzystać naszą sytuację”.

Po przyjeździe do Paryża Niemców zabrano do kasyna oficerskiego na lotnisku Orly na obiad. Von Braunowi, Reesowi i pięciu pozostałym inżynierom towarzyszyło czterech naukowców z Instytutu Badawczego Hermanna Göringa, których pułkownik Putt wytypował do pracy w Wright Field[26]. Był to Theodor Zobel,

Rudolph Edse, Wolfgang Noggerath i Gerhard Braun. Znalazł się w tej grupie także pilot doświadczalny Luftwaffe, Karl Baur, który w fabryce Messerschmitta był szefem oblatywaczy myśliwca Me--262. Razem z nim do Stanów miał polecieć jego mechanik, Andreas Sebald. Tuż przed dwudziestą drugą Niemcy wsiedli na pokład wojskowego samolotu transportowego C-54[27], czekającego w deszczu na pasie startowym.

„Samolot szybko przebił się przez warstwę chmur i powitał nas blask księżyca na pięknym, czystym niebie – napisał w swoim dzienniku Karl Baur. – Po raz pierwszy, od sam już nie wiem ilu lat, leciałem samolotem jako pasażer"[28].

Po uzupełnieniu paliwa na wyspie Santa Maria na Azorach samolot przeleciał nad Atlantykiem, ponownie zatankował na Nowej Fundlandii i 20 września 1945 roku o godzinie drugiej w nocy wylądował na lotnisku New Castle w Wilmington w stanie Delaware. Ponieważ Niemcy byli jeńcami wojennymi, nie mogli przejść standardowej kontroli celnej. Kilka godzin później szesnastu Niemców wsiadło na pokład innego, mniejszego samolotu i poleciało do bazy marynarki wojennej Squantum w Quincy w stanie Massachusetts.

Na miejscu Niemcy zostali wsadzeni do samochodów i zawiezieni na nabrzeże portowe, gdzie czekał na nich okręt transportowy. Na jego pokładzie odbyli krótką podróż, mijając kolejne wyspy, aż dotarli do żwirowej ławicy za wyspą Nixes Mate, gdzie byli poza zasięgiem wzroku cywilów. Tam czekał z kolei mały statek wielorybniczy z Bostonu. Kapitan nazywał się Corky, a dwudziestojednoletni oficer wywiadu, który miał przejąć Niemców – Henry Kolm. Niemieccy naukowcy zostali po kolei spuszczeni na linie z uprzężą na pokład statku wielorybniczego. „Wszyscy cierpieli na chorobę morską"[29], wspominał później Kolm.

Fort Strong na wyspie położonej pośrodku Zatoki Bostońskiej w czasie wojny secesyjnej pełnił funkcję obozu treningowego. Był też od czasu do czasu używany podczas pierwszej wojny światowej. Obronny charakter fortu czynił zeń idealne miejsce dla tajnego programu wojskowego Operacja Overcast[30]. Kiedy we wrześniu

1945 roku w forcie pojawili się pierwsi niemieccy naukowcy, obiekt nadal był we władaniu armii, choć nie wykorzystywano go już blisko trzydzieści lat. Pomiędzy wieżami obserwacyjnymi i stanowiskami strzelniczymi rosły chaszcze. Budynki administracyjne były zrujnowane. Ale baraki żołnierskie zostały przekształcone w coś, co nazywano później hotelem Operacji Overcast[31]. Personel „hotelu", w tym tłumacze, kucharze, piekarze i krawcy, stanowili przywiezieni tu specjalnie niemieccy jeńcy wojenni. Zadanie Kolma polegało na wstępnym zajęciu się naukowcami – pobraniu odcisków palców, przeprowadzeniu badań lekarskich i koordynacji z FBI. Wszystko to wymagało czasu, a Niemcy nie słynęli z cierpliwości. Szybko w ich szeregi wkradł się niepokój[32], wspominał Kolm.

Kiedy pogoda na to pozwalała, Niemcy grali w siatkówkę. W oddali mogli dostrzec wysokie, lśniące w słońcu budynki Bostonu. Często jednak wyspę zasnuwała przez kilka dni z rzędu gęsta mgła. Naukowcy dla zabicia czasu grali wtedy w monopol, który nazywali „kapitalistyczną grą"[33]. Nie da się ukryć, że Fort Strong przypominał kolonię karną, wspominał Kolm. Niemcy zaczęli wkrótce nazywać swój nowy dom Diabelską Wyspą. W końcu, 29 września 1945 roku, na wschodnim brzegu wyspy pojawił się oficer wywiadu z Departamentu Uzbrojenia, major James P. Hamill, z zadaniem zabrania stąd grupy Niemców. Hamill był pod koniec wojny z majorem Staverem w Nordhausen i osobiście asystował przy poszukiwaniu elementów, z których udało się na poligonie White Sands zmontować sto kompletnych rakiet. Jego pojawienie się na Diabelskiej Wyspie musiało zostać dobrze przyjęte przez niemieckich specjalistów od rakiet. Hamill zabrał ze sobą sześciu z nich – Eberharda Reesa, Ericha Neuberta, Theodora Poppela, Augusta Schulzego, Wilhelma Jungerta i Waltera Schwidetzky'ego – na poligon Aberdeen, gdzie zaczęli tłumaczyć, katalogować i uzupełniać dokumentację znalezioną w kopalni Dörnten. Następną misją Hamilla miało być przewiezienie pociągiem Wernhera von Brauna do Fort Bliss w Teksasie.

Podróż pociągiem rozpoczęła się 6 października 1945 roku i była niezapomnianym wydarzeniem. Operacja Overcast była ściśle tajna, a major Hamill musiał mieć von Brauna na oku dwadzieścia cztery godziny na dobę[34]. Za wszelką cenę należało unikać, żeby niemiecki naukowiec zwracał na siebie jakąkolwiek uwagę. W St. Louis major Hamill i von Braun dostali miejsce w wagonie wypełnionym rannymi żołnierzami 82. Dywizji, która zasłynęła desantem spadochronowym na Sycylię i Salerno. W wagonie byli też ranni żołnierze z 101. Dywizji Powietrznodesantowej, którzy brali udział w desancie na Normandię i ofensywie w Ardenach.

Hamill szybko załatwił dla siebie i von Brauna miejsca w innym wagonie. Pociąg jechał wzdłuż granicy Teksasu. Hamill zauważył, że mężczyzna siedzący obok von Brauna zaczyna wciągać go w przyjacielską pogawędkę, pytając, skąd pochodzi i czym się zajmuje. Von Braun, mający najwyraźniej praktykę w mówieniu kłamstw na poczekaniu, odpowiedział, że pochodzi ze Szwajcarii, a pracuje w „przemyśle stalowym".

Tymczasem okazało się, że ten dżentelmen zna Szwajcarię jak własną kieszeń – wspominał później major Hamill – i sam pracował w przemyśle stalowym[35]. Von Braun szybko sprecyzował, że „przemysł stalowy" to „łożyska kulkowe". A tamten mężczyzna był także ekspertem w dziedzinie łożysk kulkowych, tłumaczył Hamill. Rozległ się gwizd lokomotywy. Pociąg dojeżdżał do stacji Texarkana, gdzie rozmówca wysiadał. Wysiadając z pociągu, mężczyzna odwrócił się jeszcze do von Brauna i pomachał mu na pożegnanie ręką.

„Gdyby nie wasza, Szwajcarów, pomoc, nie wiadomo, kto wygrałby tę wojnę", powiedział na odchodnym.

Departament Uzbrojenia miał wreszcie swoich naukowców na amerykańskiej ziemi i prace w Fort Bliss ruszyły pełną parą. Tymczasem w Niemczech pomiędzy wojskami chemicznymi USA a agencją FIAT narastał konflikt w sprawie podejrzanego o zbrodnie wojenne Ottona Ambrosa. Mimo wydanego przez SHAEF rozkazu aresztowania Ambros pozostawał nieuchwytny. Mieszkał i pracował bezkarnie we francuskiej strefie okupacyjnej. Tymczasem oficerowie FIAT poznawali w Dustbin coraz więcej szczegółów na temat Ambrosa i jego roli w badaniach nad bronią chemiczną. Z przesłuchania Alberta Speera dowiedzieli się, że to przede wszystkim Otto Ambros przyczynił się do tak znaczącej rozbudowy arsenału broni chemicznej Hitlera. „Wiadomo, że rozmawiał z Hitlerem podczas konferencji na wysokim szczeblu poświęconej wojnie chemicznej"[36], czytamy w raporcie FIAT. W innym raporcie napisano, że „znaczenie Ambrosa z punktu widzenia wywiadowczego zostało potwierdzone w wyniku śledztwa prowadzonego w Dustbin. Speer i niemieccy eksperci od broni chemicznej są zgodni, że ten człowiek odegrał kluczową rolę w produkcji niemieckiej broni chemicznej"[37]. Major Tilley był wściekły, ale jedyne, co mógł zrobić, to wziąć Ambrosa pod obserwację.

Pierwsze próby ujęcia dr. Ambrosa miały pozory wymiany uprzejmości. „Pod koniec sierpnia albo na początku września 1945 roku podjęto próbę nakłonienia Ambrosa do powrotu do amerykańskiej strefy okupacyjnej", napisał Tilley w raporcie FIAT. W odpowiedzi „Ambros stwierdził, że nie może wrócić, ponieważ nie uzyskałby zgody władz francuskich"[38]. Major Tilley wiedział, że to kłamstwo. Ambros regularnie podróżował między Ludwigshafen w strefie francuskiej a pensjonatem IG Farben, Villa Kohlhof pod Heidelbergiem w strefie amerykańskiej. Doprowadzało to Tilleya do furii. „Ten człowiek jest uznawany za zbyt niebezpiecznego, żeby pozostawał na wolności, a co dopiero żeby zatrudniały go władze alianckie", napisał Tilley. Władze FIAT upoważniły go do przeprowadzenia prowokacji mającej na celu ujęcie i aresztowanie Ambrosa. Zadanie śledzenia Ambrosa w dzień i w nocy otrzymał kapitan Edelsten. Z pomocą kontrwywiadu z Heidelbergu kapitan Edelsten wraz z pułkownikiem Mumfordem stworzyli siatkę agentów, którzy zaczęli śledzić każdy ruch Ambrosa. „Widziałem Ambrosa w LU [Ludwigshafen]"[39], czytamy w jednym z raportów. „Jeździ własnym samochodem, zwykle sam. W nocy staje na poboczu i śpi w samochodzie dwie godziny", napisano w innej notatce. Ambros podróżował często do Freiburga, Rheinfelden i Baden-Baden. Pojawił się nawet w Gendorfie – co zakrawało na bezczelność, biorąc pod uwagę fakt, że 7. Armia miała w ręku nakaz jego aresztowania. Ale Ambros był szybszy od armii amerykańskiej i dysponował na miejscu lepszą siatką wywiadowczą. Ilekroć amerykańskie wojsko pojawiało się, żeby go aresztować, on chwilę wcześniej znikał[40].

W końcu kapitanowi Edelstenowi udało się złapać Ambrosa telefonicznie. „Edelsten powiedział Ambrosowi, że pułkownik Mumford pragnie ponownie się z nim spotkać" i zapytał, czy można zorganizować spotkanie w najbliższą niedzielę w willi IG Farben. Ambros się zgodził. Agencja FIAT zaplanowała akcję. Oficerowie kontrwywiadu po cywilnemu mieli czekać w ukryciu w okolicy Villa Kohlhof, dopóki kapitan Edelsten nie dokona aresztowania Ambrosa, a następnie mieli go przewieźć do Dustbin. Tyle że Ambros wyprzedził ich o krok. Dzięki „prywatnej siatce wywiadowczej złożonej z sekretarek i chłopców na posyłki"[41] zdążył się dowiedzieć, że spotkanie ma być tylko pretekstem do aresztowania go. Kiedy Edelsten pojawił się przed drzwiami willi, przywitała go sekretarka Ambrosa. Uśmiechając się szeroko, powiedziała, że „doktor Ambros nie może przyjechać". Edelsten udał, że nie rozumie i usiadł przy dużym stole bankietowym z zastawą dla ośmiu osób. Sekretarka, jakby szydząc z kapitana, szepnęła mu do ucha: „Pan był w Gendorfie".

Jak się okazało, grupa ludzi Ambrosa śledziła agentów FIAT, śledzących Ambrosa. Zakłopotany i rozwścieczony zuchwałością Niemca Edelsten dopił herbatę i wyszedł z pensjonatu. „Kiedy Edelsten wychodził, pod dom podjechał samochód Ambrosa (chevrolet)" i przez krótką chwilę kapitan miał nadzieję, że mimo wszystko uda mu się aresztować Ambrosa. Tymczasem „z samochodu wysiadł ktoś podobny i powiedział, że [Ambros] nie mógł przyjechać". Ambros upiekł dwie pieczenie przy jednym ogniu; Edelsten był spalony.

Agencja FIAT stała się obiektem drwin, ale niewiele można było zrobić. Kapitan Edelsten opuścił willę IG Farben czerwony na twarzy i z pustymi rękami. „Dałem kontrwywiadowi opis samochodu Ambrosa – napisał w swoim raporcie. – Jasnoniebieski sedan (chevrolet)". Edelsten kazał swoim ludziom obserwować mosty wokół Heidelbergu i aresztować Ambrosa, kiedy tylko się pojawi. Ale oczywiście nigdy już się nie pojawił. Dodatkową zniewagą było to, że następnego dnia dr Otto Ambros wysłał kapitanowi Edelstenowi oficjalny list napisany na maszynie na papierze firmowym IG Farben z adresem z czasów wojny w nagłówku. „Przykro mi, że nie mogłem pojawić się na spotkaniu"[42], brzmiała treść listu, pod którą widniał podpis Ambrosa czarnym atramentem.

Major Tilley w dalszym ciągu przesłuchiwał w Dustbin kolegów Ambrosa. Pod koniec sierpnia 1945 roku Tilley wpadł na bardzo obiecujący trop dzięki byłemu zastępcy Ambrosa, chemikowi IG Farben, Jürgenowi von Klenckowi. Von Klenck przebywał w Dustbin pod specjalnym nadzorem po tym, jak wziął udział wraz z Ambrosem w spotkaniu z Tarrem i przedstawicielem koncernu Dow Chemical, Wilhelmem Hirschkindem. Jürgen von Klenck miał w Dustbin obszerne dossier[43]. Był zagorzałym nazistą, lojalnym członkiem NSDAP od 1933 roku i oficerem SS od 1936 roku. Jeden z przesłuchujących oficerów opisał go jako „przebiegłego", „niewiarygodnego" i „niezdolnego do współpracy". Von Klenck był także elitarystą i miał przez to licznych wrogów. Jego internowany w Dustbin kolega, chemik Wilhelm Horn, w zaufaniu wyznał majorowi Tilleyowi, co sądzi na temat Jürgena von Klencka. Von Klenck miał „znakomitą prezencję, błyskotliwy umysł, był przystojny, znakomicie przemawiał, ale brakowało mu podstawowych cech charakteryzujących naprawdę wielkich ludzi". A to dlatego, że von Klenck był „egoistą... bardzo dumnym z noszonego nazwiska i oportunistą, który zawsze wiedział, jak wykorzystać każdą nadarzającą się okazję". Horn potwierdził, że von Klenck był zdeklarowanym nazistą[44], ale „zawsze drażnił jego dumę fakt, że najwyższe stanowiska piastują ludzie tak pospolici jak Hitler i jego totumfaccy".

Tilley zapytał Horna, jak wysokie stanowisko zajmował von Klenck przy produkcji środków bojowych. Horn wyznał, że von Klenck był zastępcą szefa ultratajnego Komitetu C, zajmującego się bronią chemiczną. Innymi słowy, von Klenck był prawą ręką Ottona Ambrosa[45]. Mając taką informację, major Tilley podsunął von Klenckowi kartkę papieru do podpisu. Była to deklaracja, „w której przyznawał, że nic nie wiedział o tym, co ukrywali inni". Von Klenck odmówił złożenia podpisu. Tilley wytłumaczył mu, że zatajenie informacji jest przestępstwem. Pod groźbą aresztowania von Klenck przyznał, że w niektórych wypadkach nie wyjawił całej prawdy.

Powiedział majorowi Tilleyowi, że późną jesienią 1944 roku Ambros kazał mu zniszczyć całą dokumentację dotyczącą środków bojowych, zwłaszcza dotyczących umów pomiędzy IG Farben i Wehrmachtem. Tymczasem von Klenck „starannie wybrał" najważniejsze dokumenty i ukrył je w wielkiej stalowej beczce. Zapłacił komuś, kto miał zakopać beczkę na opuszczonej farmie pod Gendorfem[46]. Von Klenck dodał, że nie jest pewny, gdzie beczka została ukryta. Powiedział, że „specjalnie nie chciał znać miejsca ukrycia [dokumentów], żeby móc zaprzeczyć, jakoby coś wiedział o ukrytej dokumentacji". Dał też majorowi Tilleyowi listę możliwych miejsc ukrycia beczki.

Major Tilley przez dwa miesiące przeszukiwał okolice Gendorfu w poszukiwaniu stalowej beczki, przesłuchując miejscowych i cierpliwie czekając na jakiś ślad. W końcu, 27 października 1945 roku znalazł to, czego szukał. Podczas przesłuchania szefa straży pożarnej z Gendorfu, Kellera, wyszła na jaw lokalizacja beczki von Klencka. I nie tylko to. Keller ukrył też dokumenty dla Ottona Ambrosa. „Początkowo Keller zaprzeczał, jakoby ukrył jakieś dokumenty – czytamy w raporcie FIAT. – Kiedy powiedziano mu, że major Tilley ma w kieszeni nakaz jego aresztowania, przypomniał sobie, że w 1945 roku Ambros kazał mu ukryć cztery skrzynie... Ambros dał mu różne beczki i skrzynie, które miał ukryć u różnych gospodarzy w Gendorfie". Natomiast ta najważniejsza, wielka stalowa beczka von Klencka, została „zakopana na samotnej farmie Lorenza Mosera niedaleko Burghausen".

Beczka von Klencka dostarczyła mocnych dowodów; był w niej między innymi list od Ambrosa, w którym przyznawał, że to on został osobą odpowiedzialną za zniszczenie dokumentacji, oraz wyjaśnienia dlaczego. „Wszystkie papiery świadczące o naszej współpracy przy produkcji tabunu i sarinu muszą zostać zniszczone lub bezpiecznie ukryte"[47], czytamy w jednym z listów podpisanych przez Ottona Ambrosa. Do listów dołączone były umowy pomiędzy IG Farben i ministerstwem Speera, które von Klenck miał zniszczyć. Te umowy „zawierają szczegółowy zapis produkcji TABUNU i szczegóły dotyczące DYHERNFURTHU (obecnie w rękach Rosjan), w tym dokładne plany budynków oraz całej lub niemal całej aparatury... zdjęcia i rysunki... i wiele innych cennych danych z okresu od 1938 do marca 1945 roku"[48]. Major Tilley miał wreszcie w ręku dwa główne dowody, których szukał.

W stalowej beczce było więcej informacji obciążających Ottona Ambrosa. Jeden z dokumentów, sporządzony przez Alberta Speera, był relacją z dwóch spotkań Speera, Ambrosa i Hitlera w czerwcu 1944 roku i świadczył o tym, że Ambros nie tylko cieszył się wysoką pozycją, ale także dobrze zarabiał na wojnie. „Ja (SPEER) zameldowałem Führerowi, że dr AMBROS z IG FARBEN opracował nowy proces produkcyjny, dzięki któremu można produkować bunę o jakości takiej samej jak kauczuku naturalnego. W niedalekiej przyszłości import naturalnego kauczuku będzie zbędny... Führer nakazał wypłacenie jednego miliona marek Ambrosowi"[49]. Odnalezione dowody rzucały też światło na dalekosiężne plany IG Farben dotyczące przedsięwzięcia w Auschwitz. Prócz syntetycznego kauczuku koncern planował w obozie śmierci produkcję broni chemicznej. Firma miała „w planie budowę fabryki broni chemicznej w AUSCHWITZ... w lutym 1945 roku"[50] napisał Tilley w raporcie agencji FIAT.

Tilley wrócił ze stalową beczką i dokumentacją do Dustbin. Von Klenck wyglądał na wytrąconego z równowagi, kiedy Tilley powiedział mu, że stalowa beczka została znaleziona. „Wszystko wskazuje na to, że nie spodziewał się, iż ją znajdziemy”[51], czytamy w raporcie Tilleya. Agencja FIAT miała teraz namacalny dowód, że Ambros „był winny naruszenia prawa ustanowionego przez amerykański Zarząd Wojskowy dla Niemiec, polegającego na ukryciu dokumentów związanych z niemieckimi działaniami wojennymi”. Były to setki dokumentów, w tym „pełne dane na temat produkcji tabunu i innych środków bojowych w Dyhernfurcie” oraz „wiele innych dokumentów, które Ambros według swojej relacji spalił w piecu w Gendorfie w kwietniu 1945. Może się okazać, że te papiery, w połączeniu ze wzorami, opisami procesów produkcyjnych i tajnych umów pomiędzy IG i Rzeszą z lat 1935 do 1945, odkrytymi w kryjówce w Gendorfie, dadzą nam obraz produkcji niemieckiej broni chemicznej pełniejszy niż obraz produkcji innego rodzaju uzbrojenia”[52]. Major Tilley dokonał prawdziwej rewolucji w wywiadzie naukowym.

Tilley przekazał informacje swojemu koledze, doświadczonemu oficerowi wywiadu, który zwrócił mu uwagę, że w sprawie von Klencka należałoby rozważyć inną hipotezę[53]. „Opierając się na doświadczeniach z obcymi agentami, którzy dobrowolnie zdradzają całą intrygę, można dojść do wniosku, że wyznanie mniej ważnego sekretu ma odwrócić uwagę od czegoś poważniejszego”, tłumaczył oficer. Podwojono wysiłki mające na celu ujęcie Ambrosa. Dwa dni po odnalezieniu stalowej beczki z dokumentami, 29 października 1945 roku, Brytyjski Podkomitet ds. Celów Wywiadu (British Intelligence Objectives Sub-committee – BIOS) wydał nakaz „aresztowania dr. Ambrosa”[54]. Teraz już dwa z trzech państw alianckich domagały się bezzwłocznego aresztowania ulubionego chemika Hitlera.

Otto Ambros jest „niebezpieczny” i „niepożądany” i nie powinien „pozostawać na wolności”, czytamy w nakazie aresztowania. Agencja FIAT zdawała sobie sprawę, że Ambros może czuć się bezpiecznie, dopóki będzie przebywał we francuskiej strefie okupacyjnej. „Jest sprytny i nie ruszy się stamtąd, ponieważ wie, że w strefie amerykańskiej jest poszukiwany", napisano w raporcie. Pozostawało czekać. I cierpliwość ponownie się opłaciła.

Pycha wzięła górę nad rozsądkiem po trzech miesiącach. Siedemnastego stycznia 1946 roku Ambros wyjechał poza granicę francuskiej strefy i został aresztowany. Wysłano go do Dustbin, gdzie czekał już na niego major Tilley. Kiedy agencja FIAT wycisnęła już z niego wszystkie informacje, Ambrus trafił w ręce pułkownika Burtona Andrusa, komendanta więzienia w Norymberdze. Gdzieś w dającej się przewidzieć przyszłości Ambros miał stanąć przed trybunałem norymberskim.

Przypuszczenie, że Otto Ambros pewnego dnia zajmie ważne miejsce w cywilizowanym społeczeństwie oraz że zostanie zatrudniony przez amerykański rząd, wydawało się czystą fantazją. Ale nadchodził czas zimnej wojny.

CZĘŚĆ III

Przeszłość to inny kraj.

L.P. Hartley

ROZDZIAŁ JEDENASTY

Tykający zegar

Pod koniec lata 1945 roku w programie zatrudnienia nazistowskich naukowców zaszła znacząca zmiana organizacyjna. Kontrolę nad programem zabrano Wydziałowi Wywiadu Wojskowego Departamentu Wojny G-2 i przekazano Kolegium Szefów Połączonych Sztabów[1]. Teraz decyzje w zakresie szybko rozwijającego się, tajnego programu miała podejmować Agencja Połączonych Celów Wywiadu (JIOA). JIOA była podkomitetem Połączonego Komitetu Wywiadu (Joint Intelligence Committee – JIC), zajmującego się dostarczaniem informacji na temat bezpieczeństwa państwa Kolegium Szefów Połączonych Sztabów. Żeby uświadomić sobie, jak potężna była JIOA i jak zdołała prowadzić operację w całkowitej tajemnicy, trzeba najpierw poznać charakter Połączonego Komitetu Wywiadu. Według historyka Larry'ego A. Valero, który napisał dla CIA monografię na ten temat, JIC był i pozostaje jedną z najbardziej tajemniczych amerykańskich agencji wywiadowczych. „Struktura JIC była wciąż żywa, ulegała ciągłym przekształceniom i zmianom, była systemem elastycznym, dostosowującym się do zmiennych potrzeb – mówi Valero. – Podkomitety pojawiały się i znikały, zmieniał się personel, ale decyzje JIC zawsze musiały być podejmowane zgodnie i zawsze umieszczano je w raporcie dla Kolegium Szefów Połączonych Sztabów"[2]. O tym, co się działo wewnątrz JIOA, napisano niewiele, ale opowieści nazistowskich naukowców i strzępy informacji z odtajnionych dokumentów pozwalają poznać nieco lepiej tę potężną powojenną organizację.

Zaraz po kapitulacji Niemiec Połączony Komitet Wywiadu skoncentrował się na pojawiającym się zagrożeniu radzieckim. Pomiędzy 15 czerwca a 9 sierpnia 1945 roku JIC sporządził i przekazał Kolegium Szefów Połączonych Sztabów szesnaście obszernych raportów wywiadowczych i dwadzieścia siedem notatek. „Najważniejsze analizy JIC dotyczyły zdolności bojowej oraz intencji ZSRR"[3], mówi Valero. Z analiz tych wynikało, że Rosjanie byli ideologicznie wrogo nastawieni do Zachodu i zamierzali kroczyć w kierunku światowej dominacji, choć ten cel w czasie wojny udało im się skutecznie ukryć. We wrześniu 1945 roku JIC poinformował kolegium, że Związek Radziecki w najbliższej przyszłości będzie odsuwał perspektywę „otwartego konfliktu" z Zachodem[4], ale tylko do czasu odbudowy swojego arsenału, a w 1952 roku powinien odzyskać pełną zdolność bojową. Po tej dacie, twierdził JIC, Rosjanie będą gotowi do prowadzenia „wojny totalnej" ze Stanami Zjednoczonymi.

W następnym miesiącu w raporcie 250/4 (czwarty raport z serii JIC250) ostrzegano Kolegium Szefów Połączonych Sztabów, że ostatnio w Niemczech zaginęło „ośmiu na dziesięciu czołowych niemieckich uczonych zajmujących się pociskami kierowanymi". Najprawdopodobniej zostali schwytani przez Rosjan i teraz pracują w ZSRR[5]. Także dwa niemieckie instytuty fizyki zostały w całości przewiezione do ZSRR – nie tylko laboratoria i biblioteki, ale także personel. Raport JIC 250/4 ostrzegał przed „intensywnymi radzieckimi naukowymi programami badawczymi", zagrażającymi Zachodowi. I w takiej właśnie atmosferze podejrzliwości powstała JIOA. Program zatrudnienia nazistowskich naukowców od chwili, gdy zajęła się nim JIOA, zaledwie kilka tygodni po zrzuceniu dwóch bomb atomowych na Japonię, stał się programem agresywnym. Zatrudnienie niemieckich uczonych miało cel strategiczny – uzyskanie przewagi militarnej nad Związkiem Radzieckim, nim stanie się on zdolny zagrozić Stanom Zjednoczonym.

Osiągnięcie przewagi militarnej wymagało wykorzystania wszystkich technologii, które można było zagrabić ze zrujnowanej Rzeszy. Dla wywiadu wojskowego fakt, że naukowcy byli przy okazji nazistami, nie miał większego znaczenia – był tylko kłopotliwym drobiazgiem. I nie miał wpływu na ostateczne decyzje. Zegar tykał, a miał się zatrzymać, według Połączonego Komitetu Wywiadu, gdzieś około 1952 roku.

W dotychczasowej polityce zatrudniania niemieckich uczonych istniał jednak specyficzny język, z którym JIOA musiała sobie jakoś poradzić. Nie mogły się długo utrzymać takie określenia jak „żadnych oczywistych ani przypuszczalnych zbrodniarzy wojennych" czy „żadnych zagorzałych nazistów". Znalazły się one w oficjalnej strategii tylko po to, żeby zadowolić kilku generałów z Pentagonu, kilka osób z Departamentu Stanu oraz moralistów w rodzaju dr. H.P. Robertsona, szefa wywiadu naukowego generała Eisenhowera. Jeśli program miał się rozwijać zgodnie z nową strategią, ten język musiał ulec zmianie.

Kiedy kontrolę nad realizacją programu przejęła Agencja Połączonych Celów Wywiadu, rozpoczął się proces agresywnej rekrutacji. W kierownictwie JIOA znalazło się po jednym przedstawicielu z każdej agencji wchodzącej w skład Połączonego Komitetu Wywiadu: dyrektor wywiadu armii, szef wywiadu marynarki wojennej, szef Air Staff-2 (wywiadu sił powietrznych) oraz przedstawiciel Departamentu Stanu[6]. Przewaga dyplomatów nad wojskowymi wynosiła w tej grupie trzy do jednego.

Przedstawicielem Departamentu Stanu w JIOA był Samuel Klaus, już od pierwszego dnia działania agencji uznany przez pozostałych za osobę sprawiającą kłopoty. Samuel Klaus był prawdziwą gwiazdą w Departamencie Stanu, czterdziestodwuletnim znakomitym prawnikiem, zapalonym jeźdźcem i hebraistą, władającym również językiem rosyjskim i niemieckim. Ponieważ to Klaus był w JIOA odpowiedzialny za wydawanie wiz przyjeżdżającym naukowcom niemieckim, ważne było, żeby działał zgodnie z polityką prowadzoną przez JIOA. Tymczasem Samuel Klaus był zdecydowanie przeciwny programowi zatrudniania nazistowskich naukowców, co wywoływało gwałtowne konflikty w JIOA.

Klaus miał praktyczne doświadczenia z ideologią partii nazistowskiej, ponieważ w czasie wojny pracował w Urzędzie Zagranicznych Spraw Gospodarczych (Foreign Economic Administration – FEA)[7]. W czasie wojny kierował Operacją Safe Haven o zasięgu międzynarodowym, mającą na celu przejęcie nazistowskich aktywów, w tym zagrabionych dzieł sztuki i złota, które naziści wywozili z Niemiec, żeby zapewnić sobie dostatnie życie w państwach neutralnych. Prowadząc Operację Safe Haven, Klaus przesłuchał setki niemieckich cywilów i doszedł do przekonania, że wielu „zwyczajnych Niemców" skorzystało na rządach partii nazistowskiej i w milczący sposób aprobowało to, co się działo z Żydami. Jako przedstawiciel Departamentu Stanu w JIOA Klaus dowodził, że Niemcy będący przedmiotem zainteresowania agencji nie są znakomitymi naukowcami bez skazy, którzy przypadkowo oddali swe usługi złu, ale są amoralnymi oportunistami o miernych talentach. Z dokumentacji JIOA wynika, że poglądy Klausa podzielało co najmniej dwóch jego kolegów z Departamentu Stanu – Herbert Cummings i Howard Travers[8]. Ale to głównie Samuel Klaus głośno i nieskrępowanie mówił to, co czuł i w co wierzył[9]. Podczas narady JIOA późną jesienią 1945 roku Klaus zarzekał się, że dopóki on jest za to odpowiedzialny „mniej niż tuzin [niemieckich naukowców] dostanie kiedykolwiek zgodę na wjazd do USA"[10]. Z powodu takich poglądów Klaus był solą w oku wywiadu wojskowego. Zgodnie ze swoim statutem JIOA musiała konsultować swoje plany z ciałem doradczym na poziomie rządowym, w tym z przedstawicielem Departamentu Handlu. Tak się składało, że przedstawiciel Departamentu Handlu, John C. Green, był zwolennikiem programu zatrudniania niemieckich naukowców bez sprawdzania, kto był kim. Jesienią 1945 roku Green wysunął propozycję, która miała złamać opór Samuela Klausa wobec Operacji Overcast[11].

Kiedy wojna w Europie się skończyła, prezydent Truman zlecił Departamentowi Handlu przygotowanie programu, który miałby zainteresować naród wyjątkową formą reparacji wojennych od pokonanego państwa niemieckiego, a mianowicie przejęciem informacji naukowych i technicznych. Departament Handlu tłumaczył, że nie będzie żadnej rekompensaty finansowej ze strony nazistowskich Niemiec, ale amerykański przemysł może odnieść korzyści dzięki innemu rodzajowi rekompensaty – wiedzy[12]. Sekretarz handlu (i były wiceprezydent) Henry Wallace otrzymał od prezydenta polecenie zajęcia się ujawnieniem tysięcy raportów (tak zwanych raportów Rady ds. Publikacji), zawierających informacje niezwiązane z obronnością, zgromadzone przez oficerów CIOS w Niemczech po zakończeniu działań wojennych. Opublikowanie tych raportów miało ułatwić przeciętnemu Amerykaninowi rozpoczęcie własnej działalności gospodarczej dzięki niemieckiej technice. Departament Handlu uznał, że takie nowo powstałe firmy będą prawdziwym dobrodziejstwem dla powojennej gospodarki amerykańskiej.

Społeczeństwu powiedziano, że dzięki naukowcom Trzeciej Rzeszy amerykańskie fabryki mogą teraz sterylizować soki owocowe na zimno. Kobiety noszą pończochy o nielecących oczkach. Masło jest produkowane w ilościach 700 kg na godzinę. Lista korzyści zdawała się nie mieć końca. Drożdże można było wytwarzać w dowolnych ilościach, a owce strzyc, nie raniąc ich skóry – wszystko to dzięki wybitnym niemieckim uczonym. Czarnoksiężnicy Hitlera zmniejszyli urządzenia elektryczne wielkości walizki do rozmiarów małego palca i wymyślili taśmę elektromagnetyczną.

Henry Wallace był mistrzem w szerzeniu idei, że Amerykanie osiągną dobrobyt dzięki nauce. Wallace pracował w administracji Roosevelta w 1944 roku, kiedy Roosevelt obiecał Amerykanom sześćdziesiąt milionów miejsc pracy[13]. Ta obietnica stała się tematem książki Wallace'a *Sixty Million Jobs*. Jako sekretarz handlu zamierzał to urzeczywistnić. Twierdził, że biznes, przemysł i rząd mogą ze sobą współpracować, a świat będzie żył w pokoju i dobrobycie. Niemiecka nauka miała pomóc w rozpoczęciu tego procesu.

Opinia publiczna nie wiedziała jednak o innej, utajnionej liście korzyści płynących z wykorzystania niemieckich uczonych. Na tę listę składało się tysiąc osiemset raportów na temat niemieckiej technologii o znaczeniu militarnym. Główne punkty na liście to: „rakiety", „broń chemiczna", „medycyna", „aeronautyka", „uzbrojenie", „środki owadobójcze" oraz „fizyka jądrowa"[14]. Osobą odpowiedzialną za obie listy – zarówno tajną, jak i jawną – był sekretarz wykonawczy Henry'ego Wallace'a i jego przedstawiciel w JIOA, John C. Green[15].

Jeśli chodzi o tajną listę, Green wpadł na pewien pomysł. Pokój i dobrobyt był nośną ideą. Jednak wojna to znakomity biznes. Green chciał udostępnić tę tajną listę niektórym kręgom przemysłowym. „Specjalistyczna wiedza [nie powinna pozostawać] w głowach niemieckich uczonych i techników"[16], powiedział Green. Musieli się nią podzielić. Żeby ten proces ułatwić, jesienią 1945 roku John C. Green wybrał się do Wright Field w Dayton, w stanie Ohio, na spotkanie z pułkownikiem Donaldem Puttem.

Pierwsza grupa sześciu Niemców sprowadzonych jesienią 1945 roku do Wright Field mieszkała w odizolowanym i strzeżonym miejscu nazywanym Hilltop, składającym się z pięciu parterowych drewnianych budynków oraz trzech niewielkich chat, w których niegdyś mieściła się Krajowa Rada Młodzieży[17]. Prawie nikt, prócz organizatorów programu, nie wiedział, że mieszkają tam Niemcy. Obok biegła wąska gruntowa droga, prowadząca do wysypiska śmieci. Jeździły nią tylko śmieciarki, a kiedy padało, droga zamieniała się w błotniste bajoro. Niemcy byli niezadowoleni z tego powodu i zaczęli sporządzać listę skarg, które zamierzali w późniejszym terminie przedstawić pułkownikowi Puttowi[18]. Na razie woleli się nie skarżyć. Wziąwszy pod uwagę, jaki los spotkał ich kolegów w Niemczech, mieli tu wyjątkowo dobrze. Ale kiedy nadszedł odpowiedni czas, przedstawili swoje uwagi, co w efekcie sprawiło, że losy programu zatrudniania nazistowskich naukowców potoczyły się w zupełnie niespodziewanym kierunku.

Na liście naukowców przebywających w Wright Field znajdujemy następujące osoby: dr Gerhard Braun, specjalista od silników; dr Theodor Zobel, aerodynamika, i dr Rudolph Edse, paliwo rakietowe; dochodzą także specjaliści: Otto Bock, prędkości ponaddźwiękowe; Hans Rister, aerodynamika, i Albert Patin, biznesmen[19]. Ich roczne wynagrodzenie wynosiło średnio 12 480 dolarów plus 6 dolarów za każdy dzień – równowartość 175 000 dolarów w 2013 roku. Z powodu później dostrzeżonego i naprawionego „przeoczenia" Niemcy przez pierwsze dwa lata nie płacili w Ameryce podatków[20].

W Hilltop o potrzeby mieszkających tam Niemców troszczyło się małżeństwo gospodarzy[21]. Słało im łóżka i prało bieliznę. Kucharzami byli niemieccy jeńcy wojenni, ściągnięci do Stanów Zjednoczonych, a jeszcze nie repatriowani. Sześciu naukowców i specjalistów z pierwszej grupy, a także kolejni, którzy się wkrótce pojawili, nosiło wydane przez wojsko karty identyfikacyjne z dużą zieloną literą S oznaczającą, że nie wolno im było na własną rękę opuszczać bazy. Brama prowadząca do Hilltop była zamknięta od siedemnastej do siódmej rano. W weekendy oficerowie wywiadu wojskowego zabierali Niemców do Dayton, gdzie mogli uprawiać sport na obiektach YMCA. Z Cincinnati ściągnięto księdza, który odprawiał niedzielne msze po niemiecku. „Chcemy, żebyście wiedzieli i docenili fakt, że znaleźliście się tutaj dla dobra nauki. Mamy nadzieję, że będziecie z nami zgodnie pracować nad dalszym rozwojem nauki w dziedzinach, którymi się zajmujecie – czytamy w broszurze wręczonej na powitanie w Wright Field każdemu z naukowców. – Staraliśmy się zapewnić komfortowe warunki w przydzielonych wam kwaterach"[22].

Niemcom najbardziej brakowało okazywania im szacunku. W czasie wojny naukowcy i przemysłowcy cieszyli się wyjątkowymi względami Trzeciej Rzeszy. Większość uczonych otrzymywała hojnie przyznawane nagrody pieniężne. Tymczasem w Wright Field wielu amerykańskich kolegów traktowało Niemców z pogardą. „Jakakolwiek wzmianka na temat niemieckiego naukowca wywołuje silne emocje wśród personelu lotników, od gwałtownych działań po irytację”[23], napisał jeden z szefów w tajnym raporcie.

Odpowiedzialny za wywiad w Wright Field pułkownik Donald Putt kierował również programem zatrudnienia niemieckich specjalistów. Ponieważ osobiście wybierał ich jeszcze w Niemczech, w Instytucie Badawczym Lotnictwa Hermanna Göringa w Völkenrode, cieszył się wśród naukowców dużym szacunkiem[24]. Nie mógł pojąć, dlaczego specjaliści są traktowani z pogardą. „Wszystko, czego pragnęli, to możliwości zatrudnienia”, powiedział Putt. Pułkownik Putt wyobrażał sobie wykorzystanie Niemców w Ameryce na trzech płaszczyznach. Na początek mieli oni napisać raporty na temat swojej dawnej i przyszłej pracy. Raporty te miały zostać przetłumaczone i rozpowszechnione wśród amerykańskich inżynierów w Wright Field. Następnie Dowództwo Służb Technicznych Sił Powietrznych miało przeprowadzić seminaria w Wright Field, na które dostałyby zaproszenie firmy zbrojeniowe, laboratoria uniwersyteckie oraz wszystkie inne zainteresowane tematem podmioty, po uprzednim uzyskaniu certyfikatu dostępu do informacji tajnych. Ale pomysł Putta został zablokowany, kiedy zajął się nim Departament Wojny, oceniając „wkalkulowane ryzyko”. Program zatrudnienia niemieckich naukowców był ściśle tajny i taki miał pozostać. W notce Departamentu Wojny sformułowano żądanie, żeby Niemcy „pozostawali w odpowiedni sposób odseparowani od osób niezwiązanych bezpośrednio z ich zatrudnieniem”[25]. Nie mogło być mowy o brataniu się z amerykańskimi naukowcami. Na tym etapie współpraca z firmami zbrojeniowymi była niemożliwa.

Niemieccy specjaliści czuli się upokorzeni tym, w jaki sposób ich traktowano[26]. Od wynalazcy pocisku Hs 293 dr. Herberta Wagnera dotarła informacja, że w Gould Castle na Long Island, gdzie Wagner mieszkał i pracował, były wanny z marmuru. Wywiad marynarki wojennej pozwalał zatrudnionym przez siebie niemieckim naukowcom na wypady na Manhattan. Tymczasem Niemcy z Wright Field powiedzieli pułkownikowi Puttowi, że czują się jak „zwierzęta w klatkach”[27], i domagali się, żeby coś z tym zrobił. Putt postanowił wykorzystać okazję. Napisał notatkę dla wywiadu G-2 z twierdzeniem, że marazm, w jaki popadli Niemcy, ma „silny negatywny wpływ” na ich zdolność do pracy. Kiedy Pentagon zignorował obawy Putta, ten zwrócił się do generała Hugh Knerra z Dowództwa Służb Technicznych. Knerr napisał do Pentagonu. „Warunki codziennego życia naukowców mają bezpośredni wpływ na jakość ich pracy”[28], stwierdził w piśmie, ale to także nie na wiele się zdało. W Waszyngtonie panowało przekonanie, że Operacja Overcast ma charakter tymczasowy, a Niemcy powinni być szczęśliwi, że znaleźli zatrudnienie. Poza tym wkrótce miały ruszyć procesy norymberskie.

Osiemnastego października 1945 roku Międzynarodowy Trybunał Wojskowy wniósł akt oskarżenia przeciwko osobom nazwanym wielkimi zbrodniarzami wojennymi. Proces miał się toczyć we wschodnim skrzydle Pałacu Sprawiedliwości w Norymberdze, a mowy wstępne miały zostać wygłoszone 20 listopada. Ponieważ był to trybunał wojskowy, wyroki mieli wydawać sędziowie, a nie ława przysięgłych. Norymberga jako miasto odegrała wyjątkową rolę w rozwoju partii nazistowskiej. Była świadkiem wieców – parad wojskowych na kolosalną skalę, w których uczestniczyło po 400 000 zwolenników – oraz miejscem, gdzie powstawały rasistowskie ustawy. A teraz w tym samym miejscu przywódcy reżimu mieli być sądzeni za spiski, zbrodnie przeciwko pokojowi, zbrodnie wojenne i zbrodnie przeciwko ludzkości.

Kiedy proces się rozpoczął, dwudziestu jeden oskarżonych siedziało ze słuchawkami na uszach, ściśniętych na dwóch ławkach w sali rozpraw nr 600. (Oskarżonych było dwudziestu dwóch; Martin Bormann był sądzony zaocznie). Za ich plecami, na ścianie, znajdowała się olbrzymia marmurowa płaskorzeźba przedstawiająca szkaradną Meduzę[29]. Dwudziestu jeden oskarżonym groziła kara śmierci[30]. „Zło, które mamy osądzić i ukarać, było tak rozmyślne, tak potworne i tak przerażające – powiedział amerykański prokurator generalny Robert H. Jackson – że cywilizacja nie może sobie pozwolić na zignorowanie go, ponieważ jeśli powróci, to cywilizacja tego nie przeżyje". Proces miał trwać prawie rok. W sytuacji, kiedy wieści z Norymbergi na temat nazistowskich zbrodni wojennych dominowały w środkach masowego przekazu na całym świecie, skargi Niemców z Wright Field na złe warunki bytowe niewiele znaczyły dla Sztabu Generalnego Departamentu Wojny[31].

W październiku 1945 roku, w miesiącu, w którym rozpoczął się proces norymberski, Siły Powietrzne Armii USA zorganizowały dwudniowy pokaz w Wright Field. Zaprezentowano na nim zdobyte samoloty niemieckie i japońskie oraz rakiety. Ponad pół miliona ludzi z dwudziestu sześciu krajów przyjechało zobaczyć skonfiskowany sprzęt wroga, o szacunkowej wartości 150 milionów dolarów. Wśród prezentowanych sprzętów była rakieta V-2, myśliwiec Focke-Wulf Fw 190 G3 oraz Messerschmitt Me 262. Największe zainteresowanie zwiedzających wzbudzało to, że niektóre samoloty miały wciąż wymalowane swastyki na ogonach[32]. Pokaz cieszył się takim zainteresowaniem, że siły powietrzne przedłużyły go do pięciu dni. Nie było natomiast żadnej wzmianki o tym, że kilku ludzi, którzy zaprojektowali i skonstruowali tę broń, mieszka tuż obok, w Hilltop.

Wśród pół miliona osób obecnych na pokazie był John C. Green, przedstawiciel Departamentu Handlu w radzie JIOA i sekretarz wykonawczy nadzorujący przygotowanie raportów przez Radę ds. Publikacji. Ciało doradcze JIOA zmieniło w tym czasie nazwę na Biuro Służb Technicznych. Pasywną „radę" zastąpiła bardziej aktywna „służba", zdolna wykorzystać zaawansowane technologie[33]. Green, tak jak planował, znalazł na pokazie w Wright Field pułkownika Putta. Miał do niego mnóstwo pytań koncentrujących się na jednej kwestii: Jak prezentowana na pokazie technologia może pomóc amerykańskiemu przemysłowi?[34] Początkowo

Putt był zakłopotany zainteresowaniem Greena, ale w końcu postanowił zaryzykować. W końcu John C. Green miał dostęp do tajnej listy. Putt opowiedział mu o niemieckich naukowcach z Hilltop. Że żyją tam jak w wieży z kości słoniowej, a ich talenty zostały roztrwonione z powodu uprzedzeń niektórych kręgów w Waszyngtonie. Trzeba ich zatrudnić i jakoś wykorzystać. Może Green mógłby pomóc?

Green wydawał się człowiekiem otwartym i Putt napisał w notatce: „Podczas pokazu zorganizowanego przez siły powietrzne w Wright Field [John C. Green] wykazał żywe zainteresowanie i wypytywał o nastawienie przemysłu wobec ewentualnego zatrudnienia niemieckich naukowców”[35]. Putt nie był jeszcze pewny, czy „działania Greena będą korzystne czy niekorzystne”. Mimo to zdecydował się zaryzykować. Wysłał do Greena wiele „listów intencyjnych” od branży zbrojeniowej, zainteresowanej ewentualnym zatrudnieniem niemieckich uczonych. Dokumenty te trafiły do Dowództwa Lotniczych Służb Materiałowych[36], które dołączyło do nich listy intencyjne koncernu chemicznego Dow, firmy AiResearch Manufacturing i Stowarzyszenia Przemysłu Lotniczego. Wszystko to oznaczało, że szykują się spore kontrakty dla przemysłu obronnego. Na przeszkodzie stał tylko Waszyngton. Putt tłumaczył Greenowi, że prywatne przedsiębiorstwa nie miały certyfikatów bezpieczeństwa, które pozwalałyby im bezpośrednio współpracować z niemieckimi naukowcami.

John C. Green napisał do JIOA, tłumacząc, co miał na myśli: niemieccy naukowcy o „międzynarodowej renomie” powinni otrzymać, wraz z rodzinami, zgodę na wjazd do USA i stałą pracę, ponieważ przyniesie to korzyści amerykańskiemu biznesowi. Listy intencyjne od przemysłu zbrojeniowego świadczyły o dużym zapotrzebowaniu na taką pracę[37]. Departament Handlu powinien powołać odpowiednie ciało, które odsieje nazistów, a sprowadzi dobrych Niemców. Wiedza uczonych niemieckich i know-how będą dzięki temu „w sposób pełny i nieograniczony” dostępne dla wszystkich Amerykanów, pisał Green. Takie wsparcie przemysłu pomoże stworzyć dziesiątki tysięcy miejsc pracy.

Reakcje wewnątrz JIOA były różne, szczególnie wśród członków ciała doradczego. Asystent sekretarza spraw wewnętrznych był sceptyczny co do możliwości odsiania starych nazistów przez Departament Handlu. Departamentowi Wojny nie spodobał się pomysł ściągnięcia do Ameryki rodzin naukowców. Wywiad uważał, że propozycja Greena jest korzystna ekonomicznie. Gdyby Departament Handlu włączył się do programu zatrudniania niemieckich uczonych, armia nie musiałaby brać na swoje barki wszystkich obciążeń finansowych. Departament Stanu nadal zgłaszał obiekcje[38], twierdząc, że niezależnie od tego, kto poniesie koszty, nie można wydać wiz niedawnym wrogom bez skrupulatnego sprawdzenia każdego. Program zatrudniania niemieckich uczonych był według Departamentu Stanu jedynie tymczasowym programem wojskowym[39]. Niczym więcej.

John C. Green miał alternatywny plan. Zamiast przekonywać radę JIOA, zwrócił się do swojego szefa, Henry'ego Wallace'a. Wallace z kolei napisał bezpośrednio do prezydenta Trumana prośbę o wsparcie programu zatrudnienia niemieckich uczonych. Niemieckie zdobycze nauki pomogą stworzyć tych sześćdziesiąt milionów miejsc pracy, napisał Wallace, a w czasie pokoju nie było większego priorytetu jak praca dla Amerykanów. Sprowadzenie do Ameryki „naukowców o nadzwyczajnych osiągnięciach, którzy mogliby wspomóc naszą naukę i przemysł", byłoby krokiem „rozsądnym i logicznym", napisał 4 grudnia 1945 roku Wallace do prezydenta Trumana. Wiedza tych ludzi, dodał Wallace, „w połączeniu z naszą wiedzą będzie służyć całemu krajowi". Dla zilustrowania swojego stanowiska wykorzystał przykład jednego z naukowców, który najlepiej przysłużył się Niemcom, eksperta budownictwa drogowego i projektanta autostrad, dr. O. Graffa. „Jeśli zgodzi się Pan, że kilku wybranych (około pięćdziesięciu) specjalistów przyniesie korzyść naszej gospodarce, proponuję uznać program zatrudnienia ich za oficjalną politykę amerykańską", przekonywał prezydenta Wallace[40].

Wsparcie programu przez Henry'ego Wallace'a było dla pułkownika Putta z Wright Field oraz członków JIOA wywodzących się z kręgów wywiadu jak zastrzyk nowej energii. Zanim Wallace napisał list do prezydenta, Samuel Klaus z Departamentu Stanu przekonywał, że opinia publiczna będzie oburzona, kiedy dowie się o programie[41]. Program nie mógł długo pozostawać sekretem, zresztą nie takie były założenia. Klaus twierdził, że ściągniecie do Ameryki naukowców pracujących wcześniej nad stworzeniem broni dla Hitlera sprawiałoby wrażenie, że armia i marynarka wojenna zamierzają zawrzeć pakt z diabłem. Poparcie pomysłu przez Henry'ego Wallace'a i położenie nacisku na korzyści ekonomiczne zmieniało wszystko. Nadawało programowi zatrudnienia niemieckich uczonych pozory demokratyczne[42] i stanowiło przeciwwagę dla tego, co mogło być uznawane za agresywny program militarny.

Henry Wallace był w czasie wojny zdecydowanym antyfaszystą. Jeszcze jako wiceprezydent publicznie nazwał Hitlera „największym złem w ludzkiej postaci". W innym znanym przemówieniu siedmiokrotnie przyrównał Hitlera do szatana[43]. Skoro to ten Henry Wallace zachęcał prezydenta Trumana do wprowadzenia w życie programu zatrudnienia niemieckich uczonych, przed Operacją Overcast rysowała się świetlana przyszłość. Henry Wallace był osobą, na którą JIOA czekała.

* * *

Uwagę opinii publicznej przykuł nagłówek „Washington Post" z 4 listopada 1945 roku: *Armia odsłania mroczne tajemnice nazistowskiej „nauki" – zamrażanie ludzi*. Artykuł napisany przez George'a Connery'ego stał się medialną bombą[44]. Szukając wsparcia dla swojego stanowiska w następczych procesach norymberskich, Departament Stanu udostępnił Connery'emu tajny raport CIOS napisany przez śledczego, dr. Leo Alexandra. Raport opisywał eksperymenty dokonywane w Bloku Eksperymentalnym 5 w Dachau, polegające na zamrażaniu ludzi. Fakt, że istoty ludzkie były torturowane i mordowane przez niemieckich lekarzy w imię nauki, był tyleż przerażający, co niepojęty dla większości Amerykanów. Z artykułu można było się dowiedzieć, że jedyna osoba ocalała z takich eksperymentów została odnaleziona przez dr. Leo Alexandra. Większość ofiar – tak zwanych *Untermenschen*, na których eksperymentowali nazistowscy lekarze – zmarła albo została zamordowana. Było prawdopodobne, że ta jedyna ocalała ofiara, katolicki ksiądz, będzie zeznawał jako świadek przed trybunałem w Norymberdze. Amerykanie oniemieli.

Utrzymywanie tego w sekrecie przed opinią publiczną było zdumiewającą hipokryzją. Dwieście kilometrów od sali sądowej w Norymberdze, w tajnym ośrodku badawczym w Heidelbergu, w Centrum Medycyny Lotniczej, amerykańska armia zatrudniała kilku lekarzy, którzy brali udział w tych oraz wielu innych eksperymentach medycznych na ludziach. Istnienie tego laboratorium, wymyślonego przez pułkownika Harry'ego Armstronga i generała Malcolma Growa podczas spotkania we Francji wiosną 1945 roku, miało pozostać na kilkadziesiąt lat najlepiej strzeżoną tajemnicą Operacji Paperclip[45]. Od 20 września 1945 roku pięćdziesięciu ośmiu osobiście wybranych przez dr. Strugholda lekarzy pracowało nad projektami badawczymi rozpoczętymi w czasach Trzeciej Rzeszy. Część danych wykorzystywanych przez nazistowskich lekarzy w amerykańskich badaniach została zdobyta w wyniku eksperymentów, których ofiary zostały zamordowane.

Grow i Armstrong chcieli, żeby lekarze Luftwaffe kontynuowali swoje prace prowadzone w Heidelbergu pod nadzorem wojska[46]. Plan zakładał, że zostaną przewiezieni do Stanów Zjednoczonych w ramach kontraktów Operacji Paperclip[47]. Ponieważ prowadzenie badań o charakterze wojskowym na terytorium Niemiec było pogwałceniem 25 punktu porozumienia poczdamskiego Sojuszniczej Rady Kontroli Niemiec[48], utajnienie charakteru prac prowadzonych w Centrum Medycyny Lotniczej chroniło nazistowskich lekarzy przed przypadkowym ujawnieniem ich tożsamości.

Kierujący wspólnie tajnym ośrodkiem badawczym pułkownik Harry Armstrong[49] i dr Hubertus Strughold byli pod wieloma względami tak do siebie podobni, że niektórzy traktowali ich jak lustrzane odbicie. Sukcesy osiągane przez Centrum Medycyny Lotniczej przyczyniły się do błyskotliwej powojennej kariery obu mężczyzn. Armstrong został w końcu naczelnym lekarzem amerykańskich sił powietrznych. A Strughold ojcem amerykańskiej medycyny kosmicznej.

Urodzony w 1899 roku Harry Armstrong wstąpił do wojska, kiedy na polach bitew jeździło się jeszcze konno. W czasie pierwszej wojny światowej nauczył się powozić zaprzęgniętym w sześć mułów ambulansem i postanowił zostać lekarzem. Po uzyskaniu dyplomu lekarza na uniwersytecie w Louisville otworzył prywatną praktykę w Minneapolis. Mógł zostać zwykłym wiejskim lekarzem, ale pociągały go samoloty i sterowce. Mianowany podporucznikiem rezerwy korpusu medycznego, w 1924 roku wstąpił do Szkoły Medycyny Lotniczej w Brooks Field, w San Antonio w stanie Teksas. W 1925 roku postanowił specjalizować się w dziedzinie, o której niewiele osób w ogóle słyszało, i wkrótce został lekarzem lotniczym, choć nigdy wcześniej nie latał samolotem.

Do wykonania pierwszego skoku spadochronowego namówił Armstronga starszy sierżant sztabowy Erwin H. Nickles[50]. Podczas odbywającego się w hangarze wykładu Nickles powiedział, że pewnego dnia całe oddziały wojska będą skakać ze spadochronami wprost na teren działań wojennych. Po wykładzie Armstrong wdał się z Nicklesem w długą rozmowę. „Powiedział mi, że był zaskoczony faktem, iż ludzie, których szkolił w skokach spadochronowych, niemal zawsze zapominali o jego poleceniu odliczenia do dziesięciu, zanim pociągną za linkę spadochronu", tłumaczył Armstrong. Powiedział też, że Nickles obawiał się, iż skoczkowie mogą „chwilowo stracić przytomność albo wpaść w panikę i pociągnąć za linkę zbyt wcześnie". Kiedy Nickles „napomknął, że byłby szczęśliwy, gdyby jakiś lekarz zechciał skoczyć ze spadochronem i zobaczyć, jak rozwiązać ten problem"[51], Armstrong nie wahał się. „Postanowiłem, że skoczę i opóźnię otwarcie spadochronu tak długo, jak to będzie możliwe".

Kilka tygodni później Armstrong stał w kokpicie dwupłatowca w kombinezonie lotniczym i gabardynowym hełmie i szykował się do skoku. „Poczułem przypływ paniki", wspominał, ale mimo to zebrał się w sobie i skoczył. Kiedy był już w powietrzu, zamknął oczy i skupił się na wrażeniach, jakich doznaje. Jak później wspominał, uczucie paniki znikło. Nie stracił ani na chwilę przytomności. Spadał swobodnie jakieś czterysta metrów, nim pociągnął za linkę spadochronu. Spadochron otworzył się i po pokonaniu pozostałych trzystu metrów wylądował na teksańskiej łące. Harry Armstrong ustanowił tym samym rekord. Był pierwszym lekarzem lotniczym w amerykańskiej armii, który podczas skoku doświadczył tak długiego swobodnego spadania.

Armstrong ukończył szkołę i wrócił do Minnesoty, ale już pokochał latanie. Dwudziestego pierwszego marca 1930 roku zamknął swoją praktykę w Minneapolis i wstąpił do armii na stałe[52]. Rozpoczęła się kariera jednej z najważniejszych osób w historii amerykańskiego lotnictwa i medycyny lotniczej.

Kiedy w 1934 roku Armstrong wraz z rodziną przybył do Wright Field[53], świat był zakochany w samolotach, które nie kojarzyły się jeszcze z wojną, tylko z postępem i duchem przygody. Jimmy Doolittle ustanowił rekord, pokonując trasę z Kalifornii do New Jersey w jedenaście godzin i szesnaście minut. Wiley Post i Harold Gatty oblecieli Ziemię w osiem dni. Głównym zadaniem lekarza lotniczego w Wright Field było określenie, kto jest fizycznie zdolny do latania samolotami. Armstrong był człowiekiem z wyobraźnią, a w dodatku żołnierzem. Przewidział, że w przyszłości wojny będą toczone w powietrzu[54]. Najbardziej zaawansowany technologiczne myśliwiec amerykańskich sił powietrznych był dwupłatem osiągającym prędkość około 320 km/h i pułap 5500 metrów. Praca Armstronga koncentrowała się wokół rozwiązania problemu niedoboru tlenu i wychłodzenia.

Pewnego dnia w podłodze swojego gabinetu w budynku 16 w Wright Field dostrzegł klapę[55]. Otworzył ją, zobaczył schody i zszedł. Znalazł się w piwnicy pełnej jakiejś starej maszynerii i stołów kreślarskich. Jego uwagę zwróciła dziwaczna komora, jakby żywcem wyjęta z powieści Juliusza Verne'a[56]. Kula wykonana z metalu miała okna przypominające iluminatory w okrętach podwodnych. Była to pierwsza i jedyna komora niskociśnieniowa, skonstruowana w czasach pierwszej wojny światowej dla szkoły medycyny lotniczej. Szkoła, mająca siedzibę w Mineola na Long Island, została po wojnie zamknięta, a komora trafiła tutaj, do Wright Field.

Armstrong wpadł na pomysł. Po sąsiedzku z jego gabinetem inżynierowie sił powietrznych zajmowali się projektowaniem samolotów, które miały latać szybciej, wyżej i dalej niż kiedykolwiek wcześniej. Armstrong zamierzał rozpocząć badania nad medycznymi skutkami latania takimi samolotami. Napisał pismo do wydziału inżynierii w Wright Field z prośbą o zgodę na rozpoczęcie prac[57]. Jednak trafiło ono do Waszyngtonu. Armstrong został niezwłocznie mianowany dyrektorem Jednostki Badań nad Fizjologią (nazywanej później Laboratorium Badawczym Medycyny Lotniczej) w Wright Field.

Jego laboratorium rozpoczęło pracę. Mechanicy zbudowali ze starych części samolotowych komory testowe. Armstrong zatrudnił naukowca z Harvardu, dr. Johna „Billa" Heima. Korzystając z ochotników, Heim i Armstrong gromadzili dane na temat reakcji organizmu na prędkość, niedobór tlenu, chorobę dekompresyjną i ekstremalne temperatury. Ale prawdziwą sławę przyniosły Armstrongowi eksperymenty, które przeprowadził na sobie, trzymając na kolanach królika.

Armstrong zastanawiał się, co naprawdę dzieje się z ludzkim organizmem na wysokości powyżej 3000 metrów. Dlaczego i na jakiej konkretnie wysokości człowiek umiera? Zajął miejsce w kabinie niskociśnieniowej z królikiem na kolanach. Technik obniżył ciśnienie, symulując dużą wysokość. Armstrong poczuł ucisk w klatce piersiowej i bóle stawów. Kiedy potarł dłonie, poczuł niewielkie, ruszające się pod skórą bąble wzdłuż ścięgien. Przypuszczał, że są to bąbelki azotu tworzące się we krwi i tkankach, a śmierć na dużej wysokości następuje w wyniku zatoru w naczyniach krwionośnych[58]. Dał znak technikowi, żeby wytworzył warunki panujące na jeszcze większej wysokości. Miał na twarzy maskę tlenową, a królik nie. Wkrótce królik zdechł. Kiedy Armstrong wyszedł z komory, przeprowadził sekcję królika i znalazł pęcherzyki azotu, co dowodziło, że jego hipoteza była słuszna[59].

Odkrycie Armstronga było kamieniem milowym w medycynie lotniczej[60]. Wraz z Heimem przeprowadził kolejne testy, umieszczając w tętnicy zwierzęcia doświadczalnego wziernik. Obaj naukowcy zebrali dane na temat funkcjonowania organizmu ssaków na wysokości 12 000 metrów, 15 000 metrów i w końcu 20 000 metrów. Byli pierwszymi, którzy zobaczyli, że płyny fizjologiczne zaczynają wrzeć na wysokości 63 000 stóp, czyli 19 200 metrów. Ten punkt jest nazywany linią Armstronga. Jest to wysokość, powyżej której człowiek nie może przeżyć bez kombinezonu ciśnieniowego.

W 1937 roku kapitan Harry Armstrong był uważany za jednego z pionierów amerykańskiej medycyny lotniczej. Drugiego października tego roku wziął udział w pierwszej międzynarodowej konwencji Stowarzyszenia Medycyny Lotniczej, która odbyła się w Astor Gallery hotelu Waldorf-Astoria. Zaprezentowali tam wspólnie z Heimem wyniki swoich ostatnich prac w Wright Field. Jednym z najbardziej zainteresowanych słuchaczy był reprezentujący Niemcy lekarz Luftwaffe, dr Hubertus Strughold. Obaj, Armstrong i Strughold, byli pionierami w tej samej dziedzinie. „Dotarło to do nas niemal natychmiast", wspominał Harry Armstrong kilkadziesiąt lat później. To przypadkowe spotkanie miało w znaczącym stopniu wpłynąć na powojenną karierę Strugholda.

Niektórzy twierdzą, że ich los ukształtowało jedno wydarzenie. Dla Hubertusa Strugholda takim wydarzeniem było obserwowanie komety Halleya w 1910 roku[61] z domku na drzewie na podwórku jego domu w Westtünnen. Od tamtej pory, jak twierdził Strughold, interesowało go to, co znajdowało się nad jego głową.

W tym samym roku drugie wydarzenie wpłynęło na jego dalsze losy. Strughold obserwował przez szybkę zaćmienie słońca i o mało nie oślepł. Szybka była nie dość przyciemniona i promienie słońca trwale uszkodziły siatkówkę w prawym oku. „Kiedy patrzyłem na kogoś prawym okiem, na jego nos, to nie miał nosa... Kiedy patrzyłem na kogoś na ulicy, na czyjąś głowę z odległości około stu metrów [prawym okiem], ten ktoś nie miał głowy. Kiedy patrzyłem dwojgiem oczu, wszystko było wyraźne"[62], tłumaczył później Strughold. Hubertus Strughold boleśnie przekonał się, że eksperymentowanie na sobie może być niebezpieczne. Mimo to w młodości często i chętnie eksperymentował na sobie[63]. Studiował fizykę, anatomię i zoologię, ale najbardziej interesowała go fizjologia, sposób, w jaki funkcjonuje żywy organizm i jego poszczególne części.

Na uniwersytecie w Würzburgu prowadził pierwsze na świecie zajęcia na temat wpływu dużych wysokości na ludzki organizm. Dane gromadził, eksperymentując na sobie. W weekendy latał balonami, zapisując wszystkie reakcje, od wrażeń wzrokowych, przez wzrost ciśnienia w uszach po wpływ wysokości na pracę mięśni. Profesor Strughold notował, jak jego organizm reaguje na gwałtowne przyspieszenia i obniżanie lotu. To z kolei kazało mu zadać sobie pytanie, co będzie czuł w czasie gwałtownego przechyłu. Do tego potrzebował samolotu. I znalazł idealnego mentora w osobie asa przestworzy z czasów pierwszej wojny światowej, Roberta Rittera von Greima.

Von Greim był legendą. Był nieustraszony w walce i w czasie pierwszej wojny światowej pobił rekord, zestrzeliwując dwadzieścia osiem samolotów. W latach 20. i 30. był uznawany za jednego z najlepszych niemieckich pilotów i imał się różnych prac związanych z lataniem. Między innymi brał udział w pokazowych walkach powietrznych z drugim asem lotnictwa z I wojny światowej, Ernstem Udetem. Kiedy w 1920 roku, podczas puczu Kappa, Adolf Hitler szukał pilota, który przewiezie go z Monachium do Berlina, wybrał właśnie Roberta Rittera von Greima[64]. W 1926 roku von Greim został zatrudniony przez Czang

Kaj-szeka z zadaniem zorganizowania chińskiego lotnictwa w Kantonie. Po powrocie do Niemiec von Greim otworzył szkołę lotniczą mieszczącą się na szczycie wzgórza Galgenberg, trzy kilometry od miejsca, gdzie Hubertus Strughold wykładał medycynę lotniczą.

Strughold zatrudnił von Greima, żeby ten nauczył go latać, i płacił mu sześć marek za każdą lekcję. Mężczyźni szybko się zaprzyjaźnili. Hubertus Strughold znalazł w Robercie von Greimie znakomitego kompana, który podobnie jak on szukał sposobu na przezwyciężenie przez pilota ograniczeń narzucanych przez ludzki organizm. Obaj przypinali się pasami w otwartym kokpicie samolotu von Greima i robili pętle i beczki nad Galgenbergiem. Strughold skrzętnie zapisywał reakcje fizjologiczne organizmu, szukając odpowiedzi na dręczące go pytania. Czy człowiek może narysować linię prostą, lecąc do góry nogami? Czy pilot może trafić palcem w środek tarczy na papierze bezpośrednio po wykonaniu beczki? Jak mało tlenu potrzeba, żeby człowiek mógł czytelnie napisać swoje nazwisko? Jak wysoko można się wznieść bez utraty zdolności widzenia? Dziwne żądania Strugholda były dla von Greima prawdziwym wyzwaniem, latał więc coraz wyżej i coraz szybciej, podczas gdy młody lekarz zapisywał uwagi na temat reakcji pilota i jego fizycznych możliwości. Strughold zdawał sobie sprawę, że jego testy są czymś unikatowym i miał nadzieję, że wzbudzą zainteresowanie w Stanach Zjednoczonych. W 1928 roku jego marzenia urzeczywistniły się, otrzymał bowiem prestiżowe stypendium Fundacji Rockefellera. Strughold spakował się, wsiadł na pokład SS „Dresden" i popłynął do Nowego Jorku[65].

Hubertus Strughold, jak później tłumaczył, czuł się w Ameryce jak ryba w wodzie. Jako stypendysta Fundacji Rockefellera na uniwersytecie w Chicago znalazł się w samym środku muzycznej sceny szalonych lat dwudziestych. Drugim, po lataniu, jego ulubionym sposobem spędzania wolnego czasu było słuchanie jazzu. W Chicago oglądał wodewile, chodził na przyjęcia i potańcówki, i zaczął płynnie mówić po angielsku. Lubił pić i niemal zawsze miał papierosa w ustach. Ciężki niemiecki akcent wyróżniał go z otoczenia i sprawiał, że ludzie go pamiętali. Jego pierwsza publikacja naukowa po angielsku była poświęcona niedoborowi tlenu i pobudzeniu serca do pracy za pomocą wstrząsu elektrycznego. Do badań wykorzystywał psy sprowadzane z Kanady, ponieważ przeprowadzanie eksperymentów na psach amerykańskich było w tym czasie nielegalne. Strughold uczestniczył w konferencjach w Bostonie, odwiedzał laboratoria w Harvardzie, w klinice Mayo w Minnesocie i na Uniwersytecie Columbia w Nowym Jorku. I zaprzyjaźnił się z pionierami amerykańskiej medycyny lotniczej w rodzaju Harry'ego Armstronga.

Stypendystą Rockefellera był tylko rok. Po powrocie do Niemiec Strughold z von Greimem podjęli na nowo przerwane badania. Von Greim latał teraz akrobacyjnym dwupłatem wykonanym z drewna, Udet Flamingo. Żeby stwierdzić, przy jakim przyspieszeniu ulegają uszkodzeniu gałki oczne, obaj mężczyźni wzbijali się na dużą wysokość, a następnie pikowali w dół, póki jeden z nich nie stracił przytomności[66].

W 1933 roku doszedł do władzy długoletni przyjaciel von Greima – Adolf Hitler. Von Greim otrzymał od Hermanna Göringa poufne zadanie odbudowy niemieckich sił powietrznych, co było niezgodne z zapisem traktatu wersalskiego. Dzięki zażyłej znajomości z von Greimem Strughold zdołał zbliżyć się do nazistowskich kręgów władzy. W 1935 roku otrzymał stanowisko, które miało zaważyć na całym jego dalszym życiu. Jako dyrektor Instytutu Badawczego Medycyny Lotniczej Ministerstwa Lotnictwa Rzeszy w Berlinie kierował najważniejszymi programami badawczymi Luftwaffe. W laboratorium mieszczącym się na przedmieściach Charlottenburga znajdowała się nowoczesna komora niskociśnieniowa oraz trzymetrowa wirówka, w której małpy i ludzi poddawano przeciążeniu od 15 do 20 g[67].

Praca wymagała czasu, zaangażowania i przede wszystkim poświęcenia. Rzesza potrzebowała Luftwaffe do podboju Europy. I dlatego Strughold spakował się i przeniósł do Berlina. Miał podlegać bezpośrednio Erichowi Hippkemu, szefowi korpusu medycznego Luftwaffe, który z kolei był podwładnym Hermanna

Göringa. To była wyjątkowo szybka ścieżka kariery. Od nauczyciela akademickiego na szczyty władzy niemieckiego lotnictwa. Rzesza dysponowała odpowiednimi środkami i potrzebowała przełomowych eksperymentów, których wyniki służyłby jej pilotom. Było to ryzykowne, ale ryzyko się opłacało. Kariera Strugholda jako jednego z najbardziej znaczących lekarzy pracujących dla Trzeciej Rzeszy trwała dziesięć lat.

Dla Strugholda jego drogie i nowoczesne berlińskie laboratorium było prawdziwym rajem[68]. Koledzy, w tym oficjele z partii nazistowskiej i z SS, patrzyli z podziwem na jego pracę z komorą niskociśnieniową i wirówką. Eksperymenty były przeprowadzane prawie nieustannie. Asystenci Strugholda pozwalali się podłączać do dziwacznych urządzeń z wystającymi z nich rurkami, zaworami i przewodami.Jeden w masce tlenowej, a drugi bez maski, pozwalali się zamykać w komorze niskociśnieniowej, żeby przekonać się, na jakiej wysokości człowiek traci przytomność. Jeden z takich eksperymentów obserwowało dwóch przedstawicieli Ministerstwa Lotnictwa Rzeszy[69]. Człowiek bez maski tlenowej zaczął tracić przytomność. Najpierw zamknął oczy, potem jego głowa opadła bezwładnie. Drugi, ten w masce, udzielił mu pierwszej pomocy. Mężczyzna szybko doszedł do siebie.

„Nasza badania są bardzo ryzykowne – powiedział oficjelom Strughold. – Wymagają od moich asystentów wielkich umiejętności i wielkiej odpowiedzialności. Gdyby temu człowiekowi nie podano tlenu… za pięć minut już by nie żył[70]".

Luftwaffe przygotowywała pilotów do wojny, a Strughold wykorzystywał swój personel w charakterze królików doświadczalnych. Eksperymentował też na sobie. Podobno „siedział w wirówce" przez całe dwie minuty, chcąc się przekonać, jak to jest latać przy przeciążeniu 15 g.

Po inwazji Niemiec na Polskę we wrześniu 1939 roku wojna rozprzestrzeniła się na obszary, gdzie panowały ekstremalne warunki klimatyczne, od Norwegii po Afrykę Północną, nie wspominając o froncie rosyjskim. Wszystkie te nowe teatry działań wojennych stwarzały dla Rzeszy poważne problemy natury medycznej, szczególnie gdy chodziło o piechotę, choć dotyczyło to również Luftwaffe. Wraz z pojawiającymi się nowszymi modelami samolotów rosły też wymagania wobec pilotów[71]. W 1940 roku pojawiły się nowe silniki – turbośmigłowe i odrzutowe, a to wymagało zbadania mnóstwa parametrów, w tym wpływu prędkości, niedoboru tlenu, choroby dekompresyjnej i ekstremalnych temperatur na organizm. W całych Niemczech i na terenach niedawno zdobytych rozrastała się sieć instytutów naukowych, hojnie dotowanych przez Radę Badań Naukowych Rzeszy. Jednym z takich instytutów był Instytut Badawczy Medycyny Lotniczej Strugholda w Berlinie, który współpracował z dwiema innymi instytucjami Luftwaffe. Strughold nawiązał ścisłe kontakty z dr. Theodorem Benzingerem[72] z Eksperymentalnej Bazy Centrum Badawczego Sił Powietrznych w Rechlin oraz z dr. Siegfriedem Ruffem z Niemieckiej Bazy Eksperymentalnej Medycyny Lotniczej w Berlinie.

To dlatego po wojnie, kiedy na prośbę pułkownika Armstronga Strughold został współdyrektorem tajnego centrum badawczego w Heidelbergu, zaprosił do współpracy Benzingera i Ruffa. Zlecił im kierowanie po jednym z czterech obszarów zainteresowania nowego instytutu[73]. Cała trójka miała do siebie zaufanie. Cała trójka skrywała te same tajemnice.

Theodor Benzinger był wysoki i chudy jak tyczka. Przy wzroście metr osiemdziesiąt ważył tylko sześćdziesiąt dwa kilogramy. Miał jasnoniebieskie oczy, ostre rysy twarzy i gładko zaczesane do tyłu czarne włosy. Urodził się w 1905 roku, a w raporcie niemieckiego wywiadu został opisany jako „typowy Prusak, uparty, wyrachowany, gotów wszelkimi środkami osiągnąć swój cel". W Heidelbergu był odpowiedzialny za wydział konstruujący sprzęt tlenowy do samolotów. Benzinger był zagorzałym nazistą od chwili powstania narodowego socjalizmu[74]. Do NSDAP wstąpił w roku 1933, tym samym, w którym Hitler przejął władzę. Był też członkiem SA i miał stopień starszego sierżanta. Wraz z żoną, Ilse Benzinger, byli członkami NSV, tak zwanej organizacji charytatywnej partii nazistowskiej, nadzorowanej przez ministra propagandy Rzeszy Josepha Goebbelsa. Ilse aktywnie działała w sponsorowanych przez NSV programach w rodzaju Matka i Dziecko, w ramach którego niezamężne Niemki rodziły na idyllicznych farmach aryjskie dzieci.

W 1934 roku dwudziestodziewięcioletni wówczas dr Benzinger został szefem wydziału w Stacji Eksperymentalnej Centrum Badawczego Sił Powietrznych. Podobnie jak Harry Armstrong, Benzinger przewidział, że w niedalekiej przyszłości piloci będą latać na pułapie sięgającym dwudziestu tysięcy metrów. Z myślą o takiej przyszłości Benzinger i jego personel w Rechlin badali, jak człowiek znosi duże wysokości i gwałtowną dekompresję[75]. Podejmowali ogromne ryzyko, eksperymentując na sobie. Zdarzyło się, że jeden z techników Benzingera zmarł w wyniku powikłań wywołanych niedoborem tlenu, którego doświadczył w komorze niskociśnieniowej. Prócz prowadzenia badań z zakresu medycyny lotniczej Benzinger został pilotem i dosłużył się w Luftwaffe stopnia pułkownika[76]. Uczestniczył w lotach zwiadowczych i bojowych nad Wyspami Brytyjskimi. W 1939 roku został odznaczony Krzyżem Żelaznym I i II Klasy za wykazanie się „odwagą w obliczu nieprzyjaciela".

W Centrum Medycyny Lotniczej w Heidelbergu Strughold zlecił dr. Siegfriedowi Ruffowi nadzór nad badaniami nad wpływem grawitacji na ludzi. Była to kontynuacja prac, które Ruff z Benzingerem rozpoczęli w czasie wojny w centrum badawczym w Rechlin. Ruff nie był tak niezwykle przystojny jak dr Benzinger. Ale widząc jego uśmiech i bijący z niego profesjonalizm, trudno było wyobrazić sobie, że tak długo nadzorował eksperymenty medyczne w Dachau, w tym przerażające i zbrodnicze badania Raschera w Bloku Eksperymentalnym 5. Podobnie jak Benzinger, Ruff był zdeklarowanym nazistą[77]. Do NSDAP wstąpił w 1938 roku. Ośrodek, którym dr Ruff kierował w czasie wojny, znajdował się w odległości zaledwie piętnastu kilometrów od instytutu dr. Strugholda. Jako dyrektorzy dwóch najważniejszych instytutów medycznych Luftwaffe w Berlinie Ruff i Strughold ściśle ze sobą współpracowali przy realizacji kilku projektów.

Ruff i Strughold byli współautorami kilku publikacji naukowych i wspólnie wydawali „Luftfahrtmedizin" (Medycyna Lotnicza)[78]. Jeden z napisanych przez nich artykułów do tego stopnia zainteresował Korpus Sił Powietrznych USA, że w 1942 roku oficerowie wywiadu przetłumaczyli go i rozkolportowali wśród lekarzy medycyny lotniczej w Wright Field. Obaj mężczyźni napisali też wspólnie książkę zatytułowaną *Kompendium medycyny lotniczej*, która służyła jako podręcznik dla lekarzy Luftwaffe i zawierała artykuły na temat gwałtownej dekompresji i niedoboru tlenu[79]. Doktor Ruff ponownie zajął się tymi tematami w Heidelbergu, tyle że teraz płaciła mu za to amerykańska armia.

Osobą pracującą pod bezpośrednim kierownictwem Ruffa w Centrum Medycyny Lotniczej był dr Konrad Schäfer, który, jak wynika z odtajnionych dokumentów, również prowadził badania nad wpływem grawitacji na organizm ludzki. Ale to nie była główna dziedzina jego zainteresowań naukowych. W czasie wojny prowadził badania nad zaburzeniami pragnienia, finansowane zarówno przez Radę Badań Naukowych Rzeszy, jak i przez Luftwaffe[80]. Schäfer był wysokim mężczyzną z lekką nadwagą i przerzedzonymi włosami. Nosił okulary z grubymi szkłami, przez co wydawało się, że lekko zezuje. W przeciwieństwie do większości swoich kolegów nie wstąpił do NSDAP, co jak później przyznał, kosztowało go utratę pracy. W 1941 roku został powołany do wojska i wysłany do bazy lotniczej Luftwaffe we Frankfurcie nad Odrą. Kiedy wyszły na jaw jego talenty jako chemika – wcześniej pracował jako chemik w firmie Schering AG – został przeniesiony do Berlina, gdzie miał zajmować się ratownictwem morskim Luftwaffe. „Chodziło między innymi o badanie różnych metod uzdatniania wody morskiej", zeznał później pod przysięgą.

Ratownictwo morskie było dziedziną, której poświęcano wiele uwagi. Dla dr. Strugholda jako szefa ośrodka badawczego medycyny lotniczej Luftwaffe było ono priorytetem. Każdy pilot biorący udział w walkach powietrznych wiedział, że picie wody morskiej uszkadza nerki i prowadzi do śmierci szybciej niż pragnienie. Wiadomo jednak było, że niemieccy piloci, zestrzeleni nad morzem i czekający na ratunek, nie stosowali się do zaleceń i pili wodę morską. Luftwaffe ogłosiło konkurs. Lekarz lub chemik, który zdołałby opracować metodę wytrącenia soli z wody morskiej, miał otrzymać wysoką nagrodę. Konrad Schäfer, jeden z protegowanych Strugholda w Berlinie, postanowił rozwiązać ten problem. Schäfer pracował „w kooperacji z IG Farben nad stworzeniem wolfenu, mieszaniny zeolitów srebra i baru", tłumaczył później, który zsyntetyzował w postaci „tabletki o nazwie Wolfatit, oddzielające sól". W rezultacie powstawała woda zdatna do picia, co było znaczącym osiągnięciem. Schäfer zdołał dokonać tego, co nie udało się innym lekarzom i chemikom.

Doktor Oskar Schröder, szef lekarzy Luftwaffe, był pod wrażeniem. Konrad Schäfer „opracował proces, który faktycznie wytrącał sól z wody morskiej", zeznał później Schröder. Ale w tym czasie inna grupa lekarzy Luftwaffe pracowała już nad inną metodą, zwaną metodą Berka. To źle wróżyło procesowi Schäfera. „Szef Służby Medycznej Luftwaffe uważał, że był on zbyt niewygodny i drogi", tłumaczył Schröder.

Ogłoszono drugi konkurs, tym razem żeby przekonać się, która metoda odsalania jest lepsza[81]. Skuteczność procesu Schäfera i metody Berka miała zostać przetestowana na *Untermenschen* w Dachau. Doktorowi Schäferowi miał asystować lekarz Luftwaffe, Hermann Becker-Freyseng, wspólnie mieli napisać artykuł dokumentujący wyniki konkursu. Doradcą Beckera-Freysenga i Schäfera był dr Siegfried Ruff. Powstała w wyniku ich pracy publikacja *Pragnienie i gaszenie pragnienia w sytuacjach awaryjnych na morzu* opisywała eksperymenty przeprowadzane na więźniach w Bloku Eksperymentalnym 5.

Doktor Hermann Becker-Freyseng był członkiem NSDAP od 1938 roku. Jego specjalnością były zatrucia tlenowe organizmu. W czasie wojny był szefem Departamentu Medycyny Lotniczej i Służb Medycznych Luftwaffe, kolejnej instytucji powstałej pod patronatem Strugholda. Becker-Freyseng cieszył się dużym szacunkiem kolegów, którzy podczas przesłuchań opisywali go jako postać „heroiczną" do granic masochizmu[82]. Becker-Freyseng przeprowadził na sobie ponad sto eksperymentów. W trakcie niektórych zdarzało mu się tracić przytomność, a jeden o mało nie doprowadził do śmierci. Najczęściej opowiadana była historia, kiedy Becker-Freyseng przeprowadzał eksperyment w komorze niskociśnieniowej na sobie samym i króliku[83]. Chcąc się przekonać, jaka ilość tlenu może zatruć organizm człowieka, zamknął się z królikiem w komorze niskociśnieniowej i zamierzał tam spędzić trzy dni. Brakowało mu jeszcze kilku godzin do osiągnięcia zakładanego celu, kiedy zaczęły się u niego pojawiać objawy paraliżu[84]. „Królik zdechł, Becker-Freyseng wydobrzał", zeznał później pod przysięgą Strughold. To wszystko działo się w czasie wojny. Teraz Ruff, Benzinger, Schäfer, Schröder i Becker-Freyseng, za zgodą Strughol-da i Armstronga, kontynuowali swoją pracę nad tajnymi programami badawczymi przeznaczonymi wcześniej dla machiny wojennej Hitlera[85].

Centrum Medycyny Lotniczej Sił Powietrznych Armii USA w Heidelbergu mieściło się w przysadzistym dwukondygnacyjnym budynku z cegły stojącym nad rzeką Neckar. Jeszcze kilka miesięcy wcześniej był to Instytut Badań Medycznych Cesarza Wilhelma, bastion nazistowskiej nauki, gdzie chemicy i lekarze zajmowali się projektami na potrzeby machiny wojennej Hitlera. Przed wejściem flagę Rzeszy zastąpiła flaga amerykańska. Ze ścian zdjęto fotografie Hitlera i zastąpiono je podobiznami amerykańskich generałów w wojskowych pozach[86]. Większość mebli pozostała ta sama. W stołówce do stołu podawali niemieccy kelnerzy w białych marynarkach. Zmiany uprawomocnił zwykły kwit rekwizycyjny, pojedyncza kartka papieru o wymiarach 13 na 21 centymetrów, z datą 14 września 1945 roku: „Ta nieruchomość jest potrzebna amerykańskim siłom zbrojnym, a wartość rekwizycji jest proporcjonalna do zasobów kraju"[87]. Cel projektu, utajniony, został określony w sposób zwięzły: „Wykorzystanie niektórych niedokończonych niemieckich projektów w dziedzinie medycyny lotniczej". Doktor Strughold otrzymał zadanie zatrudnienia lekarzy „uznawanych za autorytety w poszczególnych dziedzinach medycyny".

W amerykańskiej strefie okupacyjnej rozmontowywano całe laboratoria i przewożono je do tajnego ośrodka w Heidelbergu. Uratowano ponad dwadzieścia ton sprzętu medycznego znajdującego się na lotnisku Tempelhof w Berlinie, w tym „ogromną wirówkę mogącą pomieścić człowieka… i komorę niskociśnieniową długości dwóch typowych wagonów pulmanowskich". Był tam sprzęt, którego amerykańscy lekarze nigdy wcześniej nie widzieli[88]: tajemnicze urządzenia w rodzaju anomaloskopu Nagela, interferometru produkcji Zeissa, adaptometru Engelkinga-Hartunga, fotometru Schmidta-Haenscha czy precyzyjnego mikroskopu elektronowego Siemensa. Do Heidelbergu przywieziono nawet komorę niskociśnieniową z ośrodka badawczego Georga Weltza we Freisingu. Tego ośrodka, w którym dr Leo Alexander odkrył, że nazistowscy lekarze zamrażali ludzi na śmierć.

To były niepewne czasy dla lekarzy, którzy wcześniej pracowali dla Rzeszy. Toczył się proces w Norymberdze, a światowa prasa skupiała swoją uwagę na zbrodniach wojennych. Na niemieckich lekarzy patrzono z podejrzliwością. Artykuły prasowe, w tym ten z listopada 1945 roku w „Washington Post" na temat zamrażania ludzi, rzucały nowe światło na niemiecką medycynę. Wielu lekarzy uciekło do Ameryki Południowej. Część próbowała wmieszać się w tłum, świadcząc swoje usługi w obozach dla przesiedleńców. Niektórzy popełnili samobójstwo. Maximilian de Crinis, dziekan Wydziału Psychiatrii na Uniwersytecie Charité w Berlinie połknął kapsułkę z cyjankiem w ostatnich dniach wojny. Ernst-Robert Grawitz, lekarz SS i przewodniczący Niemieckiego Czerwonego Krzyża, zabił siebie i swoją rodzinę, detonując niewielką bombę w swoim domu pod Berlinem. Naczelny lekarz Rzeszy, Leonardo Conti, powiesił się w celi w Norymberdze. Ernst Holzlöhner, lekarz z Uniwersytetu Berlińskiego, który przeprowadzał wraz z Sigmundem Rascherem eksperymenty w Dachau, popełnił samobójstwo w czerwcu 1945 roku, po tym jak został przesłuchany przez Brytyjczyków.

Lista samobójców była długa, ale liczba lekarzy odpowiedzialnych za zbrodnie wojenne jeszcze większa. Amerykańskie biuro ds. zbrodni wojennych sporządziło listę lekarzy zaangażowanych w badania medyczne, których wynikiem było „zabójstwo z litości", eufemizm używany w Rzeszy na określenie zbrodniczych programów medycznych[89]. Lista była tajna z zastrzeżeniem, że dostęp do niej będzie „ograniczony przez 80 lat od daty jej powstania"[90]. A to znaczy, że świat pozna nazwiska z tej listy w roku 2025, kiedy wszyscy z niej nie będą już żyli.

Kopię listy otrzymał dowódca Centrum Medycyny Lotniczej, Robert J. Benford. Na liście było pięciu lekarzy, którzy zaczęli pracę w centrum jesienią 1945 roku: Theodor Benzinger, Siegfried Ruff, Konrad Schäfer, Hermann Becker-Freyseng i Oskar Schröder. Zamiast tych podejrzanych o ohydne zbrodnie wojenne wyrzucić z pracy, pozostawiono ich na stanowiskach, a listę utajniono. Lista pozostawała pilnie strzeżoną tajemnicą aż do 2012 roku, kiedy Departament Obrony zgodził się ją odtajnić na potrzeby tej książki.

ROZDZIAŁ DWUNASTY

Wojna totalna o rozmiarach apokalipsy

Do końca stycznia 1946 roku do Ameryki sprowadzono w sekrecie stu sześćdziesięciu nazistowskich naukowców[1]. Największa pojedyncza grupa składała się ze stu piętnastu specjalistów od rakiet z Wernherem von Braunem na czele, sprowadzonych do Fort Bliss w Teksasie. Ludzie ci zamieszkali w piętrowych barakach na terenie garnizonu i pracowali w laboratorium urządzonym w dawnym szpitalu Williama Beaumonta[2]. Posiłki jedli w kantynie razem z Indianami i pewnie dlatego von Braunowi wydawało się, że żyje w świecie powieści przygodowych. „To takie romantyczne spotkanie z Karolem Mayem", napisał von Braun w liście do rodziców w Niemczech. Karol May był niemieckim pisarzem piszącym powieści, których akcja rozgrywa się na Dzikim Zachodzie, a bohaterami są kowboje i Indianie. Niedługo potem Wernher von Braun sam zaczął pisać powieść z gatunku science fiction, na temat podróży kosmicznej na Marsa[3].

Von Braun był zachwycony pustynnym krajobrazem, kaktusami i potężnymi gipsowymi wydmami. Uwielbiał dalekie wyprawy otwartym jeepem. Praca nad skonstruowaniem rakiety nie przebiegała gładko, ale posuwała się do przodu. „Prawdę mówiąc, byliśmy rozczarowani tym, co zobaczyliśmy w tym kraju w pierwszym roku naszego pobytu – wspominał później von Braun. – W Peenemünde byliśmy hołubieni. Tu liczono się z każdym groszem"[4]. Rakiety V-2 odpalano na oddalonym o sto trzydzieści kilometrów poligonie White Sands[5], a dotarcie tam było wspaniałą wycieczką. Wojskowy autobus wiózł naukowców dookoła Gór Franklina, przez El Paso i wzdłuż Rio Grande do Las Cruces. Dalej trzeba było przejechać wyboistą drogą przez przełęcz San Andreas, żeby dotrzeć do kotliny Tularosa, gdzie zaczynał się teren poligonu. Na poligon White Sands wysyłano jednorazowo od dwunastu do piętnastu Niemców. Mieszkali tam w koszarach razem z pracownikami General Electric Company i żołnierzami oddziału technicznego wojska. Rakiety były odpalane z głębokiego na dziesięć metrów rowu, a Niemcy obserwowali to z masywnego, choć prostego betonowego bunkra. Pierwsza rakieta V-2, wystrzelona w kwietniu 1946 roku, wzbiła się na wysokość pięciu kilometrów. I chociaż jeden ze stateczników odpadł w czasie lotu, to von Braun wysłał do dyrektora Los Alamos, Roberta Oppenheimera, notatkę z propozycją wyposażenia jego rakiety w ładunek jądrowy[6]. Notatka zmieniła się w oficjalne pismo zatytułowane *Wykorzystanie głowic atomowych w wystrzeliwanych pociskach* i skierowane do armii. Von Braun rozważał w nim konstrukcję rakiety zdolnej przenosić ładunki jądrowe o masie jednej tony na odległość tysiąca sześciuset kilometrów.

Tymczasem w życiu osobistym von Brauna szykowały się dwie ważne zmiany. Pierwszą było wstąpienie do Kościoła Ewangelicznych Chrześcijan i „nowych narodzin", o czym publicznie wspominał rzadko. Drugą była decyzja poślubienia swojej kuzynki[7], Marii von Quistorp, córki brata swojej matki, Alexandra von Quistorpa. Von Braun był od niej niemal dwukrotnie starszy – ona latem 1946 roku skończyła osiemnaście lat i mieszkała w Niemczech. Von Braun zaczął w Teksasie snuć plany ściągnięcia swojej przyszłej żony do Stanów Zjednoczonych.

Każdy z naukowców inaczej opisywał swoje życie na zachodzie Ameryki. „Warunki zatrudnienia były przez wszystkich uznawane za właściwe i godnie wynagradzane"[8], mówił Dieter Huzel, inżynier, który ukrył dokumentację rakiet V-2 w kopalni Dörnten. Arthur Rudolph cieszył się, że w jedno popołudnie tygodniowo Niemcy mieli basen i kręgielnię do swojej wyłącznej dyspozycji[9]. Autorowi swojej biografii, który nie chciał być identyfikowany z książką i występował pod pseudonimem Thomas Franklin, powiedział, że brakowało mu jego rodziny i Biblii. Brat von Brauna, Magnus, był podejrzewany przez FBI o sprzedaż sztabki platyny, którą miał przeszmuglować do Stanów Zjednoczonych. Śledczy z Departamentu Sprawiedliwości uznali Magnusa von Brauna za osobę „snobistyczną" i „zarozumiałą" oraz stwarzającą pozory „groźniejszej od pół tuzina zdyskredytowanych generałów SS"[10].

Amerykański Korpus Uzbrojenia miał wiele problemów do przezwyciężenia. Brakowało funduszy. Kurczący się powojenny budżet wojskowy nie pozwalał na rozwój technologii rakietowej. Okazało się także, że część tak zwanych specjalistów od rakiet nie dysponuje odpowiednią wiedzą. Karl Otto Fleischer, który doprowadził majora Stavera do kopalni Dörnten i zwodził go w sprawie pensjonatu Pod Trzema Lipami, miał być ważnym szefem w strukturach Wehrmachtu, a okazało się, że był odpowiedzialny za dostawy żywności. W Teksasie powierzono mu stanowisko kierownika klubu, a w końcu „repatriowano" go do Niemiec[11]. Von Braun oszukał też Amerykanów, zatrudniając Waltera Weisemanna, nazistowskiego oficera politycznego, który wcześniej sprzedawał zawory w sklepie w Peenemünde. Von Braun nazywał go „wybitnym naukowcem". W rzeczywistości Weisemann uczył się inżynierii, pracując dla wojska w USA.

W odległości dwóch i pół tysiąca kilometrów, w Wright Field, zimą 1946 roku przebywało trzydziestu niemieckich uczonych. Pułkownik Putt uważał, że to bardzo mało. Przynajmniej raz w miesiącu pisał do dowództwa sił powietrznych w Waszyngtonie, domagając się zwiększenia liczby naukowców i pytając, dlaczego sprowadzenie tych „wyjątkowych umysłów" tak się ślimaczy. W rzeczywistości Niemcy w Wright Field mieli niedużo do roboty i wielu z nich zaczęło się niepokoić. Do Dowództwa Lotniczych Służb Materiałowych w Wright Field przeniesiono z Londynu Centralny Ośrodek Badania Dokumentów. Pięciuset pracowników porządkowało, katalogowało i rejestrowało na mikrofilmach 1500 ton niemieckich dokumentów zdobytych przez Alsos, CIOS i oddziały T-Force po wojnie. Materiał był tak rozległy, że do angielskiego słownika Dowództwa Lotniczych Służb Materiałowych dodano ponad sto tysięcy haseł technicznych. Ilość zdobytych informacji dawała szansę pracy początkowo niechętnie do niej nastawionym specjalistom niemieckim[12]. Niemcy uważali się za wynalazców i wizjonerów, a nie archiwistów czy biurokratów.

Jeden z Niemców, nazistowski biznesmen Albert Patin, spisywał skargi całej grupy[13], które trafiły w końcu na biurko pułkownika Putta. Nie chodziło w nich tylko o brak ambitnych zajęć, był to cały pakiet postulatów. Warunki w Hilltop były złe. Wynagrodzenia niskie. Poczta działała zbyt wolno. W Dayton nie było żadnych cywilizowanych ośrodków kultury. Laboratoria w Wright Field nie mogły się równać z wielkimi laboratoriami Trzeciej Rzeszy. Niemcy zaczęli „okazywać brak zaufania" wobec swoich amerykańskich gospodarzy „z powodu złamania obietnic danych przez oficerów USA".

Następne posunięcie pułkownika Putta było kontrowersyjne. Zwrócił się do Alberta Patina o pomoc. Liczący pięćdziesiąt osiem lat Patin był jednym z najstarszych Niemców w Hilltop. W czasie wojny w swoich licznych fabrykach produkował sprzęt dla Luftwaffe. Kiedy armia amerykańska zajęła fabryki, jeden z amerykańskich śledczych, kapitan H. Freiberger, był pod takim wrażeniem wizjonerstwa Patina, że uznał „trafność jego zasad za rewelację"[14]. Dla pułkownika Putta innowacje Alberta Patina były tym, co najlepsze i najjaśniejsze w niemieckiej nauce. Putt patrzył z zazdrością na wynalazki, produkowane w fabrykach Patina w czasie wojny: urządzenia ułatwiające nawigację, mechanizmy sterowania i automatycznej kontroli lotu. Te wynalazki pozwalały, zdaniem Putta, wyprzedzić Rosjan o dziesięć lat.

Zatrudnienie Patina przez amerykańskie siły powietrze wymagało przymknięcia oczu na jego przeszłość. W należących do niego zakładach produkujących uzbrojenie wykorzystywano pracę niewolniczą, co było zbrodnią wojenną. W autobiograficznym raporcie sporządzonym dla Putta Albert Patin przyznał, że dużą grupę spośród sześciotysięcznej załogi stanowili robotnicy przymusowi dostarczeni przez SS Heinricha Himmlera. Patin stwierdził, że nie wstydzi się tego; tłumaczył pułkownikowi Puttowi, że był jednym z najlepszych pracodawców w Trzeciej Rzeszy. Nie otaczał swoich fabryk ogrodzeniem pod napięciem, jak czynili to inni przemysłowcy. Patin był świadomy, że znalezienie się w najbliższym otoczeniu Hitlera ułatwiało prowadzenie biznesu[15], ale uważał, że nie skorzystał na wojnie. Wykonywał tylko rozkazy. Spędzał letnie wakacje z rodziną Göringa, a zimowe z Dieterem Stahlem, szefem zaopatrzenia w amunicję z ministerstwa Alberta Speera, ale tak czyniło wiele osób. Nie był w tym ani lepszy, ani gorszy.

Pułkownik Putt poprosił Alberta Patina, żeby ten wysondował pozostałych Niemców i sporządził formalną listę postulatów. W zamian Putt miał taką listę przedstawić swoim przełożonym z Dowództwa Lotniczych Służb Materiałowych. Putt radził Patinowi, żeby podkreślił, że Niemcy są przygnębieni, a nawet miewają myśli samobójcze z powodu rozłąki z rodzinami i braku perspektyw stałego zatrudnienia. Pułkownik Putt wysłał taką listę skarg napisaną przez Patina do dowództwa sił powietrznych w Waszyngtonie, na ręce generała brygady Johna A. Samforda. W dołączonym do niej liście przewodnim Putt domagał się podjęcia natychmiastowych działań mających na celu „poprawę morale [Niemców] i ratowanie zaistniałej sytuacji"[16].

Nazwisko Alberta Patina zwróciło uwagę generała Samforda już wcześniej. Cała korespondencja naukowców z Wright Field była kontrolowana przez pracowników wywiadu wojskowego. Albert Patin otrzymywał regularnie listy od swoich współpracowników w Niemczech, z których wielu szukało zatrudnienia w Stanach Zjednoczonych. Ostatnio Patin otrzymał list, w którym była mowa o lukratywnych propozycjach składanych przez agentów wywiadu francuskiego i rosyjskiego. O treści listu zostało powiadomione biuro generała Samforda[17]. A kiedy do generała dotarły skargi Niemców, postanowił działać. Listę skarg oraz przechwycony list do Patina przesłał do Departamentu Wojny. „Jeśli chcemy, żeby wartościowi naukowcy pracowali dla Stanów Zjednoczonych, a nie Francji i Rosji, konieczne jest podjęcie natychmiastowych działań", ostrzegał w piśmie generał Samford.

Pismo wywołało prawdziwą burzę[18]. Połączony Komitet Wywiadu (JIC) przygotowywał właśnie wielką zmianę polityki. Ostrzegł już Kolegium Szefów Połączonych Sztabów, że należy na nowo przemyśleć dotychczasową politykę powściągliwości w relacjach z Rosjanami. „Jeśli migracja naukowców i techników niemieckich do radzieckiej strefy okupacyjnej nie zostanie powstrzymana – czytamy w notatce JIC do kolegium – to naszym zdaniem Związek Radziecki w stosunkowo krótkim czasie może nadrobić zaległości technologiczne wobec Stanów Zjednoczonych w zakresie broni atomowej i pocisków kierowanych, a przegoni nas w takich dziedzinach jak podczerwień, telewizja i napęd odrzutowy". W notatce stwierdzono też, niezgodnie z prawdą, że niemieccy fizycy jądrowi pomagają Rosjanom w skonstruowaniu bomby atomowej, a „ich pomoc już teraz skróciła, prawdopodobnie o kilka lat, czas potrzebny na osiągnięcie przez ZSRR praktycznych rezultatów". W rzeczywistości Rosjanie dokonali postępów w pracach nad skonstruowaniem bomby atomowej nie dzięki wybitnym niemieckim umysłom, ale wykradając pomysły amerykańskim naukowcom z Los Alamos. Aż do 1949 roku CIA nie miała pojęcia, że kretem był brytyjski naukowiec Karl Fuchs, który pracował przy Projekcie Manhattan.

W reakcji na przekonanie, że Rosjanie przejmują wszystkich „ważnych niemieckich naukowców", Połączony Komitet Wywiadu zaproponował JIOA trzy zmiany, które należało natychmiast wprowadzić do programu zatrudniania nazistowskich naukowców.

Pierwszą było zrobienie wszystkiego, co możliwe, żeby uniemożliwić kolejnym naukowcom w Niemczech współpracę z Rosjanami. Drugą – amerykańska armia miała zapewnić niemieckim naukowcom i ich rodzinom wszystko, o co prosili, w tym także amerykańskie wizy. I trzecią – JIC sporządziło listę tysiąca Niemców, których należało ściągnąć do Ameryki.

Dla Samuela Klausa ta druga zmiana polityki była nierealna. Program zatrudniania nazistowskich naukowców miał mieć początkowo charakter „tymczasowy", a naukowcy mieli pozostawać w areszcie wojskowym. Tylko w ten sposób Departamentowi Wojny udało się ominąć przepisy prawa imigracyjnego w stosunku do naukowców, którzy już byli w Ameryce. Teraz JIOA domagało się wydania wiz imigracyjnych naukowcom i ich rodzinom. Nawet gdyby te zmiany w polityce zostały przyjęte, tłumaczył Klaus, proces wydawania wiz jest długi. Departament Stanu musiał zgodnie z prawem rozpatrywać każdy wniosek o wizę indywidualnie. I decyzja nie zapadała z dnia na dzień, lecz trwała rzeczywiście długo. Osoba starająca się o wizę musiała przedstawić listę osób wspierających jej starania, które z kolei musiały zostać przesłuchane przez reprezentanta Departamentu Stanu. Zarząd Wojskowy Strefy Okupacyjnej Stanów Zjednoczonych w Niemczech (OMGUS) musiał sporządzić odrębny raport na temat każdego z naukowców. Z berlińskiego Centrum Dokumentacji trzeba było wyciągnąć odpowiednie dokumenty NSDAP. Odrębnego wyjaśnienia wymagała jakakolwiek nagroda otrzymana od NSDAP albo członkostwo w SS lub w SA. Takie było prawo, tłumaczył Klaus.

Po otrzymaniu nowych informacji na temat rosyjskich zakusów nowy sekretarz wojny, Robert Patterson, niechętny dotąd programowi zatrudnienia niemieckich uczonych, nagle stał się jego propagatorem[19]. Jeszcze rok wcześniej Patterson nazywał niemieckich naukowców „wrogami… zdolnymi sabotować nasze wysiłki wojenne" i ostrzegał Kolegium Szefów Połączonych Sztabów, że „sprowadzenie ich do kraju prowokuje do pytań o delikatne kwestie". Tymczasem teraz w swojej notatce pisał, że „Departament Wojny powinien zrobić, co w jego mocy, żeby usunąć przeszkody stawiane przez Departament Stanu". To zmusiło sekretarza stanu Jamesa F. Byrnesa, szefa Samuela Klausa, do złagodzenia swojego stanowiska wobec Operacji Overcast. Z uwagi na rosnące zagrożenie rosyjskie sekretarz stanu Byrnes i sekretarz wojny Patterson doszli do nieformalnego porozumienia, że niepoddani nadzorowi niemieccy uczeni pozostający w Niemczech, gdzie mogli zostać przekupieni przez Rosjan, stanowili zbyt duże zagrożenie. Jeśli Departament Stanu wymaga traktowania każdego przypadku w sposób indywidualny, niech tak pozostanie, powiedział Byrnes. Niemieccy naukowcy i ich rodziny powinny otrzymać zgodę Departamentu Stanu na tymczasowy pobyt w USA w charakterze jeńców wojennych, napisał z kolei Patterson. Górę wzięła prosta logika. Jeśli my ich nie przyjmiemy, zrobią to Rosjanie.

State-War-Navy Coordinating Committee, będący teraz ciałem doradczym JIOA, potwierdził porozumienie sekretarza wojny i sekretarza stanu, ale wniósł do dyskusji nowy element. Niemieccy naukowcy pozostawieni samym sobie stwarzali „poważne zagrożenie natury militarnej dla bezpieczeństwa Stanów Zjednoczonych"[20]. Innymi słowy, można było teraz wykorzystać argument Samuela Klausa przeciwko próbie przyspieszenia wydawania wiz. Niemieckich uczonych nie można było pozostawić bez odpowiedniego nadzoru.

Czwartego marca 1946 roku zaczął obowiązywać dokument nr 275/5 State-War-Navy Coordinating Committee. Niemieccy naukowcy mogli teraz otrzymać zgodę na wjazd na terytorium Stanów Zjednoczonych w ramach tajnego programu wiążącego się z „interesem narodowym". Tym samym mniej ważne stało się pytanie, czy ktoś był, czy nie był nazistą, teraz było istotne, czy interesowali się nim Rosjanie. Dowódca amerykańskich sił okupacyjnych w Niemczech i dowódca amerykańskich sił zbrojnych europejskiego teatru działań wojennych (USFET), generał Joseph T. McNarney, dostał polecenie sporządzenia listy tysiąca najlepszych niemieckich naukowców, którzy w pierwszej kolejności powinni trafić do Stanów Zjednoczonych, żeby nie wpaść w ręce Rosjan. Materiałów generałowi McNarneyowi miał dostarczyć oficer wywiadu wojskowego G-2, pułkownik R.D. Wentworth. Do czasu otrzymania wizy rodziny naukowców miały zostać zakwaterowane w tajnym ośrodku wojskowym na północny wschód od Monachium i otrzymywać wyżywienie i odzież. Stanowiło to radykalną zmianę pierwotnych warunków programu zatrudniania niemieckich naukowców i było tym, o co JIOA od zawsze zabiegało.

W następnym miesiącu członkowie JIOA zebrali się i przez cały dzień dopracowywali szczegóły nowego programu[21]. Zaproszeni zostali doradcy, jak dyrektor ds. naukowych Alsos, Samuel Goudsmit. Kolegium Szefów Połączonych Sztabów nakazało przyspieszyć prace nad programem zatrudnienia niemieckich naukowców. W Ameryce przebywało już stu siedemdziesięciu pięciu niemieckich uczonych, z których żaden nie miał wizy. Panowała pełna zgoda, jeśli nie liczyć opinii Klausa, że proces przyznawania wiz powinien zostać przyspieszony. Największą przeszkodą był opór Departamentu Stanu przed wydaniem wiz osobom w sposób oczywisty powiązanym z ideologią nazistowską, w tym członkom SS i SA. Wątpliwości Departamentu Stanu budziły także osoby, które otrzymały wysokie nagrody za ważny wkład w budowę potęgi Rzeszy. Zgodnie z przepisami, tacy ludzie w ogóle nie mogli się starać o nadanie obywatelstwa.

Spotkanie zakończyło się rozsądnym kompromisem. Oficerowie wywiadu wojskowego przeglądający raporty OMGUS na temat poszczególnych naukowców mieli dyskretnie przypinać spinacz biurowy do tych akt, które budziły wątpliwości. Te akta nie miały trafiać bezpośrednio do Departamentu Stanu. Ludzie, których dotyczyły, mieli przebywać w Ameryce pod kuratelą wojska dłużej niż pozostali ich koledzy. Stąd wziął się nowy kryptonim programu zatrudniania niemieckich uczonych. Nazwa Operacja Overcast była spalona od czasu, kiedy rodziny niemieckich naukowców zaczęły nazywać miejsce, gdzie zostały zakwaterowane przed wysyłką do Ameryki, Camp Overcast. Od tej pory program zatrudniania nazistowskich naukowców miał być nazywany Operacją Paperclip, czyli Spinacz[22].

Nie wszyscy jednak wiedzieli, co oznacza dołączony dyskretnie do akt spinacz. Pierwsze spore komplikacje pojawiły się już kilka miesięcy później, 17 lipca 1946 roku. Generał Joseph McNarney napisał do JIOA[23], że wspólnie z pułkownikiem Wentworthem wytypował 869 niemieckich naukowców, którzy byli gotowi wziąć udział w Operacji Paperclip. I tu pojawiła się przeszkoda. „Na liście jest dużo byłych nazistów i osób bez szans na zatrudnienie – napisał generał McNarney. – Ci ludzie mogą znaleźć pracę w amerykańskiej strefie okupacyjnej Niemiec tylko w charakterze pracowników fizycznych"[24]. McNarney kierował się regułami USFET, według których wszyscy członkowie SS i SA musieli się poddać obowiązkowej denazyfikacji.

Powołując się na „narodowy interes" Ameryki[25], JIOA miała teraz zmienić treść naczelnej zasady dotyczącej charakteru Operacji Paperclip. Słowa „żaden zbrodniarz wojenny albo osoba oskarżana o zbrodnie wojenne" oraz „żaden aktywnie działający nazista", miały zostać zastąpione słowami „żadna osoba, która mogłaby planować odrodzenie niemieckiego potencjału wojskowego". Zastępca sekretarza wojny, Howard Petersen, uznał, że to nowe sformułowanie pozwoli JIOA „omijać kwestie wizowe", jak napisał w notatce noszącej datę 24 lipca 1946 roku. Tak miało jednak być tylko do czasu. W końcu urzędnicy Departamentu Stanu, w rodzaju Samuela Klausa, poczuli się urażeni takim sformułowaniem. Tymczasem członkowie JIOA potrzebowali jeszcze tylko aprobaty prezydenta Trumana.

Od lata 1946 roku stosunki pomiędzy Stanami Zjednoczonymi a Związkiem Radzieckim zaczęły się psuć. Słynny „Długi telegram", napisany przez amerykańskiego dyplomatę w Moskwie, George'a F. Keenana[26], trafił do Departamentu Stanu, został przejrzany przez prezydenta i jego doradców, a następnie rozesłany do wszystkich ambasad amerykańskich na świecie. Po przeanalizowaniu rosyjskiego „neurotycznego postrzegania spraw światowych" Keenan ostrzegał swoich szefów z Departamentu Stanu, że „na dłuższą metę nie może być mowy o stałej pokojowej koegzystencji" ze Związkiem Radzieckim. Zdaniem Keenana oba kraje były skazane na wzajemną silną wrogość.

Pod wpływem poglądów Keenana prezydent Truman poprosił doradcę Białego Domu, Clarka Clifforda, o przygotowanie studium na temat stanu aktualnego i przyszłości relacji radziecko-amerykańskich z militarnego punktu widzenia[27]. Clifford sięgnął do raportów sekretarza stanu, sekretarza wojny, sekretarza marynarki, biura prokuratora generalnego, Kolegium Szefów Połączonych Sztabów, wojskowych i cywilnych służb wywiadowczych oraz George'a Keenana. Na ich podstawie przygotował alarmującą i ściśle tajną analizę. Wniosek końcowy został zawarty już we wstępie: „Przywódcy radzieccy wierzą, że konflikt pomiędzy ZSRR a krajami kapitalistycznymi jest nieunikniony i ich zadaniem jest przygotowanie Związku Radzieckiego do tego konfliktu". Clifford ostrzegał, że radzieccy przywódcy weszli na drogę „mającą prowadzić do zdobycia dominacji światowej". Rosjanie pracowali nad bronią atomową, pociskami kierowanymi i strategicznymi siłami lotniczymi, rozwijali też program wojny biologicznej i chemicznej. Idea „pokojowej koegzystencji krajów komunistycznych i kapitalistycznych jest niemożliwa", napisał Clifford. Jedynym sposobem przeciwdziałania temu zagrożeniu było stosowanie „języka potęgi militarnej". Nie siły militarnej, tylko militarnego odstraszania.

Trzydziestego sierpnia 1946 roku podsekretarz w Departamencie Stanu, Dean Acheson, poprosił prezydenta Trumana o podjęcie decyzji w sprawie Operacji Paperclip. Acheson napisał, że jeśli prezydent nie będzie działał szybko, wielu niemieckich naukowców „możemy stracić". Po czterech dniach namysłu prezydent Truman oficjalnie zaaprobował program i zgodził się, żeby Operacja Paperclip objęła tysiąc niemieckich naukowców[28] i techników, którzy mieli emigrować do Stanów Zjednoczonych. Po oficjalnej zgodzie prezydenta prokurator generalny mógł teraz wprowadzić proponowane zmiany do programu[29]. Opracowano nowy kontrakt z JIOA, który pozwalał naukowcom przebywającym w USA przez pół roku przedłużyć swój pobyt o kolejny rok, a rządowi pozostawiał decyzję w sprawie ewentualnego przedłużenia umowy na pięć lat. Operacja Paperclip przestała być programem tymczasowym, a stała się długoterminowym. Dawni wrogowie państwa spełniali teraz warunki pozwalające uzyskać upragnione obywatelstwo amerykańskie.

W reakcji na raport Clifforda Połączony Komitet Wywiadu dokonał własnej, również utajnionej oceny zagrożenia radzieckiego, JCS 1696. Związek Radziecki, napisano w raporcie, zamierzał zdobyć dominację światową i zacznie od przejmowania kontroli nad innymi krajami, starając się izolować świat kapitalistyczny. Przyszła wojna z nim przybrałaby, zdaniem JIC, rozmiary apokaliptyczne. „W wojnie ze Związkiem Radzieckim musimy się spodziewać całkowitej i totalnej wrogości nieograniczonej ze strony radzieckiej żadnymi konwencjami międzynarodowymi czy względami humanitarnymi – czytamy w raporcie JCS 1696. – Przygotowania i plany z naszej strony muszą opierać się na takich założeniach". Innymi słowy, Stany Zjednoczone, przygotowując się do wojny z Rosjanami, musiały zdobyć przewagę militarną we wszystkich obszarach, także w broni chemicznej, biologicznej i atomowej.

Jak twierdzi historyk CIA, Larry A. Valero, kopie tajnego raportu zostały rozesłane do trzydziestu siedmiu lub trzydziestu ośmiu osób, w tym do Kolegium Szefów Połączonych Sztabów. Nie wiadomo, czy kopia raportu JCS 1696 trafiła do rąk prezydenta Trumana. Jego nazwisko nie figurowało na liście odbiorców.

Jednym z tysiąca naukowców, którzy znaleźli się na liście JIOA, był dr Kurt Blome. Alianci nie byli pewni, co zrobić z twórcą broni biologicznej. Żaden dyskretnie przypięty do jego akt spinacz nie zdołałby wymazać faktu, że jako naczelny lekarz Trzeciej Rzeszy należał do najbliższego kręgu Hitlera[30]. Ale jeśli Stany Zjednoczone miały przystąpić do wojny ze Związkiem Radzieckim, to byłaby to „wojna totalna", a więc, według raportu JCS 1696, także wojna biologiczna. Ameryka musiała „przewidywać" taki scenariusz i odpowiednio się do niego przygotować, ofensywnie i defensywnie. Doktor Blome spędził kilka miesięcy w ośrodku przesłuchań Dustbin w zamku Kransberg, a później został przewieziony do Centrum Służby Wywiadu Wojskowego USA w Darmstadt, dwadzieścia pięć kilometrów na południe od Frankfurtu. Latem 1946 roku dr Blome został tam zatrudniony przez US Army „jako lekarz".

Wiedza Kurta Blomego była ze wszech miar pożądana, ale o jego przyszłości jeszcze nie zdecydowano. W swoim poznańskim laboratorium dokonał znaczących postępów w badaniu patogenów, między innymi dżumy. Jak duże były te postępy w badaniach, pozostawało niewiadomą, pewnie dlatego, że wyszłoby wówczas na jaw przeprowadzanie w tamtym laboratorium eksperymentów na ludziach[31]. Blome bez przerwy powtarzał przesłuchującym go oficerom, że zamierzał przeprowadzać próby na ludziach, ale nigdy tego nie zrobił.

Amerykańskim odpowiednikiem Blomego, prowadzącym badania nad bronią biologiczną, był lewicujący bakteriolog dr Theodor Rosebury. W czasie wojny jego praca nad bronią biologiczną była tak samo utajniona jak prace nad bronią atomową. Pracował w ośrodku badawczym pod Waszyngtonem, zwanym Camp Detrick. Ośrodek przypominał ten w Poznaniu, tylko był większy[32]. W Camp Detrick nad ściśle tajnym programem broni biologicznej pracowały 2273 osoby. Podobnie jak Blome, Rosebury zajmował się dżumą. Koledzy Rosebury'ego pracowali nad 199 innymi projektami bomby biologicznej, w tym nad hodowlą bakterii wąglika, chorobami roślin i zwierząt i badaniami nad owadami, próbując określić, które z nich w sposób najskuteczniejszy mogłyby przenosić określone choroby[33].

Do 3 stycznia 1946 roku, kiedy to Departament Wojny wydał skromną, mocno okrojoną monografię, zwaną raportem Mercka, prawie nikt w Ameryce nie zdawał sobie sprawy, że armia pracuje nad bronią biologiczną. To wtedy po raz pierwszy amerykańska opinia publiczna dowiedziała się, że program rządowy „był pilnie strzeżoną tajemnicą, porównywalną tylko z tajemnicą Projektu Manhattan, czyli budowy bomby atomowej"[34]. Powody prowadzenia badań nad taką bronią, tłumaczono opinii publicznej, były takie same jak w przypadku broni chemicznej. Gdyby naziści użyli środków biologicznych do zabijania żołnierzy alianckich, amerykańskie wojsko byłoby przygotowane do akcji odwetowej. Owszem, wojna się skończyła, ale niestety, na horyzoncie pojawiło się nowe niebezpieczeństwo, ostrzegał raport Mercka. Dlatego amerykański program broni biologicznej musiał być kontynuowany. Ameryka wygrała wojnę dzięki potędze bomby atomowej, ale broń biologiczna była niczym broń atomowa biedaków. Broń biologiczną można wyprodukować praktycznie w dowolnym kraju „bez wielkich nakładów finansowych czy budowy olbrzymich ośrodków produkcyjnych". Broń biologiczną można ukryć „pod przykrywką legalnych badań medycznych lub bakteriologicznych", napisano w raporcie.

Autorem raportu był George W. Merck, pięćdziesięcioośmioletni chemik i właściciel firmy farmaceutycznej Merck & Co. z New Jersey. W czasie wojny, za prezydentury Roosevelta i Trumana, Merck był cywilnym szefem programu budowy amerykańskiego arsenału broni biologicznej. Firma Merck & Co. produkowała i sprzedawała szczepionki[35], w tym od 1898 roku pierwszą na rynku amerykańskim komercyjną szczepionkę przeciwko czarnej ospie, a od 1942 roku jeden z pierwszych antybiotyków, penicylinę G. W czasie wojny amerykańscy żołnierze otrzymywali szczepionkę przeciwko czarnej ospie. Człowiek, który dokonywał oceny zagrożenia bronią biologiczną, George Merck, był tym samym człowiekiem, którego firma mogła sprzedawać antidotum na tę broń. W 1946 roku nie patrzono na to z taką samą skrupulatnością jak kilkadziesiąt lat później, ale to dlatego, że niewiele wówczas wiedziano o amerykańskim kompleksie militarno-przemysłowym.

Raport Mercka nie sprecyzował, jakie rodzaje drobnoustrojów były badane w Stanach Zjednoczonych, wiadomo tylko, że badania prowadzono w ściśle tajnym ośrodku „w Marylandzie". Camp

Detrick był sześćdziesięciodwuhektarową posiadłością otoczoną pastwiskami, oddaloną o godzinę drogi od Waszyngtonu, podlegającą wojskom chemicznym. Raport Mercka oraz złowieszcza perspektywa „wojny totalnej" opisana w raporcie Clifforda oraz w raporcie JCS 1696 sprawiły, że Kongres wyasygnował duże kwoty na badania nad bronią biologiczną i Camp Detrick zaczął się gwałtownie rozrastać.

Doktor Kurt Blome znał informacje, które interesowały bakteriologów z Camp Detrick, i stąd powstał plan porozmawiania z nim. Tymczasem latem 1946 roku w Pałacu Sprawiedliwości w Norymberdze doszło do nieoczekiwanego zdarzenia, które przynajmniej chwilowo czyniło niemożliwym zatrudnienie Kurta Blomego w ramach Operacji Paperclip. W dziesiątym miesiącu procesu Rosjanie przedstawili nieoczekiwanego świadka, którego zeznania rzuciły nowe światło na dr. Kurta Blomego. Świadkiem tym był generał dr Walter Schreiber – tarcza mająca chronić przed mieczem Blomego.

Dwunastego sierpnia 1946 roku prokuratorzy z ZSRR zaskoczyli trybunał, mówiąc, że zaginiony nazistowski generał i były naczelny lekarz Trzeciej Rzeszy, Walter P. Schreiber, jest gotów zeznawać w Norymberdze przeciwko swoim kolegom.

Schreiber został doprowadzony w roli świadka i miał wykazać, że po klęsce pod Stalingradem Trzecia Rzesza planowała wziąć odwet na Armii Czerwonej, dokonując ofensywy z użyciem broni biologicznej. Była to pierwsza informacja na temat broni biologicznej, jaka padła na sali sądowej. Alianci nie zostali wcześniej poinformowani, że Schreiber będzie świadkiem. Amerykańscy prokuratorzy poprosili o możliwość przesłuchania go przed złożeniem przez niego zeznań pod przysięgą, ale Rosjanie odmówili. Śledczy zajmujący się zbrodniami medycznymi, dr Leopold Alexander, chciał porozmawiać ze Schreiberem sam na sam, ale bezskutecznie.

W czasie wojny Schreiber piastował stanowisko szefa służb medycznych w Naczelnym Dowództwie Wehrmachtu[36]. Był generałem i jednocześnie lekarzem i nosił tytuł dowódcy Sekcji Naukowej Wojskowej Akademii Medycznej w Berlinie[37]. Ale co najważniejsze, był specjalistą w dziedzinie szczepień. Schreiber przebywał w rosyjskim areszcie szesnaście miesięcy, od 30 kwietnia 1945 roku, kiedy został pojmany w Berlinie przez żołnierzy Armii Czerwonej. Według swojej relacji utworzył wielki szpital polowy w tunelu metra tuż pod bunkrem Hitlera, gdzie opiekował się „kilkuset rannymi" żołnierzami. Po przewiezieniu pociągiem do Związku Radzieckiego przenoszono go z jednego ośrodka przesłuchań do drugiego, aż w końcu trafił do więzienia na Łubiance przy siedzibie NKWD w Moskwie[38]. W Norymberdze pokazał się po raz pierwszy publicznie od dnia zakończenia wojny. Nawet członkowie jego rodziny nie wiedzieli, co się z nim dzieje.

Fakt, że były naczelny lekarz Trzeciej Rzeszy miał teraz pomagać rosyjskim prokuratorom w posłaniu dawnych kolegów na szubienicę, był czymś szokującym i zakrawającym na ironię. Nazwisko doktora Schreibera znajdowało się na liście Centralnego Rejestru Przestępców Wojennych, prowadzonego przez armię USA. Generał Walter Schreiber wraz z wieloma swoimi kolegami był od końca wojny poszukiwany przez siły alianckie. Gdyby Amerykanie zdołali go namierzyć i przesłuchać, siedziałby pewnie wraz z kolegami teraz na ławie oskarżonych w Norymberdze w oczekiwaniu na stryczek. Tymczasem zeznawał przeciwko kolegom.

Był poniedziałkowy ranek, 26 sierpnia 1946 roku, dwieście jedenasty dzień procesu, kiedy dr Schreiber stanął przed obliczem sądu. Pułkownik Jurij Pokrowski, wiceprokurator generalny ZSRR, przedstawił trybunałowi Schreibera jako świadka. Niemiecki obrońca, dr Hans Laternser, doradca Sztabu Generalnego i Naczelnego Dowództwa Armii (Oberkommando des Heeres – OKH), wyraził sprzeciw, ponieważ dowody zostały przedstawione zbyt późno. „Trybunał nie jest skłonny przyjmować dowodów tak późno ani otwierać na nowo kwestii, które zostały już wcześniej rozpatrzone – powiedział przewodniczący składu sędziowskiego, sir Geoffrey Lawrence – ale z drugiej strony, ze względu na wagę zeznania generała Schreibera, nie tylko w kwestii odpowiedzialności poszczególnych oskarżonych, ale także Naczelnego Dowództwa, trybunał wysłucha generała Schreibera w charakterze świadka". Innymi słowy, ponieważ Schreiber był wysoko postawionym nazistowskim generałem, sędziowie chcieli usłyszeć, co miał do powiedzenia. Po tym oświadczeniu Schreiber stanął przed obliczem sądu[39].

Miał sto sześćdziesiąt siedem centymetrów wzrostu i ważył siedemdziesiąt kilogramów. Długi rękaw koszuli zasłaniał bliznę na prawym ramieniu, pamiątkę po cięciu szablą. Schreiber miał pięćdziesiąt trzy lata, a lekarzem wojskowym był od 1921 roku. Był specjalistą w dziedzinie bakteriologii i epidemiologii i podróżował po całym świecie, badając różne choroby zakaźne, od dżumy w Afryce Zachodniej po malarię w Tunezji. Twierdził, że lepiej niż ktokolwiek inny w Trzeciej Rzeszy zna medyczne aspekty prowadzenia działań wojennych na pustyni i w warunkach srogiej zimy. Był też ekspertem w dziedzinie broni biologicznej i chemicznej, epidemii tyfusu i malarii oraz warunków rozwoju żółtaczki i gangreny. Kiedy wybuchła wojna, ten sympatyczny i ambitny syn urzędnika pocztowego trafił na najwyższe szczeble dowodzenia służb medycznych Wehrmachtu[40]. Stało się tak po części za sprawą chorobliwego strachu przed zarazkami, panującemu w Rzeszy. Rozległa wiedza Schreibera i doświadczenie w walce z epidemiami, których podłożem był brak higieny, czyniło go cennym nabytkiem dla partii nazistowskiej. Został osobą odpowiedzialną za badania nad zwalczaniem chorób zakaźnych i zapobieganiem wybuchom epidemii. Dzięki temu znał w najdrobniejszych szczegółach politykę Rzeszy dotyczącą medycyny. W 1942 roku Hermann Göring powierzył Schreiberowi dodatkowo zadanie ochrony przed bronią chemiczną i biologiczną, czyli uczynił go odpowiedzialnym za program produkcji odpowiednich szczepionek.

„Przysięgam na Boga Wszechmogącego i Wszechwiedzącego, że będę mówił szczerą prawdę, niczego nie ukrywając i niczego nie dodając", brzmiała przysięga złożona przez Schreibera. Rosyjski prokurator, generał G.A. Aleksandrow, zapytał Schreibera, jakie zdarzenie skłoniło go do zeznawania w Norymberdze.

„W czasie drugiej wojny światowej działy się w Niemczech rzeczy stojące w sprzeczności z etyką lekarską – wyjaśnił Schreiber. – W interesie narodu niemieckiego, niemieckiej medycyny i przyszłych pokoleń lekarzy uważam za konieczne wyplenienie podobnych praktyk. Rzecz dotyczy przygotowań do wojny bakteriologicznej, które dały początek eksperymentom na istotach ludzkich". Schreiber mówił, że Rzesza przygotowywała się do ofensywnej wojny biologicznej i używała *Untermenschen* – podludzi – w charakterze królików doświadczalnych.

Generał Aleksandrow zapytał Schreibera, dlaczego tak długo czekał z ujawnieniem prawdy; czy został zmuszony do zeznań, czy też składa je z własnej inicjatywy?

„Sam o tym zdecydowałem – zapewnił Schreiber. – Kiedy usłyszałem tu, w Norymberdze, zeznania dr. Kramera i profesora Holzlehnera [Holzlöhnera], byłem głęboko wzburzony perwersyjnymi pomysłami niektórych niemieckich lekarzy". Holzlöhner i Schreiber byli bliskimi przyjaciółmi. Kiedy na konferencji w Norymberdze w 1942 roku „Medyczne problemy związane z zagrożeniami ze strony wody i zimy" Schreiber dowiedział się o zbrodniczych eksperymentach Holzlöhnera z zamrażaniem ludzi, zaprosił go z jego wykładem do Wojskowej Akademii Medycznej w Berlinie[41].

Jak jednak dr Schreiber mógł słyszeć te zeznania, skoro siedział w więzieniu w Związku Radzieckim? – zapytał Aleksandrow. To pytanie musiało sobie zadawać wiele osób.

„W sali klubowej obozu jenieckiego były dostępne niemieckie gazety – wyjaśnił Schreiber, przedstawiając niesławną Łubiankę jako coś w rodzaju arystokratycznego klubu dla dżentelmenów, a nie więzienie o drakońskim rygorze. – Musiałem czekać, żeby przekonać się, czy sąd sam poruszy kwestię broni bakteriologicznej. Kiedy nic takiego nie nastąpiło, w kwietniu postanowiłem złożyć zeznanie".

„Czy świadek – odezwał się generał Aleksandrow – mógłby nam powiedzieć, co wie na temat przygotowań naczelnego dowództwa niemieckiego do wojny biologicznej?"

„W lipcu 1943 roku Naczelne Dowództwo Wehrmachtu (OKW) zwołało tajną konferencję, w której wziąłem udział jako przedstawiciel Inspektoratu Medycznego Armii. Podczas spotkania sformowała się grupa zwolenników wojny bakteriologicznej. W wyniku sytuacji na froncie OKW musiało na kwestię użycia bakterii jako broni spojrzeć inaczej, niż głosiło dotychczasowe stanowisko Inspektoratu Medycznego – zeznał Schreiber. – W konsekwencji Führer uczynił marszałka Rzeszy Hermanna Göringa odpowiedzialnym za przygotowania do wojny biologicznej i dał mu odpowiednie pełnomocnictwa". Swoim zeznaniem Schreiber zaprzeczał powszechnemu mniemaniu, jakoby Hitler nigdy nie zezwolił swoim generałom na użycie broni chemicznej lub biologicznej przeciwko wojskom alianckim. Faktem jest, że broń chemiczna i biologiczna nie została użyta w czasie drugiej wojny światowej, i dlatego dziwny wydawał się fakt, że Schreiber został przywieziony na proces w Norymberdze po to, żeby zeznawać na temat czegoś, co było całkowicie pozbawione znaczenia. Po co więc właściwie Schreiber się tam pojawił?

„Podczas [tej] tajnej konferencji zdecydowano, że ma zostać powołany instytut, w którym produkowano by kultury bakterii na masową skalę – zeznał Schreiber – i przeprowadzano eksperymenty naukowe dotyczące możliwego zastosowania bakterii [w działaniach zbrojnych]. Instytut miał być również wykorzystywany do przeprowadzania eksperymentów z zarazą niszczącą zbiory i zabijającą zwierzęta hodowlane".

„Co się wydarzyło później?" – zapytał znacząco generał Aleksandrow.

„Kilka dni później dowiedziałem się... że marszałek Göring wyznaczył do wykonania zadania zastępcę szefa Ligi Lekarzy Rzeszy [dr Kurta] Blomego i kazał mu znaleźć jak najszybciej odpowiedni instytut w Poznaniu lub okolicach".

„A co pan wie na temat eksperymentów przeprowadzanych dla celów wojny bakteriologicznej?" – zapytał generał Aleksandrow.

„Eksperymenty były przeprowadzane w instytucie w Poznaniu – odparł Schreiber, mając na myśli instytut Blomego. – Nic więcej o nich nie wiem. Wiem tylko, że z samolotów dokonywano próbnych oprysków emulsją zawierającą bakterie i zrzucano szkodniki, jak choćby chrząszcze, ale szczegółów nie znam. Ja nie przeprowadzałem takich eksperymentów".

Aleksandrow zapytał, czy naczelne dowództwo wiedziało o tych eksperymentach. „Podejrzewam, że tak", odparł Schreiber.

„Czy zechciałby pan wyjaśnić szczegółowo, co było powodem decyzji OKW o rozpoczęciu przygotowań do wojny biologicznej?" – poprosił Aleksandrow.

„Klęska pod Stalingradem – odparł Schreiber – sprawiła, że dokonano ponownej oceny sytuacji i w konsekwencji podjęto nowe decyzje. Nie było wątpliwości, że użycie nowej broni może znowu przechylić szalę zwycięstwa na naszą stronę".

„Dlaczego w takim razie Rzesza nie użyła broni biologicznej?" – zapytał Aleksandrow.

Zamiast udzielić odpowiedzi na pytanie, generał Schreiber zaczął szczegółowo omawiać spotkanie z dr. Blomem w marcu 1945 roku. „W marcu 1945 roku profesor Blome odwiedził mnie w moim gabinecie w Wojskowej Akademii Medycznej – wspominał Schreiber. – Przyjechał z Poznania i był bardzo podekscytowany. Zapytał mnie, czy znalazłbym dla niego i jego ludzi miejsce w laboratoriach w Sachsenburgu, gdzie mogliby kontynuować prace, ponieważ w związku ze zbliżaniem się Armii Czerwonej został zmuszony do opuszczenia swojego instytutu w Poznaniu. Musiał stamtąd uciekać i nawet nie zdążył wysadzić instytutu w powietrze. Był bardzo zaniepokojony faktem, że instalacje służące do eksperymentów na ludziach mogą wpaść w ręce Rosjan. Próbował jeszcze zburzyć instytut za pomocą bomby lotniczej, ale to również okazało się niemożliwe. Dlatego prosił mnie, żebym pomógł mu uzyskać zgodę na kontynuowanie w Sachsenburgu prac nad kulturami bakterii dżumy, które wywiózł z Poznania".

Doktor Blome nie był sądzony. Dlaczego Schreiber poświęcił tyle miejsca w swoich zeznaniach Blomemu? „W trakcie wizyty Blome powiedział mi, że mógłby kontynuować prace w laboratorium w [Gerabergu] w Turyngii, ale nie było ono ukończone. Dokończenie budowy miało zająć jeszcze kilka dni, a może nawet kilka tygodni i musiał do tego czasu gdzieś się ulokować. Dodał, że jeśli bakterie dżumy zostaną użyte w działaniach bojowych tak blisko granicy niemieckiej, konieczne będzie zapewnienie ochrony własnym żołnierzom i ludności cywilnej. Należało wyprodukować serum. Ale było już za późno i wprowadzenie całego pomysłu w życie okazało się niemożliwe".

Czy Schreiber obciążał w swoich zeznaniach doktora Kurta Blomego z chęci zemsty lub z powodu osobistej rywalizacji? Schreiber wskazał również kilku innych lekarzy, którzy nie byli sądzeni podczas tego procesu. Wymienił Kramera i Holzlöhnera jako tych, którzy przeprowadzali eksperymenty z zamrażaniem ludzi, ale powiedział też, że niejaki dr Ding „sztucznie zarażał [więźniów obozu koncentracyjnego] tyfusem, używając do tego wszy", a „utalentowany chirurg" dr Karl Gebhardt przeprowadzał na radzieckich więźniach operacje czaszki i zabijał więźniów w określonych odstępach czasu, żeby obejrzeć zmiany patologiczne". Schreiber zeznał, że „rozkaz przeprowadzania takich eksperymentów wydał oskarżony Göring" oraz że „Reichsführer Himmler chętnie dostarczał obiekty eksperymentów". Ale nieproporcjonalnie dużo miejsca w swoich zeznaniach Schreiber poświęcił badaniom Blomego nad dżumą[42].

Pytania strony przeciwnej stawiał świadkowi dr Hans Laternser. Laternser zapytał Schreibera, czy jego zeznanie przed prokuratorem rosyjskim zostało spreparowane. Schreiber odparł, że nie.

„Czy obiecano panu jakieś korzyści?" – zapytał Laternser.

„Nie, niczego mi nie obiecano. Nie przyjąłbym żadnych korzyści od nikogo", odparł Schreiber.

„Załóżmy, że taki przerażający plan użycia bakterii rzeczywiście istniał. Czy to nie naraziłoby pańskich żołnierzy na poważne niebezpieczeństwo?"

„Nie tylko naszych żołnierzy, ale wszystkich Niemców, ponieważ uchodźcy przemieszczali się ze wschodu na zachód. Zaraza bardzo szybko rozprzestrzeniłaby się na terytorium Niemiec".

„Mam jeszcze jedno pytanie do świadka. Czy wyraził pan kiedykolwiek na piśmie swoje zastrzeżenia wobec użycia broni bakteriologicznej?" – zapytał dr Laternser.

„Tak – odparł Schreiber – w notatce, o której wspominałem wcześniej".

„Kiedy pan przedstawił tę notatkę?"

„W 1942 roku; czy mogę teraz..."

„Wystarczy", przerwał mu Laternser. Przyłapał Schreibera na kłamstwie. „Konferencja odbywała się w lipcu 1943 roku!"

Laternser nie miał więcej pytań. Sąd zamknął posiedzenie. Być może zakłopotani faktem, że ich główny świadek został przyłapany na kłamstwie, Rosjanie nie wezwali więcej Schreibera do składania zeznań. Doktor Alexander podjął jeszcze jedną próbę przesłuchania go, ale znów nieskuteczną. Rosjanie odparli, że jest im przykro, ale Schreiber został już odwieziony z powrotem do Moskwy. Było to osobliwe zdarzenie, ale dziwaczne zeznania Schreibera dały jakiś rezultat. Dwa dni później pod siedzibę amerykańskiego Centrum Wojskowych Służb Wywiadowczych w Darmstadt, gdzie był zatrudniony doktor Blome, podjechał wojskowy samochód[43]. Blome został aresztowany i przewieziony do kompleksu więziennego przy Pałacu Sprawiedliwości w Norymberdze[44]. „Raport o poufnej zmianie statusu" określał go teraz jako więźnia obozu internowania nr 6850 w Norymberdze, którego komendantem był pułkownik Burton Andrus[45].

Los Blomego zmieniły okoliczności. Został wykreślony z listy Operacji Paperclip, a trafił na listę oskarżonych, którzy mieli być sądzeni w zbliżającym się procesie norymberskim lekarzy.

Dwieście czterdzieści kilometrów od Norymbergi, w tajnym ośrodku badawczym amerykańskich sił powietrznych w Heidelbergu, trwały intensywne prace. Od roku, dzień i noc, pięćdziesięciu ośmiu niemieckich lekarzy w białych kitlach laboratoryjnych pracowało w nowoczesnych laboratoriach nad przeróżnymi projektami, badając wytrzymałość człowieka, zakres widzenia w nocy, dynamikę przepływu krwi, fizjologię słuchu i wiele innych zagadnień. Wszyscy podlegali dr. Strugholdowi[46], który z kolei podlegał dowódcy ośrodka, pułkownikowi Robertowi J. Benfordowi. Ośrodek badawczy regularnie odwiedzali wysocy rangą oficerowie[47], w tym dwaj jego twórcy, generał Malcolm Grow i pułkownik Harry Armstrong. Grow pracował w Waszyngtonie i był lekarzem wojskowym (wkrótce miał zostać naczelnym lekarzem amerykańskich sił powietrznych). Harry Armstrong wrócił do Teksasu, gdzie był teraz komendantem Szkoły Medycyny Lotniczej w Randolph Field.

Razem z nazistowskimi lekarzami w Heidelbergu pracowało kilkudziesięciu tłumaczy przygotowujących angielskie wersje raportów. Do września 1946 roku skompletowano ponad tysiąc stron dokumentów. Wkrótce całość miała się ukazać w dwutomowej monografii *German Aviation Medicine, World War II* (Niemiecka medycyna lotnicza, II wojna światowa)[48].

Prace lekarzy Strugholda w Heidelbergu szybko postępowały, dopóki w instytucie nie powstało potężne zamieszanie. Siedemnastego września 1946 roku do ośrodka przyjechała grupa oficerów kontrwywiadu z 303. Oddziału z pięcioma nakazami aresztowania w ręku[49]. Theodor Benzinger, Siegfried Ruff, Konrad Schäfer, Hermann Becker-Freyseng i Oskar Schröder byli poszukiwani przez Międzynarodowy Trybunał Wojskowy w Norymberdze jako „podejrzani o popełnienie zbrodni wojennych". Lekarze zostali aresztowani, przewiezieni do kompleksu więziennego przy Pałacu Sprawiedliwości w Norymberdze i osadzeni w tym samym skrzydle, w którym siedział już Blome. Gdyby wyszło na jaw, że amerykańskie siły powietrzne zatrudniały podejrzanych o popełnienie zbrodni wojennych i kazały im prowadzić zakazane zgodnie z porozumieniami pokojowymi badania o charakterze wojskowym na terytorium Niemiec, wybuchłby wielki skandal, instytut Harry'ego Armstronga zostałby zamknięty, a Operacja Paperclip spalona.

Proces lekarzy nazistowskich był pierwszy z tak zwanych procesów następczych, po osądzeniu największych zbrodniarzy w Norymberdze. Rozpoczął się 9 grudnia 1946 roku. W przeciwieństwie do pierwszego procesu nazwiska dwudziestu trzech oskarżonych w procesie – dwudziestu lekarzy i trzech funkcjonariuszy SS – były praktycznie nieznane amerykańskiej opinii publicznej[50]. Z wcześniejszych doniesień prasowych wiedziano tylko, że chodzi o zwyrodniałych nazistowskich naukowców. Według słów głównego oskarżyciela, generała Telforda Taylora, nazistowscy lekarze zyskali biegłość w stosowaniu „makabrycznej nauki" do zabijania. Eksperymenty przeprowadzane na więźniach obozów koncentracyjnych polegały między innymi na wychładzaniu organizmu, badaniu reakcji organizmu na duże wysokości, badaniu działania gazu musztardowego, zmuszaniu do picia wody morskiej, badaniach nad malarią, masowej sterylizacji i eutanazji. „New York Times" nazwał zbrodnie popełnione przez lekarzy „niemożliwymi do zaakceptowania nawet przez najbardziej perwersyjną medycynę"[51] i ostrzegał, że o niektórych szczegółach trudno wprost pisać. W artykule przytoczono jeden wyjątkowo groteskowy przypadek. Żeby wzbogacić kolekcję uniwersytetu o szkielety *Untermenschen*, podludzi, lekarz z SS dr August Hirt kazał mordować zupełnie zdrowych ludzi, „Żydów i Słowian"[52]. Hirt to ten sam anatom, który występował w dokumentach dr. Eugena Haagena, znalezionych przez oficerów Alsos w Strasburgu w listopadzie 1944 roku. Hirt, ekspert od budowy anatomicznej dinozaurów, popełnił samobójstwo, zanim rozpoczął się proces. Na ławie oskarżonych zasiadały zarówno „szumowiny niemieckiej medycyny"[53], jak i cenieni dawniej w świecie lekarze w rodzaju dr. Kurta Blomego[54].

Dwunastego października 1946 roku wydawany przez Pentagon dziennik „Stars and Stripes" opublikował listę z nazwiskami oskarżonych lekarzy[55]. Znalazło się na niej także pięciu lekarzy Luftwaffe aresztowanych w Centrum Medycyny Lotniczej: Theodor Benzinger, Siegfried Ruff, Konrad Schäfer, Hermann Becker-Freyseng i Oskar Schröder. W ciągu zaledwie kilku tygodni lekarze ci z pracowników armii amerykańskiej stali się oskarżonymi o zbrodnie wojenne. W grę wchodziła poważna kara – każdemu z lekarzy groził wyrok śmierci.

W następnym tygodniu w więzieniu przy Pałacu Sprawiedliwości w Norymberdze doszło do dziwnego zdarzenia z udziałem dr. Benzingera. Podczas śledztwa Benzinger przyznał, że był świadomy faktu przeprowadzania eksperymentów medycznych w obozach koncentracyjnych oraz tego, że w trakcie tych eksperymentów mordowano poddawanych im ludzi. Benzinger przyznał również, że uczestniczył w październiku 1942 roku w konferencji w Norymberdze „Medyczne problemy związane z zagrożeniami ze strony wody i zimy", podczas której dziewięćdziesięciu lekarzy Luftwaffe otwarcie dyskutowało na temat danych uzyskanych w wyniku mordowania ludzi[56]. Kiedy Benzinger siedział w więzieniu w Norymberdze, prokuratorzy powiedzieli mu, że dysponują nowym dowodem jego udziału w zbrodniach wojennych, a mianowicie „filmem przedstawiającym zbrodnicze eksperymenty"[57], który został swojego czasu pokazany w Ministerstwie Lotnictwa. Benzinger nie zaprzeczał, że znalazł się w grupie lekarzy zaproszonych przez Himmlera do udziału w projekcji tego filmu. Nie zaprzeczał też, że był jedną z dziewięciu osób pełniących na prośbę Himmlera funkcję gospodarza tamtego wieczoru. Benzinger należał do elitarnego kręgu lekarzy Luftwaffe faworyzowanego przez Reichsführera, ale to jego zdaniem nie było jeszcze przestępstwem[58]. Prokuratorzy mieli jednak dokument, z którego wynikało, że Benzinger był o wiele bardziej uwikłany w zbrodnie, niż się do tego przyznawał. „Po projekcji filmu większość widzów wyszła, a pozostała tylko niewielka grupka lekarzy, w tym Benzinger. Poprosili Raschera... o opisanie eksperymentów własnymi słowami"[59], napisano w dokumencie. Benzinger uparcie twierdził, że tylko słuchał, nie robił nic więcej[60]. I nie ma żadnych dowodów na jego udział w jakichkolwiek zbrodniczych eksperymentach, nie ma żadnych dokumentów ani świadków.

Dwunastego października 1946 roku dr Theodor Benzinger został oskarżony w mającym się wkrótce rozpocząć procesie lekarzy. I wtedy, zaledwie jedenaście dni później, 23 października 1946 roku, Benzinger został bez żadnych wyjaśnień wypuszczony z więzienia w Norymberdze. Jak wynika z odtajnionych akt z więzienia norymberskiego, wrócił prosto pod kuratelę Sił Powietrznych Armii Stanów Zjednoczonych. Po spędzeniu nieco ponad miesiąca za kratami[61] znów znalazł się w Heidelbergu, gdzie kontynuował prace badawcze. Nie było żadnego wyjaśnienia, dlaczego Benzinger wypadł z listy oskarżonych w mającym się odbyć procesie. Musiało minąć kilka dekad, nim ważną wskazówkę ujawnił biegły z procesu norymberskiego i profesor historii medycyny, Paul Weindling. Jak się okazało, jesienią 1946 roku Benzinger napisał publikację na temat fizjologii pilota w lotach stratosferycznych, czyli na bardzo dużych wysokościach. „Siły powietrzne z Wright Field rozpowszechniły jego raport w październiku 1946 roku – zaledwie kilka tygodni po tym, jak został uwięziony, a następnie wypuszczony"[62] z więzienia przy Pałacu Sprawiedliwości w Norymberdze, tłumaczy Weindling. Można podejrzewać, że ktoś w siłach powietrznych uznał, iż fachowa wiedza Benzingera jest ważniejsza dla „narodowych interesów" niż oskarżanie go o zbrodnie wojenne. Jeden z norymberskich prokuratorów, prawnik z Bostonu Alexander G. Hardy, wściekł się, kiedy dotarła do niego wiadomość o uwolnieniu Benzingera, i powiedział, że „przesłuchania były nieudolnie prowadzone"[63].

Tymczasem w Centrum Medycyny Lotniczej w Heidelbergu aresztowanie pięciu lekarzy pod zarzutem popełnienia zbrodni wojennych wprowadziło nerwową atmosferę. Zaczęto po cichu zawieszać prace nad tajnymi programami badawczymi. Kiedy Ruff, Schäfer, Hermann Becker-Freyseng i Schröder stanęli przed obliczem sądu w Norymberdze, trzydziestu czterech pozostałych lekarzy przygotowywało się do podróży do Stanów Zjednoczonych w ramach Operacji Paperclip[64]. Jednym z pierwszych, który poleciał do Ameryki do pracy w lutym 1947 roku, był doktor Theodor Benzinger.

Podczas gdy lekarze z Heidelbergu czekali w więzieniu przy Pałacu Sprawiedliwości na rozpoczęcie procesu, w Norymberdze toczyły się kolejne przygotowania. Zakończył się proces największych zbrodniarzy wojennych. Rankiem 1 października sędziowie odczytali werdykt: z dwudziestu dwóch oskarżonych o zbrodnie wojenne (jeden, Bormann, zaocznie) dziewiętnastu zostało uznanych za winnych, a trzech uniewinniono. Tego samego popołudnia trybunał ogłosił wysokość wyroków: dwunastu skazano na karę śmierci, trzech na dożywocie i czterech na długoletnie więzienie[65]. Albert Speer, jedyny, który przyznał się do winy, został skazany na dwadzieścia lat więzienia.

Lekarze z Heidelbergu zostali umieszczeni w oddzielnym skrzydle więzienia, w którym przez kolejne dwa miesiące toczyły się przesłuchania poprzedzające proces. W tym samym więzieniu przy Pałacu Sprawiedliwości przetrzymywany był dr Otto Ambros. Ambros miał być sądzony w VI procesie następczym, tak zwanym procesie IG Farben, którego początek planowano na lato 1947 roku.

Naczelnikowi więzienia, pułkownikowi Burtonowi Andrusowi, podlegali wszyscy więźniowie, także ci, którzy mieli zostać wkrótce powieszeni. Skazanym na śmierć pozostały mniej więcej dwa tygodnie życia. Andrus opisał surrealistyczną atmosferę, w jakiej ostatnie dni swojego życia spędzali ci z nazistów, którzy zostali skazani na karę śmierci. Ribbentrop, Kaltenbrunner, Frank i Seyss-Inquart przyjęli komunię i wyspowiadali się norymberskiemu księdzu, ojcu O'Connerowi. Göring zapisał więziennemu fryzjerowi w spadku swój pędzel do golenia i brzytwę. Streicher napisał sześć listów. Ribbentrop czytał książkę. Keitel zażądał, żeby w czasie jego egzekucji zagrano na organach niemiecką pieśń ludową. „Na noc 14 października zarządziłem specjalne środki bezpieczeństwa wokół więzienia – wspominał pułkownik Andrus. – Chciałem, żeby skazani dowiedzieli się dopiero w ostatniej chwili, że nadszedł czas egzekucji"[66].

Na miejsce egzekucji wybrano norymberską salę gimnastyczną. Każdego wieczoru amerykańscy strażnicy grali tam dla relaksu w koszykówkę. Wieczorem przed zbudowaniem szubienic Andrus pozwolił jak zwykle rozegrać mecz. „Późno wieczorem – wspominał Andrus – kiedy spoceni gracze poszli pod prysznic, przez specjalnie wycięte w ścianie drzwi do sali wszedł oddział egzekucyjny i przystąpił do wykonania swojego zadania. Drzwi wycięto z takiej strony, żeby więźniowie nie widzieli wnoszonych do sali gimnastycznej rusztowań". Ukryto przed ich wzrokiem także nosze, na których miano wynosić zwłoki.

Kiedy szubienice były już gotowe, w więzieniu rozegrał się dramat. Göring zażądał, żeby go rozstrzelano, a nie powieszono – powieszenie uznał za niegodną śmierć. Jego prośbę rozpatrzyła i odrzuciła Aliancka Komisja Kontroli. W noc przed egzekucją Göring połknął fiolkę z cyjankiem potasu, którą trzymał w ukryciu przez osiemnaście miesięcy. W liście pożegnalnym napisał, że udało mu się zachować fiolkę dzięki temu, że ukrywał ją na zmianę w odbycie i w pępku[67]. Śledczy, dr Leopold Alexander, dowiedział się później, że fiolkę dla Göringa przygotował dr Rascher, ten sam, który przeprowadzał zbrodnicze eksperymenty w Dachau.

Krótko po północy 16 października 1946 roku trzy pomalowane na czarno szubienice były gotowe. Każda składała się z platformy, na którą prowadziło trzynaście stopni, i z poprzeczki z pętlą. Katem był starszy sierżant John C. Woods, człowiek, który miał w swoim piętnastoletnim dorobku zawodowym 347 egzekucji amerykańskich żołnierzy skazanych za ciężkie przestępstwa, w tym dezercję. O godzinie pierwszej w nocy pułkownik Andrus odczytał na głos nazwiska skazanych. Po każdym nazwisku znający język niemiecki asystent wypowiadał formułkę: *Tod durch den Strang*, czyli śmierć przez powieszenie.

Naziści jeden po drugim byli wieszani. O czwartej nad ranem ciała załadowano na dwie ciężarówki i wywieziono z Monachium w nieznanym kierunku. Dopiero później wyszło na jaw, że zawieziono je do obozu koncentracyjnego w Dachau i tam spalono w piecach krematoryjnych. Popioły zostały wygarnięte z pieców, zebrane i wrzucone do rzeki[68].

Poproszony przez magazyn „Time" o komentarz kat John C. Woods miał tyle do powiedzenia: „Powiesiłem tych dziesięciu nazistów... i jestem z tego dumny... Nie denerwowałem się... w tym fachu nie ma miejsca na nerwy... A co myślę o wieszaniu ludzi, ktoś musi to robić"[69].

Tak to się odbyło, zaledwie rok i kilka miesięcy po zakończeniu drugiej wojny światowej.

Jedni naziści zostali powieszeni, inni mieli lukratywną, nową pracę. Wielu, jak czterech lekarzy z Centrum Medycyny Lotniczej w Heidelbergu, żyło w niepewności, czekając na proces. Czy stare niemieckie powiedzonko jest prawdziwe? *Jedem das Seine*. Każdemu, co mu się należy?

ROZDZIAŁ TRZYNASTY

Nauka za wszelką cenę

W tym samym tygodniu, w którym najwięksi zbrodniarze wojenni zostali powieszeni, a ich prochy wrzucone do rzeki, podsekretarz stanu Dean Acheson wezwał do swojego gabinetu w Departamencie Stanu Samuela Klausa, żeby porozmawiać o Operacji Paperclip. Głównym tematem miała być nowa, ściśle tajna dyrektywa wydana przez JIOA, nosząca sygnaturę JIOA 257/22. Oficjalnie zmienił się sposób, w jaki uczestniczący w operacji naukowcy mieli dostawać amerykańskie wizy. Przedstawiciele Departamentu Stanu nie mieli już, jak wymagało tego prawo, przeprowadzać wstępnej kwalifikacji w Europie, a cały proces miał się odbywać w Ameryce z udziałem komisarza ze Służby Imigracji i Naturalizacji (INS). „Departament Stanu zaaprobuje jako ostateczne raporty bezpieczeństwa JIOA, wydając zgodę dla poszczególnych zainteresowanych"[1], napisał dyrektor JIOA, pułkownik Thomas Ford. Zarówno Acheson, jak i Klaus zdawali sobie sprawę, że JIOA przejęła kontrolę nad wydawaniem wiz, lekceważąc przy tym amerykańskie prawo. Ale prezydent podpisał tę dyrektywę. Operacja Paperclip była teraz oficjalnie „programem odmowy", co oznaczało, że Rosjanom należało odmówić możliwości sprowadzenia do siebie jakiegokolwiek niemieckiego naukowca, którym byliby zainteresowani.

Pod kuratelą wojska przebywało obecnie w Stanach Zjednoczonych 233 naukowców w ramach Operacji Paperclip. Departament Stanu został poinformowany, że w nadchodzących miesiącach otrzyma ich wnioski wizowe oraz wnioski wizowe ich rodzin. Informacje dotyczące naukowców, zawarte w raportach bezpieczeństwa OMGUS na ich temat, miały być „najpełniejsze dostępne". Samuel Klaus wiedział, co ta nowomowa oznacza – że oficerowie wywiadu wojskowego będą mogli ukryć przed urzędnikami Departamentu Stanu niektóre kompromitujące informacje na temat określonych naukowców. Ameryka w ten sposób szeroko otwierała drzwi przed żarliwymi nazistami i członkami ich rodzin.

Trzy tygodnie później „New York Times" po raz pierwszy napisał, że w Ameryce żyją nazistowscy naukowcy objęci tajnym programem wojskowym. Źródłem informacji była wydawana w Berlinie gazeta armii radzieckiej „Tägliche Rundschau"[2] i wschodnioniemiecka gazeta „Berliner Zeitung". W kolejnym artykule anonimowe źródło informowało gazetę, że „tysiąc kolejnych niemieckich naukowców" jest w drodze. „Ponoć wszyscy są ochotnikami i mają podpisane umowy – donoszono. – Okres próbny ma trwać sześć miesięcy, a po jego zakończeniu będą mogli się ubiegać o przyznanie obywatelstwa i ściągnąć do Stanów Zjednoczonych swoje rodziny"[3]. „Newsweek" ujawnił, że utajniona nazwa tajemniczego programu wojskowego brzmi Projekt Paperclip.

Departament Wojny postanowił nie dementować tych doniesień, tylko przedstawić opinii publicznej okrojoną wersję swojego programu. Zgodził się również, żeby kilku naukowców z Wright Field było „dostępnych dla prasy i radia". Zorganizowano dzień otwarty, podczas którego wojskowi cenzorzy ujawniali szczegóły i rozdawali dziennikarzom fotografie mające sprawić wrażenie, że pobyt niemieckich naukowców w Stanach Zjednoczonych nie jest niczym groźnym. W Wright Field „ekspert od sterowców",

Theodor Knacke, pokazywał spadochron. Osiemdziesięcioletni Hugo Eckener, były prezes firmy Zeppelin, tłumaczył reporterom, że dzięki umowie z wojskiem współpracuje teraz z firmą Goodyear nad projektem nowego sterowca. Alexander Lippisch, wynalazca odrzutowego myśliwca Messerschmitt Me 163, był fotografowany z modelem futurystycznego samolotu ze skrzydłami delta i silnikiem odrzutowym oraz skierowanym ku dołowi nosem. Obecność Lippischa podkreślano informacją nie o tym, że jego myśliwce strąciły najwięcej samolotów alianckich, tylko o tym, że pobił on światowy rekord prędkości. Ernst Eckert, specjalista w dziedzinie paliw lotniczych, opowiadał z ciężkim niemieckim akcentem o szybkoobrotowych turbinach gazowych. Jeśli chodzi o Eckerta, Departament Wojny popełnił błąd, pozwalając mu na rozmowy z dziennikarzami, biorąc pod uwagę, że według JIOA był nazistowskim ideologiem oraz byłym członkiem SS i SA. Program się rozrastał i JIOA nie była już w stanie zapanować nad całością. Jeden z amerykańskich oficerów, który został wyznaczony do roli rzecznika Niemców, powiedział reporterom, że tak dobrze mu się pracuje z niemieckimi naukowcami, że „chętnie widziałbym ich tu więcej”[4].

Pozostali niemieccy naukowcy z Wright Field byli trzymani z dala od reporterów, zwłaszcza ci, którzy wcześniej byli członkami oddziałów SA czy SS. W aktach specjalisty od aerodynamiki, Rudolfa Hermanna, widniała informacja, że kiedy w czasie wojny pracował przy tunelach aerodynamicznych w Kochel w Bawarii, na porannych apelach występował w brunatnym mundurze SA i często wygłaszał przemowy wspierające Hitlera. Informacje z raportu OMGUS na temat inżyniera Emila Salmona były jeszcze bardziej obciążające. W fabryce samolotów, w której pracował, znany był z tego, że nosił karabin i mundur SS. „Należał również do Oddziałów Szturmowych (SA) od 1933 do 1945 roku i miał stopień dowódcy oddziału (*Truppführer*)”, czytamy w jednej z notatek. Sprowadzając go do Stanów Zjednoczonych, armia oznajmiła: „Dowództwo jest świadome nazistowskiej przeszłości pana Salmona i pewnych zarzutów stawianych mu przez jego współpracowników w Europie"[5]. Konkretnie chodziło o to, że Emil Salmon brał udział w spaleniu synagogi w swoim rodzinnym Ludwigshafen. Mimo to Emil Salmon trafił do Wright Field, ponieważ Siły Powietrzne Armii USA uznały, że jego wiedza i doświadczenie są „trudne, jeśli nie niemożliwe do powielenia". Emil Salmon budował stanowiska testowe dla silników lotniczych.

Od czasu do czasu armia przekazywała prasie fotografie co lepiej prezentujących się niemieckich naukowców[6] – ale zdecydowanie nie tych z bliznami po pojedynkach. Były zdjęcia siwowłosych panów grających w szachy, przyglądających się wystawie sklepu z zabawkami w Dayton, palących papierosy czy opalających się na terenach należących do wojska. Warunkiem zaproszenia dziennikarza na dzień otwarty była zgoda na ocenzurowanie relacji przez wojskowych cenzorów przed publikacją. Wojskowi opublikowali własny artykuł w „Stars and Stripes", który przedstawiał oficjalną wersję: Żaden z Niemców nigdy nie był nazistą; ludzie ci byli na terytorium Stanów Zjednoczonych poddani ścisłemu nadzorowi; wszyscy byli wybitnymi naukowcami i technikami „niezbędnymi z punktu widzenia bezpieczeństwa narodowego"; wszyscy prowadzili moralne życie rodzinne.

Doniesienia prasowe na temat naukowców z Wright Field wywołały gwałtowną reakcję w postaci licznych artykułów redakcyjnych oraz listów do kongresmenów[7]. Sondaż Instytutu Gallupa, który przeprowadzono tydzień później, wykazał, że dla większości Amerykanów sprowadzenie tysiąca niemieckich naukowców było „złym pomysłem". Dziennikarz Joachim Joesten był oburzony samym pomysłem Operacji Paperclip i napisał w „Nation": „Jeśli lubisz masowe morderstwa, a jednocześnie boisz się o własną skórę, zostań naukowcem, synu. Dzisiaj to jedyny sposób, żeby morderstwo uszło ci na sucho". Rabin Stephen S. Wise, przewodniczący Amerykańskiego Kongresu Żydów, napisał do sekretarza wojny Pattersona list, który trafił do wiadomości publicznej. „Jak długo będziemy nagradzać dawnych sługusów Hitlera, a jego ofiary pozostawiać w obozach dla wysiedleńców, tak długo nie możemy udawać, że zrobiliśmy cokolwiek dla osiągnięcia celów, o które walczyliśmy". W protest przeciwko Operacji Paperclip zaangażowała się osobiście Eleanor Roosevelt, organizując w hotelu Waldorf-Astoria konferencję, której honorowym gościem był Albert Einstein. Była pierwsza dama nalegała, żeby rząd Stanów Zjednoczonych zawiesił wydawanie wiz wszystkim Niemcom na dwanaście lat. Kiedy profesorowie z uniwersytetu w Syracuse dowiedzieli się, że ich nowy kolega, dr Heinz Fischer, ekspert w dziedzinie technologii podczerwieni i były członek NSDAP, został przysłany do pracy w ich laboratorium uniwersyteckim przez wojsko w ramach tajnego kontraktu, napisali do „New York Timesa". „Protestujemy nie dlatego, że są obywatelami wrogiego państwa, tylko dlatego, że byli i prawdopodobnie nadal są nazistami"[8].

Stowarzyszenie na rzecz Zapobiegnięcia III Wojnie Światowej – grupa kilku tysięcy pisarzy, artystów, uczonych i dziennikarzy – wypowiedziało się w grudniowym wydaniu swojego pisma bez ogródek. Grupa zorganizowała się jeszcze w czasie wojny i opowiadała za surowym ukaraniem narodu, który uważała za prowadzący agresywną i militarystyczną politykę, a także wszystkich osób, które osiągnęły korzyści majątkowe za czasów reżimu nazistowskiego. „Ci niemieccy «eksperci» dokonywali cudów dla niemieckiej machiny wojennej. Czy możemy zapomnieć o ich komorach gazowych, umiejętności palenia zwłok, precyzyjnych metodach odzyskiwania złota z zębów ofiar, mistrzostwu w szabrowaniu i rabowaniu?" Stowarzyszenie, którego członkiem byli między innymi William L. Shirer i Darryl Zanuck, postulowało, żeby wszyscy Amerykanie zwrócili się do Departamentu Wojny z żądaniem odesłania uczonych Hitlera do domu.

Jeden inżynier z Wright Field został odesłany do domu. Ale na losie specjalisty od budowy tuneli, Georga Rickheya, nie zaważyły protesty opinii publicznej, tylko działania jego kolegi Niemca.

Jesienią 1946 roku z 233 nazistowskich naukowców w Ameryce 140 przebywało w Wright Field. Hilltop było miejscem odizolowanym od otoczenia i przy takiej liczbie samotnych mężczyzn trudno się dziwić, że zaczęły tworzyć się towarzyskie kliki. Niemiecki biznesmen Albert Patin w dalszym ciągu był uszami i oczami pułkownika Putta wśród Niemców i meldował mu o wszelkich prośbach i skargach. Pełniąc taką funkcję, Patin dzierżył też władzę w Hilltop. Kiedy latem 1946 roku przyjechał były dyrektor generalny Mittelwerk, Georg Rickhey, Albert Patin dostrzegł okazję do zrobienia dobrego interesu. Rickhey był dawniej zatrudniony w ministerstwie Speera. Był dyrektorem generalnym zakładów Mittelwerk w Nordhausen, gdzie wykorzystywano pracę niewolniczą przy produkcji rakiet V-2. Pułkownik Beasley z Komisji Strategicznego Lotnictwa Bombowego USA zabrał Rickheya do Londynu, a stamtąd Rickhey trafił do Wright Field. Pytany przez oficerów wywiadu wojskowego o charakter swojej pracy, Rickhey odpowiedział: „Służyłem swoją wiedzą i doświadczeniem w procesie planowania, budowy i działania podziemnych fabryk".

Georg Rickhey był inżynierem, specjalistą od budowy tuneli, a jego wiedza zdobyta w trakcie zarządzania olbrzymim podziemnym kompleksem przemysłowym była dla amerykańskich wojskowych bardzo cenna. W notatce znajdującej się w aktach Rickheya, sporządzonej przez Biuro Wicedyrektora Wywiadu, jest mowa o największym sekrecie i najważniejszej karcie przetargowej Georga Rickheya: „Nadzorował wszystkie prace przy drążeniu tuneli pod kwaterą Hitlera w Berlinie". Georg Rickhey nadzorował budowę bunkra Führera, gdzie Hitler przeżył ostatnie trzy miesiące i dwa tygodnie swojego życia. Bunkier miał ponad trzydzieści pomieszczeń, przypominające krypty korytarze, kilka wyjść awaryjnych i setki schodów, a wszystko to dziesięć metrów pod ziemią[9]. Wojskowi amerykańscy byli pod wielkim wrażeniem, że Führerbunker tak dobrze zniósł całe lata ciężkich bombardowań alianckich, i chcieli się dowiedzieć od Rickheya, jak budować takie podziemne centra dowodzenia.

Wraz z postępującą zimną wojną armia amerykańska miała rozpocząć potajemną budowę takich centrów dowodzenia, które byłyby w stanie funkcjonować nawet po ataku chemicznym, biologicznym lub atomowym. Dopiero po kilkudziesięciu latach dziennikarze ujawnili, że począwszy od wczesnych lat 50. zbudowano kilka takich rozległych, wielopiętrowych podziemnych konstrukcji, między innymi jedną w górach Catoctin, nazywaną Raven Rock Mountain Complex albo Site R, i drugą w Blue Ridge Mountains, nazywaną Mount Weather[10].

Doświadczenie Georga Rickheya w dziedzinie podziemnych konstrukcji nie ograniczało się do bunkra Führera. W czasie wojny był także dyrektorem w fabryce motoryzacyjnej Demag i nadzorował budowę olbrzymiej podziemnej hali, gdzie montowano czołgi[11]. A jako dyrektor generalny Mittelwerk nadzorował budowę podziemnej fabryki broni w okolicy Nordhausen[12]. W jego aktach jest notatka, że nadzorował ogółem budowę podziemi o powierzchni ponad 140 000 metrów kwadratowych. W Wright Field Rickhey miał się zająć konsultowaniem projektów inżynierskich dla wojska. Ale ponieważ nie zajmowało to wiele czasu, otrzymał dodatkowe zajęcie. Mimo słabej znajomości angielskiego Rickhey miał przeglądać dokumentację V-2 zdobytą w Nordhausen i „wydać na jej temat opinię".

Późnym latem 1946 roku Albert Patin i Georg Rickhey zaczęli prowadzić czarnorynkowe interesy w Hilltop[13], sprzedając swoim kolegom alkohol i papierosy po zawyżonych cenach. Rickhey miał wieloletnie doświadczenie w czarnorynkowych interesach. Wywiad wojskowy dopiero później dowiedział się, że w czasie wojny Rickhey sprzedawał te niewielkie racje żywnościowe, które robotnicy przymusowi otrzymywali z ministerstwa Speera. Interesy Patina i Rickheya w Hilltop rozwijały się szybko. Udało im się zwerbować do pomocy siostrę Rickheya, Adelheid Rickhey, która w tym czasie mieszkała w hotelu w New Jersey. Adelheid Rickhey zgodziła się przeprowadzić do Ohio, żeby pomóc Patinowi i bratu rozszerzyć interesy na Dayton i okolicę. Ponieważ korespondencja Niemców była kontrolowana, dowództwo Wright Field szybko zorientowało się, co się dzieje, ale nie podjęło żadnych działań. Interes kwitł do jesieni 1946 roku, aż wreszcie miarka się przebrała.

W wolnym czasie Rickhey i Patin często oddawali się hazardowi[14]. Lubili też wypić. Obaj regularnie urządzali w Hilltop przyjęcia, na których pito alkohol i grano w karty. Pewnego wieczoru, jesienią 1946 roku, sześćdziesięciotrzyletni mechanik lotniczy Hermann Nehlsen doszedł do wniosku, że ma dosyć[15]. Było krótko po północy w drugim tygodniu października. Rickhey, Albert Patin i jeszcze trzeci mężczyzna grali w karty. Hałas, jaki robili, obudził Nehlsena, który zapukał do drzwi i poprosił, żeby się uciszyli. Kiedy druga z kolei prośba nie pomogła, Nehlsen otworzył drzwi, wszedł do pokoju i zgasił lampę na stoliku z kartami. Według relacji Nehlsena, Rickhey był pijany. Kiedy Nehlsen wychodził, Rickhey zapalił świeczkę i zaczął się śmiać z kolegi, mówiąc: „można grać dalej przy szabasowej świecy".

Hermann Nehlsen miał tego dość i udał się do pułkownika Putta, żeby złożyć formalną skargę na swoich dwóch kolegów. Ale Nehlsen powiedział Puttowi coś więcej. Że Rickhey jest zbrodniarzem wojennym. Że to on stał za masowym wieszaniem więźniów na suwnicach w Nordhausen, a przechwalał się tym w czasie podróży statkiem do Stanów Zjednoczonych. A jeśli chodzi o Alberta Patina, Hermann Nehlsen powiedział Puttowi, że był członkiem SA i zagorzałym nazistą. Fabryki Patina korzystały z niewolniczej pracy więźniów obozów koncentracyjnych. Niestety, Hermann Nehlsen nie zdawał sobie sprawy, że pułkownika Putta nie interesuje przeszłość niemieckich naukowców zatrudnionych przez amerykańskie wojsko. Ani że pułkownik Putt zawarł dżentelmeńską umowę z Albertem Patinem i wykorzystywał go do szpiegowania pozostałych Niemców w Hilltop[16]. Pułkownik Putt obiecał, że sprawdzi te zarzuty. Tymczasem kazał obserwować Nehlsena. Hermann Nehlsen był w dalszym ciągu wściekły z powodu tamtego incydentu i napisał o tym do swojego przyjaciela z Nowego Jorku, Erwina Loewy'ego. Być może Nehlsen wiedział, że cała korespondencja jest kontrolowana. W każdym razie to, co napisał Nehlsen do Loewy'ego, zwróciło uwagę cenzorów z Wright Field[17]. List został przesłany do wydziału wywiadu celem dalszej analizy. Kilka tygodni później Hermann Nehlsen dopuścił się pogwałcenia zasad bezpieczeństwa i opuścił Wright Field, jadąc odwiedzić krewnego w Michigan. Pułkownik Putt zameldował o tym dowództwu i załatwił Nehlsenowi przeniesienie do Mitchel Field, bazy sił powietrznych w stanie Nowy Jork.

Tymczasem list Hermanna Nehlsena do Erwina Loewy'ego żył już własnym życiem. Trafił do kwatery głównej sił powietrznych w Waszyngtonie, gdzie przeczytał go pułkownik Millard Lewis i uznał, że zarzuty są poważne. Dotyczyły w końcu domniemanych zbrodni wojennych. Lewis wysłał do dyrektora wywiadu ze sztabu generalnego Departamentu Wojny notatkę i nakreślił w niej sytuację oraz zaproponował wyznaczenie oficera, który przyjrzałby się bliżej sprawie. „Pan Nehlsen stwierdził, że dr Georg Rickhey, lat 47, specjalista w dziedzinie inżynierii i produkcji pocisków kierowanych, był zatrudniony w podziemnej fabryce w Nordhausen jako zagorzały członek partii nazistowskiej, gdzie w 1944 roku dwunastu cudzoziemskich robotników powieszono na belce, którą następnie uniesiono na suwnicy na oczach grupy robotników – czytamy w notatce pułkownika Lewisa. – Jedna z osób obserwujących to zdarzenie utrzymywała, że dr Rickhey był głównym pomysłodawcą tej egzekucji"[18]. Pentagon wyznaczył majora Eugene'a Smitha z sił powietrznych do przyjrzenia się sprawie Georga Rickheya[19].

Pułkownik Putt z Wright Field najprawdopodobniej uważał, że sprawa zarzutów wobec Rickheya została zakończona. A Hermann Nehlsen został wysłany do Mitchel Field. W styczniu 1947 roku Putt zaproponował, żeby podpisać z Rickheyem długoterminową umowę o pracę w Wright Field. Jego prośba została uwzględniona i 12 kwietnia 1947 roku Georg Rickhey podpisał nową, pięcioletnią umowę z Departamentem Wojny[20]. Jednocześnie jednak oddzielnym trybem i bez wiedzy Putta toczyło się śledztwo w sprawie Rickheya. Major Eugene Smith z dowództwa sił powietrznych w Waszyngtonie przygotowywał się do wyjazdu do kilku baz wojskowych, gdzie miał przeprowadzić przesłuchania. Zadaniem Smitha było porozmawianie z dawnymi kolegami Rickheya z Nordhausen i sporządzenie raportu. Pułkownik Putt nie wiedział o toczącym się śledztwie aż do dnia, kiedy do Wright Field przyjechał major Smith. Putt zaproponował, żeby Smith porozmawiał z kapitanem Albertem Abelsem, odpowiedzialnym za naukowców z Hilltop pracujących w ramach Operacji Paperclip[21]. Abels powiedział majorowi Smithowi, że krążące na temat Rickheya plotki były wynikiem „małostkowości i zazdrości" innych naukowców. Major Smith nie był przekonany. Pojechał do Mitchel Field, żeby przesłuchać Hermanna Nehlsena i innych niemieckich naukowców, którzy mogli coś wiedzieć na temat Rickheya.

Hermann Nehlsen upierał się przy swojej wersji[22]. „W 1944 roku dwunastu robotników zostało w obecności swoich współtowarzyszy powieszonych na belce zawieszonej na suwnicy – twierdził w pisemnym zeznaniu Nehlsen. – Pomysłodawcą egzekucji był dr Rickhey". W Mitchel Field znalazł się drugi świadek, inżynier z linii produkcyjnej w Nordhausen, Werner Voss. Voss potwierdził, że Rickhey był zamieszany w egzekucję i dostarczył nowych, ważnych szczegółów[23]. Krótko przed egzekucją, zeznał Voss, brytyjskie samoloty zrzuciły ulotki namawiające robotników przymusowych w Nordhausen do buntu. Grupa robotników rzeczywiście się zbuntowała i to właśnie ci ludzie zostali powieszeni. Egzekucja była publiczna i miała zmusić pozostałych robotników do uległości. To był już poważny zarzut o dokonanie zbrodni wojennej. Major Smith potrzebował potwierdzenia i w tym celu pojechał do Fort Bliss w Teksasie. Wojsko zgodziło się, żeby Smith przesłuchał Wernhera von Brauna, a także kilku innych ludzi, którzy blisko współpracowali z Georgiem Rickheyem w Nordhausen.

Wieczorami w Fort Bliss niemieccy specjaliści od rakiet gromadzili się w topolowym zagajniku[24]. Grali tam w karty i pili bourbona oraz piwo. Zawiesili też pomiędzy drzewami hamaki. Raz w miesiącu większość Niemców jechała do El Paso, żeby zrobić zakupy i zjeść posiłek w restauracji. Koszmarne warunki w Nordhausen musiały większości inżynierów wydawać się teraz innym światem. Aż do chwili pojawienia się majora Smitha, który poprosił ich o przypomnienie sobie, jak wyglądały tamte dni.

Major Smith w pierwszej kolejności zamierzał przesłuchać Wernhera von Brauna i jego brata Magnusa. Ale kiedy przyjechał do Fort Bliss, powiedziano mu, że obaj bracia wyjechali. W tej sytuacji Smith przesłuchał Günthera Haukohla. Haukohl był projektantem linii produkcyjnej rakiet w Nordhausen i podobnie jak Wernher von Braun oficerem SS. Günther Haukohl powiedział Smithowi, że nie pamięta dokładnie, co działo się w tunelach w ostatnich miesiącach wojny, ale owszem, znęcano się nad więźniami. Dodał jednak, że udział w tym Rickheya jest „chyba plotką". Inżynierowie Hans Palaoro i Rudolph Schlidt wtórowali Haukohlowi, powtarzając, że ostatnie miesiące wojny pamiętają mgliście. Inżynier Erich Ball, który także pracował przy linii produkcyjnej rakiet w Nordhausen, powiedział majorowi Smithowi, że był świadkiem dwukrotnego powieszenia więźniów, ale Georg Rickhey nie miał z nimi nic wspólnego. Major Smith przyjął do wiadomości fakt, że inżynierowie mogą nie pamiętać szczegółów wydarzeń, ale na pewno powinni pamiętać rozkład fabrycznych pomieszczeń. Poprosił Haukohla, Schlidta, Palaoro i Balla, żeby pomogli mu stworzyć dokładne rysunki miejsc, gdzie montowano rakiety i gdzie doszło do egzekucji.

Następnie major Smith przesłuchał byłego dyrektora fabryki, Arthura Rudolpha. Podobnie jak Georg Rickhey, Arthur Rudolph sprawował pieczę nad działem zaopatrzenia robotników przymusowych firmy Mittelwerk, odpowiedzialnym za dostarczanie więźniom racji żywnościowych. Arthur Rudolph początkowo zaprzeczał, jakoby kiedykolwiek był świadkiem znęcania się nad więźniami. Ale major Smith pokazał Rudolphowi rysunek wykonany przez jego kolegów z Nordhausen, Haukohla, Schlidta, Palaoro i Balla. Widać było wyraźnie, że jego gabinet znajdował się tuż obok miejsca, gdzie powieszono dwunastu tak zwanych więźniów politycznych. Ponieważ Arthur Rudolph w dalszym ciągu zaprzeczał, Smith uznał jego zeznania za podejrzane. Wszyscy inni przesłuchiwani przyznawali, że widzieli, jak znęcano się nad więźniami. Tymczasem Rudolph pozostawał niewzruszony: „Nie widziałem, żeby ich karano, bito, wieszano ani rozstrzeliwano".

Smith zmienił taktykę. Zapytał Rudolpha, czy przypomina sobie coś na temat dwunastu mężczyzn, których powieszono na suwnicy. Smith dodał, że fakt tej publicznej egzekucji potwierdziło wielu kolegów Rudolpha, a on chce tylko dowiedzieć się szczegółów na temat tego, co i kiedy się wydarzyło. „Jeden [umierający więzień] uniósł jeszcze kolana, kiedy tam przyszedłem". Innymi słowy, Rudolph był świadkiem egzekucji. Major Smith był teraz przekonany, że prawda na temat tego, co wydarzyło się w Nordhausen, wyjdzie na jaw, a Arthur Rudolph wie dużo więcej, niż przyznaje. Ale jak zauważył Smith w swoim raporcie, śledztwo było prowadzone przeciwko Georgowi Rickheyowi, a nie Arthurowi Rudolphowi. „Pan Rudolph zrobił na niżej podpisanym wrażenie człowieka mądrego i przenikliwego – napisał Smith. – Nie chciał być zamieszany w żadne dochodzenia, które mogłyby wykazać jego uwikłanie w nielegalne działania w podziemnej fabryce, i dlatego udzielał ostrożnych odpowiedzi".

Smith wrócił do Waszyngtonu i przedstawił rezultaty swojej pracy dowództwu sił lotniczych[25]. W tym samym czasie w Niemczech miało miejsce nieoczekiwane zdarzenie. William Aalmans, obywatel holenderski, który pracował w amerykańskim Zespole Śledczym ds. Zbrodni Wojennych, zajmował się wyszukiwaniem oficerów SS z Dora-Nordhausen przed zbliżającym się miejscowym procesem o zbrodnie wojenne. Aalmans zdołał zlokalizować tylko jedenastu z trzech tysięcy oficerów SS kierujących obozem koncentracyjnym[26]. Jeszcze w kwietniu 1945 roku przesłuchał wielu więźniów dopiero co wyzwolonego obozu. To on znalazł wiszący na ścianie w tunelu spis telefonów pracowników Mittelwerk. Na czele tej listy był Georg Rickhey i Arthur Rudolph. Aalmans nie miał pojęcia, że obaj zostali zwerbowani w ramach Operacji Paperclip. Żadna z przesłuchiwanych przez Aalmansa w Niemczech osób nie miała pojęcia, gdzie mogą przebywać Rickhey i Rudolph. I oto pewnego popołudnia w maju 1947 roku Aalmans czytał gazetę „Stars and Stripes", kiedy jak powiedział wiele lat później dziennikarzowi Tomowi Bowerowi: „Zobaczyłem niewielki nagłówek *Niemiecki naukowiec składa wniosek o przy-*

znanie amerykańskiego obywatelstwa"[27]. W artykule wymieniono nazwisko Georga Rickheya, tłumaczył Aalmans. „Krzyknąłem z radości i pobiegłem do centrali, wołając «Znaleźliśmy go!»". Nie minęły trzy dni, jak sprawą zainteresowało się Kolegium Szefów Połączonych Sztabów.

Dziewiętnastego maja 1947 roku Wydział Spraw Cywilnych, Komórka ds. Zbrodni Wojennych w Waszyngtonie, wydał nakaz aresztowania Georga Rickheya. „Georg Rickhey jest poszukiwany jako główny podejrzany w sprawie obozu koncentracyjnego Nordhausen", napisano w dokumencie. Rickhey natychmiast oświadczył, że został fałszywie oskarżony. To była kwestia błędnej identyfikacji, tłumaczył. W odpowiedzi biuro zastępcy dyrektora wywiadu w amerykańskiej strefie okupacyjnej wydało oświadczenie: „Dr Georg Rickhey, zatrudniony obecnie w Wright Field, i Georg Rickhey, inżynier z Nordhausen, to jedna i ta sama osoba. Przesłuchiwany dr Karl Rahr, szef lekarzy w Nordhausen, twierdzi, że znał Rickheya, że w tej chwili zbliża się do pięćdziesiątki albo właśnie ją przekroczył, a w Nordhausen był tylko jeden Georg Rickhey. Nasza instytucja czyni starania ściągnięcia Rickheya do Niemiec i postawienia go przed sądem w procesie o zbrodnie popełnione w obozie koncentracyjnym Nordhausen"[28]. Wydział wywiadu Departamentu Wojny wyznaczył szefowi ochrony Wright Field, majorowi George'owi P. Millerowi zadanie eskortowania Rickheya w drodze powrotnej do Niemiec[29]. Pięcioletni kontrakt Rickheya został anulowany. Teraz Rickhey miał stać się podsądnym.

Drugiego czerwca 1947 roku zastępca dyrektora JIOA, Bosquet N. Wev, napisał do dyrektora FBI, J. Edgara Hoovera, ostrzegając go o zaistniałej sytuacji i dołączając tajne dossier Rickheya. Gdyby opinia publiczna dowiedziała się, że naukowiec objęty Operacją Paperclip został odesłany do Niemiec, gdzie miał stanąć przed sądem za zbrodnie wojenne, JIOA, armia, Departament Wojny i FBI musiałyby się gęsto tłumaczyć. W interesie wszystkich było utrzymanie tej sprawy w sekrecie.

Siódmego sierpnia 1947 roku Georg Rickhey jako jeden z dziewiętnastu oskarżonych stanął przed sądem. Naziści byli oskarżeni o spowodowanie śmierci co najmniej dwudziestu tysięcy robotników, których bito, torturowano, głodzono, wieszano albo zmuszano do pracy ponad siły przy montażu rakiet V-2[30]. Proces, który toczył się w dawnych koszarach SS przylegających do obozu koncentracyjnego Dachau, trwał cztery miesiące i trzy tygodnie[31]. Oskarżyciel zażądał przesłuchania Wernhera von Brauna, ale wojsko uznało, że wydanie zgody na podróż von Brauna do Niemiec wiąże się ze zbyt dużym ryzykiem. Armia amerykańska stwierdziła, że mogą go porwać Rosjanie, ale nie wspomniała słowem o tym, że von Braun niedawno poleciał do Europy, żeby ożenić się ze swoją kuzynką i zabrać ją z powrotem do Teksasu. W wyniku procesu sąd uznał piętnastu z dziewiętnastu oskarżonych za winnych. Czterech, w tym Georg Rickhey, zostało uniewinnionych. „I wtedy, w sposób bezprecedensowy, armia utajniła całą dokumentację procesową"[32], tłumaczy dziennikarka Linda Hunt. Cały przebieg procesu miał pozostawać tajemnicą przez czterdzieści lat. Stawka była zbyt wysoka, żeby wojsko mogło pozwolić na ujawnienie opinii publicznej, co działo się w podziemnej fabryce w Nordhausen. Informacje o procesie zwróciłyby uwagę na 115 naukowców zajmujących się rakietami w Fort Bliss. Przyszłość amerykańskiego programu rakietowego okazała się ważniejsza. Rosjanie mieli swoich specjalistów od rakiet, a Amerykanie potrzebowali swoich.

Krótko po tym, jak Rickhey został uniewinniony, do biura sekretarza sił lotniczych w Waszyngtonie zadzwoniono z Departamentu Stanu. Dzwoniący urzędnik przedstawił się jako Henry Cox. Kapitan z sił powietrznych, który odebrał telefon od Coxa, po skończonej rozmowie spisał notatkę[33].

„Po wymianie grzeczności [Cox] zapytał, czy kiedykolwiek odesłaliśmy jakiegoś specjalistę na proces sądowy do Europy. Zastanawiałem się chwilę, ale kiedy zdałem sobie sprawę, że sprawa Rickheya była domeną publiczną i z dużą dozą prawdopodobieństwa fakty na ten temat były znane Departamentowi Stanu, nie ośmieliłem się zaprzeczyć. Powiedziałem panu Coxowi, że jeden człowiek został odesłany do Europy jako podejrzany i z tego, co wiem, został uniewinniony, ale ponieważ nie chcieliśmy więcej ryzykować, nie wrócił do Stanów Zjednoczonych". Wyglądało na to, że Departament Stanu uwierzył w tę historyjkę.

Rickheya nie było, ale naziści przyjeżdżali dalej tłumnie do pracy w Wright Field. Dwudziestego drugiego sierpnia 1947 roku pojawił się jeden z dziesięciu najlepszych pilotów Rzeszy, Siegfried Knemeyer. Knemeyer był odważnym i śmiałym pilotem oraz inżynierem, tym samym, który miał pomóc Speerowi w ucieczce na Grenlandię i którego Hermann Göring nazywał „swoim chłopcem".

„Knemeyer cieszy się dużą popularnością wśród swoich rodaków, ponieważ łatwo nawiązuje kontakty i nie jest próżny – czytamy w notatce z jego dossier. – Jest sumiennym i pełnym inwencji pracownikiem. Pochłania go praca, a szczególnie cieszy możliwość uczestniczenia w lotach testowych"[34]. Wkrótce do Knemeyera dołączyła żona, Doris, i ich siedmioro dzieci. Wszyscy otrzymali amerykańskie obywatelstwo. Rodzina zamieszkała w dużym, pełnym przeciągów wiejskim domu przy Yellow Springs Road. Doris Knemeyer nie znosiła prowincjonalnego życia w Dayton[35]. W Berlinie Knemeyerowie mieli olbrzymi dom w dzielnicy Charlottenburg i kilkoro służby, która zajmowała się potomstwem. Samodzielne wychowywanie siedmiorga dzieci w Ameryce nie było tym, o czym Doris Knemeyer marzyła. Kłopoty w domu Knemeyera nie uszły uwagi jego przełożonych z Wright Field.

„Od chwili przyjazdu rodziny wygląda na udręczonego i przestał dbać o wygląd zewnętrzny", czytamy w raporcie ochrony. Ale Knemeyer za wszelką cenę chciał odnieść sukces. Został przydzielony do laboratorium komunikacji i nawigacji w Wright Field. Zaczął wnosić znaczący wkład w konstruowaniu przyrządów nawigacyjnych dla swojego nowego pracodawcy – US Air Force, samodzielnych sił powietrznych, które wyodrębniły się z amerykańskiej armii[36]. Knemeyer jest „geniuszem w opracowywaniu nowych metod kontroli lotu", napisał przełożony Knemeyera, pułkownik John Martin[37].

Przyjaciel Knemeyera, Werner Baumbach, miał przyjechać do pracy w Wright Field razem z Knemeyerem, ale z notatki w jego dossier wynika, że w ostatniej chwili nastąpiła zmiana: „Pułkownik Baumbach został zastąpiony", napisano[38]. Baumbach poleciał do Argentyny, gdzie szkolił pilotów myśliwców dla Juana Perona. Tajemnicą pozostaje, czy został wykreślony z Operacji Paperclip, czy może Juan Peron zaoferował mu lepsze warunki. Werner Baumbach zginął kilka lat później w katastrofie samolotu, który testował w Río de la Plata w pobliżu Urugwaju.

Latem 1947 roku do Wright Field przybył także generał Walter Dornberger, dopiero co uwolniony z angielskiego XI Obozu Specjalnego w Bridgend w południowej Walii (dawniej Island Farm). Przekazując generała Dornbergera Amerykanom, Brytyjczycy nazwali go „zagrożeniem wysokiego stopnia" i ostrzegli o jego kłamliwej naturze[39]. W trakcie pobytu Dornbergera w obozie jenieckim Brytyjczycy podsłuchiwali i nagrywali jego rozmowy. Kiedy Amerykanie odsłuchali te nagrania, również doszli do wniosku, że dawny „szef programu rakietowego" Hitlera „nie jest godny zaufania, ponieważ próbuje skłócić sojuszników". Mimo to 12 lipca 1947 roku, zaledwie kilka tygodni po uwolnieniu z obozu jenieckiego, Dornberger podpisał kontrakt w ramach Operacji Paperclip. Jego umiejętność manipulacji miała zostać wykorzystana przez Wydział Uzbrojenia, który kazał mu pisać tajne raporty wywiadowcze. Dornberger był przekonany, że Ameryka potrzebuje rakiet niezależnie od tego, co myślą oponenci.

„Rosja zmaga się z upływem czasu, żeby przygotować się do wojny, zanim zrobią to Stany Zjednoczone – pisał Dornberger w 1948 roku w tajnej opinii na temat budżetu. – Stany Zjednoczone muszą zdecydować się na program badawczo-rozwojowy, który przyniesie satysfakcjonujące rezultaty w najkrótszym możliwym czasie i przy jak najmniejszym zaangażowaniu finansowym. Taki program należy wdrożyć, nawet jeśli wydaje się on naruszać amerykańskie standardy i amerykańską tradycję w produkcji broni"[40].

Można przynajmniej uznać, że Dornberger pozostał wierny wyznawanym przez siebie totalitarnym zasadom – był przekonany, że ideały demokratyczne i tradycję można zignorować dla osiągnięcia przewagi militarnej. Opinia Dornbergera trafiła do Departamentu Uzbrojenia w Pentagonie i opinia publiczna miała nigdy o niej nie usłyszeć. Kopię tajnego dokumentu odnaleziono przypadkowo w 2012 roku w osobistych papierach Dornbergera przechowywanych w niemieckim archiwum państwowym.

Sprzeciw wobec Operacji Paperclip nabrał rozmachu dzięki amerykańskiej elicie naukowej. Pierwszego lutego 1947 roku w Nowym Jorku zebrała się Federacja Naukowców Amerykańskich (FAS), zamierzając prosić prezydenta Trumana, żeby zakończył operację. Dla amerykańskich naukowców program zatrudniania nazistowskich uczonych był „drastycznym krokiem w celu osiągnięcia przewagi militarnej". Kiedy okazało się, że część z tysiąca kolejnych niemieckich uczonych z listy rekrutacyjnej Operacji Paperclip miała zostać zatrudniona na krótko przez wojsko, a następnie na długo zająć stanowiska na amerykańskich uniwersytetach, wiele osób było oburzonych[41]. „Nie mając zamiaru szkodzić oczywistym potrzebom narodowej obrony i nie usprawiedliwiając polityki nienawiści i zemsty wobec naszych niedawnych wrogów, uważamy, że sprowadzanie na wielką skalę niemieckich naukowców... nie służy dobrze celom amerykańskiej polityki wewnętrznej i międzynarodowej", napisali członkowie FAS. Pewien amerykański naukowiec wyraził się dosadniej. „Nie ma wątpliwości, że ktoś, kto potrafi swoją lojalność przenieść z jednej ideologii na inną za kupon żywnościowy, jest nie lepszy od Judasza!"

Najbardziej szanowaną postacią, która otwarcie potępiała Operację Paperclip, był Albert Einstein. W płomiennym liście napisanym w imieniu swoich kolegów z FAS zwrócił się bezpośrednio do prezydenta Trumana. „Nadal uważamy tych osobników za potencjalnie niebezpiecznych... Fakt, że niedawno szczycili się członkostwem partii nazistowskiej, każe postawić pytanie, czy potrafią stać się obywatelami amerykańskimi i piastować wysokie stanowiska w amerykańskim przemyśle, nauce i instytucjach oświatowych".

Kolejną ważną postacią wśród opozycji był fizyk jądrowy Hans Bethe. Bethe uciekł z nazistowskich Niemiec w 1933 roku i w czasie wojny pracował przy Projekcie Manhattan. W piśmie „Bulletin of the Atomic Scientists" Bethe i dr Henri Sack, kolega z Uniwersytetu Cornella, zadali kilka prostych pytań dotyczących Operacji Paperclip. „Czy było rzeczą rozsądną i zgodną z naszymi standardami moralnymi czynić całe to zamieszanie, w świetle faktu, że wielu Niemców, prawdopodobnie większość, było zatwardziałymi nazistami? Czy fakt, że dzięki Niemcom my jako naród możemy zaoszczędzić miliony dolarów, oznacza, że będziemy mogli znieść ich stałą obecność? Czy Stany Zjednoczone mogą liczyć na to, że [niemieccy naukowcy] będą pracować na rzecz pokoju, skoro wpojona im nienawiść do Rosjan może przyczynić się do pogłębienia różnic dzielących oba mocarstwa? Czy po to walczyliśmy na wojnie, żeby teraz pozwolić nazistowskiej ideologii wkraść się tylnymi drzwiami do naszych instytucji oświatowych i naukowych?" Ich ostatnie pytanie uderzało w samo sedno programu zatrudniania nazistów. „Czy chcemy nauki za wszelką cenę?"

Potępienie Operacji Paperclip przez wybitnych amerykańskich uczonych odbiło się na stanowisku opinii publicznej. Dziennikarze zaczęli tropić działalność poszczególnych niemieckich naukowców w czasie wojny, ale ponieważ cały program był tajny, nie na wiele to się zdało. Rozczarowani brakiem informacji, niektórzy Amerykanie zaczęli wysyłać listy z pogróżkami zaadresowane do niemieckich naukowców w Wright Field i Fort Bliss[42]. Armia zaostrzyła środki bezpieczeństwa. Departament Wojny w Waszyngtonie był mocno zaniepokojony, że tak silna opozycja i zła prasa może spowodować zamknięcie całej operacji, i zimą 1947 roku zabronił ujawniania jakichkolwiek informacji na temat programu.

Mimo zastosowanych środków bezpieczeństwa rozwścieczona opinia publiczna ujawniła dwoje „prawdziwych nazistów" w Fort

Bliss – pana i panią Axster. Herbert Axster był podpułkownikiem Wehrmachtu i od 1940 roku członkiem NSDAP. Nie był naukowcem, lecz raczej prawnikiem zajmującym się patentami. W Peenemünde był szefem sztabu generała Dornbergera. Jego żona Ilse Axster była przywódczynią NS-Frauenschaft, organizacji dla kobiet i przybudówki NSDAP. Podczas rutynowego dochodzenia poprzedzającego wydanie im amerykańskich wiz sąsiedzi Axsterów w Niemczech powiedzieli oficerom wywiadu wojskowego, że pani Axster była wyjątkową sadystką[43]. Według sąsiadów Axsterowie trzymali w swojej posiadłości czterdziestu „więźniów politycznych", Rosjan i Polaków, których wykorzystywali w charakterze robotników przymusowych. Pani Axster zwykła wobec swojej służby używać bata. Ta informacja dotarła najpierw do rabina Stephena Wise'a z Kongresu Żydów Amerykańskich, a następnie do prasy. „Ci naukowcy i ich rodziny podobno zostali «sprawdzeni» – napisał Wise do Departamentu Wojny. – Sprawa Axsterów dowodzi, że to «sprawdzanie» jest farsą, a «sprawdzający» nie potrafią wykonać swojego zadania". Departament Sprawiedliwości odrzucił wniosek Herberta Axstera o zgodę na pobyt, ale Axsterowie nie zostali odesłani do domu. Opuścili Fort Bliss, a Herbert Axster otworzył kancelarię prawniczą w Milwaukee w stanie Wisconsin[44].

Departament Wojny wysłał do USFET depeszę, domagając się wyjaśnień, jak Axsterom udało się pozytywnie przejść proces sprawdzania[45]. W odpowiedzi przyszła tajna depesza, w której napisano, że pewna liczba „zagorzałych nazistów" mogła trafić do programu z powodu „niedostępności dokumentacji" tuż po zakończeniu wojny.

ROZDZIAŁ CZTERNASTY

Dziwny sąd

Proces lekarzy był pierwszym z dwunastu procesów następczych w Norymberdze, w których rząd USA oskarżał przedstawicieli profesji – w tym przemysłowców, prawników i generałów – służących Trzeciej Rzeszy. Pierwszy proces, nazywany procesem największych zbrodniarzy wojennych, został przeprowadzony przez cztery państwa alianckie. Kiedy się zakończył w październiku 1946 roku, napięcie pomiędzy Związkiem Radzieckim a Stanami Zjednoczonymi zwiększyło się do tego stopnia, że dalsza współpraca obu mocarstw okazała się niemożliwa. Dwanaście procesów następczych toczyło się podobnie jak pierwszy, w Pałacu Sprawiedliwości, ale z udziałem wyłącznie amerykańskich sędziów i prokuratorów. Dwudziestu trzech podsądnych w procesie lekarzy zostało oskarżonych o morderstwo, tortury, spisek i okrucieństwo w imię nauk medycznych. „Zwyczajna kara dla oskarżonych – powiedział generał Telford Taylor w mowie wstępnej – nigdy nie zadośćuczyni straszliwym cierpieniom, jakie naziści zgotowali tym nieszczęsnym ludziom"[1]. Ale generał Taylor przypomniał trybunałowi i całemu światu, że jednym z głównych celów tego procesu jest zgromadzenie dowodów zbrodni, „tak żeby nikt nigdy nie miał wątpliwości, że są faktem, a nie wymysłem; oraz że ten sąd, działający w imieniu Stanów Zjednoczonych i będący głosem ludzkości, uzna te działania i idee, którymi się kierowano, za barbarzyńskie i zbrodnicze".

W pisaniu tej mowy wstępnej generałowi Taylorowi pomagał urodzony w Wiedniu amerykański psychiatra, dr Leopold Alexander, który pierwszy dowiedział się o eksperymentach Luftwaffe z zamrażaniem ludzi. Alexander oficjalnie był konsultantem sekretarza wojny, ale w rzeczywistości był po Telfordzie Taylorze najbardziej wpływową osobą w trakcie procesu lekarzy. Pracował bez wytchnienia, dostarczając informacji i odpowiadając na pytania grupy oskarżycieli przygotowujących się do procesu. Przed procesem poświęcił setki godzin na przesłuchiwanie oskarżonych, świadków i ofiar. Rozmawiał po niemiecku i angielsku i robił mnóstwo notatek w obu językach[2]. A w trakcie procesu przedstawiał dowody i brał świadków w krzyżowy ogień pytań. Po zakończonym procesie dr. Alexandrowi powierzono zadanie napisania kodeksu norymberskiego[3].

Nikt, poza niewielką grupą amerykańskich lekarzy wojskowych, nie wiedział, że spośród dwudziestu trzech oskarżonych czterech już pracowało dla armii amerykańskiej w ramach Operacji Paperclip. Fakt ten miał pozostać tajemnicą przez czterdzieści lat. Ani Siegfried Ruff, ani Konrad Schäfer, ani Hermann Becker-Freyseng, ani Oskar Schröder nie wspomnieli o tym haniebnym fakcie w czasie procesu.

Siegfried Ruff był jednym z nielicznych lekarzy, którzy przyznali się do nadzorowania medycznych eksperymentów w Dachau, ale zapewniał, że sam eksperymentów nie przeprowadzał. Bronił się, mówiąc, że nie uważał tego, co robi, za złe. „Było rzeczą zrozumiałą, że więźniowie obozu koncentracyjnego skazani na śmierć mogli być wykorzystywani do eksperymentów, a w zamian zamieniano im karę śmierci na dożywocie – powiedział sędziom Ruff. – Nie uważałem takich eksperymentów za coś szczególnie niemoralnego w czasie wojny"[4]. Podobną linię obrony – że wyjątkowe czasy wymagają wyjątkowych środków – przyjęli także Schröder i Becker-Freyseng.

Wyjątkową rolę w Operacji Paperclip odegrał dziwny przypadek Konrada Schäfera. Kiedy Schäfer opracował proces wytrącania soli z wody morskiej, wiedział doskonale, że do testów będą wykorzystywani więźniowie obozu koncentracyjnego. Potwierdził to w zeznaniu złożonym pod przysięgą szef służb medycznych Luftwaffe i przełożony Schäfera, Oskar Schröder. „W maju 1944 roku odbyła się narada na temat dalszych kroków, które należało poczynić. Przedstawicielami mojego biura na naradzie byli Becker-Freyseng i Schäfer. Na naradzie postanowiono prowadzić dalsze eksperymenty na ludziach dostarczanych przez Reichsführera SS Heinricha Himmlera". To Becker-Freyseng wystosował pismo do Himmlera z prośbą o większą liczbę więźniów do eksperymentów. Tymczasem Schäfer twierdził, że nigdy nie był w Dachau, a żaden dowód na jego obecność w obozie nie przetrwał wojny. Według naocznych świadków eksperymenty z wodą morską przeżyła tylko jedna ofiara. Ten jedyny ocalały, Karl Höllenrainer, został odnaleziony przez dr. Alexandra i powołany na świadka. Höllenrainer nie rozpoznał Konrada Schäfera, rozpoznał za to inną osobę siedzącą na ławie oskarżonych. Zeznanie Höllenrainera okazało się jednym z najbardziej dramatycznych wydarzeń w trakcie procesu lekarzy.

Był 27 czerwca 1947 roku. Roztrzęsiony Karl Höllenrainer stał w sali sądowej, w której panowała absolutna cisza. Drobnej postury, ciemnowłosy, zdenerwowany, był wrakiem człowieka.

„Z jakiego powodu świadek został 29 maja 1944 roku aresztowany przez gestapo?" – zapytał prokurator Alexander G. Hardy.

„Ponieważ mam domieszkę krwi cygańskiej", odpowiedział Höllenrainer.

Zbrodnia Höllenrainera polegała na tym, że zakochał się w niemieckiej dziewczynie, a następnie z nią ożenił, co było pogwałceniem niesławnej ustawy norymberskiej zakazującej nie-Aryjczykom poślubiania i utrzymywania stosunków seksualnych z obywatelami niemieckimi. Po aresztowaniu Höllenrainer trafił do trzech po kolei obozów koncentracyjnych. Pierwszym był Auschwitz, drugim Buchenwald. W końcu znalazł się w Dachau, gdzie został wyselekcjonowany do udziału w przeprowadzanych przez Luftwaffe eksperymentach z wodą morską.

Höllenrainera w Dachau głodzono, zmuszano do picia chemicznie przetworzonej wody morskiej, a następnie obserwowano objawy uszkodzenia wątroby i szaleństwa. Szczególnie jeden eksperyment zapadł mu w pamięć. Lekarz Luftwaffe usunął mu bez znieczulenia część wątroby, żeby poddać ją badaniu. Höllenrainer został poproszony przez sąd o wskazanie nazistowskiego lekarza, który pobrał wycinek wątroby.

„Czy będzie pan w stanie dziś rozpoznać tego lekarza?" – zapytał prokurator Hardy.

„Tak – odparł Höllenrainer. – Rozpoznam go od razu".

Höllenrainer spojrzał na ławę oskarżonych i jego wzrok spoczął na jednym z dwudziestu trzech siedzących tam mężczyzn. Był to dr Wilhelm Beiglböck, lat 40, lekarz Luftwaffe, przeprowadzający eksperymenty z wodą morską. Beiglböck miał głębokie bruzdy w kącikach ust i pięć wyraźnych blizn po pojedynku na lewym policzku[5].

Kiedy Höllenrainer patrzył na dr. Beiglböcka, „wszyscy w sali rozpraw czekali w napięciu", wspomina Vivien Spitz, wówczas młoda amerykańska protokolantka. Spitz siedziała przed stołem sędziowskim i dobrze widziała zarówno świadków, jak i oskarżonych. Höllenrainer był „niskim mężczyzną i widziałam, jak wstaje", tłumaczy. Prokurator poprosił Höllenrainera, żeby podszedł do ławy oskarżonych i wskazał lekarza, który usunął mu bez znieczulenia część wątroby.

„Chwilę stał bez ruchu – wspomina Vivien Spitz – ze wzrokiem utkwionym w lekarza siedzącego w drugim rzędzie ławy oskarżonych. Nagle, w ułamku sekundy opuścił miejsce dla świadków".

Karl Höllenrainer na oczach Vivien Spitz przeskoczył przez stół obrońców i „zdawało się, że leci w powietrzu w stronę ławy oskarżonych". W wyciągniętej wysoko prawej ręce trzymał nóż[6]. „Rzucił się na doktora Beiglböcka, lekarza niemieckich sił powietrznych"[7].

Na sali sądowej zapanowała konsternacja[8]. A zaraz potem powstało potworne zamieszanie. Obrońcy nazistowskich lekarzy rozpierzchli się, uciekając przed Höllenrainerem. Trzech amerykańskich żandarmów rzuciło się i złapało Höllenrainera. Vivien Spitz pamięta, jak ochrona „obezwładniła" Karla Höllenrainera, zanim dopadł Beiglböcka, i „powstrzymała go przed wymierzeniem sprawiedliwości na własną rękę".

Przywracanie porządku na sali trwało kilka minut. Żandarmi doprowadzili Karla Höllenrainera przed oblicze wściekłego przewodniczącego składu sędziowskiego Waltera Bealsa. Siedemdziesięcioletni, przepracowany i niedomagający sędzia Beals uważał, że jego nadrzędną rolą w Norymberdze jest nauczenie Niemców, jak działa amerykańska demokracja.

„Świadek został wezwany przed oblicze trybunału w celu złożenia zeznań", grzmiał sędzia.

„Tak", odpowiedział potulnie Karl Höllenrainer.

„Próbując zaatakować oskarżonego Beiglböcka w ławie oskarżonych, dopuścił się świadek obrazy sądu!"

„Wysoki Sądzie, proszę wybaczyć mi moje zachowanie. Jest mi bardzo przykro...", kajał się Karl Höllenrainer.

Sędzia przerwał mu i zapytał, czy świadek ma coś na usprawiedliwienie swojego zachowania.

„Wysoki Sądzie, proszę o wybaczenie. Jestem bardzo zdenerwowany. Ten człowiek to morderca – tłumaczył się Höllenrainer, wskazując na siedzącego z kamienną twarzą doktora Beiglböcka. – On zrujnował mi życie!"

Sędzia powiedział Höllenrainerowi, że takie tłumaczenie nie usprawiedliwia jego zachowania. Że dopuścił się obrazy sądu. I dlatego trybunał wymierza mu karę dziewięćdziesięciu dni pobytu w więzieniu w Norymberdze.

Karl Höllenrainer mówił cichym, błagalnym tonem. Cała siła, która pozwoliła mu niemal frunąć w powietrzu, żeby zasztyletować doktora Beiglböcka, nagle gdzieś znikła. Teraz Höllenrainer był bliski płaczu. „Czy trybunał zechce mi wybaczyć? Jestem żonaty i mam małego synka. – Höllenrainer wskazał na dr. Beiglböcka.

– Ten człowiek jest mordercą. Poił mnie słoną wodą i pobierał ode mnie wycinki wątroby. Wciąż jeszcze się leczę. – Karl Höllenrainer błagał sędziego Bealsa o łaskę. – Proszę mnie nie posyłać do więzienia".

Sędzia nie widział podstaw do okazania łaski. Kazał strażnikowi wyprowadzić Karla Höllenrainera, nazywając go „więźniem".

„Byłam zrozpaczona"[9], wspomina Vivien Spitz. Jedyne, co mogła zrobić, to spuścić głowę. Była protokolantką i nikt nie powinien zobaczyć, że płacze. Sześćdziesiąt lat później, kiedy wspominała tamto zdarzenie, nadal zastanawiała się, dlaczego sędzia Beals tak postąpił. „Nie można było pozostać obojętnym... Dlaczego dziewięćdziesiąt dni? Dlaczego nie jeden czy dwa dni – dla zasady? Po wszystkich torturach, które świadek przeżył, wydawało się to przesadzone".

Karl Höllenrainer został wyprowadzony z sali sądowej. Poprowadzono go długim korytarzem do kompleksu więziennego, tego samego, w którym przetrzymywano Beiglböcka i pozostałych zbrodniarzy wojennych. Doktor Alexander, który podjął decyzję o wezwaniu Höllenrainera na świadka, napisał potem w swoim dzienniku, jak bardzo tego żałował. Alexander rozmawiał z Höllenrainerem dziesięć dni przed jego pojawieniem się w sądzie w charakterze świadka i widział, jak jest zdenerwowany[10]. Napisał nawet w raporcie, że trzęsły mu się ręce. Höllenrainer zwierzył się Alexandrowi, że „wzbiera w nim straszny gniew"[11], ilekroć pomyśli o tym, co spotkało go w Dachau. Höllenrainer mówił, że czuje się bezsilny. Kiedy zamykał oczy, „widział przed sobą lekarzy, którzy... zrujnowali mu życie i zabili trzech jego przyjaciół". Doktor Alexander zdawał sobie sprawę, jak mocne wrażenie wywrze zeznanie Höllenrainera. Był jedyną znaną ofiarą eksperymentów z wodą morską, której udało się przeżyć. I faktycznie, zeznanie wywarło ogromne wrażenie.

Myśl o tym, że Höllenrainer zostanie zamknięty w więzieniu z lekarzami, którzy go torturowali, nie dawała spokoju Alexandrowi. Jeszcze tego samego wieczoru poszedł do sędziego Bealsa, żeby się wstawić za Höllenrainerem. Sędzia okazał łaskę i zwolnił go za kaucją, oddając jednocześnie pod kuratelę Alexandra. Cztery dni później, 1 lipca 1947 roku, pozwolono Karlowi Höllenrainerowi kontynuować zeznanie[12]. Korzystając z okazji, Höllenrainer opowiedział szczegółowo, co czuje człowiek umierający z pragnienia. Opisał, jak jego przyjaciele „toczyli pianę z ust". Jak „mieli napady szału" przed agonią.

Jeden z obrońców nazistowskich lekarzy, Herr Steinbauer, miał okazję zadawać pytania Karlowi Höllenrainerowi. I oskarżył go o kłamstwo.

„Jak można toczyć pianę z ust, skoro w ustach jest sucho?" – zapytał Steinbauer.

Höllenrainer odparł, że powiedział prawdę.

„Niech pan posłucha, Herr Höllenrainer – odezwał się Steinbauer – niech pan nie mówi wymijająco, jak to zwykle czynią Cyganie. Zeznaje pan pod przysięgą, więc proszę jasno odpowiadać na pytania".

Höllenrainer próbował odpowiedzieć.

„Wy, Cyganie, zawsze trzymacie się razem, prawda?"[13] – przerwał mu Steinbauer.

Ta wymiana zdań mogłaby służyć za metaforę całego procesu. Dla nazisty była to i zawsze będzie rozmowa nadczłowieka z podczłowiekiem. To dlatego mowa wstępna generała Taylora niosła takie ważne przesłanie. Nie samo działanie nazistowskich lekarzy było „barbarzyńskie i zbrodnicze", lecz idee, które za nim stały.

Późno wieczorem dr Alexander napisał prywatny list do generała Telforda Taylora, w którym przedstawił swoje wrażenia z procesu nazistowskich lekarzy[14]. „Mam wrażenie, że wszyscy dzisiejsi oskarżeni, Schäfer, Becker-Freyseng i Beiglböck, przyznaliby, że ten problem [zdatności do picia morskiej wody] można było rozwiązać w jedno popołudnie". A tymczasem „wszyscy ci ludzie z ławy oskarżonych mordowali dla naukowej sławy i osobistych korzyści. Byli jak Tantal, mityczny, ambitny władca, który dla nagrody zabił własne dziecko".

W liście do żony dr Alexander opisał fascynujące odkrycie: „Okazuje się, że przed wojną dr Beiglböck z Wiednia był ze mną na jednym roku w akademii medycznej…" Alexander pamiętał, że Beiglböck został przyłapany na ściąganiu i musiał opuścić uczelnię[15]. „On mnie nie poznał – napisał żonie Alexander – za to ja rozpoznałem go od razu". Dwie osoby, które rozpoczynały swoje życie zawodowe w tak podobny sposób, później obrały zupełnie różne drogi.

Był jeszcze jeden zwrotny punkt w procesie lekarzy, a dotyczył on dr. Kurta Blomego. Blome był szefem badań nad bronią biologiczną w Rzeszy, co samo w sobie nie było jeszcze zbrodnią. Istniało jednak mnóstwo dokumentów, w których Blome rozważał potrzebę przeprowadzenia eksperymentów na ludziach[16]. Posunęłyby one naprzód badania w kierowanym przez niego Instytucie Bakteriologicznym w Poznaniu. Blome bronił się, twierdząc, że wprawdzie zamierzał eksperymentować na ludziach, ale nigdy takich eksperymentów nie przeprowadził. A sam zamiar, przekonywał Blome, nie jest zbrodnią. Prokuratorom nie udało się znaleźć żadnego świadka, który zeznałby przeciwko Blomemu i ten wykorzystał ów fakt w swojej obronie. Istniało zeznanie generała Waltera Schreibera z pierwszego procesu norymberskiego obciążające Blomego, ale Rosjanie nie pozwolili Alexandrowi osobiście przesłuchać dr. Schreibera, więc wiarygodność jego zeznań nigdy nie została potwierdzona w sposób niezależny. Oskarżyciele przedstawili wiele dokumentów, w których Blome omawiał z Himmlerem plany eksperymentów na ludziach. Nie było jednak żadnego dokumentu wskazującego na winę Blomego. Był jeszcze jeden element obrony Blomego, na który prokuratorzy byli zupełnie nieprzygotowani, a chodziło o jego żonę, Bettinę, lekarkę i autorkę bestsellerów[17]. Frau Blome skrupulatnie zbadała przypadki eksperymentów przeprowadzanych w czasie wojny przez amerykańskie Biuro Badań Naukowych i Rozwoju (OSRD). Były to między innymi eksperymenty z malarią przeprowadzane na więźniach w więzieniu federalnym Terre Haute. Dotarła również do wyników słynnych dziewiętnastowiecznych badań nad żółtą febrą, prowadzonych dla armii amerykańskiej przez dr. Waltera Reeda, w których wyniku ochotnicy poddani eksperymentom zmarli. Od miejsca, gdzie żona Blomego przerwała, temat amerykańskich eksperymentów na ludziach kontynuował obrońca, Robert Servatius.

Servatius dotarł do artykułu opublikowanego w magazynie „Life" w czerwcu 1945 roku, w którym opisano, jak OSRD przeprowadziło w czasie wojny eksperymenty na ośmiuset amerykańskich więźniach. Servatius przeczytał na sali sądowej cały artykuł, słowo po słowie. Żaden z amerykańskich sędziów, podobnie jak większość prokuratorów, nie znał tego artykułu wcześniej i odczytanie go przed sądem wytrąciło Amerykanom oręż z ręki. Ponieważ artykuł szczegółowo omawiał eksperymenty armii amerykańskiej na ludziach, oskarżenie legło w gruzach. „Życie więzienne idealnie nadaje się do kontrolowanych prac laboratoryjnych z istotami ludzkimi", przeczytał Servatius, cytując amerykańskich lekarzy, z którymi przeprowadził wywiad dziennikarz magazynu „Life". Idea, że wyjątkowe czasy wymagają wyjątkowych środków, i fakt, że oba kraje wykorzystywały ludzi do eksperymentów, była niepokojąca. Nazistowska koncepcja *Untermenschen* przestała mieć znaczenie. A prokuratorzy z Norymbergi wyszli na hipokrytów[18].

Szóstego sierpnia 1947 roku został odczytany werdykt. Siedmiu oskarżonych zostało skazanych na karę śmierci, a dziewięciu na karę więzienia od dziesięciu lat do dożywocia, w tym Beiglböck (piętnaście lat), Becker-Freyseng (dwanaście lat) i Schröder (dożywocie). Siedmiu nazistowskich lekarzy zostało uniewinnionych, w tym Blome, Schäfer, Ruff i Weltz[19]. Uniewinniając Blomego, sąd powiedział: „Być może oskarżony przygotowywał się do eksperymentowania na istotach ludzkich w związku z badaniami nad bronią biologiczną, ale dokumenty nie ujawniły tego faktu ani tego, że takie eksperymenty były rzeczywiście przeprowadzane".

Konrad Schäfer wrócił do pracy w Centrum Medycyny Lotniczej w Heidelbergu, gdzie objął stanowisko szefa zespołu, piastowane wcześniej przez dr. Strugholda. Strughold popłynął już wcześniej do Ameryki w ramach Operacji Paperclip i był teraz w Teksasie, gdzie służył „fachowym doradztwem" pułkownikowi Armstrongowi, komendantowi Szkoły Medycyny Lotniczej w Randolph Field[20]. Armstrong utworzył tam nowe laboratorium badawcze i ściągał do pracy w nim dziesiątki niemieckich lekarzy. W zakresie obowiązków doktora Strugholda był również „całościowy nadzór nad działalnością zawodową niemieckich i austriackich naukowców, którzy mieli być zatrudnieni przez szkołę"[21]. Tymczasem FBI napotykało trudności z uzyskaniem zgody na wydanie Strugholdowi wizy imigracyjnej. Biuro przeprowadziło w Niemczech specjalne dochodzenie w sprawie Strugholda. „Pewien informator, który znał Strugholda", czytamy w raporcie, powiedział, że Strughold „wyraził opinię, iż partia nazistowska zrobiła dla Niemiec dużo dobrego. [Strughold] powiedział, że zanim nastał nazizm, Żydzi tłumnie szturmowali akademie medyczne, uniemożliwiając innym studiowanie"[22]. Dla zrównoważenia tej obraźliwej opinii na temat Strugholda poproszono dr. Konrada Schäfera, żeby napisał swojemu dawnemu szefowi rekomendację. W złożonym pod przysięgą oświadczeniu pisemnym Schäfer, który zaledwie kilka tygodni wcześniej został uniewinniony w Norymberdze, wychwalał dr. Strugholda za przestrzeganie przez niego w badaniach naukowych „zasad etycznych"[23]. „Wiem też, że stanowczo odmówił wzięcia udziału albo wydania zgody na badania naukowe, które mogłyby mieć zły wpływ na zdrowie ludzi", napisał Schäfer. Rok później dr Konrad Schäfer znalazł się na pokładzie statku płynącego do Ameryki, z kontraktem w ręku, zawartym w ramach Operacji Paperclip.

Doktor Blome był bardzo pożądanym kandydatem dla Operacji Paperclip. Blome bez wątpienia wiedział więcej na temat badań nad dżumą niż ktokolwiek inny na świecie. Ale ponieważ w czasie wojny znajdował się w najbliższym otoczeniu Hitlera i nosił złotą odznakę NSDAP, armii amerykańskiej trudno byłoby usprawiedliwić ściągnięcie go do Ameryki w ramach Operacji Paperclip. Jednak wraz z pogłębianiem się zimnej wojny i rosnącą podejrzliwością wobec Rosjan nawet ktoś taki jak Kurt Blome mógł w końcu zostać uznany za kwalifikującego się do Operacji Paperclip.

CZĘŚĆ IV

Tylko dowódca pojmuje wagę pewnych rzeczy
i tylko on pokonuje wszelkie przeciwieństwa.
Armia bez głowy jest niczym.

Napoleon

ROZDZIAŁ PIĘTNASTY

Zagrożenie chemiczne

Minął już niemal rok od chwili, kiedy dokument nr 275/5 State-War-Navy Coordinating Committee zezwolił JIOA na sprowadzenie z Niemiec tysiąca nazistowskich naukowców, byleby nie trafili w ręce Rosjan. Tymczasem JIOA nie spieszyła się zbytnio. Liczba naukowców, którzy w tym czasie przybyli do Ameryki, prawie się podwoiła, ze 175 w marcu 1946 roku do 344 w lutym 1947, ale na razie żaden nie otrzymał wizy. Przedstawiciele JIOA za opóźnienia obwiniali urzędnika Departamentu Stanu, Samuela Klausa. Dwudziestego siódmego lutego 1947 roku Klaus został wezwany do Pentagonu na naradę ze swoimi wojskowymi odpowiednikami. W trakcie spotkania dyrektor JIOA, pułkownik Thomas Ford, powiedział Klausowi, że ma listę niemieckich naukowców znajdujących się już na terytorium Stanów Zjednoczonych i należy przyspieszyć proces wydawania im wiz. Poprosił Samuela Klausa o podpisanie dokumentu o odstąpieniu od procedury, dzięki czemu JIOA mogłaby rozpocząć proces.

Klaus odmówił podpisywania czegokolwiek bez zastanowienia. „Powiedziałem mu, że oczywiście nie mogę tego zrobić i że departament powinien mieć możliwość dokonania jakiegoś rodzaju oceny przed złożeniem podpisu"[1], napisał w notatce dla Departamentu Stanu. Pułkownik Ford przypomniał Klausowi o dyrektywie JIOA z 3 września 1946 roku. Zgodnie z nią Departament Stanu miał „przyjąć za ostateczne ustalenia śledztwa i wnioski z raportów przygotowanych przez JIOA, a dotyczące sprawdzenia zainteresowanych osób"[2]. Klaus powiedział Fordowi, że nie podpisze dokumentu, który byłby zrzeczeniem się wszelkich praw, i najpierw musi zobaczyć listę z nazwiskami naukowców.

Ford odpowiedział Klausowi, że lista jest tajna, a on nie ma uprawnień, żeby się z nią zapoznać. Klaus w dalszym ciągu odmawiał złożenia podpisu. „Ford na różne sposoby dawał mi do zrozumienia, że jeśli nie podpiszę dokumentu w imieniu Departamentu Stanu, on przekaże tę informację kilku senatorom, którzy zajmą się departamentem" – tak opisał groźby Forda Klaus. Pułkownik Ford oskarżył z kolei Klausa, że staje na drodze „interesu narodowego".

Na żądanie pułkownika Forda miała najprawdopodobniej wpływ otrzymana niedawno informacja z Zarządu Wojskowego Strefy Okupacyjnej Stanów Zjednoczonych w Niemczech (OMGUS). Po kilku miesiącach nagonki prasowej na Operację Paperclip, podsycanej przez Federację Naukowców Amerykańskich, a potem przez Kongres Żydów Amerykańskich, który uznał małżeństwo Axsterów z Fort Bliss za „prawdziwych nazistów", Departament Wojny poprosił OMGUS o sprawdzenie naukowców pracujących już w Stanach Zjednoczonych w ramach Operacji Paperclip. A to właśnie OMGUS miał nadzór nad raportami na temat niemieckich naukowców sporządzanymi przez wywiad wojskowy G-2. Departament Wojny poinformował OMGUS, że nie życzy sobie więcej jakichkolwiek demaskatorskich publikacji.

W odpowiedzi OMGUS przesłał do Departamentu Wojny 146 raportów, które mogłyby wywołać skandal, gdyby ich treść została ujawniona. Jeden z raportów dotyczył inżyniera zajmującego się rakietami, Kurta Debusa. Debus był zagorzałym nazistą i aktywnym członkiem SS przychodzącym, według relacji jego kolegów, do pracy w mundurze[3]. Ale bardziej kłopotliwe było to, że w czasie wojny zadenuncjował gestapo kolegę inżyniera, Richarda Craemera, za antynazistowskie uwagi i za to, że nie odpowiedział nazistowskim pozdrowieniem[4]. Z nazistowskich dokumentów wynika jednoznacznie, że to Debus był inicjatorem śledztwa przeciwko Craemerowi. Nikt inny nie słyszał rozmowy obu naukowców. Debus wrócił z pracy do domu i napisał raport, który następnie złożył w SS[5]. Incydent ten sprawił, że wywiad armii amerykańskiej nie mógł uznać Kurta Debusa za apolitycznego naukowca starającego się po prostu jakoś przeżyć. Debus przyczynił się do aresztowania kolegi przez gestapo. W rezultacie Craemer został oskarżony o zdradę. Według raportu w wyniku działania Debusa 30 listopada 1942 roku „Craemer został wezwany do siedziby gestapo, gdzie przedstawiono mu obciążające go dowody"[6]. Oficer amerykańskiego wywiadu zajmujący się tą sprawą, kapitan F.C. Groves, wyjaśnił, co zdarzyło się później. Piątego kwietnia 1942 roku „[Craemer] został postawiony przed «Sondergericht» [nazistowskim sądem specjalnym] i skazany na dwa lata więzienia". Przydługie podsumowanie i analiza Grovesa zostały wysłane do Kolegium Szefów Połączonych Sztabów. Groves napisał, że „celowe i złośliwe zadenuncjowanie Craemera" przez Debusa nie może zostać zlekceważone przez wywiad wojskowy. W Niemczech ta sprawa nie była tajemnicą.

W równie kłopotliwej sytuacji raport OMGUS stawiał von Brauna, a wywiad wojskowy ostrzegał, że biorąc pod uwagę jego rozpoznawalność w świecie, naciskanie na Departament Stanu w sprawie wydania mu wizy może spowodować problemy. Raport ujawnił, że von Braun był nie tylko oficerem SS w randze Sturmbannführera, ale że jego protektorem był sam Heinrich Himmler[7]. W reakcji na to dyrektor JIOA, pułkownik Ford, zaproponował działanie całkowicie przeciwne do tego, co doradzano. Ford uważał, że najlepszym rozwiązaniem było możliwie szybkie nadanie obywatelstwa osobom niepożądanym. Gdyby Klaus podpisał klauzulę zrzeczenia się przez Departament Stanu prawa do wydawania wiz, JIOA mogłaby przyspieszyć proces sprowadzania naukowców.

Ponieważ jednak Klaus odmówił podpisania dokumentów, sprawa utknęła w martwym punkcie[8]. Klaus wyszedł ze spotkania i przeprowadził na własną rękę dochodzenie. W następnych miesiącach dowiedział się, co działo się z Georgiem Rickheyem w Wright Field – że został odesłany do Niemiec, gdzie stanął przed sądem pod zarzutem zbrodni wojennych. Ta informacja została celowo zatajona przed Departamentem Stanu. W notatce do podsekretarza stanu Klaus bronił swojego stanowiska wobec bezpodstawnego jego zdaniem żądania podpisania zrzeczenia się praw wysuwanego przez JIOA. „To, że obawy departamentu nie były bezpodstawne, dowiódł ostatnio fakt, iż wśród tych naukowców znalazł się człowiek oskarżony o zbrodnie wojenne, który został odesłany do Niemiec". Klaus był zdecydowany bronić swojego stanowiska, podobnie jak JIOA. Problem polegał na tym, że Klaus był w mniejszości.

W tym samym miesiącu, w którym w relacjach pomiędzy Departamentem Stanu a JIOA nastąpił impas, wojska chemiczne sprowadziły pierwszego naukowca, eksperta w dziedzinie produkcji tabunu, dr. Friedricha „Fritza" Hoffmanna[9]. Armia amerykańska była zainteresowana zgromadzeniem zapasów tabunu od chwili zdobycia jego pierwszej próbki w Raubkammer w brytyjskiej strefie okupacyjnej w maju 1945 roku. Osobą odpowiedzialną w wojskach chemicznych za program produkcji tabunu był pułkownik Charles E. Loucks, szef Centrum Wojsk Chemicznych w Edgewood Arsenal w stanie Maryland.

Pięćdziesięciojednoletni pułkownik Loucks poświęcił swoje życie broni chemicznej[10]. Urodził się i dorastał w Kalifornii, licencjat zrobił na Uniwersytecie Stanforda, a bronią chemiczną zainteresował się, kiedy walczył w pierwszej wojnie światowej. W 1922 roku trafił do Pułku Gazowego w Edgewood Arsenal. I choć wyróżniał się jako znakomity strzelec, brał udział w zawodach strzeleckich i zdobywał liczne nagrody, to najbardziej interesowała go broń chemiczna. Zaczął studiować inżynierię chemiczną w Instytucie Technologicznym w Massachusetts i w 1929 roku uzyskał tytuł magistra. Od 1935 roku był dyrektorem technicznym działu badań i rozwoju wojsk chemicznych w Edgewood.

Pierwszy rok drugiej wojny światowej major Loucks spędził na poprawianiu standardowej maski gazowej. Współpracował nawet z Waltem Disneyem i firmą Sun Rubber nad zmianą jej dość przerażającego wyglądu na podobiznę Myszki Miki[11]. W sierpniu 1942 roku Loucks został dowódcą Rocky Mountain Arsenal pod Denver, gdzie zajmował się projektowaniem i budową największej w Stanach Zjednoczonych fabryki trujących chemikaliów, a następnie nadzorował ich produkcję. W Rocky Mountain wytwarzano na masową skalę gaz musztardowy oraz bomby zapalające[12] – bomby zrzucane na Niemcy i Japonię. Za służbę w czasie wojny Loucks został odznaczony Legią Zasługi.

W czasie drugiej wojny światowej armia amerykańska dysponowała ponad czterystoma batalionami gotowymi do wojny chemicznej[13]. Przewidywano, że wojna chemiczna toczyłaby się z wykorzystaniem gazu musztardowego. Do boju posłano sześćdziesiąt tysięcy przeszkolonych żołnierzy, wyposażonych w maski gazowe i ubrania ochronne oraz niewielkie karty z wyjaśnieniem, co robić w razie ataku chemicznego. Na szczęście w czasie drugiej wojny światowej nie użyto gazów bojowych, ale specjaliści tacy jak Charles Loucks byli kompletnie zaskoczeni, kiedy zorientowali się, jak bardzo chemicy niemieccy wyprzedzili chemików amerykańskich[14]. Stało się dla nich jasne, że gdyby Niemcy zdecydowały się na wojnę chemiczną, to dzięki masowej produkcji nieznanych wcześniej środków w rodzaju tabunu i sarinu walka byłaby nierówna. Po zakończeniu wojny amerykańskie wojska chemiczne zdobyły dzięki Brytyjczykom 530 ton tabunu. Ale ponieważ zamierzały wyprodukować go więcej, trzeba było w ramach Operacji Paperclip ściągnąć do Ameryki dr. Fritza Hoffmanna. Hoffmann przyjechał w lutym 1947 roku i natychmiast przystąpił do syntezowania tabunu[15]. Gazy bojowe były jego specjalnością. W czasie wojny dokonywał syntezy w Akademii Technicznej Luftwaffe w Berlinie-Gatow oraz w laboratoriach uniwersytetu w Würzburgu.

Fritz Hoffmann był człowiekiem wielkiej postury, miał sto osiemdziesiąt dwa centymetry wzrostu, ciemne oczy, ostre, kanciaste rysy twarzy i wydatne kości policzkowe. Włosy zaczesywał do tyłu, za uszy; najprawdopodobniej używał olejku do włosów. Był zdolnym chemikiem i osobą refleksyjną – miał też doktorat z filozofii[16]. W dzieciństwie chorował na polio. Według Departamentu Stanu był jednym z niewielu antynazistów sprowadzonych do Stanów Zjednoczonych w ramach Operacji Paperclip. Kiedy po zakończeniu wojny Hoffmann został złapany, miał przy sobie niezwykły dokument, pisemne zaświadczenie z amerykańskiej ambasady w Zurychu, podpisane przez konsula generalnego, Sama E. Woodsa. „Właściciel tego dokumentu... dr Friedrich Wilhelm Hoffmann przez cały czas trwania wojny był antynazistą". Dalej następowało wyjaśnienie, że teść Hoffmanna, niemiecki ekonomista dr Erwin Respondek, ryzykując życie, szpiegował dla Amerykanów. Respondek „oddał wyjątkowo cenne usługi aliantom – napisał konsul generalny Woods. – Usługi te, znane byłemu sekretarzowi stanu, panu Cordellowi Hullowi, były świadczone z narażeniem życia własnego oraz rodziny, bez żadnego wynagrodzenia i były tak cenne, że... wymagają oddania wyrazu szacunku oraz udzielenia pomocy"[17] wszystkim członkom rodziny, w tym zięciowi Respondeka, Fritzowi Hoffmannowi.

Po przesłuchaniu przez wywiad wojskowy w Niemczech Hoffmann został uznany za „nadającego się do wykorzystania przez Zarząd Wojskowy Strefy Okupacyjnej Stanów Zjednoczonych w Niemczech". Został wysłany do Centrum Wojsk Chemicznych w Berlinie, gdzie do chwili podpisania kontraktu w ramach Operacji Paperclip pracował dla Służby Wojsk Chemicznych.

Kiedy w lutym 1947 roku Friedrich Hoffmann pojawił się w Edgewood Arsenal, ten pierwszy amerykański ośrodek badawczo-rozwojowy produkował bojowe środki trujące już od trzydziestu lat. Porośnięty lasem półwysep o powierzchni tysiąca dwustu hektarów znajdował się trzydzieści kilometrów od Baltimore, wrzynał się w zatokę Chesapeake. Ponieważ Hoffmann był pierwszym Niemcem w Edgewood, został zakwaterowany w koszarach razem z żołnierzami amerykańskimi[18]. Ściśle tajna komórka badawczo-rozwojowa, do której został przydzielony, nosiła nazwę Dowództwa Technicznego i to tam zaczął „syntetyzować nowe środki do zwalczania owadów, gryzoni i roztoczy”[19], co oznaczało tabun.

Pułkownik Loucks dostał polecenie przygotowania produkcji tabunu na masową skalę w ramach ściśle tajnego programu o kryptonimie AI.13[20]. Wywiad wojskowy przypuszczał, że radziecki program produkcji broni chemicznej jest znacznie bardziej zaawansowany od amerykańskiego, i chciano, żeby wojska chemiczne szybko nadrobiły zaległości[21]. Rosjanie przejęli całe laboratorium IG Farben w Dyhernfurcie i przenieśli je w okolice Stalingradu, do miasteczka Bekietowka, nadając placówce kryptonim Fabryka Chemiczna nr 91. Rosjanie zdobyli nie tylko laboratorium i technologię, ale schwytali też kilku chemików IG Farben pracujących w Dyhernfurcie. W ramach własnej wersji Operacji Paperclip, nazwanej Operacją Osoaviakhim, schwytali niemieckiego chemika dr. von Bocka wraz z jego zespołem. Cała grupa została przewieziona do Fabryki Chemicznej nr 91, gdzie von Bock, specjalista od systemów filtrujących i odkażających, został zmuszony do pracy. Dzięki von Bockowi Rosjanie poznali najważniejsze aspekty techniczne produkcji tabunu. Dlatego Amerykanie duże nadzieje pokładali w pracy Fritza Hoffmanna.

Rzeczywiście Fritz Hoffmann okazał się cennym nabytkiem. W odtajnionej recenzji jego pracy czytamy, że w ciągu pierwszych miesięcy po przybyciu do Edgewood „zajmował się bardzo ważnymi pracami”[22] i „wykazał się wielką pomysłowością oraz rozległą wiedzą”. Prace nad tabunem postępowały naprzód. Kiedy wywiad wojskowy dowiedział się, że Rosjanie produkują w Fabryce Chemicznej nr 91 również sarin, Edgewood dostało zadanie kontynuowania prac nad tabunem, ale jednocześnie podwojenia wysiłków w badaniach nad sarinem i jak najszybsze wdrożenie jego masowej produkcji[23]. Projekt AI.13 dostał jeszcze większy priorytet i nowy kryptonim AI.13–2.1. A w Niemczech jeszcze intensywniej zaczęto poszukiwać nazistowskich naukowców znających się na wytwarzaniu tabunu i sarinu.

Z odtajnionych dokumentów wynika, że wojska chemiczne chciały zatrudnić Ottona Ambrosa, ale było to niemożliwe. Ambros siedział w więzieniu w Norymberdze, oczekując na proces. Prócz Ambrosa w więzieniu przebywali także członkowie zarządu IG Farben, Fritz Ter Meer i Karl Krauch, a także Hermann Schmitz, dyrektor firmy i człowiek, który ukrył w sejfie w ścianie album z Auschwitz. Na liście kandydatów Operacji Paperclip był również Brigadeführer SS dr Walter Schieber, oficer łącznikowy Ambrosa w ministerstwie Speera i człowiek, który nadzorował prace w Dyhernfurcie, ale z jego rekrutacją trzeba było poczekać, ponieważ też siedział w więzieniu w Norymberdze. Proces pracowników IG Farben, noszący oficjalną nazwę *Stany Zjednoczone Ameryki przeciwko Carlowi Krauchowi i innym*[24], miał się rozpocząć zgodnie z planem za kilka miesięcy, latem 1947 roku. Czas miał pokazać, który z chemików Hitlera będzie do dyspozycji.

Minęły nieco ponad cztery miesiące od chwili, gdy „New York Times" poinformował o Operacji Paperclip, ale krytyczne głosy nie cichły. I oto 9 marca 1947 roku dziennikarz Drew Pearson opublikował najbardziej skandaliczną jak dotąd informację na temat Operacji Paperclip. Według Pearsona armia amerykańska zaproponowała podpisanie kontraktu siedzącemu w więzieniu w Norymberdze Karlowi Krauchowi[25]. Krauch był głównym oskarżonym w zbliżającym się procesie, a także pełnomocnikiem Göringa do spraw produkcji broni chemicznej i zwolennikiem użycia jej w działaniach bojowych przeciwko aliantom[26]. Krauch zachęcał kolegów przemysłowców do wspierania wysiłku wojennego Rzeszy.

Felieton Pearsona zatytułowany *Waszyngtońska karuzela* zdobył wielką poczytność, a doniesienie na temat Kraucha wywołało taki skandal, że szef sztabu armii amerykańskiej, generał Eisenhower, zażądał informacji na temat przebiegu Operacji Paperclip. Raport Eisenhowerowi złożył szef wywiadu wojskowego, Stephen J. Chamberlin[27]. Po dwudziestominutowym spotkaniu Eisenhower zdecydował się dalej wspierać operację. Za negatywne nastawienie opinii publicznej do Operacji Paperclip wojskowi z JIOA winili Departament Stanu. Dean Rusk, który pracował w biurze asystenta sekretarza stanu, w notatce sporządzonej dzień po rozmowie Eisenhowera z Chamberlinem, tak podsumował nastawienie JIOA wobec Departamentu Stanu: „Osoby zajmujące się public relations czują narastającą presję związaną z programem zatrudnienia niemieckich naukowców... Nasza pozycja jest nieodmiennie słaba, ponieważ Departamentowi Stanu trudno wspierać taki program"[28].

JIOA postanowiło, że pora pozbyć się Samuela Klausa[29]. Dyrektor Thomas Ford napisał do generała Stephena Chamberlina, że Klaus jest „obrzydliwie kłopotliwy"[30] i musi zostać usunięty. W ciągu tygodnia Klaus został przesunięty z sekcji wizowej Departamentu Stanu do biura radców prawnych. Od tej pory nie miał już nic do powiedzenia w sprawie procedur Operacji Paperclip. Pozostaje zagadką, czy Klaus miał coś wspólnego z nastawieniem opinii publicznej do programu, ale wraz z ekspansją maccartyzmu coraz częściej oskarżano go o to, że był autorem przecieków do prasy dezawuujących program zatrudniania niemieckich naukowców. Mimo usunięcia Klausa kontynuowanie Operacji Paperclip było zagrożone – po raz pierwszy od chwili jej rozpoczęcia wiosną 1945 roku. Asystent sekretarza wojny, Howard Petersen, wraz z kolegami obawiał się, że Departament Wojny zostanie uwikłany w skandale związane z nazistowskimi uczonymi[31]. Petersen przewidywał, że program zostanie przerwany w ciągu kilku miesięcy.

Tymczasem stało się na odwrót. W wyniku podpisania 26 lipca 1947 roku przez prezydenta Trumana ustawy o bezpieczeństwie narodowym amerykańskie siły zbrojne i agencje wywiadowcze uległy restrukturyzacji. Departament Wojny został przekształcony w Departament Obrony, State-War-Navy Coordinating

Committee stał się Radą Bezpieczeństwa Narodowego, powstała także Centralna Agencja Wywiadowcza[32].

Kontrowersyjna Operacja Paperclip wkroczyła w nową fazę. Starano się zachować pozory i grupę amoralnych oportunistów, często zbrodniarzy wojennych, przedstawiano jako wybitnych naukowców. Von Braun przyznał w rozmowie z Danielem Langiem z „New Yorkera", że najważniejsze dla niego jest „jak najskuteczniejsze wydojenie dojnej krowy". I tak samo traktowała niemieckich naukowców nowo utworzona CIA. Zatrudnienie osób, które miały wiele, a właściwie wszystko do stracenia, i jednocześnie koncentrowały się na osiągnięciu osobistych korzyści, było bardzo wygodne.

Operacja Paperclip była dla CIA idealnym sposobem na zdobywanie informacji wywiadowczych o charakterze naukowym. I dlatego agencja tak mocno ją wspierała.

Wiosną 1947 roku naukowcy w Edgewood Arsenal zaczęli przeprowadzać eksperymenty na ludziach z użycie tabunu. Wszyscy żołnierze wykorzystywani do tych eksperymentów byli tak zwanymi ochotnikami, ale nie poinformowano ich, że zostaną potraktowani gazem bojowym w niewielkim stężeniu. Część testów przeprowadzono w Utah, na poligonie Dugway. Pozostałe w znajdującej się w Edgewood „komorze gazowej do testów na ludziach", pomieszczeniu o wymiarach 3 na 3 metry ze szczelnymi metalowymi drzwiami. Jedną z osób obserwujących testy z tabunem był dr L. Wilson Greene, dyrektor laboratoriów chemicznych i radiologicznych w Centrum Wojsk Chemicznych w Edgewood i bliski współpracownik Fritza Hoffmanna[33]. Greene był niski, miał kwadratową szczękę i świetny wzrok[34]. Obserwując zachowanie żołnierzy podczas eksperymentów z tabunem, dokonał odkrycia.

Greene zauważył, że żołnierze zamknięci w „komorze gazowej" stawali się „częściowo upośledzeni na okres od jednego do trzech tygodni – byli znużeni, zmęczeni, apatyczni, wykazywali całkowity brak inicjatywy i zainteresowania". Najbardziej uderzało Greene'a to, że ludzie ci byli całkowicie obezwładnieni na pewien czas, ale nie trwale. Potem sami dochodzili do siebie; antidotum był czas. Doktor L. Wilson Greene dostrzegł w tym fakcie szansę na prowadzenie zupełnie nowego rodzaju walki. I zasiadł do tworzenia idei przyszłej wojny, którą zawarł w dziele znanym pod tytułem *Psychochemical Warfare: A New Concept of War* (Nowa koncepcja wojny: wojna psychochemiczna). Napisał tam: „Trend każdego dużego konfliktu, charakteryzujący się wysoką śmiertelnością, ludzką niedolą i zniszczeniami materialnymi, może zostać odwrócony". Jego nowatorski pomysł wojny psychochemicznej – to on wymyślił ten termin – polegał na unieszkodliwianiu przeciwnika, a nie zabijaniu go[35]. Greene uważał, że dzięki temu oblicze wojny zmieni się z barbarzyńskiego w bardziej ludzkie. Środki obezwładniające były „łagodną" bronią – obezwładniały, ale nie okaleczały w sposób trwały. Ameryka mogła pokonać przeciwników „bez masowego zabijania ludzi i niszczenia mienia".

Greene nie proponował stosowania rozrzedzonego tabunu na polu walki. Miał na myśli inne środki obezwładniające, które mogły czasowo paraliżować człowieka, „środki halucynogenne lub psychomimetyczne... wywołujące reakcje przypominające obłęd lub psychozę"[36]. „Nie ma wątpliwości, że zdolność do stawiania oporu zostanie w znacznym stopniu osłabiona lub całkowicie zniesiona dzięki masowemu atakowi histerii lub paniki"[37].

Greene postulował natychmiastowe rozpoczęcie „badań nad stabilnym związkiem chemicznym, który wywoływałby zaburzenia umysłowe o znaczeniu militarnym". Sam poszukiwał środków, które powodowałyby nieracjonalne zachowania u ludzi. W swojej monografii zamieścił listę „61 środków wywołujących choroby umysłowe"[38]. Tych sześćdziesiąt jeden składników należało, jego zdaniem, skrupulatnie przebadać i znaleźć jeden, najlepszy do celów wojskowych. Greene wystąpił o budżet w wysokości pięćdziesięciu tysięcy dolarów – mniej więcej pół miliona dolarów w 2013 roku – i go otrzymał. Rozpoczęły się prace badawcze. Zadanie zbadania toksyn mogących mieć zastosowanie militarne Greene powierzył swojemu przyjacielowi Fritzowi Hoffmannowi.

Fritz Hoffmann był uważany w Edgewood za jednego z najbardziej utalentowanych chemików organicznych w wojskach chemicznych[39]. Jeśli ktoś miał znaleźć i opracować idealny środek obezwładniający, to właśnie Hoffmann. Rozpoczął badania na szeroką skalę – poczynając od powszechnie znanych narkotyków po rzadkie toksyny z Trzeciego Świata. Zajmował się meskaliną, otrzymywaną z kaktusa i używaną przez Indian, wywołującą halucynacje lub znużenie. Badał muchomora czerwonego, występującego na skalistych zboczach gór w Mongolii i według wierzeń ułatwiającego kontakt ze światem duchów, a także piruri, trujące liście używane przez Aborygenów, zmniejszające pragnienie. Badał yaxee i epenę z Wenezueli, Kolumbii i Brazylii, środki sprawiające, że ludzie widzą rzeczy, których w rzeczywistości nie ma. Badał też środki wykorzystywane od stuleci „dzięki swoim właściwościom halucynogennym przez prymitywne plemiona do ucieczki przed trudami codziennego życia". Wkrótce Hoffmann zaczął podróżować po świecie w poszukiwaniu środków obezwładniających dla wojsk chemicznych[40].

Idea wojny psychochemicznej dr. Greene'a miała znaczący wpływ na przyszłość amerykańskich wojsk chemicznych, ale wyznaczyła też kierunek, w którym podążyła najnowsza cywilna agencja wywiadowcza, CIA. Agencja dysponowała ogromnymi funduszami i miała mnóstwo pomysłów. Środki obezwładniające ludzi miały dla niej znacznie szersze potencjalne zastosowanie niż tylko pole walki i dlatego rozpoczęła własny program badawczy. A Fritz Hoffmann i L. Wilson Greene znaleźli się w samym centrum zainteresowania zarówno wojsk chemicznych, jak i CIA. Wkrótce w centrum zainteresowania mieli się znaleźć także eksperci od broni biologicznej z Camp Detrick. Program badań nad bronią biologiczną, prowadzony przez grupę nazywaną Special Operations Division, w skrócie SO Division, mógł się rozwijać i stać jednym z najbardziej kontrowersyjnych przedsięwzięć CIA dzięki Operacji Paperclip.

Minęło półtora roku od opublikowania raportu Mercka na temat zagrożenia bronią biologiczną i dzięki funduszom przyznanym przez kongres Camp Detrick zmienił się w supernowoczesny ośrodek badań nad bronią biologiczną. Wojsko kupiło 220 hektarów terenu przylegającego do „Obszaru A", tworząc „Obszar B", gdzie przeprowadzano pierwsze powojenne testy. W czasie wojny groźne patogeny w rodzaju wąglika i „X" testowano i hodowano w laboratorium w Camp Detrick – prostym drewnianym budynku pokrytym papą i nazywanym przez naukowców Czarną Marią[41]. Olbrzymi kocioł używany do fermentacji stał na trawniku przed laboratorium. Teraz, biorąc pod uwagę zakres prac badawczych, jakie miały się toczyć w Camp Detrick, potrzebna była komora aerozolowa większa i lepsza od jakiejkolwiek innej istniejącej na świecie. Zadanie zaprojektowania takiego urządzenia powierzono bakteriologowi, dr. Haroldowi Batchelorowi.

Brytyjczycy mieli u siebie w Porton Down znakomitą komorę, ale mieściły się w niej tylko dwie, trzy myszy. Batchelor zaprojektował olbrzymią kulistą komorę przypominającą piłkę golfową wspartą na stalowych „nogach". Miała ona pojemność miliona litrów i była nazywana Eight Ball[42] (Czarna bila). Czarna bila miała być szczelna i odporna na bombardowania, a wykonanie jej zlecono firmie Chicago Bridge and Iron Works. Miała też mieć okna, drzwi, luki i ściany grubości 4 centymetrów.

Krążące wewnątrz czarnej bili powietrze miało symulować odpowiednie warunki pogodowe, a naukowcy powinni móc z zewnątrz regulować temperaturę w zakresie od 12 do 32 stopni Celsjusza oraz wilgotność w zakresie od 30 do 100 procent. Dzięki takim nowoczesnym rozwiązaniom mogli się przekonać, jak rozpylone środki bakteriologiczne będą działać na różnych wysokościach. Czarna bila miała ważyć 131 ton i wznosić się na wysokość czterech pięter. Stojąc na otaczającej komorę kładce, naukowcy mogli obserwować przez okna, co się dzieje z obiektami eksperymentów, poddanymi działaniu najgroźniejszych drobnoustrojów. Firma Chicago Bridge and Iron Works zobowiązała się dostarczyć gotową komorę w 1949 roku.

Po ukończeniu projektu dr Batchelor szykował się do wyjazdu do Niemiec. Czekał tam naukowiec, z którym należało koniecznie porozmawiać, gdyż na temat broni biologicznej wiedział więcej niż ktokolwiek inny. Zwłaszcza na temat dżumy.

Osobą tą był dr Kurt Blome, były zastępca lekarza naczelnego Trzeciej Rzeszy. Dopiero co został uniewinniony w norymberskim procesie lekarzy. I ponownie trafił na listę Operacji Paperclip[43].

Proces lekarzy zakończył się czterdzieści dwa dni wcześniej. Był 2 października 1947 roku, kiedy na biurku szefa wojsk chemicznych trafiła depesza z Heidelbergu oznaczona jako „tajna"[44]. Jej treść brzmiała: „Można porozmawiać z doktorem Kurtem Blomem na temat broni biologicznej".

Spotkanie Blomego z Batchelorem zostało umówione na 10 listopada 1947 roku. Batchelorowi towarzyszył specjalista w dziedzinie desterylizacji dr Charles R. Phillips, specjalista w dziedzinie materiałów wybuchowych dr Donald W. Falconer i ekspert w dziedzinie dawkowania dr A.W. Gorelick. Porucznik R.W. Swanson reprezentował amerykańską marynarkę wojenną, a podpułkownik Warren S. LeRoy sztab dowództwa w Europie. Był również obecny tłumacz i stenograf. Doktor Blome został uprzedzony, że cała treść rozmowy zostanie utajniona[45].

Pierwszy zabrał głos dr. Batchelor, nadając ton trwającemu cały dzień spotkaniu. „Przyjechaliśmy, żeby osobiście i profesjonalnie porozmawiać z doktorem Blomem. Mamy w Niemczech przyjaciół naukowców i dziś korzystamy z okazji, żeby omówić z doktorem Blomem różne problemy". Na początek Batchelor zapytał: „Czy zechciałby pan, doktorze Blome, przedstawić nam w ogólnym zarysie, jakie informacje pan posiada?".

Blome mówił po angielsku, od czasu do czasu przerywając i prosząc, żeby tłumacz podpowiedział mu brakujące słowo. „W 1943 roku otrzymałem od Göringa rozkaz zajęcia się badaniami nad bronią biologiczną – wyjaśnił Blome. – Badania nad bronią biologiczną zostały rozpoczęte dużo wcześniej pod nazwą

Kanserreseach... Badań nad Rakiem. Zajmowałem się nimi cały czas, a [Rzesza] nadała im taką nazwę, żeby zachować je w tajemnicy"[46].

Doktor Blome opisał całą strukturę dowodzenia w zespole zajmującym się dla Himmlera bronią biologiczną, a także powiedział, gdzie te osoby obecnie przebywają. Była to zaskakująco niewielka „mniej więcej dwudziestoosobowa" grupa. Na szczycie był szef Rady Badań Naukowych Rzeszy, Göring. Blome odpowiadał za prace badawcze nad patogenami. Wszyscy lekarze i naukowcy zajmujący się tym tematem podlegali jemu. Generał dr Walter Schreiber – niespodziewany rosyjski świadek na procesie norymberskim, który wskazał Blomego jako winnego – był odpowiedzialny za szczepionki i antidotum na broń biologiczną. Wszyscy lekarze i naukowcy zajmujący się szczepionkami i antidotum podlegali Schreiberowi. I wreszcie feldmarszałek Wilhelm Keitel nadzorował *Blitzableiter*, Piorunochron. Taki kryptonim miała grupa ekspertów zajmująca się systemami przenoszenia broni biologicznej. Każdy, kto przeprowadzał testy z tego rodzaju bronią, musiał zostać zaaprobowany przez Keitla.

Göring popełnił samobójstwo, a Keitel został powieszony po procesie norymberskim. Generał Schreiber pracował obecnie dla Rosjan. Wyglądało na to, że Blome pozostał ostatnią osobą wiedzącą naprawdę dużo na temat programu badań nad bronią biologiczną w Trzeciej Rzeszy.

„Czy zechciałby pan, doktorze Blome, podać nam lokalizację laboratoriów?" – zapytał dr Gorelick.

Blome opowiedział o ośrodku na wyspie Riems, specjalizującym się w badaniach nad „chorobami bydła"[47], w tym nad pomorem bydła i pryszczycą. Uważał, że ponieważ wyspa była „całkowicie odizolowana", stanowiła idealne miejsce do prowadzenia takich niebezpiecznych badań. Naukowcami odpowiedzialnymi za pracę laboratorium byli profesor Otto Waldmann i jego „światowej sławy" asystent Erich Traub. Mówiąc o światowej sławie, Blome miał na myśli fakt, że przed wojną Traub spędził kilka lat w Ameryce, gdzie pracował w Instytucie Rockefellera w New Jersey.

Pomór bydła to straszna choroba, stwierdził Blome. Takiej broni biologicznej bał się najbardziej. „Sześćdziesiąt procent źródeł tłuszczu w Niemczech stanowiło mleko i masło – tłumaczył. – W 1944 roku nastąpiłaby wielka katastrofa, gdyby wobec Niemiec użyto pryszczycy. Byłaby to największa katastrofa w dziejach. Tej choroby nie można powstrzymać". Naukowcy z Detrick chcieli dowiedzieć się więcej.

Batchelor zapytał, w jaki sposób Rzesza zdobyła patogen. Blome wyjaśniał to już przesłuchującym go ludziom z Alsos, ale to było dwa lata wcześniej, przed procesem lekarzy, i naukowcy z Detrick najprawdopodobniej nie wiedzieli, co Blome mówił, kiedy przebywał w Dustbin. „Zgodnie z prawem międzynarodowym posiadanie wirusa tej choroby w Europie było zakazane – powiedział Blome. – Wirus znajdował się w Turcji i Himmler kazał go przywieźć na wyspę". Blome potwierdził, że dr Erich Traub na osobiste polecenie Himmlera pojechał do Turcji i zdobył tam szczep niebezpiecznego wirusa. W Riems Traubowi udało się wyprodukować wirusa suchej formy pryszczycy. Sucha forma jest najgorsza, stwierdził Blome. „Po siedmiu miesiącach eksperymentowania na nim wirus był wciąż groźny. Po siedmiu miesiącach nadal się rozprzestrzeniał i zaraził wszystkie sztuki bydła".

Następnie Blome opowiedział o eksperymentach przeprowadzanych przez pilotów Luftwaffe w Rosji, gdzie z nisko lecącego samolotu rozpylano wirusy nad pastwiskami.

„Wyniki były pozytywne", powiedział Blome.

„Gdzie są teraz dr Traub i dr Waldmann?"

„Przypuszczam, że trafili do niewoli rosyjskiej i prowadzą badania dla Rosjan", odparł Blome.

Dalej tematem rozmowy były badania nad dżumą prowadzone w Poznaniu, gdzie Blome otworzył w czasie wojny instytut. „Może porozmawialibyśmy o ludziach?" – zaproponował dr Phillips.

Pięć tygodni wcześniej Blome został uniewinniony od zarzutu o zbrodnie wojenne. Siedmiu współoskarżonych powieszono. Temat eksperymentów na ludziach z pewnością nie był tym, o czym miałby ochotę rozmawiać. Pytanie zostało zadane w inny sposób:

Jakie badania nad bronią biologiczną prowadzone przez Trzecią Rzeszę były zdaniem Blomego rzeczywiście przełomowe? Blome odpowiedział, że w Poznaniu pracował nad rozprzestrzenianiem środków bakteriologicznych w „połączeniu z gazem, który atakuje gardło. Kiedy błona śluzowa jest uszkodzona [to znaczy zniszczona]... łatwiej dochodzi do infekcji bakteryjnej".

Doktor Phillips zadał pytanie jeszcze raz i w jeszcze innej formie. Wszyscy chcieli usłyszeć coś o eksperymentach na ludziach. Te informacje znali wyłącznie naziści. „Może porozmawiamy na temat ludzi, czyli na temat pracy Kliewego".

Blome nie był głupcem. „Profesor Kliewe nie zajmował się osobiście eksperymentami", odparł Blome. Heinrich Kliewe zajmował się pracą wywiadowczą. Jego zadaniem było pilnowanie, żeby o programie budowy arsenału biologicznego nie dowiedziały się kraje, z którymi Rzesza toczyła wojnę. „Kliewe zajmował się problemami polskiego i rosyjskiego sabotażu – powiedział Blome. – Nie chodziło w tym wypadku o wywołanie epidemii, ale o zabicie konkretnych osób".

Naukowców z Detrick zaintrygował przebieg tej rozmowy i poprosili Blomego o dalsze wyjaśnienia.

„Bojownikom polskiego ruchu oporu w Poznaniu udało się w czasie wojny zabić około dwudziestu osób, w większości oficerów SS– powiedział Blome,. – Było dużo przypadków duru brzusznego. Kelnerzy w restauracjach mieli dawki bakterii w piórach wiecznych i wstrzykiwali je do zupy lub drugiego dania. To zostało udowodnione. Całą akcją kierował polski ruch oporu. Pewna lekarka pochodzenia polsko-niemieckiego pracująca w szpitalu zdobyła próbki bakterii i przekazała je dalej".

„Czy podjęto jakieś środki zapobiegawcze?" – zapytał dr Phillips.

Blome wyjaśnił, że w Trzeciej Rzeszy był wdrażany intensywny i dobrze finansowany program badawczy szczepień i antidotów na różne patogeny i choroby, od cholery, przez chorobę papuzią po dżumę. Blome dodał, że świętym Graalem broni biologicznej była dżuma. „Uważam, że jedynym zagrożeniem dla Niemiec mogła być dżuma. Ponieważ z przyczyn propagandowych na dżumę zwracano większą uwagę, ludzie na całym świecie uważają ją za najgorszą z wszystkich możliwych chorób"[48].

Doktor Phillips chciał się dowiedzieć czegoś więcej na temat „żywych szczepionek" wykorzystywanych w badaniach Blomego nad dżumą.

„Schreiber jako szef działu [epidemiologicznego] dysponował bardzo dobrym materiałem przeciwko tyfusowi, durowi rzekomemu, cholerze i błonicy[49] – tłumaczył Blome. – W przypadku dżumy serum było bardzo słabe. Nie mieli żadnej szczepionki, więc zacząłem budować instytut, który nigdy nie został ukończony". Blome powiedział także, że od czasu do czasu współpracował z laboratorium Schreibera badającym szczepionki, dostarczając im „dobrego materiału", czyli drobnoustrojów.

„Z którym laboratorium?" – zapytał dr Falconer.

„Z laboratorium medycznym w Berlinie – odparł Blome. – Do badań epidemiologicznych była wyznaczona tylko jedna osoba. Profesor Schreiber".

„Czy on podlegał Kliewemu?" – zapytał dr Phillips, który chyba nie skojarzył sobie, że profesor Schreiber to ten sam doktor Schreiber, który zeznawał w Norymberdze. Jeśli Rosjanie specjalnie pokazali w Norymberdze zeznającego Schreibera, żeby wysłać sygnał amerykańskim producentom broni biologicznej, to do bakteriologów z Camp Detrick sygnał ten nie dotarł.

Blome powtórzył, że Schreiber zajmował „takie samo stanowisko jak ja jako podwładny Göringa, więc także podlegał Göringowi". Jednym słowem Blome i Schreiber byli sobie równi w strukturze dowodzenia Rzeszy. Byli także zaciekłymi wrogami. „Schreiber jest rosyjskim jeńcem wojennym i każdy, kto go zna, jest przekonany, że dla nich pracuje"[50], powiedział Blome. W tym świecie pełnym podejrzliwości, dewiacji i sztuczek trudno było zgadnąć, kto mówi prawdę, a kto kłamie.

Nadszedł czas na posiłek. „Zamykając tę szczególną część rozmowy, wyrażamy naszą wdzięczność doktorowi Blomemu za jego współpracę", powiedział dr Batchelor. Zaproponował wspólne zjedzenie obiadu. I niezobowiązującą pogawędkę. „Nie będziemy teraz poruszać tamtych kwestii". Zupełnie jakby całkiem niedawno Amerykanie nie chcieli powiesić Blomego za zbrodnie wojenne. Jakby Blome nie był zagorzałym nazistą, osobą z najbliższego kręgu Hitlera i nie nosił złotej odznaki partyjnej NSDAP. Wymieniono uprzejmości i przerwano spotkanie.

Po tym spotkaniu naukowcy z Detrick zażądali od Korpusu Wojsk Chemicznych wszelkich informacji na temat dr. Ericha Trauba[51]. Słowa Blomego, że najbardziej bał się wybuchu epidemii pomoru bydła, były bardzo istotną informacją. Traub był światowej sławy ekspertem w tej dziedzinie. Teraz armia amerykańska chciała go mieć dla siebie.

Doktor Traub był wirusologiem, mikrobiologiem i profesorem weterynarii. Od 1942 roku piastował stanowisko zastępcy komendanta instytutu badawczego w Riems. Był także specjalistą od choroby zakaźnej zwanej rzekomym pomorem drobiu, z której, jak głosiła plotka, uczynił broń. Ludzie z wojsk chemicznych wiedzieli, że Traub mówił płynnie po angielsku, miał ciemnobrązowe włosy, szarobrązowe oczy i dwie wyraźne blizny po cięciu szablą na twarzy – a konkretnie na czole i nad górną wargą. Wiedzieli też, że od 1932 do 1938 roku Traub był członkiem personelu Instytutu Rockefellera ds. Badań Medycznych w New Jersey. Ale po spotkaniu z Blomem chciano mieć więcej informacji i znaleziono dwóch jego dawnych amerykańskich kolegów. Jeden z nich, dr Little, opisał Trauba jako „despotycznego Niemca o wybuchowym temperamencie". Drugi kolega, dr John Nelson, powiedział, że mimo „długiej praktyki w opiece nad zwierzętami [Traub] był okrutny dla zwierząt". To zaniepokoiło Nelsona, który czuł, że „każdy, kto wykazuje okrucieństwo wobec zwierząt, będzie podobnie postępował wobec ludzi".

Przed wojną Traub miał okazję zostać w Ameryce i kontynuować pracę naukową, wolał jednak wrócić do Niemiec, co tłumaczył lojalnością wobec Rzeszy[52]. W 1939 roku został powołany do korpusu weterynaryjnego Wehrmachtu, a w 1940 roku awansował do stopnia kapitana i walczył w kampanii francuskiej. Był członkiem kilku organizacji nazistowskich, w tym Nationalsozialistisches Kraftfahrerkorps (Narodowosocjalistyczny Korpus Motorowy – NSKK); Nationalsozialistische Volkswohlfahrt (Narodowosocjalistyczna Opieka Społeczna – NSV) oraz Reichsluftschutzbund (Związek Obrony Powietrznej Rzeszy – RLB). Talenty dr. Trauba jako wirusologa zostały docenione, wrócił z frontu i dostał polecenie zajęcia się bronią biologiczną. Według Blomego Traub był najbardziej utalentowanym naukowcem zajmującym się badaniami nad bronią biologiczną przeznaczoną do zabijania zwierząt. Pod koniec wojny ośrodek w Riems wpadł w ręce Rosjan, a wraz z nim Traub, jego żona Blanka i ich troje dzieci. Laboratorium zmieniło nazwę na II Krajowe Biuro ds. Chorób Zakaźnych Zwierząt, a Rosjanie kazali Traubowi dalej prowadzić badania nad bronią biologiczną. Teraz, w 1947 roku, w armii amerykańskiej zastanawiano się, jak Trauba stamtąd wywabić[53].

Jeśli chodzi o dr. Blomego, naukowcy z Camp Detrick zdawali sobie sprawę, że zaoferowanie mu kontraktu w ramach Operacji Paperclip zaledwie kilka tygodni po wyroku uniewinniającym było zbyt ryzykowne. Raport Drew Pearsona na temat kontraktu zaproponowanego Karlowi Krauchowi tak zdenerwował generała Eisenhowera, że dalsze losy Operacji Paperclip stanęły pod znakiem zapytania. I choć Blome w sposób wyraźny wyraził swoją gotowość do pracy dla amerykańskiego wojska, to naukowcy z Detrick wiedzieli, że na razie musi pozostać nierzucającym się w oczy konsultantem, a jego nazwisko może dopiero w dalszej przyszłości trafić na listę JIOA osób, które można zatrudnić.

Doktor Harold Batchelor, wojskowy bakteriolog i ekspert w dziedzinie broni biologicznej, wrócił do Camp Detrick z mnóstwem nowych pomysłów, w tym pomysłów na zabijanie za pomocą trucizny, którymi podzielił się z nim Blome[54]. Jak twierdził Blome, Rzesza starała się wyprodukować broń biologiczną zabijającą na masową skalę, ale zajmowała się także technikami „zabijania pojedynczych osób". W 1947 roku istniały już jednak setki nowych sposobów na zabicie konkretnej osoby za pomocą jednego środka biologicznego lub chemicznego. I tym obszarem bardzo było zainteresowane CIA. Wojska chemiczne dysponowały znakomitym naukowcem, który mógł wynajdywać nowe trucizny służące do skrytobójstwa – Fritzem Hoffmannem. Tyle że Hoffmann miał zaległości w pracy. Musiał znaleźć sposób na syntetyzowanie tabunu, żeby armia amerykańska mogła wreszcie rozpocząć jego produkcję na skalę przemysłową.

ROZDZIAŁ SZESNASTY

Bezgłowy potwór

Pułkownik Charles E. Loucks, nadzorujący pracę niemieckich naukowców w Edgewood, w czerwcu 1948 roku został awansowany do stopnia generała brygady i przeniesiony do Heidelbergu[1]. Był teraz szefem wywiadu w Departamencie Planowania Wojsk Chemicznych w Europie. W Heidelbergu miał do dyspozycji całą nową grupę dawnych chemików Hitlera. W ciągu kilku tygodni nawiązał kontakty robocze z Richardem Kuhnem, byłym dyrektorem Instytutu Badań Medycznych Cesarza Wilhelma w Heidelbergu[2]. Ponieważ Kuhn cieszył się przed wojną i podczas niej międzynarodową sławą, był problematycznym kandydatem do Operacji Paperclip. I choć szanowali go uczeni, to Samuel Goudsmit z Operacji Alsos nie wahał się przypominać kolegom, że w czasie wojny Kuhn został aktywnym nazistą, a swoje wykłady rozpoczynał od hitlerowskiego salutu i „Sieg heil". Kuhn okłamał Goudsmita w trakcie powojennego przesłuchania, zarzekając się, że nigdy nie zajmował się projektami badawczymi Trzeciej Rzeszy. W rzeczywistości był ekspertem od broni chemicznej i wynalazcą paralityczno-drgawkowego somanu[3]. Soman był groźniejszy od sarinu i tabunu, ale jednocześnie bardziej kłopotliwy w produkcji, co powodowało wzrost kosztów.

Richard Kuhn zaczął w Heidelbergu współpracować z generałem Loucksem nad stworzeniem broni chemicznej dla amerykańskiego wojska. Zażyłe stosunki łączące generała Loucksa z Richardem Kuhnem budziły irytację Brytyjczyków[4]. Pytany o kontakty zawodowe z Kuhnem Loucks odpowiedział: „Sądziłem, że profesor Kuhn został oczyszczony z zarzutu o współpracę z nazistami albo odcierpiał karę i teraz cieszy się względami zarówno Amerykanów, jak i Brytyjczyków"[5]. Dalej Loucks napisał: „Jestem pewny, że nasi ludzie dobrze znają jego przeszłość". Dla generała Loucksa postępy prac nad programem wojskowym traktowanym jako istotny dla bezpieczeństwa narodowego Stanów Zjednoczonych były ważniejsze od wyciągania na światło dzienne nazistowskiej przeszłości naukowców. Z historycznego punktu widzenia pozostaje to najbardziej skomplikowaną kwestią dotyczącą Operacji Paperclip. Współpracując z gorliwymi nazistami, część Amerykanów wykształciła w sobie umiejętność niedostrzegania tego, z kim mają do czynienia. Tacy jak generał Loucks widzieli w nich wyłącznie uczonych, a nie nazistów.

Richard Kuhn miał kontakty z naukowcem ze Szwajcarii, z którym generał Loucks bardzo chciał współpracować. Naukowiec ten zajmował się mało znanym środkiem obezwładniającym, znacznie silniejszym od wszystkich, którymi zajmowały się amerykańskie wojska chemiczne. Niedawno szwajcarski uczony wygłosił wykład w Szwajcarskim Stowarzyszeniu Psychiatrii i w Stowarzyszeniu Lekarzy w Zurychu, zatytułowany *Nowy środek halucynogenny*[6]. Szesnastego grudnia 1948 roku generał Loucks wybrał się w podróż do Szwajcarii. Żeby nie zwracać na siebie uwagi, zdecydował się na niezwykły krok i zdjął mundur. Relacja ta nie pojawia się w żadnych odtajnionych dokumentach wojskowych, ale została zapisana przez Loucksa w jego osobistym dzienniku, znajdującym się obecnie w U.S. Army Heritage Center w Pensylwanii. „Wróciłem do domu i włożyłem cywilne ubranie"[7], napisał w dzienniku Loucks. Żona Pearl odprowadziła go na stację kolejową. W drodze do Szwajcarii Loucks jechał w jednym przedziale z „cudzoziemcem, ciemnym, o narodowości nieznanej"[8] i „Holendrem, który zachowywał się jak Żyd i o wszystko mnie wypytywał". Przedział był czysty, wygodny i dobrze oświetlony i generał Loucks dotarł do Berna o dwudziestej pięćdziesiąt pięć. Nim położył się do łóżka, rozpalił w kominku znajdującym się w pokoju hotelowym. Generał Loucks nie napisał w swoim dzienniku ani słowa na temat spotkania z tajemniczym szwajcarskim uczonym. Jego misja była tajna.

Loucks wrócił do Niemiec następnego dnia i zapisał w swoim dzienniku, że w porze lunchu pojawił się w jego domu Richard Kuhn wraz ze specjalnym gościem, dr. Gerhardem Schraderem, wynalazcą Preparatu 9/912, czyli tabunu. Za oknem padał śnieg, a Richard Kuhn, dr Gerhard Schrader i generał Loucks toczyli miłą pogawędkę i jedli „kotlety schabowe"[9].

Kilkadziesiąt lat później, w przemówieniu wygłoszonym dla Cór Amerykańskiej Rewolucji i Synów Amerykańskiej Rewolucji w Amherst, generał Loucks ujawnił, że tym tajemniczym szwajcarskim chemikiem był profesor Werner Stoll, psychiatra z uniwersytetu w Zurychu. Środek halucynogenny poszukiwany przez Loucksa w Szwajcarii był „środkiem obezwładniającym", nad którym pracował także L. Wilson Greene z Edgewood i który miał „zwalać z nóg, ale nie zabijać". Środek ten, powiedział Loucks, nosił nazwę dietyloamid kwasu d-lizergowego, w skrócie LSD[10]. Ale Stoll nie odkrył LSD. Zaszczyt ten przypadł w udziale Albertowi Hoffmanowi, chemikowi z firmy Sandoz, mającej swoją siedzibę w Bazylei. Werner Stoll, kolega Hoffmanna (i syn szefa chemików firmy Sandoz, Arthura Stolla), powtórzył tylko eksperymenty Alberta Hoffmanna z LSD i stwierdził, że „zmodyfikowane LSD-25 jest nietoksycznym środkiem psychotropowym i może znaleźć szerokie zastosowanie w leczeniu psychiatrycznym"[11]. Werner Stoll w 1947 roku opublikował w „Swiss Archives of Neurology" pierwszy artykuł na temat LSD[12]. Jego drugi artykuł, A *New Hallucinatory Agent, Active in Very Small Amounts* (Nowy środek halucynogenny, aktywny w bardzo małych dawkach), został opublikowany dwa lata później, w 1949 roku. Tyle że generał Loucks traktował LSD nie jako lek psychiatryczny, lecz jako broń, wyjątkowo skuteczny w warunkach bojowych środek obezwładniający. Wkrótce armia i marynarka wojenna miała rozpocząć eksperymenty z LSD jako bronią, a CIA jako środkiem służącym do kontrolowania ludzkich zachowań.

Ostatecznie lekarze i chemicy zatrudnieni w ramach Operacji Paperclip mieli zajmować się tajnymi programami badawczymi noszącymi kryptonimy: Chatter, Bluebird, Artichoke, MKUltra[13]. LSD, środek, który wywołuje paranoję, sprzyja nieprzewidywalnym zachowaniom i sprawia, że ludzie widzą rzeczy nieistniejące, miał się stać alegorią zimnej wojny.

Późnym latem 1948 roku w nowym gabinecie generała Charlesa Loucksa w Heidelbergu zadzwonił telefon. Odebrał adiutant generała. Rozmówca, Niemiec, zostawił dla generała Loucksa zagadkową wiadomość. Krótką i treściwą.

„Mogę pomóc", powiedział[14].

Podał swój numer telefonu i nazwisko – Schieber. Generał Loucks był w Niemczech od czerwca. Jako szef wywiadu wojsk chemicznych w Europie miał za zadanie określić, który z zachodnioeuropejskich krajów pracuje nad bronią chemiczną, oraz monitorować postępy tych prac. Loucks zajmował się również nieukończonymi pracami w Edgewood, a konkretnie – wciąż nieudanymi próbami produkcji środków paralityczno-drgawkowych na skalę przemysłową, tyle że teraz chodziło o produkcję sarinu, nie tabunu. Profesorowie amerykańskich uniwersytetów zaangażowani przez Loucksa czynili niewielkie postępy. „Dawaliśmy im próbki [sarinu] i wszystkiego, co im potrzebne, a tymczasem oni... nie byli w stanie opracować metody uzyskania sarinu"[15], tłumaczył kilkadziesiąt lat później generał Loucks. Prace nad sarinem opóźnił dodatkowo pożar w fabryce w Edgewood.

I wtedy właśnie zadzwonił Schieber.

W 1947 roku w OMGUS powstał opasły raport na temat Brigadeführera SS dr. Waltera Schiebera. Współpracował on z armią amerykańską od upadku Trzeciej Rzeszy.

Schieber był nazistowskim dygnitarzem, ważną figurą. Był mało atrakcyjny fizycznie i otyły. Nosił wąsiki à la Hitler i sztuczną szczękę[16]. Od lat 20. uważano go za członka Alte Kämpfer, „starej gwardii" Hitlera, jednego z zaufanych, posiadacza Złotej Odznaki NSDAP[17]. Doktor Schieber był także lojalnym esesmanem i jednym z najbliższych współpracowników Heinricha Himmlera[18].

Brigadeführer SS dr Walter Schieber od 1931 roku był oddanym i lojalnym członkiem partii nazistowskiej. Często pojawiał się na fotografiach w otoczeniu Hitlera, Himmlera, Bormanna i Speera. Wiele z tych fotografii przetrwało wojnę i dlatego jawne układanie się z Schieberem było niemożliwe. Wszystkie rozmowy pomiędzy nim a armią amerykańską otrzymały gryf tajności. Schieber był inżynierem i chemikiem[19] i w obu dziedzinach działał na rzecz Trzeciej Rzeszy jako szef Biura Zaopatrzenia Ministerstwa Uzbrojenia Rzeszy (Rüstungslieferungsamt), najpierw jako podwładny Fritza Todta, kiedy ministerstwo nosiło nazwę Ministerstwa Amunicji albo Organizacji Todta, a potem jako podwładny Alberta Speera. Jako inżynier nadzorował wiele podziemnych projektów budowlanych. „Projektowanie fabryk zbrojeniowych przy obozach koncentracyjnych było niemal wyłącznie dziełem Schiebera"[20], pisze Michael Thad Allen, ekspert od spraw SS i pracy niewolniczej.

Schieber przynajmniej raz wystąpił jako chemik przy okazji eksperymentu przeprowadzanego w obozie koncentracyjnym. Chcąc zaoszczędzić SS kosztów i rozwiązać narastający problem z zaopatrzeniem w żywność dla robotników przymusowych, opracował program „żywieniowy", nazywany Wschodnim Żywieniem (*Östliche Kostform*)[21]. Testowano go w obozie koncentracyjnym Mauthausen. Przez sześć miesięcy, poczynając od grudnia 1943 roku, grupa stu pięćdziesięciu więźniów zamiast wodnistej zupy otrzymywała opracowaną przez Schiebera papkę zrobioną z odpadów celulozowych i używanych ubrań. Stu szesnastu ze stu pięćdziesięciu więźniów zmarło. Po wojnie program żywieniowy Schiebera był przedmiotem dochodzenia sądowego. Sądy zachodnioniemieckie uznały, że śmierć więźniów niekoniecznie trzeba „przypisywać żywieniu", ponieważ w obozie koncentracyjnym śmierć następowała z różnych przyczyn.

Walter Schieber był także łączony ze śmiercią setek, jeśli nie tysięcy, robotników przymusowych zatrudnianych w różnych zakładach produkcyjnych należących do IG Farben. Schieber nie był sądzony w Norymberdze, ale wystąpił na procesie jako świadek oskarżenia. W czasie wojny, dzięki znajomości chemii, Brigadeführer SS dr Walter Schieber był łącznikiem pomiędzy ministerstwem Speera a firmą IG Farben i nadzorował produkcję tabunu oraz sarinu. W raporcie wywiadu został określony jako „zaufany pracownik IG Farben AG"[22]. Doktor Walter Schieber współpracował z dr. Ottonem Ambrosem w zakładzie produkującym gazy bojowe w Dyhernfurcie.

Późnym latem 1948 roku Otto Ambros odsiadywał już w więzieniu Landsberg ośmioletni wyrok za masowe morderstwa i zmuszanie do pracy niewolniczej. Schieber został przez trybunał zwolniony z obowiązków świadka i stał się wolnym człowiekiem. A teraz zadzwonił, żądając rozmowy z generałem Loucksem. Schieber szukał zatrudnienia w amerykańskich wojskach chemicznych.

„Jestem wolny – powiedział adiutantowi Loucksa w rozmowie telefonicznej. – Nic na mnie nie mają"[23].

Nie było to, rzecz jasna, takie proste.

Cztery miesiące wcześniej, w lutym 1948 roku, Brigadeführer SS Walter Schieber podpisał ściśle tajny kontrakt z JIOA w ramach Operacji Paperclip[24]. Zwerbował go pułkownik Putt z Wright Field, obecnie bazy lotniczej Wright-Patterson. Putt zamierzał wykorzystać doświadczenie Schiebera w budowie podziemnych konstrukcji, tak jak wcześniej wykorzystywał doświadczenie Georga Rickheya, zanim ten został odesłany do Niemiec, gdzie stanął przed sądem za zbrodnie wojenne. Zatrudnianie nazistowskiego dygnitarza w rodzaju Waltera Schiebera było ryzykowne, a potencjalne kłopoty, jakie mogłoby to zatrudnienie spowodować, stanowiły temat licznych notatek służbowych. Oficer JIOA zajmujący się tą sprawą napisał do siedziby władz wojskowych we Frankfurcie pismo, w którym streścił postępy prac. „Obiekt – dr Walter Schieber... konieczne jak najszybsze przewiezienie do Wright Field[25]. Schieber dysponuje nadzwyczajną wiedzą, która może mieć wielką wartość dla Stanów Zjednoczonych". Przez ostatnie trzy miesiące, tłumaczył oficer, Schieber pracował nad „projektem podziemnej fabryki" w siedzibie amerykańskich władz wojskowych w Niemczech. Pracami projektowymi kierował Franz Dorsch, a Schieber był jego asystentem. Schieber i Dorsch nadzorowali pracę „150 naukowców i techników" budujących podziemne fabryki dla Trzeciej Rzeszy. W efekcie powstała tysiącstronicowa monografia napisana dla amerykańskich sił powietrznych. Schieber, jak stwierdzono w raporcie, „jest skłonny do współpracy i godzi się na wyjazd do Stanów Zjednoczonych. Jest dobrze znany Rosjanom, którzy bardzo chcieliby go wykorzystać. Dlatego jego wiedza jest ze wszech miar pożądana w Stanach Zjednoczonych".

Jest jednak problem, który trzeba rozwiązać, napisał oficer JIOA. „Historia jego aktywności partyjnej jest następująca: wstąpił do partii 31 czerwca, miał stopień Brigadeführera SS i złotą odznakę NSDAP, był członkiem SS, DAF [Deutsche Arbeitsfront, Niemiecki Front Pracy], NSV [Nationalsozialistische Volkswohlfahrt, Narodowosocjalistyczna Opieka Społeczna] oraz VDCH [Verein Deutscher Chemiker, Stowarzyszenie Chemików Niemieckich]". Nie było sposobu na zatuszowanie faktu, że Schieber należał do najbliższego otoczenia Hitlera, ale JIOA zaproponowała pewne rozwiązanie. „Dla zminimalizowania ryzyka nieprzychylnego przyjęcia przez opinię publiczną w Stanach Zjednoczonych należy rozważyć celowość przewiezienia Schiebera drogą powietrzną pod eskortą i/lub pod fałszywym nazwiskiem"[26]. Schieber mógł zostać włączony do Operacji Paperclip pod warunkiem, że nikt nie będzie wiedział, kim naprawdę jest. Wbrew standardowym procedurom dotyczącym kandydatów do objęcia programem Paperclip do akt Brigadeführera Waltera Schiebera nie dołączono jego fotografii.

Siły powietrzne zgodziły się z sugestią JIOA. „Przetransportować dr. Waltera Schiebera do Wright Field, Dayton, Ohio[27]. Siły powietrzne proszą o nadanie temu najwyższego priorytetu". Było jedno zastrzeżenie, co do którego JIOA i siły powietrzne były zgodne. Doktor Schieber musiał najpierw przejść proces denazyfikacji. „Z nadzieją, że zostanie przypisany do klasy 3"[28] – kategorii ludzi „mniej obciążonych" – po procesie denazyfikacyjnym dr Schieber spakował swoje walizki i czekał na przetransportowanie do Stanów Zjednoczonych. Tymczasem 11 marca 1948 roku został wydany zupełnie inny werdykt: „internowany cywil dr Walter Schieber, urodzony 13.09.1897 w Beimerstetten, były Szef Biura Zaopatrzenia Ministerstwa Uzbrojenia i Produkcji Wojennej, szef Centralnego Biura Wynalazczego, zastępca szefa Organizacji Przemysłu Rzeszy, Brigadeführer SS, obecnie przetrzymywany", czytamy w wyroku, „był sądzony przez Sonder-Spruchkammer dla Hesji, w obozie Neustadt-Lager i został zakwalifikowany do Grupy II i skazany na dwa lata obozu pracy i zakaz wykonywania zawodu przez pięć lat". Zakwalifikowanie do Grupy II oznaczało, że Schieber znalazł się w tej samej kategorii co „działacze partyjni i wojskowi, osoby czerpiące korzyści". Jego kontrakt w ramach Operacji Paperclip musiał zaczekać.

Pięć dni po procesie Schieber skontaktował się z amerykańskim kontrwywiadem, żeby przekazać swoją wersję wydarzeń. „Herr Berbeth [sędzia] kazał doprowadzić oskarżonego i zapytał go o wyjazd do Stanów Zjednoczonych, na co Schieber odpowiedział, że jego zdaniem wyjazd do Stanów Zjednoczonych w charakterze przestępcy byłby nierozsądny. Herr Berbeth zasugerował, że mógłby wnieść o powtórzenie procesu albo wyprosić akt łaski u ministra ds. denazyfikacji. Herr Berbeth zadeklarował również, że poparłby taki wniosek o łaskę". Schieber zrelacjonował potem oficerowi z Operacji Paperclip, że z sali rozpraw trafił bezpośrednio do obozu internowania, w którym był przetrzymywany[29]. I tam zdarzyło się, według jego relacji, coś zaskakującego. „Berbeth podszedł do Schiebera i powiedział mu, przecząc swoim wcześniejszym słowom, żeby nie składał apelacji i nie prosił o łaskę, ale żeby natychmiast pojechał do Frankfurtu, skontaktował się z rosyjskim oficerem łącznikowym i poprosił o wydanie przepustki uprawniającej do przekroczenia granicy strefy okupacyjnej. Z taką przepustką [Schieber] miał wjechać do rosyjskiej strefy i skierować się do jednej z fabryk w Schwarza/Saale [gdzie] otrzymałby wszelką niezbędną pomoc, jeśli zechciałby podjąć znowu pracę na poprzednim stanowisku". Innymi słowy, zdaniem Schiebera, sędzia pracował dla Rosjan i proponował mu pracę. Schieber ponoć powiedział sędziemu, że jego oferta brzmi niewiarygodnie. Czy rzeczywiście poradzono mu zignorować wyrok sądu, uciec z obozu, zdobyć przepustkę i rozpocząć pracę dla Rosjan „za wysokie wynagrodzenie", porównywalne z tym, które otrzymywał w czasach reżimu Hitlera? „Przewodniczący Spruchkammer zapewnił [mnie], że ustalenia zostały dokonane", powiedział Schieber. Czy faktycznie tak się stało? Czy sędzia był na usługach Rosjan? Czy może Schieber rozgrywał Amerykanów przysłowiową rosyjską kartą?

Opiekun Schiebera z ramienia kontrwywiadu zapytał go, co sądził o ofercie sędziego. „Schieber uważa, że wyrok [Spruchkammern] został wydany po to, żeby uniemożliwić mu zawarcie umowy ze Stanami Zjednoczonymi i do tego stopnia utrudnić mu życie na terytorium Niemiec, żeby zmusić go do przyjęcia rosyjskiej oferty"[30]. Opiekun Schiebera miał na ten temat własne zdanie. „Anulowanie umowy z Schieberem po tym, jak narażał swoje bezpieczeństwo i zgodnie współpracował z agencjami wywiadu, może mieć zły wpływ na przyszłe wykorzystanie specjalistów i będzie kolejnym przykładem braku zaufania ze strony Stanów Zjednoczonych". Oficer kontrwywiadu uważał, że „biorąc pod uwagę potencjalną wartość Schiebera w sprawach wojskowych i cywilnych", należy tak czy inaczej respektować podpisaną z nim umowę. Zaproponował, żeby Schieber otrzymywał wynagrodzenie jako konsultant armii amerykańskiej w Heidelbergu. W tym czasie mógłby złożyć apelację od wyroku Spruchkammern, a później dołączyć do Operacji Paperclip.

Ale siły powietrzne zdążyły się już zrazić do Schiebera. Jego sprawa była ponownie rozpatrywana przez Pentagon. I teraz nazistowska przeszłość Schiebera była postrzegana w zupełnie innym świetle. Zdaniem sił powietrznych Schieber przeistoczył się ze zdolnego inżyniera w bezwzględnego, chciwego oportunistę. „Walther Schieber rozpoczynał swoją karierę biznesową w Gustloff Werke w Weimarze, firmie powstałej z połączenia pięciu korporacji przemysłowych i będącej własnością partii nazistowskiej[31] – czytamy w odpowiedzi sił powietrznych. – Wkrótce został szefem Niemieckiej Celulozy i Rayonu, drugiego co do wielkości kartelu włókienniczego. Założył Thuringische Zellwolle A.G. w Schwarza i w efekcie tego przejął kontrolę nad kartelem Francuskie Włókna Syntetyczne", co oznaczało tyle, że z pomocą oficerów SS Schieber dokonał konfiskaty należących do Żydów fabryk we Francji. Włókna syntetyczne były bardzo potrzebne Rzeszy. Używano ich do produkcji mundurów, koców i spadochronów. Na zdjęciach przedstawiających Schiebera prezentującego bele syntetycznego materiału widać uśmiechnięte z dumą twarze Hitlera, Himmlera i Bormanna.

„Schieber otrzymał od Speera stanowisko szefa Biura Zaopatrzenia Ministerstwa Uzbrojenia Rzeszy, a [Walter] Funk mianował go zastępcą szefa Krajowej Grupy Przemysłowej", czytamy w raporcie sił powietrznych. W jaki sposób przeszedł od produkcji tkanin do produkcji broni, pozostaje niejasne, ale na pewno miał duże ambicje. „Uważany za jedną z najważniejszych postaci nazistowskiej gospodarki wojennej, czerpał nieustannie korzyści z tytułu przynależności do partii nazistowskiej"[32], napisano w raporcie. Wniosek był jeden: „Anulować zapotrzebowanie sił powietrznych na Waltera Schiebera. Osoba ta nie spełnia wymogów Operacji Paperclip"[33].

Dowództwo Europejskie Stanów Zjednoczonych (U.S. European Command – EUCOM) z siedzibą we Frankfurcie – różne dowództwa miały różne siedziby – wysłało depeszę do biura JIOA w Pentagonie, informując, że anulowanie zapotrzebowania było błędną decyzją: „Uważamy, że te okoliczności są ważniejsze od ryzyka ewentualnej fali krytyki związanej z wysłaniem go do Stanów Zjednoczonych, a w razie konieczności można uznać takie działanie za jednorazowe odstępstwo od obecnej polityki[34]. Co więcej, ze względów wywiadowczych i jego przyszłego osobistego bezpieczeństwa byłoby lepiej, gdyby Schieber nie był obecny, kiedy zostaną podjęte przeciwko niemu jakieś oficjalne działania. Dlatego usilnie zaleca się ponowne rozważenie decyzji o anulowaniu kontraktu ze Schieberem i wysłanie go do Stanów Zjednoczonych niezależnie od wyników jego apelacji". EUCOM chciało natychmiast wywieźć Schiebera z Niemiec i przetransportować go do Stanów Zjednoczonych. Tymczasem nic się nie działo przez trzy miesiące – do chwili przyjazdu do Heidelbergu generała Charlesa Loucksa.

Kiedy Schieber po raz drugi zadzwonił do biura generała Loucksa, ten kazał swojemu adiutantowi umówić z nim spotkanie[35]. Przebieg ich oficjalnego spotkania pozostawał jeszcze w roku 2013 utajniony. Ale generał Loucks prowadził regularnie swój dziennik i jego zapiski uzupełniają naszą wiedzę na temat Schiebera. Czternastego października 1948 roku dr Schieber został zaproszony na konferencję okrągłego stołu w siedzibie amerykańskich wojsk chemicznych w Heidelbergu. Omawiano na niej „tajne kwestie"[36], jak zapisał w swoim dzienniku generał Loucks. Schieber wyznał Loucksowi, że „od samego początku" uczestniczył w produkcji środków bojowych dla Rzeszy. Odwołał się do patriotyzmu generała Loucksa. „Chcę, żeby pan wiedział, że jeśli mogę w jakiś sposób pomóc Zachodowi, zrobię to", zadeklarował Schieber. Loucksowi spodobała się gotowość Schiebera do pomocy do tego stopnia, że zaprosił go do swojego domu na drinka.

Wieczorem Loucks napisał w dzienniku: „Uczestniczyłem w konferencji z... dr. Walterem Schieberem – sprawy tajne. Żadnych szczegółowych informacji, ale liczę na więcej później, może jak się lepiej poznamy. Spróbuję się z nim spotkać, kiedy następnym razem będzie składał raport sekcji wywiadu. Kierował produkcją gazów bojowych z raczej wysokiego szczebla, nie ma więc szczegółowych informacji, których potrzebuję, ale być może dowiem się od niego nazwisk przydatnych ludzi. Zabrałem go do domu na drinka".

Broń chemiczna, podobnie jak biologiczna, była przez niektórych uważana za „brudny interes", jak wyraził się kiedyś prezydent Roosevelt. Ale dla ludzi pokroju generała Loucksa i Waltera Schiebera budowa arsenału broni chemicznej wydawała się rzeczą niezbędną. To „było bardziej interesujące niż wyjazd na weekend do Paryża"[37], napisał w swoim dzienniku Loucks[38].

Generał Loucks ponownie poprosił Schiebera o spotkanie, tym razem żeby zapytać go, czy mógłby pomóc armii amerykańskiej rozwiązać „problem" z produkcją sarinu. Schieber z radością się zgodził. Powiedział Loucksowi, że w czasie wojny sarin produkowali chemicy z Farben, a on zna ich wszystkich bardzo dobrze. Byli jego przyjaciółmi. „Pracowali ze mną w czasie wojny", wyjaśnił Schieber.

„Nie oczekujemy, że zrobi to pan za darmo", powiedział Loucks, mając na myśli zdradzenie amerykańskim wojskom chemicznym tajemnic produkcji gazu. Obaj mężczyźni uzgodnili, że spotkają się ponownie w najbliższych tygodniach.

Dwudziestego ósmego października 1948 roku Loucks wraz z żoną, Pearl, wydali w swoim domu uroczystą kolację. Gościł na niej Schieber. Loucks bardzo polubił dr. Schiebera i tego samego wieczoru napisał w swoim dzienniku: „Schieber jest interesującą postacią – myślącą niezależnie, inteligentną i bardzo kompetentną[39]. Po pierwszej wojnie światowej przez rok był jeńcem wojennym. W czasie ostatniej wojny był honorowym (?) Brigadeführerem SS. Przez siedem miesięcy przetrzymywano go w więzieniu w Norymberdze. Jego cela sąsiadowała z celą Göringa, zanim ten popełnił samobójstwo. Był wielbicielem Todta, później pracował dla Speera, często składał raporty osobiście Hitlerowi. Zna wiele anegdot i jest lojalnym Niemcem. Jest gotów zrobić wszystko dla lepszej przyszłości świata i Niemiec". Dlaczego generał Loucks był gotów przymknąć oczy na kryminalną przeszłość i ważną rolę Brigadeführera Waltera Schiebera w elicie władzy Trzeciej Rzeszy? Pewne światło na tę kwestię rzuca historia opowiedziana kilkadziesiąt lat później przez Charlesa Loucksa pewnemu historykowi wojskowości.

Pod koniec drugiej wojny światowej, kiedy skapitulowali Japończycy, pułkownik Loucks znalazł się w Tokio, gdzie objął funkcję szefa wojsk chemicznych. Zdarzało się, że wybierał się tam na całodniowe wypady za miasto. W ostatnich pięciu miesiącach wojny amerykańskie samoloty dokonywały zmasowanych nalotów, zrzucając bomby zapalające na sześćdziesiąt siedem japońskich miast i zabijając blisko milion mieszkańców, których większość zginęła w płomieniach. Mimo to Japończycy nie zamierzali się poddać i dopiero zrzucenie dwóch bomb atomowych zakończyło wojnę. Bomby zapalające zrzucane na tych sześćdziesiąt siedem miast były produkowane w Rocky Mountain Arsenal. A pułkownik Loucks nadzorował produkcję dziesiątek tysięcy takich bomb. Teraz w Japonii Loucks zabierał ze sobą na te wycieczki aparat fotograficzny i robił zdjęcia ruin i trupów. Kiedy wrócił do Ameryki, stworzył album zawierający ponad sto czarno-białych odbitek. Na jednej fotografii z albumu, który obecnie jest przechowywany w U.S. Army Heritage Center w Pensylwanii, widać pułkownika Loucksa stojącego obok olbrzymiej sterty zwłok[40].

Wiele lat później pułkownik Loucks wyjaśnił historykowi, co dla niego znaczyło to zdjęcie. „Pewnego dnia, jadąc jeepem z Jokohamy do Tokio, zatrzymałem się na jakiejś bocznej drodze. Bomby zapalające zrobiły tam swoje"[41], tłumaczył Loucks. Cała okolica „była wypalona, wszędzie pozostały zgliszcza. Na obszar pomiędzy Jokohamą a Tokio zrzuciliśmy dziesiątki tysięcy bomb zapalających".

I tam, na japońskiej prowincji, wspominał Loucks, „zauważyłem dużą stertę bomb zapalających, takich niedużych. Podszedłem, żeby się im przyjrzeć. Wyglądały jak te, które robiliśmy w Rocky Mountain. I to były one. Ułożyli ich całą stertę. Bomby były wypalone, ale ciała pozostały, nie spłonęły. Więc pozbierali je na kupę. Zrobiłem sobie zdjęcie, jak stoję obok nich, bo to ja byłem odpowiedzialny za ich produkcję. To było zdarzenie bez specjalnego znaczenia, po prostu przypadkiem zobaczyłem, co się działo z naszymi bombami zapalającymi"[42].

Opisując tę fotografię – przedstawiającą stertę ludzkich zwłok obok sterty bomb zapalających – pułkownik Loucks wykazał się szczególną obojętnością. Dla rozmawiającego z nim historyka nie ulegało wątpliwości, że Loucksa interesowała na tym zdjęciu wyłącznie skuteczność – w tym wypadku nieskuteczność – bomb, które produkował. Z zapisków Loucksa w jego dzienniku wynika, że podobną obojętność wykazywał w sprawie dr. Schiebera. Tak jakby nie potrafił dostrzec Schiebera w kontekście milionów Żydów mordowanych na rozkaz jego najbliższych kolegów. Schieber interesował Loucksa wyłącznie jako osoba potrafiąca wyprodukować broń chemiczną.

Podczas kolejnego spotkania generał Loucks wyjaśnił dr. Schieberowi bardzo szczegółowo, czego od niego oczekuje. „Czy może pan opisać cały proces produkcji sarinu z rysunkami technicznymi, specyfikacjami i wykresami?"[43]

„Tak, mogę", odpowiedział Schieber.

Loucks wspominał następną rozmowę ze Schieberem[44]. „Powiedział, że pod Berlinem mieli duże fabryki, których budowę sfinalizowano pod koniec wojny. Ale wyprodukowali tam tylko symboliczne ilości. Kiedy ogłoszono, że Rosjanie nadchodzą, inżynierowie i chemicy uciekli na zachód, do amerykańskiej i brytyjskiej strefy okupacyjnej". Schieber okłamał generała Loucksa. Fabryka gazów bojowych pod Berlinem, o której mówił, to Falkenhagen, zakład kierowany przez Jürgena von Klencka, zastępcę Ottona Ambrosa i człowieka, który ukrył pod Gendorfem stalowy zbiornik. Tuż przed zakończeniem wojny w fabryce w Falkenhagen wyprodukowano ponad pięćset ton sarinu, a nie „symboliczne ilości", jak twierdził Schieber. Gdyby Loucks przeczytał raport OMGUS na temat von Klencka albo jeden z raportów CIOS napisanych przez majora Edmunda Tilleya, wiedziałby, że Schieber go okłamuje. Tymczasem generał Loucks zapytał Schiebera, czy może ustalić miejsce pobytu chemików, którzy dużo wiedzą na temat produkcji sarinu, i ściągnąć ich do Heidelbergu. W zamian obiecał Schieberowi kontrakt z armią amerykańską. „Pokryjemy wszystkie wydatki tych chemików i coś im damy za ich pracę"[45], obiecywał Loucks.

„Tak, mogę to zrobić", odparł Schieber. Dodał, że zna wszystkich chemików z IG Farben i z łatwością może ich przekonać do zdradzenia szczegółów produkcji Amerykanom. Sporządził dla Loucksa listę nazwisk. Jednym z sześciu chemików na liście był zastępca Ottona Ambrosa i dyrektor fabryki w Falkenhagen, Jürgen von Klenck.

Dwudziestego dziewiątego października 1948 roku pułkownik Loucks napisał notatkę do szefa wojsk chemicznych[46]. Twierdził w niej, że najlepszym i najszybszym sposobem zdobycia informacji technicznych na temat tabunu i sarinu byłoby zatrudnienie dr. Schiebera. A w swoim dzienniku Loucks napisał: „Mam nadzieję, że szef nas poprze. Jeśli tak, szybko zdobędziemy wszystkie informacje na temat niemieckiej broni chemicznej. Oni wiedzą, po której stronie się opowiedzieć. Trzeba ich tylko traktować jak ludzi. Zdają sobie sprawę z militarnej, a także politycznej i ideologicznej klęski i pogodzili się z nią"[47].

Tydzień później generał Loucks powiedział Schieberowi, że dostał zgodę na wypłacanie mu 1000 marek miesięcznie za pracę konsultanta. Schieber dał Loucksowi namiary na sześciu chemików, którzy mieli dokładnie objaśnić proces produkcji sarinu. Jedenastego grudnia 1948 roku Loucks przyjął w swoim domu w Heidelbergu, w sekrecie, sześciu chemików Hitlera. Przez następne trzy miesiące chemicy spotykali się w każdą sobotę w domu Loucksa i pisali krok po kroku szczegółowe raporty na temat produkcji sarinu na skalę przemysłową[48]. Sporządzali szkice i rysunki, tworzyli listy materiałów i sprzętu. Wiele lat później, Loucks wspominał: „Jednym z członków zespołu był młody inżynier znakomicie mówiący po angielsku, co było bardzo pomocne, [a był to] Jurgend (sic!) von Klenck"[49].

Kiedy prace zostały zakończone, raport zawierający dokładny przepis na produkcję śmiercionośnego środka bojowego przesłano do Edgewood. Zdaniem generała Loucksa, gdyby nie chemicy Hitlera, amerykański program zakończyłby się fiaskiem. Dzięki nim okazał się sukcesem. „Wtedy, kiedy zbudowaliśmy fabrykę w Rocky Mountain Arsenal"[50], wyjaśnił Loucks. Bomby zapalające, których produkcję w Rocky Mountain Arsenal nadzorował pułkownik Loucks w czasie wojny, miały teraz zostać zastąpione bombami kasetowymi M34 wypełnionymi sarinem. Ten ściśle tajny program wojskowy otrzymał kryptonim Gibbett-Delivery[51].

Umacniała się przyjaźń łącząca generałów Loucksa i Schiebera. Następnego lata Schieber wysłał Loucksowi pismo z podziękowaniami oraz prezent, opisany przez Schiebera jako „urządzenie... od którego zaczynała niegdyś ta sama grupa robocza"[52]. Schieber używał tego nieznanego urządzenia w czasach nazistowskich, kiedy wynaleziono sarin. Przez następne osiem lat obaj generałowie wymieniali się kartkami świątecznymi[53].

W styczniu 1950 roku generał Loucks został wezwany do Waszyngtonu, gdzie miał odbyć kilka spotkań w Pentagonie. Jak czytamy w dzienniku Loucksa, podczas pierwszego spotkania został on skarcony przez urzędnika Pentagonu za utrzymywanie przyjacielskich stosunków z chemikami Hitlera.

„Nie podoba mi się to – zacytował w dzienniku słowa swojego przełożonego Loucks. – Nie chcę, żeby robiono ze mnie durnia. Wygląda na to, że wszyscy usunęli nazistów z listy przyjaciół. Utrzymywanie z nimi przyjacielskich stosunków wydaje się nieodpowiednie"[54].

Ale generał Loucks napisał też, że nie miał zamiaru spełnić życzenia swojego przełożonego. Bardzo się zaprzyjaźnił z niemieckimi chemikami. Regularnie jadał posiłki z Walterem Schieberem i Richardem Kuhnem, a Schieber, przynajmniej raz, spędził noc w domu Loucksa[55]. „I tak będę się z nimi spotykał", napisał w dzienniku pod datą 1 lutego 1950 roku. Następnego dnia Loucks został ponownie wezwany do Pentagonu. „Pojechałem do Waszyngtonu – napisał – długa sesja z ludźmi z szefostwa wywiadu... wydawali się zainteresowani tym, co robimy [w Heidelbergu] – dadzą pieniądze potrzebne do wydobycia z Niemców informacji naukowych i wywiadowczych"[56]. Innymi słowy, to, czego jedni w Pentagonie nie potrafili zaakceptować, inni byli gotowi dyskretnie wspierać.

O potajemnym spotkaniu generała Loucksa z nazistowskimi chemikami w jego domu w Heidelbergu opinia publiczna nie dowiedziała się przez sześćdziesiąt lat. A przecież generał armii amerykańskiej ubijał interes z byłym generałem Trzeciej Rzeszy rzekomo w interesie Stanów Zjednoczonych. Chodziło o zimnowojenny projekt finansowany przez armię amerykańską, który oficjalnie nie istniał. Nie było żadnych kwitów. Operacja Paperclip zaczęła się zamieniać w bezgłowego potwora.

CIA nawiązała kontakty robocze z JIOA i ludźmi od Operacji Paperclip kilka miesięcy od swojego powstania. Operacją Paperclip w agencji zajmowało się Biuro Gromadzenia i Rozpowszechniania Informacji, a jedną z pierwszych rzeczy, jakiej zażądał dyrektor biura, L.T. Shannon, były „fotokopie dokumentów zgromadzonych przez dr. Wernera Osenberga, zawierających biogramy około 18 000 niemieckich naukowców”[57]. Do zimy 1948 roku pomiędzy JIOA i CIA przepłynęły setki notatek służbowych. Czasem CIA żądała od JIOA informacji na temat określonych naukowców, a czasem JIOA prosiła CIA o informacje wywiadowcze.

W ciągu pierwszych trzech miesięcy istnienia CIA Rada Bezpieczeństwa Narodowego wydała dyrektywę nr 3, dotyczącą „tworzenia informacji wywiadowczych i koordynacji tworzenia informacji wywiadowczych w agencjach”[58]. Rada Bezpieczeństwa Narodowego chciała wiedzieć, kto tworzy jakie informacje i jak wygląda koordynacja przepływu informacji pomiędzy agencjami. W opinii CIA „związek pomiędzy planowaniem naukowym a badaniami o charakterze wojskowym na razie nie istnieje”. W rezultacie powstał Komitet Wywiadu Naukowego (Scientific Intelligence Committee – SIC), którego członkami zostali przedstawiciele wojsk lądowych, marynarki wojennej, sił powietrznych, Departamentu Stanu i Komisji Energii Atomowej. „Już na początku swojego istnienia SIC podjął się zdefiniowania pojęcia wywiadu naukowego, określenia obszarów szczególnego zainteresowania i powołania komitetów mających zajmować się tymi obszarami – napisał przewodniczący SIC, dr Karl Weber w utajnionej aż do września 2008 roku monografii CIA. – Priorytet otrzymały energia atomowa, broń biologiczna, broń chemiczna, wojna elektroniczna, pociski kierowane, lotnictwo, broń podwodna i medycyna”[59] – czyli dziedziny bliskie naukowcom z Operacji Paperclip. Utworzono osiem podkomitetów, po jednym dla każdego z obszarów zainteresowania.

Mimo pilnej potrzeby plan JIOA przekształcenia Operacji Paperclip w długofalowy program utknął w martwym punkcie. Do wiosny 1948 roku do Ameryki dotarła połowa z tysiąca zakwalifikowanych niemieckich naukowców i żaden nie miał wizy[60]. W Departamencie Stanu nie było już sprawiającego wcześniej kłopoty Samuela Klausa, ale JIOA nadal nie była w stanie przyspieszyć procedury wydawania wiz. Wreszcie 11 maja 1948 roku szef wywiadu wojskowego, generał Stephen J. Chamberlin, ten sam, który w 1947 roku składał raport prezydentowi Eisenhowerowi, wziął sprawy w swoje ręce. Chamberlin spotkał się z dyrektorem FBI J. Edgarem Hooverem, żeby uzyskać jego pomoc w wydawaniu wiz. Narastała zimnowojenna paranoja, a obaj byli zagorzałymi antykomunistami. Chamberlin powiedział, że sukces Operacji Paperclip ma ogromne znaczenie dla bezpieczeństwa państwa. A FBI powinno się obawiać komunistów, a nie nazistów. Hoover przyznał mu rację. Chamberlin dodał, że osoby zakwalifikowane do Operacji Paperclip dziś bardziej niż kiedykolwiek wcześniej potrzebują obietnicy uzyskania amerykańskiego obywatelstwa, gdyż w przeciwnym razie mogą zostać podkupieni przez Rosjan. Chamberlin poprosił Hoovera o wywarcie nacisku na Departament Stanu, na co Hoover odpowiedział, że sprawdzi, co może zrobić. Co zrobił Hoover, jeśli zrobił cokolwiek, pozostaje tajemnicą. Trzy miesiące później pierwszych siedmiu naukowców otrzymało amerykańskie wizy imigracyjne. Nadeszła pora przyspieszenia działań.

Zmiana statusu naukowca z jeńca na imigranta wymagała od oficerów zajmujących się Operacją Paperclip skomplikowanych przygotowań, okazało się jednak, że procedura działa niezawodnie[61]. Naukowcy z południowo-zachodnich i zachodnich stanów, z wojskową eskortą, byli wywożeni nieoznaczonymi wojskowymi jeepami do Meksyku – a konkretnie do Nuevo Laredo, Ciudad Juárez albo Tijuany. Każdy z nich miał dwa formularze z Departamentu Stanu: I-55 oraz I-255, podpisane przez szefa departamentu wizowego, z zastrzeżeniem Kolegium Szefów Połączonych Sztabów, zaświadczającym, że posiadacz wizy jest „osobą, której wjazd jest wskazany ze względu na interes państwa". Każdy naukowiec miał też swoją fotografię oraz wynik badania krwi świadczący, że nie choruje na żadne choroby zakaźne. Po wydaniu zgody przez konsulat naukowiec był przewożony z powrotem do Stanów Zjednoczonych, ale już bez eskorty wojskowej, jako legalny imigrant z legalną wizą. W ten sposób otwierała się droga do uzyskania obywatelstwa. Jeśli naukowiec przebywał bliżej Wschodniego niż Zachodniego Wybrzeża, przechodził taką samą procedurę, tyle że zamiast do Meksyku trafiał do Kanady, a wracał ze zgodą konsulatu w Niagara Falls.

W czerwcu 1948 roku doszło do kryzysu międzynarodowego, który sprawił, że działania w ramach Operacji Paperclip nabrały tempa. Wczesnym rankiem 24 czerwca Rosjanie zablokowali wszystkie połączenia drogowe i kolejowe z amerykańską strefą Berlina. Akcja ta stała się powszechnie znana jako blokada Berlina i jest uważana za pierwszy poważny kryzys międzynarodowy ery zimnej wojny. „Radziecka blokada Berlina w 1948 roku jasno pokazała, że wojenne przymierze [ZSRR i Stanów Zjednoczonych] skończyło się – powiedział zastępca szefa CIA ds. operacyjnych, Jack Downing. – Niemcy stały się nowym polem bitwy pomiędzy wschodem a zachodem"[62]. Planowana tajna akcja skierowana przeciwko Rosjanom sprawiła, że liczebność ludzi powiązanych z CIA w Niemczech uległa podwojeniu[63]. Dla jej przeprowadzania CIA musiała zatrudnić tysiące cudzoziemców mieszkających w Niemczech – szpiegów, sabotażystów i naukowców – z których wielu przebywało w ośrodkach dla przesiedleńców i w obozach internowania znajdujących się w amerykańskiej strefie okupacyjnej[64]. Początkowo CIA i JIOA współpracowały ze sobą w Niemczech, próbując pokrzyżować plany Rosjan, ale wkrótce obie agencje zaczęły ze sobą rywalizować w poszukiwaniu niemieckich naukowców i szpiegów.

Siedziby tych agencji mieściły się w tajnym ośrodku wywiadu w amerykańskiej strefie okupacyjnej, zwanym nieoficjalnie Camp King. To, co się tam działo pomiędzy rokiem 1946 a końcem lat 50., nigdy nie zostało w pełni wyjaśnione ani przez Departament Obrony, ani przez CIA. Camp King był strategicznie położony w miasteczku Oberursel, dwadzieścia kilometrów od siedziby Dowództwa Europejskiego Stanów Zjednoczonych (EUCOM) we Frankfurcie[65]. Ośrodek miał dwie oficjalne nazwy: Centrum Służby Wywiadu Wojskowego USA w Oberursel oraz 7707 Centrum Wywiadu Dowództwa Europejskiego[66]. Znaczenie nieoficjalnej nazwy wyjaśniała gościom niewielka tablica w parku przed klubem oficerskim[67]. „Oficer wywiadu, pułkownik Charles B. King, przyjmował właśnie kapitulację oddziału nazistów na plaży Utah w czerwcu 1944 roku, kiedy został zabity w wyniku silnego i skoncentrowanego ognia nieprzyjacielskiej artylerii". Cóż za ironia pobrzmiewa w tej nazwie. W Camp King pełni dobrej woli Amerykanie próbowali dogadać się z niewiarygodnym wrogiem. Wielu tych amerykańskich oficerów zostało, podobnie jak King, zdradzonych, a przynajmniej jeden zginął.

Dużo się zmieniło w Camp King od czasu, kiedy w sierpniu 1945 roku John Dolibois przywiózł tu sześciu nazistowskich bonzów. Dotychczasowy ośrodek przesłuchań stał się jednym z najbardziej tajnych centrów amerykańskiego wywiadu w Europie Zachodniej i przez ponad dekadę funkcjonował jako tajne więzienie, na długo przed tym, nim świat dowiedział się o tajnych więzieniach amerykańskiego wywiadu. Ośrodkiem zawiadywały, dzieląc się dostępem do więźniów, wywiad wojsk lądowych, wywiad sił powietrznych, wywiad marynarki wojennej oraz CIA. Do 1948 roku większość więźniów stanowili szpiedzy z bloku wschodniego[68].

Sposób, w jaki CIA wykorzystywała Camp King, pozostaje jednym z najpilniej strzeżonych sekretów agencji. To tutaj, w Oberursel, CIA zaczęła stosować techniki „ekstremalnego przesłuchania" i pracowała nad „programami modyfikacji zachowań" pod kryptonimami Operacja Bluebird i Operacja Artichoke[69]. Wśród nieortodoksyjnych metod wykorzystywanych przez CIA i zaprzyjaźnione agencje była hipnoza, elektrowstrząsy, różne substancje chemiczne oraz narkotyki. Camp King został wytypowany jako idealne miejsce do przeprowadzania takich eksperymentów między innymi dlatego, że był położony „na uboczu", ale przede wszystkim dlatego, że byli tam do dyspozycji więźniowie uważani za rosyjskich szpiegów.

Kiedy Amerykanie zajęli ośrodek wiosną 1945 roku, naziści przesłuchiwali w nim alianckich lotników. Pierwszym komendantem Camp King był pułkownik William Russell Philp[70]. Ale jesienią 1945 roku musiał już podzielić się władzą z generałem Williamem J. Donovanem, założycielem i dyrektorem Biura Służb Strategicznych. Generał Donovan kierował operacją polegającą na tym, że nazistowscy generałowie, w tym ci dostarczeni przez Johna Doliboisa, za odpowiednie wynagrodzenie pisali raporty na temat struktury dowodzenia niemieckich wojsk oraz struktury organizacyjnej partii nazistowskiej[71]. W tym czasie Dolibois, władający biegle językiem niemieckim, służył Donovanowi za łącznika z nazistowskimi jeńcami. Generał Donovan dowodził w Oberursel aż do września 1945 roku, kiedy Biuro Służb Strategicznych zostało rozwiązane. Wrócił wtedy do Waszyngtonu i przeszedł do cywila.

Zadaniem pułkownika Philpa było radzenie sobie z całą resztą więźniów. W miesiącach tuż po zakończeniu wojny grupa więźniów Camp King powiększyła się o rosyjskich uciekinierów oraz szpiegów. Philp zdawał sobie sprawę, że ludzie ci, dobrowolnie lub pod przymusem, mogą stać się cennym źródłem informacji wywiadowczych. Jednocześnie jednak odkrył, że jego oficerom brak szerszego kontekstu, w którym mogliby interpretować surowe informacje wydobyte od Rosjan[72]. Związek Radziecki był w czasie wojny sojusznikiem Ameryki. A teraz stał się wrogiem. Rosjanie byli mistrzami dezinformacji. Kto mówił prawdę? Nazistowscy więźniowie twierdzili, że to wiedzą, i pułkownik Philp zaczął wykorzystywać kilku z nich do interpretowania i analizowania informacji uzyskanych od rosyjskich zbiegów[73]. Ci naziści byli „ekspertami w dziedzinie szpiegostwa przeciwko Rosjanom", mówił później Philp. Wydawało się, że dwóch z nich szczególnie dobrze zna się na rzeczy: Gerhard Wessel, który był oficerem Abwehry, i jego zastępca, Hermann Baun. Philp zaprzągł ich do pracy. To, co początkowo było „projektem badawczym z wykorzystaniem jeńców wojennych", przekształciło się w „stopniowe włączanie do operacji"[74], powiedział Philp. Przeniósł nazistów do kryjówki na obrzeżach Camp King, nazywanej Haus Blue, gdzie zajęli się nadzorowaniem działań kontrwywiadowczych skierowanych przeciwko Rosjanom – nadano im kryptonim Projekt Keystone. Wkrótce Philp przekonał się, że współpraca z nazistami wiedzie prosto do tego, by Niemcy z jeńców zmienili się w płatnych współpracowników amerykańskiego wywiadu.

Latem 1946 roku doszło do zdarzenia, które miało wpływ na przyszłą rolę CIA w Operacji Paperclip i działalności Camp King. Do Camp King trafił generał Reinhard Gehlen, były szef nazistowskiej operacji wywiadowczej skierowanej przeciwko ZSRR. Gehlen przebywał w Stanach Zjednoczonych od 1945 roku i był przesłuchany. Amerykański wywiad wojskowy w Oberursel zdecydował, że Gehlena należy postawić na czele „antykomunistycznej organizacji wywiadowczej"[75]. Działaniom tym nadano kryptonim Operacja Rusty. Później organizacja ta była nazywana po prostu Organizacją Gehlena. Z oficerami amerykańskiego wywiadu zaczęła ramię w ramię pracować siatka byłych nazistowskich agentów, których większość należała wcześniej do SS. Nadzór nad Operacją Rusty sprawował pułkownik Philp. Do końca 1947 roku Organizacja Gehlena rozrosła się do takich rozmiarów, że potrzebowała już własnej siedziby. Amerykański wywiad przeniósł ją do ośrodka w miasteczku Pullach pod Monachium[76]. Ośrodek urządzono w dawnej posiadłości Martina Bormanna. Posiadłość była rozległa, znajdowały się tam ogrody z rzeźbami i basen. Oba ośrodki – w Oberursel i Pullach – współpracowały ze sobą. Gehlen i Baun twierdzili, że w samej rosyjskiej strefie okupacyjnej Niemiec dysponują siatką sześciuset agentów. Według dokumentów, które pozostawały tajne przez pięćdziesiąt jeden lat, relacje pomiędzy Gehlenem a Philpem zaczęły się psuć, aż wreszcie stały się wrogie, kiedy Philp w końcu zdał sobie sprawę, z kim ma do czynienia[77]. Organizacja Gehlena była zbrodniczą bandą, której w żaden sposób nie dało się kontrolować. Jak zauważył jeden z pracowników CIA, „amerykański wywiad to bogaty ślepiec, który wykorzystuje Abwehrę w roli psa przewodnika. Problem polega na tym, że smycz jest za długa".

Armia zaczynała mieć dość Organizacji Gehlena, ale nie było już odwrotu. Członkowie organizacji byli oszustami i kłamcami – a wielu także zbrodniarzami wojennymi – a teraz trzymali armię amerykańską w garści. Kilkadziesiąt lat później wyszło na jaw, że generał Gehlen zarabiał milion dolarów rocznie[78]. Pod koniec 1948 roku dyrektor CIA, Roscoe Hillenkoetter, spotkał się z przedstawicielami wywiadu wojskowego, żeby porozmawiać o przejęciu przez CIA nadzoru nad Organizacją Gehlena. Strony doszły do porozumienia i 1 lipca 1949 roku CIA oficjalnie przejęła kontrolę nad Gehlenem i jego ludźmi[79].

Latem tego samego roku CIA utworzyła Biuro Wywiadu Naukowego (Office of Scientific Intelligence – OSI)[80], a jego pierwszy dyrektor, dr Willard Machle, pojechał do Niemiec wdrażać program „specjalnych metod przesłuchań" radzieckich szpiegów[81]. Z danych wywiadowczych zdobytych przez CIA wynikało, że Rosjanie pracowali nad programem kontroli umysłu. Agencja chciała wiedzieć, jakie to może przynieść skutki, jeśli Rosjanie złapią amerykańskich szpiegów. Próbując określić, jakiego rodzaju techniki mogą stosować Rosjanie, CIA uruchomiła w Camp King ściśle tajny program przesłuchań. W ośrodku nie brakowało radzieckich szpiegów, złapanych przez Organizację Gehlena, na których można było wypróbowywać nowe, rewolucyjne techniki przesłuchań. Program otrzymał kryptonim Operacja Bluebird.

Po całym programie pozostała tylko niewielka ilość oficjalnych dokumentów. Większość została zniszczona na polecenie dyrektora CIA, Richarda Helmsa. Początkowo Operacja Bluebird miała być programem „defensywnym". Oficerowie wywiadu naukowego mieli „stosować specjalne metody przesłuchania w celu rozpracowania działań rosyjskich". Agencja szybko jednak uznała, że dla wypracowania najlepszych metod defensywnych należy najpierw rozwinąć techniki ofensywne. Wskazywało to wyraźnie, że w kręgach wojskowych i wywiadowczych na dobre zagościła zimnowojenna atmosfera. W CIA zwyciężyła idea, że do stworzenia skutecznej tarczy najpierw trzeba wykuć ostry miecz. Operacja Bluebird dopiero się rozpoczynała. Wkrótce miała objąć techniki kontroli umysłu i prania mózgu i korzystać z usług nazistowskich lekarzy zatrudnionych w ramach Operacji Paperclip.

ROZDZIAŁ SIEDEMNASTY

Gabinet luster

Jesienią 1948 roku w Niemczech odbyła się jedna z najbardziej niezwykłych konferencji prasowych ery zimnej wojny[1]. Naczelny lekarz Trzeciej Rzeszy, generał Walter Schreiber, po raz ostatni był widziany w Norymberdze, kiedy zeznawał przeciwko najwyższym przedstawicielom nazistowskich władz. Dopiero teraz, 2 listopada 1948 roku, pojawił się na konferencji prasowej. Po trzech latach, pięciu miesiącach i trzech dniach spędzonych w radzieckiej niewoli rzekomo udało mu się „uciec". Ten specjalista w dziedzinie szczepień twierdził, że zna pewne ważne informacje, którymi chce się podzielić z wolnym światem. Konferencja rozpoczęła się od krótkiego oświadczenia Schreibera na temat jego losów – od upadku Berlina był więziony przez Rosjan i dopiero ostatnio uciekł z niewoli. Potem nastąpiła seria pytań i odpowiedzi, gdzie funkcję tłumacza pełnił jeden z amerykańskich urzędników. Pierwsze pytanie zadane przez dziennikarza brzmiało: Jak Schreiberowi udało się uciec?

Schreiber odpowiedział, że „uwolnił się" od swoich strażników „z narażeniem życia", ale na tym poprzestał. Obecnie wraz z żoną

Olgą, czternastoletnim synem Paulem-Gerhardem i jedną z dwóch dorosłych już córek znajdował się w amerykańskim areszcie prewencyjnym.

„Jak to możliwe, że Rosjanie pozwolili mu uciec?" – kolejny przedstawiciel prasy zadał pytanie, które nurtowało wszystkich. Dwa lata po wystąpieniu przed trybunałem w Norymberdze generał Schreiber otrzymał stopień sierżanta w radzieckiej armii. Wydawało się niemożliwe, żeby tak ważna figura jak Schreiber mogła po prostu uciec. „Nie pytam o szczegóły, tylko o to, jak to było w ogóle możliwe?"

W listopadzie 1948 roku Berlin był miastem oblężonym. Rosjanie już od czterech miesięcy blokowali wszystkie drogi lądowe, kolejowe i wodne łączące wschodnią i zachodnią część miasta. Żeby zapewnić żywność ludności cywilnej w zachodnim sektorze, Amerykanie dostarczali ją samolotami. A „ucieczka" Schreibera miała miejsce podczas szczytu berlińskiej blokady.

„Ze względów bezpieczeństwa wolałbym nie odpowiadać na to pytanie", odparł Schreiber.

„Nie pytam o szczegóły – powtórzył dziennikarz. – Ale czy ktoś inny na pana miejscu zdołałby uciec?"

„Już odpowiedziałem na to pytanie".

Naciskany przez dziennikarzy generał Schreiber opowiedział o kilku szczegółach swojej ucieczki. Do lata przebywał w radzieckiej strefie. Wraz z grupą innych nazistowskich generałów mieszkał w willi pod Berlinem. W lipcu lub sierpniu sześciu generałów, w tym Schreiber, zostało nieoczekiwanie przewiezionych do wiejskiego domu pod Frankfurtem nad Odrą (nie mylić z Frankfurtem nad Menem, położonym na południowy zachód od Berlina, w amerykańskiej strefie okupacyjnej), tuż przy granicy polsko-niemieckiej. Na temat tej tajemniczej podróży i jej celu generał Schreiber powiedział: „Nie pytano nas, powiedziano tylko, że mamy wstąpić do policji". Dopiero wtedy Schreiber dowiedział się, że został „mianowany naczelnym lekarzem nowo sformowanej wschodnioniemieckiej policji". Zaoferowano mu „wyżywienie, ubranie, mieszkanie, meble".

Czterech nazistowskich generałów zgodziło się przyjąć tę pracę. Schreiber ponoć odmówił. Był naukowcem, nie policjantem, miał powiedzieć swoim rosyjskim opiekunom. Grupa generałów została przewieziona do jakiegoś domu w Saksonii blisko czechosłowackiej granicy. W końcu, „ostatniego dnia września, czwórka [generałów], która się zgodziła, została wysłana do Berlina, żeby rozpocząć tam pracę". Schreiber i drugi generał, który również odmówił, byli nadal „pilnowani przez policję". Dwa dni później Schreibera odesłano do Drezna w radzieckiej strefie okupacyjnej. „Tam bardzo dobrze nas przyjęto, a mnie zaoferowano stanowisko profesora na uniwersytecie w Lipsku – powiedział Schreiber na konferencji prasowej. – Ja domagałem się profesury na uniwersytecie w Berlinie. Miałem ku temu ważny powód. Odmówiono mi. I dlatego się uwolniłem".

Teraz cały chór zachodnioniemieckich dziennikarzy domagał się podania większej ilości szczegółów. Jak można się tak po prostu uwolnić spod opieki radzieckiej żandarmerii, zwłaszcza kiedy jest się byłym naczelnym lekarzem Trzeciej Rzeszy? Przekształcanie nazistowskich generałów w działaczy komunistycznych było dla Rosjan w początkowym okresie zimnej wojny świetnym posunięciem propagandowym. Trzeba przyznać, że radziecki wywiad wojskowy GRU (Gławnoje Razwiedywatielnoje Uprawlenije) pilnie przyglądał się generałom przewożonym z Rosji do Niemiec Wschodnich. Cieszący się złą sławą oficjalny emblemat GRU przedstawiał potężnego nietoperza krążącego nad kulą ziemską[2]. Śledzącego ludzi. Widzącego także w nocy. Twierdzenie, że GRU pozwoliło dr. Schreiberowi uciec, wydawało się niewiarygodne.

„Pojechałem pociągiem ekspresowym z Drezna do Berlina i była to podróż, od której zależało moje życie", powiedział Schreiber. Nic więcej nie chciał dodać.

Następnie Schreiber zaczął opowiadać słuchaczom o radzieckim zagrożeniu. Potępił szczególnie jednego swojego byłego kolegę, Vincenza Müllera, pewnie także za to, co Müller zrobił z dr. Blomem przed Międzynarodowym Trybunałem Wojennym w Norymberdze. Generał Vincenz Müller jest niebezpiecznym człowiekiem, tłumaczył Schreiber. Teraz, kiedy przeszedł na stronę Rosjan, stał się zagrożeniem dla światowego pokoju. Radzieckie władze mianowały ostatnio generała Müllera szefem policji w Berlinie. „On jest fanatycznym komunistą – twierdził Schreiber – całkowicie podporządkowanym Rosjanom. To jest tym bardziej zdumiewające, że Müller pochodzi z głęboko religijnej katolickiej rodziny". Rosjanie planują wyposażyć berlińską policję w „broń ciężką, czołgi i artylerię". Mają tylko jeden cel, twierdził Schreiber, a była nim dominacja na świecie. Teraz zaczynali ten cel urzeczywistniać, dokonując remilitaryzacji Berlina Wschodniego.

„Czy może nam pan podać nazwiska pozostałych czterech generałów?" – zapytał dziennikarz.

„Nie wydaje mi się to konieczne, biorąc pod uwagę zakres tematyczny tej konferencji prasowej", odpowiedział Schreiber.

„Czy uważa pan, że Rosjanie pana zwodzili?" – zapytał inny dziennikarz.

„Rosjanie są owładnięci ideą rewolucji światowej", wyjaśnił Schreiber. I dodał, że większość ludzi w Rosji wierzy w „nadchodzącą rewolucję".

Kolejny dziennikarz zapytał: „Czy miał pan na sobie swój [radziecki] mundur", kiedy pan uciekał? To było dobre pytanie. Gdyby Schreiber był ubrany w radziecki mundur, to na pewno zwróciłby na siebie uwagę straży granicznej i przy przekraczaniu granicy pomiędzy rosyjską i amerykańską strefą okupacyjną zostałby zatrzymany i przesłuchany. Jeśli natomiast Schreiber nie był w radzieckim mundurze, to rodzi się pytanie dlaczego. Odpowiedź Schreibera była pokrętna. Akurat w dniu ucieczki jego mundur trafił do krawca, odpowiedział. Dla uwiarygodnienia swojej wypowiedzi przedstawił nawet treść rozmowy, jaka miała miejsce między nim a jego radzieckim opiekunem – człowiekiem o nazwisku „Fisher" – dotycząca munduru. „Fisher powiedział [do mnie]: «Dostaniesz [swój mundur] później. Na razie to niemożliwe»".

Takie wyjaśnienie nie zadowoliło przynajmniej jednego dziennikarza. „Dlaczego nie odebrał pan munduru od krawca [wcześniej]?" – zapytał reporter.

Schreiber odpowiedział, że miarę wzięto z niego wcześniej, ale krawiec miał opóźnienie.

Kiedy amerykański opiekun Schreibera zmienił temat, kolejny dziennikarz zapytał o eksperymenty na ludziach, o których dr Schreiber mówił podczas procesu norymberskiego. „Jak pan doktor dowiedział się o eksperymentach na ludziach?"

Schreiber twierdził stanowczo, że „nigdy nie brał udziału w tego rodzaju pracach badawczych… „Informacje na ich temat zdobyłem z dokumentów, które do mnie trafiały, oraz na kongresach lekarskich, gdzie naukowcy wspominali między wierszami, że takie doświadczenia są prowadzone"

Wszystkie aspekty historii ucieczki Schreibera wydawały się niedorzeczne, trudno więc było dziennikarzom poważnie traktować to, co mówił. Mimo to konferencja prasowa trwała ponad pół godziny.

Jak się okazało, konferencja prasowa Schreibera nie była zwołana na poczekaniu, lecz starannie przygotowana. Schreiber przez dwa tygodnie, od 18 października 1948 roku, kiedy trafił do biura amerykańskiego kontrwywiadu w Berlinie, uzgadniał treść swojego wystąpienia z pracującymi tam oficerami. Opiekunem Schreibera był agent specjalny Severin F. Wallach. Wallach usłyszał znacznie dłuższą historię na temat tego, co działo się ze Schreiberem od chwili pojmania go przez Armię Czerwoną.

Według liczącego trzydzieści stron raportu Wallacha, dołączonego do akt Schreibera, „5 maja dr Schreiber, wraz z innymi niemieckimi generałami, został odesłany z powrotem do Berlina. Generałów umieszczono w piwnicy Kancelarii Rzeszy w Berlinie i kazano im wychodzić z tej piwnicy pod strażą radzieckich żołnierzy. Cała scena była fotografowana przez Rosjan kręcących «autentyczny» film dokumentalny na temat zdobycia Berlina". Dziewiątego maja, kiedy Rzesza ostatecznie skapitulowała, dr Schreiber został wraz z innymi oficerami przewieziony do znacznie większego obozu jenieckiego w Poznaniu, gdzie przebywał do 12 sierpnia 1945 roku. W końcu generałów przetransportowano do Moskwy. Schreiber powiedział, że dotarł tam 29 sierpnia. „Transport był bardzo źle zorganizowany – miał według zapisu w aktach powiedzieć Schreiber. – Brakowało jedzenia, ponieważ kucharze z transportu sprzedali żywność na czarnym rynku albo zatrzymali ją dla siebie". Zeznanie Schreibera było pełne szczegółów[3]. „Wszyscy generałowie zostali wysłani do obozu jenieckiego nr 7027 w Krasnogorsku niedaleko Moskwy", wspominał. Tam posiłki smakowały wyśmienicie, ponieważ żywność pochodziła z puszek dostarczanych ze Stanów Zjednoczonych. Schreiber bez końca powtarzał Wallachowi, jak bardzo lubi wszystko, co amerykańskie.

Dwunastego marca 1946 roku Schreiber trafił do moskiewskiego więzienia na Łubiance. „Traktowanie niezłe". Dwudziestego marca był przez Rosjan po raz pierwszy przesłuchiwany: „Tematem były niemieckie przygotowania do wojny biologicznej". Wallach musiał wiedzieć, że było to bardzo nieprawdopodobne. Schreiber był jednym z najwyżej postawionych lekarzy w Trzeciej Rzeszy i na dodatek generałem. Dwudziestego marca był już od dziesięciu miesięcy jeńcem. Twierdzenie, że dopiero teraz został po raz pierwszy przesłuchany, było absurdalne. Schreiber wyznał Wallachowi, że przez trzy dni przesłuchiwał go generał Kabułow. Kabułow nie wierzył słowom Schreibera i powiedział, że „radzieccy śledczy użyją teraz siły, żeby cię złamać i wydobyć z ciebie całą prawdę". Następne przesłuchanie, wspominał Schreiber, odbyło się o trzeciej nad ranem. „Byłem bity przez radzieckiego oficera, porucznika Smirnowa. Razem z pułkownikiem Walterem Sternem, który mówił po niemiecku bez najlżejszego akcentu i który był doświadczonym śledczym".

Schreiber powiedział, że wytrzymał trzy tygodnie przesłuchań, lecz w końcu się złamał i „napisał oświadczenie, które zostało później przedstawione przez radziecki rząd Międzynarodowemu Trybunałowi Wojskowemu w Norymberdze". Został przetransportowany samolotem z Moskwy do Berlina, a stamtąd do Norymbergi, gdzie zeznawał na procesie zbrodniarzy wojennych. Podczas podróży samolotem przesłuchujący go wcześniej pułkownik Stern pochylił się do ucha Schreibera i szeptem ostrzegł go, że jeśli nie będzie się trzymał ustaleń i powie „coś szkodzącego interesom

Związku Radzieckiego, po powrocie do Rosji zostanie powieszony".

Schreiber powiedział, że po złożeniu zeznań w Norymberdze został przewieziony z powrotem do Związku Radzieckiego, gdzie wraz z trzema innymi generałami umieszczono go w piętrowym wiejskim domku w Tomilino, dwadzieścia cztery kilometry od Moskwy. Jednym z trzech generałów był feldmarszałek Friedrich Paulus – najwyższy stopniem oficer, jaki kiedykolwiek poddał się Rosjanom, a zrobił to podczas bitwy pod Stalingradem. Przedstawiana przez Paulusa wersja wydarzeń prowadzących do ujęcia go i ostatniej rozmowy z Hitlerem była niezwykła. Paulus również został przez Rosjan przywieziony do Norymbergi i zeznawał w trakcie procesu.

Jak napisał William Shirer w książce *Powstanie i upadek Trzeciej Rzeszy*, ostatnie dni armii Paulusa pod Stalingradem były prawdziwym kataklizmem. „Paulus, rozdarty pomiędzy obowiązkiem posłuszeństwa wobec szalonego Führera i obowiązkiem uchronienia swoich żołnierzy przed zagładą, zwrócił się do Hitlera". Paulus wysłał do Führera pilną depeszę o następującej treści: „Żołnierze bez amunicji i żywności... Skuteczne dowodzenie dłużej niemożliwe... 18 000 rannych pozbawionych opatrunków i leków... Dalsza obrona bezsensowna. Klęska nieuchronna. Wojsko prosi o pilną zgodę na kapitulację w celu ratowania życia pozostałych żołnierzy". Ale Hitler nie pozwolił Paulusowi na kapitulację[4]. „Poddanie się jest zabronione – napisał w odpowiedzi Hitler. – Szósta Armia ma utrzymywać swoje pozycje aż do ostatniego żołnierza i ostatniego naboju, a swoim heroicznym oporem wniesie niezapomniany wkład w tworzenie frontu obronnego, który ocali świat zachodni".

„Heroiczny opór"[5] był eufemistycznym określeniem samobójstwa. Paulus powinien teraz się zabić. Hitler popychał Paulusa dodatkowo do tego kroku, awansując go na feldmarszałka. „Nie było w historii niemieckiej wojskowości feldmarszałka, który dostałby się do niewoli", powiedział Hitler do stojącego wówczas obok Alfreda Jodla. Tymczasem następnego ranka, o godzinie

7.45, feldmarszałek Paulus poddał się. Jego ostatnia depesza do Hitlera brzmiała: „Rosjanie są pod drzwiami naszego bunkra. Niszczymy nasz sprzęt". Wkrótce potem trafił do niewoli. To, co Paulus pozostawił po sobie, wyglądało, jak napisał Shirer, przerażająco: „Dziewięćdziesiąt jeden tysięcy niemieckich żołnierzy, w tym dwudziestu czterech generałów, na wpół zagłodzonych, z odmrożeniami, wielu z nich rannych, wszyscy oszołomieni, chroniąc zakrwawionymi kocami głowy przed dwudziestoczterostopniowym mrozem, przedzierając się przez śnieg, wlokło się w kierunku ponurych i mroźnych obozów jenieckich na Syberii"[6]. Z dziewięćdziesięciu jeden tysięcy jeńców pojmanych przez Rosjan z obozów wyszło żywych tylko pięć tysięcy. Wśród nich był Paulus.

Od 1947 roku Paulus mieszkał wygodnie z generałem Schreiberem w piętrowym domku pod Berlinem[7]. Ogółem pod jednym dachem mieszkało czterech dawnych nazistowskich generałów, tłumaczył Schreiber. Prócz feldmarszałka Paulusa był tam jeszcze generał Vincenz Müller, schwytany pod Mińskiem w 1944 roku, i generał Erich Buschenhagen, schwytany we wschodniej Rumunii w sierpniu 1944 roku. Po co? – zapytał Wallach. „Schreiber jest przekonany, że generał Vincenz Müller otrzymał od Rosjan polecenie indoktrynowania prof. dr. Schreibera ideologią komunistyczną". Niezależnie od wszystkiego Schreiber potwierdził, że razem z kolegami generałami wiódł stosunkowo przyjemne i wygodne życie. W pewnym momencie generał Schreiber i generał Buschenhagen zostali przeniesieni i zamieszkali „w Moskwie, w ładnie urządzonym prywatnym domu". Przebywający z nimi stale ich rosyjski opiekun „służył za przewodnika i zabierał ich do muzeów, opery i teatrów, podkreślając fakt, że w ZSRR jest bardzo rozwinięta kultura". Dla Schreibera motyw takiego działania był jasny. „To była, oczywiście, część programu indoktrynacji", powiedział agentowi specjalnemu Wallachowi[8]. Schrieber cały czas udawał szczęśliwego komunistę.

W lipcu 1947 roku feldmarszałek Paulus zachorował i cała grupa została „przewieziona do Liwadii, letniego kurortu na Krymie".

Nie brak tu ironii losu. W tym samym miejscu w lutym 1945 roku odbywała się konferencja jałtańska. Wraz z Paulusem i Schreiberem w kurorcie znalazł się niebezpieczny generał Vincenz Müller. Generałowie przebywali tam całe lato, a następnie wrócili samolotem do Moskwy. Kolejny rok spędzili w wiejskim domku w Tomilino. Tyle że teraz musieli brać udział w antyfaszystowskich szkoleniach. Generałowie zajmowali się studiowaniem aż do 7 września 1948 roku, kiedy Schreiber miał się dowiedzieć, że on oraz dwudziestu pięciu innych generałów mają zostać wywiezieni do Niemiec Wschodnich. Kiedy Schreiber nie zgodził się na pracę w policji, został przewieziony do Drezna i umieszczony w hotelu Weisser Hirsch przy Bergbahnstrasse 12. Schreiber powiedział, że jego opiekun, człowiek nazywany Fisher, zgodził się zwolnić go z pracy w policji. Fisher zajął się załatwianiem Schreiberowi pracy wykładowcy i wtedy właśnie Schreiber miał uciec.

Agent specjalny Wallach opisał w raporcie szczegóły ucieczki. „Schreiber pozostał w hotelu sam, niepilnowany... Po prostu siedemnastego wsiadł w Dreźnie do pociągu i tego samego dnia dojechał do Berlina. Po skontaktowaniu się ze swoją rodziną w Berlinie... nawiązał kontakt z niżej podpisanym agentem... i od tej pory znajduje się pod ochroną amerykańskich władz w Berlinie. Pod koniec października obiekt został wraz z rodziną ewakuowany do amerykańskiej strefy w celu szczegółowego przesłuchania przez ECIC [European Command Intelligence Center, Centrum Europejskiego Dowództwa Wywiadu] w Camp King.

Czy Schreiber był podwójnym agentem? Z życia wziętym Jamesem Bondem? Jak zdołał znieść brutalne radzieckie techniki przesłuchań, skoro tylu innych – od generałów po cywilów – skończyło jako ludzkie wraki? A może był szarlatanem? Albo zwyczajną gnidą, potrafiącą chronić własną skórę? Co naprawdę robił przez trzy i pół roku w Związku Radzieckim? Agent specjalny Wallach wyciągnął samodzielnie wnioski. „Obiekt wywarł na niżej podpisanym agencie dobre wrażenie. Nie sądzę, żeby obiekt był radziecką wtyczką", napisał Wallach. I podpisał się pod tym czarnym atramentem.

Sporządzony przez Wallacha raport z przesłuchania został wysłany do dyrektora sekcji wywiadu EUCOM wraz z notatką napisaną przez przełożonego Wallacha i oznaczoną klauzulą „ściśle tajne". Czytamy w niej: „Obiekt [Schreiber] twierdzi, że zna wszystkich ze swojego transportu i wie wszystko o ich przeszłości, poglądach politycznych i nowej pracy... Za sześć dni będzie gotowy do przekazania do waszej kwatery celem szczegółowego przesłuchania". Schreiber powiedział Wallachowi, że ma informacje na temat wszystkich wysokich rangą nazistów pracujących obecnie we wschodnioniemieckiej policji.

Trzeciego listopada 1948 roku dyrektor departamentu wywiadu armii amerykańskiej wysłał telegram opatrzony klauzulą „tajne" do siedziby JIOA w Pentagonie, a kopię do Kolegium Szefów Połączonych Sztabów. „Jeśli lekarz naczelny odpowiada, że Schreiber jest ważny ze względów bezpieczeństwa narodowego, jego przypadek powinien być rozpatrywany zgodnie z procedurą imigracyjną Kolegium Szefów Połączonych Sztabów". Generał prof. dr Walter Schreiber, były lekarz naczelny Trzeciej Rzeszy, był na najlepszej drodze do tego, by włączono go do Operacji Paperclip. W tym czasie jego oraz jego rodzinę przewieziono do Camp King i umieszczono w kryjówce. Kiedy generał Charles E. Loucks dowiedział się, że Schreiber znajduje się w amerykańskim areszcie, pojechał do Camp King, żeby go przesłuchać. Loucks to ten człowiek, który zapraszał chemików Hitlera do swojego domu w Heidelbergu, gdzie pracowali nad technologią produkcji sarinu. Loucks chciał się od dr. Schreibera dowiedzieć przede wszystkim szczegółów na temat szczepionek chroniących przed działaniem gazów bojowych, produkowanych przez Trzecią Rzeszę.

Loucks uznał Schreibera za „chętnego do współpracy we wszelkich aspektach"[9] i zatrudnił go w amerykańskich wojskach chemicznych z zadaniem „zebrania danych na temat nazistowskich wojsk chemicznych". Nadzorując prace, generał Loucks podróżował bez przerwy pomiędzy Heidelbergiem a Camp King. Później Schreiber otrzymał zadanie napisania monografii na temat swoich doświadczeń w ZSRR. Kiedy współpraca Loucksa ze Schreiberem dobiegła końca, komendant Camp King, podpułkownik Gordon D. Ingraham, poprosił Loucksa, żeby dołączył swoje uwagi na temat Schreibera do raportu OMGUS. Biorąc pod uwagę wysoką pozycję Schreibera w nazistowskiej elicie władzy, JIOA z całych sił starała się sprowadzić go do Stanów Zjednoczonych. Loucks zgodził się, ale w swojej opinii okazał się dziwnie sceptyczny wobec motywacji, którymi kierował się Schreiber. „Louck stwierdził, że obiekt jest pełnym energii, dobrym organizatorem pracy[10]... Schreiber bez wątpienia przekazywał przy każdej okazji dokładne informacje Loucksowi, które były poddawane sprawdzeniu i potwierdzane przez ekspertów w Stanach Zjednoczonych... Loucks zwrócił jednak uwagę, że Schreiber mógł te same informacje przekazać Rosjanom". Loucks powiedział podpułkownikowi Ingrahamowi, że „jego zdaniem Schreibera mogła przekonać każda interesująca propozycja". Innymi słowy, Schreibera łatwo było kupić.

Armia amerykańska zaoferowała dr. Schreiberowi z rodziną bardzo ładny dom w Camp King. Mimo wątpliwości generała Loucksa dotyczących wiarygodności Schreibera w listopadzie 1949 roku generał Walter Schreiber został zatrudniony przez wywiad wojskowy na stanowisku lekarza w tajnym ośrodku przesłuchań Camp King[11]. Jak czytamy w odtajnionym raporcie OMGUS, do jego obowiązków należało „rozwiązywanie wszystkich problemów medycznych w Camp King i troska o zdrowie internowanych". To oznaczało, że miał dbać o zdrowie przetrzymywanych w obozie radzieckich jeńców, których część była poddawana „specjalnym metodom przesłuchań" przez CIA. Biorąc pod uwagę panującą w armii obsesję na punkcie radzieckich szpiegów i możliwości pojawienia się podwójnych agentów, zatrudnienie nazistowskiego generała, który po wojnie został radzieckim sierżantem, wydawało się niezwykłe. Szczególnie że być może nie uciekł Rosjanom, tylko dla nich pracował. Jeśli Schreiber był rosyjskim szpiegiem, mógł z łatwością dowiedzieć się wszystkiego, co CIA i wywiad wojskowy robią w Camp King.

Z drugiej strony, jeśli Schreiber rzeczywiście uciekł Rosjanom, to warto było wykorzystać jego doświadczenia z pobytu w ZSRR. Będąc przez trzy i pół roku jeńcem, musiał przecież dobrze poznać przynajmniej niektóre rosyjskie techniki przesłuchań. Poza tym doskonale mówił po rosyjsku. Podpułkownik Ingraham był przekonany, że dr Schreiber mówi prawdę, i trzymał go na stanowisku lekarza do sierpnia 1951 roku. Pułkownik Ingraham zatrudnił również dwudziestotrzyletnią córkę Schreibera, Dorotheę, jako swoją sekretarkę.

Będąc zatrudnionym w Camp King, Schreiber skarżył się prowadzącemu go oficerowi, że Rosjanie próbują go schwytać i zabić, i prosił o ukrycie jego tożsamości pod fałszywym nazwiskiem „Fischer". Wybór nie był przypadkowy. „Fisher" – tak nazywał się radziecki opiekun Schreibera, któremu generał ponoć uciekł w Dreźnie[12]. I tak samo nazywał się jeden z podwładnych Schreibera w obozie koncentracyjnym Ravensbrück. Doktor Fritz Fischer dokonywał w Ravensbrück eksperymentów medycznych na polskich kobietach i dziewczynkach, za co był sądzony w procesie lekarzy w Norymberdze. Fritz Fischer był jednym z nielicznych lekarzy, którzy przyznali się w trakcie procesu do winy. Po wysłuchaniu kilku szczególnie szokujących zeznań świadków Fischer wyznał śledczemu, dr. Alexandrowi, jak się czuł. „Miałem ochotę wstać i zawołać: powieście mnie natychmiast"[13].

Kiedy spojrzeć na cały ten scenariusz – doktora Schreibera, doktora Fischera, radzieckiego pana Fishera i esesmana Fritza Fischera – można odnieść wrażenie, że patrzy się na człowieka stojącego w gabinecie luster. Ale przecież cała Operacja Paperclip była pełna dwulicowości i obłudy. I nie wiadomo było, kto mówi prawdę, a kto kłamie.

We wrześniu 1949 roku John J. McCloy został mianowany amerykańskim Wysokim Komisarzem ds. Niemiec i w ten sposób skończyły się ponadczteroletnie rządy wojskowe aliantów w Niemczech. Kończył się też pobyt dr. Ottona Ambrosa w więzieniu. Wkrótce jego nazwisko miało się znaleźć na liście Operacji Paperclip.

Ulubiony chemik Hitlera, Ambros, przesiedział w więzieniu mniej więcej rok z ośmioletniego wyroku[14]. Trzydziestego lipca 1948 roku został skazany w procesie następczym IG Farben w Norymberdze za masowe morderstwa i zmuszanie do pracy niewolniczej i trafił do więzienia Landsberg, nazywanym też Więzieniem Zbrodniarzy Wojennych nr 1. W położonym sześćdziesiąt kilometrów na zachód od Monachium Landsbergu karę odsiadywało 1526 nazistowskich zbrodniarzy wojennych. Mężczyźni byli osadzeni w pojedynczych celach w barakach więziennych, a całe więzienie przypominało rozległy kampus z dziewiętnastowiecznymi budynkami, terenami zielonymi i dużym drewnianym kościołem katolickim[15]. W 1924 roku przez osiem miesięcy był tu więziony Adolf Hitler. I tu właśnie, w więzieniu Landsberg, napisał *Mein Kampf*.

W więzieniu w ramach programu edukacyjnego Ambros uczył kolegów „technologii chemicznej". Pisał listy do matki, skarżąc się na niesprawiedliwość. „Polityka to ciężka choroba, a na groteskę zakrawa fakt, że ja, osoba niemająca związków z polityką, muszę cierpieć za coś, czego nie zrobiłem – napisał. – Ale pewnego dnia wszystkie cierpienia się skończą i szybko zapomnę o całej goryczy"[16]. Dziewiętnastoletni syn Ambrosa, Dieter, napisał w imieniu ojca list z prośbą o łaskę. „Mój ojciec jest niewinny", tak rozpoczął list do biskupa protestanckiego Theophila Wurma, który nieraz apelował w sprawie zbrodniarzy wojennych. „Dziękuję za wsparcie moich starań... mój ojciec jest przetrzymywany nielegalnie"[17]. Ambros był wzorowym więźniem. Tylko raz sporządzono raport dyscyplinarny: „Osadzony Ambros Otto, więzień WCPL nr 1442 stał i przez okno patrzył na spacerniak dla kobiet wbrew regulaminowi więzienia"[18], czytamy w notatce dołączonej do jego akt więziennych.

Wielu prawników było zaangażowanych w walkę o wcześniejsze uwolnienie Ottona Ambrosa. On sam również pisał petycje dotyczące drobniejszych kwestii. W 1948 roku prosił zarząd więzienia o dodatkową poduszkę, bardziej miękką od tej, którą otrzymał[19]. W 1949 roku poprosił o pozwolenie na trzymanie w celi akordeonu. Raz do roku Ambrosa badał lekarz więzienny. Był nim skazany za zbrodnie wojenne były szef służb medycznych Luftwaffe Oskar Schröder. Po badaniu sporządzał coroczny raport na temat zdrowia Ambrosa[20]. Przed procesem lekarzy Schröder był zatrudniony przez amerykańskie siły powietrzne w Centrum Medycyny Lotniczej w Heidelbergu, a teraz odsiadywał w Landsbergu wyrok dożywotniego więzienia. W więzieniu siedzieli też Hermann Becker-Freyseng i Wilhelm Beiglböck, z wyrokami odpowiednio dwudziestu i piętnastu lat.

Dwanaście następczych procesów zbrodniarzy wojennych w Norymberdze zakończyło się zaledwie kilka miesięcy przed tym, jak John J. McCloy został Wysokim Komisarzem. Większość Amerykanów dawno już przestała się interesować przebiegiem procesów. Na ogół Niemcy nie zgadzali się z przesłankami stojącymi za tymi procesami i traktowali je jako narzucanie „sprawiedliwości zwycięzców"[21]. Wraz z końcem wojny amerykańskie władze okupacyjne uznały, że 3,6 miliona nazistów w amerykańskiej strefie jest „odpowiedzialnych" za przestępstwa polityczne i zbrodnie wojenne. Ostatecznie osądzono 930 tysięcy osób w 169 282 procesach denazyfikacyjnych. Ponad 50 tysięcy Niemców oskarżono o różne zbrodnie z czasów nazistowskich – większość procesów toczyła się przed sądami Spruchkammern, a niektóre przed alianckimi trybunałami wojskowymi. Większość skazanych spędziła jakiś czas w obozach karnych albo zapłaciła symboliczną grzywnę. Kiedy McCloy został Wysokim Komisarzem, 806 nazistów z wyrokiem śmierci zostało posłanych do więzienia Landsberg, a na 486 wyrok już wykonano. Od jesieni 1949 roku niemiecka prasa zaczęła nazywać zbrodniarzy więzionych w Landsbergu „tak zwanymi jeńcami wojennymi"[22]. Była to tylko jedna z drażliwych kwestii, z którymi musiał się zmierzyć komisarz McCloy. Drugą była Operacja Paperclip.

McCloy od samego początku był orędownikiem programu zatrudnienia nazistowskich naukowców, czyli od późnej wiosny 1945 roku, kiedy był jeszcze asystentem sekretarza wojny. W tym czasie był również przewodniczącym State-War-Navy Coordinating Committee i w związku z tym podejmował decyzje, które zaważyły na późniejszych losach programu. McCloy był mężem stanu i prawnikiem, ale również ekonomistą. Kiedy przestał pełnić funkcję asystenta sekretarza wojny, a nim został Wysokim Komisarzem, był prezesem Banku Światowego[23]. Jego prezesura przypadła na krytyczny okres początków tej instytucji. McCloy przyczynił się do „zdefiniowania relacji pomiędzy Bankiem Światowym a Organizacją Narodów Zjednoczonych i Bankiem Stanów Zjednoczonych"[24]. Teraz wrócił do służby rządowej jako dyplomata i przejął obowiązki dotychczasowego szefa OMGUS, generała Luciusa D. Claya. John J. McCloy był niskim, pulchnym, łysiejącym mężczyzną. Publicznie zawsze występował w eleganckim garniturze. Jako Wysoki Komisarz podróżował po Niemczech prywatną salonką, która należała kiedyś do Adolfa Hitlera[25]. Kiedy władza została oficjalnie przekazana zachodnioniemieckiemu rządowi, na którego czele stanął kanclerz Konrad Adenauer, McCloy w dalszym ciągu sprawował pieczę nad wieloma aspektami niemieckiego prawa. A jednym z obszarów, nad którymi kanclerz Adenauer nie miał absolutnie żadnej władzy, byli więźniowie w Landsbergu. Kilkuset z tych zbrodniarzy już powieszono. Osiemdziesięciu sześciu czekało na wykonanie wyroku. Kiedy McCloy objął stanowisko Wysokiego Komisarza, na temat więźniów toczyła się gorąca dyskusja. Wielu Niemców domagało się ich uwolnienia[26].

W listopadzie 1949 roku grupa niemieckich prawników powiązanych z przemysłowcami IG Farben, w tym z Ottonem Ambrosem, poprosiła McCloya o spotkanie w jego biurze, mieszczącym się w dawnym biurowcu IG Farben we Frankfurcie. Budynek ten został przejęty przez armię amerykańską, kiedy w marcu 1945 roku wkroczyła ona do miasta, i od tej pory służył jako siedziba różnych amerykańskich agencji wojskowych i rządowych. Do lat 50. był to największy biurowiec w Europie[27]. Z jego okien roztaczał się widok na miasto – parki, boiska sportowe, stawy. W sierpniu 1949 roku OMGUS przeniósł swoją siedzibę z Berlina do Frankfurtu, a wkrótce potem w biurowcu IG Farben powstało biuro Wysokiego Komisarza. We wrześniu 1949 roku komisarzem został McCloy[28]. CIA miała swoje biuro w tym budynku przez cały okres zimnej wojny. Znajdowało się ono kilka pięter pod biurem McCloya[29].

To były trudne czasy dla amerykańskiego cywila rządzącego okupowanymi Niemcami. Rosjanie zdetonowali właśnie swoją pierwszą bombę atomową, kilka lat wcześniej, niż przewidywała CIA. Amerykańskie wojsko zostało postawione w stan najwyższej gotowości. Podczas listopadowego spotkania w biurze McCloya niemieccy prawnicy powiedzieli, że jeśli Niemcy Zachodnie mają ze Stanami Zjednoczonymi tworzyć wspólny front przeciwko zagrożeniu komunistycznemu, to trzeba coś zrobić z ludźmi więzionymi w Landsbergu[30]. Więźniowie ci są przez Niemców jednoznacznie postrzegani jako „więźniowie polityczni", oświadczyli prawnicy i zaproponowali, żeby McCloy zastosował wobec nich prawo łaski.

McCloy wysłał po spotkaniu notatkę do departamentu prawnego Alianckiej Wysokiej Komisji z pytaniem, czy „po wydaniu wyroku przez trybunał wojskowy" on, jako Wysoki Komisarz, ma prawo do rewizji wyroku[31]. Departament prawny odpowiedział, że z więźniami z Landsbergu McCloy ma prawo zrobić to, co uważa za słuszne. Tymczasem były prokurator generalny z Norymbergi, Telford Taylor, dowiedział się, co się dzieje w biurze Wysokiego Komisarza, i wpadł we wściekłość. Napisał do McCloya, przypominając mu, że nazistowscy zbrodniarze wojenni z Landsbergu „są bez wątpienia najbardziej umyślnymi, bezwstydnymi mordercami z całej Listy Norymberskiej i pomysł ułaskawienia ich jest dla mnie nie do przyjęcia"[32]. Według biografa McCloya, Kaia Birda, McCloy nigdy na ten list nie odpowiedział[33].

McCloy powołał oficjalną komisję odwoławczą, która miała przyjrzeć się wyrokom wydanym na zbrodniarzy wojennych – Radę ds. Łaski dla Zbrodniarzy Wojennych, znaną też jako Komisja

Pecka[34], od nazwiska jej przewodniczącego, Davida W. Pecka. Do McCloya osobiście zaapelował były nazistowski generał Hans Speidel. Speidel był jednym z głównych doradców kanclerza Adenauera w sprawie remilitaryzacji, tematu bardzo kontrowersyjnego, ale głośno dyskutowanego. Młodszy brat Hansa Speidla, Wilhelm, odsiadywał w Landsbergu wyrok za zbrodnie wojenne. Speidel powiedział pomocnikowi McCloya w Bonn[35]: „Jeśli więźniowie z Landsbergu zostaną powieszeni, Niemcy jako uzbrojony sojusznik przeciwko Wschodowi będą iluzją". Kanclerz Konrad Adenauer powiedział McCloyowi to samo i w podobny sposób, radząc mu, żeby udzielił „łaski w najszerszym możliwym zakresie osobom skazanym na więzienie"[36].

W czerwcu 1950 roku siły północnokoreańskie wspierane przez komunistów przekroczyły 38. równoleżnik, rozpoczynając tym samym wojnę koreańską. W Pentagonie panowało przekonanie, że komuniści zamierzają także dokonać inwazji na Europę Zachodnią. Czternastego czerwca 1950 roku dowódca bazy lotniczej Wright-Patterson wysłał pilną notatkę do orędownika Operacji Paperclip pułkownika Donalda Putta: „W związku z zagrożeniem wrogimi aktami w Europie i możliwością zajęcia kontynentu przez siły ZSRR dowództwo bazy jest przekonane o konieczności natychmiastowego wdrożenia programu ewakuacji niemieckich i austriackich naukowców[37]". Gdyby ci naukowcy „wpadli w ręce wroga… stanowiliby zagrożenie dla naszego bezpieczeństwa narodowego". Wywiad sił powietrznych zalecał JIOA rozpoczęcie „masowego przejmowania" naukowców w Niemczech. JIOA zgodziła się z tą sugestią i rozpoczęła wspólnie z biurem Wysokiego Komisarza tworzenie planów działania.

Wojna koreańska sprawiła, że Operacja Paperclip nabrała tempa. McCloy powołał w biurze Wysokiego Komisarza grupę nazywaną Wydziałem Badań Naukowych, mającą się zajmować niemieckimi naukowcami. Szefem wydziału został dr Carl Nordstrom, który starał się wyekspediować do Ameryki jak najwięcej naukowców. Nordstrom zgromadził grubą teczkę zatytułowaną *Przydział niemieckich naukowców i techników*[38] i wysyłał do McCloya liczne notatki z prośbą o „wsparcie określonych projektów badawczych", które uważał za ważne dla interesów Stanów Zjednoczonych. Teraz, po wybuchu wojny koreańskiej, Nordstrom otrzymał od JIOA nowe zadanie. Został niemieckim łącznikiem w nowym programie JIOA, nazwanym Accelerated Paperclip[39], a w terenie nazywanym Projektem 63. Celem Operacji Accelerated Paperclip było wywiezienie „szczególnie niebezpiecznych najważniejszych naukowców"[40] z Niemiec, żeby nie wpadli w ręce Rosjan. Biuro Wysokiego Komisarza zaczęło współpracować z wywiadem wojskowym w celu „ewakuacji" 150 naukowców z listy o kryptonimie K z Niemiec do Stanów Zjednoczonych. Wysłano grupę amerykańskich oficerów, nazywaną Zespołem Projektów Specjalnych, która miała rekrutować naukowców z listy K. Kolegium Szefów Połączonych Sztabów przyznało ogromny budżet w wysokości 1 miliona dolarów (odpowiednik dzisiejszych 10 milionów dolarów) przeznaczony na zachęcenie tych „szczególnie niebezpiecznych najważniejszych naukowców" do wyjazdu do Ameryki.

Spotkania w ramach Operacji Accelerated Paperclip, albo Projektu 63, odbywały się w biurach Wysokiego Komisarza w Wiesbaden i we Frankfurcie, a dr Carl Nordstrom robił notatki[41]. W spotkaniach uczestniczyli przedstawiciele JIOA[42], wojsk lądowych, sił powietrznych, EUCOM i CIA. Ponieważ wielu naukowców z listy K nie dostało do tej pory żadnej oferty pracy, JIOA postanowiło otworzyć tajne biuro w Nowym Jorku, w hotelu Alamac, gdzie naukowcy mogli zamieszkać w oczekiwaniu na zatrudnienie. Dyrektor projektu Accelerated Paperclip w Ameryce, pułkownik William H. Speidel (brak informacji o pokrewieństwie z przetrzymywanym w Landsbergu zbrodniarzem wojennym Wilhelmem Speidlem i jego bratem prawnikiem), utworzył tam biuro. W dziewiętnastopiętrowym hotelu znajdującym się na rogu 71. ulicy i Broadwayu wydzielono sporą część, w której mieli zamieszkać przybywający do Ameryki niemieccy naukowcy. Wydrukowano broszurę powitalną. „Dla zapewnienia wam komfortu i wygody – czytamy w niej – od chwili przybycia aż do wyjazdu do miejsca przyszłej pracy pomocą będzie wam służyć kompetentny oficer wraz ze starannie dobranym personelem". Oficer „będzie się zajmował biurem w hotelu, w którym mieszkacie, zaopatrywał was we wszystkie potrzebne rzeczy, rozwiązywał wszystkie problemy związane z zamieszkaniem, wyżywieniem, opieką medyczną i sprawami administracyjnymi". „Największym pragnieniem armii – napisano w broszurze – jest zapewnienie wam komfortu, poczucia zadowolenia i bezpieczeństwa i postaramy się pomóc wam w osiągnięciu waszych celów w możliwie bezproblemowy sposób"[43].

Program nie wystartował jednak z takim impetem, jak oczekiwał tego dr Nordstrom. Ku zaskoczeniu wszystkich, wielu niemieckich naukowców odrzucało oferty składane przez oficerów Operacji Accelerated Paperclip. Kiedy JIOA zażądała od biura Wysokiego Komisarza wyjaśnień, Nordstrom stwierdził, że część osób z listy K była po prostu „zbyt stara, zbyt bogata, zbyt zajęta i zbyt zdegustowana wcześniejszymi doświadczeniami z Amerykanami", żeby traktować pokój w hotelu Alamac w Nowym Jorku jako krok w karierze. Poza tym Niemcy miały już teraz własnego kanclerza i po raz pierwszy od pięciu lat wielu niemieckich naukowców uznało, że mogą robić karierę naukową we własnym kraju.

Byli i tacy, którzy nie mogli doczekać się wyjazdu do Ameryki. Zgodnie z nową polityką Operacji Accelerated Paperclip na liście JIOA mogli się znaleźć także przestępcy klasy I. Do takich należał dr Schreiber, pracujący nadal jako lekarz w Camp King. Innym przestępcą klasy I był dr Kurt Blome, były zastępca lekarza naczelnego Trzeciej Rzeszy i ekspert w dziedzinie broni biologicznej. Miecz i tarcza.

I wreszcie dr Otto Ambros, zbrodniarz wojenny, skazany w Norymberdze za masowe morderstwa i zmuszanie do pracy niewolniczej. Zimą 1951 roku, mimo że wciąż przebywał w więzieniu Landsberg, Otto Ambros został umieszczony na liście JIOA wśród osób zakwalifikowanych do Operacji Accelerated Paperclip[44].

W styczniu 1951 roku biuro Johna J. McCloya poinformowało, że Wysoki Komisarz podjął decyzję dotyczącą zbrodniarzy wojennych osadzonych w więzieniu Landsberg. Komisja Pecka zakończyła prace i na ogół zaleciła „znaczące obniżenie wyroków" wieloletniego więzienia[45]. Jeśli chodzi o osoby skazane na karę śmierci, komisja radziła McCloyowi rozpatrywać każdy przypadek indywidualnie. W grę wchodziły także kwestie finansowe. Trybunał w Norymberdze zasądził wobec zbrodniarzy wojennych konfiskatę mienia, zdobytego kosztem pracy robotników przymusowych, z których dziesiątki tysięcy straciły życie. A teraz komisja Pecka sugerowała, że wyroki konfiskaty powinny zostać uchylone. W przypadku Ottona Ambrosa oznaczałoby to, że może zatrzymać to, co pozostało z miliona marek nagrody otrzymanej od Adolfa Hitlera[46]. McCloy rozważał rekomendację Komisji Pecka przez kilka miesięcy[47]. W tym czasie był zasypywany listami od przeróżnych niemieckich grup religijnych i aktywistów, w których domagano się uwolnienia zbrodniarzy wojennych. McCloy wysłał z Frankfurtu depeszę do Waszyngtonu, prosząc Biały Dom o radę. Biały Dom odpowiedział, że decyzja jest w rękach McCloya.

John J. McCloy złagodził dziesięć z piętnastu wyroków śmierci[48]. To oznaczało, że dziesięć osób skazanych przez Międzynarodowy Trybunał Wojskowy – między innymi dowodzący masakrą w Malmedy, uważaną za jedną z największych zbrodni popełnionych na jeńcach wojennych, oraz kilku oficerów SS dowodzących Einsatzgruppen – wróci do społeczności w okresie od roku do siedmiu lat. Wśród skazanych na śmierć, których wyroki McCloy podtrzymał, był Otto Ohlendorf, dowódca Einsatzgruppe D, odpowiedzialny za śmierć dziewięćdziesięciu tysięcy ludzi na Ukrainie; Paul Blobel, dowódca Einsatzgruppe C, odpowiedzialny za śmierć trzydziestu trzech tysięcy ludzi w Babim Jarze na Ukrainie; oraz Oswald Pohl, główny zarządca obozów koncentracyjnych. McCloy drastycznie obniżył wyroki sześćdziesięciu czterech z siedemdziesięciu czterech pozostałych zbrodniarzy wojennych, co oznaczało, że jedna trzecia więźniów skazanych w Norymberdze znalazła się na wolności[49]. Trzeciego lutego 1951 roku Otto

Ambros zamienił swój strój więzienny w czerwone pasy na szyty na miarę garnitur, w którym trafił do więzienia[50]. Wyszedł za bramę więzienia w Landsbergu jako wolny człowiek, z nietkniętym majątkiem.

Generał Telford Taylor był oburzony. W wywiadzie dla prasy powiedział: „Rozmyślnie czy nie, McCloy zadał cios zasadom prawa międzynarodowego i idei humanitaryzmu, o którą walczyliśmy w czasie wojny". Eleanor Roosevelt zapytała w swoim felietonie prasowym: „Dlaczego uwalniamy tak wielu nazistów?"[51].

Z czasem wola ukarania nazistowskich zbrodniarzy i przeznaczane na ten cel środki finansowe zaczęły maleć. „Lekarze, którzy uczestniczyli w mordowaniu pacjentów, nadal praktykowali. Nazistowscy sędziowie nadal przewodniczyli rozprawom, a dawni członkowie SS, SD i gestapo znaleźli zatrudnienie w służbach wywiadowczych – tłumaczy Andreas Nachama, kustosz Centrum Dokumentacji Nazistowskiej w Berlinie. – Nawet niektórzy dowódcy specjalnych grup operacyjnych (*Einsatzkommando*) próbowali robić karierę w służbie publicznej"[52].

Dwudziestego siódmego marca 1951 roku dr Carl Nordstrom wysłał oficera z Zespołu Projektów Specjalnych, Charlesa McPhersona, z zadaniem odnalezienia i skłonienia do współpracy dr. Kurta Blomego. Zespół Projektów Specjalnych liczył teraz dwudziestu agentów, z których każdy miał swoją listę K naukowców do odnalezienia. McPherson dowiedział się, że Blome mieszka przy Kielstrasse 34 w Dortmundzie, i pojechał tam, żeby porozmawiać z lekarzem[53].

Podczas pierwszej wizyty Charles McPherson dowiedział się, że w tygodniu Blome mieszka w pokoju przylegającym do jego gabinetu lekarskiego w Dortmundzie. W weekendy wracał do swojego domu w Hagen, oddalonego o trzydzieści kilometrów. „Jego angielski jest znakomity, nie potrzeba tłumacza, by się z nim porozumieć", napisał w raporcie McPherson. McPherson powiedział Blomemu, że powodem jego wizyty jest zaoferowanie mu kontraktu w ramach Operacji Paperclip. „Odparł, że jest zdecydowanie zainteresowany". Doktor Blome poprosił o więcej szczegółów. „Uważa, że jest zbyt stary na rozpoczynanie nowego rodzaju pracy i wolałby wrócić do badań nad rakiem". Blome wspomniał, że pracował już nad ściśle tajnym programem broni biologicznej dla Brytyjczyków w ramach Operacji Matchbox, brytyjskiego odpowiednika Operacji Paperclip. Powiedział też, że Brytyjczycy zapewnili mu dom w Hagen. McPherson wyjeżdżał z Dortmundu z wrażeniem, że pięćdziesięciosiedmiolatek jest „bardzo zainteresowany, ale oczekuje konkretnej oferty, zanim podejmie decyzję".

Mniej więcej trzy miesiące później, we czwartek 21 czerwca 1951 roku, McPherson ponownie spotkał się z dr. Blomem. „Pokazałem mu kopię naszego kontraktu i poinformowałem, że zamierzamy płacić mu około 6400 dolarów rocznie przez cały okres obowiązywania kontraktu". Blome miał dodatkowe pytania. Zapytał McPhersona o moc nabywczą takiego wynagrodzenia i wysokość podatków, które musiałby płacić. „Miał jeszcze jedną prośbę, której, jak mu powiedziałem, nie mogę spełnić", napisał McPherson. Blome powiedział, że ma „trochę pieniędzy zablokowanych na koncie, ponieważ uznano, że były to fundusze partii nazistowskiej". Blome spytał McPhersona, czy może mu pomóc odzyskać te pieniądze i znaleźć sposób na „wymienienie marek na dolary", które mógłby wywieźć do Stanów Zjednoczonych. „Poinformowałem go, że obecnie nie istnieją legalne sposoby na dokonanie takiej operacji, ale można by to załatwić za pośrednictwem Szwajcarii".

Blome stwierdził, że potrzebuje czasu na przeczytanie kontraktu i przedyskutowanie całej sprawy z żoną[54]. Dodał, że skontaktuje się z McPhersonem mniej więcej za dwa tygodnie. W sierpniu wszystko już było oficjalnie załatwione. „Profesor Kurt Blome podpisał kontrakt w ramach Projektu 63 21 sierpnia. Będzie gotowy do wyjazdu 15 listopada", napisał McPherson. Blome'owie zabrali synów ze szkoły i zaczęli uczyć ich angielskiego[55]. Doktor Blome przekazał swoją praktykę lekarską innemu lekarzowi z Dortmundu. Rodzina Blome pojechała do Centrum Dokumentacji w Berlinie i złożyli pod przysięgą zeznania w sprawie swojej nazistowskiej przeszłości. Dokumentację przejrzano w biurze McCloya. Sporządzono dokument potrzebny do starania się o wizę – „Raport bezpieczeństwa na temat niemieckiego/austriackiego naukowca".

Najważniejszy element podlegający sprawdzeniu przy rekrutacji do Operacji Paperclip znajdował się na pierwszej stronie: „Opierając się na dostępnych źródłach... obiekt nie był w przeszłości i nie jest obecnie członkiem partii komunistycznej". Kwestia, czy był zagorzałym nazistą, zeszła na dalszy plan i trafiła do części szóstej raportu. Tam możemy przeczytać na temat nazistowskiej przeszłości Blomego: „Kurt Blome wstąpił do partii 1 lipca 1931 roku i otrzymał numer partyjny 590 233. Od 1941 roku jest też wymieniany jako członek SA, a od 1943 roku jako posiadacz Złotej Odznaki NSDAP. Jego żona, dr Bettina Blome, wstąpiła do partii 1 kwietnia 1940 roku i otrzymała numer partyjny 8 257 157". Napisano tam także: „Centralny Rejestr CIC zawiera tajne dossier dr. Kurta Blomego". Te szczegóły zostały oddzielnie utajnione.

„Według dostępnych źródeł obiekt nie był zbrodniarzem wojennym, ale bez wątpienia był zagorzałym nazistą", napisał podpułkownik Harry R. Smith, upoważniony przedstawiciel Johna J. McCloya. Blome był nazistowskim ideologiem i Smith przyznał to. Napisał też, że Blome nie powinien w przyszłości zagrażać bezpieczeństwu. „Zdaniem Wysokiego Komisarza Stanów Zjednoczonych ds. Niemiec nie będą stanowili zagrożenia dla bezpieczeństwa kraju". Podpisany raport nosi datę 27 września 1951 roku. Dwa tygodnie później, 10 października, tajny kontrakt Blomego w ramach Operacji Accelerated Paperclip został zaaprobowany[56]. Ale 4 października 1951 roku szef wywiadu wojskowego G-2, pułkownik Garrison B. Coverdale, przeczytał raport Wysokiego Komisarza na temat Blomego i odmówił objęcia go Operacją Paperclip. Przedstawiciel McCloya, podpułkownik Harry R. Smith, nie zrobił najważniejszej rzeczy koniecznej przy podpisywaniu kontraktu – nie pominął wątku lojalności wobec partii nazistowskiej. Można było użyć dowolnego sformułowania, które pozwoliłoby Departamentowi Stanu przymknąć oko i nie robić trudności. Większość oficerów OMGUS wiedziała, że w rubryce z pytaniem o przynależność do partii nazistowskiej należało wpisywać „nie stanowi zagrożenia dla bezpieczeństwa" albo „był zaledwie oportunistą". Pułkownik Garrison B. Coverdale wysłał poufną depeszę do dyrektora JIOA w Waszyngtonie, której treść brzmiała: „Proszę zwrócić uwagę na paragraf 6. raportu". Pisząc prawdę, podpułkownik Harry R. Smith uniemożliwił dr. Blomemu podpisanie kontraktu w ramach Operacji Paperclip.

Dwunastego października 1951 roku raport Wysokiego Komisarza przeczytano w JIOA i w wywiadzie wojskowym. Z Heidelbergu wysłano pilną poufną depeszę: „Wstrzymanie transportu dr. Kurta Blomego jest zdaniem HICOG [Wysokiego Komisarza ds. Niemiec] niemożliwe"[57].

McPherson nie miał zamiaru pogodzić się z takim stanem rzeczy. „Kontrakt Blomego został podpisany i zaakceptowany przez dowództwo. Obiekt kończy przygotowania do transportu pod koniec listopada. Przekazał już praktykę lekarską w Dortmundzie innemu doktorowi. Aby zapobiec niepotrzebnemu rozgłosowi, który mógłby zaszkodzić całemu programowi, zalecamy, żeby obiekt wysłać na sześciomiesięczny skrócony kontrakt"[58], napisał. Sprawa trafiła do konsulatu, gdzie miano wydać opinię. Dwudziestego piątego października 1951 roku konsulat we Frankfurcie zgodził się ze stanowiskiem wywiadu wojskowego: „Konsul we Frankfurcie uznaje wyjazd Blomego za niemożliwy".

Charles McPherson uznał odrzucenie Blomego za katastrofalną decyzję. Uważał, że kłóci się ona z misją Zespołu Projektów Specjalnych i naraża na szwank powodzenie całej Operacji Accelerated Paperclip. „Zalecam wysłanie Blomego i pozorne zatrudnienie w Stanach Zjednoczonych przez 6 miesięcy"[59], proponował McPherson. Ale ten pomysł również został odrzucony.

McPherson skontaktował się z Blomem telefonicznie. Umówili się na spotkanie w hotelu Burgtor w Dortmundzie. Tym razem McPherson przyprowadził ze sobą kolegę z Zespołu Projektów Specjalnych, Philipa Parka. Zadaniem McPhersona było „wytłumaczyć Blomemu powody, dla których nie może go obecnie wysłać do Stanów Zjednoczonych". Agent Park miał go wspierać, kiedy padną niewygodne pytania.

„Profesor Blome był sam, kiedy przyszliśmy. Rozpocząłem od tego, że mam dla niego złe wiadomości – napisał w notatce McPherson. – Powiedziałem, że w związku z kolejną zmianą naszych przepisów dotyczących bezpieczeństwa jesteśmy zmuszeni wstrzymać jego wyjazd do Stanów Zjednoczonych".

Blome nie był głupcem. W Norymberdze umiejętnie dowodził, że intencje nie są zbrodnią i na tej podstawie został uniewinniony. Teraz, w hotelu Burgtor, dał McPhersonowi jasno do zrozumienia, że nie wierzy w jego kłamstwa. Blome był w kontakcie ze swoim kolegą i dawnym profesorem, Pasqualem Jordanem, i wiedział, że Jordan przygotowuje się do pracy w ramach Operacji Accelerated Paperclip. Blome powiedział McPhersonowi, że kontaktował się ostatnio z jednym ze swoich zastępców z czasów, kiedy pracował nad bronią biologiczną, specjalistą od pomoru bydła, profesorem Erichem Traubem, i wie, że Traub wyjechał już do Ameryki „pod auspicjami Projektu Paperclip". Blome był tym bardziej niezadowolony, ponieważ w czasie wojny Traub był jego podwładnym[60].

McPherson próbował udobruchać Blomego. „Powiedziałem, że nadal jesteśmy gotowi podpisać z nim kontrakt i mamy dla niego propozycję pracy w ośrodku wojskowym we Frankfurcie, w charakterze lekarza". McPherson zaproponował, żeby Blome obejrzał ośrodek, który był położony w ładnym miejscu i zapewniał dobrze płatną pracę. „On i jego żona zgodzili się", napisał w raporcie McPherson. McPherson obawiał się, że sytuacja z dr. Blomem może mieć fatalne następstwa. „Niżej podpisany pragnie podkreślić, że nie wspomniał Blomemu, iż jego szanse na wyjazd do Stanów Zjednoczonych są równe zeru, i użył wymówki, twierdząc, że wyjazd został odłożony na czas nieokreślony. To pozostawia furtkę, na wypadek gdyby pojawiły się nowe możliwości".

McPherson obawiał się, że sprawa Blomego może mieć zły wpływ „na nasz projekt z powodu reakcji łańcuchowej, jaką wywoła przekazywanie kolejnym osobom informacji, że Amerykanie nie dotrzymują słowa". W tym samym czasie McPherson rekrutował innych niemieckich naukowców. Uważał, że rozgryzł sposób, w jaki naukowcy komunikują się ze sobą. „Klasa niemieckich specjalistów jest ściśle ze sobą powiązana i każde słowo szybko się w tym środowisku rozchodzi, co może poważnie zaszkodzić skuteczności naszego programu".

McPherson się mylił. Nie wszyscy dawni naziści z „klasy specjalistów" kontaktowali się ze sobą. Doktor Blome nie wiedział, że stanowisko lekarza w ośrodku wojskowym we Frankfurcie czekało na niego tylko dlatego, iż poprzedni lekarz, również były wysoko postawiony nazista, pojechał właśnie do Ameryki w ramach Operacji Accelerated Paperclip. Na ironię zakrawa fakt, że stanowisko, które dr Blome miał objąć, przez ostatnie dwa lata i cztery miesiące piastował generał dr Walter Schreiber, człowiek, który obciążał Blomego w swoich zeznaniach przed trybunałem w Norymberdze. Ośrodkiem wojskowym pod Frankfurtem, gdzie Blome miał wkrótce rozpocząć pracę, był Camp King. McPherson umówił się z dowódcą, pułkownikiem Howardem Rupertem, że przyjmie rodzinę Blome i znajdzie dla niej ładny dom[61].

Blome był już wcześniej w Camp King. Pracował dla rządu Stanów Zjednoczonych nad „specjalną sprawą" za czasów Reinharda Gehlena. Kiedy żona Blomego, Bettina, dowiedziała się więcej na temat Camp King, odmówiła zamieszkania tam. Nie chciała, żeby jej dzieci żyły w amerykańskim ośrodku wojskowym[62]. Małżonkowie rozeszli się. Doktor Kurt Blome przeprowadził się do Camp King sam. Trzydziestego listopada 1951 roku McPherson napisał: „Dr Blome zatrudniony przez ECIC od 3 grudnia na 6 miesięcy. Kontrakt uruchomiony".

Tymczasem na drugiej półkuli generał dr Walter Schreiber, były lekarz z Camp King, po przybyciu do Stanów Zjednoczonych zamieszkał na przedmieściach San Antonio w Teksasie i podjął pracę w Szkole Medycyny Lotniczej w Randolph Air Force Base (dawniej Randolph Field). Prócz wynagrodzenia płaconego przez rząd amerykański Schreiber otrzymał czek od rządu w wysokości 16 tysięcy dolarów (około 150 tysięcy dolarów w 2013 roku) jako rekompensatę za rzekomo utracone wyposażenie jego domu w Berlinie[63]. (Schreiber twierdził, że w akcie zemsty za współpracę z Amerykanami Rosjanie ukradli całe wyposażenie jego domu). Za te pieniądze Schreiber kupił dom w San Antonio oraz samochód i zapisał syna do miejscowej szkoły wyższej[64]. Dzięki uprzejmości amerykańskich sił powietrznych do Teksasu ściągnięto nawet osiemdziesięciooczteroletnią teściową Schreibera. Można powiedzieć, że dr Schreiber poznał, co znaczy amerykańskie marzenie. Ale jesienią 1951 roku marzenia nieoczekiwania prysły za sprawą byłego śledczego dr. Leopolda Alexandra i ocalałej z obozu koncentracyjnego Janiny Iwańskiej.

ROZDZIAŁ OSIEMNASTY

Upadek

Jesienią 1951 roku życie dr Leopolda Alexandra w Bostonie wróciło do normalności. Minęły cztery lata od czasu, kiedy był ekspertem sekretarza wojny podczas norymberskiego procesu lekarzy. Od chwili powrotu do domu dr Alexander nieustannie potępiał zbrodnie wojenne, eksperymentowanie na ludziach i ogólnie medycynę w służbie totalitarnych reżimów. Był współautorem Kodeksu Norymberskiego, zbioru zasad, którymi teraz kierowali się przy prowadzeniu badań lekarze na całym świecie. Pierwsza zasada Kodeksu Norymberskiego głosiła, że zawsze potrzebna jest świadoma i dobrowolna zgoda pacjenta. Doktor Alexander wygłaszał wykłady, pisał artykuły i był lekarzem praktykiem. Jak można wyczytać z liczącego blisko pięćset stron dziennika, proces lekarzy głęboko go poruszył[1]. Przy każdej nadarzającej się okazji służył darmową pomocą ofiarom nazistowskiego reżimu.

Pewnego jesiennego dnia 1951 roku z dr. Alexandrem skontaktowała się organizacja pomocowa International Rescue Office. Instytucja ta organizowała pomoc medyczną dla byłych więźniów obozów koncentracyjnych, na których nazistowscy lekarze przeprowadzali w czasie wojny eksperymenty, i zwróciła się do dr. Alexandra z prośbą o pomoc. Alexander ze swojej strony skontaktował się ze swoim przyjacielem ze szpitala Beth Israel w Bostonie, ordynatorem chirurgii, dr. Jacobem Finem. Obaj pomogli zorganizować przyjazd do Massachusetts na leczenie grupy ocalałych więźniów. Jedną z kobiet była dwudziestosiedmioletnia Janina Iwańska, była więźniarka obozu koncentracyjnego Ravensbrück. Czternastego listopada 1951 roku Iwańska dotarła do portu w Nowym Jorku na pokładzie greckiego liniowca SS „Neptunia".

Podczas procesu lekarzy Janina Iwańska zeznawała, a dr Alexander stał obok niej, wskazując na jej obrażenia i dokonując dla sędziów profesjonalnej analizy medycznej tego, co nazistowscy lekarze robili tej kobiecie. Zeznanie Iwańskiej było powszechnie uważane za jeden z najmocniejszych dowodów winy przedstawionych w trakcie procesu. W Ravensbrück lekarz z Waffen SS, dr Karl Gebhardt, łamał jej nogi i usunął kawałki kości piszczelowych. Potem kazał celowo zakazić rany pooperacyjne, żeby wdała się gangrena, którą następnie leczył sulfonamidami, chcąc się przekonać o ich skuteczności. Fakt, że Janina Iwańska przeżyła, zakrawa na cud. Ale teraz, po dziewięciu latach, nadal odczuwała silne bóle[2]. Z powodu usunięcia fragmentów kości utykała. Po przyjeździe do Stanów Zjednoczonych miała zostać w szpitalu Beth Israel poddana operacji, w której wyniku ból zelżałby.

W Ravensbrück dr Gebhardt podlegał bezpośrednio generałowi dr. Schreiberowi. Gebhardt był jednym z dwudziestu trzech sądzonych w procesie lekarzy. Został uznany za winnego i skazany na śmierć. Powieszono go na dziedzińcu więzienia Landsberg w czerwcu 1948 roku. Tymczasem dr Schreiber pracował dla amerykańskich sił powietrznych w Teksasie.

W tym samym miesiącu, kiedy Janina Iwańska przyjechała do Stanów Zjednoczonych, w pewnym czasopiśmie medycznym ukazała się krótka notka informująca, że lekarz z Niemiec, Walter Schreiber, został pracownikiem Szkoły Medycyny Lotniczej w Teksasie. Zbieg okoliczności sprawił, że dr Alexander regularnie czytał to czasopismo. Kiedy natknął się na nazwisko Schreibera, które dobrze pamiętał z procesu norymberskiego, był zbulwersowany. Bezzwłocznie napisał do dyrektora Stowarzyszenia Lekarzy Massachusetts. „Czuję się w obowiązku poinformować pana, że w świetle dokumentów dr Schreiber jest zupełnie zbędnym, a wręcz niepożądanym nabytkiem amerykańskiej medycyny – tłumaczył Alexander. – Jest współwinny popierania najgorszych zbrodni wojennych popełnianych przez władze nazistowskie i podżegania do nich; odpowiada za wypaczenie norm etycznych niemieckich lekarzy w czasie wojny”[3]. Doktor Alexander zażądał zakazania dr. Walterowi Schreiberowi uprawiania zawodu lekarza w Stanach Zjednoczonych. A kiedy nie otrzymał oczekiwanej odpowiedzi, poszedł z tą sprawą do „Boston Globe”.

Był 8 grudnia 1951 roku, w San Antonio w Teksasie minęła właśnie dwudziesta trzydzieści, kiedy dr Walter Schreiber usłyszał dzwonek telefonu[4]. Był w Ameryce od trzech miesięcy i o tej porze zwykle telefon nie dzwonił. Schreiber nie miał dyżuru lekarskiego pod telefonem, nie oczekiwał telefonu ze szpitala z informacją o zdrowiu chorego pacjenta. Dzięki swej wiedzy większość czasu w bazie Randolph spędzał na wygłaszaniu wykładów dla innych lekarzy na ściśle tajne tematy.

Czasem przechwalał się przed innymi lekarzami, w jak wyjątkowo rzadkiej specjalności jest ekspertem[5]. Opowiadał kolegom, jak bardzo jest cenny dla amerykańskiego wojska dzięki swej wyjątkowej wiedzy. Doktor Schreiber wiedział wszystko na temat prowadzenia działań bojowych w warunkach zimowych i pustynnych. Wiedział wszystko na temat higieny, szczepień i dżumy. W klubie oficerskim bazy, gdzie prowadził wykłady, brylował, przedstawiając mocno okrojoną wersję swojego barwnego życiorysu. Uwielbiał snuć rozwlekłe opowiastki na swój temat[6]: jak został rosyjskim jeńcem po upadku Berlina; jak spędził kilka lat w budzącym grozę więzieniu na Łubiance; jak leczył w Rosji feldmarszałka Paulusa, kiedy ten zachorował. Nigdy jednak nie rozmawiał z nikim w bazie Randolph na temat tego, co robił przed upadkiem Berlina – od 1933 do 1945 roku.

Schreiber odebrał telefon i usłyszał głos człowieka, który przedstawił się jako pan Brown[7].

„Dzwonię z redakcji «Boston Globe»", wyjaśnił Brown.

Pan Brown nie spytał Schreibera o nazwisko. Zapytał tylko, czy dodzwonił się pod numer 61-210 w San Antonio. Doktor Schreiber potwierdził, że numer się zgadza.

Nastąpiła chwila ciszy. Później dr Schreiber wspomniał wywiadowi wojskowemu, że zapytał Browna, czego chce tak późno wieczorem.

„Czy pan jest tym, który przeprowadzał eksperymenty na żywych polskich dziewczętach przetrzymywanych w niemieckich obozach koncentracyjnych w czasie wojny?" – zapytał Brown.

Schreiber odpowiedział, że nigdy nie miał nic wspólnego z tego rodzaju eksperymentami. „Nigdy nie pracowałem w obozie koncentracyjnym – powiedział Schreiber. – Nigdy w życiu nie przeprowadzałem, nie zlecałem i nie akceptowałem eksperymentów na ludziach jakiejkolwiek narodowości".

Brown powiedział, że Schreiber chyba przeszedł proces weryfikacji, nim trafił do Stanów Zjednoczonych, gdzie zajmuje się tajnymi pracami dla sił powietrznych.

„Zostałem starannie sprawdzony", odparł Schreiber.

Brown podziękował za rozmowę. Wyjaśnił, że tylko sprawdza informacje przekazane przez lekarza z Bostonu, dr. Leo Alexandra.

Schreiber odłożył słuchawkę. Tego wieczoru nie powiedział nikomu o tej rozmowie telefonicznej[8].

Następnego ranka w „Boston Globe" ukazał się sensacyjny artykuł z przykuwającym wzrok nagłówkiem: *Wysokiej rangi były nazista pracuje dla Sił Powietrznych Stanów Zjednoczonych, twierdzi lekarz*. Wiadomość szybko dotarła do Teksasu. Doktor Schreiber został wezwany do Biura ds. Dochodzeń Specjalnych (Office of Special Investigations – OSI), gdzie miał opowiedzieć ze szczegółami o rozmowie telefonicznej z panem Brownem. Schreiber potwierdził, że „w czasie drugiej wojny światowej piastował w Wehrmachcie stanowisko zbliżone do stanowiska naczelnego lekarza amerykańskich sił zbrojnych". Ale jego historia, powiedział przesłuchującemu go oficerowi, jest dużo bogatsza. Zrelacjonował, jak został pojmany w Berlinie, jak żył w roli jeńca wojennego w ZSRR i jak „służył w roli świadka oskarżenia w procesie norymberskim". Tłumaczył, że dzięki „udawanej uległości" wobec Rosjan „został uhonorowany wysokim stanowiskiem we wschodnioniemieckiej policji". Ale nie podjął pracy, tylko uciekł. Schreiber okłamał oficera OSI, mówiąc, że spotkał się z dr. Alexandrem w Norymberdze. Że „dr Alexander wystawił mu dobre świadectwo".

Schreiber powiedział jeszcze oficerowi, że jego zdaniem za wszystkim tym stoją Rosjanie. Niedawno skończył pisać książkę *Za żelazną kurtyną* i choć nie znalazł jeszcze wydawcy, to był przekonany, że kopia rękopisu trafiła w ręce Rosjan. „Wyraził opinię, że [radziecki wywiad] prawdopodobnie próbuje go zniesławić, imputując, że był zaangażowany w przeprowadzanie eksperymentów na ludziach"[9], napisał w raporcie oficer. Pełny protokół z zeznania Schreibera trafił do kwatery głównej sił powietrznych. Oficerowie z bazy Randolph nie mieli wystarczających uprawnień, żeby sięgnąć do dotyczących Schreibera akt JIOA albo raportu OMGUS. Nie mieli pojęcia, kim naprawdę jest Walter Schreiber. Najprawdopodobniej nie zdawali sobie sprawy, że był nazistowskim ideologiem i lekarzem naczelnym Trzeciej Rzeszy. W Szkole Medycyny Lotniczej wiedziano tylko, że jest niemieckim naukowcem zwerbowanym w ramach Operacji Paperclip. A w bazie było już zatrudnionych trzydziestu czterech niemieckich naukowców.

Czternastego grudnia w sprawę zaangażowało się FBI[10]. Oskarżyciel Schreibera z Bostonu, dr Leopold Alexander, był uznanym w świecie autorytetem w kwestii medycznych zbrodni wojennych. Jego oskarżenia należało potraktować poważnie. Ale siły powietrzne nie zamierzały tak łatwo zrezygnować z dr. Schreibera. Dla zapewnienia mu wsparcia do zaangażowanych w sprawę osób wysłano tajną notatkę na temat „Zawodowych i osobistych kwalifikacji dr. Waltera Schreibera". W notatce napisano, że „ma analityczny umysł, krytyczny osąd, obiektywizm i bogatą, szczegółową wiedzę".

Schreiber dysponował „know how na temat medycznych środków zapobiegawczych, wojskowych i cywilnych, na wypadek wojny totalnej". Dysponował „szczegółowymi informacjami na temat problemów medycznych związanych z prowadzeniem działań bojowych w warunkach pustynnych i «arktycznych»" i wniósł swój wkład w powstanie Atlasu Epidemiologii Zeissa. Przez trzy i pół roku był „«najważniejszym» jeńcem wojennym w Rosji i może dostarczyć wiarygodnych informacji oraz służyć jako konsultant w sprawie najważniejszych kwestii medycznych w ZSRR".

Artykuł w „Boston Globe" wywołał powszechne oburzenie i sytuacja stawała się coraz bardziej napięta. W sprawę zaangażował się Pentagon, trafiła ona również do biura lekarza naczelnego amerykańskich sił powietrznych. Stanowisko to pełnił obecnie nie kto inny jak niedawno awansowany do stopnia generała Harry Armstrong. Armstrong zdawał sobie sprawę, że wkrótce sytuacja może wymknąć się spod kontroli. A nikt nie miał tyle co on do stracenia na polu zawodowym i osobistym. To on osobiście, z pomocą dr. Hubertusa Strugholda, zatrudnił pięćdziesięciu ośmiu nazistowskich lekarzy w Centrum Medycyny Lotniczej w Heidelbergu. Przy czym pięciu z nich wcześniej aresztowano pod zarzutem popełnienia zbrodni wojennych, czterech było sądzonych w Norymberdze, dwóch zostało w wyniku procesu skazanych, a jeden uniewinniony i zatrudniony w Ameryce, gdzie okazało się, że brakuje mu kompetencji. Nie mówiło się jednak niczego na temat trzydziestu czterech lekarzy, zatrudnionych już wcześniej w Szkole Medycyny Lotniczej, z których wielu było zagorzałymi nazistami i członkami SS lub SA. Skandal ze Schreiberem mógł wywołać efekt domina i skierować uwagę na niejasną, bardzo podejrzaną przeszłość takich ludzi jak Strughold, Benzinger, Konrad Schäfer, Becker-Freyseng, Schröder, Ruff i wielu innych.

Generał Harry Armstrong napisał w sprawie dr. Schreibera do dyrektora wywiadu sił powietrznych. „Zostałem poinformowany przez komendanta Szkoły Medycyny Lotniczej w bazie Randolph w Teksasie, że ostatnio do Pańskiego biura wpłynęła prośba o przygotowanie dla doktora Waltera Schreibera nowego kontraktu, który miałby obowiązywać od czerwca 1952 roku – napisał Armstrong. – Ostatnio zdobyte informacje wskazują, że doktor Schreiber mógł być zaangażowany w medyczne zbrodnie wojenne w czasie drugiej wojny światowej, a jego pobyt w naszym kraju spotyka się ze znaczącą krytyką. W konsekwencji, w opinii naszego biura, służba medyczna sił powietrznych nie może wiązać się umową z doktorem Schreiberem na czas dłuższy niż sześć miesięcy przewidziane w dotychczasowym kontrakcie”[11]. Co więcej, napisał Armstrong, „warto rozważyć zerwanie kontraktu przed upływem terminu jego ważności”. Armstrong zapewnił, że komendant Szkoły Medycyny Lotniczej, generał Otis Benson, „zgadza się z tą rekomendacją”. Generał Benson miał równie ważne powody, żeby wyciszyć skandal związany ze Schreiberem. Tuż po wojnie Benson był doradcą technicznym niemieckich naukowców pracujących w Centrum Medycyny Lotniczej amerykańskich sił powietrznych w Heidelbergu.

Dwa tygodnie po wybuchu skandalu dr Schreiber został poinformowany, że jego kontrakt nie zostanie odnowiony. Generał Benson osobiście przekazał mu tę wiadomość. Według relacji Schreibera Benson zaproponował mu tajny, alternatywny plan dalszej kariery w Ameryce. W złożonym pod przysięga oświadczeniu Schreiber stwierdził, że generał Benson „uznał, iż jego zdaniem można mnie wykorzystać w innych dziedzinach, i obiecał pomoc w znalezieniu mi odpowiedniej pracy”[12].

Tymczasem w Bostonie nie cichła wrzawa. Ludzie byli zainteresowani historią Janiny Iwańskiej. Mimo tego, co zrobiono jej w czasie wojny, Janina Iwańska była pełną energii, piękną i wiarygodną młodą kobietą. Trudno było się nie zachwycać jej hartem ducha. Po wyzwoleniu obozu Ravensbrück przeniosła się do Paryża, gdzie pracowała jako dziennikarka w radiu Wolna Europa. Była też paryską korespondentką kilku polskich gazet wydawanych w Europie Zachodniej.

Kiedy w Ravensbrück przeprowadzano eksperymenty na Iwańskiej, miała ona zaledwie siedemnaście lat. Wraz z innymi uwięzionymi kobietami próbowała wysłać z obozu wiadomość na temat tego, co robią nazistowscy lekarze. Pragnąc, żeby informacja dotarła do Watykanu, radia BBC i Międzynarodowego Czerwonego Krzyża, Iwańska i cztery inne kobiety wysyłały zaszyfrowane wiadomości do rodziny[13]. Francuska więźniarka Germaine Tillion zdołała zrobić zdjęcia ran pooperacyjnych i przeszmuglowała rolkę filmu poza teren obozu. Historię tę wydrukowano w polskiej prasie podziemnej, zwracając uwagę świata na eksperymenty medyczne w Ravensbrück. W końcu historia ta trafiła także do BBC.

Kiedy wreszcie sprawa Schreibera została odpowiednio nagłośniona, w styczniu 1951 roku agenci FBI doprowadzili do przesłuchania Janiny Iwańskiej w Bostonie[14]. Zeznając pod przysięgą, Iwańska rozpoznała na fotografii Schreibera jako wysokiej rangi lekarza nadzorującego eksperymenty medyczne w Ravensbrück.

„Skąd pani wie, że doktor Schreiber, którego widziała pani w obozie koncentracyjnym w Niemczech w 1942 albo 1943 roku, to ten sam doktor Walter Schreiber, który jest teraz w San Antonio?" – zapytał agent FBI.

„Trzy tygodnie temu pojawił się dziennikarz z «Boston Post» (sic!), w redakcji pokazali mi około pięćdziesięciu zdjęć i zapytali, czy wiem [który] to doktor Schreiber", odpowiedziała Iwańska. Opisała, jak bez trudu wskazała fotografię Schreibera spośród pięćdziesięciu innych. „Widziałam tę twarz w grupie lekarzy w Ravensbrück – powiedziała. – Potem zapytali mnie, czy znam jego nazwisko. Powiedziałam im, że znam".

Schreiber w oddzielnym przesłuchaniu twierdził, że nie miał nic wspólnego z eksperymentami w Ravensbrück, że nigdy nie był w obozie koncentracyjnym i nigdy nie spotkał Janiny Iwańskiej, która oskarża go o tak straszne rzeczy. W odpowiedzi Janina Iwańska miała tyle do powiedzenia: „Operację mojej nogi przeprowadzał dr Gebhart (sic!)... W czasie pierwszego opatrunku po operacji rozmawiałam z nim. Zapytałam dr. Gebharta, dlaczego przeprowadził operację, a on mi odpowiedział: «Możemy robić eksperymenty, bo i tak jesteś skazana na śmierć». Na nogach wytatuowano mi numer T.K.M. III. Jeśli dr Schreiber nie pamięta mojego nazwiska, to na pewno pamięta [numer] eksperymentu".

Janina Iwańska twierdziła, że dr Schreiber z całą pewnością był w obozie koncentracyjnym; widziała go na własne oczy. Po przeprowadzeniu operacji na siedemdziesięciu czterech kobietach w obozie odbyła się konferencja lekarzy.

„Była pani obecna na konferencji lekarzy?" – zapytał agent FBI.

„Tak, ponieważ każda kobieta, którą poddano eksperymentom, była wprowadzana na salę, a Gebhart tłumaczył pozostałym lekarzom, co zrobił".

„Pamięta pani datę tej konferencji dr. Gebharta i dr. Schreibera na temat eksperymentów?"

„Wydaje mi się, że to było trzy tygodnie po operacji, która odbyła się 15 sierpnia 1942 roku", odpowiedziała Janina Iwańska.

„Czy którakolwiek z osób poddanych eksperymentom zmarła w wyniku operacji?"

„Listę mam w domu. Wysłałam listę nazwisk do Organizacji Narodów Zjednoczonych. Oni mają wszystkie dokumenty. Eksperymentom poddano siedemdziesiąt cztery osoby".

„Czy wiadomo pani, czy to dr Schreiber kazał przeprowadzać eksperymenty?"

„Nie wiem, czy on wydawał rozkazy. Wiem tylko, że był bardzo zainteresowany"[15].

Tymczasem w Teksasie dr Schreiber zaczął planować ucieczkę do Argentyny[16]. Napisał list do swojej zamężnej córki, Elisabeth van der Fecht, która mieszkała w San Isidro, dzielnicy Buenos Aires. Poprosił, żeby zdobyła informacje, jak najszybciej można uzyskać wizę. FBI kontrolowało pocztę Schreibera.

„Mogę zdobyć dla ciebie wizę w ciągu czternastu dni – obiecała córka. – Prawdę mówiąc, zawsze obawialiśmy się, że coś podobnego się zdarzy... Wszystko zaczęło się tak dobrze i wydawało się takie cudowne. Twój nowy dom, nowe meble..." Zapewniła ojca, że pomoże mu zdobyć dokumenty potrzebne do wjazdu do Argentyny. „Jeśli, ojcze, chcesz, żebyśmy poczynili odpowiednie kroki, prześlij nam niezbędne dokumenty – pisała Elisabeth. – Zawsze to mniejsze ryzyko, niż gdybyś musiał wracać do Niemiec. Na miłość boską, nie wracaj tam".

W połowie stycznia wtrąciła się JIOA. Kolegium Szefów Połączonych Sztabów postanowiło, że należy repatriować Schreibera. „Powód żądania repatriacji: dr Schreiber nie jest naukowcem, a w związku z tym jego przydatność dla Szkoły Medycyny Lotniczej jest ograniczona – napisano w notatce. – Ostania fala krytyki była skierowana przeciwko Szkole Medycyny Lotniczej z powodu obecności w niej dr. Schreibera, wysokiego rangą nazisty wiązanego z brutalnymi eksperymentami przeprowadzanymi na więźniach obozu koncentracyjnego. Szkoła Medycyny Lotniczej i lekarz naczelny nie zamierzają ponosić odpowiedzialności za Schreibera..."

Dowództwo w Heidelbergu nie zgodziło się. Piątego lutego 1952 roku wojsko wysłało do JIOA ręcznie napisaną depeszę opatrzoną klauzulą „tajne". „Zalecamy podjęcie działań mających na celu zatrzymanie Schreibera w USA. Obiekt jest w posiadaniu bezcennych informacji natury wywiadowczej dotyczących ZSRR i ma wybitne osiągnięcia na polu zawodowym".

Teraz włączyło się biuro Wysokiego Komisarza: „Wszelkie przymusowe działania wobec personelu Operacji Paperclip mają zły wpływ na programy prowadzone przez JIOA – czytamy w notatce. – Przed podjęciem decyzji o repatriacji konieczna koordynacja działań z G-2". W kwaterze głównej sił powietrznych pojawił się jeszcze inny pomysł. Dlaczego nie pomóc Schreiberowi w „przeprowadzce" do Argentyny? Major D.A. Roe z wywiadu wojskowego G-2 skontaktował się z argentyńskim generałem Aristobulo Fidelem Reyesem w celu przedyskutowania „wykorzystania dr. Waltera Paula Schreibera". Major Roe zapytał, czy „w jakikolwiek sposób... jego talenty można wykorzystać w Argentynie". Major tłumaczył, że armia amerykańska początkowo chciała pozwolić Schreiberowi na emigrację do Stanów Zjednoczonych, ale niestety sytuacja uległa zmianie. „W świetle obecnie obowiązującego prawa możliwość uznania go za imigranta jest wątpliwa ze względu na bliskie związki z nazistowską armią", wyjaśnił major Roe. W Argentynie nie obowiązywało prawo imigracyjne zakazujące wstępu byłym nazistom. Byłoby wspaniale, gdyby Argentyna zechciała pomóc.

W obliczu krytyki Wysokiego Komisarza Johna J. McCloya JIOA zmieniła zdanie na temat repatriacji i zamierzała przedłużyć dr. Schreiberowi pobyt. „Rodzina Schreibera może paść ofiarą represji w związku z wcześniejszą ucieczką spod kontroli Rosjan – napisano w JIOA. – Jeśli repatriacja jest niezalecana, można Schreibera pozostawić tutaj, wydając mu wizę". Ale wtedy pojawił się nowy dokument, który mieli zobaczyć tylko członkowie JIOA i który miał trafić do tajnego dossier Schreibera. Okazało się, że czterdziestoletnia żona Schreibera, Olga, również była nazistką[17]. Z oficjalnych dokumentów NSDAP wynika, że wstąpiła do partii 1 października 1931 roku, kilka lat przed tym, jak Hitler doszedł do władzy.

Z każdym mijającym tygodniem temat coraz szerzej komentowano. Opinia publiczna była coraz bardziej oburzona faktem, że nazistowski generał oskarżany o zbrodnie wojenne wciąż jeszcze mieszka w Stanach Zjednoczonych i być może będzie dalej zatrudniany przez siły powietrzne.

Forum Lekarzy, organizacja skupiająca lekarzy z trzydziestu sześciu stanów, napisało petycję do Senatu. „Gdyby dr Schreiber został zatrzymany w czasie trwania procesu norymberskiego, bez wątpienia zostałby postawiony przed sądem razem ze swoimi współpracownikami, z których wielu skazano na dożywotnie więzienie albo powieszono. Tymczasem mieszka on teraz w Stanach Zjednoczonych i pracuje dla wojska". Lekarze jednomyślnie zarekomendowali „natychmiastowe wydalenie dr. Schreibera ze Stanów Zjednoczonych i przeprowadzenie wnikliwego śledztwa mającego wyjaśnić okoliczności wjazdu Schreibera do kraju i zatrudnienia go przez siły powietrzne".

To ostatnie żądanie było dużo groźniejsze dla sił powietrznych, niż mogło się Forum Lekarzy wydawać. Gdyby Senat przeprowadził przesłuchania mające wyjaśnić „podobne umowy z niemieckimi lekarzami zajmującymi wcześniej wysokie stanowiska w niemieckiej armii", zostałaby ujawniona cała Operacja Paperclip.

Poleciałyby głowy. Sprawa Schreibera dotarłaby do Kolegium Szefów Połączonych Sztabów, a skandal sięgnąłby prezydenta Stanów Zjednoczonych.

Wykazując zdumiewającą pychę, dr Schreiber udzielał jednego wywiadu po drugim, zapewniając o swojej niewinności i nazywając wszystkie oskarżenia kierowane pod jego adresem „kłamstwami".

„Nie walczę o odnowienie swojego kontraktu – powiedział dziennikarzowi «Washington Post».– Walczę o sprawiedliwość i nie spocznę, póki żyję"[18]. Wydał jawnie fałszywe oświadczenie: „Nigdy nie wchodziłem w skład wyższego dowództwa Wehrmachtu". W innym wywiadzie powiedział: „Nigdy nie pracowałem w obozie koncentracyjnym"[19]. Dalej w wywiadzie wyjaśnił, że raz „odwiedził" obóz na Pomorzu Wschodnim, nie wiedząc, że jest to obóz koncentracyjny. Jego zadanie polegało tam na sprawdzeniu „doniesień o odwszawieniu" grupy dziewcząt, których „bielizna został zdezynfekowana DDT", powiedział Schreiber. „Cztery dni po moim przyjeździe dziewczęta były czyste i odwszawione".

Doktor Schreiber doskonale zdawał sobie sprawę, że trzyma w garści siły powietrzne i Kolegium Szefów Połączonych Sztabów. Gdyby któryś z amerykańskich oficjeli został zmuszony do powiedzenia, co naprawdę było wiadomo o Schreiberze już od dawna, wybuchłby nieprawdopodobny skandal. Tymczasem rozpowszechniano same kłamstwa. „Dopóki nie ustalimy kilku podstawowych faktów – powiedział magazynowi «Time» dyrektor JIOA, pułkownik Benjamin W. Heckmeyer podczas wywiadu – człowiek ten powinien być traktowany jak każdy inny Amerykanin, a nie wyrzucany z hukiem z kraju"[20].

Tymczasem lekarz naczelny sił powietrznych, Harry Armstrong, zakulisowo załatwiał sprawę pozbycia się Schreibera, choć w oświadczeniach dla prasy twierdził, że go wspiera. „Nie ma innych dowodów jego winy prócz tego, że służył w czasie wojny swojemu krajowi, tak jak ja służę swojemu", powiedział generał Armstrong agencji Associated Press. Legendarny felietonista Drew Pearson widział całą sprawę w innym świetle. Sięgnął do stenogramów z procesu lekarzy w Norymberdze i przytoczył je w felietonie „Washington Merry-Go-Round". „Oto fakty na temat nazistowskiego lekarza, który uniknął procesu w Norymberdze, a teraz pracuje dla lotnictwa USA w Randolph Field w Teksasie – napisał Pearson. – Wierzgające, krzyczące młode polskie dziewczęta były przynoszone przez żołnierzy SS i na siłę operowane... Norymberski dokument nr 619 wskazuje także, że Schreiber był drugi na liście prominentnych lekarzy wojskowych odkomenderowanych do SS... Ludzi wykorzystywano także do eksperymentów z tyfusem przeprowadzanych w obozach koncentracyjnych w Buchenwaldzie i Natzweiler. Próbując stworzyć szczepionkę, przenoszono wirusa z ludzi na myszy i z myszy na ludzi"[21]. Schreiber zareagował na to słowami: „Trybunał wojskowy w Norymberdze osądził i skazał odpowiedzialnych za zbrodnie".

To oświadczenie Schreibera jeszcze bardziej rozsierdziło dr. Leo Alexandra i bostońskiego adwokata Alexandra Hardy'ego, szefa prokuratorów podczas procesu lekarzy. Obaj wspólnie napisali dziesięciostronicowy list do prezydenta Trumana[22]. „Nie był oskarżony, ale bez wątpienia odpowiada za zbrodnie medyczne – wyjaśniał Hardy i Alexander. – Wiedział, że lekarze ze służby medycznej, której sam był generałem, systematycznie przeprowadzają eksperymenty na więźniach obozów koncentracyjnych... Podwładni przeprowadzali eksperymenty zachęcani przez Schreibera", który zapewniał „materiały i fundusze oraz udział w konferencjach".

Hardy i Alexander przytoczyli słowa pięciu kolegów Schreibera, którzy zeznawali w norymberskim procesie lekarzy. Według nich Schreiber nadzorował programy medyczne dotyczące „higieny", w których w imię nauki poświęcano życie niezliczonej liczby ludzi. Dołączyli materiały na temat eksperymentów z żółtą febrą, żółtaczką zakaźną i sulfonamidami, na temat eutanazji za pomocą fenolu oraz programu szczepienia przeciwko tyfusowi, gdzie „śmiertelność wynosiła 90 procent". W liście do prezydenta Trumana Alexander Hardy i dr Leo Alexander przedstawili generała Waltera Schreibera nie tylko jako zbrodniarza wojennego najgorszego sortu, ale także jako sadystę i kłamcę. Część listu została upubliczniona. „Truman nakłaniany do wydalenia lekarza", czytamy w nagłówku „New York Timesa". Harry Armstrong napisał do Forum Lekarzy, zapewniając, że Schreiber zostanie natychmiast odesłany do Niemiec.

Magazyn „Time" zapytał dyrektora JIOA, pułkownika Heckemeyera, co siły powietrzne zamierzają zrobić, jeśli po zakończeniu śledztwa okaże się, że dr Schreiber jest winny popełnienia zbrodni wojennych. „Wtedy postąpię zgodnie z zaleceniami biura sekretarza obrony", odpowiedział Heckemeyer. „Czy Schreiber może stanąć przed sądem?" – zapytał dziennikarz „Time'a".

„Nie zamierzamy robić procesu norymberskiego trzy lata po jego zakończeniu"[23], odparł Heckemeyer. W końcu sekretarz sił powietrznych, Thomas Finletter, wydał oświadczenie, w którym powiedział, że kontrakt z dr. Schreiberem zostanie zerwany, a on trafi do wojskowego aresztu. Następnie opuści Stany Zjednoczone.

Ale dr Schreiber odmówił opuszczenia Stanów Zjednoczonych. Razem z rodziną wyjechał z Teksasu i udał się do San Francisco. Tam wraz z żoną zamieszkali w domu ich córki Dorothei i jej męża Williama Frya przy Ridge Road 35 w San Anselmo. Kiedy Dorothea pracowała w Camp King, gdzie jej ojciec był lekarzem, William Fry służył w wywiadzie wojskowym. Małżeństwo przeprowadziło się do Ameryki w lipcu 1951 roku i zamieszkało w Kalifornii.

Minął ponad miesiąc. Forum Lekarzy zdobyło nowe informacje na temat Schreibera, które wysłało 24 kwietnia 1952 roku do prezydenta Trumana wraz z telegramem oznaczonym jako „pilny". Do telegramu dołączony był dokument świadczący o tym, że dowódca Szkoły Medycyny Lotniczej w Randolph Field, generał Otis Benson, „szuka dla dr. Schreibera stałego zatrudnienia w Stanach Zjednoczonych, najlepiej na jakimś uniwersytecie", mimo że siły powietrzne obiecały wydalenie go z kraju.

Najgorsze, zdaniem lekarzy, było to, że siły powietrzne zmówiły się, żeby pozostawić Schreibera w Stanach. W swoim liście do prezydenta Trumana zacytowali słowa, jakie generał Benson napisał w liście do dziekana Szkoły Zdrowia Publicznego w Minnesocie, kiedy szukał pracy dla Schreibera. „Lubię i szanuję tego człowieka, ale jest dla mnie zbyt niewygodny, żebym trzymał go tutaj za publiczne pieniądze". Napisał też, że zła prasa Schreibera to niewiele więcej jak „zorganizowany ruch lekarzy żydowskiego pochodzenia z Bostonu". Rada dyrektorów Forum Lekarzy zażądała, żeby prezydent Truman zlecił prokuratorowi generalnemu wszczęcie w tej sprawie śledztwa.

Kilka dni później podpułkownik G.A. Little, reprezentujący Kolegium Szefów Połączonych Sztabów, poleciał do Kalifornii, gdzie spotkał się z dr. Schreiberem w domu jego córki i „próbował namówić dr. Schreibera do bezzwłocznego wyjazdu do Buenos Aires, bez względu na propozycje pracy, które mogą się ze strony naszego biura pojawić". Według relacji pułkownika Little'a wizyta przebiegła w dobrej atmosferze.

„Zostaliśmy przyjęci przez dr. Schreibera bardzo serdecznie i spędziliśmy na rozmowie z nim około dwóch godzin", napisał w poufnym raporcie dla kolegium podpułkownik Little. W zamian za „przetransportowanie do Ameryki Południowej" i za „fundusze na podróż" dr Schreiber zgodził się niezwłocznie opuścić Stany Zjednoczone. „Dobrowolny i bezzwłoczny wyjazd Schreibera do Buenos Aires będzie satysfakcjonującym rozwiązaniem wszystkich problemów". Kwota, jaką Schreiber otrzymał w zamian za wyjazd, nie została nigdy ujawniona. Nie ma o niej też mowy w jego odtajnionych aktach Operacji Paperclip.

Dwudziestego drugiego maja 1952 roku dr Schreiber wraz z rodziną wyleciał wojskowym samolotem z bazy sił powietrznych Travis w Kalifornii do Nowego Orleanu. Tam wsiedli na statek płynący do Argentyny. Kiedy dopłynęli do Buenos Aires, zostali przewiezieni samochodem do amerykańskiego konsulatu i otrzymali dokumenty zezwalające na pobyt. Przygotowaniami zajął się generał Aristobulo Fidel Reyes[24]. Siły powietrzne zapłaciły za policyjną ochronę dr. Schreibera i jego rodziny w czasie przejazdu[25]. Wszystkim zależało na tym, żeby proces osiedlania się Schreibera w Ameryce Południowej przebiegł gładko. Reputacja zbyt wielu amerykańskich oficjeli ucierpiałaby znacząco, gdyby te fakty ujrzały światło dzienne.

Do przesłuchań w Senacie nigdy nie doszło, a prokurator generalny nie wszczął śledztwa. Schreiber kupił w Argentynie dom i nazwał go Sans Souci („beztroski"), tak samo jak nazywał się letni pałac króla pruskiego Fryderyka Wielkiego w Poczdamie. Jak wynika z prywatnych dokumentów rodzinnych, Schreiber chciał dowieść, że urodził się baronem i pochodził z pruskiego rodu królewskiego[26]. „W wyniku oficjalnego dochodzenia – czytamy w dokumentach rodzinnych – Oberstabsarzt [lekarz wojskowy] Walter P. Schreiber otrzymuje oficjalną zgodę na dodanie «von» do swojego nazwiska". W dokumentach rodzinnych nie ma mowy o tym, kto nadał mu takie uprawnienia. Schreiber zmarł we wrześniu 1970 roku w San Carlos de Bariloche w argentyńskiej prowincji Río Negro.

ROZDZIAŁ DZIEWIĘTNASTY

Serum prawdy

Kiedy dr Schreiber płynął do Argentyny, program przesłuchań pod nazwą Operacja Bluebird w Camp King został rozszerzony o „zastosowanie narkotyków i środków chemicznych do niekonwencjonalnych przesłuchań”[1]. W tym czasie lekarzem w Camp King był dr Kurt Blome. Z treści notatki zawartej w jego odtajnionych aktach wynika, że Blome pracował nad „Armia, 1952, Projekt 1975”, ściśle tajnym projektem, który do tej pory nie został odtajniony. Dalej w aktach Blomego nie ma już nic[2].

„Bluebird było nową nazwą dla Operacji Artichoke”[3], pisze John Marks, były urzędnik Departamentu Stanu, znający od podszewki projekty CIA dotyczące kontroli umysłu. Celem programu przesłuchań Artichoke, tłumaczy Marks, było „modyfikowanie zachowań niekonwencjonalnymi metodami”[4]. Według administratora programu, Richarda Helmsa – późniejszego dyrektora CIA – stosowanie narkotyków był środkiem prowadzącym do tego celu. „Wiedzieliśmy, że to od nas zależy, żebyśmy na tym polu nie zostali w tyle za Rosjanami i Chińczykami, a jedynym sposobem określenia, jakie ryzyko się z tym wiąże, było wypróbowanie takich środków jak LSD i inne narkotyki, które mogą być użyte do kontrolowania ludzkich zachowań"[5], powiedział Helms w wywiadzie udzielonym w 1978 roku dziennikarzowi Davidowi Frostowi. Do prowadzenia tych kontrowersyjnych eksperymentów zaprzęgnięto także inne amerykańskie agencje wywiadowcze. „W celu uniknięcia powielania prób dyrektor CIA zgodził się w 1951 roku na współpracę z agencjami wywiadowczymi wojsk lądowych, sił powietrznych i marynarki wojennej – pisze Marks. – Wojska lądowe i marynarka wojenna poszukiwały odpowiednich narkotyków, natomiast siły powietrzne skoncentrowały się na technikach przesłuchań stosowanych wobec zestrzelonych pilotów"[6]. Od końca wojny amerykańskie wojsko intensywnie pracowało nad programami ratunkowymi w powietrzu, na lądzie i na morzu, opierając się częściowo na badaniach prowadzonych wcześniej przez nazistowskich lekarzy. Ale Rosjanie również poczynili duże postępy w programach ratunkowych, co stało się przyczyną wielkiego zaniepokojenia. Zdaniem CIA, gdyby zestrzelony amerykański pilot trafił w ręce Rosjan, z dużym prawdopodobieństwem zostałby poddany niekonwencjonalnym technikom przesłuchań. Celem Operacji Bluebird była próba przewidzenia, jakiego rodzaju metody mogą zastosować Rosjanie wobec amerykańskich pilotów i żołnierzy. Takim serum prawdy, które zdaniem CIA Rosjanie mogliby wykorzystać, było LSD. W jednym z raportów CIA, przesłanym później do Kongresu, czytamy, że „Rosjanie kupili od firmy Sandoz duże ilości LSD-25... podobno wystarczyłoby go na 50 milionów dawek"[7]. Tak się przynajmniej CIA wydawało. Późniejsza analiza informacji wykazała, że analityk CIA sporządzający raport postawił w złym miejscu przecinek, kiedy obliczał ilość dawek. W rzeczywistości Rosjanie kupili od firmy Sandoz ilość LSD wystarczającą do przeprowadzenia kilku tysięcy testów.

Eksperymentując z LSD i innymi narkotykami w ramach Operacji Bluebird, CIA współpracowała z Korpusem Wojsk Chemicznych. Początkowo badania przeprowadzali oficerowie z Wydziału Operacji Specjalnych w tajnym ośrodku nazywanym Budynkiem nr 439, piętrowym, betonowym bloku znajdującym się w grupie podobnych budynków w Camp Detrick. Oprócz członków Wydziału Operacji Specjalnych[8] prawie nikt nie wiedział, co się w tym budynku dzieje. Prace wydziału były opłacane przez Dział Służb Technicznych CIA wchodzący w skład Tajnej Służby CIA. Wielu agentów terenowych było bakteriologami w Camp Detrick. Jednym z takich agentów Wydziału Operacji Specjalnych był dr Harold Batchelor, człowiek, który skonstruował komorę nazywaną Czarną bilą, i w 1947 roku konsultował się w Heidelbergu z dr. Kurtem Blomem. Kolejnym agentem Wydziału Operacji Specjalnych był dr Frank Olson, były oficer i bakteriolog, którego nagła śmierć w 1953 roku o mało nie doprowadziła do upadku CIA. Obaj byli zaangażowani w prowadzony w Camp Detrick program niekonwencjonalnych technik przesłuchań.

W kwietniu 1950 roku Frank Olson otrzymał paszport dyplomatyczny. Olson nie był dyplomatą, ale paszport pozwalał mu przewozić różne rzeczy w poczcie dyplomatycznej, która nie podlegała kontroli celnej. Frank Olson zaczął podróżować do Niemiec. Latał do Frankfurtu i dalej jechał samochodem do Camp King. W jednym z nielicznych ocalałych z programu dokumentów znajduje się tajna notatka dyrektora Centralnej Agencji Wywiadowczej Allena Dullesa wysłana do Richarda Helmsa i dyrektora ds. planowania CIA, Franka Wisnera, dotycząca specjalnych technik przesłuchań[9]. „W naszej rozmowie z 9 lutego 1951 roku powiedziałem, że nie wykluczam poszerzenia typowych metod przesłuchań o zastosowanie narkotyków, hipnozy, elektrowstrząsów itp. i podkreśliłem ich defensywny charakter, a także ofensywne możliwości, jakie daje wykorzystanie wiedzy medycznej – napisał Dulles. – Załącznik zatytułowany *Techniki przesłuchań*, przygotowany przez mój Wydział Medyczny powinien dostarczyć panom niezbędnych informacji”[10]. Camp King było idealnym miejscem do przeprowadzania takich prób. Lepiej było prowadzić przesłuchania za granicą, w krajach, których rządy „dopuszczały pewne działania zakazane przez rząd Stanów Zjednoczonych”[11].

Kolejną podróż Frank Olson odbył 12 czerwca 1952 roku. Przyleciał do Frankfurtu z wojskowego lotniska Hendon w Anglii i pojechał samochodem do Oberursel. Tam eksperymenty z przesłuchaniami przeprowadzano w kryjówce nazywanej Haus Waldorf[12]. „Pomiędzy 4 a 18 czerwca 1952 roku zespół IS&O [CIA Inspection and Security Office – Biuro Kontroli i Bezpieczeństwa CIA]… zastosował w bezpiecznym domu techniki Artichoke w dwóch przypadkach operacyjnych"[13], czytamy w notatce Artichoke sporządzonej dla dyrektora Dullesa, jednej z nielicznych niezniszczonych przez Richarda Helmsa w czasach, kiedy to on był dyrektorem CIA. Dwóch osobników przesłuchiwanych w bezpiecznym domu w Camp King „można określić jako doświadczonych, zawodowych agentów podejrzewanych o pracę dla radzieckiego wywiadu". Byli to rosyjscy szpiedzy schwytani przez Organizację Gehlena, kierowaną teraz przez CIA. „W pierwszym przypadku zastosowano niewielką dawkę narkotyków w połączeniu z hipnozą, wprowadzając przesłuchiwanego w trans hipnotyczny – czytamy w notatce. –Trans był utrzymywany przez blisko godzinę i czterdzieści minut przesłuchania i w efekcie wywołał całkowitą amnezję". Plan był prosty: nafaszerować szpiega narkotykami, przesłuchać i sprawić, żeby zapomniał[14].

Inna ocalała notatka dotycząca tego nieznanego rozdziału zimnej wojny została napisana przez dr. Henry'ego Knowlesa Beechera, ordynatora anestezjologii w Massachusetts General Hospital w Bostonie i doradcy CIA oraz armii i marynarki wojennej w kwestiach technik Artichoke. Beecher podróżował do Niemiec, żeby przekonać się, co się dzieje w Camp King. Był kolegą dr. Leopolda Alexandra i podobnie jak Alexander zwolennikiem stosowania Kodeksu Norymberskiego, a przede wszystkim jego naczelnej zasady mówiącej o świadomej zgodzie. I oto teraz dr Beecher brał udział w tajnych, finansowanych przez rząd eksperymentach medycznych, gdzie nikt obiektu nie pytał o zgodę. CIA i marynarka wojenna płacili Beecherowi za konsultacje dotyczące skutecznego wywołania amnezji u rosyjskich szpiegów po uprzednim nafaszerowaniu ich narkotykami i przesłuchaniu[15].

Według bakteriologa z Detrick, Normana Cournoyera, dr Frank Olson wrócił z Niemiec pełen moralnych rozterek. „Nie było mu lekko po pobycie w Niemczech... narkotyki, tortury, pranie mózgu"[16], tłumaczył Cournoyer w filmie dokumentalnym z 2001 roku nakręconym przez niemiecką telewizję. Cournoyer powiedział, że Olson czuł się zażenowany tym, czego był świadkiem, a eksperymenty w Camp King przypominały mu to, co robiono w obozach koncentracyjnych. Po powrocie do Ameryki Olson poważnie zastanawiał się nad rzuceniem pracy. Rodzinie powiedział, że rozważa rozpoczęcie kariery jako dentysta. Ostatecznie został jednak w ośrodku pracującym nad bronią biologiczną i przez pewien czas kierował nawet Wydziałem Operacji Specjalnych. Kontynuował prace nad ściśle tajnym projektem produkcji broni chemicznej i biologicznej w Budynku nr 439 w Detrick.

Frank Olson nie wiedział, że CIA rozszerza program Artichoke, między innymi o „niekonwencjonalne przesłuchania" ze skrytym użyciem LSD[17]. Przywiązanie rosyjskiego szpiega do krzesła i nafaszerowanie go narkotykami, żeby wyciągnąć od niego informacje, tak jak czyniono to w Haus Waldorf w Camp King, to jedno. Ale CIA była ciekawa, co się stanie, jeśli agentowi wroga poda się LSD ukradkiem, tak żeby nie zdawał sobie z tego sprawy. Czy pojawi się amnezja? Czy agent zacznie współpracować? Ile z tego, co się z nim działo, będzie pamiętał? CIA bardzo chciała poznać odpowiedzi na te pytania. Dyrektor Działu Służb Technicznych, dr Sidney Gottlieb, kulejący jąkała, zdecydował, że pierwsze testy zostaną przeprowadzone na ludziach z Wydziału Operacji Specjalnych bez ich wiedzy. Jednym z obiektów tych eksperymentów był dr Frank Olson.

W listopadzie 1953 roku, tydzień przed Świętem Dziękczynienia, sześciu agentów Wydziału Operacji Specjalnych, a wśród nich Franka Olsona, zaproszono na weekend do kryjówki CIA na zachodzie stanu Maryland, noszącego nazwę Deep Creek Lake. Na miejscu powitał ich dyrektor Sidney Gottlieb i jego zastępca, chemik, Robert Lashbrook. Pierwszym punktem programu było omówienie najnowszych metod ukradkowego trucia ludzi środkami biologicznymi i substancjami toksycznymi, między innymi zdobywanymi na całym świecie przez naukowca z wojsk chemicznych związanego z Operacją Paperclip, Fritza Hoffmanna. Drugim punktem programu było ukradkowe podanie sześciu ludziom z Wydziału Operacji Specjalnych dawki LSD i przekonanie się, jakie będą skutki. Drugiego dnia po kolacji Robert Lashbrook dodał do butelki likieru pewną dawkę LSD. Nieświadomym niczego mężczyznom zaproponowano drinka, który wypili wszyscy prócz dwóch; jeden chorował na serce, a drugi był abstynentem. Reakcja Franka Olsona na podany narkotyk była bardzo gwałtowna. Stał się niestabilny psychicznie i nie mógł zasnąć. Jego szef, Vincent Ruwet, który również wypił alkohol z narkotykiem, opisał swoje reakcje jako „najbardziej przerażające doświadczenie, jakie przeżył i jakie mógł sobie wyobrazić"[18]. CIA uzyskała w ten sposób odpowiedź przynajmniej na jedno pytanie – ukradkowe podawanie LSD nie wywołuje amnezji.

W poniedziałek rano Ruwet pojawił się w pracy jak zwykle o siódmej trzydzieści. W Budynku nr 439 w Camp Detrick czekał na niego bardzo pobudzony dr Frank Olson. Olson powiedział Ruwetowi, że jest wstrząśnięty tym, co się stało w Deep Creek Lake. Chciał odejść z pracy. Ruwet zaproponował, żeby dał sobie trochę czasu i wrócił do pracy. Ale kiedy następnego dnia Ruwet pojawił się o siódmej trzydzieści w pracy, znowu czekał na niego Olson. Jego stan psychiczny znacznie się pogorszył i Ruwet uznał, że potrzebna będzie pomoc lekarza. Zadzwonił do siedziby Agencji w Waszyngtonie i opowiedział Robertowi Lashbrookowi, co się dzieje. Frank Olson znał wszystkie szczegóły najbardziej kontrowersyjnych programów prania mózgu, którymi zajmowała się CIA. Gdyby doszło u niego do załamania psychicznego, mógłby zacząć o tych programach opowiadać. Cóż za ironia losu, przecież w takim właśnie celu CIA chciała podawać szpiegom narkotyki. Gdyby Frank Olson zaczął mówić, Agencja miałaby poważny problem.

„Doktor Olson miał poważne problemy i wymagał natychmiastowej pomocy lekarskiej"[19], napisał w powypadkowym raporcie Lashbrook. Lashbrook kazał Ruwetowi bezzwłocznie przywieźć

Olsona do siedziby Agencji. Stamtąd dwóch ludzi przewiozło go do budynku przy Pięćdziesiątej Ósmej Wschodniej 133 w Nowym Jorku, gdzie czekał na niego opłacany przez CIA lekarz, Harold Abramson. Abramson nie był psychiatrą. Był alergologiem i immunologiem i zajmował się eksperymentami dotyczącymi tolerancji organizmu na LSD[20]. Frank Olson powiedział Abramsonowi, że cierpi na zaniki pamięci, splątanie, poczucie niższości i poczucie winy. Doktor Abramson zwrócił uwagę, że Olson wydawał się mieć znakomitą pamięć – pamiętał ludzi, miejsca i sytuacje, o które był pytany. Innymi słowy, wszystkie problemy Franka Olsona były wydumane[21].

Następnego ranka Robert Lashbrook i Vincent Ruwet zabrali Franka Olsona na kolejną wizytę, do innego współpracownika CIA, nowojorskiego magika, Johna Mulhollanda. Magik John Mulholland, podobnie jak dr Abramson, miał certyfikat dopuszczający go do informacji tajnych. Mulholland uczył agentów CIA stosować „sztuczki magiczne w sekretnych działaniach". Jedną z jego specjalności było „podrzucanie różnych materiałów nieświadomym tego osobom"[22]. Podczas wizyty Olson zrobił się podejrzliwy i chciał wyjść[23]. A następnego dnia zaczął słyszeć głosy. Powiedział dr. Abramsonowi, że CIA zamierza go otruć, co Agencja przecież już przynajmniej raz zrobiła. Vincent Ruwet wrócił do Marylandu, by spędzić Święto Dziękczynienia z rodziną. Abramson i Lashbrook postanowili wysłać Franka Olsona do sanatorium Chestnut Lodge w Rockville. Tak się przypadkowo złożyło, że personel sanatorium składał się z lekarzy współpracujących z CIA.

Robert Lashbrook i Frank Olson spędzili ostatnią noc w Nowym Jorku w hotelu Statler na rogu Siedemnastej Alei i Trzydziestej Trzeciej ulicy. Dostali pokój nr 1018A[24] na dziesiątym piętrze. Po zjedzeniu posiłku w hotelowej restauracji wrócili do swojego pokoju i oglądali telewizję. Olson po raz pierwszy od chwili opuszczenia domu zadzwonił do żony i powiedział, żeby się nie martwiła, ponieważ wkrótce wróci do domu. Potem poszedł spać.

Około drugiej trzydzieści w nocy Olson rozbił szybę w oknie i przez nie wyskoczył. Według raportu koronera uderzył w ziemię stopami, jakby skoczył w pozycji stojącej, następnie upadł do tyłu i rozbił czaszkę. Kierownik nocnej zmiany w hotelu, Armand Pastore, usłyszał uderzenie i wybiegł na ulicę. Znalazł Olsona leżącego na chodniku, jeszcze żywego. Miał otwarte oczy i próbował coś powiedzieć. Nie wydobył jednak z siebie słowa i chwilę później wydał ostatnie tchnienie.

Pastore spojrzał w górę, żeby zobaczyć, z którego okna Olson wypadł. Zauważył, że żaluzje w jednym z okien wystawały na zewnątrz, tak jakby były opuszczone, kiedy Olson wypadł. Kiedy przyjechała policja, Pastore zaprowadził funkcjonariuszy do pokoju 1018A i otworzył drzwi kluczem uniwersalnym. W łazience na desce sedesowej siedział w samej bieliźnie agent Robert Lashbrook i ściskał dłońmi głowę. Lasbrook zdążył już wcześniej wykonać dwa telefony. Pierwszy do dyrektora Działu Służb Technicznych CIA Sidneya Gottlieba, człowieka, z którym nieco ponad tydzień wcześniej otruł Franka Olsona za pomocą LSD. Drugi telefon był do hotelowej recepcji; Lashbrook poinformował recepcjonistę o samobójstwie Olsona. Kiedy na miejscu pojawił się detektyw James W. Ward z nowojorskiej policji, zadał Robertowi Lashbrookowi kilka pytań, na które Lashbrook odpowiadał krótkim „tak" lub „nie". Lashbrook nie ujawnił, że jest agentem CIA.

Doktor Lashbrook został zabrany na przesłuchanie, ponieważ nie wykluczono jeszcze zabójstwa. Już na posterunku detektyw Ward poprosił, żeby Lashbrook opróżnił kieszenie[25]. Wśród zawartości była kartka papieru z nowojorskim adresem dr. Harolda Abramsona oraz z adresem sanatorium Chestnut Lodge w Rockville. Zapytany przez Warda o zawód, Lashbrook odpowiedział, że jest chemikiem i pracuje w Departamencie Obrony, a Frank Olson był naukowcem zatrudnionym w Camp Detrick. Dodał, że Olson był chory psychicznie. Detektyw Ward zadzwonił do dr. Abramsona, który potwierdził zeznania Lashbrooka i ujawnił, że pracuje dla CIA.

Dwa dni później detektyw Ward zreferował sprawę nr 125 124 swojemu szefowi. Śmierć Franka Olsona uznano za samobójstwo i zakończono dochodzenie.

Jeśli grecki filozof Heraklit miał rację i wojna jest ojcem wszystkich rzeczy, to amerykański program zatrudniania nazistowskich naukowców był nikczemnym dzieckiem drugiej wojny światowej. Operacja Paperclip z kolei zrodziła przerażające potomstwo w rodzaju Operacji Bluebird, Operacji Artichoke i MKUltra. Frank Olson, zanim zaangażował się w program przesłuchań, prowadził badania nad przenoszeniem broni biologicznej drogą powietrzną. Bronią biologiczną zajmował się od 1943 roku. Do pracy w Camp Detrick przyjął go pierwszy dyrektor ośrodka, Ira Baldwin. W 1950 roku Olson został pracownikiem Wydziału Operacji Specjalnych i przeprowadzał próby rozprzestrzeniania broni biologicznej.

Pod koniec lat 40. i na początku 50. Olson podróżował po Stanach Zjednoczonych, nadzorując próby polowe rozpylania broni biologicznej z samolotów i opylaczy między innymi w San Francisco, na Środkowym Zachodzie i na Alasce[26]. Jak ujawniono podczas późniejszych przesłuchań w Senacie, w niektórych próbach zamiast nieszkodliwych zamienników stosowano groźne patogeny[27]. Jeden z takich niebezpiecznych eksperymentów został przeprowadzony przez Olsona i jego kolegę z Camp Detrick Normana Cournoyera. Obaj nadzorowali na Alasce rozpylanie z samolotów bakterii, chcąc sprawdzić, jak patogeny będą się rozprzestrzeniać w warunkach klimatycznych zbliżonych do tych panujących zimą w Rosji. „Używaliśmy zarodników bardzo podobnych do wąglika"[28], tłumaczył Cournoyer. Trzecią osobą zaangażowaną w tajne testy był dr Harold Batchelor, bakteriolog, który uczył się technik rozprzestrzeniania broni biologicznej od Kurta Blomego w Heidelbergu. Olson i Batchelor przeprowadzali także testy w przestrzeniach zamkniętych, między innymi w metrze i w Pentagonie. Wydział Operacji Specjalnych używał do tych testów względnie niegroźnego patogenu, który symulował rozprzestrzenianie się naprawdę groźnego patogenu. Kongresmeni, którzy prowadzili dochodzenie w sprawie tajnych testów, byli „zbulwersowani" skalą oszustwa.

Biorąc udział w programach w rodzaju tego przeprowadzonego na Alasce czy w kryjówce w Camp King w Niemczech, dr Frank Olson i jego koledzy pogwałcili zasady Kodeksu Norymberskiego, zakładającego świadomą zgodę. Okoliczności sprawiły, że ludzie, którzy mieli chronić Franka Olsona, przyczynili się swoimi rozkazami do jego śmierci.

Ta nowa wojna, zimna wojna, stała się teraz ojcem mrocznych i tragicznych wydarzeń.

Generał dr Walter Schreiber sprawował funkcję lekarza naczelnego Trzeciej Rzeszy. „Najbardziej ponurą zbrodnią, jaką popełnił Schreiber, było podawanie śmiertelnych zastrzyków z fenolu – powiedział śledczy dr Leopold Alexander – żeby w szybki i wygodny sposobu pozbywać się niewygodnych ludzi". Kontrakt w ramach Operacji Paperclip: US Army, Camp King, Niemcy; siły powietrzne USA, Teksas. (NARA)

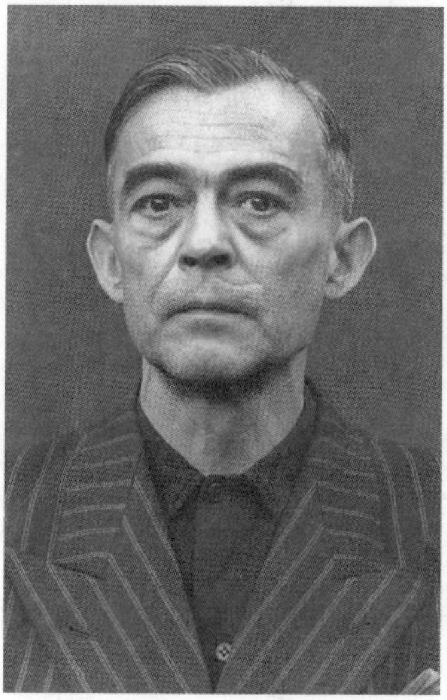

Dr Kurt Blome był twórcą broni biologicznej i zastępcą lekarza naczelnego Trzeciej Rzeszy. Kończył właśnie prace nad bronią zawierającą zarazki dżumy, kiedy Armia Czerwona zdobyła jego instytut badawczy znajdujący się na terenie Polski. Kontrakt w ramach Operacji Paperclip: US Army, Camp King, Niemcy. (NARA)

Erich Traub był wirusologiem, mikrobiologiem i lekarzem weterynarii. Na polecenie Heinricha Himmlera prowadził badania nad wykorzystaniem pomoru bydła jako broni biologicznej. Podróżował do Turcji, by tam na czarnym rynku zdobyć wirusa tej groźnej choroby. Kontrakt w ramach Operacji Paperclip: Instytut Badawczy Marynarki Wojennej USA, Maryland. (NARA)

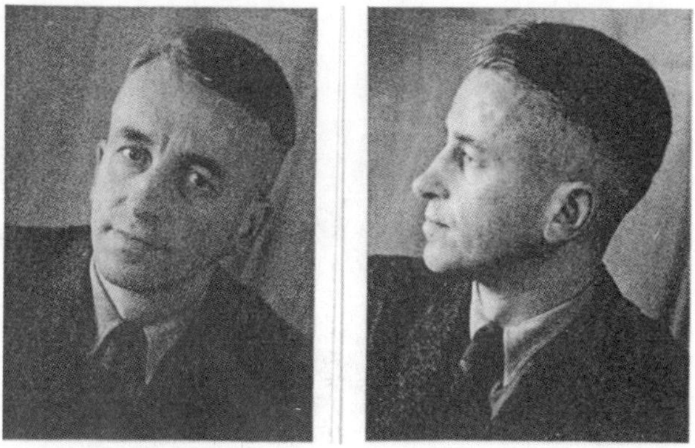

Generał Walter Dornberger kierował pracami nad bronią V. Aresztowany przez Brytyjczyków i więziony przez blisko dwa lata za zbrodnie wojenne, został w końcu przekazany Amerykanom z ostrzeżeniem, że jest wyjątkowo niebezpieczny. Kontrakt w ramach Operacji Paperclip: siły powietrzne USA. (NARA)

Arthur Rudolph był dyrektorem wykonawczym fabryki w Nordhausen i specjalistą od montażu broni V. W Ameryce stał się znany jako ojciec rakiety kosmicznej Saturn. „Przeczytałem *Mein Kampf* i zgadzałem się z wieloma zawartymi w niej tezami – powiedział w 1985 roku dziennikarzowi Johnowi Huberowi. – Pierwsze sześć lat rządów Hitlera, jeszcze przed wybuchem wojny, było naprawdę wspaniałe". Kontrakt w ramach Operacji Paperclip: US Army, Teksas. (NARA)

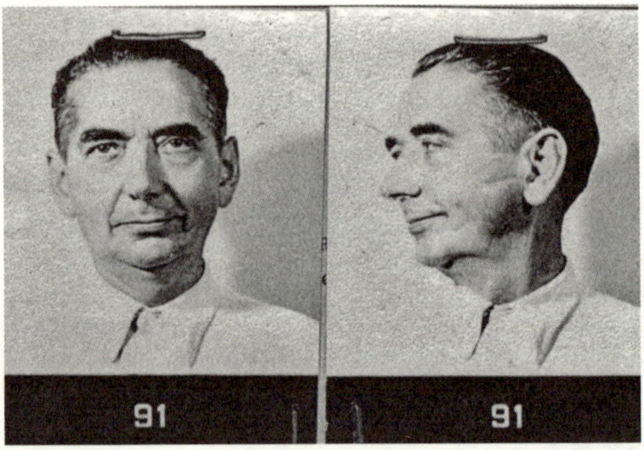

Georg Rickhey nadzorował budowę bunkra pod kwaterą główną Hitlera w Berlinie. Był dyrektorem naczelnym fabryki w Nordhausen, zatrudniającej robotników przymusowych. Oskarżony o zbrodnie wojenne. Kontrakt w ramach Operacji Paperclip: siły powietrzne USA, Ohio. (NARA)

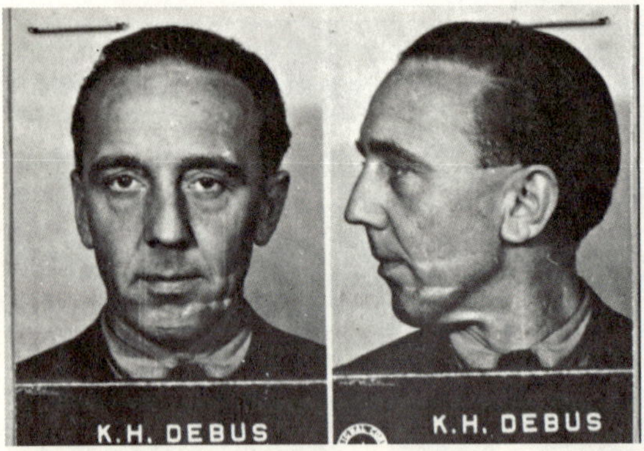

Kurt Debus, inżynier, nadzorował testy broni V w Peenemünde. Zagorzały nazista, który chodził do pracy w mundurze SS. W Ameryce został pierwszym dyrektorem Centrum Kosmicznego NASA Johna F. Kennedy'ego na Florydzie. Kontrakt w ramach Operacji Paperclip: US Army, Teksas. (NARA)

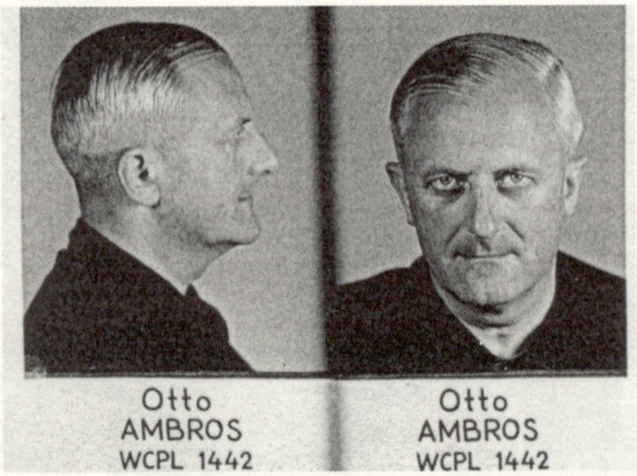

Otto Ambros był najważniejszym chemikiem Hitlera, współodkrywcą sarinu (litera „a" w nazwie sarin pochodzi od jego nazwiska) i szefem Komitetu C, zajmującego się bronią chemiczną. Armia amerykańska była bardzo zainteresowana jego wiedzą i odkryciami. Sądzony w Norymberdze, został uznany za winnego masowych morderstw i zmuszania do pracy niewolniczej, ułaskawiony przez Wysokiego Komisarza Johna J. McCloya. Kontrakt w ramach Operacji Paperclip: Departament Energii USA. (NARA)

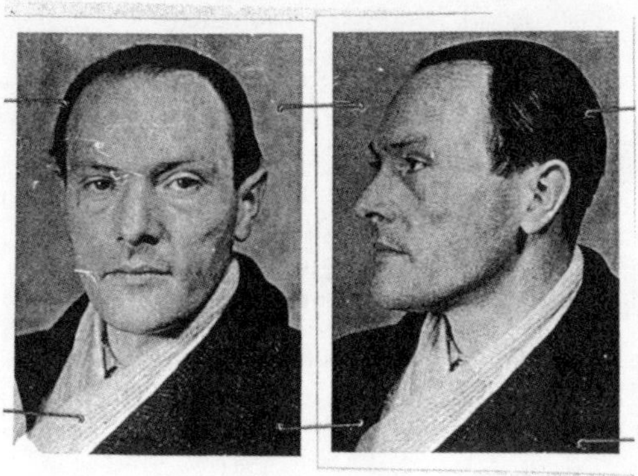

Friedrich „Fritz" Hoffmann był chemikiem. Podczas aresztowania przez aliantów okazał dokument podpisany przez amerykańskiego dyplomatę, świadczący, że jest antynazistą. W Ameryce syntetyzował środek paralityczno-drgawkowy tabun, a na zlecenie CIA pracował nad truciznami. Kontrakt w ramach Operacji Paperclip: wojska chemiczne USA, Maryland. (NARA)

Jürgen von Klenck był oficerem SS, chemikiem i zastępcą szefa Komitetu C. Śledczy byli zaskoczeni ilością informacji uzyskanych od von Klencka i stwierdzili, że „wyjawiał sekrety mniejszej wagi, by ukryć te ważniejsze". Kontrakt w ramach Operacji Paperclip: US Army, Heidelberg. (NARA)

Dr Hubertus Strughold kierował Instytutem Badawczym Medycyny Lotniczej Ministerstwa Lotnictwa Rzeszy w Berlinie. Mimo że był ścigany za zbrodnie wojenne, został zatrudniony przez siły powietrzne USA i stał się ojcem medycyny kosmicznej. Zadał sobie wiele trudu, żeby oczyścić swoją niechlubną przeszłość. Członkowie partii nazistowskiej „byli tylko strażnikami i opiekowali się zwierzętami", powiedział w 1961 roku dziennikarzowi o pracownikach swojego instytutu. Kontrakt w ramach Operacji Paperclip: siły powietrzne USA, Heidelberg; siły powietrzne USA, Teksas. (NARA)

Dr Theodor Benzinger był szefem stacji eksperymentalnej Centrum Badawczego Luftwaffe w Rechlin i oficerem SA. Zatrudniony przez siły powietrzne USA w Heidelbergu, został aresztowany, uwięziony w Norymberdze i sądzony w procesie lekarzy. Wkrótce po zakończeniu procesu został uwolniony w tajemniczych okolicznościach. Kontrakt w ramach Operacji Paperclip: siły powietrzne USA, Heidelberg; Medyczny Instytut Badawczy Marynarki Wojennej, Maryland. (NARA)

Dr Konrad Schäfer był fizjologiem i chemikiem, zajmował się odsalaniem wody morskiej. Jego badaniom towarzyszyły zbrodnicze eksperymenty na ludziach w obozie koncentracyjnym w Dachau. Sądzony i uniewinniony w norymberskim procesie lekarzy. Kontrakt w ramach Operacji Paperclip: siły powietrzne USA, Heidelberg; siły powietrzne USA, Teksas. (NARA)

Dr Hermann Becker-Freyseng specjalizował się w dziedzinie fizjologii lotniczej i był podwładnym dr. Strugholda w Berlinie. Nadzorował zbrodnicze eksperymenty medyczne przeprowadzane na więźniach obozu koncentracyjnego w Dachau. Sądzony w Norymberdze i skazany na karę więzienia. Pracował dla amerykańskiej armii w więziennej celi. Kontrakt w ramach Operacji Paperclip: siły powietrzne USA, Heidelberg. (NARA)

Dr Siegfried Ruff był dyrektorem Wydziału Medycyny Lotniczej w niemieckiej stacji eksperymentalnej w Berlinie i bliskim przyjacielem dr. Strugholda. Nadzorował przeprowadzanie eksperymentów medycznych w Dachau. Sądzony i uniewinniony w procesie norymberskim. Kontrakt w ramach Operacji Paperclip: siły powietrzne USA, Heidelberg. (NARA)

Siegfried Knemeyer kierował badaniami nad nowymi technologiami w siłach powietrznych Hermanna Göringa. Uważany za jednego z dziesięciu najlepszych pilotów Rzeszy, został poproszony przez ministra Speera o pilotowanie samolotu, którym Speer chciał uciec na Grenlandię. Kontrakt w ramach Operacji Paperclip: siły powietrzne USA, Ohio. (NARA)

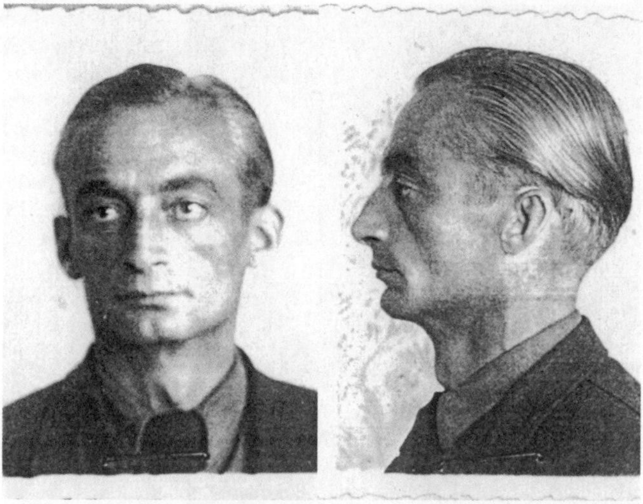

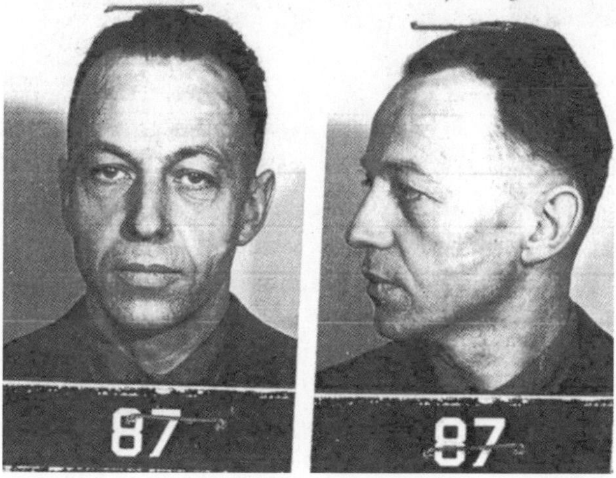

Walther Riedel był inżynierem w biurze projektowym broni V i członkiem zespołu von Brauna. Amerykański śledczy określił go jako „zagorzałego nazistę", ale kiedy Riedel zagroził, że zacznie pracować dla Rosjan, w końcu został zatrudniony i przetransportowany do Ameryki. Kontrakt w ramach Operacji Paperclip: US Army, Teksas. (NARA)

Emil Salmon, inżynier lotniczy i oficer SS, zamieszany w spalenie synagogi. „Dowództwo jest świadome nazistowskiej działalności pana Salmona i przekonane o prawdziwości zarzutów stawianych mu przez jego kolegów w Europie", oświadczyli przedstawiciele sił powietrznych USA, ale uznano, że jego wiedza jest nieoceniona. Kontrakt w ramach Operacji Paperclip: siły powietrzne USA, Ohio. (NARA)

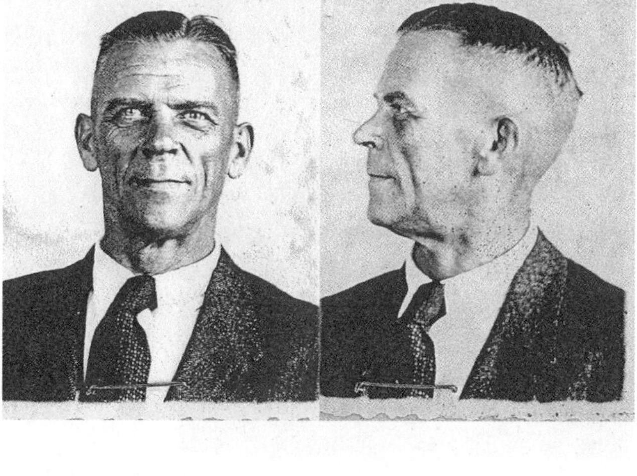

Harry Armstrong powołał do życia Centrum Medycyny Lotniczej sił powietrznych USA w Heidelbergu i zatrudnił pięćdziesięciu ośmiu nazistowskich lekarzy, którzy kontynuowali prace prowadzone wcześniej dla Rzeszy. Działalność centrum była pogwałceniem porozumienia poczdamskiego i ośrodek został po dwóch latach zamknięty. Trzydziestu czterech lekarzy trafiło do Szkoły Medycyny Lotniczej sił powietrznych USA w Teksasie. (Siły powietrzne USA)

Charles E. Loucks, trzymający bombę zapalającą. Loucks nadzorował pracę naukowców pracujących nad bronią chemiczną w Edgewood. Po przeniesieniu do okupowanych Niemiec zebrał grupę naukowców pracujących nad produkcją sarinu. W skład grupy weszli niemieccy chemicy. Grupa pracowała nieoficjalnie i spotykała się w raz w tygodniu w prywatnym mieszkaniu Loucksa. (Dokumenty Charlesa E. Loucksa, Instytut Historii Wojskowości US Army)

Donald L. Putt, znakomity pilot oblatywacz i inżynier. Jeden z pierwszych oficerów, który znalazł się w tajnym ośrodku badawczym Hermann Göringa w Völkenrode i skłonił do współpracy w ramach Operacji Paperclip dziesiątki niemieckich naukowców, a potem nadzorował ich pracę w Wright Field. (Siły powietrzne USA)

John Dolibois, oficer amerykańskiego wywiadu wojskowego (G-2), władający biegle językiem niemieckim. Przesłuchiwał największych zbrodniarzy wojennych w obozie internowania Ashcan w Luksemburgu. (Zbiory prywatne Johna Dolibois)

Reichsführer SS Heinrich Himmler ze swoją świtą odwiedza obóz koncentracyjny Mauthausen. SS nadzorowało rozbudowany system pracy niewolniczej w okupowanej przez nazistów Europie za pośrednictwem swojego Głównego Urzędu Gospodarki i Administracji. Robotnicy przymusowi produkowali broń, w tym rakiety V-2. (USHMM)

Albert Speer (z lewej), Adolf Hitler i operator filmowy w Paryżu. Jako minister uzbrojenia i produkcji wojennej Speer był od lutego 1942 roku odpowiedzialny za rozwój nauki i techniki na potrzeby wojenne. (NARA)

Kiedy zbliżał się nieuchronnie kres Trzeciej Rzeszy, naziści ukryli w kopalniach soli w Niemczech największe skarby nauki, tajne dokumenty i złoto. W pobliżu miejscowości Merkers żołnierze 90. Dywizji Piechoty odkryli ogromną ilość pieniędzy oraz dokumentację SS. (NARA)

Amerykańscy żołnierze przed wejściem do podziemnego kompleksu Nordhausen, w którym robotnicy przymusowi montowali rakiety V-2. (Siły powietrzne USA)

Pracownicy IG Farben uprawiający szermierkę na terenie fabryki w Auschwitz. W tle trzy wysokie kominy krematoriów obozu koncentracyjnego. Napis na tablicy brzmi: „Zakładowy Klub Sportowy IG Auschwitz". Fabryka była także nazywana Auschwitz III albo Buna-Monowitz. (Instytut Fritza Bauera)

Uśmiechnięty Otto Ambros wraz ze swoim adwokatem podczas procesu szefów IG Farben w Norymberdze. Ambros był dyrektorem IG Auschwitz oraz fabryki gazów bojowych w Dyhernfurcie (Brzeg Dolny) na Śląsku. (NARA)

Na tej niepublikowanej wcześniej fotografii wraz z amerykańskimi oficerami pozują do zdjęcia nazistowscy lekarze i naukowcy pracujący dla amerykańskich sił powietrznych w Heidelbergu. Zdjęcie zrobiono około 1946 roku, przed aresztowaniem pięciu lekarzy pod zarzutem popełnienia zbrodni wojennych. W pierwszym rzędzie: z lewej dr Siegfried Ruff (aresztowany), w środku Richard Kuhn, trzeci z prawej dr Hubertus Strughold. W drugim rzędzie: trzeci z lewej Konrad Schäfer (aresztowany). W górnym rzędzie: trzeci z lewej dr Theodor Benzinger (aresztowany), pierwszy z prawej (w krawacie) Hermann Becker-Freyseng (aresztowany). (Szkoła Medycyny Lotniczej sił powietrznych USA)

Dr Kurt Blome rozmawia ze swoim adwokatem podczas norymberskiego procesu lekarzy. Za Blomem siedzi dr Konrad Schäfer. (NARA)

Dr Kurt Blome z pochmurną miną (pośrodku) podczas norymberskiego procesu lekarzy. Za nim siedzą, od lewej: dr Hermann Becker-Freyseng, dr Georg Weltz, dr Konrad Schäfer, dr Waldemar Hoven, dr Wilhelm Beiglbock. Na prawo od Blomego siedzi Karl Gebhardt, lekarz SS, który przeprowadzał eksperymenty na Janinie Iwańskiej i został powieszony. (NARA)

Dr Wilhelm Beiglbock prowadził eksperymenty ze słoną wodą w Dachau i bez znieczulenia usunął fragment wątroby więźniowi Karlowi Höllenrainerowi. Podczas procesu Höllenrainer, jedna z nielicznych ocalałych ofiar eksperymentów, próbował zasztyletować Beiglbocka. (NARA)

Dr Leopold Alexander, śledczy i biegły w procesie norymberskim lekarzy, tłumaczy sędziom charakter eksperymentów medycznych przeprowadzanych na Jadwidze Dzido w obozie koncentracyjnym Ravensbrück. Eksperymentami kierował zatrudniony w ramach Operacji Paperclip dr Walter Schreiber. (NARA)

Po wyroku uniewinniającym w Norymberdze dr Konrad Schäfer kontynuował pracę Strugholda dla amerykańskiej armii w Niemczech, a jego kontrakt w ramach Operacji Paperclip został rozwiązany. W Teksasie Schäfer prowadził nieudane próby uzdatnienia do picia wody z rzeki Missisipi. Przełożeni uznali, że „nie udaje mu się dokończyć żadnej pracy i wykazuje się niewielką wnikliwością". Schäfera poproszono o opuszczenie kraju, ale odmówił, ponieważ miał już wizę imigracyjną otrzymaną w ramach Operacji Paperclip. (NARA)

Budynek IG Farben we Frankfurcie został zajęty przez armię amerykańską i w czasie zimnej wojny stał się siedzibą różnych amerykańskich organizacji wojskowych i politycznych. Dzisiaj mieści się tam Uniwersytet Johanna Wolfganga Goethego. (Archiwum autorki)

Zamek Kransberg pod Frankfurtem był siedzibą Luftwaffe. Alianci urządzili w nim obóz internowania Dustbin, w którym przetrzymywali i przesłuchiwali nazistowskich naukowców i przemysłowców. (Archiwum autorki)

Chroniący przed działaniem gazów bojowych bunkier Hitlera pod zamkiem Kransberg został zaprojektowany przez Alberta Speera. Niemieckie dowództwo spodziewało się, że w razie użycia przez Trzecią Rzeszę broni chemicznej alianci odpowiedzieliby atakiem odwetowym. (Archiwum autorki)

Hitler napisał *Mein Kampf* w 1924 roku w więzieniu Landsberg. Po wojnie więzionych tam było 1526 nazistowskich zbrodniarzy wojennych. Większość ułaskawił później John J. McCloy. (Archiwum autorki)

Nieoznaczone groby powieszonych nazistowskich zbrodniarzy wojennych przed kościołem na terenie więzienia Landsberg. (Archiwum autorki)

Katedra na terenie więzienia Landsberg, gdzie nazistowscy zbrodniarze wojenni mogli się modlić. Ławki zostały ustawione pod kątem, żeby strażnicy mogli obserwować wszystkich więźniów. (Archiwum autorki)

Camp King był w czasach zimnej wojny tajnym ośrodkiem, w którym CIA i wywiad wojskowy przesłuchiwały radzieckich szpiegów, stosując „ekstremalne" techniki i „programy modyfikacji zachowań" w ramach operacji: Bluebird i Artichoke. Od 1949 do 1952 roku, w ramach Operacji Paperclip lekarzami byli tam dr Schreiber i dr Blome. (Archiwum autorki)

John J. McCloy (w środku) z prezydentem Trumanem. McCloy kierował programem zatrudniania nazistowskich naukowców od chwili jego powstania w maju 1945 roku. McCloy był kolejno asystentem sekretarza wojny, prezesem Banku Światowego i Wysokim Komisarzem w Niemczech. (NARA)

Charles E. Loucks z niemieckimi naukowcami na przyjęciu w Edgewood. Loucks przyjaźnił się z niemieckim naukowcem i laureatem Nagrody Nobla Richardem Kuhnem, który zaznajomił go z działaniem LSD. LSD testowano później na tysiącach żołnierzy w Edgewood oraz używano w programie kontroli umysłów MKUltra, prowadzonym przez CIA. (Dokumenty Charlesa E. Loucksa, Instytut Historii Wojskowości US Army)

Brigadeführer SS Walter Schieber należał do najbliższego kręgu Reichsführera Himmlera i był szefem Biura Zaopatrzenia w ministerstwie Speera, gdzie nadzorował produkcję tabunu i sarinu. Zdjęcie pochodzi z 1951 roku, kiedy Schieber pracował dla amerykańskiej armii i dla CIA w ramach Operacji Paperclip. (Ze zbiorów Paula-Hermanna Schiebera)

„Czarna bila" w Camp Detrick. Ta szczelna, ważąca 131 ton komora o pojemności miliona litrów pozwalała naukowcom z Camp Detrick przekonać się, jak na różnych wysokościach działają rozpylone w powietrzu środki biologiczne. Wewnątrz komory umieszczano małpy i ludzi. (US Army)

Fritz Hoffmann, główny specjalista CIA od trucizn, odpoczywa w ogródku na przedmieściach, Maryland około 1948 roku. (Ze zbiorów Gabrielli Hoffmann)

Specjaliści od rakiet zatrudnieni w ramach Operacji Paperclip w Fort Bliss w Teksasie, około 1946 roku. Część została odesłana do domu, kiedy okazało się, że nie są „wyjątkowymi umysłami". Na przykład Karl Otto Fleischer twierdził, że był ważną figurą w strukturach Wehrmachtu, a okazało się, że odpowiadał za dostawy żywności. (NASA)

Rakieta V-2 z pierwszą małpą astronautą – Albertem – na pokładzie startuje w White Sand w stanie Nowy Meksyk. (NASA)

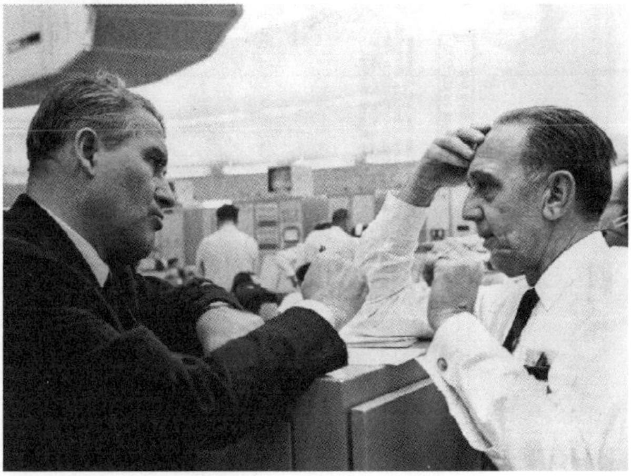

Wernher von Braun i Kurt Debus w trakcie odliczania przed startem rakiety Saturn w 1965 roku. (NASA)

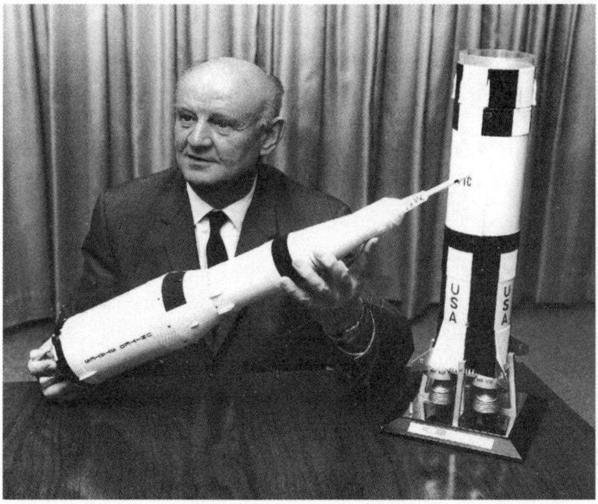

Arthur Rudolph z modelem rakiety Saturn V, która zabrała człowieka na księżyc w 1969 roku. W 1983 roku Departament Sprawiedliwości rozpoczął dochodzenie w sprawie zbrodni wojennych popełnionych przez Rudolpha. Powiedziano mu, że ma do wyboru stanąć przed sądem albo zrzec się amerykańskiego obywatelstwa i opuścić terytorium Stanów Zjednoczonych. Rudolph wyjechał. (NASA)

Von Braun i jego zespół w Redstone Arsenal w 1958 roku. Od lewej stoją: Ernst Stuhlinger, Helmut Hoelzer, Karl Heimburg, E.D. Geissler, E.W. Neubert, Walter Haeussermann, von Braun, W.A. Mrazek, Hans Heuter, Eberhard Rees, Kurt Debus i Hans Maus. (NASA)

Kurt Debus, dyrektor Centrum Kosmicznego im. Johna F. Kennedy'ego, na niedatowanym zdjęciu. Z amerykańskiego raportu bezpieczeństwa na jego temat wynika, że w czasie wojny Debus wydał w ręce gestapo kolegę, który robił antynazistowskie uwagi. Narodowy Klub Kosmiczny z Waszyngtonu co roku przyznaje nagrodę imienia dr. Kurta H. Debusa. (NASA)

Albert Einstein odbiera certyfikat przyznający mu amerykańskie obywatelstwo w 1940 roku. Einstein, jeden z najznakomitszych niemieckich przedwojennych uczonych, opuścił nazistowskie Niemcy kilka miesięcy po tym, jak Hitler przejął władzę, twierdząc, że teraz nauka i sprawiedliwość znalazła się w rękach „fanatycznej sieci nazistowskiej milicji". Apelował do prezydenta Trumana o przerwanie Operacji Paperclip, twierdząc, że nikt, kto służył Hitlerowi, nie zasługuje na amerykańskie obywatelstwo. (Biblioteka Kongresu, „World-Telegram")

CZĘŚĆ V

Wojna jest ojcem wszystkich rzeczy.

Heraklit

ROZDZIAŁ DWUDZIESTY

W mroku

Zimna wojna stała się polem bitwy, gdzie rządziło pustosłowie. Fałszowanie, przeinaczanie, zniekształcanie – wszystko to było brane za rzeczywistość. Prawdy można było się dowiedzieć tylko dzięki serum. A zrodzona z popiołów drugiej wojny światowej Operacja Paperclip tylko podsycała te wszystkie działania.

Ale w 1952 roku tempo Operacji Paperclip zaczęło zwalniać, kiedy pomiędzy JIOA i CIA pojawił się konflikt na tle prowadzenia polityki wobec nowego rządu zachodnioniemieckiego. Niemieccy politycy ostrzegli Wysokiego Komisarza Johna J. McCloya, że Operacja Paperclip narusza postanowienia NATO, a także amerykańską politykę rządów w Niemczech[1]. Dwudziestego pierwszego lutego 1952 roku McCloy wysłał do amerykańskiego sekretarza stanu notatkę, wyrażając zaniepokojenie, że jeśli Operacja Paperclip nie zostanie zahamowana, spotka się to z „ostrą reakcją" oficjalnych czynników zachodnioniemieckich. Ponieważ McCloy nie wykazywał już bezgranicznego entuzjazmu wobec Operacji Paperclip, JIOA zaczęła tracić pełną do niedawna kontrolę nad programem. Tyle że CIA nie była tak ściśle zobligowana polityką NATO jak Kolegium Szefów Połączonych Sztabów i dlatego Agencja robiła nadal to, co wcześniej – rekrutowała nazistowskich naukowców oraz oficerów wywiadu i zatrudniała ich w charakterze doradców w Camp King[2]. Pięcioletnia ścisła współpraca obu agencji zaczęła się rozluźniać.

Ludzie z JIOA wpadali w furię, widząc, jak CIA podkrada niemieckich naukowców i techników z listy Operacji Accelerated Paperclip. W reakcji na takie działania i mimo żądań McCloya zimą 1952 roku JIOA przygotowywała się do wysłania do Frankfurtu dwudziestoosobowego zespołu ludzi mających się zająć rekrutacją naukowców[3]. W grupie tej miał znaleźć się nowy wicedyrektor JIOA, pułkownik Gerold Crabbe, generał Walter Dornberger i pięciu niewymienionych z nazwiska naukowców niemieckich już pracujących w Ameryce w ramach Operacji Paperclip. Kiedy o wyprawie dowiedział się McCloy, poprosił Departament Stanu o interwencję i anulowanie akcji[4], obawiając się wzbudzenia gniewu niemieckich oficjeli[5]. Zespół mimo to poleciał do Frankfurtu.

Wreszcie został osiągnięty kompromis pomiędzy władzami USA a kancelarią kanclerza Konrada Adenauera[6]. JIOA i CIA zgodziły się zaprzestać rekrutacji nowych naukowców i ograniczyć się do występujących na pierwotnej, zatwierdzonej przez prezydenta Trumana, liście tysiąca osób[7]. Oficjalne liczby różnią się znacznie w zależności od przywoływanego odtajnionego źródła, ale w tym czasie w Stanach Zjednoczonych przebywało około sześciuset naukowców objętych Operacją Paperclip, co oznaczało, że około czterystu niemieckich naukowców wciąż mogło być celem rekrutacji. Decyzją JIOA Operacja Paperclip zmieniła nazwę na Obronny Program Imigracji Naukowców, czyli DEFSIP[8], natomiast CIA swoje zaangażowanie nazwała Programem Interesu Narodowego. Mimo to niemal wszyscy używali dotychczasowej nazwy – Operacja Paperclip.

To było upadające imperium. W 1956 roku CIA scedowała kontrolę nad Organizacją Gehlena na rząd zachodnioniemiecki, który zmienił jej nazwę na BND (Bundesnachrichtendienst).

Dawny nazistowski generał i jego ludzie stali się teraz szpiegami kanclerza Adenauera. Następnie, w 1957 roku, szeregi JIOA zasilił podpułkownik Henry Whalen, którego działania miały znaczący wpływ na spuściznę po Operacji Paperclip. W 1959 roku Whalen został wicedyrektorem JIOA, co oznaczało, że zyskał dostęp do ściśle tajnych raportów wywiadowczych pisanych przez naukowców zajmujących się bronią jądrową, biologiczną i chemiczną. Gabinet Whalena znajdował się w skrzydle E Pentagonu, zarezerwowanym dla najważniejszych oficerów, a sam Whalen miał bezpośredni dostęp do Kolegium Szefów Połączonych Sztabów. Whalen przez rok piastował stanowisko wicedyrektora JIOA[9] i nikt w tym czasie nie podejrzewał, że jest on radzieckim szpiegiem. Dopiero w 1963 roku FBI odkryło[10], że przekazywał tajemnice wojskowe pułkownikowi Siergiejowi Edemskiemu, oficerowi GRU[11], pracującemu jako attaché wojskowy w radzieckiej ambasadzie w Waszyngtonie. Ale wtedy Henry Whalen nie pracował już w JIOA.

Kiedy Departament Sprawiedliwości wszczął dochodzenie w sprawie Whalena, przejrzano wszystkie dokumenty JIOA, do których szpieg miał dostęp. FBI odkryło, że Whalen zniszczył lub wyniósł tysiące dokumentów Operacji Paperclip. W 1966 roku odbyła się rozprawa za zamkniętymi drzwiami, na której ława przysięgłych zapoznała się z dowodami[12]. Whalen został postawiony w stan oskarżenia. Prasa nie zyskała dostępu do wyników ustaleń FBI ani do zeznań Whalena. Nikt nie zdołał powiązać Whalena z JIOA i Operacją Paperclip. Program zatrudniania nazistowskich naukowców już od dawna przestał interesować opinię publiczną. Whalen został skazany na piętnaście lat pobytu w więzieniu federalnym, ale po sześciu latach wyszedł warunkowo na wolność. Większa część dochodzenia FBI przeciwko Whalenowi pozostaje utajniona, co może tłumaczyć, dlaczego tak mało dokumentów z tego czasu trafiło do Archiwum Narodowego.

W 1962 roku JIOA została oficjalnie rozwiązana. To, co pozostało z programu Paperclip, zostało przejęte przez Wydział Badań i Inżynierii w Pentagonie. W wyniku ustawy o reorganizacji

Departamentu Obrony z 1958 roku ten nowo utworzony wydział miał się zajmować badaniami naukowymi dla wojska. Na jego czele stanął dyrektor naukowy podlegający sekretarzowi obrony. Ustawa powoływała również do życia nowoczesną agencję naukową w Pentagonie – Agencję Zaawansowanych Projektów Badawczych (Advanced Research Projects Agency) – ARPA, której nazwę zmieniono później na DARPA, gdzie litera D oznaczała *defense*, obronę. Pierwszym dyrektorem Wydziału Badań i Inżynierii został fizyk atomowy Herbert York. York był również pierwszym dyrektorem naukowym ARPA. Był jednym z najwybitniejszych specjalistów w zakresie broni jądrowej oraz międzykontynentalnych pocisków balistycznych.

Międzykontynentalne pociski balistyczne to „prawdziwie rewolucyjne potomstwo rakiety V-2"[13], mówi Michael J. Neufeld, kustosz Narodowego Muzeum Lotnictwa i Przestrzeni Kosmicznej i autor kilku książek i monografii na temat niemieckich naukowców zajmujących się napędem rakietowym. Międzykontynentalne pociski balistyczne są w stanie przenosić broń masowego rażenia i dotrzeć do niemal dowolnego zakątka na Ziemi. Stały się one symbolem zimnej wojny – prawdziwym mieczem. Stały się jednak również znakomitą tarczą. Do „totalnej wojny" z ZSRR nie doszło. W czasie zimnej wojny nie strzelano do siebie. Wystarczyło odstraszanie.

Dzisiaj Wydział Badań i Inżynierii, przemianowany na Instytut Badań Naukowych i Inżynierii Departamentu Obrony, zajmuje się nowymi generacjami broni masowego rażenia oraz środkami zwalczającymi taką broń – czyli dwudziestopierwszowiecznymi mieczami i tarczami. Jak bezpośrednio po zakończeniu drugiej wojny światowej, tak i obecnie Ameryka, przygotowując się do kolejnej wojny, opiera się na rozwoju nauki i technologii – oraz przemysłu. Ta relacja znana jest pod nazwą amerykańskiego kompleksu wojskowo-przemysłowego. Zwrot ten ukuł w swojej mowie pożegnalnej z 1961 roku prezydent Eisenhower. Eisenhower ostrzegał Amerykanów przed „zdobyciem nieuzasadnionych wpływów, pożądanych i niepożądanych, przez kompleks wojskowo-przemysłowy"[14]. Ostrzeżenie Eisenhowera jest szeroko znane i często parafrazowane. Ale w swojej mowie pożegnalnej zawarł jeszcze jedno ostrzeżenie, mniej znane. Powiedział Amerykanom, że faktycznie, nauka i badania naukowe odgrywa kluczową rolę dla bezpieczeństwa narodowego, „ale szanując osiągnięcia nauki, musimy być także świadomi, że polityka społeczna może stać się zakładnikiem elity naukowo-technologicznej".

Herbert York, jako szef ARPA i dyrektor Wydziału Badań i Inżynierii w Pentagonie, ściśle współpracował z Eisenhowerem w sprawach badań naukowych dla wojska przez ostatnie trzy lata jego prezydentury. I był głęboko zaniepokojony słowami Eisenhowera z jego mowy pożegnalnej. „Naukowcy i technolodzy zyskali sobie opinię magików mających dostęp do specjalnych źródeł informacji i wiedzy niedostępnych dla reszty ludzkości"[15], powiedział York. W połowie lat 60. York odwiedził Eisenhowera w jego zimowym domu na pustyni w Kalifornii. „Poprosiłem, żeby wyjaśnił dokładniej, co miał na myśli w tym ostrzeżeniu, ale odmówił odpowiedzi – powiedział York. – Nie ustępowałem i zapytałem go, czy miał na myśli jakieś konkretne osoby, kiedy ostrzegał przed niebezpieczeństwem, że polityka społeczna może stać się zakładnikiem elity naukowo-technologicznej". York był zaskoczony, kiedy Eisenhower „odparł bez wahania: «(Wernhera) von Brauna i (Edwarda) Tellera [ojca bomby wodorowej]»".

York przez kilkadziesiąt lat zastanawiał się nad tym, co powiedział mu prezydent. „Ostrzeżenia Eisenhowera, które były oparte w znacznej mierze na jego intuicji, wskazywały na bardzo realny i wyjątkowo poważny problem. Jeśli zapomnimy o jego ostrzeżeniach albo nie potraktujemy ich poważnie, grozić nam będzie niebezpieczeństwo"[16], napisał York w wydanych w 1995 roku wspomnieniach *Arms and the Physicist*.

Wartość prac niektórych naukowców z Operacji Paperclip była podobna jak wartość całych zimnowojennych programów zbrojeniowych, w których uczestniczyli. Programy produkcji broni biologicznej i chemicznej możemy z dzisiejszej perspektywy ocenić jako zakończone wyraźnym niepowodzeniem z powodu mało precyzyjnych, a często błędnych informacji wywiadowczych. Podobnie było z relacjami pomiędzy amerykańskimi wojskami chemicznymi a generałem dr. Walterem Schieberem. Z odtajnionych akt dowiadujemy się, że Schieber oszukiwał Amerykanów od chwili, kiedy rozpoczął pracę dla armii amerykańskiej w Niemczech, w tym także wtedy, kiedy w prywatnym domu generała Charlesa Loucksa w Heidelbergu zajmował się projektem produkcji sarinu. Wywiad wojskowy dopiero w 1950 roku uznał, że zaufany sługa Hitlera jest niewiarygodny, a jeszcze później, że wodził wszystkich za nos[17]. Niemal natychmiast po uwolnieniu z więzienia w Norymberdze Schieber zaczął wykorzystywać swoje dawne kontakty wśród nazistów do sprzedaży za pośrednictwem Szwajcarów ciężkiej broni przynajmniej jednemu wrogo nastawionemu krajowi. W 1950 roku wywiad wojskowy przechwycił wysłany ze Szwajcarii, a zaadresowany do Schiebera czterostronicowy list. Na kopercie nie było adresu zwrotnego, a podpis pod listem był nieczytelny. Nadawca negocjował z Schieberem warunki sprzedaży broni trzeciej stronie, określając kupca jako „księcia z rodziny królewskiej", co wywiad wojskowy uznał za pseudonim. „Szukają wszystkiego: czołgów, samolotów itp., broni, amunicji, krótko mówiąc wszystkiego, co dotyczy uzbrojenia. Nie mogę tego wszystkiego opisać w liście", oznajmił nadawca, który złożył zapotrzebowanie na „działa przeciwpancerne Pak… są gotowi zapłacić 5000 dolarów za sztukę; działa 75 mm po 3–4 tysiące dolarów za sztukę i 50 mm (około 2000 dolarów)". To miał być „znakomity interes, jeśli dobijemy targu"[18], obiecywał pośrednik.

Zadanie przeanalizowania listu i całej sytuacji otrzymał dowódca oddziału kontrwywiadu w Heidelbergu, agent specjalny Carlton F. Maxwell. Maxwell szybko ustalił, że list był autentyczny, a jego skutki potencjalnie niebezpieczne. „Doktor Schieber, określany jako wyjątkowo cenny naukowiec zatrudniony w dziale chemicznym EUCOM, gdzie prawdopodobnie ma dostęp do informacji o charakterze ściśle tajnym, wydaje się osobą, której Stany

Zjednoczone nie mogą pozwolić na angażowanie się w międzynarodowe układy tego rodzaju jak opisane w liście – napisał Maxwell. – Związki Schiebera z przemysłem zbrojeniowym za czasów nazistowskiego reżimu, kiedy był szefem zaopatrzenia w ministerstwie Alberta Speera, sprawiają, że byłby znakomitym konsultantem lub pośrednikiem we wszelkiego rodzaju nielegalnych transakcjach handlu bronią". Warto zwrócić uwagę, że pomimo licznych sygnałów ostrzegawczych armia amerykańska obdarzała Schiebera tak dużym zaufaniem, a generałowi Loucksowi pozwalano na zawieranie z nim układów.

Agent specjalny Maxwell niepokoił się, że „w świetle najnowszych oznak odradzania się prawicowej aktywności nietrudno sobie wyobrazić, że ta broń mogłaby zostać wykorzystana w niemieckim przewrocie monarchistycznym"[19]. Maxwell radził, by uważnie przyglądać się poczynaniom Schiebera. Kontrwywiad podjął obserwację i śledził Schiebera także w rosyjskiej strefie. Po czterech miesiącach kontrwywiad potwierdził, że „Schieber ma kontakty ze szwajcarską agencją importowo-eksportową zajmującą się podejrzanymi transakcjami, w tym sprzedażą i transportem broni za granicę". Pojawiła się jednak jeszcze gorsza wiadomość[20]. Kontrwywiad ustalił również, że Schieber pracował dla radzieckiego wywiadu. „Obiekt jest w jakiś sposób powiązany z MGB [Ministerstwo Gosudarstwiennoj Biezopasnosti, Ministerstwo Bezpieczeństwa Państwowego, poprzednik KGB] w Weimarze", dowiedział się Maxwell.

Maxwell zameldował swoim przełożonym, że Schieber jest najprawdopodobniej radzieckim kretem, i opisał niebezpieczeństwo, z jakim się to wiąże. Schieber miał dostęp do ściśle tajnych materiałów amerykańskich wojsk chemicznych, nieograniczających się tylko do produkcji tabunu i sarinu. Zajmował się projektowaniem tajnego systemu bunkrów dla sił powietrznych, który miał chronić najwyższe władze amerykańskie w razie ataku jądrowego. Tymczasem spotykał się z radzieckimi agentami. Maxwellowi polecono powiadomić CIA. Odpowiedź Agencji była zaskakująca. „Proszę o tym zapomnieć", usłyszał Maxwell i miał to powtórzyć swoim kolegom z kontrwywiadu. Jak wynika z odtajnionych notatek w teczce Schiebera, Schieber pracował nie tylko dla wojsk chemicznych, ale także dla CIA. Agencja zapewniła Maxwella, że ma Schiebera pod kontrolą. Czy to znaczyło, że Schieber szpiegował Rosjan czy może wystawił do wiatru oba kraje, pozostaje zagadką. Tak czy owak, dodatkowo zajmował się nielegalnym handlem bronią. Z odtajnionej notatki z teczki Schiebera wynika, że otrzymywał wynagrodzenie w ramach Operacji Paperclip aż do 1956 roku[21].

Działalność dr. Waltera Schiebera w Ameryce zaważyła w istotny sposób na przyszłości amerykańskich wojsk chemicznych. Po tym jak wraz z kolegami chemikami z IG Farben podzielił się sekretem produkcji sarinu, Stany Zjednoczone zaczęły gromadzić arsenał tej broni na wypadek wojny totalnej. Program nabrał tempa wraz z wybuchem wojny koreańskiej. Trzydziestego pierwszego października 1950 roku sekretarz obrony George C. Marshall przeznaczył 50 milionów dolarów (około 500 milionów dolarów w 2013 roku) na zaprojektowanie i zbudowanie dwóch fabryk sarinu, jednej w Muscle Shoals w stanie Alabama i drugiej na terenie Rocky Mountain Arsenal. Większość informacji na temat broni biologicznej i chemicznej była tajna i nikt prócz niewielkiej grupy kongresmenów dzielących pieniądze na programy zbrojeniowe nie miał prawa o tym wiedzieć[22]. „Tylko pięciu członków komisji budżetowej i nie więcej niż pięć procent członków Izby Reprezentantów miało dostęp do informacji na temat broni chemicznej i biologicznej – pisze ekspert w dziedzinie broni chemicznej Jonathan Tucker. – W rezultacie tylko niewielka grupa kongresmenów rozdzielała fundusze na zamkniętych sesjach, a następnie ukrywała je pomiędzy innymi wydatkami budżetowymi, które wymagały przegłosowania".

Produkcja sarinu ruszyła w oszałamiającym tempie[23]. Dwadzieścia cztery godziny na dobę, siedem dni w tygodniu, trzysta sześćdziesiąt pięć dni w roku, dwie fabryki dostarczały rocznie tysiące ton środka bojowego. Fabryka w Rocky Mountain Arsenal[24], nosząca kryptonim Budynek 1501, była pięciopiętrowym, pozbawionym okien budynkiem zaprojektowanym tak, by jego konstrukcja wytrzymała trzęsienie ziemi o sile 6 stopni oraz napór wiatru o prędkości do 160 km/h. Była to największa budowla z lanego betonu w Stanach Zjednoczonych i przez wiele lat nikt, kto nie musiał, nie miał pojęcia, co się w niej dzieje. Wojska chemiczne bardzo szybko rozwijały również program produkcji amunicji, która miała posłużyć do przenoszenia broni chemicznej. W zakładzie Rocky Flats napełniano sarinem pociski artyleryjskie, bomby lotnicze, rakiety i głowice bojowe pocisków kierowanych[25]. Preferowanym środkiem przenoszenia była bomba kasetowa M34 – półtonowy metalowy cylinder, w którego wnętrzu znajdowały się minibomby wypełnione sarinem.

Krótko po kończącym wojnę koreańską zawieszeniu broni z 27 lipca 1953 roku wojska chemiczne zaczęły publikować obwieszczenia mające nauczyć Amerykanów, jak postępować w razie ataku chemicznego. W listopadzie 1953 roku, kiedy magazyn „Collier's" opublikował artykuł *G-Gas: A New Weapon of Chilling Terror. We Have It – So Does Russia*, opinia publiczna dowiedziała się, że w razie III wojny światowej z ZSRR zostanie najprawdopodobniej użyty gaz bojowy[26]. Dziennikarz Cornelius Ryan przedstawił tylko suche fakty. „Teraz ty i twoja rodzina – my wszyscy – jesteście zupełnie bezbronni wobec zagrożenia straszną bronią, która może okazać się bardziej śmiercionośna od bomby atomowej". Armia opisywała sarin jako „bezwonny, bezbarwny, pozbawiony smaku gaz przeznaczony do błyskawicznego zabijania ludzi" i ostrzegała Amerykanów o możliwości „ataku podobnego jak na Pearl Harbor". Ryan przedstawił czytelnikom scenariusz, w którym rosyjski bombowiec strategiczny Tu-4 z siedmioma tonami bomb wypełnionych sarinem zrzuca ładunek na amerykańskie miasto, zabijając w ciągu czterech minut wszystkich ludzi w promieniu stu pięćdziesięciu kilometrów. Szef wojsk chemicznych, generał E.F. Bullene, zapewnił naród, że jedyną obroną jest atak. „Obecnie jedynym bezpiecznym rozwiązaniem jest przygotowanie się do obrony i gotowość do użycia gazu w ogromnych ilościach". Nowy sposób zimnowojennego myślenia charakteryzowała gra na przetrwanie – praktyka dochodzenia do skraju przepaści.

Po latach nieustannej produkcji sarinu i napełniania nim pocisków wojska chemiczne w 1957 roku osiągnęły wreszcie poziom zapasów zakładany przez Departament Obrony. W tym samym roku chemicy z Edgewood wynaleźli jeszcze bardziej zabójczą broń „trujący środek owadobójczy, który przenika przez skórę jak jad węża", tłumaczy Jonathan Tucker. Ten środek paraliżujący otrzymał kryptonim VX (V jak *venomous*, jadowity) i był trzykrotnie bardziej toksyczny od sarinu w razie wdychania i tysiąc razy bardziej toksyczny, kiedy wszedł w kontakt ze skórą. Dziesięć miligramów VX mogło zabić człowieka w ciągu piętnastu minut. VX był na polu bitwy dużo skuteczniejszy od sarinu. Chmura sarinu ulegała rozproszeniu mniej więcej w ciągu kwadransa, tymczasem rozpylony VX utrzymywał się na powierzchni gruntu przez dwadzieścia jeden dni. W 1957 roku wojska chemiczne rozpoczęły produkcję tysięcy ton VX[27]. Pracujący w ramach Operacji Paperclip Fritz Hoffmann zarzucił prace nad syntezą tabunu i zajął się amunicją przenoszącą VX[28]. Ale największe osiągnięcia Hoffmanna dotyczyły pracy wykonywanej dla Wydziału Operacji Specjalnych CIA i działu defoliantów wojsk chemicznych. Środki niszczące zbiory to związki chemiczne, patogeny, a także owady, których użycie powoduje obumieranie upraw roślinnych.

Po śmierci Franka Olsona Wydział Operacji Specjalnych kontynuował doświadczenia z kontrolowaniem umysłów z pomocą LSD. A Sidney Gottlieb, człowiek, który zaproponował otrucie Franka Olsona w kryjówce CIA w Deep Creek Lake, został oddelegowany do pracy przy specjalnym programie CIA dotyczącym pozbywania się ludzi za pomocą trucizny. Jednym z chemików biorących udział w programie był także Fritz Hoffmann. „Był naszym poszukiwaczem – powiedział dziennikarce Lindzie Hunt dyrektor laboratorium Edgewood, dr Seymour Silver. – To był człowiek, który zwracał naszą uwagę na każde nowe odkrycie na świecie i mówił: «Oto nowy związek chemiczny, przetestujcie go»"[29].

Córka Hoffmanna, Gabriella, pamięta, że jej ojciec, człowiek niezwykle wysoki, o łagodnym tonie głosu, pod koniec lat 50. i na początku 60. często podróżował po świecie, zawsze z wojskową eskortą, a z podróży przywoził trucizny uzyskane z egzotycznych ropuch, ryb i roślin. „Przysyłał mi pocztówki z takich miejsc jak Japonia, Australia czy Hawaje. Zawsze latał samolotami wojskowymi, zawsze w towarzystwie wojskowych. Wojskowa eskorta zabierała go z domu, a potem przywoziła z powrotem w niedzielę wieczorem"[30]. Gabriella Hoffmann była wtedy nastolatką, ale pamięta dziwne rzeczy, jakie ojciec przywoził do domu. „Przed powrotem do Edgewood rozpakował swoje bagaże, a w walizce miał takie małe słoiki. Były w nich jeżowce i tym podobne rzeczy. wszystko to było dla mnie bardzo egzotyczne".

Wśród trucizn, które Hoffmann wyszukiwał dla CIA, były takie substancje jak kurara, południowoamerykańska trucizna paraliżująca i zabijająca ludzi. Kurarę, ukrytą w amerykańskiej monecie, zawsze mieli przy sobie piloci samolotów zwiadowczych U-2. W Wydziale Operacji Specjalnych była sekcja sprzętowa, kierowana przez Herba Tannera, współtwórcy Czarnej bili. Sekcja sprzętowa była odpowiedzialna za przygotowanie gadżetów w rodzaju wypełnionych trucizną piór wiecznych, teczek rozpylających bakterie, zatrutych cukierków, niewidocznych proszków oraz „niedostrzegalnych mikrobioszczepionek", broni wstrzykującej do krwiobiegu truciznę bez pozostawiania śladów na skórze[31].

Zdarzały się sytuacje, kiedy lepiej było zastosować truciznę działającą z opóźnieniem, niekiedy ośmio- czy dwunastogodzinnym, albo nawet dłuższym. Sekcja agentów Wydziału Operacji Specjalnych pracowała nad znalezieniem takich trucizn, które dawałyby przez krótki lub długi czas objawy lekkiej choroby, a następnie powodowały śmierć, albo objawy ciężkiej choroby, a następnie powodowały śmierć[32]. Opóźnienie chwili śmierci miało pozwolić zabójcy uciec bezpiecznie i bez wzbudzania podejrzeń. Celem Wydziału Operacji Specjalnych był między innymi Fidel Castro, którego ulubiony napój, koktajl mleczny[33], CIA próbowała zatruć kilka razy.

Innym celem CIA był Patrice Lumumba, pierwszy legalnie wybrany premier Konga, który zdaniem Agencji był radziecką marionetką. Zlecenie zabójstwa otrzymał Sidney Gottlieb, człowiek, który otruł Franka Olsona. Gottlieb później powiedział śledczym Kongresu, że aby wykonać zadanie, musiał znaleźć truciznę „występującą na tym terenie [Konga], która byłaby śmiertelna". Gottlieb zdecydował się na toksynę botulinową. Wyposażony w szklany słoik z toksyną ukryty w bagażu dyplomatycznym poleciał do Konga z zamiarem zabicia premiera Lumumby. Dwudziestego szóstego września 1960 roku Gottlieb pojawił się w stolicy kraju, Léopoldville, i skierował do amerykańskiej ambasady. W budynku oczekiwał go ambasador Lawrence Devlin.

Dwa dni wcześniej ambasador Devlin otrzymał ściśle tajną depeszę od dyrektora CIA Allena Dullesa. „Prosimy o wszelkie możliwe wsparcie w niedopuszczeniu Lumumby do pełnienia jakiejkolwiek funkcji w rządzie"[34], napisał Dulles. Ambasador Devlin wiedział, że powinien oczekiwać gościa, który przedstawi się jako „Joe z Paryża". Tym gościem był Sidney Gottlieb. Plan Gottlieba zakładał wstrzyknięcie toksyny botulinowej do tubki pasty do zębów Lumumby[35]. Lumumba miał umrzeć osiem godzin po umyciu zębów. Okazało się jednak, że Gottlieb nie mógł się w żaden sposób zbliżyć do Lumumby, który mieszkał w domu na szczycie urwiska nad rzeką Kongo. Lumumbę cały czas otaczali ochroniarze. Po kilku dniach toksyna straciła swoją moc[36]. Gottlieb zmieszał ją z chlorem, wrzucił do rzeki Kongo i opuścił Afrykę. Patrice Lumumba zginął w styczniu następnego roku pobity na śmierć rzekomo przez belgijskich najemników.

„Mój ojciec zdawał sobie sprawę z ryzyka bycia chemikiem w Edgewood – mówi Gabriella Hoffmann. – Nigdy nie mówił na temat tego, co robił, i dlatego tak mało wiemy". Wśród niezwykłych wspomnień Gabrielli Hoffmann z dzieciństwa są podróże do baz wojskowych. „Dokądkolwiek pojechaliśmy z mamą i tatą, wszędzie były instalacje wojskowe. Byliśmy w White Sands w Nowym Meksyku. Byliśmy w bazach wojskowych w Kalifornii, Arizonie, Dakocie Północnej, a także w bazie Dugway w Utah. Pamiętam, jak tata wygłaszał wykład na poligonie Dugway". W latach 50. i 60. Hoffmann odgrywał ważną rolę w kilku najbardziej tajemniczych i kontrowersyjnych projektach rządowych, ale dokumenty dotyczące jego pracy zostały w większości zniszczone albo pozostają jeszcze utajnione. Gabriella Hoffmann, podobnie jak reszta świata, nic nie wie o dokonaniach swojego ojca.

Pozostały jej tylko wspomnienia chwil, kiedy towarzyszyła ojcu. Doktor L. Wilson Greene, człowiek, który ukuł termin „wojna psychochemiczna", mieszkał na tej samej ulicy i był przyjacielem rodziny Hoffmannów. Pod koniec lat 50. i na początku 60. Greene prowadził dla wojska i dla CIA badania nad LSD. LSD i inne środki obezwładniające testowano na tysiącach amerykańskich żołnierzy i marynarzy przy ich wątpliwej świadomej zgodzie[37]. Dla Gabrielli Hoffmann Greene był tylko ekscentrycznym sąsiadem. „Pamiętam wizyty w domu Greene'ów, gdzie była wspaniała kolejka elektryczna. To było jego hobby, zbudował ją od podstaw. Były tam wzgórza, miasta i małe ludziki. Jeziora i światła, lokomotywy, które gwizdały, a z których kominów buchały kłęby pary. Mnie interesowała wyłącznie kolejka". Innym niezwykłym sąsiadem z tej samej ulicy był Maurice Weeks z Zarządu Badań Medycznych w Edgewood. Weeks był szefem Działu Toksyn Wziewnych, specjalizującym się w „toksyczności wziewnej produktów spalania"[38] i poświęcał się badaniom nad czynnikami chemicznymi i biologicznymi, które stawały się jeszcze bardziej trujące w postaci gazowej[39]. Weeks podjął badania rozpoczęte przez dr. Kurta Blomego. Blome omawiał ten problem w trakcie konsultacji w Heidelbergu. „Maurice Weeks był naszym sąsiadem – wspomina Gabriella Hoffmann. – Przyjaźniłam się z jego synem, Christopherem. Na podwórku Christophera stały klatki z małpami. Potrafiliśmy godzinami się im przyglądać. Oczywiście nie docierało do mnie wtedy, do czego te małpy miały służyć"[40]. Gabriella zdała sobie sprawę, na czym polegała praca jej ojca dopiero wtedy, kiedy przeprowadziłam z nią wywiad przed napisaniem tej książki.

Dziwnym i tragicznym faktem w świetle dokonań Fritza Hoffmanna w ramach Operacji Paperclip jest to, że w czasie wojny był antynazistą – przynajmniej tak twierdził w złożonym pod przysięgą oświadczeniu amerykański dyplomata Sam Woods[41]. A teraz w Ameryce, pracując dla wojsk chemicznych i dla CIA, musiał zajmować się tak potwornymi projektami. Jego córka podejrzewa, że to on przyczynił się do powstania czynnika pomarańczowego, środka fitotoksycznego, czy inaczej defoliantu, używanego przez amerykańskie wojsko w czasie wojny wietnamskiej.

„Kiedy toczyła się wojna w Wietnamie, pamiętam, że pewnego wieczoru siedzieliśmy przy stole i oglądaliśmy telewizyjne wiadomości – opowiada Gabriella Hoffmann. – Ojciec był zazwyczaj spokojnym człowiekiem, zapamiętałam więc, że wtedy podniósł głos. Wskazał na ekran, gdzie widać było wietnamską dżunglę i powiedział: «Nie byłoby łatwiej pozbawić drzewa liści, żeby zobaczyć wroga?». Tak właśnie powiedział. Pamiętam to dokładnie. Wiele lat później dowiedziałam się, że jednym z projektów, nad którymi tata pracował, było stworzenie czynnika pomarańczowego"[42].

Wojsko używało broni fitotoksycznej w Wietnamie od sierpnia 1961 roku do lutego 1971. Na 24 procent powierzchni Wietnamu Południowego zrzucono około 43 milionów litrów czynnika pomarańczowego, niszcząc 2,5 miliona hektarów roślinności wyżynnej i lasów oraz 250 tysięcy hektarów upraw – czyli obszar wielkości stanu Massachusetts. Zrzucono także dodatkowe 30 milionów litrów innych środków roślinobójczych o nazwach czynnik biały, niebieski, fioletowy, różowy i zielony. Zrzutów dokonywano zwykle z samolotów transportowych C-123. Fritz Hoffmann był jednym z pierwszych naukowców pracujących dla wojsk chemicznych nad toksycznym działaniem dioksyn. Zajmował się tym prawdopodobnie od początku lat 50., a na pewno od 1959 roku, jak wynika z tzw. raportu z podróży Hoffmanna[43]. Dokument ten możemy znaleźć w niemal wszystkich aktach procesów wytaczanych przez weteranów wojny wietnamskiej rządowi USA i koncernom chemicznym, dotyczących wykorzystywania w wojnie wietnamskiej środków roślinobójczych i defoliantów.

Gabriella Hoffmann uważa, że to długookresowe skutki programu Czynnik Pomarańczowy zniszczyły karierę jej ojca. „Okazało się, że czynnik pomarańczowy nie tylko pozbawiał drzewa liści, ale także wyrządzał krzywdę dzieciom – mówi Gabriella Hoffmann. – Tata już wtedy nie żył i pamiętam, jak myślałam wtedy, dzięki Bogu. Taka wiadomość by go zabiła. Był uczciwym człowiekiem. Nie skrzywdziłby muchy".

Śmierć Fritza Hoffmanna przyszła zupełnie nie w porę i była nie na rękę sekcji agentów Wydziału Operacji Specjalnych. Hoffmann ciężko zachorował, choroba rozwijała się szybko i wkrótce doprowadziła do śmierci. W Wigilię 1966 roku u Fritza Hoffmanna rozpoznano raka. Cierpiący z bólu, leżał w łóżku i oglądał w telewizji ulubione programy – „westerny i serial *Strefa mroku* z Rodem Serlingiem w roli głównej", wspomina Gabriella Hoffmann. Sto dni później Fritz Hoffmann już nie żył. Miał pięćdziesiąt sześć lat.

„Próbował chwilami wrócić do pracy – wspomina Gabriella Hoffmann – ale ból był zbyt silny. Pamiętam, że do naszego domu przychodziło mnóstwo różnych ludzi w ciemnych garniturach, żeby z nim porozmawiać. W tym czasie na rynku pojawił się nowy środek przeciwbólowy, demerol. Lek przepisywał mu lekarz z Edgewood. Kiedy umierał, matce i mnie zadawano mnóstwo pytań, dlatego pomyślałam, że FBI albo CIA, czy kimkolwiek ci ludzie w ciemnych garniturach byli, boi się, że ojciec zaczął opowiadać, czym się zajmował. Ale on nigdy niczego nie powiedział. Milczał do samego końca".

Badania Hoffmanna nad herbicydami były jednym z trzech obszarów zainteresowania wydziału broni biologicznej w Camp Detrick. Pozostałe to broń służąca do zabijania ludzi i zwierząt. Broń do unieszkodliwiania zwierząt miała zabijać całą populację, prowadząc do śmierci głodowej ludzi, dla których te zwierzęta były podstawowym źródłem pożywienia. Główną postacią programu zabijania zwierząt był zastępca Kurta Blomego, objęty Operacją Paperclip dr Erich Traub. Traub został zwerbowany przez opiekuna Kurta Blomego, Charlesa McPhersona, i trafił do Ameryki 4 kwietnia 1949 roku.

Traub zajmował się badaniami nad wirusami w Instytucie Badawczym Marynarki Wojennej w Bethesda w stanie Maryland[44]. W 2013 roku niemal wszystkie wyniki prac Trauba pozostawały utajnione. W Instytucie Badawczym Marynarki Wojennej Traub zaprzyjaźnił się z fizjologiem Luftwaffe i ekspertem w dziedzinie dekompresji, dr. Theodorem Benzingerem[45], którego wcześniejsze prace również są do tej pory utajnione. Prócz prowadzenia badań dla marynarki wojennej Traub zajmował się w Camp Detrick bronią zabijającą zwierzęta. Środki, którymi zajmowano się wówczas w Detrick, miały na celu zdziesiątkowanie konkretnej populacji zwierzęcej[46], a był to księgosusz (pomór bydła), pryszczyca, choroba pęcherzykowa świń (afrykański pomór świń) i pomór drobiu. Wszystkie prace Trauba prowadzone w Camp Detrick w roku 2013 były nadal utajnione.

W 1948 roku Kongres przeznaczył 30 milionów dolarów (równowartość około 300 milionów dolarów w 2013 roku) na broń zabijającą zwierzęta[47], ale ze względu na wysokie ryzyko badania miały być prowadzone na wyspie, której nie łączyłby ze stałym lądem nawet most. Armia zdecydowała się na Plum Island, wyspę o powierzchni trzystu czterdziestu hektarów u wybrzeży Connecticut w cieśninie Long Island. Oczywistym kandydatem na dyrektora był światowej sławy ekspert, dr Erich Traub[48]. Ale ośrodek badań nad bronią biologiczną pozostawał na etapie planów jeszcze przez kilka lat.

Traub otrzymał wizę imigracyjną 7 września 1951 roku i jeszcze przez następne trzy lata prowadził ściśle tajne badania. Potem, w 1954 roku, w tajemniczych okolicznościach zrezygnował ze stanowiska w Instytucie Badawczym Marynarki Wojennej i zwrócił się z prośbą o repatriację do Niemiec. Ludziom z marynarki wojennej powiedział, że przyjął zaproponowane mu przez zachodnioniemiecki rząd stanowisko dyrektora Federalnego Instytutu Badań nad Wirusami[49]. Takie posunięcie wzbudziło niepokój JIOA. „Doktor Traub jest uznanym autorytetem w dziedzinie wirusologii, a szczególnie w kwestii pryszczycy i pomoru drobiu – czytamy w odtajnionym raporcie. – Należy zakładać, że ta instytucja w Niemczech [w której miał pracować Traub] stanie się jednym z czołowych na świecie laboratoriów zajmujących się wirusami". Z uwagi na „wyraźny potencjał militarny zastosowań jego specjalizacji zaleca się użycie odpowiednich środków w celu nadzorowania jego powrotu do Niemiec". Traub miał pozostawać pod obserwacją, najprawdopodobniej do końca życia.

Pod koniec lat 50. i na początku 60. amerykański wywiad wojskowy w Niemczech szpiegował dr. Trauba w jego nowym domu przy Paul-Ehrlich-Strasse w Tybindze[50]. Agenci odwiedzili w domu kolegę Trauba, dr. Theodora Benzingera, mieszkającego w Marylandzie, i spytali go, czy wie „coś o związkach Trauba z kimkolwiek poza granicami USA". Benzinger odpowiedział, że nie wie. Kiedy Traub wyjeżdżał z Niemiec, wywiad wojskowy podążał za nim.

Doktor Traub miał doświadczenie w nielegalnym handlu śmiercionośnymi patogenami. W czasie drugiej wojny światowej cieszył się pełnym zaufaniem Heinricha Himmlera i został przez niego wysłany do Turcji po próbki wirusa pomoru bydła, które posłużyły do badań w Riems. Natomiast po wojnie, uciekając z rosyjskiej strefy okupacyjnej, przeszmuglował kultury śmiercionośnych bakterii, które przechowywał w zachodnioniemieckim laboratorium do czasu znalezienia odpowiedniego kupca. Z teczki Trauba w archiwach FBI wynika, że w połowie lat 60. przeprowadził się do Iranu, a jego stałym adresem stał się Instytut Serum i Szczepień Raziego w Hesarak, na przedmieściach miasta Karaj[51]. Agenci FBI śledzili go, kiedy przyleciał z Iranu do Waszyngtonu, gdzie miał się spotkać z jakimiś nieznanymi osobami w hotelu Shoreham[52]. To, czego się dowiedzieli agenci, w 2013 roku było nadal utajnione.

Warto zwrócić uwagę, jak szybko rozrósł się amerykański program produkcji broni biologicznej i chemicznej. Zadziwiające jest to, że Pentagonowi udało się ukryć przed Kongresem koszty tych programów, tak jak udało się ukryć kompromitujące szczegóły

Operacji Paperclip przed opinią publiczną. Wszystko było utajnione.

Dopiero prezydent Nixon uświadomił sobie, że zabawa w „kto pierwszy stchórzy" z Rosjanami, przy tak potężnych arsenałach broni biologicznej i chemicznej, jest czystym szaleństwem. Dwudziestego piątego listopada 1969 roku Nixon ogłosił, że Stany Zjednoczone kończą program badań naukowych nad ofensywną bronią biologiczną, i nakazał zniszczenie amerykańskich arsenałów tej broni. „Postanowiłem, że Stany Zjednoczone wyrzekną się stosowania broni biologicznej w jakiejkolwiek formie". Powody tej decyzji były proste i oczywiste. Użycie broni biologicznej mogło mieć „niepoddające się kontroli konsekwencje" dla świata. „Ludzkość już teraz ma w swych rękach zbyt wiele ziaren zagłady", powiedział Nixon. Po dwudziestu sześciu latach badań zakończył się amerykański program produkcji broni biologicznej. Po raz pierwszy w epoce zimnej wojny prezydent postanowił jednostronnie zniszczyć cały rodzaj broni.

Bliski koniec czekał także amerykański program budowy arsenału broni chemicznej. Nixon przywrócił politykę „wyłącznie odwetu", co oznaczało, że żadna nowa broń chemiczna nie będzie już produkowana. Przez kilka następnych lat Kongres próbował wraz z wojskowymi znaleźć najlepszy sposób na zniszczenie całej broni chemicznej. Pierwotnie planowano dwadzieścia siedem tysięcy ton chemikaliów zatopić w oceanie[53]. Po przeprowadzeniu dochodzenia okazało się jednak, że wiele bomb wypełnionych sarinem i VX składowanych w Rocky Mountain Arsenal jest już nieszczelnych. Taką broń należało przed zatopieniem zamknąć w stalowo-betonowych „trumnach". Pentagon dysponował ponadto trzynastoma tysiącami ton gazów paralityczno-drgawkowych i gazu musztardowego, składowanymi potajemnie w amerykańskiej bazie wojskowej na Okinawie. W 1971 roku, w ramach Operacji Red Hat, broń ta została przetransportowana na należący do Stanów Zjednoczonych atol Johnston na południowym Pacyfiku. Bomby miały być tam przechowywane w betonowych bunkrach do czasu, kiedy naukowcy znajdą sposób na ich zniszczenie. Okazało się jednak, że bomby z sarinem i VX skonstruowano w taki sposób, że nie da się ich rozebrać[54]. Przed armią stanęło więc nie lada przedsięwzięcie, w wyniku którego na atolu Johnston powstał pierwszy na świecie „ośrodek niszczenia broni chemicznej".

Niszczenie amerykańskiego arsenału broni chemicznej zajęło trzydzieści cztery lata. „Liczby mówią same za siebie – twierdzi armia. – Ponad 412 000 sztuk przestarzałej broni chemicznej – bomb, min lądowych, rakiet i pocisków – zostało zniszczonych"[55]. Skomplikowany proces niszczenia to między innymi wydobywanie przez roboty substancji chemicznych z amunicji[56], a następnie unieszkodliwianie ich w trzech oddzielnych, specjalnych piecach. Wojsko twierdzi, że jest „dumne ze swoich dokonań", które w roku 2006 kosztowały 25,8 miliarda dolarów, a w 2013 roku około 30 miliardów dolarów[57].

ROZDZIAŁ DWUDZIESTY PIERWSZY

W blasku jupiterów

Amerykański zimnowojenny projekt produkcji broni biologicznej i chemicznej skrywał się w cieniu, a większość zaangażowanych w niego nazistowskich naukowców zachowała przez dziesięciolecia anonimowość. Ich teczki w JIOA i raporty OMGUS na ich temat zostały utajnione, podobnie jak programy, przy których pracowali. Byli jednak i tacy naukowcy objęci Operacją Paperclip, którzy pracowali jawnie, w blasku jupiterów. Dotyczyło to przede wszystkim tych dziedzin, które wiązały się z podbojem kosmosu. W ten sposób w latach 50., 60. i późniejszych sławą i prestiżem cieszyli się Walter Dornberger, Wernher von Braun i Hubertus Strughold.

W ciągu dwóch lat od przyjazdu do Stanów Zjednoczonych Dornberger przeistoczył się z osoby wyklętej w prawdziwego amerykańskiego celebrytę. W 1950 roku opuścił areszt wojskowy w bazie sił powietrznych Wright-Patterson i rozpoczął pracę w Bell Aircraft Corporation w Niagara Falls w stanie Nowy Jork. Wkrótce został wiceprezesem firmy i szefem zespołu naukowców. Jego powołaniem stało się przekonanie Ameryki o pilnej potrzebie umieszczenia broni w przestrzeni kosmicznej. Dornberger przeszedł weryfikację, uzyskał dostęp do ściśle tajnych informacji i został konsultantem wojska w kwestii rakiet, pocisków i przyszłej broni kosmicznej. W swoim notatniku, przechowywanym obecnie w archiwum Deutsches Museum w Monachium, z inżynierską precyzją opisywał rozliczne podróże służbowe po kraju. Brał udział w „tajnych naradach" w bazach sił powietrznych: Wright-Patterson, Elgin, Randolph, Maxwell i Holloman, a także w Dowództwie Strategicznych Sił Powietrznych w Omaha w stanie Nebraska oraz w Pentagonie. Został również konsultantem Kolegium Szefów Połączonych Sztabów w kwestii Operacji Paperclip i w Pentagonie brał udział w rozmowach na temat „procedur dopuszczenia" oraz „zatrudniania niemieckich naukowców". Działając na rzecz Operacji Paperclip, w 1952 roku poleciał z wyższymi oficerami Pentagonu do Niemiec, żeby „przesłuchać niemieckich naukowców i inżynierów we Frankfurcie, Heidelbergu, Wiesbaden, Stuttgarcie, Darmstadt, Witzenhausen".

Dornberger zapisywał również w swoim notatniku szczegóły wszystkich swoich publicznych wystąpień, jak również nazwiska osób, z którymi się spotykał. Były to spotkania typowe raczej dla kongresmenów[1]. W latach 50. latał samolotem ze spotkania na spotkanie, wygłaszał wykłady, czasem uczestniczył w weekendowych imprezach. Tematem jego wykładów zawsze był podbój. Oto niektóre tematy: „Rakiety – pociski kierowane: klucz do podboju kosmosu", „Systemy broni międzykontynentalnej", „Realistyczne podejście do podboju kosmosu". Przemawiał do każdego, kto chciał go słuchać: męskiego klubu kościoła episkopalnego św. Marka, skautów, Stowarzyszenia Inżynierów Przemysłu Motoryzacyjnego. Kiedy w 1953 roku Izba Handlowa w Rochester gościła generała Dornbergera na uroczystym lunchu dla pań, lokalna prasa opatrzyła relacje nagłówkiem: *Twórca latających bomb spotyka się z członkiniami Izby Handlowej*.

Dornberger stał się tak popularny, że jego wspomnienia na temat rakiet V-2, opublikowane po raz pierwszy w Niemczech Zachodnich w 1952 roku, zostały wydane w Ameryce już w 1954.

Dornberger zdołał w tej publikacji przeistoczyć się z podżegającego do wojny nazistowskiego generała w dobroczyńcę i pioniera nauki[2]. Według niego prace nad rakietą V-2 w Peenemünde były romantyczną przygodą w pięknie położonym nad morzem laboratorium. Nie ma nawet wzmianki o pracy niewolniczej w fabryce w Nordhausen ani o robotnikach przymusowych w Peenemünde. Pierwotnie książka nosiła tytuł *V-2: Strzał w kosmos* (V-2: Der Schuss ins All). „Dobrze byłoby wiedzieć, kto wymyślił podtytuł – mówi Michael J. Neufeld – tak trafnie oddający nowe przeznaczenie groźnej nazistowskiej broni, która raczej nie była pierwotnie rakietą kosmiczną"[3].

W 1957 roku wydawało się, że Dornberger znalazł swoje nowe, prawdziwe, postnazistowskie powołanie, próbując sprzedać Pentagonowi BoMi firmy Bell Aircraft. BoMi był napędzanym silnikiem rakietowym statkiem kosmicznym przeznaczonym do walki w warunkach wojny atomowej w kosmosie. Od czasu do czasu, za zamkniętymi drzwiami, zwykle w Pentagonie, Dornberger musiał toczyć zaciętą walkę. Historyk sił powietrznych Roy F. Houchin II twierdzi, że kiedy pewnego razu przedstawiał oficjelom z sił powietrznych zalety BoMi, usłyszał „obraźliwe uwagi" na swój temat. Dornberger miał odpowiedzieć swoim słuchaczom, że darzyliby BoMi większym szacunkiem, gdyby w czasie wojny użył go przeciwko Stanom Zjednoczonym. W pokoju zaległa „przytłaczająca cisza"[4].

W 1958 roku, na podstawie wskazówki dobrze poinformowanej osoby, FBI wszczęło dochodzenie przeciwko generałowi Dornbergerowi podejrzanemu o sekretne spotkania z komunistycznymi szpiegami. Agent specjalny, który przesłuchiwał Dornbergera, nie wierzył, że może on być radzieckim szpiegiem, ale zwrócił uwagę na dwulicowość generała: „Można założyć, że obiekt [Dornberger] nadawałby się znakomicie do roli podwójnego agenta"[5]. Dornberger był człowiekiem przebiegłym, co w połączeniu z przenikliwym umysłem dobrze mu służyło. Niezależnie od okoliczności Dornberger zawsze był górą.

Najbardziej znaną postacią spośród naukowców Operacji Paperclip został Wernher von Braun. W 1950 roku armia zdecydowała, że potrzebuje znacznie większego ośrodka do prowadzenia badań nad rakietami dalekiego zasięgu i cały personel przeniósł się z Fort Bliss w Teksasie do Redstone Arsenal w pobliżu Huntsville w stanie Alabama[6]. Tam niemieccy naukowcy rozpoczęli prace nad pociskiem balistycznym Jupiter. Grupa uczonych wystrzeliła z poligonu White Sands sześćdziesiąt cztery rakiety V-2. W tym samym czasie von Braun budował sobie wizerunek amerykańskiego apostoła podróży kosmicznych. Rakiety, przestrzeń kosmiczna, podróże międzyplanetarne, wszystko to zawładnęło wyobraźnią Amerykanów. W latach 50. amerykańskie dzieci marzyły o podróżach kosmicznych, a von Braun i Dornberger stali się rzecznikami takich podróży. Przekonywali naród, że badania nad pociskami balistycznymi są koniecznym pierwszym krokiem do podróży w kosmos[7].

Pierwszy przełom w życiu von Brauna jako orędownika podróży kosmicznych nastąpił w 1952 roku, kiedy magazyn „Collier's" zapłacił mu 4000 dolarów (równowartość około 36 000 dolarów w 2013 roku) za napisanie artykułu rozpoczynającego ośmioczęściową serię na temat podróży kosmicznych wydawaną przez Corneliusa Ryana. „Za dziesięć, piętnaście lat – napisał von Braun – Ziemia zyska nowego towarzysza na niebie, zbudowanego przez człowieka satelitę, który albo stanie się wielkim symbolem pokoju, albo najgroźniejszą bronią, w zależności od tego, kto będzie miał nad nim władzę". Taki satelita, czy stacja kosmiczna, byłby także „straszliwie skuteczną wyrzutnią bomb atomowych", dodał von Braun. Od samego początku podróże kosmiczne były związane ze sztuką wojenną. I tak jest do dziś.

Von Braun nie tylko sporo zarobił, ale dzięki magazynowi „Collier's" znalazł się w centrum zainteresowania opinii publicznej oraz wydawców. A co ważniejsze, dzięki zainteresowaniu jego osobą mógł się pokazać w zupełnie nowym świetle, jako Amerykanin patriota. Latem 1952 roku „American Magazine" opublikował artykuł *Dlaczego wybrałem Amerykę*, w którym von Braun wyznaje swoją miłość wobec Ameryki, chrześcijaństwa i demokracji. Von Braun twierdzi w artykule, że w czasie wojny był przeciwny nazizmowi i nie robił nic więcej poza wykonywaniem rozkazów. Artykuł zdobył nagrodę „za patriotyzm"[8], mimo że napisał go anonimowy autor, a nie laureat. Artykuł został przywołany przynajmniej w jednej książce i, jak tłumaczy Michael J. Neufeld, od tej pory był „uważany za podstawowe źródło przez wielu dziennikarzy i autorów"[9].

Zainteresowanie opinii publicznej von Braunem zwróciło uwagę wytwórni Walt Disney Studios w Kalifornii, której dyrektor zadzwonił do von Brauna z pytaniem, czy byłby zainteresowany nakręceniem kilku programów na temat kosmosu dla telewizji. Przez ponad rok von Braun usiłował znaleźć w Nowym Jorku wydawcę powieści science fiction, którą napisał podczas pobytu na pustyni w Teksasie. Do tej pory powieść odrzuciło osiemnastu wydawców. Kontrakt z wytwórnią Disneya był pewniejszą drogą do sławy, więc von Braun go podpisał. Pierwszy program Disney TV, w którym wystąpił von Braun w 1955 roku, nosił tytuł *Man in Space* (Człowiek w kosmosie), przyciągnął około 42 milionów widzów i był drugim pod względem oglądalności programem amerykańskiej telewizji[10]. Miesiąc później, 15 kwietnia 1955 roku, von Braun i wielu innych niemieckich specjalistów od rakiet w trakcie uroczystości w audytorium Huntsville High School otrzymało amerykańskie obywatelstwo. W 1958 roku von Braun i jego zespół, w reakcji na radzieckiego Sputnika, dokonali pierwszego udanego umieszczenia na orbicie satelity Explorer I. Operacją wystrzelenia satelity kierował Kurt Debus.

W 1960 roku von Braun i grupa około 120 naukowców, inżynierów i techników zatrudnionych przez wojsko w ramach Operacji Paperclip została przeniesiona do nowo powstałej Narodowej Agencji Aeronautyki i Przestrzeni Kosmicznej, NASA, z zadaniem budowy rakiet Saturn, które pozwoliłyby człowiekowi dotrzeć na Księżyc. Von Braun został dyrektorem ośrodka NASA w Redstone Arsenal, noszącego nazwę Marshall Space Flight Center, a także szefem zespołu projektantów zajmujących się konstrukcją rakiety nośnej Saturn V, największej z wszystkich wykorzystywanych w programie kosmicznym. Zastępcą von Brauna w programie Saturn był Arthur Rudolph, były dyrektor fabryki Mittelwerk, w której wykorzystywano pracę niewolniczą więźniów.

Rakieta Saturn V potrzebowała wyrzutni i hangaru. Na miejsce ich budowy wybrano przylądek Canaveral na wschodnim wybrzeżu Florydy. Pierwszego lipca 1962 roku NASA uruchomiła tam Launch Operations Center, którego dyrektorem został Kurt Debus. Debus był zagorzałym nazistą i w czasie wojny wydał w ręce gestapo swojego kolegę inżyniera za przytyki pod adresem Hitlera. Do przechowywania ogromnej rakiety Saturn NASA zbudowała na pobliskiej wyspie Merritt Budynek Montażu Pionowego[11]. Był to największy budynek na świecie – większy od Pentagonu i niemal tak wysoki jak pomnik Waszyngtona. Zaprojektował go Bernhard Tessmann, projektant fabryk w Peenemünde i Nordhausen[12], i człowiek, który pod koniec wojny ukrył dokumentację V-2 w kopalni Dörnten.

Podobnie jak Dornberger, von Braun starał się wybielić swoją nazistowską przeszłość. Wiedział, że nie należy nigdy mówić, iż został członkiem NSDAP już w 1937 roku. Kiedy pewnego razu dziennikarz zapytał go, błędnie, o wstąpienie do partii „w 1942 roku", von Braun zapomniał o naukowej skrupulatności i nie poprawił go[13]. Powiedział natomiast to, co zawsze powtarzał – że został zmuszony do wstąpienia do NSDAP. Nigdy nie wspominał o oddziale kawalerii SS, do którego wstąpił w 1933 roku, ani o tym, że w 1944 roku został oficerem SS, nosił oficerski mundur, opaskę ze swastyką i czapkę z trupią czaszką. Gdyby te fakty wyszły na jaw, mógłby zostać deportowany na podstawie ustawy o bezpieczeństwie wewnętrznym z 1950 roku, która nakazywała pozbywać się z kraju komunistów, ale także wszystkich czynnie uczestniczących w „totalitarnych dyktaturach". Dlatego jego przynależność do SS był tajemnicą pilnie strzeżoną przez wszystkich – samego von Brauna, amerykańskich wojskowych i NASA. Aż do 1985 roku, kiedy dziennikarka CNN Linda Hunt ujawniła ten fakt.

Mimo to mroczny cień uwikłania von Brauna w nazistowskie zbrodnie wojenne towarzyszył mu cały czas i niekiedy o sobie przypominał. Pewnego dnia, będąc w redakcji magazynu „Collier's", jechał windą z Heinzem Haberem ze Szkoły Medycyny Lotniczej w bazie Randolph, również objętym Operacją Paperclip, oraz ze swoim wydawcą, Corneliusem Ryanem. Prócz nich w windzie było kilku pracowników redakcji. Jeden z nich wyciągnął rękę, potarł palcami skórzany płaszcz Habera i powiedział cierpko: „To oczywiście z ludzkiej skóry, prawda?"[14].

Im bliżej człowiek był Księżyca, tym szybciej rosła sława Wernhera von Brauna. Był osobą publiczną, a nazistowska przeszłość ciągnęła się za nim jak cień. W latach 60. bywała nawet przedmiotem żartów. Pewnego wieczoru, przed misją Apollo, von Braun opuścił konferencję prasową po tym, jak jeden z dziennikarzy zapytał go, czy może zagwarantować, że rakieta nie trafi w Londyn[15]. A Tom Lehrer napisał piosenkę, kpiąc z von Brauna: „Gdy rakieta mknie do góry, kogo obchodzi, gdzie spadnie? To nie moja działka, mówi Wernher von Braun". Stanley Kubrick nakręcił mroczną komedię *Dr. Strangelove*. Występuje tam postać szalonego naukowca, dla której pierwowzorem był von Braun. W słynnej scenie naukowiec zrywa się z wózka inwalidzkiego i krzyczy: „Mein Führer, znów mogę chodzić!". Ale w 1963 roku w Berlinie Wschodnim znany pisarz i prawnik Julius Mader napisał książkę *Tajemnica z Huntsville: prawdziwa kariera rakietowego barona Wernhera von Brauna*[16]. Na obwolucie znalazł się rysunek przedstawiający von Brauna w czarnym mundurze Sturmbannfuhrera SS z Krzyżem Rycerskim na szyi. Krzyżem, który otrzymał z rąk Alberta Speera w trakcie uroczystości w zamku Varlar. Książka wydana przez Deutscher Militärverlag przedstawiała von Brauna jako zagorzałego nazistę i ujawniała szczegóły na temat morderczych warunków w fabryce w Nordhausen, w której von Braun nadzorował pracę robotników przymusowych, oraz w obozie koncentracyjnym Dora-Nordhausen, skąd robotnicy byli zabierani do pracy.

Kilku znających język niemiecki obywateli amerykańskich zaalarmowało NASA o oskarżeniach wobec von Brauna, tak jakby

NASA nic o nich nie wiedziała. Trzech najwyżej postawionych przedstawicieli NASA: James E. Webb, Hugh Dryden i Robert Seamans, rozmawiało z von Braunem na temat zaistniałej sytuacji i doradzało mu, jak powinien postąpić[17]. Gdyby ktokolwiek zadał mu pytanie na ten temat, radził dyrektor NASA James Webb, von Braun powinien odpowiedzieć: „Wszystko, co jest związane z moją wcześniejszą działalnością w Niemczech… jest dobrze znane rządowi USA". W rezultacie książka nie odbiła się szerokim echem w świecie zachodnim. Była mieszaniną „wstrząsających faktów" i „sfabrykowanych dowodów", tłumaczy autor biografii von Brauna Michael J. Neufeld, przez co łatwo było zdyskredytować całość. A kiedy NASA dowiedziała się, że autor książki, Julius Mader, był agentem tajnej wschodnioniemieckiej policji, jego rewelacje zupełnie straciły swoją moc. W razie potrzeby można byłoby książkę zdyskredytować jako kierowaną przez Rosjan próbę obniżenia prestiżu amerykańskiego programu kosmicznego.

Tajemnica z Huntsville: prawdziwa kariera rakietowego barona Wernhera von Brauna okazała się wielkim sukcesem wydawniczym w bloku wschodnim[18]. Została przetłumaczona na rosyjski i sprzedała się w Związku Radzieckim w nakładzie pół miliona egzemplarzy. W 1967 roku we wschodnioniemieckiej państwowej wytwórni filmowej DEFA (Deutsche Film-Aktiengesellschaft) powstał sfinansowany przez Rosjan film *Die Gefrorenen Blitze* (Zamarznięte błyskawice), do którego scenariusz na podstawie swojej książki napisał Mader. W tym samym roku zachodnioniemieccy prokuratorzy doprowadzili do nowego procesu Dora-Nordhausen, tym razem nazwanego procesem Essen-Dora. O zbrodnie wojenne popełnione w podziemnym kompleksie Mittelwerk oskarżono esesmana, funkcjonariusza gestapo i szefa ochrony. Dyrektor generalny Mittelwerk i wykluczony z Operacji Paperclip naukowiec, Georg Rickhey, został wezwany w charakterze świadka. Podobnie jak Wernher von Braun. Mieszkający w Niemczech Rickhey stawił się na rozprawie. Zeznał pod przysięgą, że nie wiedział o istnieniu obozu koncentracyjnego Dora-Nordhausen, a dowiedział się dopiero po wojnie. „Niewiele więcej wiem, ponieważ to były tajne obozy – oświadczył przed sądem Rickhey. – Dowodziło tajne komando. W Nordhausen panowały katastrofalnie złe warunki, ale dowiedziałem się o tym dopiero po wojnie”[19]. To było wyjątkowo niedorzeczne mijanie się z prawdą.

Natomiast rada naczelna NASA nie zgodziła się na wysłanie gwiazdy swojego programu kosmicznego do Niemiec, ponieważ mogłoby to otworzyć puszkę Pandory. Zgodziła się tylko, żeby von Braun złożył ustne zeznanie w zachodnioniemieckim konsulacie[20]. Prawnicy NASA zaproponowali konsulat w Nowym Orleanie, z dala od siedzib redakcji najbardziej wpływowych mediów[21]. Ocalałych z obozu Dora-Nordhausen reprezentował wschodnioniemiecki adwokat dr Friedrich Kaul. Dowiedziawszy się, że von Braun nie przyleci do Niemiec, postanowił wybrać się do Nowego Orleanu i osobiście wysłuchać zeznania von Brauna. Kaul był nadzwyczaj zdolnym prawnikiem i znał kompromitujące von Brauna informacje.

Według Michaela J. Neufelda amerykańskie władze wiedziały, że dr Kaul był doradcą prawnym wytwórni DEFA, a przesłuchując von Brauna, chciał „nagłośnić związki von Brauna z SS i obozami koncentracyjnymi”[22]. Tego rodzaju reklama mogłaby zniweczyć plany lotu na Księżyc i dlatego Departament Stanu odmówił dr. Friedrichowi Kaulowi wydania wizy wjazdowej.

Von Braun odpowiadał natomiast w budynku sądu w Luizjanie na pytania sądu niemieckiego. Podobnie jak przy zeznaniach w procesie Nordhausen w 1947 roku, wszystko, co powiedział von Braun, zostało przez armię amerykańską utajnione. Do mediów dotarła tylko informacja, że von Braun zeznawał pod przysięgą podczas procesu o popełnienie zbrodni wojennych. W związku z tym von Braun wydał krótkie oświadczenie, w którym stwierdził, że nie ma „nic do ukrycia i nie jest w nic zamieszany”. Kiedy dziennikarz zapytał go, czy w Peenemünde byli wykorzystywani do pracy niewolniczej więźniowie obozów koncentracyjnych, von Braun odpowiedział, że nie[23].

Sędzia przewodniczący rozprawie Essen-Dora wysłuchał także zeznania generała Dornbergera, ale w Meksyku, gdzie Dornberger spędzał wraz z żoną zimowe wakacje. Kilka miesięcy później von Braun i Dornberger wymienili się korespondencją na temat procesu. „A jeśli chodzi o samo zeznanie, też o nim na szczęście wiele nie słychać"[24], napisał von Braun. Brak wiadomości był dla nich obu dobrą wiadomością.

Już po wylądowaniu Apollo 11 na Księżycu w lipcu 1969 roku felietonista Drew Pearson – ten sam, którego demaskatorskie publikacje doprowadziły do wydalenia z USA generała dr. Waltera Schreibera – napisał, że von Braun był członkiem SS. Von Braun był już w tym czasie osobą tak sławną i podziwianą, że artykuł Pearsona przeszedł właściwie bez echa. Von Braun był dla Ameryki bohaterem. Gdziekolwiek się pojawił, przyjmowano go z honorami i obrzucano konfetti i serpentynami.

Po zakończeniu programu Apollo von Braun przeszedł do sektora prywatnego. Jako dostawca sprzętu wojskowego podróżował po całym świecie i spotykał się ze światowymi przywódcami, między innymi z Indirą Gandhi, szachem Iranu i hiszpańskim następcą tronu księciem Juanem Carlosem. W 1973 roku postanowił nauczyć się pilotowania szybowca i w czerwcu tego samego roku wystąpił do Federalnego Zarządu Lotnictwa o wydanie mu licencji pilota. Wymagało to przeprowadzenia badań lekarskich oraz zdjęcia rentgenowskiego, które ujawniło jakiś cień na nerce. Von Braun był śmiertelnie chory na raka, choć przeżył jeszcze cztery lata.

Rok przed jego śmiercią w Białym Domu powstała inicjatywa uhonorowania Wernhera von Brauna prezydenckim Medalem Wolności. Pomysł zyskał spore poparcie, ale w pewnym momencie doradca prezydenta Forda, David Gargen, skierował do swoich kolegów doradców notatkę, w której napisał: „Przepraszam, ale nie ma mowy, żebym poparł nadanie Medalu Wolności byłemu naziście, którego V-2 wystrzelono w kierunku 3 tysięcy brytyjskich i belgijskich [sic] miast. Owszem, oddał nam potem wartościowe usługi, ale szczerze mówiąc, odpłaciliśmy mu się już za nie chyba dostatecznie"[25]. Na pocieszenie von Braun otrzymał Medal Nauki. Zmarł 16 czerwca 1977 roku. Na jego nagrobku w Alexandrii w stanie Wirginia są wyryte słowa z Księgi Psalmów (19:1), wychwalające Boga, chwałę, niebo i ziemię.

Minęło kolejnych osiem lat, nim nieustraszona dziennikarka CNN Linda Hunt zarwała zasłonę milczenia otaczającą Wernhera von Brauna. Korzystając z zapisów ustawy o swobodnym dostępie do informacji, ujawniła nazistowską przeszłość Wernhera von Brauna.

Doktor Hubertus Strughold, choć nie tak sławny jak Wernher von Braun, odegrał równie znaczącą rolę w amerykańskim programie kosmicznym, ale na polu medycyny. W listopadzie 1948 roku, piętnaście miesięcy po przyjeździe do Szkoły Medycyny Lotniczej w bazie Randolph, Strughold oraz komendant szkoły, Harry Armstrong, zorganizowali pierwszą w amerykańskim wojsku dyskusję panelową na temat biologii w przestrzeni kosmicznej[26]. Strughold pełnił funkcję doradcy Armstronga i nadzorował pracę trzydziestu czterech niemieckich naukowców zatrudnionych w Szkole Medycyny Lotniczej w ramach Operacji Paperclip. Strughold miał szerszą wizję działania szkoły i chciał uruchomić program medycyny kosmicznej na potrzeby amerykańskich sił powietrznych.

W 1948 roku pomysł odbywania przez ludzi podróży kosmicznych wydawał się fantastyką naukową. Ale zespół Strugholda przeprowadził już wraz z zespołem von Brauna eksperyment w White Sands i chciał przekazać opinii publicznej jego rezultaty. Jedenastego czerwca 1948 roku ważącą cztery kilogramy małpę o imieniu Albert umieszczono w specjalnej uprzęży w stożku kadłuba rakiety V-2 i wystrzelono w przestrzeń[27]. Hermetyczną kapsułę, uprząż małpy i klatkę zaprojektował dr Strughold ze swoim zespołem. Rakieta V-2 z Albertem dotarła na wysokość sześćdziesięciu trzech kilometrów. W trakcie trwającego sześć minut lotu Albert się udusił, ale dla dr. Strugholda podróż małpy oznaczała pierwszy krok na drodze do wysłania w kosmos człowieka.

Panel dyskusyjny Armstronga i Strugholda był sponsorowany przez Biuro Naczelnego Lekarza Sił Powietrznych, Narodową

Radę Badań Naukowych oraz laboratorium medycyny lotniczej w bazie Wright-Patterson. Po raz pierwszy w historii medycyna kosmiczna została potraktowana jako gałąź nauki wojskowej. Dwa miesiące później, w styczniu 1949 roku, Armstrong i Strughold uznali, że nadszedł czas poszukać funduszy do utworzenia nowego wydziału w Szkole Medycyny Lotniczej, który miałby się zajmować wyłącznie medycyną kosmiczną[28]. Do tego, jak tłumaczył później Armstrong, „potrzebowaliśmy dużo większych pomieszczeń, więcej przestrzeni i znacznie więcej skomplikowanego sprzętu badawczego"[29].

Armstrong pojechał do Waszyngtonu, żeby przekonać do tego pomysłu Kongres i wyjaśnić, że przygotowania do wysłania człowieka w kosmos zajmą od piętnastu do dwudziestu lat[30]. Kongres zaaprobował pomysły Armstronga. „Nie było żadnych krzykliwych nagłówków", wspominał później Armstrong. Wydział Medycyny Kosmicznej w Szkole Medycyny Lotniczej został otwarty podczas skromnej uroczystości 9 lutego 1949 roku. „Na stanowisko dyrektora nowego laboratorium kosmicznego wyznaczyłem siebie... a nie dr. Strugholda, ponieważ Niemcy wciąż jeszcze budzili niechęć"[31], powiedział w 1976 roku Armstrong. Ale zaledwie kilka miesięcy po otwarciu nowego wydziału Armstrong został przeniesiony do Pentagonu, gdzie otrzymał stanowisko naczelnego lekarza amerykańskich sił powietrznych. Zastąpił na stanowisku swojego długoletniego mentora, generała Malcolma Growa. Natomiast dr Strughold został mianowany na stanowisko dyrektora naukowego wydziału medycyny kosmicznej w Szkole Medycyny Lotniczej.

Strughold w dalszym ciągu nadzorował działalność zawodową niemieckich naukowców. Odgrywał też aktywną rolę w rekrutowaniu nowych pracowników. Jesienią 1949 roku udał się do Niemiec, żeby przyspieszyć zatrudnienie swojego dawnego kolegi, dr. Siegfrieda Ruffa[32], jednego z lekarzy sądzonych i uniewinnionych w procesie norymberskim. Siegfried Ruff był lekarzem Luftwaffe, nadzorującym zbrodnicze eksperymenty medyczne Raschera w Dachau. Informacja na temat zatrudnienia Ruffa wyciekła do dziennikarza Drew Pearsona[33], który ponoć zagroził poinformowaniem o tym prezydenta, jeśli Ruff trafi do Stanów Zjednoczonych w ramach Operacji Paperclip. Umowa z Ruffem nigdy nie weszła w życie.

Drugi oskarżony i uniewinniony w procesie lekarzy w Norymberdze zdołał dzięki pomocy Strugholda zapewnić sobie kontrakt w ramach Operacji Paperclip. Konrad Schäfer, specjalista od „pragnienia i gaszenia pragnienia", który „uczestniczył w planowaniu i dokonywaniu eksperymentów ze słoną wodą" w Dachau, przyjechał do Szkoły Medycyny Lotniczej w sierpniu 1949 roku. Badania dla wojska prowadzone przez Schäfera nadzorował dr Strughold i kapitan sił powietrznych Seymour Schwartz. Podczas swojego pobytu w Szkole Medycyny Lotniczej Schäfer pracował na trzech wydziałach: chorób wewnętrznych, radiobiologii oraz farmakologii[34]. Jeden z jego projektów badawczych miał na celu uzdatnienie do picia wody z rzeki Missisipi[35]. Amerykanin nadzorujący pracę Konrada Schäfera uznał go za nieudolnego. „Naukowcowi [Schäferowi] jakimś cudem nie udało się zakończyć żadnej pracy badawczej i wykazywał bardzo niewielką przenikliwość – napisał kapitan Schwartz. – Z dotychczasowych doświadczeń wynika, że ten człowiek jest całkowicie nieefektywnym pracownikiem naukowym, a jego przyszła przydatność dla sił zbrojnych USA jest równa zeru"[36].

W liście do dyrektora wywiadu sił powietrznych w Waszyngtonie, datowanym na marzec 1951 roku, kapitan Schwartz zażądał zerwania kontraktu z Schäferem i odesłania go do Niemiec[37]. Siły powietrzne zerwały umowę z Schäferem, ale niemiecki lekarz odmówił wyjazdu ze Stanów Zjednoczonych. Dzięki przyspieszonym procedurom JIOA Schäfer zdobył ważną amerykańską wizę imigracyjną, zanim został uznany za niekompetentnego. Przeprowadził się do Nowego Jorku i podjął pracę w sektorze prywatnym[38].

Na początku lat 50. Szkoła Medycyny Lotniczej, a szczególnie wydział medycyny kosmicznej, zyskała opinię znakomitego laboratorium badawczego. „Journal of Aviation Medicine" zaczął publikować artykuły na temat medycyny kosmicznej, w tym napisane przez naukowców z Operacji Paperclip, poruszające takie zagadnienia jak nieważkość, oddawanie moczu przy braku grawitacji czy wpływ promieniowania kosmicznego na ludzki organizm. W Szkole Medycyny Lotniczej prowadzono również tajne badania dla wojska, w tym eksperymenty na ludziach. W styczniu 1994 roku prezydent Clinton powołał do życia Komitet Doradczy ds. Eksperymentów z Promieniowaniem, który miał zbadać wykorzystywanie ludzi do eksperymentów medycznych. Komitet uznał wiele z tych eksperymentów za zbrodnicze i prowadzone z pogwałceniem zasad Kodeksu Norymberskiego[39]. Znalazły się wśród nich badania prowadzone przez niemieckich lekarzy w Szkole Medycyny Lotniczej.

Począwszy od 1951 roku, Komisja Energii Atomowej oraz Departament Obrony zaczęły przeprowadzać nadziemne próby atomowe na pustyni Nevada, w ośrodku noszącym nazwę Nevada Proving Ground, później przemianowanym na Nevada Test Site[40]. Próby miały służyć określeniu, w jaki sposób żołnierze i lotnicy będą się zachowywać na polu bitwy w warunkach wojny jądrowej. Komisja Energii Atomowej oraz Departament Obrony zgodnie uznały, że dla odpowiedniego przygotowania się na wypadek wojny jądrowej trzeba poddać żołnierzy działaniu promieniowania[41].

Na początku lat 50. dyrektorem badań medycznych w Szkole Medycyny Lotniczej był pułkownik John E. Pickering. W ramach swoich obowiązków Pickering nadzorował badania prowadzone przez dwóch niemieckich lekarzy na zlecenie Komisji Energii Atomowej, a dotyczące „oślepienia"[42] – czasowej lub trwałej ślepoty spowodowanej patrzeniem na wybuch ładunku jądrowego. Z zeznań pułkownika Pickeringa złożonych przed Komitetem Doradczym w 1994 roku wynika, że badania takie zlecił dr Strughold. Pickering zeznał, że Strughold był zainteresowany tym tematem, ponieważ sam częściowo utracił wzrok w jednym oku, kiedy jako chłopiec wpatrywał się w koronę słoneczną. „To nas zaciekawiło"[43], tak Pickering wspominał wypadek Strugholda.

Wśród naukowców Operacji Paperclip zajmujących się badaniami nad oślepieniem byli Heinrich Rose i Konrad Büttner.

Obaj pracowali dla amerykańskiego rządu od jesieni 1945 roku, kiedy dr Strughold zarekomendował ich do pracy w Centrum Medycyny Lotniczej sił powietrznych w Heidelbergu. I podobnie jak tylu innych kolegów Strugholda z Luftwaffe, obaj byli zagorzałymi nazistami w czasie wojny, członkami NSDAP i SA[44].

W pierwszej serii badań nad oślepianiem Rose i Büttner wykorzystali do eksperymentów świnie. Obliczyli, że wybuch bomby atomowej o sile 20 kiloton spowoduje uszkodzenie siatkówki z odległości 65 kilometrów[45]. W późniejszych testach atomowych wykorzystywano już ludzi, ponieważ Komisja Energii Atomowej chciała uzyskać dokładniejsze dane dotyczące istot ludzkich. Jesienią 1951 roku przeprowadzono serię prób nazwaną Operacją Buster-Jangle, gdzie żołnierze ochotnicy mieli patrzeć na eksplozję z różnych odległości. Załoga samolotu C-54 znajdującego się w odległości 15 kilometrów od miejsca wybuchu miała wyjrzeć przez okna maszyny. Część osób miała założone okulary ochronne, a część nie. Według Pickeringa nie stwierdzono „żadnych widocznych uszkodzeń". Wiosną 1952 roku w ramach Operacji Tumbler-Snapper przeprowadzono serię prób atomowych, podczas których żołnierze ochotnicy patrzyli na miejsce eksplozji ukryci w naczepie samochodowej z wyciętymi okienkami[46]. Odległość dzieląca naczepę od miejsca wybuchu wynosiła również około 15 kilometrów, tylko że tym razem żołnierze znajdowali się na tym samym poziomie co eksplodująca bomba. Jednym z ochotników w naczepie był pułkownik Pickering, który powiedział, że część żołnierzy obserwowała eksplozję przez okulary ochronne, a część gołym okiem. Dwóch żołnierzy straciło wzrok i próby z wykorzystaniem naczepy zarzucono.

Wiosną 1953 roku, podczas Operacji Upshot-Knothole, żołnierze ochotnicy mieli ukryć się w okopach głębokości półtora metra oddalonych o kilka kilometrów od miejsca wybuchu[47]. Żołnierzy poinstruowano, że mają nie patrzeć na wybuch. Jednak ciekawość zwyciężyła przynajmniej u jednego młodego oficera, dwudziestodwuletniego porucznika, występującego w odtajnionych materiałach pod inicjałami „S.H."[48]. Porucznik obejrzał się przez ramię i spojrzał w kierunku wybuchającej bomby atomowej o sile 43 kiloton.

„Nie miał okularów ochronnych", zeznał pułkownik Pickering przed Komitetem Doradczym prezydenta Clintona w 1994 roku. Ponieważ światło wpada do oka przez rogówkę i jest rozszczepiane, kiedy dotrze do źrenicy, tłumaczył Pickering, powstaje obraz odwrócony do góry nogami. W rezultacie odwrócony obraz eksplozji został „na stałe" wypalony w źrenicy porucznika i był to zdaniem Pickeringa „chyba jeden z najpiękniejszych wizerunków ognistej kuli, jaki można zobaczyć"[49]. Pickering dodał, że lekarze ze Szkoły Medycyny Lotniczej zostawili sobie na pamiątkę fotografię źrenicy porucznika. Komitet Doradczy ustalił, że tajne badania nad oślepianiem były prowadzone co najmniej do 1962 roku, ale większość materiałów zaginęła albo została zniszczona.

Doktor Strughold w swoich badaniach koncentrował się na medycynie kosmicznej. W White Sands kontynuowano próby z wystrzeliwaniem rakiet z małpami[50]. Dziewiętnastego czerwca 1949 roku wystrzelono rakietę z małpą Albert II. Strughold i jego zespół monitorowali funkcje życiowe Alberta II aż do minięcia przez rakietę V-2 linii Kármána – punktu, gdzie zaczyna się otwarta przestrzeń kosmiczna. Rakieta doleciała na odległość 133 kilometrów. Albert II zdechł przy powrocie na ziemię w wyniku uderzenia, kiedy jego spadochron się nie otworzył. W 1952 roku Strughold zdołał przekonać siły powietrzne do sfinansowania hermetycznej kabiny, czy raczej kapsuły, w której można było prowadzić badania na ludziach w zakresie medycyny kosmicznej. Kabinę zaprojektował pracujący w ramach Operacji Paperclip Fritz Haber, brat Heinza Habera. Budowę kabiny zakończono w 1954 roku. Znajdował się w niej pojedynczy fotel i panel sterowania. Kabina miała symulować warunki, w jakich przebywałby astronauta w trakcie podróży na Księżyc. Pierwszą próbę z udziałem człowieka przeprowadzono w marcu 1956 roku. Lotnik D.F. Smith spędził w niej dwadzieścia cztery godziny, wykonując różne zadania. Przez cały czas był obserwowany przez Strugholda i jego zespół. Dwa lata później, w lutym 1958 roku, pilot Donald G. Farrell, dwudziestotrzylatek z Bronxu, wybrany z grupy starannie przebadanych kandydatów, spędził w kabinie siedem dni i nocy. Strughold wyjaśnił, że wybrano taki czas, czerpiąc inspirację z Juliusza Verne'a, który przewidział, że tyle czasu zajmie podróż na Księżyc. W czasie eksperymentu funkcje życiowe Donalda Farrella i jego zdolność do wykonywania zadań monitorowali: Strughold, jego kolega z czasów służby w Luftwaffe, Hans-Georg Clamann, oraz dwóch oficerów z sił powietrznych.

Próba w symulatorze kapsuły kosmicznej zwróciła uwagę mediów. Siódmego i ostatniego dnia eksperymentu w Szkole Medycyny Lotniczej pojawił się senator z Teksasu, Lyndon B. Johnson, który osobiście wyprowadził Donalda Farrella z kabiny i wystąpił razem z nim na konferencji prasowej[51]. Obok Farrella stał dr Strughold, a z drugiej strony generał Otis Benson, człowiek, który bezskutecznie próbował znaleźć pracę na uczelni generałowi Walterowi Schreiberowi, chcąc uchronić go przed deportacją. Benson pochwalił Strugholda za znakomitą pracę „na polu nauk medycznych"[52].

Lyndon Johnson był tak podekscytowany wydarzeniem, że zabrał Strugholda i jego zespół do Waszyngtonu, gdzie zjedli uroczysty lunch z siedemdziesięcioma kongresmenami, sekretarzem sił powietrznych i półtuzinem czterogwiazdkowych generałów. Strughold tak później wspominał to wydarzenie: „Po zupie [Lyndon] Johnson poprosił mnie o pięć minut rozmowy na temat medycyny kosmicznej i znaczenia tego eksperymentu"[53]. Hubertus Strughold, podobnie jak Wernher von Braun i Walter Dornberger, dołączył teraz do naukowej elity amerykańskiego wojska.

Po drodze zdarzył się jednak mały wypadek. W maju 1958 roku magazyn „Time" opublikował artykuł na temat Strugholda, wychwalając go pod niebiosa jako pioniera amerykańskiej medycyny kosmicznej. W odpowiedzi poczytny „Saturday Review" opublikował artykuł wstępny Juliana Bacha Jr., byłego korespondenta wojennego pisującego dla „Army Talks" i „pierwszego amerykańskiego korespondenta, który poruszył temat eksperymentów medycznych na ludziach dokonywanych w czasie drugiej wojny światowej przez nazistowskich lekarzy"[54]. Artykuł Bacha nosił tytuł *Naukowiec Himmler*. Dziennikarz przypomniał w nim opinii publicznej o eksperymentach, jakie nazistowscy lekarze przeprowadzali na więźniach obozów koncentracyjnych. „Masakrujący ich niemieccy lekarze byli często medycznymi autorytetami – napisał Bach. – Tylko nieliczni byli szarlatanami". Bach powiązał Strugholda z eksperymentami w Dachau, twierdząc, że co najmniej „wiedział o nich". W ten sposób opinia publiczna po raz pierwszy usłyszała, że dr Strughold wiedział o zbrodniczych eksperymentach.

Artykuł sprawił, że wszczęto śledztwo na szczeblu federalnym. Ponieważ Strughold dwa lata wcześniej otrzymał amerykańskie obywatelstwo, Służba Imigracji i Naturalizacji była zmuszona rozpocząć dochodzenie. Jednak po sprawdzeniu w siłach powietrznych wydała oświadczenie, stwierdzając, że Strughold został „odpowiednio sprawdzony" przed nadaniem mu amerykańskiego obywatelstwa. Funkcjonariuszom Służby Imigracji i Naturalizacji nie pokazano raportu OMGUS na temat Strugholda ani jego utajnionego dossier. Gdyby poznali ich treść, dowiedzieliby się, że zdaniem wywiadu wojskowego „udana kariera Strugholda pod rządami Hitlera wskazuje na jego ścisłe związki z nazizmem".

W październiku 1958 roku w San Antonio w Teksasie odbyło się dwudzieste dziewiąte posiedzenie Stowarzyszenia Medycyny Lotniczej, a w jego ramach całodzienne sympozjum „Medycyna lotnicza na progu kosmosu"[55]. Pierwszy międzynarodowy kongres tego stowarzyszenia odbył się dwadzieścia jeden lat wcześniej w hotelu Waldorf-Astoria. Uczestniczyli w nim wówczas zarówno dr Strughold, jak i Harry Armstrong. I teraz znowu się spotkali: Armstrong i Strughold byli współgospodarzami kongresu. Mowę wygłosił generał Dornberger. Jedenastu z czterdziestu siedmiu uczestników trafiło do Stanów Zjednoczonych w ramach Operacji Paperclip. Teraz byli obywatelami amerykańskimi.

Strughold był bardzo płodnym autorem, publikował czasem ponad tuzin artykułów rocznie[56]. Pisał do magazynu „Collier's" na temat kapsuł kosmicznych. Był twórcą nowej nomenklatury naukowej związanej z kosmosem – to on wymyślił „bioastronautykę", „grawisferę", „ekosferę" i „astrobiologię". Prowadził badania nad wpływem zmian czasowych podczas długich podróży lotniczych na funkcjonowanie organizmu, a swoje spostrzeżenia opisał w książce *Your Body Clock*. W 1964 roku wywiad z nim przeprowadziła pisarka i dziennikarka, Shirley Thomas. Teraz, kiedy od jego nazistowskiej przeszłości dzieliło go niemal dwadzieścia lat, Strughold zaczął tworzyć fikcyjną historię swojego życia, w której był przeciwnikiem nazizmu.

„Byłem przeciwko Hitlerowi i jego poglądom – powiedział w wywiadzie dla Shirley Thomas. – Czasem musiałem się ukrywać, ponieważ moje życie było zagrożone". Był to, oczywiście, absurd. Strughold należał do najwyżej postawionych w hierarchii Luftwaffe lekarzy.

„Czy był pan zmuszany do wstąpienia do partii nazistowskiej?"– zapytała Thomas.

„Próbowali mnie zmusić, ale im się nie udało". Strughold powiedział jeszcze, że to samo dotyczyło personelu Instytutu Badawczego Medycyny Lotniczej w Berlinie. „Tylko dozorca i człowiek opiekujący się zwierzętami"[57] byli członkami partii nazistowskiej, skłamał Strughold.

Tak jakby jego najbliżsi koledzy z czasów nazizmu – dr Siegfried Ruff, Konrad Schäfer, Hermann Becker-Freyseng i Oskar Schröder – nigdy nie istnieli.

Ludzie zaczęli dokładniej przyglądać się przeszłości. Trzeciego września 1973 roku Simon Wiesenthal, człowiek, który odegrał kluczową rolę w schwytaniu Adolfa Eichmanna, napisał list do dr. Adalberta Rückerla, dyrektora Centralnego Urzędu ds. Ścigania Zbrodni Nazistowskich w Ludwigsburgu w Niemczech[58].

„Mam informacje, że dr Hubertus Strughold uczestniczył w eksperymentach na ludziach w Ravensbrück – napisał Wiesenthal. – W naszym archiwum to nazwisko nie występuje. Z moich informacji wynika, że eksperymenty miały związek z niemieckimi siłami powietrznymi".

Doktor Adalbert Rückerl odpowiedział Wiesenthalowi, że przyjrzy się sprawie. Kilka miesięcy później napisał do Wiesenthala, że przeprowadzono dochodzenie, ale Centralny Urząd nie znalazł żadnych oczywistych dowodów na osobiste zaangażowanie Strugholda w zbrodnie medyczne. Rückerl przekazał Wiesenthalowi kopię dokumentów dotyczących konferencji „Medyczne problemy związane z zagrożeniami ze strony wody i zimy", która odbyła się w hotelu Deutscher Hof w Norymberdze w 1942 roku, a także wydatków Strugholda na podróż do Norymbergi i wynagrodzenia, jakie otrzymał za uczestnictwo w konferencji[59]. Obecni na konferencji lekarze Luftwaffe omawiali dane medyczne zamordowanych ludzi. Ale wiedza nie jest jeszcze przestępstwem i dlatego Centralny Urząd nie zamierzał podejmować żadnych dalszych działań.

Kilka miesięcy później, pod koniec 1973 roku, amerykańska Służba Imigracji i Naturalizacji obwieściła, że Strughold i trzydziestu czterech innych podejrzanych o zbrodnie wojenne nazistów mieszka w Stanach Zjednoczonych. Kiedy Strughold zobaczył swoje nazwisko na liście opublikowanej przez „New York Timesa", przeżył szok. Dziennikarzom powiedział to samo co wcześniej von Braun. „Zanim tu przyjechałem i dostałem pracę, zostałem dokładnie sprawdzony".

Do działania przystąpili przywódcy grup żydowskich. Charles R. Allen Jr., były wydawca magazynu „The Nation", piszący dla „Jewish Currents", pokazał dowody na to, że Strughold wiedział o eksperymentach na ludziach. Allen zdobył kopię dokumentu opisującego przebieg obrad konferencji w hotelu Deutscher Hof w Norymberdze w 1942 roku, do którego była dołączona lista uczestników[60]. Na liście znalazły się nazwiska pięciu innych nazistowskich lekarzy pracujących w Ameryce w ramach Operacji

Paperclip – generała Waltera Schreibera, Konrada Schäfera, Hansa-Georga Clamanna, Konrada Büttnera i Theodora Benzingera. Ale ani Charles R. Allen Jr., ani nikt inny nie skojarzył sobie tych nazwisk. Generał Walter Schreiber i Konrad Schäfer zostali wyrzuceni ze Szkoły Medycyny Lotniczej. Pierwszy trafił do Argentyny, drugi przeprowadził się do Nowego Jorku. Ale przecież Hans-Georg Clamann, Konrad Büttner i Theodor Benzinger nadal byli zatrudnieni przez amerykańskie władze.

Na Strugholda padł cień podejrzeń. W listopadzie 1974 roku Ralph Blumenthal na łamach „New York Timesa" szczegółowo opisał eksperymenty z wyziębianiem ludzi. „Ofiary były zmuszane do stania nago na dworze albo były zanurzane w lodowatej wodzie. Kiedy umierały z wyziębienia, przeprowadzano sekcję zwłok". Dyrektor Służby Imigracji i Naturalizacji Leonard Chapman zażądał wyjaśnień od sił powietrznych. W odpowiedzi usłyszał, że „brak informacji obciążających" Strugholda. Sprawa została po raz kolejny zamknięta.

Teraz bardziej niż kiedykolwiek wcześniej Strughold czuł potrzebę rozpowszechniania fałszywej opinii, że był antynazistą. W wywiadzie przeprowadzonym przez Jamesa C. Hasdorffa dwa dni po ukazaniu się artykułu Blumenthala w „New York Timesie" Strughold powiedział, że w czasie wojny nieustannie bał się o swoje życie. Powiedział też, że został wpisany na „tak zwaną listę wrogów" Hitlera. Strughold twierdził, że w pewnym momencie, tuż po nieudanym zamachu na Hitlera dokonanym w lipcu 1944 roku przez Clausa von Stauffenberga, on, Strughold, musiał się ukrywać, ponieważ grożono mu śmiercią. Wędrował od gospodarstwa do gospodarstwa, aż wreszcie mógł „bezpiecznie wrócić do Berlina". Wszystko to było przeinaczeniem. Niedługo po zamachu na Hitlera, Hubertus Strughold otrzymał awans na pełnego pułkownika rezerwy Luftwaffe.

Minęły trzy lata. Zainteresowanie opinii publicznej osłabło. Dziewiętnastego stycznia 1977 roku w holu biblioteki Szkoły Medycyny Lotniczej w San Antonio w Teksasie odsłonięto tablicę z brązu przedstawiającą portret dr. Hubertusa Strugholda. Ta największa biblioteka medyczna amerykańskich sił powietrznych otrzymała imię dr. Hubertusa Strugholda, ojca medycyny kosmicznej. Siły powietrzne zapewniły, że tablica upamiętniająca Strugholda „będzie na stałe wyeksponowana w holu biblioteki". Ale taką stałość trudno przewidzieć. Tylko upływ czasu pokazuje, co jest trwałe.

ROZDZIAŁ DWUDZIESTY DRUGI

Dziedzictwo

W latach 60. po Operacji Paperclip pozostały tylko rozbieżne opinie na temat jej dziedzictwa. W 1963 roku doszło do przełomowego zdarzenia, kiedy zachodnioniemiecki sąd wszczął we Frankfurcie tak zwany proces oświęcimski. Był to pierwszy tak duży proces zbrodniarzy winnych Holocaustu, który odbywał się w Niemczech[1]. Jeden proces oświęcimski odbył się już wcześniej w Krakowie w 1947 roku. Sądzono wtedy kilkoro funkcjonariuszy obozowych, w tym komendanta Auschwitz Rudolfa Hössa, który został skazany na śmierć i powieszony. Ale przed procesem frankfurckim, który toczył się przez cały rok 1965, Niemcy nie przeprowadzili samodzielnie żadnego dużego procesu zbrodniarzy wojennych. Procesy norymberskie były przecież wytoczone przez siły alianckie. Podczas procesu frankfurckiego przeciwko oskarżonym zeznawało 360 świadków z 19 krajów, w tym 211 osób, które przeżyły Auschwitz. Wszyscy sędziowie byli Niemcami.

W latach 50. niemieckie elity polityczne sprzeciwiały się wszczynaniu takich procesów z wielu powodów, ale głównie dlatego, że mogły one skutkować kolejnymi procesami. W interesie amerykańskiego wywiadu wojskowego było utrzymywanie w sekrecie szczegółów Operacji Paperclip, a niemiecki prawnikom wygodniej było nie poruszać tematu zbrodni wojennych. Tysiące ich współobywateli dopuściło się w czasie wojny potwornych zbrodni, a teraz wiodło spokojne i często pożyteczne życie.

Ale w 1963 roku, kiedy trwały przygotowania do procesu, ludzie w Niemczech po raz pierwszy od zakończenia wojny zaczęli otwarcie mówić o komorach gazowych, obozach śmierci i Holocauście. „Do procesu doszło z powodu listu, który otrzymałem – wspominał Hermann Langbein, sekretarz Międzynarodowego Komitetu Oświęcimskiego. – Wysłał go ocalały z Auschwitz Niemiec [o nazwisku] Rögner"[2]. W Auschwitz, gdzie więźniem był zarówno Langbein, jak i Rögner, SS dało Rögnerowi funkcję kapo – czyli osoby nadzorującej innych robotników przymusowych. „On był przyzwoitym kapo – tłumaczył Langbein. – Było trochę przyzwoitych kapo [w Auschwitz]".

W liście do Langbeina Rögner napisał: „Wiem, gdzie jest Boger".

Nazwisko Boger znali wszyscy, którzy ocaleli z Auschwitz. Inazywali go tygrysem z Auschwitz. Wilhelm Boger był prawdziwą bestią. Świadkowie widzieli, jak gołymi rękami mordował dzieci na obozowej rampie kolejowej. W liście do Longbeina Rögner napisał, że złożył doniesienie na Bogera do niemieckich władz w Stuttgarcie[3]. Wiosną 1958 roku Langbein, wykorzystując swoje stanowisko sekretarza Międzynarodowego Komitetu Oświęcimskiego, ustalił, że Boger mieszka z żoną i dziećmi w miasteczku pod Stuttgartem i pracuje jako księgowy. „Doprowadzenie go przed oblicze wymiaru sprawiedliwości napotykało ciągłe przeszkody", powiedział Hermann Langbein. Ale w końcu po siedmiu miesiącach zwłoki Boger został aresztowany.

W procesie frankfurckim sądzono 22 osoby. Z wyjątkiem Richarda Baera, ostatniego komendanta obozu w Auschwitz, wszyscy pozostali byli funkcjonariusze obozowi prowadzili normalne życie pod własnymi nazwiskami[4]. Komendant Richard Baer pracował jako robotnik leśny w dużej posiadłości pod

Hamburgiem, tyle że teraz nazywał się Karl Neumann. Adiutant komendanta obozu Rudolfa Hössa i jego prawa ręka, Robert Mulka, pracował jako handlowiec w Hamburgu. Josef Klehr mieszkał w Brunszwiku i pracował w sklepie z częściami samochodowymi Büssing & Sons. Klehr był sanitariuszem w Auschwitz i zamordował tysiące ludzi śmiertelnymi zastrzykami w serce. Oswald Kaduk mieszkał w Berlinie i pracował w domu opieki. W Auschwitz Kaduk kopał ludzi na śmierć. Farmaceuta SS, dr Victor Capesius, mieszkał w Göppingen i był właścicielem apteki oraz salonu piękności. W Auschwitz Capesius pomagał osławionemu doktorowi Mengele wybierać ludzi przeznaczonych do eksperymentów medycznych i zaopatrywał obóz w cyklon B. Teraz, dzięki procesowi, Niemcy mogły się przyjrzeć działalności tych ludzi okiem własnych sędziów, a nie amerykańskich. Wielu młodych Niemców zaczęło się zastanawiać, jak to możliwe, że tylu zbrodniarzy wojennych tak długo unikało kary za swoje czyny.

Dla dziedzictwa Operacji Paperclip ważniejsze jest jednak, że Rögner, składając doniesienie na Bogera, wymienił jeszcze dr. Ottona Ambrosa. W doniesieniu Rögnera Ambros występuje jako zbrodniarz wojenny, ponieważ był dyrektorem generalnym fabryki IG Farben Buna. Niemieccy prokuratorzy sprawdzili przypadek Ambrosa i ustalili, że Ambros był już sądzony i skazany za zbrodnie wojenne w Norymberdze i spędził w więzieniu Landsberg dwa lata i pięć i pół miesiąca. Dlatego postanowili nie stawiać mu po raz drugi zarzutów. Jednak w grudniu 1963 roku Ambros został wezwany do złożenia zeznań w procesie, który toczył się we frankfurckim ratuszu. W ten sposób Otto Ambros znów znalazł się w świetle jupiterów.

W 1964 roku mijało trzynaście lat, jak Ambros cieszył się wolnością. Był bardzo bogatym biznesmenem. Obracał się w środowisku rekinów przemysłowych. Kiedy rozpoczynał się proces oświęcimski we Frankfurcie, zasiadał w zarządach licznych wielkich niemieckich korporacji, m.in. AEG (Allgemeine Elekrizitats Gesellschaft), kopalni Hibernia i firmy chemicznej SKW (Süddeutsche Kalkstickstoff-Werke AG). Występując jako świadek we

Frankfurcie, Ambros złożył zeznania, które przeczyły temu, co mówił podczas swojego procesu w Norymberdze w 1947 roku. powiedział też, że warunki w fabryce Auschwitz Buna były „przytulne", a robotnicy byli otoczeni „dobrą opieką". Frankfurccy sędziowie mogli nie dostrzec sprzeczności w zeznaniach Ambrosa, ale na sali sadowej było wielu znakomitych dziennikarzy z Izraela, którzy stali się w tej kwestii ekspertami i szybko wychwycili kłamstwa Ambrosa. A wtedy zaczęli interesować się losami Ottona Ambrosa po procesie norymberskim. Mieli przed sobą człowieka, który został skazany za masowe morderstwa i zmuszanie do pracy niewolniczej, a w więzieniu siedział wyjątkowo krótko. Robotników przymusowych pracujących w fabryce IG Farben w Auschwitz było około sześćdziesięciu tysięcy, z czego trzydzieści tysięcy zmarło z wyczerpania pracą.

Dziennikarze relacjonujący przebieg procesu byli wściekli, kiedy odkryli prawdę. Otto Ambros zasiadał teraz w zarządach licznych prywatnych korporacji, ale prócz tego był członkiem zarządu pięciu firm będących własnością Republiki Federalnej Niemiec[5]. Niebotyczne wynagrodzenia, jakie otrzymywał za zajmowanie tych stanowisk, były płacone z kieszeni niemieckiego podatnika. Izraelska dziennikarka, która w dokumentach Bundesarchiv występuje tylko jako „Frau Deutschkren", była tak oburzona arogancją Ottona Ambrosa, że napisała list do ministra finansów Ludgera Westricka. Frau Deutschkren zwróciła w liście uwagę, że płacenie przez Republikę Federalną Niemiec „wynagrodzenia za konsultacje" w wysokości 12 000 marek (równowartość dzisiejszych 120 tysięcy dolarów) zbrodniarzowi wojennemu to hańba. Domagała się spotkania z ministrem Westrickiem. Minister się zgodził.

Frau Deutschkren nie mogła wiedzieć, że Otto Ambros i minister Ludger Westrick są kolegami, a nawet się przyjaźnią. Po spotkaniu Westrick obiecał, że przyjrzy się sprawie. Tymczasem ostrzegł Ambrosa. Ambros, próbując zachować wszystkie lukratywne i prestiżowe stanowiska w zarządach firm, kazał sporządzić swojemu prawnikowi, niejakiemu panu Duvallowi, listę niepopartych żadnymi dowodami zarzutów wobec siebie i swoich kolegów współoskarżonych w procesie norymberskim. Następnie poprosił ministra finansów Westricka o przekazanie w jego imieniu takich słów na swoją obronę. „Jak wyraźnie widać z tego krótkiego podsumowania, jesteśmy niewinni – tłumaczył Ambros, odnosząc się do zarzutów o ludobójstwo i wykorzystywanie pracy niewolniczej. – Ja i moi koledzy jesteśmy ofiarami Trzeciej Rzeszy. Poprzednie władze wykorzystały sukces, jakim był sztuczny kauczuk. Gdyby istniały jakiekolwiek dowody mojej winy, amerykańskie wojsko nigdy nie wypuściłoby mnie na wolność”[6]. Amerykański Wysoki Komisarz John J. McCloy, pod silnym politycznym naciskiem, ułaskawił swojego czasu Ambrosa, a Ambros wykorzystywał teraz ten fakt do poparcia tezy, że w Norymberdze został niesłusznie oskarżony.

W liście datowanym na 25 kwietnia 1964 roku Ambros przypomniał ministrowi finansów Westrickowi, że kiedy w 1951 roku został wypuszczony z więzienia Landsberg, „Ty pomogłeś mi wrócić do zarządów spółek”. I za to Ambros był mu wdzięczny. „Pozostanie w nich to dla mnie honor i obowiązek. Czynię to z czysto altruistycznych pobudek. I doceniam wszystko, co możesz dla mnie zrobić”. Minister Westrick napisał w imieniu Ambrosa list do zarządów firm. „Ambros został członkiem zarządu z powodu swoich wyjątkowych talentów – pisał Westrick. – W swojej dziedzinie jest równie rozchwytywany jak Wernher von Braun. Wszyscy chcą go mieć u siebie. Może znaleźć pracę, gdziekolwiek zechce, w dowolnym zakątku świata”.

Izraelscy dziennikarze nie zamierzali odpuścić Ambrosowi. Dalej pisali o nim artykuły, wprawiając w zakłopotanie zarówno władze Republiki Federalnej Niemiec, jak i firmy, z którymi Ambros miał cokolwiek wspólnego. *Dawny zbrodniarz wojenny uchodźcą w Szwajcarii*[7], brzmiał nagłówek z 6 czerwca 1964 roku. W artykule opisano szczegółowo czas, który Ambros spędził w szwajcarskiej wiosce Pura. Wściekły Ambros w odpowiedzi przekazał sekretarzowi stanu w Ministerstwie Pracy, Ludwigowi Kattenstrothowi, „oświadczenie na temat faktów”. „Nie ukrywałem się w Pura – napisał Ambros. – To mój letni dom. Muszę dodać, że kiedy kupowałem tam działkę w 1956 roku, poinformowałem władze szwajcarskie o wyroku w Norymberdze. Spędzam tam tylko wakacje… jeżdżą tam moje dzieci i moi przyjaciele. Po skonsultowaniu się ze swoim prawnikiem nigdy więcej nie zamierzam tam wracać". Potem przyszła pora na zarzuty. „Cała ta sprawa – pisał dalej Ambros – powinna być postrzegana w kontekście procesu frankfurckiego. Określony odłam prasy próbuje mnie oczernić"[8]. Podtekst był taki, że to „Żydzi" próbowali go oczernić.

Późnym latem 1964 roku odbyło się zebranie zarządu firmy AEG, na którym podjęto decyzję, że dalsze pozostawanie w radzie dyrektorów zbrodniarza wojennego Ottona Ambrosa jest niemożliwe. Później Ambros zrezygnował jeszcze po cichu z członkostwa w zarządzie co najmniej dwóch z pięciu spółek należących do państwa.

W oddzielnych listach do ministra finansów Ludgera Westricka i wiceministra finansów dr. Dollingera Ambros ujawnił jeszcze jeden sekret, którego obiecał nie podawać do publicznej wiadomości. „Jeśli chodzi o firmy zagraniczne, którym w sposób ciągły doradzam – napisał Ambros – nie wymienię publicznie ich nazw, ponieważ nie chcę, żeby moich przyjaciół nachodzili dziennikarze. O W.R. Grace z Nowego Jorku już wiecie… i mam nadzieję pracować dalej dla Hibernia Company. A jeśli chodzi o firmy w Izraelu, wymienianie ich nazw byłoby kłopotliwe, ponieważ należą do osób szanowanych i pełniących funkcje publiczne, które bywały w moim domu, wiedzą, co robiłem w Trzeciej Rzeszy, i w pełni to akceptują"[9].

Kim były te „szanowane" osoby z Izraela, o których pisał Ambros, nigdy nie ujawniono. Fakt współpracy Ambrosa z amerykańską firmą W.R. Grace wyszedł na światło dzienne dopiero po kilku dekadach[10]. Na początku lat 80. opinia publiczna dowiedziała się, że Otto Ambros pracował w charakterze konsultanta Departamentu Energii, następcy Komisji Energii Atomowej, i doradzał w sprawie „procesu uwodorniania węgla w skali czterech milionów ton rocznie w dawnych zakładach IG Farben". Fakt zatrudnienia zbrodniarza wojennego przez Departament Energii wywołał falę oburzenia i w związku z tym kongresmeni i dziennikarze zaczęli szukać innych kontraktów rządowych Ambrosa. W oświadczeniu dla prasy rzecznik Departamentu Energii stwierdził, że cała dokumentacja zaginęła.

Powstały skandal zwrócił uwagę prezydenta Ronalda Reagana. Z listów pisanych na oficjalnym papierze Białego Domu wynika, że zastępca doradcy ds. bezpieczeństwa, James W. Nance, informował Reagana, jak doszło do tego, że amerykański rząd zatrudniał Ottona Ambrosa. Nance tłumaczył się tym, że wielu innych również go zatrudniało. „Doktor Ambros miał kontakty z wieloma oficjelami z państw alianckich – napisał Nance. – Był konsultantem w takich firmach jak angielska Distillers Limited, francuski koncern chemiczny Pechiney i szwajcarska Dow Europe. Był także prezesem firmy Knoll, farmaceutycznej spółki córki korporacji chemicznej BASF”[11]. Prezydent Reagan zażądał od Departamentu Energii dalszych informacji na temat kontraktu z Ambrosem. Nance powiedział prezydentowi: „Departament Energii i Zarząd Badań i Rozwoju Energii nie mają dokumentacji, która odpowiadałaby szczegółowo na zadane przez pana pytania. Ale zaangażowanie dr. Ambrosa w prace firmy i jego specjalistyczna wiedza na temat uwodorniania węgla wskazują na kontakty dr. Ambrosa z urzędnikami amerykańskich władz odpowiedzialnymi za energię”. Okazuje się, że nawet prezydent Stanów Zjednoczonych nie mógł uzyskać pełnych informacji na temat dziedzictwa Operacji Paperclip[12].

W samym środku całej wrzawy dziennikarz z „San Francisco Chronicle” zadzwonił do domu Ambrosa w Mannheim i zapytał go o norymberski wyrok za masowe mordy.

„To było bardzo dawno temu – odpowiedział Ambros. – I chodziło o Żydów. Już o tym nawet nie myślę”[13].

Trzeci etap życia dr. Kurta Blomego przeczy przekonaniu, że Sowieci starali się za wszelką cenę zatrudnić twórcę broni biologicznej Hitlera. W lutym 1962 roku grupa komunistycznych lekarzy z Uniwersytetu Karola Marksa w Lipsku przesłała list otwarty „do wszystkich lekarzy i stomatologów mieszkających w Dortmundzie”[14], a także do wielu poczytnych gazet „w sprawie dortmundzkiego lekarza, dr. Kurta Blomego”. W liście wymieniono wszystkie zbrodnie wojenne, o które Blome był oskarżany w trakcie norymberskiego procesu lekarzy, i stwierdzono, że każdy mieszkaniec Dortmundu powinien wiedzieć, „kim jest i co zrobił narodowi żydowskiemu”. Lekarze z Lipska napisali, że doktor z Dortmundu był „zastępcą naczelnego lekarza Trzeciej Rzeszy”. Napisali również, że zachodnioniemieccy koledzy lekarze powinni się zdystansować „od tego człowieka, który śmie się tytułować doktorem”. Blome został poproszony o komentarz przez wschodnioniemiecką rozgłośnię Radio Berlin International. Zgodził się i termin przeprowadzenia wywiadu ustalono na 22 lutego 1962 roku.

„Przeczytałem te dwie strony, które mi daliście – powiedział wyznaczonego dnia Blome. – W czasie wojny moim zadaniem było przygotowanie serum, szczepionki chroniącej przed zakażeniami bakteryjnymi. Wszystko zaczęło się od tego, że [generał] dr Schreiber skłamał. Schreiber jest rosyjską marionetką. Wszystko to kłamstwa”. Przez pozostałą część czasu antenowego Blome obwiniał Schreibera o własne niepowodzenia. Zakończył, podkreślając, że jest niewinny i przypomniał słuchaczom, że przez dziesięć miesięcy był sądzony w Norymberdze. „Zostałem uniewinniony od wszystkich zarzutów – powiedział Blome. – A z amerykańskimi sędziami nie było żartów. Wydali siedem wyroków śmierci i pięć dożywotniego więzienia. Gdybym był winny, skazaliby mnie”.

Stawiane Blomemu publicznie zarzuty doprowadziły do wszczęcia śledztwa. Dwa tygodnie później, 4 kwietnia 1962 roku, prokurator z Dortmundu zwrócił się do Centralnego Urzędu ds. Ścigania Zbrodni Nazistowskich z pytaniem, czy mają jakieś materiały na temat dr. Kurta Blomego. Prokurator zebrał dossier Blomego, w którym najciekawszym dokumentem był list Blomego z 18 listopada 1942 roku, adresowany do namiestnika Rzeszy w Kraju

Warty (Reichsstatthalter) Arthura Karla Greisera, skazanego później i straconego za zbrodnie wojenne. Tematem listu było *Sonderbehandlung*[15], czyli „specjalne traktowanie" Polaków chorych na gruźlicę. W roku 1962 było już wiadomo, że *Sonderbehandlung* było nazistowskim eufemizmem oznaczającym eksterminację. W korespondencji z 1942 roku Blome i Greiser zgadzali się, że najlepszym sposobem radzenia sobie z Polakami chorującymi na gruźlicę było „specjalne traktowanie". Blome poruszył jednak jeszcze jedną ważną „kwestię", mianowicie, jeśli ci chorzy Polacy zostaną zlikwidowani, to „krewni mogą zacząć podejrzewać, że dzieje się coś dziwnego". Blome przypomniał namiestnikowi Greiserowi, że grupa, która miała zostać objęta specjalnym traktowaniem, liczyła około trzydziestu pięciu tysięcy osób.

Blome został przez prokuratora wezwany na przesłuchanie. „Jestem świadomy tego, że prowadzone jest śledztwo – powiedział Blome. – Podtrzymuję, że wszystko to było już zbadane przez Amerykanów". Następnie dr. Blome użył tego samego argumentu, co w Norymberdze w trakcie procesu – że mógł zalecać eksterminację trzydziestu pięciu tysięcy Polaków, ale nie ma dowodów, że takie działania zostały podjęte. A zamiar nie jest jeszcze zbrodnią. „Co więcej – mówił Blome – pragnę dodać, że oskarżyłem [generała] Schreibera na podstawie tego, czego dowiedziałem się w trakcie procesu". Blome stwierdził, że prawdziwym mordercą był dr Schreiber, który oskarżył Blomego tylko po to, żeby odsunąć podejrzenia od siebie. Po kilku dniach namysłu, 21 maja 1962 roku, prokurator zawiesił śledztwo w sprawie dr. Blomego. Blome nadal praktykował w Dortmundzie, a śledztwo w jego sprawie nigdy nie zostało wznowione. Trzy lata później Blome zmarł. „Zmarł na rozedmę płuc", twierdzi jego syn i dodaje, że przed śmiercią jego ojciec był milczący i zamknięty w sobie[16].

Mimo usilnych starań Wysokiego Komisarza Johna J. McCloya Albert Speer odsiedział w więzieniu Spandau pod Berlinem cały dwudziestoletni wyrok. W 1956 roku McCloy napisał do żony Speera, Margarete: „Jestem głęboko przekonany, że Pani mąż powinien zostać uwolniony i z największą przyjemnością zrobię wszystko, żeby doprowadzić do jego uwolnienia”[17].

W więzieniu Speer pisał w sekrecie swoje pamiętniki, które opublikował po wyjściu na wolność. Na kawałkach papieru toaletowego, opakowaniach po papierosach i skrawkach papieru zapisywał wspomnienia z dni, kiedy pracował u boku Hitlera. Pisanie i wysyłanie nieocenzurowanych notatek było w więzieniu Spandau niedozwolone, dlatego Speer szmuglował swoje zapiski z pomocą dwóch pielęgniarek Holenderskiego Czerwonego Krzyża[18]. Zapiski trafiały do dobrego znajomego Speera, Rudolfa Woltersa, mieszkającego w Berlinie twardogłowego zwolennika Hitlera. Wolters przez dwadzieścia lat cierpliwie przepisywał na maszynie treść dziesiątek tysięcy skrawków papieru przysyłanych mu przez Speera. Po dwudziestu latach złożyło się to na tysiącstronicowy rękopis, który Wolters oddał Speerowi, gdy ten znalazł się już na wolności. Dzięki zaliczkom otrzymanym od wydawcy za swoje wspomnienia – napisał dwa tomy: *Wspomnienia* i *Dzienniki ze Spandau* – Speer znów stał się bogatym człowiekiem. Za prawa do publikacji w odcinkach otrzymał podobno od redakcji „Die Welt” 680 000 marek, a za wydanie anglojęzyczne 350 000 dolarów (równowartość 2,4 miliona dolarów w 2013)[19]. Albert Speer kupił sportowy samochód i rozpoczął nowe życie jako poczytny autor.

Nigdy nie podziękował Rudolfowi Woltersowi za jego dwudziestoletnią pracę – przynajmniej nie na łamach książki ani publicznie. Dziesięć lat później bronił swojej postawy, mówiąc autorce swojej biografii, Gitcie Sereny: „To po to, żeby go [Woltersa] chronić”. Syn Woltersa powiedział, że kiedy jego ojciec umierał, ostatnim słowem, jakie wypowiedział, było „Speer”.

Kiedy Speer wysłał Wernherowi von Braunowi egzemplarz *Dzienników ze Spandau*, von Braun napisał do swojego byłego szefa list, zauważając, jak odmiennie potoczyły się ich losy. Kiedy Speer siedział w więzieniu Spandau, sława von Brauna wciąż rosła. Von Braun podziękował Speerowi za książkę. „Jak często myślałem o Panu w ciągu tych dwudziestu lat, gdy tak wiele działo się w moim życiu"[20].

Kiedy Siegfried Knemeyer dowiedział się, że Albert Speer wyszedł z więzienia, postanowił pojechać do Niemiec i odwiedzić starego przyjaciela. Obaj mężczyźni widzieli się po raz ostatni w Berlinie w kwietniu 1945 roku, kiedy Knemeyer zamierzał pomóc Speerowi w próbie ucieczki na Grenlandię. Kiedy Speer siedział w więzieniu, Knemeyer pracował dla dawnych wrogów, Amerykanów. Zatrudniony przez Siły Powietrzne Stanów Zjednoczonych, zajmował się w latach 40., 50., 60. i 70. tajnymi i jawnymi projektami, zdobywał nagrody i awansował. Dla sił powietrznych uruchomił program badawczy zajmujący się przystosowaniem technologii do warunków towarzyszących przekraczaniu prędkości dźwięku. Kiedy w 1977 roku odchodził na emeryturę, Pentagon uhonorował go najwyższym cywilnym odznaczeniem, medalem za wzorową służbę cywilną. Dwa lata później, 11 kwietnia 1979 roku, Knemeyer zmarł na rozedmę płuc. Jego ostatnią wolą było, żeby jego ciało zostało „natychmiast zabrane do krematorium"[21] i żeby nie organizowano żadnego pogrzebu. „Z jednakowym entuzjazmem i oddaniem służył swojej ojczyźnie, Niemcom, oraz przybranej ojczyźnie, Ameryce", powiedział jego syn, Sigurd Knemeyer.

Albert Speer do samego końca zaprzeczał, jakoby wiedział cokolwiek o Holocauście. Po sześćdziesięciu siedmiu latach, które minęły od przesłuchania Speera w ośrodku Ashcan w Luksemburgu, ówczesny śledczy John Dolibois wciąż czuje z tego powodu urazę do Speera. „Pytałem [Speera], czy był obecny na konferencji w Wannsee, gdzie Himmler zapowiedział «ostateczne rozwiązanie» w celu pozbycia się Żydów – tłumaczy Dolibois. – Moim zdaniem nikt, kto uczestniczył w tej konferencji, nie mógł powiedzieć, że nie wiedział o obozach zagłady w rodzaju Auschwitz, Sobibór czy Birkenau. Speer początkowo zaprzeczył, jakoby był w Wannsee, ale potem przyznał, że był, tyle że wyszedł przed lunchem i nie słyszał najważniejszych informacji. Inni również twierdzili, że

Speer nie mówi prawdy. Moim zdaniem powinien zostać powieszony".

Albert Speer zmarł w Londynie, w pokoju hotelowym w 1981 roku. Przyjechał tam, żeby udzielić wywiadu dla BBC. „Trudno poznać diabła, kiedy kładzie ci rękę na ramieniu"[22], powiedział Speer w wywiadzie udzielonym dziennikarzowi „New York Times Magazine", Jamesowi P. O'Donnellowi, krótko po tym, jak wyszedł z więzienia Spandau. Mówił o Hitlerze, ale równie dobrze mógł to powiedzieć o sobie.

ROZDZIAŁ DWUDZIESTY TRZECI

Co pozostaje?

W latach 70. doszło do kilku zdarzeń, które w znaczącym stopniu zwiększyły świadomość opinii publicznej o tym, czym jest Holocaust i nazizm. Kiedy okazało się, że w Ameryce mieszka wielu nazistowskich zbrodniarzy wojennych, przeprowadzono serię przesłuchań przed Kongresem. Przesłuchania zwróciły uwagę opinii publicznej na fakt, że Służba Imigracji i Naturalizacji sprawdzała te osoby w sposób niestaranny i dlatego w rezultacie w Departamencie Sprawiedliwości powołano do życia Biuro Dochodzeń Specjalnych. W 1978 roku telewizja NBC pokazała czteroczęściową serię zatytułowaną *Holocaust*, która biła rekordy oglądalności i sprawiła, że Amerykanie zaczęli się poważnie zastanawiać nad tym, co się działo w nazistowskich Niemczech i czym naprawdę było wymordowanie sześciu milionów ludzi. Wydarzenia te sprawiły, że na scenie pojawił się dość przypadkowo student prawa z Harvardu, Eli Rosenbaum, co okazało się mieć znaczący wpływ na losy tych uczestników Operacji Paperclip, którzy mieli coś do ukrycia.

W 1980 roku, przeglądając tytuły książek w księgarni w Cambridge, Rosenbaum natknął się na wspomnienia byłego więźnia obozu Dora, bojownika francuskiego ruchu oporu Jeana Michela, zatytułowane *Dora: The Nazi Concentration Camp Where Modern Space Technology Was Born and 30,000 Prisoners Died* (Dora: nazistowski obóz koncentracyjny, w którym narodziła się współczesna technologia kosmiczna, a zginęło 30 000 więźniów). Jean Michel nazwał swoją książkę hołdem dla trzydziestu tysięcy robotników przymusowych, którzy zmarli przy produkcji rakiet V-2. Odniósł się w niej do wspomnień Wernhera von Brauna i generała Dornbergera oraz licznych wywiadów udzielanych przez innych naukowców zatrudnionych w ramach Operacji Paperclip, zwracając uwagę, że żaden z Niemców słowem nie wspomniał o Nordhausen.

„Nie czynię im wyrzutów, że po wojnie nie wyznali publicznie swoich win – pisze Michel. – Nie zarzucam im, że nie chcieli zostać męczennikami, kiedy już odkryli, czym naprawdę były obozy koncentracyjne. Nie, moje zastrzeżenia są znacznie skromniejsze. Protestuję tylko przeciwko przerażającemu fałszowaniu historii, przeciwko wyciszaniu pewnych faktów, a nagłaśnianiu innych, tworzeniu fałszywych mitów”[1].

W tej samej księgarni, tego samego dnia, Eli Rosenbaum natknął się na inną książkę na temat rakiet V-2. Ta nosiła tytuł *The Rocket Team*, a napisał ją Frederick I. Ordway III i Mitchell R. Sharpe, a wstępem opatrzył Wernher von Braun. W książce cytowani są niemieccy naukowcy zaangażowani w amerykański program rakietowy. W jednej części swoimi przemyśleniami dzieli się z autorem inżynier Arthur Rudolph, uznawany za twórcę rakiety kosmicznej Saturn V[2]. Nie ma natomiast mowy o tym, że Rudolph był dyrektorem fabryki Mittelwerk, w której wykorzystywano pracę niewolniczą więźniów.

Rudolph przytacza anegdotę z czasów wojny, kiedy został wywołany z balu sylwestrowego na przełomie 1943 i 1944 roku z powodu jakichś problemów technicznych z rakietami V-2. Obok znalazło się zdjęcie przedstawiające jeńców wojennych w więziennych pasiakach niosących elementy rakiet. Poprzedniego lata Eli Rosenbaum odbywał praktyki w Biurze Dochodzeń Specjalnych

Departamentu Sprawiedliwości. Wiedział, że konwencja genewska zakazuje zmuszania jeńców wojennych do pracy przy produkcji uzbrojenia. Przeczytał już też w książce Jeana Michela, co się działo w podziemiach Nordhausen. Rosenbaum wspominał później, że „był szczególnie zniesmaczony postawą Rudolpha niezadowolonego, że wywołano go z balu sylwestrowego, podczas gdy robotnicy musieli w trudzie i znoju pracować"[3]. Rok później, po ukończeniu studiów, Rosenbaum zaczął pracować w Departamencie Sprawiedliwości. I przekonał swojego szefa, Neala M. Shera, do wszczęcia śledztwa przeciwko Arthurowi Rudolphowi.

We wrześniu 1982 roku w domu córki Arthura Rudolpha, Marianne Rudolph, w San Jose w Kalifornii, nieoczekiwanie zadzwonił telefon. Był to telefon z Departamentu Sprawiedliwości. Rozmówca wyjaśnił, że próbuje skontaktować się z mieszkającym w pobliżu jej ojcem, Arthurem Rudolphem, ale bezskutecznie. Marianne Rudolph, która była artystką zatrudnioną przez NASA, wyjaśniła, że jej rodzice wyjechali na wakacje do Niemiec i wrócą pod koniec miesiąca.

Dzień po powrocie z wakacji Arthur Rudolph otrzymał list polecony z Biura Dochodzeń Specjalnych Departamentu Sprawiedliwości. W liście wyjaśniono, że pojawiły się wątpliwości dotyczące jego działalności w czasie drugiej wojny światowej[4]. Proszono Rudolpha o spotkanie z pracownikami departamentu w hotelu Hyatt w San Jose 13 października i o zabranie ze sobą wszelkich dokumentów z lat 1933–1945. Podczas pierwszego spotkania, w którym uczestniczyli Arthur Rudolph, dyrektor Biura Dochodzeń Specjalnych Allan A. Ryan Jr., zastępca dyrektora Neal M. Sher oraz adwokat Eli Rosenbaum przeprowadzono trwające pięć godzin przesłuchanie. Prawnicy chcieli uzyskać odpowiedź na dwa kluczowe pytania: co kierowało Rudolphem, kiedy wstępował w szeregi partii nazistowskiej w 1933 roku, oraz co wiedział na temat egzekucji w zakładach w Nordhausen, a konkretnie o powieszeniu więźniów na suwnicy? Allen, Sher i Rosenbaum przynieśli ze sobą dokumentację, w tym stenogramy zeznań złożonych pod przysięgą w trakcie procesu Dora-Nordhausen w 1947 roku. Znalazły się także wstępne materiały ze śledztwa prowadzonego przeciwko innemu specjaliście objętemu Operacją Paperclip, Georgowi Rickheyowi. Był również zapis tego, co Rudolph powiedział 2 czerwca 1947 roku majorowi Eugene'owi Smithowi z sił powietrznych. To wtedy Rudolph najpierw zeznał, że nigdy nie widział bitych lub wieszanych więźniów, a następnie zmienił zeznania i powiedział, że został zmuszony do oglądania egzekucji, ale nie miał z nią nic wspólnego.

Podczas przesłuchania w hotelu Hyatt w 1982 roku prawnicy Departamentu Sprawiedliwości pokazali Rudolphowi rysunek wykonany przez jego dawnych kolegów z Fort Bliss, inżynierów Günthera Haukohla, Rudolpha Schlidta, Hansa Palaoro i Ericha Balla. Rysunek był planem podziemnej fabryki i stanowił dowód w procesie Dora-Nordhausen. Prawnicy departamentu pokazali Rudolphowi kropkowaną linię opisaną jako „tor suwnicy, na której powieszono więźniów". Linia przebiegała tuż obok biura Rudolpha, co sugerowało, że musiał być świadkiem egzekucji. Prawnicy zapytali go, dlaczego skłamał. Zapytali również o zeznanie z procesu z 1947 roku, z którego wynikało, że otrzymywał codziennie „raport na temat siły roboczej, w którym wymieniano liczbę więźniów zdolnych do pracy, liczbę «nowo przybyłych» oraz liczbę tych, którzy zmarli lub byli chorzy". Zdaniem przesłuchujących go prawników Rudolph wiedział, że ludzie umierali z przepracowania, a zmarłych zastępowali kolejni więźniowie dostarczani z obozu koncentracyjnego Dora-Nordhausen.

Po powrocie prawników do Waszyngtonu Departament Sprawiedliwości wszczął oficjalne dochodzenie. Cztery miesiące później, 4 lutego 1983 roku, w hotelu Hyatt w San Jose doszło do drugiego spotkania, a niedługo potem Rudolph otrzymał list z Departamentu Sprawiedliwości. „Podjęte zostały określone decyzje wstępne – napisał w liście Neal Sher. – Jestem gotowy je przedyskutować, a także zebrany dotychczas materiał dowodowy z reprezentującym Pańskie interesy adwokatem".

Władze wyraziły zamiar oskarżenia Rudolpha o to, że „wprowadził system pracy niewolniczej w Mittelbau [Mittelwerk] i raportował SS przypadki sabotażu". Departament Sprawiedliwości dawał Arthurowi Rudolphowi do wyboru dwa wyjścia z sytuacji. Mógł zatrudnić adwokata i przygotować się do procesu albo zrzec się amerykańskiego obywatelstwa i natychmiast wyjechać ze Stanów Zjednoczonych. Dwudziestego siódmego marca 1984 roku, trzydzieści osiem lat po przyjeździe do Ameryki w ramach Operacji Paperclip, Arthur Rudolph opuścił Stany Zjednoczone. Neal Sher towarzyszył mu w drodze na lotnisko w San Francisco i upewnił się, że Rudolph wsiadł do samolotu.

Minęło kolejnych siedem miesięcy, nim Departament Sprawiedliwości podał do publicznej wiadomości, że Arthur Rudolph, chcąc uniknąć odpowiedzialności karnej za zbrodnie wojenne, zrzekł się amerykańskiego obywatelstwa. Zapytany o komentarz Eli Rosenbaum powiedział, że Arthur Rudolph przyczynił się do „śmierci tysięcy robotników przymusowych". Rosenbaum dodał jednak, że najbardziej zaskoczyła go „niewiarygodna wprost bezduszność i brak szacunku dla ludzkiego życia" Rudolpha. Wiadomość o tym wydarzeniu trafiła na pierwsze strony gazet na całym świecie.

Część osób powiązanych z NASA i innymi rządowymi programami rakietowymi w dalszym ciągu wspierała Arthura Rudolpha, twierdząc, że akcja podjęta przez Departament Sprawiedliwości była „polowaniem na czarownice". Jeden z głównych sprzymierzeńców Rudolpha, inżynier z Dowództwa Obrony Strategicznej Armii Stanów Zjednoczonych, Hugh McInnish, twierdził, że Rudolph, Dornberger i von Braun sprzeciwiali się decyzjom członków SS i starali się poprawić warunki pracy robotników przymusowych[5]. „Twierdzenia ich obrońców należy przyjmować z daleko idącym sceptycyzmem, zwłaszcza że nie istnieje żaden dokument na ich poparcie"[6] – mówi Michael J. Neufeld. „Nie ulega wątpliwości, że Rudolph był głęboko zaangażowany"[7]. Ujawnienie całej sprawy zrodziło natychmiast pytanie, jak to się stało, że Arthur

Rudolph trafił do Stanów Zjednoczonych. I to był punkt zwrotny całej tajnej historii Operacji Paperclip.

W Ameryce panuje powszechnie błędne przekonanie, że istnieje jakiś system automatycznego odtajniania dokumentów po trzydziestu czy pięćdziesięciu latach. W rzeczywistości te najbardziej kontrowersyjne programy pozostają utajnione tak długo, jak długo udaje się utrzymać w tajemnicy ich istnienie. Ustawa o swobodzie informacji podpisana przez prezydenta Lyndona Johnsona pozwala na częściowe lub całkowite wyłączenie tajności niektórych dokumentów, ale z takim żądaniem musi wystąpić pojedynczy człowiek albo grupa ludzi i nigdy nie ma pewności, czy żądanie zostanie spełnione. Po wybuchu afery z Arthurem Rudolphem dziennikarka Linda Hunt zaczęła przygotowywać materiały na temat Operacji Paperclip dla CNN oraz dla pisma „Bulletin of the Atomic Scientists". Zażądała ujawnienia informacji od różnych instytucji wojskowych i agencji wywiadowczych i otrzymała od nich różne odpowiedzi. „W 1987 roku otrzymałam z Edgewood Arsenal sześć tysięcy dokumentów, ale wymagało to roku starań, zatrudnienia dwóch adwokatów i zagrożenia procesem sądowym", mówi Hunt. Kiedy pod koniec lat 80. pojechała do archiwum w Waszyngtonie, żeby przejrzeć te dokumenty, powiedziano jej, że zatrudniony w Edgewood historyk wypożyczył siedem pudeł z dokumentami, a kolejnych dwunastu brakuje. Wojsko zgodziło się w końcu, żeby Hunt zajrzała do tych brakujących dokumentów, i wystawiło jej rachunek na 239 680 dolarów za wyszukanie dokumentów (równowartość pół miliona dolarów w 2013 roku)[8]. Po długich staraniach Hunt uzyskała wreszcie dostęp do dokumentów i na początku lat 90. wydała książkę, w której ujawniła wiele nieznanych wcześniej sekretów Operacji Paperclip. Władze nie mogły już dłużej podtrzymywać tezy, że programem objęci byli wyłącznie dobrzy Niemcy, formalnie naziści, ale w gruncie rzeczy przyzwoici ludzie.

Kilka miesięcy po wydaleniu Arthura Rudolpha ze Stanów Zjednoczonych senat stanu Teksas wydał rezolucję głoszącą, że 15 czerwca będzie dniem dr. Hubertusa Strugholda. A uniwersytet stanowy w Ohio wywiesił portret Strugholda w galerii bohaterów medycyny. Jednak działania jednej instytucji zmierzające do propagowania fałszywego mitu prowadzą często do działań innej instytucji próbującej fałszywy mit obalić. I tak Światowy Kongres Żydów zdobył i upowszechnił informację na temat dr. Strugholda, którą wywiad wojskowy zdołał utrzymać w sekrecie przez blisko pięćdziesiąt lat. „New York Times" potwierdził, że nazwisko dr. Strugholda znajdowało się w 1945 roku na liście CROWCASS, czyli Centralnego Rejestru Przestępców Wojennych[9]. Ze ściany uniwersytetu stanu Ohio zdjęto portret Strugholda zawieszony tam, jak na ironię, obok portretu Hipokratesa.

Obywatele oburzeni tym, że biblioteka w bazie sił powietrznych Brooks nosi imię Strugholda, pytali, kiedy wojsko usunie jego nazwisko z amerykańskiego budynku rządowego. Rzecznik biblioteki, Larry Farlow, powiedział agencji Associated Press, że nie ma planów zmiany patrona. Ale rosnący nacisk opinii publicznej kazał wojsku zmienić stanowisko. W 1995 roku generał Ronald R. Fogleman, szef sztabu Departamentu Sił Powietrznych, wydał krótkie oświadczenie, w którym stwierdził, że po ponownym przejrzeniu dokumentów z epoki nazistowskiej „odkryto dowody działalności dr. Strugholda w czasie wojny, podające w wątpliwość sens pozostawiania jego nazwiska na honorowym miejscu w bibliotece". Nazwisko Strugholda i jego portret z brązu zostały usunięte. Strughold zmarł rok później w wieku osiemdziesięciu ośmiu lat.

Co pozostaje? Pragnienie szukania prawdy? Czy cytując Jeana Michela, zdolność do przeciwstawienia się „przerażającemu fałszowaniu historii", prowadzącemu do „powstawania fałszywych mitów"? W 1998 roku Kongres uchwalił ustawę o ujawnieniu informacji na temat nazistowskich zbrodni wojennych, zobowiązującą amerykańskie agencje rządowe do ujawnienia dokumentów federalnych dotyczących nazistowskich zbrodniarzy wojennych, które od dziesięcioleci pozostawały utajnione. W związku z wejściem w życie tej ustawy prezydent Clinton powołał grupę roboczą składającą się z przedstawicieli różnych agencji federalnych, która miała zająć się interpretacją ponad ośmiu milionów stron dokumentów i składać Kongresowi raporty na temat swoich ustaleń. Dokumentacja ujawniła szeroką sieć powiązań setek nazistowskich zbrodniarzy wojennych z amerykańskimi instytucjami wojskowymi i agencjami wywiadowczymi.

W raporcie końcowym przedstawionym w 2005 roku Kongresowi grupa robocza napisała: „Tezy, że wojsko i CIA zatrudniało tylko nielicznych «drani», w świetle nowych dokumentów nie da się utrzymać”[10]. Z perspektywy czasu, napisano w raporcie grupy roboczej, wykorzystywanie nazistów przez rząd było błędem i „nie istniały żadne ważne powody, by wkraczać w erę powojenną w towarzystwie najgorszych zbrodniarzy wojennych”[11]. Tymczasem historia pokazuje, że tak właśnie amerykański rząd postąpił i czynił to przez cały okres zimnej wojny.

Od czasu zakończenia Operacji Paperclip wciąż wychodzą na jaw nowe fakty. W 2008 roku pojawiła się nieznana wcześniej informacja na temat Ottona Ambrosa, co świadczy o tym, że nie wszystkie skrzętnie ukrywane tajemnice programu zatrudniania niemieckich naukowców są już znane.

Grupa angielskich lekarzy działająca w imieniu organizacji o nazwie Thalidomide Trust uważa, że udało jej się znaleźć powiązania Ottona Ambrosa i IG Farben z tragedią z końca lat 50. i początku 60. Kiedy Ambros opuścił więzienie Landsberg, został doradcą ekonomicznym kanclerza Konrada Adenauera oraz magnata przemysłowego Friedricha Flicka, najbogatszego Niemca ery zimnej wojny. Podobnie jak Ambros, Flick był sądzony w Norymberdze, skazany na karę więzienia i wkrótce ułaskawiony przez Johna J. McCloya.

Pod koniec lat 50. Ambros został także przewodniczącym komitetu doradczego niemieckiej firmy Chemie Grünenthal[12]. Firma właśnie wypuszczała na rynek specyfik, który miał uwolnić ciężarne kobiety od porannych nudności. Lek o nazwie talidomid miał być sprzedawany pod nazwą handlową Contergan. Otto Ambros był członkiem zarządu Chemie Grünenthal. Pod koniec lat

50. mało kto wiedział, że firma była bezpiecznym schronieniem dla wielu nazistów[13], w tym dla dr. Ernsta-Günthera Schencka, inspektora ds. żywienia SS, oraz dr. Heinza Baumköttera, Hauptsturmführera SS i głównego lekarza obozów koncentracyjnych w Mauthausen, Natzweiler-Struthof i Sachsenhausen.

Dziesięć miesięcy przed pojawieniem się talidomidu na rynku żona pracownika firmy Grünenthal, która przyjmowała lek z powodu porannych nudności, urodziła dziecko bez uszu. Nikt nie powiązał tego faktu z przyjmowaniem leku i talidomid trafił do aptek. Po kilku miesiącach, w 1959 roku, pojawiły się pierwsze raporty, z których wynikało, że talidomid wywołuje w dłoniach i stopach starszych ludzi polineuropatię, czyli uszkodzenie układu nerwowego. Od tej pory lek można było kupić tylko na receptę. Mimo to talidomid był nadal szeroko reklamowany w czterdziestu sześciu krajach z dopiskiem na ulotce, że może być „całkowicie bezpiecznie stosowany przez kobiety w ciąży i karmiące matki bez ryzyka powikłań u matki lub dziecka"[14]. W rezultacie przyjmowania leku ponad dziesięć tysięcy kobiet urodziło dzieci z przerażającymi deformacjami ciała. Dzieci rodziły się bez uszu, ramion i nóg albo z przypominającymi płetwy wyrostkami w miejsce kończyn.

Początki istnienia talidomidu nigdy nie zostały wyjaśnione. Firma Grünenthal zawsze twierdziła, że dokumentacja, kto i kiedy dokonał pierwszych badań klinicznych leku, zaginęła. I oto w 2008 roku Thalidomide Trust kierowany przez dr. Martina Johnsona odnalazł dokumenty z czasów nazistowskich świadczące o związkach talidomidu z lekami, nad którymi pracowali w czasie wojny chemicy IG Farben[15]. Doktor Johnson podkreśla, że patent na lek otrzymany przez producenta w 1954 roku zawiera deklarację, iż badania kliniczne zostały już przeprowadzone, ale firma nie jest w stanie dostarczyć danych, ponieważ dokumentacja zaginęła najprawdopodobniej w czasie wojny[16]. „Z treści wniosku patentowego wynika, że talidomid był jednym z produktów powstałych w kierowanym przez Ottona Ambrosa laboratorium w Dyhernfurcie albo w Auschwitz-Monowitz, gdzie pracowano nad produkcją gazów bojowych"[17], twierdzi dr Johnson.

Thalidomide Trust z tragedią z przełomu lat 50. i 60. łączy także osobę Richarda Kuhna. „W trakcie badań nad gazami bojowymi Kuhn zajmował się różnymi związkami chemicznymi, a w badaniach nad antidotum używał anterganu, który jest naszym zdaniem «siostrzanym lekiem» conterganu", tłumaczy dr Johnson.

W 2005 roku Stowarzyszenie Chemików Niemieckich (Gesellschaft Deutscher Chemiker – GDCh) ogłosiło, że nie będzie już przyznawać prestiżowego niegdyś odznaczenia, medalu Richarda Kuhna. Nazistowskie dokumenty dotyczące Kuhna zwróciły uwagę stowarzyszenia, a wynikało z nich, że „wiosną 1943 roku Kuhn poprosił sekretarza generalnego Towarzystwa Cesarza Wilhelma, Ernsta Telschowa, o znalezienie do jego badań nad gazem paraliżującym mózgów «młodych i zdrowych mężczyzn»"[18]. Stowarzyszenie Chemików Niemieckich twierdzi, że „według źródeł, mózgi te pochodziły najprawdopodobniej od ofiar egzekucji", i, „mimo osiągnięć naukowych [Richard] Kuhn nie jest odpowiednią osobą, której nazwiskiem można nazwać ważne odznaczenie, przede wszystkim ze względu na badania nad gazami bojowymi, ale także ze względu na traktowanie swoich żydowskich kolegów".

Wygląda na to, że spuścizna po chemikach Hitlera wymaga dopiero odkrycia. Ponieważ wielu niemieckich naukowców stało się cenną zdobyczą amerykańskich wojsk chemicznych pracujących nad produkcją gazów bojowych, zawierano z nimi tajne kontrakty w ramach Operacji Paperclip i wiele dokumentów pozostaje utajnionych[19]. Grupa robocza powołana przez prezydenta Clintona ma dostęp do ośmiu milionów stron odtajnionych dokumentów, ale miliony innych pozostają wciąż tajne. Grupa robocza w swoim raporcie napisała, że „bez pełnego odtajnienia dokumentów rządowych kompleksowa ocena przeszłości będzie niemożliwa".

Problemem jest nawet ustalenie, gdzie te dokumenty się znajdują. Na przykład, w 2012 roku FOIA zwróciła się do Departamentu Stanu z prośbą o odtajnienie akt Ottona Ambrosa i otrzymała odpowiedź, że takie akta nie istnieją. W maju 1971 roku w „Jewish Telegraphic Agency" ukazała się informacja, że dzięki wsparciu Departamentu Stanu Otto Ambros dwukrotnie pojawił się w Stanach Zjednoczonych mimo ciążącego na nim wyroku za zbrodnie wojenne. Z wywiadu przeprowadzonego przez Jewish Telegraphic Agency z przedstawicielem Departamentu Stanu Fredem Scottem wynika, że „Ambros przyjechał do Stanów Zjednoczonych w 1967 roku po tym, jak Departament Stanu poprosił Departament Sprawiedliwości o wydanie mu wizy, oraz ponownie w 1969 roku"[20]. Wiosną 1971 roku Ambros próbował uzyskać wizę wjazdową po raz trzeci. Według relacji Freda Scotta w maju 1971 roku Ambros miał przyjechać na zaproszenie koncernu chemicznego Dow Chemical. Kiedy historia została upubliczniona, a grupy żydowskie zaczęły głośno protestować, Ambros odwołał przyjazd. Mimo to żadnych informacji na ten temat nie znajdziemy w odtajnionych dokumentach wojska, FBI czy CIA. Otto Ambros był skazanym prawomocnym wyrokiem zbrodniarzem wojennym. Zgodnie z ustawą o udostępnieniu akt nazistowskich zbrodniarzy wojennych wszystkie dotyczące go materiały powinny zostać odtajnione i upublicznione. Jak jednak można odtajnić dokumenty, których nie uda się znaleźć? Gdzie zostały ukryte? I jakie tajemnice zawierają?

Na światło dzienne wciąż wychodzą nowe nazwiska i daty, a historycy i dziennikarze ciągle odkrywają nowe fakty. Czasem pomaga ślepy los i zbiegi okoliczności. W 2010 roku na strychu remontowanego domu w Oświęcimiu znaleziono skrzynię zawierającą blisko trzy tysiące dokumentów. Były wśród nich informacje na temat nazistowskich lekarzy i chemików IG Farben pracujących w obozie śmierci. „Sensacyjna wartość tego odkrycia polega na tym, że oryginalne dokumenty z nazwiskami morderców z Auschwitz znaleziono tyle lat po wojnie", mówi Adam Cyra, historyk z muzeum w Auschwitz.

Otto Ambros dożył roku 1990 i zmarł w wieku dziewięćdziesięciu dwóch lat. Po jego śmierci koncern BASF, w którego zarządzie zasiadał, nazwał go „pełnym ekspresji przedsiębiorcą i osobą o wielkiej charyzmie". Czy faktycznie prawdę mówi stare niemieckie powiedzenie? *Jedem das Seine*. Czy każdy dostaje to, na co zasługuje?

Tymczasem Stowarzyszenie Medycyny Kosmicznej w dalszym ciągu przyznaje prestiżową nagrodę Hubertusa Strugholda naukowcom szczególnie zasłużonym dla medycyny lotniczej. Dzieje się tak od 1963 roku. Pierwszego grudnia 2012 roku „Wall Street Journal" opublikował na pierwszej stronie artykuł na temat dr. Strugholda podający nowe informacje dotyczące jego zbrodniczej działalności w czasie wojny. Kolejnym tematem zajął się niemiecki historyk, profesor Hans-Walter Schmuhl. Natknął się on na dowody świadczące o tym, że dr Strughold zezwalał na eksperymenty na chorych na epilepsję dzieciach, które umieszczano w komorze wysokociśnieniowej w Instytucie Badawczym Medycyny Lotniczej w Berlinie. Najpierw przeprowadzono próby na królikach, które zdechły. Potem nazistowscy naukowcy chcieli się przekonać, co się wydarzy, kiedy w takich samych warunkach znajdą się dzieci chore na epilepsję. A Strughold wydał zgodę na przeprowadzenie takich eksperymentów. „Odpowiedzialny był szef instytutu – mówi Schmuhl. – Szef instytutu musiał być poinformowany, w jaki sposób jest wykorzystywany taki drogi sprzęt". Kiedy o odkryciu Schmuhla dowiedziało się Niemieckie Towarzystwo Medycyny Lotniczej i Kosmicznej, zrezygnowało z przyznawania prestiżowej nagrody Strugholda.

Artykuł „Wall Street Journal" wywołał w Ameryce ponowną debatę na temat powodów, dla których Stowarzyszenie Medycyny Kosmicznej nie zrezygnowało do tej pory z przyznawania nagrody Hubertusa Strugholda. Były prezes stowarzyszenia, dr Mark Campbell jest przekonany, że nagroda nie powinna zostać zlikwidowana. Campbell obwinia o zepsucie reputacji Strugholda internet. „Byłem członkiem komitetu badającego przeszłość dr. Strugholda i wiem najlepiej, czy nagroda jego imienia powinna zniknąć – mówi Campbell. – Byłem zdumiony, kiedy okazało się, że ujawnione fakty tak bardzo się różnią od tego, co można znaleźć w internecie". Ale większość kolegów Campbella nie zgadza się z nim. „Po co go bronić? – pyta dr Stephen Véronneau z Instytutu

Medycyny Lotniczej w Oklahoma City i członek Stowarzyszenia Medycyny Kosmicznej. – Nie znam innej instytucji na świecie prócz naszego stowarzyszenia, która w taki sposób honorowałaby dr. Strugholda".

Równie prestiżową nagrodę nazwaną imieniem dr. Kurta H. Debusa przyznaje Narodowy Klub Kosmiczny z Florydy. Kurt Debus był pierwszym dyrektorem Centrum Lotów Kosmicznych im. Johna F. Kennedy'ego. A w czasie wojny gorliwym członkiem SS, naukowcem, który przychodził do pracy w mundurze SS i wydawał kolegów w ręce gestapo, jeśli któryś ośmielił się zrobić jakąś antynazistowską uwagę albo nie odpowiedział na nazistowskie pozdrowienie. W ramach Operacji Paperclip Debus pracował nad projektowaniem pocisków rakietowych dla wojska, a potem nad rakietami kosmicznymi dla NASA – łącznie dwadzieścia osiem lat. Kurt Debus przeszedł na emeryturę w 1974 roku. W 2013 roku, kiedy rozgorzała debata na temat nagrody Strugholda, przeprowadziłam wywiad z prezesem Narodowego Klubu Kosmicznego, Steve'em Griffinem, chcąc się dowiedzieć, dlaczego jego organizacja nadal przyznaje nagrodę imienia zagorzałego nazisty.

„To proste, Kurt Debus jest szanowanym Amerykaninem", odpowiedział Griffin. Przeczytałam Griffinowi to, co na temat Kurta Debusa napisano w raporcie OMGUS. „To proste – powtórzył Griffin. – Kurt Debus był pierwszym dyrektorem Centrum Lotów Kosmicznych".

W przeciwieństwie do nagrody Strugholda, którą zaczęto przyznawać w 1963 roku, kiedy akta Strugholda były jeszcze utajnione, nagroda Kurta H. Debusa jest przyznawana od 1990 roku, a wtedy informacje na temat wiernego członka SS były już dostępne. „Nie leży w moich kompetencjach decydować, jaką przyznajemy nagrodę i czyjego imienia", mówi Griffin. Z drugiej strony Griffin przyznaje, że był w zarządzie klubu, kiedy decydowano o ufundowaniu nagrody Debusa, więc chyba miał takie kompetencje. Podobnie jak wielu z tych, którzy kierowali Operacją Paperclip po wojnie, Griffin stara się nie dostrzegać nazistowskiej przeszłości Debusa. Widzi w nim tylko naukowca.

„Co pan mówi, kiedy ktoś pyta pana o nazistowską przeszłość Kurta Debusa?" – pytam. „Nikt mnie przez dwadzieścia trzy lata o to nie zapytał", odpowiada Griffin.

Zbierając materiały do tej książki musiałam wypełnić dziesiątki formularzy FOIA (ustawy o swobodzie informacji), których część została rozpatrzona pozytywnie, wiele odrzuconych, a większość wciąż czeka na rozpatrzenie. Natknęłam się na niejasne odniesienia do dokumentów dotyczących listy nazistowskich lekarzy poszukiwanych za przeprowadzanie eutanazji albo innych zbrodni medycznych, ale moja prośba o udostępnienie tej listy nie przyniosła rezultatu. Potem w bibliotece medycznej Harvardu znalazłam zbiór dokumentów należących kiedyś do pułkownika Roberta J. Benforda, pierwszego komendanta Centrum Medycyny Lotniczej w Heidelbergu. Benford razem z dr. Strugholdem kierował pracą pięćdziesięciu ośmiu niemieckich lekarzy zatrudnionych w centrum. Przełożonym Benforda i Strugholda był pułkownik Harry Armstrong. W papierach Benforda była teczka opatrzona napisem „Lista personelu zaangażowanego w badania medyczne i eutanazję", ale dostęp do niej był „zakazany do 2015 roku". W bibliotece poinformowano mnie, że listę utajnił Departament Obrony i tylko on może zdjąć klauzulę tajności. Pracownicy biblioteki wypełnili za mnie formularz FOIA i lista została odtajniona.

Na liście znajdowały się nazwiska siedmiu nazistowskich lekarzy zatrudnionych w ramach Operacji Paperclip: Theodora Benzingera, Kurta Blomego, Konrada Schäfera, Waltera Schreibera, Hermanna Becker-Freysenga, Siegfrieda Ruffa i Oskara Schrödera. Teraz wszystko stało się jasne. Wywiad wojskowy wiedział cały czas, że ci lekarze popełniali morderstwa, a mimo to zdecydował się utajnić listę i objąć ich Operacją Paperclip. Blome, Schäfer, Becker-Freyseng, Ruff i Schröder byli sądzeni w Norymberdze. Prawda na temat Schreibera wyszła na jaw w 1951 roku i w rezultacie został wydalony ze Stanów Zjednoczonych. I tylko dr Theodor Benzinger uniknął odpowiedzialności.

Z zamieszczonego w 1999 roku w „New York Timesie" nekrologu świat dowiedział się, że dr Theodor Benzinger, lat 94, wniósł do świata medycyny wkład w postaci wynalezienia termometru dousznego. Jego wkład w dziedzinie wojskowości, a konkretnie prac badawczych prowadzonych dla marynarki wojennej, został utajniony. Wernher von Braun, Arthur Rudolph, Kurt Debus i Hubertus Strughold stali na czele amerykańskiego programu kosmicznego, dzięki któremu człowiek stanął na Księżycu. Pozostaje pytanie, jak – mimo ich niezaprzeczalnych zasług dla kraju – mamy traktować całe wyrządzone przez nich zło? Czy amerykańskie władze należy winić za tworzenie mitów na temat Operacji Paperclip i przyzwolenie, żeby naukowcy objęci tym programem wybielali swoją przeszłość w imię budowania potęgi militarnej opartej na nowych rodzajach broni? Kiedy cel może uświęcać środki? Na to pytanie każdy musi sobie odpowiedzieć sam.

Prócz termometru dousznego Theodor Benzinger pozostawił światu równanie Plancka–Benzingera, z którego wynika, że nic nie trwa wiecznie. Benzinger przez całe swoje życie badał entropię – ideę, że światem rządzi chaos i porządek prowadzi do nieporządku.

Ja wolę zdanie Gerharda Maschkowskiego na temat tego, co ma znaczenie i co trwa wiecznie. Maschkowski był żydowskim nastolatkiem, który przypadkowo uniknął komory gazowej w Auschwitz, ponieważ firmie IG Farben bardziej była potrzebna jego niewolnicza praca w fabryce Buna. Rozmawiałam z Maschkowskim wiosną 2012 roku i zadałam mu pytanie: „Co się liczy, co pozostaje?". Odchrząknął i uśmiechnął się. Podwinął rękaw koszuli i pokazał wytatuowany numer obozowy. „To pozostaje – odpowiedział. – Ale jest to też świadectwem prawdy".

PODZIĘKOWANIA

Pomysł napisania książki *Operacja Paperclip* przyszedł mi po raz pierwszy do głowy, kiedy czytałam dokumenty na temat dwóch nazistowskich projektantów samolotów, Waltera Hortena i Reimara Hortnego, o których pisałam w swojej poprzedniej książce *Area 51: An Uncensored History of America's Top Secret Military Base*. Zbierając materiały, natykałam się od czasu do czasu na nazwisko Knemeyer. Knemeyer był doradcą braci Horten, ale w czasie drugiej wojny światowej doradzał samemu Hermannowi Göringowi. Wtedy niewiele jeszcze wiedziałam o Operacji Paperclip i byłam zaskoczona faktem, że zaledwie kilka lat po wojnie Knemeyer mieszkał w Stanach Zjednoczonych i pracował dla sił powietrznych, a później został odznaczony najwyższym cywilnym odznaczeniem przyznawanym przez Departament Obrony za wyróżniającą się służbę cywilną. W 2010 roku odnalazłam wnuka Siegfrieda Knemeyera, Dirka, i zapytałam, czy zechciałby się ze mną umówić na przeprowadzenie wywiadu. Zgodził się.

Dirk Knemeyer jest amerykańskim przedsiębiorcą, mężem i ojcem. Jak sam przyznał, często zastanawia się nad pojęciem „tożsamości", „nauki", „czasu" i „życia". Kiedy spotkaliśmy się po raz pierwszy, wyznał, że nigdy nie rozmawiał publicznie o wojennej przeszłości dziadka, a większość członków rodziny w ogóle nie mówi o tym, że Siegfried Knemeyer był wysoko postawionym członkiem NSDAP. „Większość członków mojej rodziny uważa tak: Nie rozmawiamy o przeszłości Siegfrieda, zwłaszcza z dziennikarzami. Ale jak tu milczeć, kiedy na strychu leżą dokumenty wychwalające dziadka za jego wybitne osiągnięcia, podpisane przez ludzi w rodzaju Hermanna Göringa i Alberta Speera?"

Nie ma łatwej odpowiedzi na to pytanie. I wtedy postanowiłam dowiedzieć się więcej na temat Operacji Paperclip.

„Życie Siegfrieda było skomplikowane – twierdzi jego wnuk, Dirk Knemeyer. – A ja wolę dowiedzieć się prawdy o jego przeszłości, niż tej prawdzie zaprzeczać. Poza tym są rzeczy, na których temat nie wolno milczeć".

Zapytałam Knemeyera, czy udostępni mi część dokumentów dziadka, które przechowywał w pudle na strychu. Odpowiedział, że się zastanowi. Ale w końcu się zgodził. Dziękuję ci, Dirku Knemeyerze.

Pragnę podziękować Götzowi Blomemu, Gabrielli Hoffmann, Paulowi-Hermannowi Schieberowi i Rolfowi Benzingerowi za poświęcony mi czas. Niezłomnemu i podziwianemu przeze mnie Johnowi Dolibois. Doktor Jens Westemeier pomagał odnaleźć mi dokumenty w niemieckich archiwach, dziękuję ci, Jens. Dziękuję historykowi Clarence'owi Lasby za cenne uwagi. Lasby zaczął pisać swoją książkę *Project Paperclip: German Scientists and the Cold War* jeszcze w latach 60., kilkadziesiąt lat przed tym, jak prawda o niemieckich naukowcach wyszła na jaw dzięki ustawie o swobodzie informacji. Lasby dotarł do dokumentów, które już zniknęły – zostały zniszczone albo zagubione.

Książkę tę oparłam nie tylko na wywiadach i ustnych relacjach, ale przede wszystkim na zawartości wojskowych i cywilnych archiwów w Stanach Zjednoczonych i w Niemczech. Pomagało mi mnóstwo ludzi, a przede wszystkim: Lynn O. Gamma z Air Force Historical Research Agency, Maxwell Air Force Base; Michael Jenack z INSCOM Freedom of Information/Privacy Act Office; Richard L. Baker i Clifton P. Hyatt z U.S. Army Military History Institute; Werner Renz z Fritz Bauer Institute;

Leon Kieres z Instytutu Pamięci Narodowej; Dorothee Becker z Wollheim Commission, Goethe University; Joerg Kulbe i Regine Heubaum, z muzeum Mittelbau-Dora; Peter Gohle z Bundesarchiv Ludwigsburg; dr Matthias Röschner z archiwum Deutsches Museum; Christina Wooten z U.S. Air Force; Lanessa Hill z United States Army Garrison, Fort Detrick; Michael Fauser z U.S. Holocaust Memorial Museum; Bert Ulrich i Allard Beutel z NASA.

Pragnę podziękować Davidowi Fortowi i Amy Schmidt z National Archives and Records Administration. Jessica B. Murphy z Harvard Medical School bardzo mi pomogła, zwracając się do Departamentu Obrony z petycją o odtajnienie akt – petycją skuteczną, trzeba dodać. Bardzo pomógł mi Lesley Schoenfeld z Harvard Law School Library. Margaret Peachy i David Ackerman skopiowali dla mnie archiwalny film na temat dr. Leopolda Alexandra i Telforda Taylora w trakcie procesu norymberskiego.

Pomocą służyły mi także następujące osoby: Adonna Thompson z Duke University Medical Center Archives; David K. Frasier z The Lilly Library Manuscript Collection, Indiana University; Lynda Corey Claassen z Mandeville Special Collections Library, UC–San Diego; John Armstrong ze Special Collections and Archives, Wright State University Libraries; Carol A. Leadenham z Hoover Institution Archives; Loma Karklins z the Caltech Archives; Anne Coleman z Archives and Special Collections, M. Louis Salmon Library, University of Alabama in Huntsville; dr Martin Johnson z The Thalidomide Trust, England; Jen Stepp ze „Stars and Stripes", Brett Exton z Island Farm; Nick Greene z the „Village Voice"; Danny Parker, który pomógł mi odnaleźć dokumenty w amerykańskim National Archives oraz w Landeskirchliches Archiv w Stuttgarcie; Julia Kiefaber, która przetłumaczyła stenogramy sądowe i dokumenty partii nazistowskiej; Larry Valero z the Intelligence and National Security Studies Program na University of Texas w El Paso; John Greenewald, założyciel Black Vault.

Manfred Kopp oprowadził mnie po Oberursel, pokazał dawny Camp King i kryjówki, w których prowadzono tajne operacje, jak Operacja Bluebird, Artichoke i MKUltra. Razem z Marią Shipley wybrałam się do zamku Kransberg, dawnego ośrodka przesłuchań Dustbin. Po zamku i otaczającym go terenie oprowadził mnie Jens Hemann. Swoją wiedzą na temat Camp King i Operacji Artichoke podzielił się ze mną dziennikarz i pisarz Egmont Koch. Winna jestem podziękowania Johnowi Dimelowi za pożyczenie mi nieopublikowanej książki *The History of Camp King* oraz dziennikarzowi śledczemu Ericowi Longabardiemu za raport na temat amerykańskich prób z bronią chemiczną. Dziękuję Michaelowi Neufeldowi za odpowiedź na pytania dotyczące Wernhera von Brauna, Waltera Dornbergera i Arthura Rudolpha. Neufeld jest kustoszem Muzeum Lotnictwa i Podboju Kosmosu oraz autorem kilku książek i artykułów na temat niemieckich ekspertów od rakiet, w tym monografii NASA.

Dziękuję Albertowi Knollowi, dyrektorowi archiwum obozu koncentracyjnego w Dachau za materiały na temat eksperymentów medycznych przeprowadzanych w czasie wojny w obozie, w tym za plany Bloku Eksperymentalnego 5. Po dawnym poligonie SS przylegającym do obozu w Dachau oprowadził mnie komisarz policji Mathias Korn i zajmująca się historią policji Anna Naab. Dzięki nim mogłam wejść do budynków, w których amerykańskie wojsko sądziło zbrodniarzy wojennych z Dachau. Mogłam zobaczyć, gdzie sądzono i uniewinniono Georga Rickheya. Strażnik więzienia Landsberg, dr Harald Eichinger, oprowadził mnie po czynnym do dziś więzieniu, w którym Hitler napisał *Mein Kampf* i gdzie przez krótki czas więziono skazanych w procesie norymberskim zbrodniarzy wojennych. Część wkrótce powieszono, a pozostałych ułaskawił Wysoki Komisarz John J. McCloy.

Pisarzowi potrzebny jest zespół współpracowników. Składam podziękowania Johnowi Parsleyowi, Jimowi Hornfischerowi, Steve'owi Youngerowi, Nicole Dewey, Liz Garriga, Heather Fain, Amandzie Brown, Malin von Euler-Hogan, Janet Byrne, Mike'owi Noonowi, Benowi Wisemanowi i Ericowi Rayman. Dziękuję

Alice i Tomowi Soininenom, Kathleen i Geoffreyowi Silverom, Rio i Frankowi Morse'om oraz Marion Wroldsen. Oraz koleżankom i kolegom pisarzom: Kirston Mann, Sabrinie Weill, Michelle Fiordaliso, Nicole Lucas Haimes i Annette Murphy.

Nigdy nie zapomnę rozmowy z Gerhardem Maschkowskim. Dziękuję ci, Gerhard.

I na koniec podziękowania za codzienną radość przebywania z wami, Kevinie, Finley i Jett. Jesteście moimi najlepszymi przyjaciółmi.

GŁÓWNE POSTACIE

W tym krótkim opisie postaci występujących w książce podaję informacje odnoszące się do ich udziału w Operacji Paperclip.

William J. Aalmans: Powojenny śledczy z wydziału zbrodni wojennych, wkrótce po wyzwoleniu pojawił się w podziemnym kompleksie fabryki w Nordhausen. Znalazł spis telefonów, który świadczył o zaangażowaniu Georga Rickheya i Arthura Rudolpha w zmuszanie więźniów do pracy niewolniczej i był dowodem w późniejszym procesie Dora-Nordhausen.

Dr Leopold Alexander: Psychiatra i neurolog z Bostonu wysłany po wojnie do Niemiec dla prowadzenia śledztwa w sprawie zbrodni wojennych. Później był biegłym w norymberskim procesie lekarzy i współautorem Kodeksu Norymberskiego.

Otto Ambros: Chemik koncernu IG Farben, współtwórca sarinu oraz syntetycznego kauczuku, za osiągnięcia naukowe otrzymał od Hitlera nagrodę w wysokości miliona marek. Był szefem Komitetu C Rzeszy, zajmującego się bronią chemiczną, dyrektorem fabryki IG Farben w Auschwitz, a także dyrektorem fabryki gazów bojowych w Dyhernfurcie. Sądzony i skazany w Norymberdze, wkrótce po opuszczeniu więzienia pracował w amerykańskim koncernie chemicznym W.R. Grace, amerykańskim Departamencie Energii oraz innych europejskich firmach z sektora publicznego i prywatnego.

Generał dr Harry G. Armstrong: Twórca Centrum Medycyny Lotniczej Sił Powietrznych Stanów Zjednoczonych w Heidelbergu, gdzie zatrudnił pięćdziesięciu ośmiu nazistowskich lekarzy, z których trzydziestu czterech trafiło później do Szkoły Medycyny Lotniczej w Teksasie. Był drugim lekarzem naczelnym amerykańskich sił powietrznych.

Płk Burton Andrus: Wojskowy komendant obozu jenieckiego nr 32 „Ashcan" – ośrodka przesłuchań, w którym internowano po wojnie największych nazistowskich zbrodniarzy wojennych. Później, jako naczelnik więzienia w Norymberdze, nadzorował przeprowadzenie egzekucji skazanych na śmierć nazistów.

Herbert Axster: Nazistowski prawnik, szef sztabu generała Dornbergera w fabryce broni V. Wraz z żoną Ilse usunięty z Operacji Paperclip jako zagorzały nazista. Zmuszony do rezygnacji z pracy dla armii amerykańskiej, założył kancelarię prawniczą w Milwaukee w stanie Wisconsin.

Harold Batchelor: Ekspert wojskowy w dziedzinie dżumy, projektant komory Czarna bila w Camp Detrick. Jako członek Wydziału Operacji Specjalnych wspólnie z Frankiem Olsonem przeprowadzał w Ameryce tajne testy rozprzestrzeniania się patogenów. Po norymberskim procesie lekarzy konsultował się w Heidelbergu z dr. Blomem.

Werner Baumbach: Generał odpowiedzialny w Luftwaffe za lotnictwo bombowe. Albert Speer i Heinrich Himmler chcieli, żeby pilotował samolot, którym mieli uciec z Niemiec.

Trafił do Stanów Zjednoczonych w ramach Operacji Paperclip, a stamtąd do Ameryki Południowej, gdzie zginał w katastrofie lotniczej.

Dr Hermann Becker-Freyseng: Specjalista w dziedzinie fizjologii lotniczej i podwładny dr. Strugholda. Nadzorował zbrodnicze eksperymenty medyczne przeprowadzane na więźniach obozu koncentracyjnego w Dachau. Sądzony w Norymberdze i skazany na dwadzieścia lat więzienia. Ułaskawiony i wypuszczony na wolność w 1952 roku.

Dr Wilhelm Beiglböck: Specjalista w dziedzinie fizjologii lotniczej, kierował przeprowadzaniem eksperymentów ze słoną wodą w Dachau. Wśród wielu zbrodni wojennych, za które został skazany w Norymberdze, było usunięcie bez znieczulenia fragmentu wątroby więźniowi Karlowi Höllenrainerowi. Skazany na piętnaście lat więzienia, w 1951 roku został ułaskawiony i wrócił do Niemiec, gdzie podjął pracę w szpitalu.

Płk Peter Beasley: Oficer amerykańskich sił powietrznych wysłany do Niemiec z zadaniem odnalezienia inżynierów znających się na budowie podziemnych fabryk. Włączył do Operacji Paperclip Georga Rickheya.

Płk dr Robert J. Benford: Komendant Centrum Medycyny Lotniczej Sił Powietrznych Stanów Zjednoczonych, nadzorował pracę pięćdziesięciu ośmiu nazistowskich lekarzy w Heidelbergu.

Dr Theodor Benzinger: W czasie wojny szef stacji eksperymentalnej Centrum Badawczego Luftwaffe w Rechlin i szef badań medycznych w Wydziale Technicznym Ministerstwa Lotnictwa Rzeszy. Zagorzały nazista i członek SA, zatrudniony w Centrum Medycyny Lotniczej w Heidelbergu, następnie aresztowany, uwięziony w Norymberdze, oskarżony w procesie lekarzy i w tajemniczych okolicznościach uwolniony. W ramach

Operacji Paperclip pracował w Medycznym Instytucie Badawczym Marynarki Wojennej w Bethesda w stanie Maryland.

Dr Kurt Blome: Zastępca lekarza naczelnego Trzeciej Rzeszy, zastępca szefa Izby Lekarskiej Rzeszy, członek Rady Badań Naukowych Rzeszy, dyrektor fabryki broni chemicznej w Nesselstedt (Pokrzywno pod Poznaniem) oraz w Geraberg w Niemczech. Należał do nazistowskiej „starej gwardii", odznaczony Złotą Odznaką NSDAP, generał SA. JIOA próbowało nieskutecznie sprowadzić go do Stanów Zjednoczonych. Pracował dla armii amerykańskiej w Camp King w Oberursel w Niemczech.

William J. Cromartie: Ekspert armii USA w dziedzinie bakteriologii i oficer Operacji Alsos.

Kurt Debus: Szef testów poligonowych broni V i członek SS, który wydał w ręce gestapo kolegę za antynazistowskie uwagi. W ramach Operacji Paperclip trafił do zespołu von Brauna w Fort Bliss w Teksasie i został pierwszym dyrektorem Centrum Kosmicznego Johna F. Kennedy'ego na Florydzie.

John Dolibois: Oficer amerykańskiego wywiadu wojskowego, który w Ashcan przesłuchiwał internowanych nazistów, w tym Hermanna Göringa i Alberta Speera. Metod prowadzenia przesłuchań uczył go generał William J. Donovan.

Gen. William J. Donovan: Założyciel Biura Służb Strategicznych, poprzednika CIA. Po kapitulacji Niemiec pracował w Camp King w Oberursel w Niemczech, gdzie nadzorował nazistów piszących raporty dla armii amerykańskiej.

Gen. Walter Dornberger: W czasie wojny odpowiedzialny za produkcję broni V, szef personelu w podziemnej fabryce w Nordhausen. Aresztowany przez Brytyjczyków, internowany w Anglii, następnie przekazany armii amerykańskiej. W ramach

Operacji Paperclip pracował dla amerykańskich sił powietrznych, a potem dla firmy Bell Aircraft Corporation. Do końca lat 50. był konsultantem Kolegium Szefów Połączonych Sztabów w dziedzinie pocisków kierowanych i częstym gościem w Pentagonie.

Kpt. R.E.F. Edelsten: Brytyjski oficer kierujący brytyjsko-amerykańskim ośrodkiem przesłuchań Dustbin w zamku Kransberg.

Donald W. Falconer: Amerykański specjalista w dziedzinie broni biologicznej, który konsultował się z dr. Blomem po tym, jak Blome został uniewinniony w procesie norymberskim. Kolega Franka Olsona z Camp Detrick.

Karl Otto Fleischer: Dyrektor fabryki broni w Nordhausen, odegrał kluczową rolę w ujawnieniu majorowi Staverowi dokumentacji technicznej. W ramach Operacji Paperclip pracował w Fort Bliss w Teksasie, póki nie okazało się, że nie był naukowcem, a w Nordhausen zajmował się dostawami żywności.

Dr Karl Gebhardt: Osobisty lekarz Himmlera, nadzorował przeprowadzanie przez generała Waltera Schreibera eksperymentów z sulfonamidami w Ravensbrück. Sądzony w procesie lekarzy w Norymberdze, skazany na śmierć i powieszony na dziedzińcu więzienia Landsberg.

Gen. Reinhard Gehlen: Oficer wywiadu na froncie wschodnim, po wojnie stanął na czele Organizacji Gehlena, zbierającej w Camp King informacje na temat radzieckich szpiegów. W 1949 roku organizacja została przejęta przez CIA, a większość materiałów pozostawała utajniona do 2001 roku.

Hermann Göring: Marszałek Rzeszy, dowódca Luftwaffe, wyznaczony na następcę Hitlera. Jako szef Rady Badań Naukowych

Rzeszy odpowiadał za koordynację wszystkich niemieckich badań naukowych.

Sidney Gottlieb: Dyrektor Sztabu Służb Technicznych CIA, nadzorował program MKUltra. Razem ze swoim zastępcą, Robertem Lashbrookiem, zatruł LSD bakteriologa Franka Olsona.

Samuel Goudsmit: Amerykański fizyk, w czasie wojny dyrektor naukowy Operacji Alsos. Urodzony w Holandii Goudsmit znał język niemiecki i holenderski. W mieszkaniu nazistowskiego naukowca Eugena Haagena w Strasburgu znalazł dokumenty świadczące o tym, że lekarze Trzeciej Rzeszy przeprowadzali zbrodnicze eksperymenty medyczne na więźniach obozów koncentracyjnych.

L. Wilson Greene: Dyrektor techniczny laboratorium chemicznego i radiologicznego w Edgewood. Jego tajna monografia zatytułowana *Wojna psychochemiczna* przyczyniła się do uruchomienia przez CIA programu MKUltra. Był kolegą objętego Operacją Paperclip chemika Fritza Hoffmanna.

Dr Karl Gross: Naukowiec zajmujący się w Instytucie Higieny Waffen-SS badaniami nad bronią biologiczną. Na polecenie Himmlera współpracował z dr. Blomem w Poznaniu i w Gerabergu.

Dr Eugen Haagen: Wirusolog i jeden z twórców nazistowskiej broni biologicznej. W mieszkaniu Haagena w Strasburgu agenci Alsos znaleźli pierwsze dowody świadczące o tym, że nazistowscy lekarze przeprowadzali eksperymenty medyczne na więźniach obozów koncentracyjnych. Przed wojną Haagen był współtwórcą szczepionki przeciwko żółtej febrze, wynalezionej w Instytucie Rockefellera w Nowym Jorku.

Alexander G. Hardy: Prokurator w procesie lekarzy w Norymberdze. W 1951 roku Hardy i dr Alexander napisali do prezydenta Trumana list, w którym ujawnili, że zatrudniony przez armię amerykańską w ramach Operacji Paperclip dr Walter Schreiber jest zbrodniarzem wojennym, sadystą i kłamcą, co doprowadziło do wydalenia Schreibera z USA.

Mjr James P. Hamill: Oficer korpusu uzbrojenia amerykańskiej armii, dowodzący grupą Operacji Paperclip w Fort Bliss w Teksasie.

Heinrich Himmler: Reichsführer SS, szef policji, zlecał przeprowadzanie eksperymentów medycznych na więźniach obozów koncentracyjnych i skierował do pracy niewolniczej w niemieckich zakładach i fabrykach ponad pół miliona robotników przymusowych.

Karl Höllenrainer: Niemiec pochodzenia romskiego, aresztowany w czasie wojny za poślubienie Niemki, co było pogwałceniem ustaw norymberskich. Wysłany do Auschwitz, potem do Buchenwaldu, a w końcu do Dachau, gdzie był poddawany zbrodniczym eksperymentom medycznym w Bloku Eksperymentalnym 5. W trakcie procesu norymberskiego usiłował zasztyletować oskarżonego Wilhelma Beiglböcka.

Dr Ernst Holzlöhner: Lekarz z uniwersytetu w Berlinie, który w Dachau przeprowadzał wraz z dr. Sigmundem Rascherem eksperymenty polegające na wychładzaniu ludzi. Popełnił samobójstwo w maju 1945 roku.

Friedrich „Fritz" Hoffmann: Chemik organiczny pracujący w laboratorium uniwersytetu w Würzburgu oraz dla Luftwaffe. W ramach Operacji Paperclip zajmował się w Edgewood tajnymi badaniami nad syntezą tabunu, a później gazu VX. Na zlecenie CIA podróżował po świecie w poszukiwaniu egzotycznych trucizn.

Dieter Huzel: W czasie wojny asystent Wernhera von Brauna. Wraz z Bernhardem Tessmannem ukrył dokumentację dotyczącą broni V. W ramach Operacji Paperclip pracował w zespole von Brauna w Fort Bliss w Teksasie.

Płk Gordon D. Ingraham: Od 1949 do 1951 roku komendant Camp King. Podpisał w ramach Operacji Paperclip kontrakty z dr. Walterem Schreiberem i dr. Kurtem Blomem.

Janina Iwańska: Ocalała z Ravensbrück ofiara zbrodniczych eksperymentów medycznych. W 1951 roku przyjechała na leczenie do USA i nieoczekiwanie złożyła w FBI zeznanie na temat zbrodni wojennych popełnionych przez objętego Operacją Paperclip dr. Waltera Schreibera.

John Risen Jones Jr.: Amerykański żołnierz ze 104. Dywizji Piechoty, jeden z pierwszych, który widział podziemną fabrykę w Nordhausen. Zrobione przez niego zdjęcia dokumentują dramat tysięcy robotników przymusowych.

Dr Heinrich Kliewe: Szef kontrwywiadu zajmujący się bronią biologiczną. Razem z Blomem internowany i przesłuchiwany w obozie Dustbin. Zeznawał jako świadek w norymberskim procesie lekarzy.

Płk Siegfried Knemeyer: Pilot Luftwaffe, inżynier. Uważany za jednego z dziesięciu najlepszych pilotów Rzeszy, został poproszony przez ministra Speera o pilotowanie samolotu, którym Speer chciał uciec na Granlandię. W latach 1947–1977 pracował w ramach Operacji Paperclip w Wright Field.

Gen. Hugh Knerr: Po wojnie dowódca Służby Technicznej Lotnictwa w Wright Field. Zwolennik Operacji Paperclip, napisał notatkę do Departamentu Wojny, sugerując, żeby nie przyglądano się zbyt dokładnie nazistowskiej przeszłości niemieckich naukowców. „Nie ma miejsca na dumę i chęć zachowania twarzy, kiedy w grę wchodzi bezpieczeństwo narodowe".

Karl Krauch: Prezes zarządu IG Farben i pełnomocnik Göringa do spraw produkcji broni chemicznej. Po wyroku uniewinniającym w Norymberdze starał się, by objęto go Operacją Paperclip.

Richard Kuhn: Laureat Nagrody Nobla, chemik, wynalazca somanu, znany z tego, że przed wykładami w Instytucie Cesarza Wilhelma pozdrawiał słuchaczy „Sieg Heil". W ramach Operacji Paperclip pracował w Centrum Medycyny Lotniczej w Heidelbergu, a także w grupie generała Loucksa zajmującej się produkcją sarinu.

Gen. Charles E. Loucks: Oficer wojsk chemicznych, nadzorujący pracę naukowców zatrudnionych w ramach Operacji Paperclip w Edgewood. W czerwcu 1948 roku przeniesiony do Heidelbergu, gdzie zebrał grupę naukowców pracujących nad sarinem. W skład grupy weszli niemieccy specjaliści od broni chemicznej: Schieber, Schrader, Kuhn i von Klenck. Z jego inicjatywy armia amerykańska zainteresowała się zastosowaniem LSD.

Dr Ulrich Luft: Lekarz Luftwaffe i wicedyrektor Instytutu Badawczego Medycyny Lotniczej w Berlinie. W ramach Operacji Paperclip pracował w Centrum Medycyny Lotniczej w Heidelbergu oraz w Szkole Medycyny Lotniczej w Teksasie.

Gerhard Maschkowski: Więzień obozu koncentracyjnego Auschwitz o numerze 117 028.

John J. McCloy: Prawnik, bankier, polityk i doradca prezydenta. Jako przewodniczący State-War-Navy Coordinating Committee odegrał kluczową rolę we wdrożeniu programu zatrudnienia niemieckich naukowców. Jako Wysoki Komisarz

USA w Niemczech uruchomił program Paperclip i ułaskawił wielu nazistowskich zbrodniarzy wojennych skazanych w Norymberdze.

Charles McPherson: Członek Zespołu Projektów Specjalnych Operacji Paperclip, zatrudnił dr. Kurta Blomego.

Hermann Nehlsen: Sześćdziesięciotrzyletni niemiecki inżynier pracujący w ramach Operacji Paperclip w Wright Field, który ujawnił, że Georg Rickhey jest zbrodniarzem wojennym.

Carl Nordstrom: Szef Wydziału Badań Naukowych podlegającego Wysokiemu Komisarzowi McCloyowi. Kierował Zespołem Projektów Specjalnych zajmującym się rekrutacją nazistowskich naukowców do Operacji Paperclip.

Frank Olson: Bakteriolog z Wydziału Operacji Specjalnych w Fort Detrick i pracownik CIA zajmujący się kontrowersyjnym programem niekonwencjonalnych metod przesłuchań w Camp King (Operacja Bluebird i Operacja Artichoke). Koledzy z CIA podali mu LSD, a potem Olson wyskoczył lub został wypchnięty z okna hotelu w Nowym Jorku.

Werner Osenberg: Inżynier, w czasie wojny wysoki funkcjonariusz gestapo. Kierował Biurem Planowania w Radzie Badań Naukowych Rzeszy. Twórca Listy Osenberga, zawierającej nazwiska 15 000 niemieckich naukowców, inżynierów i lekarzy.

Płk Boris Pash: Dowódca Misji Alsos, a później pracownik CIA.

Albert Patin: Niemiecki biznesmen, właściciel zakładów produkujących instrumenty nawigacyjne do samolotów. Zatrudniał 6000 robotników, w tym wielu więźniów dostarczanych przez Himmlera. Zatrudniony w Wright Field w ramach Operacji Paperclip.

Płk William R. Philp: Pierwszy komendant Camp King w Oberursel. Jeden z pierwszych amerykańskich oficerów, który po wojnie zdecydował się zatrudnić byłych oficerów niemieckiego wywiadu wojskowego do analizowania informacji uzyskanych od radzieckich szpiegów.

Gen. Donald L. Putt: Pilot oblatywacz i inżynier. Jeden z pierwszych oficerów, który znalazł się w tajnym ośrodku badawczym Hermann Göringa w Völkenrode i skłonił do współpracy w ramach Operacji Paperclip dziesiątki niemieckich naukowców, a potem nadzorował ich pracę w Wright Field.

Dr Sigmund Rascher: Lekarz SS w Dachau, który przeprowadzał zbrodnicze eksperymenty na ludziach w bloku nr 5. Jego korespondencja z Himmlerem oraz zbiór fotografii stanowiły dowód w norymberskim procesie lekarzy. Tuż po wojnie zamordowany rzekomo na rozkaz Himmlera.

Georg Rickhey: Dyrektor naczelny fabryki Mittelwerk w Nordhausen, zatrudniającej robotników przymusowych. W ramach Operacji Paperclip pracował w Wright Field. Oskarżony przez innego niemieckiego naukowca o zbrodnie wojenne, został odesłany do Niemiec. Sądzony w procesie Dora-Nordhausen, ostatecznie uniewinniony.

Walther Riedel: Inżynier z biura projektowego broni V. W Ramach Operacji Paperclip pracował w Fort Bliss w Teksasie, a później wrócił do Niemiec.

Arthur Rudolph: Dyrektor wykonawczy fabryki Mittelwerk w Nordhausen, zajmował się montażem broni V i nadzorował pracę robotników przymusowych. W ramach Operacji Paperclip pracował w Fort Bliss w Teksasie i został kierownikiem projektu rakiety kosmicznej Saturn V. W 1980 roku Departament

Sprawiedliwości wdrożył przeciwko niemu dochodzenie. Aby uniknąć oskarżeń, w 1984 roku wyjechał z Ameryki.

Dr Siegfried Ruff: Dyrektor Wydziału Medycyny Lotniczej w niemieckiej stacji eksperymentalnej w Berlinie, bliski przyjaciel dr. Strugholda. Jako przełożony dr. Sigmunda Raschera nadzorował przeprowadzanie eksperymentów medycznych w Bloku Eksperymentalnym 5 w Dachau. W ramach Operacji Paperclip pracował w Centrum Medycyny Lotniczej Sił Powietrznych Stanów Zjednoczonych w Heidelbergu. Sądzony i uniewinniony w procesie norymberskim.

Emil Salmon: Nazistowski inżynier lotniczy zamieszany w spalenie synagogi w Ludwigshafen. W ramach Operacji Paperclip budował stanowiska testowe dla silników.

Dr Konrad Schäfer: Chemik i fizjolog Luftwaffe, zajmował się odsalaniem wody morskiej i brał udział w zbrodniczych eksperymentach w Dachau. W ramach Operacji Paperclip pracował w Centrum Medycyny Lotniczej w Heidelbergu. Sądzony i uniewinniony w norymberskim procesie lekarzy. Później zatrudniony w Szkole Medycyny Lotniczej w Teksasie.

Brigadeführer SS Walter Schieber: Szef Biura Zaopatrzenia w ministerstwie Speera, zajmował się produkcją przemysłową tabunu i sarinu. Członek „starej gwardii" Hitlera, odznaczony Złotą Odznaką NSDAP, członek osobistego sztabu Reichsführera SS Himmlera. W ramach Operacji Paperclip pracował w Heidelbergu, w grupie generała Loucksa oraz dla CIA.

Heinz Schlicke: Specjalista w dziedzinie wojny elektronicznej i dyrektor poligonu marynarki wojennej w Kilonii. Schwytany na pokładzie niemieckiego okrętu podwodnego U-234 płynącego do Japonii. W ramach Operacji Paperclip pracował dla amerykańskiej marynarki wojennej.

Hermann Schmitz: Prezes IG Farben i dyrektor Deutsches Reichsbank. W sejfie ukrytym w ścianie jego domu w Heidelbergu major Edmund Tilley znalazł album fotograficzny dowodzący związków IG Farben z IG Auschwitz.

Gerhard Schrader: Chemik firmy IG Farben, który wynalazł tabun. Wielokrotnie odrzucał oferty zatrudnienia w ramach Operacji Paperclip, ale pracował dla generała Loucksa w grupie zajmującej się produkcją sarinu.

Gen. dr Walter Schreiber: Naczelny lekarz Trzeciej Rzeszy, w czasie wojny szef służb medycznych, członek Rady Naukowej Rzeszy i szef ochrony chemicznej i biologicznej. Schwytany przez Rosjan w trakcie operacji berlińskiej, był radzieckim świadkiem oskarżenia w procesie norymberskim. W ramach Operacji Paperclip pracował w Camp King w Oberursel i w Szkole Medycyny Lotniczej w Teksasie.

Dr Oskar Schröder: Szef sztabu służby medycznej Luftwaffe, odpowiedzialny za eksperymenty medyczne prowadzone w Dachau. W ramach Operacji Paperclip pracował w Centrum Medycyny Lotniczej w Heidelbergu. Później skazany w Norymberdze na karę dożywotniego więzienia, ułaskawiony w 1954 roku.

Robert Servatius: Doradca obrońców nazistowskich lekarzy w procesie norymberskim, który przedstawił trybunałowi artykuł z 1945 roku opublikowany w magazynie „Life", opisujący eksperymenty na więźniach prowadzone w czasie wojny przez amerykańskich lekarzy.

Mjr Eugene Smith: Oficer armii amerykańskiej prowadzący śledztwo w sprawie zbrodni popełnionych przez Georga Rickheya.

Albert Speer: Minister uzbrojenia i produkcji wojennej Rzeszy, odpowiedzialny za badania naukowe i prace nad nowymi rodzajami broni oraz za zatrudnianie więźniów obozów koncentracyjnych. Sądzony w Norymberdze i skazany na dwadzieścia lat więzienia. Po uwolnieniu opublikował pamiętniki, w których twierdził, że nie miał pojęcia o Holocauście.

Vivien Spitz: Korespondentka w trakcie procesu norymberskiego. W wieku osiemdziesięciu lat napisała książkę *Doktorzy z piekła rodem*.

Mjr Robert B. Staver: Oficer wywiadu, który nadzorował Operację Specjalną V-2 i zdobycie dokumentacji dotyczącej broni V-2. Dzięki jego działaniom do Ameryki w ramach Operacji Paperclip trafiła pierwsza grupa niemieckich specjalistów od rakiet. W grudniu 1945 roku odszedł z wojska.

Dr Hubertus Strughold: Przez dziesięć lat dyrektor Instytutu Badawczego Medycyny Lotniczej w Berlinie. Mimo że jego nazwisko widniało na liście Centralnego Rejestru Przestępców Wojennych CROWCASS, Harry Armstrong zatrudnił go do kierowania tajnym medycznym projektem badawczym. W ramach Operacji Paperclip pracował w Centrum Medycyny Lotniczej w Heidelbergu oraz w Szkole Medycyny Lotniczej w Teksasie. Uważany za ojca medycyny kosmicznej, pozostaje jedną z najbardziej kontrowersyjnych postaci Operacji Paperclip.

Płk Philip R. Tarr: Oficer wywiadu wojsk chemicznych w Europie, stacjonował w obozie jenieckim Dustbin. Nie wykonał rozkazu aresztowania Ottona Ambrosa pod zarzutem popełnienia zbrodni wojennych i wywiózł go do Heidelbergu na spotkanie z oficerami wywiadu oraz przedstawicielem koncernu chemicznego Dow Chemical.

Mjr Edmund Tilley: Brytyjski oficer zajmujący się przesłuchiwaniem niemieckich specjalistów od broni chemicznej w ośrodku Dustbin. Udało mu się znaleźć dowody, które pozwoliły postawić przez trybunałem w Norymberdze Ottona Ambrosa i innych chemików IG Farben.

Gen. Telford Taylor: Szef prokuratorów podczas procesu w Norymberdze. W trakcie procesu lekarzy stwierdził, że wykazali się biegłością w „makabrycznym procederze" zabijania. Głośno krytykował decyzję Wysokiego Komisarza McCloya o ułaskawieniu nazistowskich zbrodniarzy.

Bernhard Tessmann: Projektant fabryki broni w Nordhausen. Razem z Huzlem ukrył dokumentację broni V w kopalni w Dörnten. W ramach Operacji Paperclip pracował w Fort Bliss w Teksasie.

Erich Traub: Wirusolog, mikrobiolog i weterynarz, w czasie wojny zastępca dyrektora instytutu badawczego na wyspie Riems. Wysłany przez Himmlera do Turcji w poszukiwaniu wirusa pomoru bydła. W ramach Operacji Paperclip pracował dla amerykańskich sił lądowych, marynarki wojennej oraz Departamentu Rolnictwa. W 1953 roku na własną prośbę repatriowany do Niemiec.

Wernher von Braun: Dyrektor techniczny odpowiedzialny za produkcję broni V i szef biura planowania zakładów Mittelbau-Dora. W ramach Operacji Paperclip pracował dla armii amerykańskiej w Fort Bliss w Teksasie. Później został dyrektorem Centrum Lotów Kosmicznych im. Marshalla i głównym projektantem rakiety Saturn V, dzięki której Amerykanie dotarli na Księżyc.

Magnus von Braun: Specjalista od żyroskopów pracujący w Nordhausen i młodszy brat Wernhera von Brauna. W ramach Operacji Paperclip pracował w Fort Bliss w Teksasie.

Robert Ritter von Greim: As lotnictwa w czasie pierwszej wojny światowej i mentor dr. Strugholda. Pod koniec wojny mianowany przez Hitlera szefem Luftwaffe. W maju 1945 roku popełnił samobójstwo.

Jürgen von Klenck: Oficer SS, chemik w firmie IG Farben i zastępca szefa Komitetu C, Ambrosa. Nieumyślnie naprowadził majora Tilleya na ślad dokumentacji, która pozwoliła aresztować i oskarżyć wielu nazistów. W ramach Operacji Paperclip pracował w grupie generała Loucksa w Heidelbergu, zajmującej się produkcją sarinu.

Herbert Wagner: Szef zespołu projektantów w firmie Henschel, twórca pocisku rakietowego HS-293. Był pierwszym nazistowskim naukowcem, który przyjechał do Stanów Zjednoczonych w ramach Operacji Paperclip i pracował dla wywiadu technicznego amerykańskiej marynarki wojennej.

PRZYPISY

1. Hitler, *Rozmowy przy stole 1941–1944*, s. 255.
2. Dokument z Maxwell Air Force Base History Office. Notatka Pattersona do Sekretariatu Sztabu Generalnego, 28 maja 1945, temat: „Naukowcy niemieccy".
3. Ostrzeżenie Połączonego Komitetu Wywiadu (JIC) dla Kolegium Szefów Połączonych Sztabów. Notatka JIC 250 (zima 1945): JIC oceniał, że Rosjanie będą unikać wojny z USA do 1952 roku. Notatka JCS 1696 (lato 1946): JIC oceniał, że wojna z ZSRR będzie „wojną totalną".
4. RG 319 Walter Schreiber, akta Schustera, 18 sierpnia 1949; HLSL nr 286. The Harvard Law School Library ma około miliona stron dokumentów na temat procesu największych zbrodniarzy wojennych przed Międzynarodowym Trybunałem Wojskowym oraz dwunastu następczych procesów przed norymberskimi Trybunałami Wojskowymi. Obecnie wiele z tych dokumentów jest dostępnych online. Jeśli istnieje forma elektroniczna dokumentu, podaję jego numer biblioteczny HLSL.
5. Sarin, tabun, soman i VX to związki fosforoorganiczne o działaniu paralityczno-drgawkowym i choć są nazywane gazami bojowymi, to najczęściej mają postać płynną.

Rozdział 1: Wojna i broń

1. Pash, *The Alsos Mission*, s. 147–51.
2. Goudsmit, s. 68.
3. Ibid., s. 73.

4. Pash, *The Alsos Mission*, s. 154.
5. Ibid., s. 157.
6. HLSL nr 2076; Deichmann, s. 4, 90–93. Rada Badań Naukowych Rzeszy powstała w 1937 roku, jej celem było dostosowanie poszczególnych dziedzin nauki do potrzeb ekonomii wojennej zgodnie z planem czteroletnim Hitlera, wdrażanym przez ministra Hermana Göringa. Przewodniczącym rady był generał i inżynier Karl Becker. 9 czerwca 1942 roku, dekretem Hitlera, przewodniczącym rady został Hermann Göring.
7. Goudsmit, s. 73.
8. RG 165 „Code Name: Alsos Mission, Scientific Intelligence Mission, M.I.S., G-2, W.D.", fotografie zgromadzone przez pułkownika Borisa T. Pasha, s. 10.
9. Ibid., s. 11.
10. Goudsmit, s. 69.
11. Goudsmit, s. 74–75; Pash, *The Alsos Mission*, s. 150.
12. Goudsmit, s. 74.
13. Goudsmit, s. 79; Pash, *The Alsos Mission*, s. 149–52.
14. HLSL nr 1614; HLSL nr 1615.
15. Neufeld, *Von Braun, inżynier nazistów i Amerykanów*, s. 201–2. W rozmowie z Michaelem Neufeldem przeprowadzonej 3 kwietnia 2013 roku okazało się, że istnieją rozbieżne opinie, gdzie ta ceremonia się odbyła (Schlossberg?).
16. Zdjęcia, zbiory Dornbergera, Deutsches Museum, Monachium.
17. „Christian Science Monitor", 28 kwietnia 1945, http://www.nasm.si.edu/events/spaceage/vengeance.htm.
18. Evans, s. 674. Cytat z: Adolf Hitler, *Reden und Proklamationen, 1932–1945*.
19. Neufeld, *The Rocket and the Reich*, s. 1.
20. Neufeld, *Von Braun*, s. 202.
21. Von Braun był słabym studentem. W dziedzinie fizyki zabłysnął po przeczytaniu w 1929 roku książki Hermanna Obertha *Die Rakete zu den Planetenräumen* (Rakietą w przestrzeń międzyplanetarną).
22. Neufeld, *Von Braun*, s 202. Neufeld tłumaczy, że jest to „bardzo wysokie odznaczenie cywilne będące odpowiednikiem Krzyża Rycerskiego nadawanego za męstwo" i świadczy o wysokiej pozycji von Brauna w nazistowskiej hierarchii w ostatnich miesiącach wojny. Zdjęcia, zbiory Dornbergera, Deutsches Museum, Monachium.
23. Evans, s. 324.

24. Ibid., s. 327.
25. Cornwell, s. 313.
26. Speer, *Wspomnienia*, s. 440.
27. Zdjęcia, zbiory Dornbergera, Deutsches Museum, Monachium.
28. Patrz: www.V2Rocket.com. Ta strona internetowa zawiera relację naocznego świadka zbombardowania kina Rex, Charlesa Ostyna.
29. McGovern, s. 62.
30. NASA History Office, s. 194.
31. McGovern, s. 101.
32. Himmler chciał kierować całym programem produkcji broni V, zastępując Alberta Speera, ale okazało się to niemożliwe, ponieważ Hitler uważał Speera za cudotwórcę w dziedzinie uzbrojenia (Evans, s. 320–25).
33. Neufeld, *The Rocket and the Reich*, s. 201.
34. Pochodzi z łacińskiego *Suum cuique*, „każdemu, co mu się należy" albo „każdemu to, na co zasługuje". Słowa te przypisuje się Cyceronowi, który pisał: *Iustitia suum cuiquedistribuit*. W nazistowskich Niemczech tego rodzaju slogany stawały się narzędziem propagandy i były wieszane nad głównymi bramami w wielu obozach koncentracyjnych. Hasło *Jedem das Seine* znajdowało się w Buchenwaldzie, a w Oświęcimiu *Arbeit macht frei*, „Praca czyni wolnym".
35. RG 330 Arthur Rudolph, Formularz nr 2 JIOA, Basic Personnel Record. Wykształcenie Rudolpha opisane w jego teczce personalnej to „ślusarstwo narzędziowe i budowa maszyn", zdobyte w szkole zawodowej.
36. Neufeld, *The Rocket and the Reich*, s. 206.
37. Aalmans, s. 10. Jeśli nie zaznaczono inaczej, podstawowym źródłem w sprawie faktów dotyczących Dora-Nordhausen była monografia Aalmansa napisana dla amerykańskiej komisji ds. zbrodni wojennych. W innych pracach statystyki bardzo się od siebie różnią.
38. Aalmans, s. 10.
39. Ibid., s. 11.
40. Wiele informacji na temat obozu Mittelbau-Dora można znaleźć na stronie http://www.buchenwald.de/en/338/.
41. Taką liczbę podaje Aalmans. Według muzeum Mittelbau-Dora były to dwie trzecie.
42. Allen, s. 2. Niemiecka nazwa to Wirtschaftsverwaltungshauptamt (Główny Urząd Gospodarki i Administracji SS).

43. Himmler otrzymał takie uprawnienia bezpośrednio od Adolfa Hitlera. SS funkcjonowało jako organizacja stojąca ponad prawem, zajmowało się najbardziej odrażającymi aspektami wojny, w tym nadzorowaniem obozów koncentracyjnych, masową eksterminacją i organizowaniem pracy przymusowej.
44. Evans, s. 327.
45. Aalmans, strona tytułowa monografii o zbrodniach wojennych.
46. Evans, s. 665.
47. Neufeld, *The Rocket and the Reich*, s. 212.
48. Evans, s. 663–5.
49. Jak wyjaśniono na stronie muzeum: „Dora i inne podobozy początkowo wchodzące w skład kompleksu Buchenwald w końcu uzyskały niezależność jako obóz koncentracyjny Mittelbau-Dora, gdzie Dora była głównym obozem. Po uniezależnieniu się od Buchenwaldu, kiedy w południowej części gór Harz zaczęły rozwijać się kolejne programy zbrojeniowe, do Mittelbau-Dora dołączono następne podobozy".
50. RG 330 Georg Rickhey, Formularz nr 2 JIOA, Basic Personnel Record. Na tym stanowisku zarabiał 54 tysiące marek rocznie. Średnia płaca niemieckiego robotnika wynosiła w tym czasie 3100 marek rocznie.
51. Bundesarchiv Ludwigsburg, Georg Rickhey B-162/964; RG 330 Georg Rickhey „Oświadczenie o przebiegu pracy zawodowej" i „Krótkie oświadczenie na temat wykształcenia i pracy" (4 marca 1948).
52. Neufeld, *The Rocket and the Reich*, s. 186. Neufeld pisze, że strażnicy, podobnie jak robotnicy przymusowi, otrzymywali żywność i ubrania „w takich ilościach, że prowadziło to do śmierci z głodu, chorób i przepracowania".
53. Aalmans, s. 12.
54. Neufeld, *The Rocket and the Reich*, s. 228.
55. Ibid., s. 229.
56. Speer, *Wspomnienia*, s. 501.
57. Autorka zwiedzała posiadłość Schloss Kransberg i przeprowadziła wywiad z Jensem Hermannem, kustoszem zamku, 1 sierpnia 2012.
58. Zdjęcia, Bawarskie Archiwum Państwowe, Monachium; wywiad z Hannsem-Claudiusem Scharffem, 27 września 2012.
59. Zdjęcia Hitlera w Adlerhorst/Orlim Gnieździe, Bawarskie Archiwum Państwowe, Monachium.

60. Speer, *Wspomnienia*, s. 502.
61. RG 330 Georg Rickhey, „Oświadczenie o przebiegu pracy zawodowej"; Bundesarchiv Ludwigsburg, Georg Rickhey B-162/964.
62. 15 stycznia Hitler wsiadł do swojego pancernego pociągu i po dziewiętnastu godzinach podróży dotarł do Berlina.
63. Speer, *Wspomnienia*, s. 505.
64. Kershaw, *The End*, s. 50.
65. Zdjęcia ze stałej wystawy w Muzeum Obozu Koncentracyjnego w Dachau.
66. Speer, *Wspomnienia*, s. 505.
67. Ibid.
68. Ibid.
69. Shirer, *Rise and Fall*, s. 1097. Shirer zauważa też, że „od popołudnia 27 stycznia Rosjanie zaczęli forsować Odrę znajdującą się 160 km od Berlina. Kwaterę główną Hitlera przeniesiono do gmachu Kancelarii Rzeszy, gdzie Hitler pozostał do samego końca".

Rozdział 2: Niszczenie

1. Thomson, s. 184.
2. Zdjęcie lotnicze amerykańskiej armii, „Kompleks Auschwitz-Birkenau, Oświęcim, Polska, 26 czerwca 1944". Powiększenie z oryginalnego negatywu opatrzone podpisem przez CIA: „Zakłady zbrojeniowe SS, IG Farben i inne, Auschwitz III Buna". Archiwum Narodowe; Schmaltz, monografia obozu Buna Monowice.
3. Drummer and Zwilling, s. 80.
4. Wywiad z Gerhardem Maschkowskim, 2 czerwca 2012.
5. Ibid.; patrz też: przekaz ustny – wywiad z Gerhardem Maschkowskim, 29 czerwca 2007, Archiwum Fritz Bauer Institute, muzeum Norberta Wollheima, Frankfurt nad Menem, Niemcy.
6. Wywiad z Gerhardem Maschkowskim, 2 czerwca 2012; Primo Levi opisuje to w podobny sposób.
7. Thomson, s. 186; niemiecka nazwa to *Infektionsabteilung.*
8. Thomson, s. 186.
9. W liście do swojego przyjaciela Jeana Samuela (Thomson, s. 186–7).
10. Autorka odwiedziła Instytut Fritza Bauera we Frankfurcie, mieszczący się w budynku dawnej IG Farben. Pełna lista

dokumentów z kolekcji Fritza Bauera na temat Ambrosa jest dostępna na stronie muzeum Wollheima: http://www.wollheim- memorial.de/en/igwerksleitung.

11. RG 319 Otto Ambros, dokument SHAEF (Naczelnego Dowództwa Alianckich Sił Ekspedycyjnych), WD44714/36, „Microfilm Project MP-B-102". W dokumencie czytamy: „Nazwisko: Ambros, Kariera zawodowa: członek zarządu IG, przewodniczący Komitetu C (Komitetu Gazów Bojowych) w ministerstwie Speera, szef produkcji broni chemicznej, szef produkcji Buna. W czerwcu 1944 roku Hitler ofiarował mu milion marek. Rzekomo jako nagrodę za ważne odkrycie dokonane w Bunie, uniezależniające Niemcy od dostaw naturalnego kauczuku".
12. Walther Dürrfeld, naczelny inżynier fabryki Buna, był drugi. Walther Dürrfeld, pisemne oświadczenie z 18 lutego 1947 roku, NI-4184. Archiwum Instytutu Fritza Bauera, następczy proces norymberski, sprawa VI, s. 73–77.
13. RG 330 Jürgen von Klenck, D-64 032 , 25 lipca 1952; RG 319 Otto Ambros, 28 września 1944.
14. „Likwidacja niemieckich środków prowadzenia wojny" 1282; Tucker, s. 70.
15. Źródła podają różne liczby. W wielu dokumentach z czasów II wojny światowej jest informacja, że ciekły tabun zabija w trzydzieści sekund. Centrum Zwalczania i Zapobiegania Chorobom (CDC) przyjmuje „od 1 do 10 minut".
16. Raport CDC, „Chemical Emergencies, Factsabout Tabun".
17. Tucker, s. 48.
18. Harris and Paxman, s. xiv.
19. Groehler, s. 11.
20. Muzeum Gross-Rosen, Rogoźnica, Polska. Obóz koncentracyjny został założony w sierpniu 1940 roku jako podobóz Sachsenhausen. Więźniowie pracowali w miejscowych kamieniołomach, należących do SS.
21. Dwork and Van Pelt, s. 198.
22. RG 319 Otto Ambros, dokument SHAEF, WD44 714/36.
23. Ibid.; dokumenty Stasi (BStU), teczka doktora Ottona Ambrosa, MfS HA IX/11 PA 5.380. Po niemiecku ordery noszą nazwę Kriegsverdienstkreuz i Ritterkreuz des Kriegsverdienstkreuzes.
24. Dokumenty Stasi (BStU), teczka dr. Waltera Schiebera, MfS HA IX/11 AS 253/68.
25. Groehler, s. 246, 268–9.

26. Zeznanie przed trybunałem norymberskim, 10 lutego 1947. Stenogram, 2788.
27. Tucker, s. 51.
28. Groehler, s. 9–10; Tucker, s. 70–71.
29. Tucker, s. 71–72.
30. RG 218 Kolegium Szefów Połączonych Sztabów, raport Połączonego Centrum Wywiadu, „Dane wywiadowcze na temat radzieckiej zdolności do prowadzenia wojny chemicznej i biologicznej", s. 15–16.
31. RG 319 Otto Ambros, „Raport na temat broni chemicznej oparty na przesłuchaniu i pisemnych raportach Jürgena E. von Klencka, z komentarzami Speera i dr. E. Mohrhardta", s. 25, 34–35.
32. Tucker, s. 402.
33. Tucker, s. 107.
34. „Telegraph", 1 stycznia 2006, „Churchill chciał posłać Hitlera na krzesło elektryczne", na podstawie dzienników sir Normana Brooka, byłego sekretarza gabinetu Churchilla, który przechował stenogramy rozmów.
35. „Jeśli przegramy wojnę" to znane słowa Hitlera wypowiedziane do Speera: Shirer, *Rise and Fall*, s. 1104.
36. Kershaw, *The End*, s. 290. To słynne zdanie jest tłumaczone z niemieckiego na różne sposoby i cytowane w różnych kontekstach.
37. Sereny, *Albert Speer*, s. 475.
38. Ibid., s. 475–6.
39. Aalmans, s. 10–11.
40. Mittelbau było macierzystą korporacją Mittelwerk i posiadało w okolicy jeszcze kilka fabryk zbrojeniowych.
41. Biznesmen uciekł do Afryki Południowej, unikając wywózki do obozu koncentracyjnego.
42. Neufeld, *Von Braun*, s. 208–9.
43. Ibid., s. 209.
44. Ibid.
45. Stany Zjednoczone przeciwko Kurtowi Andrae i wspólnikom, dokumenty procesowe.
46. Neufeld, *Von Braun*, s. 209.
47. Aalmans, s. 11.
48. „Wywiad z Rudolphem przeprowadzony przez majora Eugene'a Smitha z sił powietrznych USA, 2 czerwca 1947", (monografia Departamentu Sprawiedliwości); Feigin, s. 333.

49. Neufeld, *Von Braun*, s. 209.
50. McGovern, s. 108. Tessmann był szefem projektantów obiektów w Peenemünde.
51. Neufeld, *Von Braun*, s. 209, cytat z listu, który von Braun napisał po wojnie do rodziców.
52. McGovern, s. 108.
53. Neufeld, *The Rocket and the Reich*, s. 263.
54. McGovern, s. 111; inżynierów zajmujących się rakietami pilnowało SD (Sicherheitsdienst).
55. Huzel, s. 151–61.
56. Huzel, s. 159.
57. Ze wspomnień Huzla. Istnieją też inne wersje tej historii, w których pojawia się pytanie, czy dwaj mężczyźni rzeczywiście zdradzili tajemnicę Fleischerowi.

Rozdział 3: Ścigający i ścigani

1. Pash, *The Alsos Mission*, s. 160–2. Pash wykonał kilka misji zwiadowczych, między innymi we Włoszech, bez Goudsmita, przed lądowaniem w Normandii.
2. Pash, *The Alsos Mission*, s. 161.
3. Pash, *The Alsos Mission*, s. 171; Goudsmit, s. 77.
4. Lasby, s. 23.
5. Associated Press, 24 marca 1945.
6. Gimbel, s. 3–17.
7. Ibid., s. 3, 9.
8. Ibid., s. 8; SHAEF wysłał CIOS zapotrzebowanie za pośrednictwem sekretariatu w Londynie.
9. RG 165 „Kryptonim: Alsos Mission, Misja wywiadowcza, M.I.S., G-2, W.D.", zdjęcia zebrane przez płk. Borisa T. Pasha, 20.
10. McGovern, s. 101–2. Major Staver był już w Londynie.
11. Bower, s. 75–76.
12. Lasby, s. 66.
13. Ibid., s. 18–19.
14. Pash, *The Alsos Mission*, s. 172.
15. Ibid., s. 173.
16. RG 165 „Kryptonim: Alsos Mission, Misja wywiadowcza, M.I.S., G-2, W.D.", zdjęcia zebrane przez płk. Borisa T. Pasha, s. 18.
17. Pash, *The Alsos Mission*, s. 174–5.
18. W literaturze Philip R. Tarr jest często mylony z Paulem R. Tarrem; Kleber and Birdsell, s. 40, 45, 454.

19. Kleber and Birdsell, s. 40, 45, 79.
20. Tucker, s. 49.
21. DuBois, s. 37–38.
22. Tilley and Whitten, *Scientific Personnel I.G. Farbenindustrie A.G., Ludwigshafen*, s. 45.
23. Pash, *The Alsos Mission*, s. 174.
24. McGovern, s. 104.
25. Goudsmit, s. 187–89; NMT (Norymberski Trybunał Wojskowy), Sprawa 1, dokument nr 897, „Lista pełnomocników".
26. HLSL nr 2076.
27. Goudsmit, s. 188.
28. Goudsmit, s. 80–85; Osenberg współpracował też z gestapo, analizując nawyki ludzi, ich silne strony i słabości – problemy z alkoholem, preferencje sadomasochistyczne, homoseksualizm.
29. Goudsmit, s. 93, 197.
30. Dowden, „Przesłuchanie dr. inż. W. Osenberga i dokumenty", 4, Aneks II.
31. Goudsmit, s. 198. Po niemiecku napis wyglądał tak: „z. Zt.Paris".
32. Ibid., s. 200.
33. O'Donnell, s. 31.
34. Beevor, s. 183.
35. Cytat u Evansa, s. 683, 685.
36. Beevor zauważa z ironią, że w kwietniu 1945 roku pracowało tam ponad dwa razy więcej ludzi.
37. Knemeyer, s. 23.
38. Evans, s. 683.
39. Shirer, *Rise and Fall*, s. 1099.
40. Knemeyer, s. 23, 34; List Alberta Speera do Sigurda Knemeyera, 7 lutego 1981.
41. Knemeyer, s. 31; Speer, *Inside*, s. 590. „…nie zgadzałem się również na realizację tego planu, łączącego w sobie w osobliwy sposób paniczne i romantyczne nastroje", po wojnie, w rozmowie z brytyjskim historykiem Hugh Trevorem-Roperem, Speer stwierdził: „Grenlandia jest po prostu cudowna latem i w maju" (Trevor-Roper, s. 178).
42. Knemeyer, s. 39.
43. Ibid., s. 31; Baumbach, s. 230.
44. Knemeyer, s. 31.

Rozdział 4: Wyzwolenie

1. Archiwum 104. Dywizji Piechoty, 414. pułku, kompanii L, Huntsville, Alabama.
2. Bower, s. 109.
3. Muzeum Dora-Nordhausen. Zdjęcia Aalmansa ukazujące wyzwolenie Nordhausen stały się sławne.
4. Bower, s. 119.
5. RG 319 Kurt Blome, „Raport kpt. Williama J. Cromartiego i mjr. J.M. Barnesa na temat misji Alsos", 30 lipca 1945.
6. Ibid., s. 9.
7. Ibid., s. 10.
8. Ibid., s. 11.
9. Samuel, s. 147. Ta instytucja (Luftfahrtforschungsanstalt) była nazywana w różny sposób; ja używam terminu przyjętego w siłach lotniczych USA.
10. Skrót od Luftwaffe Secret Technology (dokumentacja Operacji Lusty, National Museum of the U.S. Air Force, galeria II wojny światowej).
11. Samuel, s. 105–6.
12. Biografie USAF, generał broni Donald Leander Putt, strona internetowa U.S. Air Force; Thomas, s. 219–40.
13. Thomas, s. 224, cytuje generała broni L.C. Craigiego.
14. Thomas, s. 226.
15. Samuel, s. 150.
16. McGovern, rozdz. 15; History of AAF Participation in Project Paperclip; Samuel, s. 4–5.
17. Samuel, s. 143.
18. McGovern, rozdz. 15; Samuel s. 4–5.
19. Samuel, s. 4, cytat z mowy „Technical Intelligence Speech" płk. Putta, wygłoszonej w Dayton Country Club, 7 maja 1945.
20. Lasby, s. 76.
21. History of AAF Participation in Project Paperclip, 0920.
22. Raport nr 31 CIOS: „Instalacje broni chemicznej w rejonie Münsterlager, w tym w Raubkammer".
23. Tucker, s. 85; Zdjęcia, dokumentacja Loucksa (amunicja z gazem musztardowym, sarinem i tabunem).
24. Raport nr 31 CIOS: „Instalacje broni chemicznej".
25. Ibid.
26. Tucker, s. 85–86; Groehler, s. 323–24; Bower, s. 94–95.
27. RG 319 Walter Schreiber, „Capture and Preliminary Interrogation", 17 grudnia 1948.

28. RG 319 Walter Schreiber, „Agent Report", 27 października 1948.
29. http://archive.org/details/Hitler_Speeches.
30. Beevor, s. 258.
31. Beevor, s. 263. Beevor zauważa, że Armia Czerwona wciąż jeszcze była poza granicami Berlina, a artyleria ostrzeliwała przedmieścia miasta na północnym wschodzie.
32. Beevor, s. 217.
33. Ibid., s. 270.
34. Knemeyer, s. 34; Baumbach, s. 233.
35. Baumbach, s. 233.
36. Pogue, s. 476.
37. Baumbach, s. 230.
38. Knemeyer, s. 34, 35–36; Baumbach, s. 234–7.
39. Baumbach, s. 236. Baumbach twierdzi, że powiedział Himmlerowi: „Wczoraj sprawdzałem na mapie świata, dokąd możemy polecieć. Mam samoloty i hydroplany, które mogą dotrzeć do dowolnego zakątka ziemi. Załogi są godne zaufania. Wydałem polecenie, żeby żadna maszyna nie wystartowała bez mojego ustnego rozkazu".
40. Knemeyer, s. 35–36.
41. Speer, *Wspomnienia*, s. 590. Knemeyer, Baumbach i Speer spotkali się tymczasem w Hamburgu. W swoich wspomnieniach Speer twierdzi, że Baumbach naciskał na ucieczkę, ale Speer „odrzucił ten pomysł" ponieważ miał coś jeszcze do zrobienia. Speer twierdzi też, że plan ucieczki był pomysłem Baumbacha, ale potem sam sobie zaprzecza, mówiąc, jak bardzo chciał polecieć na Grenlandię po obejrzeniu filmu z Udetem.
42. Ibid., s. 590.
43. Ibid.
44. Ibid.
45. Ibid., s. 572. Speer nie określa dokładnej daty swojej ostatniej wizyty w kwaterze Fuhrera, ale pisze, że „sześć dni później" Hitler podyktował swój polityczny testament, który został spisany 29 kwietnia 1945 roku o godzinie 4 rano.
46. Autorka odwiedziła obóz koncentracyjny w Dachau. Mapy i fotografie znajdują się w archiwum i bibliotece muzeum.
47. NMT (Norymberski Trybunał Wojskowy) dowód nr PS-2428; Grupa śledcza do ścigania zbrodni wojennych nr 6823.
48. Lifton, s. 153.
49. Martin Broszat, „The Concentration Camps, 1933–1945" w *Anatomy of the SS State*, wydanej przez Helmuta Krausnicka,

Martina Broszata i Hansa-Adolfa Jacobsena (Londyn: Collins, 1968), s. 429–30.
50. Smith, s. 79.
51. Ibid., s. 91.
52. Ibid., s. 92.
53. Ibid., s. 178.
54. Autorka zwiedziła muzeum w Dachau, archiwum i bibliotekę, widziała rysunki świadków.
55. Raport Techniczny nr 331–45, „Niemiecki ośrodek medycyny lotniczej w obozie koncentracyjnym w Dachau", s. 6; Alexander, „Exposure to Cold", 17. Barak nazywano także „Blok 5, stacja doświadczalna".
56. HLSL dokument nr 995; HLSL dokument nr 80; HLSL dokument nr 4.

Rozdział 5: Pojmani i przesłuchujący

1. Dla Rosjan Reichstag symbolizował „faszystowską bestię". Zawieszenie radzieckiej flagi 1 maja, w dniu Święta Pracy, byłoby wielkim sukcesem propagandowym Armii Czerwonej.
2. Beevor, s. 366.
3. Knemeyer, s. 37.
4. Neufeld, *Von Braun*, s. 216.
5. Lang, *A Romantic Urge*, s. 75.
6. McGovern, s. 141.
7. Neufeld, *Von Braun*, s. 217.
8. McGovern, s. 142, cytuje własne wywiady z Dornbergerem i von Braunem na temat ich pobytu w Oberjoch.
9. Von Braun, *Space Man*, s. 12–13.
10. Burrows, s. 116.
11. McGovern, s. 123. „Staver umieścił nazwisko von Brauna na samym szczycie swojej Czarnej Listy".
12. Neufeld, *Von Braun*, s. 217.
13. DuBois, s. 40; Jeffreys, s. 354.
14. DuBois, s. 40; muzeum Wollheima IG Farben, biografie dyrektorów IG Farben, Hermann Schmitz (1881–1960).
15. DuBois, s. 40.
16. Ibid., s. 40.
17. Ibid., s. 41.
18. Jeffreys, s. 356.
19. Pisemne oświadczenie majora Edmunda Tilleya, 21 listopada 1945; DuBois, s. 6–20.

20. Tilley, „Report on the Finding of Evidence of Hermann Schmitz's Connection with and Knowledge of the Auschwitz Concentration Camp".
21. DuBois, s. 43–44.
22. Beevor, s. 58. Trzy miesiące wcześniej, 27 stycznia 1945 roku zwiadowcy radzieckiej 107. Dywizji Strzeleckiej odkryli obóz koncentracyjny w Auschwitz. Fotografowie Armii Czerwonej zrobili zdjęcia zastanych tam okropności i wysłali je do Moskwy. 9 lutego 1945 roku w gazecie „Stalinskoje Znamja" ukazał się raport na temat wyzwolenia obozu w Auschwitz, ale do świata zewnętrznego informacja ta dotarła, dopiero kiedy Niemcy się poddali.
23. 28 stycznia 1945 roku gazeta „Prawda" opublikowała krótki raport, a 1 lutego liczący 30 wierszy artykuł na temat wyzwolenia obozu w Auschwitz, podając tylko wielkość obozu, liczbę pozostałych przy życiu więźniów i opisując ich stan.
24. DuBois, s. 44; Tilley, „Report on the Finding of Evidence of Hermann Schmitz's Connection with and Knowledge of the Auschwitz Concentration Camp".
25. DuBois, s. 4–10.
26. Ibid., s. 4.
27. RG 319 Kurt Blome, Raport z aresztowania, 17 maja 1945.
28. RG 330 Kurt Blome, Raport z przesłuchania wstępnego nr 1; RG 319 Kurt Blome, dokument nr 100–665, Sekcja Zbrodni Wojennych, Wojskowe Biuro Śledcze.
29. RG 330 Kurt Blome, Raport z przesłuchania wstępnego nr 1.
30. Kurt Blome, *Arzt im Kampf*, s. 138–9; rozdz. 7, *Kampf für Adolf Hitler und der Sieg* (Walka dla Adolfa Hitlera i o zwycięstwo). Blome napisał też *Der Krebs* (Rak) i przed wojną prowadził szeroko zakrojone badania nad rakiem.
31. RG 330 Kurt Blome, wyciąg z akt centrum śledczego 12. grupy armii, 22 czerwca 1945; Przesłuchanie dr. Kurta Blomego, 1 lipca 1945.
32. Bundesarchiv Ludwigsburg, akta dr. Kurta Blomego, B162/28 667.
33. Conti powiesił się w swojej celi w październiku 1945 roku i stał się dla Blomego i innych wygodnym kozłem ofiarnym.
34. RG 330 Kurt Blome, Raport z przesłuchania wstępnego nr 1.
35. Ibid.
36. Wszystkie informacje z przesłuchania Blomego znajdują się w dokumencie RG 330 Kurt Blome, Przesłuchanie dr. Kurta Blomego, 1 lipca 1945.

37. Ibid.; Goudsmit, s. 73.
38. Beasley, s. 76.
39. Ibid.
40. Z Norman Beasley, The *Capture of the German Rocket Secrets*, American Legion, październik 1963. Praca weszła później w skład książki Diane L. Hamm *Military Intelligence: Its Heroes and Legends* (U.S. Army Intelligence and Security Command History Office, październik 1987; wyd. poprawione: Honolulu, Hawaje, University Press of the Pacific, 2001), s. 73–83.
41. Beasley, s. 80.
42. RG 330 Georg Rickhey, List do pana Petera Beasleya, 6 kwietnia 1948.
43. Sereny, s. 547.
44. Ibid., s. 555.
45. Ibid.
46. Schmidt, *Justice*, s. 130; w zamku był też i został dwukrotnie wymieniony w raporcie z aresztowania Speera, jego dobry przyjaciel i zarazem osobisty lekarz Hitlera, Karl Brandt.
47. Sereny, s. 547–9.
48. Ibid., s. 556. Sereny zauważa, że w Spandau Speer nie wspomniał o swoim aresztowaniu i pierwszych przesłuchaniach.
49. Ibid., s. 549. Sekretarka Speera, Annemarie Kempf, wspominała, że amerykańskie władze przyjechały do zamku 12 maja 1945 roku.
50. Ibid., s. 551.
51. Longerich, s. 1; *After the Battle* 14 (15 sierpnia 1976), s. 35.
52. Rysunek na okładce „The Time" autorstwa Borisa Artzybasheffa.
53. Longerich, s. 2.
54. Ibid., s. 3.
55. Ibid.
56. Cytowane w: Winston G. Ramsey, „Himmler's Suicide" w *After the Battle* 14 (15 sierpnia 1976), s. 35. Oficerem towarzyszącym dr. Wellsowi był major Norman Whittaker.
57. Kershaw, s. 379.
58. Dokładnej liczby nie da się ustalić. Ta pochodzi z dokumentów projektu Eleanor Roosevelt, Uniwersytet George'a Washingtona, Waszyngton. Dokumenty dostępne online: http://www.gwu.edu/~erpapers/.
59. Ziemke, s. 380.

Rozdział 6: Zaprzężeni do rydwanu zniszczenia

1. Bower, 102. Farren był dyrektorem ośrodka badawczego Royal Aircraft Establishment w Farnborough.
2. Lasby s. 32, 63; O'Mara, „Long-Range Policy on German Scientific and Technological Research, AIF."
3. RG 164, Records of the War Department General and Special Staffs; Valero, s. 3.
4. W źródłach pojawiają się różne liczby. Opieram się na szacunkach Lasby'ego; wywiad telefoniczny z Clarence'em Lasbym, 23 marca 2013.
5. RG 331 AC/SG-2 to Chief, MIS, 16 maja 1945, Temat: „Długofalowa polityka wobec niemieckich naukowców i badań technologicznych"; Lasby, s. 75–76.
6. Cytowane przez Lasby'ego, s. 63–64.
7. Generał Wolfe zajmował się także tajnym projektem badania niemieckiej broni, prowadzonym przez Administrację Ekonomii Zagranicznej (FEA). Generał Wolfe miał ustalić, czy naziści przed końcem wojny wywieźli z Niemiec swoją cudowną broń, żeby sprzedać ją później na czarnym rynku, podobnie jak postąpili ze zrabowanymi dziełami sztuki i złotem. Generałowi nie udało się tego ustalić, ale dzięki swojemu śledztwu poznał lepiej projekty dotyczące tajnej broni niemieckiej.
8. Lasby, s. 65, 106.
9. Lasby, s. 65.
10. McGovern, s. 99. Cytuje własny wywiad z majorem Staverem.
11. Ibid., s. 99–106.
12. Historia udziału AAF w projekcie Operacja Paperclip, „List i raport Staverado pułkownika S.B. Ritchiego", 23 maja 1946.
13. McGovern, s. 163.
14. Historia udziału AAF w projekcie Operacja Paperclip, „List i raport Stavera do pułkownika S.B. Ritchiego", 23 maja 1946.
15. RG 330 Walther Riedel, JIOA formularz nr 4, Raport Bezpieczeństwa.
16. RG 330 Walther Riedel, JIOA formularz nr 2, Podstawowe Dane Osobowe. Pięć organizacji nazistowskich to: NSDAP, NSKK (Narodowosocjalistyczny Korpus Motorowy), NSV (Narodowosocjalistyczna Opieka Społeczna), DAF (Niemiecki Front Pracy), NSBDT (Narodowosocjalistyczne Stowarzyszenie Techników Niemieckich), RLB (obrona przeciwlotnicza).

17. Ibid.; McGovern, s. 166–7.
18. McGovern, s. 151. Chociaż terytorium zostało zdobyte przez wojska amerykańskie, to według ustaleń z Jałty, kontrolę nad nim mieli sprawować Rosjanie, którzy stracili w czasie wojny siedemnaście milionów ludzi i żądali reparacji wojennych. Ten kawałek ziemi miał 400 mil długości i w niektórych miejscach 120 mil szerokości.
19. Akta dr. Howarda P. Robertsona, California Institute of Technology, Pasadena, Kalifornia; wywiad telefoniczny z Clarence'em Lasbym, 23 marca 2013; Lasby s. 108.
20. Akta dr Howarda P. Robertsona, California Institute of Technology, Pasadena, Kalifornia.
21. Ibid.
22. Biografia Alberta Einsteina na stronie: Nobel Prize.org.
23. McGovern, s. 168.
24. Huzel wspomina w swojej książce, że mówił von Braunowi o Fleischerze. Inne źródła podają, że nie mówił.
25. RG 330 Arthur Rudolph, JIOA formularz nr 4, Raport Bezpieczeństwa.
26. Thomas Adam, ed., *Germany and the Americas: Culture, Politics, and History,* O–Z (Santa Barbara: ABC-CLIO, 2005), s. 275.
27. Franklin, s. 98–99.
28. McGovern, s. 163–76.
29. McGovern, s. 169.
30. Ibid.
31. Ibid.; kolegą był major William Bromley.
32. Historia udziału AAF w projekcie Operacja Paperclip, „List i raport Stavera do pułkownika S.B. Ritchiego", 23 maja 1946.
33. McGovern, s. 175.
34. Franklin, 98–99.
35. McGovern, s. 183.
36. Ibid., s. 185. Porozumienie zakładało, że zdobyte obiekty mają „pozostać nietknięte i w dobrym stanie, do dyspozycji przedstawicieli aliantów".
37. Czertok, s. 345–48.
38. McGovern, s. 195.
39. RG 330 Herbert A. Wagner, „Certificate from Sponsoring Department German (or Austrian) Scientist or Important Technician". Wagner był przetrzymywany w tym samym obozie w Alpach Bawarskich co von Braun i Dornberger.

40. Zmorą amerykańskiej i brytyjskiej marynarki wojennej: *Paperclip, Part I*, „Office of Naval Intelligence Review", luty 1949, s. 22–23.
41. 8 maja komandor porucznik Johann Heinrich Fehler otrzymał rozkaz powrotu U-234 do Bergen w Norwegii albo kontynuowania rejsu do Japonii. Fehler postanowił płynąć do Japonii. Kilka godzin później jego radiooficer przechwycił wiadomość agencji Reutera, że rząd Japonii zerwał wszelkie relacje z Niemcami i aresztował wszystkich obywateli niemieckich przebywających w Japonii. 15 maja USS „Sutton" przechwycił U-234 i przekazał go amerykańskiej Straży Przybrzeżnej, która eskortowała okręt do Portsmouth.
42. William Broad, *Captured Cargo, Captivating Mystery*, „New York Times", 31 grudnia 1995.
43. Scalia, s. 144–5.
44. RG 330 Herbert Wagner, „Certificate from Sponsoring Department German (or Austrian) Scientist or Important Technician".
45. Bower, s. 120.
46. RG 65 Herbert Wagner, FBI, akta nr 106–131, 1 czerwca 1948.
47. Scalia, s. 42–43.
48. Maxwell AFB History office document. Notatka Pattersona do sekretariatu sztabu generalnego, 28 maja 1945, Temat: „Niemieccy naukowcy".
49. History of AAF Participation in Project Paperclip, 9028; State-War-Navy Coordination Committee (SWNCC) został powołany w grudniu 1944 i miał zajmować się amerykańskimi interesami polityczno-wojskowymi w okupowanych Niemczech.

Rozdział 7: Lekarze Hitlera

1. Weindling, s. 23; Bundesarchiv Ludwigsburg, akta dr. Hubertusa Strugholda, No. 828/73.
2. Bullard and Glasgow, s. 47–48. Znana też jako Potężna Ósemka. Kiedy jej naczelnym lekarzem został w 1944 roku Armstrong, liczyła 190 tys. personelu, w tym 300 lekarzy. Ósma Armia prowadziła całodobowe bombardowania w okupowanej przez nazistów Europie.
3. Biografia generała dywizji dr. Malcolma C. Growa. Chroniła też żołnierzy przed wystrzelonymi z bliska pociskami kaliber .45.

4. Bullard and Glasgow, s. 54.
5. Benford, *Report from Heidelberg*, s. 9. Cały cytat brzmi: „Zabrać z Niemiec wszystko, co dotyczy medycyny lotniczej, i przejąć wszystkie dane istotne dla ogólnej wiedzy medycznej".
6. Weindling, s. 80.
7. Bullard and Glasgow, s. 52.
8. Benford, *Report from Heidelberg*, s. 6. Niemiecką nazwę instytutu, Luftfahrtmedizinische Forschungsinstitut, tłumaczy się na różne sposoby. W oryginalnym raporcie jest to Instytut Badawczy Medycyny Lotniczej Ministerstwa Lotnictwa Rzeszy w Berlinie.
9. Bullard and Glasgow, s. 55–56.
10. Mackowski, s. 111.
11. *Life Behind the Picture: The Liberation of Buchenwald*, „Life", 7 maja 1945.
12. *Complete History of the United Nations War Crimes Commission and the Development of the Laws of War*. Compiled by the United Nations War Crimes Commission. Wydana przez His Majesty's Stationery Office, London, 1948.
13. Alexander Papers, Harvard Law School Library, Series 1, Nuremberg Materials, 1939–1947. Subseries A, Trial Documents, 1942–1947.
14. Alexander Papers, Harvard Law School Library, Box 2, Letter to Mrs. Alexander in Newtonville, Mass, n.d.
15. Smith, s. 215; około 75% byłych więźniów przebywało nadal w Dachau.
16. Weindling, s. 77.
17. Alexander Papers, Harvard Law School Library, Series II, Box 7, Subseries A, Personal Life, 1883–1985.
18. Ibid.; Schmidt, *Justice*, s. 24.
19. Od chwili powstania uczelni w 1685 roku; jego matka otrzymała tytuł doktora w 1903 roku; Schmidt, *Justice*, s. 23.
20. Alexander Papers, Harvard Law School Library, Series II, Box 7, Subseries A, Personal Life, 1883–1985.
21. Weindling, s. 74; Schmidt, *Justice*, s. 30. W przypisach Schmidt pisze, że Kleist dopiero niedawno stał się obiektem dyskusji (s. 301).
22. Alexander Papers, Harvard Law School Library, Series II, Box 7, Subseries A, Personal Life, 1883–1985.
23. Schmidt, *Justice*, s. 40; na s. 48, Schmidt pisze: „Według danych rządowych z lipca 1933 roku, w Rzeszy Niemieckiej było

ogółem 51 527 lekarzy (4395 kobiet), z których 5557 (10,9%) uznano za Żydów. Liczba ta była prawdopodobnie większa, ponieważ setki Żydów wyemigrowały przed sporządzeniem spisu. Przedstawicielstwo Żydów w Rzeszy oceniało, że ogółem było 9000 „niearyjskich" lekarzy; a więc około 17% niemieckich lekarzy było uważanych za Żydów. W porównaniu z odsetkiem Żydów w całej niemieckiej populacji, wynoszącym w 1933 roku nieco ponad 1%, Żydzi uzyskali nieproporcjonalnie wysoką reprezentację w zawodach medycznych i prawniczych, w bankowości i sztuce".

24. Schmidt, *Justice*, s. 44. Prof. Kleist ostrzegł dr. Alexandra, żeby nie wracał do Niemiec.
25. Schmidt, *Justice*, s. 55.
26. Alexander Papers, Harvard Law School Library, Series II, Box 7, Subseries A, Personal Life, 1883–1985.
27. Schmidt, *Justice*, s. 55.
28. Alexander Papers, Harvard Law School Library, Subseries B, 14–3, Letters, Theo Alexander Worcester, January 21, 1934.
29. Alexander Papers, Harvard Law School Library, Series II, Box 7, Subseries A, Personal Life, 1883–1985.
30. Ibid. W 1938 roku dr Alexander zgłosił się do walki z nazistami na froncie w jednostce Rezerwowego Korpusu Medycznego (Army Reserve Medical Corps), ale został odrzucony z powodu nadwagi. Po wypowiedzeniu wojny zgłosił się jako ochotnik i został wcielony.
31. Alexander Papers, Harvard Law School Library, Series 1, Nuremberg Materials, 1939–1947, Subseries A, Trial Documents, 1942–1947.
32. Eckart, s. 111. Instytut, którym kierował w Monachium, nosił wcześniej nazwę Instytut Fizjologii w Monachium, Wydział Fizjologii Lotniczej.
33. Alexander, *Exposure to Cold*, s. 3–12.
34. Ibid., s. 5–7, 67.
35. Ibid., s. 4.
36. Ibid., s. 11.
37. Ibid., s. 8. Właściwe tłumaczenie celów Weltza brzmi: „Można przywrócić do życia człowieka, który pozornie zmarł z wyziębienia… a po jakim czasie można jeszcze to zrobić?".
38. Ibid.
39. Ibid., s. 9.
40. Ibid., s. 11–12.

41. Ibid., s. 9.
42. Ibid., s. 8.
43. Alexander Papers, Harvard Law School Library, Series II, Box 2, List do pani Alexander w Newtonville, Massachusetts, n.d.
44. Herausgegeben vom Reichsführer-SS und SS-Hauptamt. Berlin 1942 (Berlin Do 56/685), per dr. Jens Westemeier.
45. Korespondencja z Johnem Dolibois, 2012–2013; United States Holocaust Memorial Museum (USHMM), *Holocaust Encyclopedia*, The Biological State: Nazi Racial Hygiene, 1933–1939. *Holocaust Encyclopedia* jest źródłem online Amerykańskiego Muzeum Holocaustu, w którym można znaleźć historyczne zdjęcia, mapy, pliki audio i inne artefakty związane z Holocaustem, w czternastu językach.
46. Schmidt, *Justice*, s. 95.
47. Alexander Papers, Harvard Law School Library, list datowany na 31 grudnia 1946. Dr Alexander dla przykładu cytuje *Opowieści Hoffmanna*, gdzie zły doctor Coppélius, udając Dziadka Piaskowego, wchodzi do sypialni dzieci i wyłupia im oczy. „Pojawiły się nowe dowody, że dwoje lekarzy z Berlina, mężczyzna i kobieta, kolekcjonowali gałki oczne różnych kolorów – napisał Alexander w innym liście do żony Phyllis. – Wygląda na to, że w obozach koncentracyjnych szukano ludzi, których oczy różniły się lekko kolorem. Czyli jedno oko było innego koloru niż drugie. Nieszczęśnikowi, który miał takie oczy, wyłupiano je, on sam był zabijany, a oczy trafiały do Berlina".
48. Alexander, CIOS Report 24: *Exposure to Cold*, s. 13.
49. Ibid., s. 8, 13.
50. Ibid., s. 13.
51. Bundesarchiv Ludwigsburg, Akta dr. Hubertusa Strugholda, 828/73.
52. Alexander, *Exposure to Cold*, s. 13–68; Technical Report No. 331–45, *German Aviation Medical Research at the Dachau Concentration Camp*, s. 77–92.
53. Alexander, *Exposure to Cold*, s. 13–14.
54. Ibid., s. 17–18.
55. Wywiad telefoniczny z Hugh Iltisem, 24 stycznia 2012.
56. Ibid.
57. Weindling, s. 76.
58. Alexander, *Exposure to Cold*, s. 20.
59. Ibid., 17; HLSL dokument nr 28; HLSL dokument nr 995.

60. Autorka widziała kopie w archiwum i bibliotece muzeum obozu koncentracyjnego w Dachau.
61. Alexander, *Exposure to Cold*, s. 17.
62. Ibid., s. 17, 65–66.
63. Ibid., s. 41.
64. Ibid., s. 43. Mężczyźni pracowali z Häusermannem w zakładzie dezynfekcyjnym, gdzie trafiały zwłoki po autopsji.
65. Ibid., s. 42–44.
66. Alexander, *Exposure to Cold*, 10, dodatek I.
67. HLSL dokument nr 2585.
68. Wywiad telefoniczny z Hugh Iltisem, 24 stycznia 2012.
69. Alexander, *Exposure to Cold*, s. 33.
70. Ibid., s. 66.
71. Ibid., s. 66; HLSL dokument nr 1320.
72. Winfield, *Preliminary Report*, s. 4–5; Strughold obiecał Winfieldowi, że jego praca będzie miała charakter „głównie akademicki", co Winfield uznał za „nieco sprzeczne" z opublikowanymi przez Strugholda pracami, zwłaszcza badaniami na dużych wysokościach, które wymagały przeprowadzenia w terenie.
73. Lovelace, s. 65.
74. Benford, *Report from Heidelberg*, s. 6.
75. Lovelace, s. 67.
76. HLSL dokument nr 83.
77. Weindling, s. 78–80.
78. Ibid., s. 82.
79. Benford, *Report from Heidelberg*, s. 1–3. Benford wyszczególnia, kto kiedy zaczął, mniej więcej w październiku, listopadzie 1945, ale podkreśla, że umowy zostały zawarte wcześniej – latem/jesienią.

Rozdział 8: Czarne, białe i szare

1. History of AAF Participation in Project Paperclip, 9030; Bower, rozdział 7.
2. History of AAF Participation in Project Paperclip, 9028.
3. McGovern, s. 192–3.
4. Bird, s. 192.
5. Taylor, *Nuremberg Trials*, s. 22, 36.
6. Ta prezentacja jest przesiąknięta biografią McCloya pióra Birda. Warto też zwrócić uwagę, że McGovern, który w latach 60. napisał książkę na temat V-2 i rozmawiał z wieloma oficerami

armii amerykańskiej, pracował dalej dla McCloya w biurze Wysokiego Komisarza.

7. Bird, s. 229–30.
8. Korespondencja z Johnem Dolibois, 2012–2013.
9. Ibid.; Dolibois, s. 64–65.
10. Dolibois, s. 71.
11. Korespondencja z Johnem Dolibois, 2012–2013.
12. Korespondencja z Johnem Dolibois, 2012–2013.
13. Ziemke, rozdział 5, opis centrów przesłuchań.
14. USHMM, *Holocaust Encyclopedia*, SS and the Holocaust.
15. Korespondencja z Johnem Dolibois, 2012–2013; Dolibois, s. 85.
16. Dolibois, s. 85.
17. Andrus, s. 29.
18. Dolibois, s. 86; w Ashcan Dolibois występował jako porucznik John Gillen.
19. Andrus, s. 27.
20. Henkel i Täubrich, s. 40–47.
21. Tak Dolibois nazywa tych mężczyzn w swojej książce.
22. Dolibois, s. 128.
23. Korespondencja z Johnem Dolibois, 2012–2013; Dolibois, s. 89.

Rozdział 9: Chemicy Hitlera

1. Tucker, s. 90.
2. Ibid.
3. Przemówienie Roosevelta, 9 czerwca 1943; Harris i Paxman, rozdział 5.
4. Tucker, s. 103.
5. Hilmas, rozdział 2; Fabryka przypadła w udziale Brytyjczykom, ale chętnie podzielili się łupem, na który składały się trzy tysiące bomb i pięć tysięcy pocisków artyleryjskich.
6. Bower, s. 121.
7. Goudsmit, s. 81.
8. Ibid.
9. Gimbel, s. 60. Część oficerów FIAT uważała, że nazwa ich agencji nawiązuje do łacińskiego *fiat voluntas tua*, czyli „bądź wola twoja"; Ziemke, s. 272.
10. Wywiad z Jensem Hermannem, 1 sierpnia 2012.
11. BIOS Raport nr 542, *Interrogationof Certain German Personalities Connected with Chemical Warfare*; Harris i Paxman, s. 55.

12. *Elimination of German Resourcesfor War*, s. 1156–8.
13. Ibid., s. 1276–8.
14. BIOS Raport nr 542, *Interrogation of Certain German Personalities Connected with Chemical Warfare*, s. 24–35.
15. *Elimination of German Resources for War*, s. 1278–80.
16. BIOS Secret, Raport końcowy 714, *The Development of New Insecticides and Chemical Warfare Agents*, autor Gerhard Schrader, s. 22–23; CIOS Raport 31, *Chemical Warfare Installations*.
17. Tucker, s. 35.
18. Tucker, s. 36.
19. *Elimination of German Resources for War*, s. 1256, 1278, 1409.
20. Ibid., s. 1261.
21. Ibid., s. 1280–95.
22. Ibid., s. 1278.
23. Dubois, s. 5.
24. RG 238 Otto Ambros: FIAT EP, 14 czerwca 1946.
25. Ibid.
26. Kleber i Birdsell, s. 40, 45, 73, 454.
27. DuBois, s. 5.
28. Archiwum Stasi, akta dr. Ottona Ambrosa, BStU MfS HA IX/11 PA 5.380, *Report on the IG Farben Ludwigshafen and leading persons of IG Farben*.
29. Dwork, s. 199. Syntetyczny kauczuk był nazywany buna od składników butadienu i sodu.
30. Otto Ambros, oświadczenie pisemne, 29 kwietnia 1947, NI-9542. Archiwum Instytutu Fritza Bauera, następcze procesy norymberskie, Sprawa VI, PDB 75 (e), s. 1–18.
31. Dwork, s. 17.
32. Ibid., s. 197.
33. DuBois, s. 168–75; Dwork, s. 201.
34. DuBois, s. 172.
35. Otto Ambros, list do Ter Meera i Strussa, 12 kwietnia 1941, NI-11 118 . Archiwum Instytutu Fritza Bauera, następcze procesy norymberskie, Sprawa VI.
36. Ibid.
37. Drummer and Zwilling, s. 80.
38. DuBois, 172; Fabryka IG Farben będzie nazywana Buna-Werke, Auschwitz 3. Więźniowie wybrani do pracy w Buna-Werke byli budzeni na apel o 4 rano, maszerowali sześć kilometrów do fabryki kauczuku, gdzie pracowali dwanaście godzin, a potem maszerowali z powrotem do obozu. Więźniowie w drodze

powrotnej musieli też nieść ciała robotników zmarłych w czasie pracy, które były następnie palone w krematorium w głównym obozie koncentracyjnym; Jeffreys, s. 302–4.
39. *Elimination of German Resources for War*, s. 1262.
40. Ibid.
41. RG 319 Otto Ambros, Akta CML-SP-la, 9 lutego 1949.
42. Ibid.
43. RG 319 Otto Ambros, Sprawa 21 877, Microfilm Project MP-B-102; FIAT EP s. 254–82, 14 czerwca 1946; Akta XE021 877 , 14 kwietnia 1958.
44. RG 319 Otto Ambros, Akta CML-SP-la, 9 lutego 1949.
45. RG 319 Otto Ambros, FIAT E s. 254–82, 13 września 1945.
46. Ibid.
47. Ibid.
48. Tucker, s. 95.
49. RG 319 Otto Ambros, FIAT E s. 254–82, 18 września 1945.
50. RG 319 Otto Ambros, list P. M. Wilsona, 4 września 1945.
51. Tucker, s. 95–96. W sprawie Hirschkinda, powołującego się na Ambrosa, Tucker cytuje list napisany przez Hirschkinda datowany na 21 lipca 1967, znaleziony w bibliotece hrabstwa Carroll w stanie Maryland.
52. RG 319 Otto Ambros, FIAT E s. 254–82, 13 września 1945.
53. RG 330 Kurt Blome, raport Alsos, 30 lipca 1945 (23 strony).
54. Ibid.
55. RG 330 Kurt Blome, raport Alsos, s. 2, 14, 16; RG65 Heinrich Kliewe, No. 655 815–1, 12 lipca 1945.
56. RG 330 Kurt Blome, raport Alsos, s. 1–23. Agenci uczestniczący w operacji Alsos przesłuchiwali Blomego najpierw w Dustbin, potem w Heidelbergu, a następnie znowu w Dustbin. 1 października 1945, decyzją dyrektora wywiadu FIAT, został przeniesiony do Oberursel.
57. Ibid., s. 4.
58. Ibid., s. 17–18.
59. Ibid., s. 6–17.
60. Ibid., s. 6.
61. Ibid., s. 11. Blome twierdzi, że pomysłodawcą był dr Strassburger, asystent dr. Kisskalta z Instytutu Higieny.
62. Ibid.; patrz też Erhard Geissler et al., *Conversion of Former Btw Facilities*, Berlin, Niemcy: Kluwer/Spring Verlag, 1998, s. 60.
63. RG 330 Kurt Blome, raport Alsos, s. 6.
64. Ibid., s. 13.

65. Ibid., s. 18.
66. Ibid., s. 18.

Rozdział 10: Zatrudnieni albo powieszeni

1. Taylor, s. 49.
2. Andrus, s. 57.
3. Ibid., s. 54.
4. Andrus, s. 55–56.
5. Ibid., s. 57.
6. Korespondencja z Johnem Dolibois, 2012–2013; Dolibois, s. 133.
7. Dolibois, s. 133.
8. Ibid.
9. Wywiad telefoniczny z Hannsem-Claudiusem Scharffem, 27 września 2012, w Kalifornii; Toliver, s. 16–18.
10. Korespondencja z Johnem Dolibois, 2012–2013; Dolibois, s. 134.
11. Korespondencja z Johnem Dolibois, 2012–2013; Dolibois, s. 135.
12. Last Days of Ernst Kaltenbrunner, CIA Center for the Study of Intelligence, 22 września 1993.
13. Dolibois, s. 137.
14. History of AAF Participation in Project Paperclip, 0938–0942.
15. History of AAF Participation in Project Paperclip, 0941.
16. McGovern, s. 200–4.
17. Franklin, s. 99–100.
18. McGovern, s. 202.
19. History of AAF Participation in Project Paperclip, 0994.
20. McGovern, s. 203.
21. Korespondencja z Brettem Extonem, 14 października 2012. Źródłem był strażnik w Island Farm, sierżant Ron Williams. Więcej na stronie: http://www.islandfarm.fsnet.co.uk.
22. Byli to: Erich Neubert, Theodore Poppel, August Schulze, Wilhelm Jungert i Walter Schwidetzky. Ludzie ci podpisali kilka pierwszych kontraktów w ramach Operacji Overcast.
23. Neufeld, *Von Braun*, 212.
24. Ibid., s. 502.
25. Lang, *A Romantic Urge*, s. 89–90.
26. History of AAF Participation in Project Paperclip, 1016.
27. Samuel, s. 185.

28. Ibid., s. 374.
29. David Boeri, *Looking Out: Nazison the Harbor*, NPR, 19 sierpnia 2010.
30. History of AAF Participation in Project Paperclip, 0997–0998.
31. History of AAF Participation in Project Paperclip, 0997–0998.
32. Ibid; oficer wywiadu, Henry Kolm, pracował już wcześniej z wieloma z tych więźniów – brał udział w ściśle tajnym programie przesłuchiwania niemieckich jeńców wojennych w Fort Hunt w Wirginii, kryptonim P.O. Box 1142.
33. Samuel, s. 380.
34. McGovern, s. 207–8.
35. Neufeld, *Von Braun*, s. 229. Cytat z przemówienia Hamilla z 19 października 1961.
36. RG 319 Otto Ambros, akta FIAT, 7 listopada 1945; FIAT EP s. 254–82, 14 czerwca 1946.
37. Ibid.
38. Ibid.
39. RG 319 Otto Ambros, raport kapitana Edelstena, 28 sierpnia 1945.
40. Ibid.
41. Ibid.
42. RG 238 Otto Ambros, Akta 201, list od Ambrosa z datą 27 sierpnia 1945.
43. RG 330 Jürgen von Klenck, D-64 032 , 25 lipca 1952.
44. RG 330 Jürgen von Klenck, skrótowy raport Waltera Spike'a, 23 kwietnia 1952.
45. RG 330 Jürgen von Klenck, skrótowy raport Lawrence'a R. Feindta, 25 lipca 1952.
46. RG 319 Otto Ambros, akta FIAT, 7 listopada 1945.
47. RG 319 Otto Ambros, IG Farbenindustrie AG Ludwigshafen, 28 września 1944, podpisane „Ambros."
48. RG 319 Otto Ambros, akta FIAT, 7 listopada 1945.
49. RG 319 Otto Ambros, raport SHAEF report, Microfilm MP-B-102; RG 319 Otto Ambros, akta FIAT, 7 listopada 1945.
50. RG 319 Otto Ambros, akta FIAT, 7 listopada 1945.
51. Ibid.
52. Ibid.; RG 330 Jürgen von Klenck, skrótowy raport Lawrence'a R. Feindta, 25 lipca 1952.
53. Ibid.

54. RG 319 Otto Ambros, akta FIAT, 7 listopada 1945.

Rozdział 11: Tykający zegar

1. History of AAF Participation in Project Paperclip, s. 1032; Lasby, s. 107, 128; wywiad telefoniczny z Clarence'em Lasbym, 23 marca 2013.
2. Wywiad telefoniczny z Larrym Valero, 24 maja 2013.
3. Ibid.; Valero, s. 1.
4. Valero, s. 4–5.
5. Ibid., s. 5–6.
6. RG 330 sekretarz obrony, Agencja Połączonych Celów Wywiadu (JIOA). http://www.archives.gov/iwg/declassified-records/rg-330-defense-secretary/.
7. Archiwum Narodowe USA (NARA), Holocaust-Era Assets, Overview. Klaus jest niedocenionym bohaterem tej historii; większość dokumentów Departamentu Stanu na jego temat pozostaje tajnych. Znaczące jest, co w 1946 roku napisał historyk z Foreign Economic Administration: „Według wiedzy autora nie ma żadnego dokumentu, który wymieniałby nazwisko twórcy projektu Safe Heaven. Zawartość dokumentów potwierdza jednak relacje wielu współpracowników tego projektu, że sformułowanie koncepcji, na której opierał się projekt, należy przypisać Samuelowi Klausowi". Klausowi przypisywano także udział w stworzeniu Berlińskiego Centrum Dokumentacji, głównego archiwum dokumentów Trzeciej Rzeszy, których wiele wykorzystano w trakcie procesów norymberskich. Centrum było wykorzystywane przez wywiad G-2 do badania związków naukowców niemieckich z NSDAP, ponieważ 90% akt osobowych przetrwało wojnę.
8. Hunt s. 121–3; wywiad telefoniczny z Clarence'em Lasby, 23 marca 2013; Bower, s. 164–5. „Wojsko dało się przekonać kłamliwej propagandzie, że Niemcy byli najlepszymi naukowcami", powiedział dziennikarzowi Tomowi Bowerowi kilkadziesiąt lat po wojnie Herbert Cummings z Departamentu Stanu.
9. Wywiad telefoniczny z Clarence'em Lasbym, 23 marca 2013.
10. Bower, s. 188.
11. Truman Library, Howland H. Sargeant Papers, 1940–1943; Technical Industrial Intelligence Committee–General, 1944–1950.

12. Biblioteka Kongresu, Technical Reportsand Standards, PB Historical Collection, http://www.loc.gov/rr/scitech/trs/trspb.html. Publication Board wkrótce zmieniło nazwę na równie nijakie Biuro Służb Technicznych (Office of Technical Services), które kontynuowało kampanię public relations.
13. Marlow, *60 Million Jobs. Late Henry Wallace's Dream Comes True*, Associated Press, 6 kwietnia 1966.
14. Office of Technical Services, *Classified List of OTS Printed Reports*, John C. Green, Dyrektor, Biblioteka Kongresu, październik 1947.
15. Lasby, s. 129–31.
16. Ibid.
17. History of AAF Participation in Project Paperclip, 0990; Lasby, s. 119–21. Warto zauważyć pewne rozbieżności w tym, kim była szóstka; listy (sporządzone później) różnią się w zależności od źródła. Pilot oblatywacz Luftwaffe Karl Bauer już przyleciał do Stanów Zjednoczonych i był repatriowany, co tylko zwiększa zamieszanie.
18. History of AAF Participation in Project Paperclip, 1705. Zawiera także mapę Wright Field i okolicy.
19. History of AAF Participation in Project Paperclip, 0986, 0988.
20. Ibid., s. 1720.
21. Ibid., s. 0962.
22. Ibid., s. 0992, 0988; Lasby, s. 120.
23. History of AAF Participation in Project Paperclip, s. 1055.
24. Samuel, s. 383.
25. War Department General Staff Memo, MIL 920, 26 września 1946 (FOIA).
26. Lasby, s. 123.
27. History of AAF Participation in Project Paperclip, 0989.
28. Ibid., s. 0989–0990.
29. Autorka zwiedziła salę nr 600 w Pałacu Sprawiedliwości w Norymberdze; przewodnik audio po Museen der Stadt Nürnberg; Henkel and Täubrich, s. 30.
30. Trzech oskarżonych brakowało: szef Niemieckiego Frontu Pracy Robert Ley popełnił samobójstwo w celi więzienia w Norymberdze; magnat przemysłu zbrojeniowego Gustav Krupp miał osiemdziesiąt pięć lat i uznano, że jest zbyt słaby, żeby stanąć przed sądem; Martin Bormann zniknął podczas próby ucieczki z Berlina i został uznany za zmarłego.

31. Taylor, s. 279. Dwustu pięćdziesięciu dziennikarzy z dwudziestu krajów świata zgromadziło się na górnym balkonie sali sądowej nr 600; osiemdziesięciu z nich było z USA. Jedynym krajem, który wydawał się stosunkowo mało zainteresowany procesem największych zbrodniarzy wojennych, były Niemcy. „Biorąc pod uwagę szok, całe to okropieństwo i zniszczenie kraju, zainteresowanie Niemców procesem okazało się bardzo trudne", powiedział prokurator Telford Taylor po procesie.
32. Film z pokazu lotniczego w Wright Field na stronie http://www.youtube.com/watch?v=jrXTHMtX5Nc.
33. *The Code of Federal Regulations ofthe United States of America*, Volume 12, Title 15, p. 2306.
34. History of AAF Participation in Project Paperclip, s. 1020.
35. Ibid., s. 1027–9; Lasby, s. 128, 306n.
36. Warto zwrócić uwagę na zmianę nomenklatury, ze strony USAF.gov: Dowództwa Służb Technicznych USAF 31 sierpnia 1944; Dowództwa Służb Technicznych Lotnictwa 1 czerwca 1945; Dowództwa Lotniczych Służb Materiałowych 9 marca 1946.
37. History of AAF Participation in Project Paperclip, s. 1021–9.
38. Lasby, s. 129–32.
39. History of AAF Participation in Project Paperclip, 0938.
40. Office of Technical Service, List Wallace'a do Trumana, 4 grudnia 1945; Lasby, s. 133.
41. Biuro ds. Public Relations Departamentu Wojny wydało 1 października 1945 roku liczące dwa paragrafy oświadczenie dla prasy na temat programu z poleceniem wyciszenia sprawy. Żadna z wielkich agencji nie wspomniała o nim. Nagłówek w gazetach brzmiał *Wybitni niemieccy naukowcy przewiezieni do USA*.
42. History of AAF Participation in Project Paperclip, 1044–50 (zawiera list Wallace'a do sekretarza wojny, Roberta Pattersona, 9 listopada 1945); Lasby, s. 33–35.
43. Wiceprezydent Henry A. Wallace, przemówienie do Stowarzyszenia Wolnego Świata, Nowy Jork, 5 sierpnia 1942.
44. Weindling, s. 83.
45. Bullard and Glasgow, s. 54.
46. History of AAF Participation in Project Paperclip, s. 1208.
47. Benford, *Report from Heidelberg*, s. 9, przypisy.
48. Gimbel, s. 175. Badania pokojowe były dozwolone.

49. Biografie USAF. W tym czasie jego oficjalny tytuł brzmiał lekarz Dywizji Lotniczej OMGUS, z siedzibą w Berlinie.
50. Bullard and Glasgow, s. 2.
51. Ibid., s. 18–20.
52. Dempsey, s. 1.
53. Bullard and Glasgow, s. 3, 6.
54. Benford, *Doctors in the Sky*, s. 29.
55. Bullard and Glasgow, s. 21.
56. Ibid.; zdjęcia z archiwum Wright Field.
57. Bullard and Glasgow, s. 6–8; Mackowski, s. 20.
58. Bullard and Glasgow, s. 18–20.
59. Ibid., s. 19.
60. Dempsey, s. 5, 63, 116.
61. Kokinda, 4. Kometa Halleya była widoczna przez czternaście dni.
62. Ibid., s. 6.
63. Mackowski, s. 43; praca doktorska, którą obronił w 1922 roku nosiła tytuł Rozmieszczenie ośrodków bólu na skórze.
64. Mackowski, s. 46.
65. Hasdorff, s. 10, 20.
66. Thomas, s. 27–28; Hasdorff, s. 3.
67. Thomas, s. 32; Mackowski, s. 51.
68. Thomas, s. 37–38.
69. Ibid.; zdjęcia, zbiór Bundesarchiv Ludwigsburg. Przypis: W książce *Biologists under Hitler* Ute Deichmann wyjaśnia, że w przypadku doktorów i profesorów nigdy nie było wymagane członkostwo w partii. Aby uzyskać uprawnienia do nauczania (habilitację), nie trzeba było należeć do NSDAP. Tylko 45 procent osób z tytułem doktora wstąpiło do partii nazistowskiej. Spośród naukowców w wieku 31–40 lat członkami partii było 63 procent (Mackowski, s. 65).
70. W wywiadzie przeprowadzonym przez Thomasa Strughold opowiada pewną historię, która ma zilustrować fakt, jak potrafił przechytrzyć funkcjonariuszy nakłaniających go do wstąpienia do partii nazistowskiej. Mówi, że zaproponował funkcjonariuszom, żeby spróbowali posiedzieć w komorze niskociśnieniowej. „Zrobili to", powiedział Thomasowi Strughold. „Starszy powiedział do młodszego: «Herr Oberregierungsrat, za pięć minut musimy iść. Nie możemy zostać»".
71. Heinz Beauvais, „Performance and Characteristics of German Airplanes in Relation to Aviation Medicine, *German*

Aviation Medicine in World War II, Volume I, s. 55–68; Eckart, *Man, Medicine, and the State*, s. 117.
72. RG 330 Theodor Benzinger; Benford, *Report from Heidelberg*, s. 6. Benzinger kierował też pracami medycznymi w departamencie badań Wydziału Technicznego Ministerstwa Lotnictwa Rzeszy.
73. Ibid.
74. Bundesarchiv Militärarchiv Freiburg, akta Benzingera, Pers 6/138 768 ; RG 330 Theodor Benzinger, JIOA formularz nr 2.
75. Benford, *Report from Heidelberg*, s. 6.
76. RG 330 Theodor Benzinger, JIOA formularz nr 2, czerwiec 1947; Departament Wojny, Wydział Wywiadu, n.d.
77. HLSL dokument nr 28, s. 995.
78. Weindling, 23. Weindling mówi, że U.S. Air Corps rozesłał do lekarzy medycyny lotniczej i baz sił powietrznych 250–300 kopii.
79. Weindling, s. 372n.
80. HLSL dokument nr 1878.
81. HLSL dokument nr 80; HLSL dokument nr 83, Międzynarodowy Trybunał Wojskowy w Norymberdze, dokument nr 02 626 002 .
82. HLSL dokument nr 229.
83. Ibid., HLSL dokument nr 83.
84. HLSL dokument nr 2626.
85. Benford, *Report from Heidelberg*, s. 3–28.
86. Ibid., s. 4.
87. Ibid., s. 36; eksponat 5.
88. Ibid., s. 1, 10–16. Na zdjęciu widać komorę z Freising zainstalowaną w narożniku instytutu. Podpis głosi: „Komora niskociśnieniowa… została przeniesiona do Heidelbergu z monachijskiego Instytutu Medycyny Lotniczej we Freising".
89. Weindling, s. 1, 162.
90. Office of U.S. Chief of Counsel, APO 124-A. U.S. Army. Lista personelu zaangażowanego w badania naukowe i eutanazję (FOIA).

Rozdział 12: Wojna totalna o rozmiarach apokalipsy

1. Lasby, s. 185. Lasby pisze, że sekretarz wojny ujawnił, iż w kraju było 130 naukowców, a kolejnych 140 miało przyjechać w najbliższej przyszłości. Grupa specjalistów od rakiet przyjechała 15 stycznia i ponad miesiąc później dotarła do Fort Bliss.

2. McGovern, s. 210.
3. Neufeld, *Von Braun*, s. 241; Neufeld pisze, że praca nad powieścią science fiction zaczęła się w 1947 roku.
4. Lasby, s. 116; Tabele odpaleń rakiet V-2, podsumowujące wszystkie loty w White Sands – www.wsmr.army.mil.
5. McGovern, s. 211.
6. Neufeld, *Von Braun*, s. 234–5.
7. Ibid., s. 228.
8. Huzel, s. 217.
9. Franklin, s. 102.
10. RG 65 Magnus von Braun, 25 września 1948; RG 330 JIOA list: Neufeld, *Von Braun*, s. 508n.
11. Bower, 200.
12. History of AAF Participation in Project Paperclip, s. 1030–50.
13. Ibid., 0989; Bower, s. 158.
14. RG 319 Albert Patin, „Statements Made by Paperclip Specialist Albert Patin", 18 October 1948".
15. Ibid.
16. History of AAF Participation in Project Paperclip, 0989–990; Bower, s. 158–60.
17. History of AAF Participation in Project Paperclip, s. 1008, 1055.
18. Bower, s. 161.
19. Maxwell AFB History office document, notatka Pattersona do sztabu generalnego, 28 maja 1945, Temat: „Naukowcy niemieccy"; Lasby, s. 71, 303n.
20. Bower, s. 165–8.
21. History of AAF Participation in Project Paperclip, s. 1190–2; Bower, s. 168.
22. History of AAF Participation in Project Paperclip, s. 1190–2.
23. RG 319, JIOA, General Correspondence 1946–1952.
24. Bower, s. 176.
25. Ibid.; Lasby, s. 174–5.
26. Thompson, 59. Telegram został wysłany 22 lutego 1946 roku. Keenan miał oficjalny tytuł „chargé d'affaires w Związku Radzieckim".
27. „American Relations with the Soviet Union", 24 września 1946; Report by Clark Clifford, Subject File; Conway Files; Truman Papers.
28. Do sprawozdania dodano słowo „austriackich", chociaż na liście było tylko dwunastu Austriaków.

29. History of AAF Participation in Project Paperclip, s. 1190–2; wywiad telefoniczny z Clarence'em Lasbym, 23 marca 2013. 3 czerwca 1963 Lasby przeprowadzał wywiad z Trumanem i zapytał byłego prezydenta o jego tajną decyzję zatrudnienia wszystkich naukowców Hitlera. Truman odpowiedział Lasby'emu, że z powodu niepewnych stosunków Ameryki z Rosją w tym czasie „musiało to zostać i zostało zrobione". Ci dawni naziści zdaniem Trumana „powinni mieć amerykańskiego «szefa»".
30. RG 238 Kurt Blome, akta więźnia nr 201, 9 maja 1946.
31. Deichmann, s. 282–89.
32. Covert, s. 21. Z liczącego 2273 osób personelu 1770 osób było wojskowymi.
33. Regis, s. 79.
34. Covert, s. 15; Regis, s. 93.
35. *Key Facts About Merck*, Associated Press, 3 listopada 2005.
36. RG 330 Walter Schreiber, „Memorandum to President Truman from Boston physicians", luty 1952.
37. RG 330 Walter Schreiber, File RT-758–48, 17 grudnia 1948.
38. RG 330 Walter Schreiber, „The Case of Walter Schreiber", 17 lutego 1952.
39. HLSL dokument nr 286.
40. RG 330 Walter Schreiber, Report: Interrogation of General Schreiber, 16 grudnia 1948.
41. RG 330 Walter Schreiber, list dr. Alexandra i Hardy'ego do Forum Fizyków, luty 1952; NMT-1 DocumentNo. 922.
42. HLSL dokument nr 286.
43. RG 238 Kurt Blome, akta więźnia nr 201, 9 maja 1946.
44. Henkel i Täubrich, s. 32.
45. RG 238, Kurt Blome, akta więźnia nr 201, No. 31G5 173 069 .
46. Benford, *Report from Heidelberg*, s. 37.
47. Ibid., s. 20.
48. Ibid., s. 1–2.
49. RG 238 Theodor Benzinger, akta nr 201.
50. Weindling, s. 6; szesnastu nazistowskich lekarzy, czterech bezpartyjnych fizyków i trzech funkcjonariuszy SS.
51. *Germans on Trial in „Science" Crimes*, „New York Times", 10 grudnia 1946.
52. RG 319 August Hirt, OSS Biographical Report, n.d. Student Hirta opisał, że Hirtowi brakowało części szczęki i dlatego podczas mówienia wydawał syczące dźwięki.

53. *Germans on Trial in „Science" Crimes*, „New York Times", 10 grudnia 1946.
54. Wywiad z dr. Götzem Blomem, 3 sierpnia 2012, w Niemczech; Report on the Third International Congress for Medical Postgraduate Study, 1937 and 1938.
55. *Nazi „Doctors" to Be Tried Next*, „Stars and Stripes", 12 października 1946.
56. Bundesarchiv Ludwigsburg, akta dr. Hubertusa Strugholda, 828/73.
57. HLSL dokument nr 1320; NMT-I dokument nr 224.
58. Wywiady z Rolfem Benzingerem, 19 lutego 2013 i 10 kwietnia 2013.
59. NMT-1 dokument nr 224, 21 sierpnia 1946.
60. Wright Library Papers. „Sworn Statement of Theodor Hannes Benzinger," U.S. Department of Justice, Office of Special Investigations, 22 listopada 1983; wywiady telefoniczne z Rolfem Benzingerem, 19 lutego 2013 i10 kwietnia 2013.
61. RG 238, Theodor Benzinger, akta nr 201.
62. Weindling, s. 192. Wiele lat później w wywiadzie przeprowadzonym przez dziennikarkę Lindę Hunt Theodor Benzinger obarczył winą za swoje aresztowanie i uwięzienie w Norymberdze dr. Strugholda. Benzinger powiedział, że został „wrobiony" przez Strugholda, że Strughold zrobił to, żeby odwrócić uwagę od swojego udziału w zbrodniach wojennych. Strughold „musiał obciążyć kogoś [innego], bo sam był narażony na atak – powiedział Benzinger. – Znalazł się w grupie zbrodniarzy i jedynym sposobem wydostania się z niej było wskazanie palcem mnie".
63. Weindling, s. 193.
64. Bullard i Glasgow, s. 64–66.
65. Steinbach, s. 84.
66. Andrus, s. 186.
67. Ibid., s. 184. W swojej książce Taylor sugeruje, że Göringowi mogli pomóc w ukryciu fiolki z trucizną amerykańscy strażnicy z Teksasu.
68. Andrus, s. 198. Taylor też odnosi się do tego w swojej książce, ale dodaje, że nie zdołał zweryfikować tego faktu.
69. Cytat w „Time", 28 października 1946, s. 34.

Rozdział 13: Nauka za wszelką cenę

1. Bower, s. 180.

2. *U.S., Britain Hold German Experts, Berlin Communist Papers Charge*, „New York Times", 27 października 1946.
3. *U.S. To Offer Citizenship to German Scientists*, Associated Press, 24 listopada 1946.
4. *Nazi Brains Help Us*, „Life", 9 grudnia 1946; „Newsweek", 9 grudnia 1946, s. 68–69; Herbert Shaw, *Wright Field Reveals Project Paperclip*, „Dayton Daily News", 4 grudnia 1946.
5. RG 330 Emil Salmon, JIOA formularz nr 3.
6. Fotografie „Time" i „Life" należą teraz do Getty Images, a zostały wykonane przez Thomasa D. McAvoya.
7. History of AAF Participation in Project Paperclip, 0867–71; Lasby, s. 186; Hunt, s. 36.
8. Bower, s. 189.
9. O'Donnell, s. 24.
10. Wywiady z dr. Leonardem Kreislerem, 2012–2013, w Nevadzie. Kreisler był w drugiej połowie lat 50. doktorem w Fort Detrick i w Site R.
11. Bundesarchiv Ludwigsburg, akta Georga Rickheya, B162/25 299 .
12. RG 330 Georg Rickhey, „Condensed statements of my education and my activities", 4 marca 1948; „Transcript of Conference of May 6, 1944 in the office of Director General Rickhey". Ten dokument pochodzi z Departamentu Sprawiedliwości, Biura Dochodzeń Specjalnych.
13. RG 319 Georg Rickhey, Summary, „Georg Rickhey's mail from wife, sister, brother", 7 października 1946.
14. Ibid.
15. RG 330 Hermann Nehlsen, 17 października 1947.
16. RG 330 Georg Rickhey, 19 maja 1947; Hunt, s. 38.
17. RG 330 Hermann Nehlsen, 17 października 1947; Hunt, s. 37–42.
18. RG 330 Georg Rickhey. Memorandum dla Szefa Wywiadu, 19 grudnia 1946.
19. Ibid. Pułkownik Lewis zażądał też „bardziej wszechstronnego sprawdzenia naukowców, którzy mieli zostać przetransportowani do Stanów Zjednoczonych".
20. RG 330 Georg Rickhey, dokument nr 1258.
21. RG 319 Georg Rickhey, 19 grudnia 1946.
22. Ibid.
23. Werner Voss zmieniał swoje zeznania dwukrotnie. Smith interrogation of Werner Voss, w: *United States of America v.*

Arthur Kurt Andrae et al., Preliminary Investigation file, roll 1.

24. Huzel, 215: Według Dietera Huzla byli to „prości, przeciętni ludzie, szczęśliwi, że uniknęli poważniejszych konsekwencji wojny, którzy z braku lepszego zajęcia oddali się z entuzjazmem swojej pracy... W rezultacie jedzenie było znakomite".
25. Major Eugene Smith do komendanta żandarmerii wojskowej sił powietrznych, „Investigation Regarding Activities of dr. Georg Rickhey, Former Director-Generalof the Underground Mittelwerk Factory Near Nordhausen, Germany", 10 czerwca 1947, w: *United States of America v. Arthur Kurt Andrae et al.*, Preliminary Investigation file, roll 1; Hunt, 62–69.
26. Aalmans, epilog.
27. Bower, 201. Przypis autorki: Natrafienie na ten cytat w książce Bowera uważam za jedną z najpiękniejszych chwil w pracy nad moją książką.
28. RG 330 Georg Rickhey, Office of the Deputy Director of Intelligence, Hq., European Command, n.d.
29. RG 319 Georg Rickhey, 19 maja 1947.
30. *United States of America vs. Arthur Kurt Andrae et al.*; kopia akt, aktu oskarżenia i wyroku dostępna online na stronie John F. Kennedy Presidential Library and Museum.
31. Autorka zwiedzała dawne baraki SS.
32. Hunt, s. 77.
33. RG 330 Georg Rickhey, Office Memorandum, marzec 1948.
34. RG 330 Siegfried Knemeyer, Report on Siegfried Knemeyer, Siegfried, n.d.
35. Wywiad z Dirkiem Knemeyerem, 21 maja 2012, w Kalifornii.
36. RG 319 Siegfried Knemeyer, „Knemeyer contributions to Wright Field".
37. Knemeyer, s. 63.
38. History of AAF Participation in Project Paperclip, s. 1447; zbiór fotografii Baumbacha i Perona, Hans Ulrich Rudel.
39. Lasby, s. 113; wywiad telefoniczny z Clarence'em Lasbym, 23 marca 2013. W połowie lat 60. Lasby przeprowadzał wywiady i korespondował ze 175 naukowcami z Operacji Paperclip.
40. Akta Dornbergera, archiwum Deutsches Museum, Monachium. Monografia nosi tytuł *Centralized vs. Decentralized Development of Guided Missiles by Walter Dornberger.*

41. Minutes of the Council, FAS, New York, 1–2 lutego 1947; *Hiring of German Scientists*, W.A.S. Bulletin, luty 1947; Lasby, s. 201.
42. History of AAF Participation in Project Paperclip, 0132.
43. RG 330 Herbert Axster, „The Axster Couple", 25 marca 1948.
44. Hunt, Bower, s. 206–7. Później razem z żoną wrócił do Niemiec Zachodnich.
45. Lasby, s. 207; Delbert Clark, *Nazis Sent to U.S. as Technicians*, „New York Times", 4 stycznia 1947.

Rozdział 14: Dziwny sąd

1. HLSL dokument nr 565.
2. Papers of dr. Leopold Alexander, Duke University Medical Center Archives, „Log Book, Journey to Nuremberg".
3. Schmidt, *Justice*, s. 169. Schmidt pisze: „7 grudnia 1946 roku, dwa dni przed rozpoczęciem się procesu, Alexander skończył pierwszy z dwóch kluczowych tekstów na temat etyki eksperymentów na ludziach, który skierował do [generała] Taylora. Drugie memorandum zostało ukończone w kwietniu 1947 roku. Oba memoranda wniosły wkład do debaty na temat eksperymentowania na ludziach w gronie prokuratorów i w znaczący sposób wpłynęły na kształt Kodeksu Norymberskiego". Schmidt poświęca rozdział 7 swojej książki dyskusji na temat Kodeksu Norymberskiego.
4. HLSL dokument nr 28, HLSL dokument nr 995.
5. NMT-1 photograph, Beiglböck z profilu.
6. Wywiad przeprowadzony z Vivien Spitz, 17 stycznia 2012. Źródła pośrednie podają, że Höllenrainer dźgnął nożem albo spoliczkował Beiglböcka. Vivien Spitz była obecna na procesie i podaję jej relację.
7. Spitz, s. 161.
8. Ibid.
9. Wywiad telefoniczny przeprowadzony z Vivien Spitz, 17 stycznia 2012.
10. Akta dr. Leopolda Alexandra, Duke University Medical Center Archives, „Log Book, Journey to Nuremberg," n.d.
11. Schmidt, *Justice*, s. 237.
12. *United States of America vs. Karl Brandt et al.*, 1 lipca 1947.
13. Spitz, s. 172.
14. Akta Alexandra, Harvard Law School Library, Box 2, List do generała brygady Telforda Taylora, 7 grudnia 1946.
15. Akta Alexandra, Harvard Law School Library, Box 2, List do pani Alexander, 27 listopada 1946.

16. HLSL dokument nr 180; HLSL dokument nr 194; HLSL dokument nr 279.
17. HLSL dokument nr 276.
18. Schmidt, *Justice*, s. 135.
19. HLSL dokument nr 184; HLSL dokument nr 185; HLSL dokument nr 186.
20. RG 330 Hubertus Strughold, JIOA formularz nr 3.
21. Ibid.
22. RG 263 Central Intelligence Agency, akta Hubertusa Strugholda, A-1–2062. Te akta pozostawały tajne do chwili wejścia w życie ustawy o ujawnianiu nazistowskich zbrodni wojennych i zostały opublikowane w 2006 roku.
23. RG 330 Hubertus Strughold, „Sworn Statementof K.E. Schäfer", 23 września 1947.

Rozdział 15: Zagrożenie chemiczne

1. Hunt, s. 107–9.
2. RG 59 General Records of the Department of State, dokument nr 862.542; Bower, s. 176, 237–9.
3. RG 330 Kurt Debus, akta nr D-34 033 .
4. RG 330 Kurt Debus, akta nr 384.201.
5. Ibid. Pełna transkrypcja po niemiecku i angielsku w aktach Debusa.
6. RG 330 Kurt Debus, „Certified True Copy, F.C. Groves", n.d.
7. Hunt, s. 44.
8. Bower, s. 180–1.
9. RG 330 Friederich Hoffmann, Basic Personnel Record.
10. Johnson, s. 2, 5–14; Loucks Papers (USAMHI), U.S. Army Military History Institute, Department of Defense Press Office, Biography of Charles E. Loucks.
11. Brophy et al., s. 264. Jako dyrektor techniczny w Edgewood, major Loucks był odpowiedzialny za unowocześnienie wszystkich żołnierskich masek gazowych.
12. Johnson, s. 202; Loucks Papers (USAMHI), photographs.
13. Mauroni, s. 13.
14. Johnson, s. 59.
15. RG 330 Friedrich Hoffmann, Security Report by Employing Agency.
16. Wywiady telefoniczne z Gabriellą Hoffmann, 27 września 2012 i 17 października 2012; Osobiste notatki Hoffmanna.

17. Osobiste notatki Hoffmanna; Wywiad telefoniczny z Johnem Dippelem, 19 października 2012.
18. Osobiste notatki Hoffmanna.
19. RG 330 Friedrich Hoffmann, JIOA formularz nr 3.
20. Tucker, 104. Tabun miał kryptonim GA; sarin – GB, a soman – GD.
21. Krause and Mallory, s. 114–8; Loucks uważał, że największą przeszkodą w produkcji jest brak pokrytych srebrem kotłów, odpornych na korozyjne działanie tabunu.
22. RG 330 Friedrich Hoffmann, JIOA formularz nr 3.
23. Loucks Papers (USAMHI), „Germans Have Nerve Gas: 9GB0" (dokument odręczny). Louks nie tylko dowodził Centrum Chemicznym w Edgewood Arsenal, ale był też zastępcą szefa wojsk chemicznych ds. badań i rozwoju.
24. Jego nazwisko było zapisywane zarówno przez K, jak i przez C.
25. Bower, s. 193.
26. Tucker, s. 35.
27. Bower, s. 189, 194–5.
28. Bower, s. 195.
29. Hunt, s. 132–3.
30. Bower, s. 189.
31. Bower, s. 189, 194–5.
32. Center for Studies in Intelligence, „A Look Back, The National Security Act of 1947," dostępne na stronie www.cia.gov.
33. Biuro Historii, Departament Stanu, memorandum dyrektora CIA Dullesa wystosowane do sekretarza obrony Wilsona, „Temat: Badania nad środkami psychochemicznymi", 3 grudnia 1955.
34. Wywiad z Gabriellą Hoffmann, 17 października 2012; Osobiste notatki Hoffmanna (zdjęcia). W latach 60. Greene'owie i Hoffmannowie byli sąsiadami.
35. L. Wilson Greene, *Psychochemical Warfare: A New Concept of War*, Army Chemical Center, sierpień 1949; Memorandum dyrektora CIA Dullesa do sekretarza obrony Wilsona, 3 grudnia 1955, dokument 244, „Badania nad środkami psychochemicznymi", Departament Stanu Biuro Historii.
36. U.S. Army Inspector General, Report, DAIG 21–75, s. 12.
37. L. Wilson Greene, *Psychochemical Warfare: A New Concept of War*, Army Chemical Center, August 1949; U.S. Army Inspector General, Report, DAIG 21–75, s. 12–14.
38. Ibid.

39. Osobiste notatki Hoffmanna; wywiad telefoniczny z Gabriellą Hoffmann, 22 marca 2013; wywiad telefoniczny z dr. Jamesem Ketchumem, 7 listopada 2012; Hunt, rozdział 10.
40. Osobiste notatki Hoffmanna; wywiad z Gabriellą Hoffmann, 27 września 2012.
41. Covert, s. 39–40.
42. Autorka zwiedzała Fort Detrick, 20 lipca 2012; Covert, s. 40, 83, 95.
43. RG 319 Kurt Blome, 2 października 1947, Ref No. 3047; kolega Batchelora, dr Norbert Fell, wrócił właśnie z Japonii, gdzie w sekrecie współpracował z generałem Shiro Ishii, najważniejszą postacią japońskiego programu badań nad bronią biologiczną, prowadzonych na półwyspie Liaotung w tajnym ośrodku o kryptonimie „Ośrodek Uzdatniania Wody 731". Korpus wojsk chemicznych USA zawarł z generałem umowę, zgodnie z którą w zamian za immunitet generał zobowiązał się „napisać traktat na temat" jego pracy w czasie wojny. Sześćdziesięciostronicowy raport Ishiiego obiecywał pełne ujawnienie „prac nad bronią biologiczną prowadzonych przeciwko ludziom wraz ze szczegółami i szkicami". Raport był bezwartościowy. Norman Fell wrócił do Detrick w czerwcu 1947 roku. Harold Batchelor przygotowywał się do wizyty w Niemczech. Fell później popełnił samobójstwo.
44. RG 319 Kurt Blome, 2 października 1947.
45. RG 319 Kurt Blome, *Report of Interview of German Scientist, German Research* on *Biological Warfare*, s. 86.
46. Ibid., s. 86.
47. Ibid., s. 89.
48. Ibid., s. 98.
49. Ibid., s. 99.
50. Ibid., s. 99.
51. RG 330 Erich Traub, JIOA formularz nr 2, podstawowe dane osobowe.
52. RG 330 Erich Traub, Sojusznicza Rada Kontroli Niemiec, Fragebogen (kwestionariusz).
53. RG 330 Erich Traub, JIOA nr 461. W maju 1948 roku Traub został przez Rosjan mianowany dyrektorem instytutu. Mniej więcej w tym samym czasie, z pomocą wywiadu brytyjskiego, Traub zaczął planować ucieczkę. 20 sierpnia 1948 roku została napisana i dołączona do jego dossier następująca notatka: „Uciekł ze strefy rosyjskiej, zabierając ze sobą kultury bakterii wywołujących

pryszczycę, i zdeponował je w Marburgu, w Behring Werke. Chce znaleźć zatrudnienie w Anglii, Kanadzie, a najchętniej w Stanach Zjednoczonych". 1 lipca 1949 roku podpisał kontrakt Paperclip.

54. RG 319 Kurt Blome, *Report of Interview of German Scientist, German Research on Biological Warfare*, s. 93.

Rozdział 16: Bezgłowy potwór

1. Loucks Papers (USAMHI). Loucks został generałem brygady 11 grudnia 1944 roku. Później został zdegradowany do stopnia pułkownika, a w styczniu 1951 roku mianowany dowódcą Centrum Chemicznego.
2. Loucks Papers (USAMHI), przemówienie do Cór Amerykańskiej Rewolucji, oddział w Lynchburg Chapter, n.d.
3. Tucker, s. 63, 89, 91–92.
4. Loucks Papers (USAMHI), list do L. Patricka Moore'a, 12 kwietnia 1949.
5. Loucks Papers (USAMHI), przemówienie do Cór Amerykańskiej Rewolucji, oddział w Lynchburg Chapter, n.d.
6. Loucks Papers (USAMHI), przemówienie „Lysergic Acid Compound", n.d. Loucks napisał trzy szkice przemówienia – jeden na maszynie, drugi ręcznie, a trzeci na maszynie z ręcznie dopisanymi uwagami.
7. Loucks Papers (USAMHI), „Desk Diary 1948".
8. Ibid.
9. Ibid.
10. Loucks Papers (USAMHI), „Lysergic Acid Compound".
11. Robert Stone, *Albert Hofmann, b. 1906: Day Tripper*, „New York Times", 24 grudnia 2008.
12. Stafford, s. 30.
13. Przed powstaniem tej książki związek tych projektów z Operacją Paperclip za pośrednictwem generała Charlesa E. Loucksa nie był udokumentowany.
14. Loucks Papers (USAMHI), „Desk Diary 1948".
15. Loucks Papers (USAMHI); Johnson, s. 53–54.
16. RG 330 Walter Schieber, JIOA formularz nr 2, podstawowe dane osobowe, n.d.
17. Bundesarchiv Berlin-Lichterfelde, akta dr. Waltera Schiebera, nr 39 002 .
18. Ibid.
19. RG 165 Walter Schieber, „Schuster File". Raport z Dustbin, 31 stron.

20. Allen, s. 176.
21. Schmidt, *Karl Brandt*, s. 262.
22. RG 319 Walter Schieber, Ref-No: S-3338.
23. Loucks Papers (USAMHI), „Desk Diary 1948"; Johnson, s. 53–54.
24. RG 330 Walter Schieber, JIOA formularz nr 2, podstawowe dane osobowe.
25. RG 330 Walter Schieber, Kwatera Główna Dowództwa Europejskiego Stanów Zjednoczonych (EUCOM), Frankfurt, Niemcy, do JIOA, 9 stycznia 1948.
26. Ibid.
27. RG 330 Walter Schieber, Department Wojny, Centrum Łączności Sztabu, Tajna Wiadomość Wychodząca, 2 stycznia 1948.
28. RG 319 Walter Schieber, Ref No: S-2929, 2 kwietnia 1948.
29. RG 319 Walter Schieber, 16 marca 1948.
30. RG 319 Walter Schieber, Ref No: S-2929, 2 kwietnia 1948.
31. RG 330 Walter Schieber, File No. 8 060 622 .
32. Ibid.
33. RG 330 Walter Schieber, 1 kwietnia 1948.
34. RG 330 Walter Schieber, 7 kwietnia 1948.
35. Osobiste papiery Loucksa; Tucker pierwszy odnalazł tę historię w papierach Loucksa, przechowywanych w Instytucie Historycznym U.S. Army. Cytaty wykorzystywane przez Tuckera różnią się nieco od tych, które znalazłam w dzienniku Loucksa (i różnią się od jego przekazu ustnego z wywiadu), co oznacza, że w licznych papierach Loucksa może znajdować się trzecie źródło, gdzie omawia on swoją pracę z niemieckimi chemikami.
36. Loucks Papers (USAMHI), „Desk Diary 1948".
37. Ibid.
38. Ibid.
39. Ibid.
40. Loucks Papers (USAMHI); fotografie.
41. Johnson, s. 201–2.
42. Ibid.
43. Loucks Papers (USAMHI), „Desk Diary 1948".
44. Johnson, s. 55.
45. Loucks Papers (USAMHI), „Desk Diary 1948".
46. Ibid.
47. Ibid.

48. Johnson, s. 55–57.
49. Loucks, „German Nerve Gas (GB)," 3 arkusze, „pisane z pamięci, ale chyba wiernie", podpisano Charles E. Loucks, 10 kwietnia 1972, Arlington, Wirginia.
50. Johnson, s. 56.
51. Tucker, s. 123, 128. W maju 1948 roku Korpus Chemiczny uznał, że sarin będzie standardowym amerykańskim gazem bojowym produkowanym na masową skalę. Fabryka była budowana pod kryptonimem Gibbett.
52. Loucks Papers (USAMHI), list, „Sehr geehrten Herr Loucks!", 31 sierpnia 1949.
53. Loucks Papers (USAMHI), kartki datowane: 1949, 1952, 1955.
54. Loucks Papers, „Desk Diary 1950".
55. Loucks Papers, „Desk Diary 1949".
56. Loucks Papers, „Desk Diary 1950".
57. Notatka CIA do JIOA, temat: akta Wernera Osenberga na temat niemieckich naukowców, 4 grudnia 1947 (FOIA).
58. Karl H. Weber, „The Directorate of Science and Technology, Historical Series, Top Secret, The Office of Scientific Intelligence, 1949–1968, Volume II, Annexes IV, V, VI and VII". OSI-1, czerwiec 1972 (FOIA/odtajnione 2008), Annex IV, s. 1.
59. Weber, s. 24. Weber był prezesem od 1954 do 1972 roku. Z Komitetu Wywiadu Naukowego wyłoniły się podkomitety: Połączony Komitet Wywiadu ds. Energii Atomowej (Joint Atomic Energy Intelligence Committee – JAEIC), Połączony Komitet Wywiadu ds. Broni Biologicznej (Joint Biological Warfare Committee – JBWIC), Połączony Komitet Wywiadu ds. Broni Chemicznej (Joint Chemical Warfare Committee – JCWIC), Połączony Komitet Wywiadu ds. Nauk Medycznych (Joint Medical Sciences Intelligence Committee – JMSIC) itd. JIOA rekrutowała niemieckich naukowców i ściągała ich do Ameryki, a pozostali tworzyli i koordynowali informacje powstałe w trakcie ich pracy.
60. Te liczby i daty są różne w źródłach pośrednich. Ja wykorzystałam dane JIOA z Archiwum Narodowego.
61. Korzystam z opisu przypadków licznych naukowców, w tym Benzingera, Strugholda, Trauba, Schäfera, Dornbergera i Knemeyera.
62. Ruffner, s. ix.
63. Weiner, s. 33, 36.

64. Ibid., s. 44.
65. Autorka zwiedzała Camp King, który znajduje się w połowie drogi pomiędzy centrum przesłuchań Dustbin a dawną siedzibą EUCOM we Frankfurcie (a także dawnym budynkiem IG Farben). Wywiad z Manfredem Koppem, 1 sierpnia 2012, w Niemczech.
66. General Order No. 264, siedziba USFET, 19 września 1946, Designation of Military Installation (FOIA).
67. „History of Camp King", s. 77. King był przypisany do VII Korpusu, G-2.
68. Ruffner, xviii; „History of Camp King", s. 82. Dobre stosunki trwały od 1 lipca 1949 do 31 maja 1952.
69. Marks, s. 31–36; Koch i Wech, s. 89, 97, 113. Według dokumentów odtajnionych przez administrację Clintona agencją finansującą był odpowiednik JIOA w świecie wywiadu, Połączony Komitet Wywiadu ds. Nauk Medycznych (JMSIC). Ekipa Clintona ogłosiła, że Operacją Bluebird kierował „Dr Yaeger [sic!] z Centralnej Agencji Wywiadowczej".
70. Memo CO No. 205, Headquarters USFET, 25 sierpnia 1945 (FOIA); wywiad z Egmontem Kochem, 6 sierpnia 2012, w Niemczech.
71. Korespondencja z Johnem Dolibois, 2012–2013: „Kierowałem studiami nad historią niemieckiego sztabu generalnego. Wśród monografii dla wywiadu, które napisałem na życzenie Donovana, były prace na temat generała Waltera Warlimonta, feldmarszałka Alberta Kesselringa i ministra pracy, Roberta Leya". Zbiór dokumentów Donovana z procesu norymberskiego znajdujący się w Cornell składa się ze 150 oprawionych tomów stenogramów i dokumentów z prywatnego archiwum generała Williama J. Donovana (1883–1959). Wiele dokumentów źródłowych pochodzi z Camp King.
72. Silver, s. 2.
73. Ruffner, s. xv, xiv–xv. Rosjanie kilkakrotnie domagali się ekstradycji Wessela i Bauna.
74. „Report of Interview with Brigadier General Edwin L. Sibert on the Gehlen Organization", 26 marca 1970.
75. Ruffner, s. xxi–xvii. Oficjalny tytuł Gehlena brzmiał szef wywiadu Obcych Armii Wschód (Fremde Heere Ost). Od 1945 roku więziony w USA w Fort Hunt w stanie Wirginia.

76. Ruffner, s. li–lviii; zdjęcia z Centralnej Agencji Wywiadowczej. W załączniku zdjęcie budynku o kryptonimie Nikolaus Compound.
77. Ruffner, s. xvii–xviii.
78. Bird, s. 353. Bird donosi, że w 1949 roku „Gehlen podpisał umowę z CIA – ponoć na kwotę 55 milionów dolarów rocznie". Różne źródła w Agencji twierdzą, że była to raczej kwota miliona dolarów rocznie przez pięć lat; Breitman podaje kwotę 500 tysięcy dolarów rocznie.
79. Ruffner, s. xlviii.
80. Weber, IV, s. 23.
81. Marks, s. 23; memorandum CIA, temat: „Project Artichoke" n.d., No. 75/42–75/46 (FOIA).

Rozdział 17 Gabinet luster

1. RG 65 Walter Schreiber, konferencja prasowa, 19 listopada 1948, stenogram.
2. Reuter, *Factbox*: Pięć faktów na temat rosyjskiego wywiadu wojskowego, 24 kwietnia 2009; GRU, skrót od Gławnoje Razwiedywatielnoje Uprawlenije (Główny Zarząd Wywiadowczy).
3. RG 65 Walter Schreiber, Agent Report, File VIII–III49, 27 października 1948.
4. Shirer, *Rise and Fall*, s. 836–7.
5. Ibid., s. 837.
6. Ibid., s. 839. Kiedy Hitler dowiedział się, że feldmarszałek Paulus poddał się Rosjanom, był wściekły. „Ten człowiek [Paulus] powinien się zastrzelić, tak jak dawni dowódcy przebijali się mieczami, widząc, że sprawa jest przegrana... Mnie osobiście najbardziej boli, że to ja mianowałem go feldmarszałkiem. Chciałem dać mu tę satysfakcję. To jest ostatni feldmarszałek, którego mianowałem w tej wojnie. Nie dzielcie skóry na niedźwiedziu" (Shirer, *Rise and Fall*, s. 840).
7. RG 65 Walter Schreiber, File VI-878.16, 22 października 1948. Paulus, podobnie jak Schreiber, zeznawał podczas procesu norymberskiego przeciwko swoim nazistowskim kolegom. „Już sama obecność Paulusa w Norymberdze była daleko bardziej zaskakująca niż to, co miał do powiedzenia", pisał generał Telford Taylor.
8. RG 65 Walter Schreiber, Agent Report, File VIII–III49, 27 października 1948.

9. RG 330 Walter Schreiber, Memo, File No. D-249 361, 15 grudnia 1949; Loucks Papers (USAMHI), „Desk Diary 1948".
10. RG 330 Walter Schreiber, Memo, File No. D-249 361, 15 grudnia 1949.
11. Ibid. Począwszy od 18 listopada 1949 roku „zatrudniony jako lekarz w 7707 ECIC, Oberursel".
12. W angielskim stenogramie z konferencji prasowej, datowanym na 19 listopada 1948 roku, nazwisko opiekuna Schreibera zostało przetłumaczone/zapisane jako „Fisher".
13. Schmidt, *Justice*, s. 189.
14. RG 319 Otto Ambros, 201 File; data pobytu Ambrosa w więzieniu, wg oficjalnych dokumentów więzienia, to „od 16 sierpnia 1948 roku". A „zwolniony został 3.02.1951 [3 lutego 1951]". Daty są różne. Te podaję za muzeum trybunału wojskowego w Norymberdze.
15. Autorka zwiedzała Landsberg ze strażnikiem dr. Haraldem Eichingerem.
16. RG 319 Otto Ambros, List do pani prof. C. Ambros od O. Ambrosa, n.d.
17. Landeskirchliches Archiv, Nachlass Landesbischof Wurm file (folder 307/2), korespondencja w sprawie IG Farben, list Dietera Ambrosa, 26 sierpnia 1949.
18. RG 549 Otto Ambros, Disciplinary Report, 18 stycznia 1951.
19. RG 549 Otto Ambros, „Special Permit", 26 lipca 1949; 16 sierpnia 1949.
20. RG 549 Otto Ambros, Report of Physical Examination, 8 sierpnia 1949.
21. Frei, s. 104–6. Tymczasem ludzie, którzy służyli Hitlerowi, zaczęli stopniowo przenikać do niemieckiej polityki i przemysłu. W gabinecie Adenauera znalazło się trzech byłych nazistowskich notabli: dr Thomas Dehler, minister sprawiedliwości, dr Hans Seebohm, minister transportu, i dr Hans Globke, były pracownik hitlerowskiego Ministerstwa Spraw Wewnętrznych i współautor rasistowskich ustaw III Rzeszy.
22. Bird, s. 329–30.
23. Ibid., s. 193.
24. Archives, World Bank, www.worldbank.org.
25. Bird, s. 316. McCloy miał do dyspozycji dwa pociągi. Większy z nich należał do Hitlera.
26. Frei, s. 114.

27. Drummer and Zwilling, s. 44–45.
28. Ibid., s. 105.
29. Autorka zwiedzała budynek IG Farben, który jest obecnie siedzibą Johann Wolfgang Goethe Universität we Frankfurcie nad Menem oraz Muzeum Wollheima, Instytutu Fritza Bauera.
30. Frei, s. 94, 178.
31. Bird, s. 330. Istnieje znana i kontrowersyjna historia na temat McCloya, kiedy był asystentem sekretarza wojny(Bird, s. 214––23). Pod koniec wojny Nahum Goldmann, przewodniczący Światowego Kongresu Żydów, przeczytał w „New York Timesie", że pomiędzy 7 lipca a 20 listopada 1944 roku ponad trzysta ciężkich bombowców bombardowało cele w promieniu pięćdziesięciu kilometrów wokół Auschwitz. Goldmann chciał się spotkać z Johnem McCloyem w jego gabinecie w Pentagonie, żeby zaapelować do asystenta sekretarza wojny, który mógł dawać zalecenia dowódcom w Europie. Według Goldmanna, błagał McCloya, żeby zbombardować Auschwitz, tłumacząc, że wprawdzie ktoś może zginąć, ale uratuje się setki tysięcy ludzi. McCloy powiedział, że niewiele może zrobić, i odesłał Goldmanna do swojego brytyjskiego odpowiednika w Waszyngtonie, sir Johna Dilla. Goldmann spotkał się z Dillem, który również odrzucił ten pomysł, tłumacząc, że bomby będą potrzebne do niszczenia ważnych celów wojskowych. Do McCloya trafił drugi apel – żeby „zniszczyć komory gazowe i krematoria w [Auschwitz] Birkenau za pomocą bezpośredniego bombardowania". McCloy przekazał sprawę do szybkiej oceny amerykańskiemu generałowi broni Johnowi Hullowi; z żadnym z dowódców w Europie nie konsultował się. Hull odrzucił apel, tłumacząc: „Cel znajduje się poza zasięgiem bombowców nurkujących i myśliwców bombardujących rozlokowanych w Wielkiej Brytanii, Francji i Włoszech". Bird przypomina czytelnikom, że to stwierdzenie było sprzeczne z faktami. Goldmann zwrócił uwagę, że Royal Air Force już wzięło na cel fabrykę IG Farben Buna, znajdującą się w odległości sześciu kilometrów od komór gazowych.
32. Bird, s. 331.
33. Ibid.
34. David W. Peck był w tym czasie prezesem wydziału apelacyjnego nowojorskiego Sądu Najwyższego.
35. Schwartz, s. 165.

36. Diefendorf et al., s. 445.
37. History of AAF Participation in Project Paperclip, Biuro Sekretarza Obrony, 7/14/50; Bower, s. 253.
38. RG 330 Records of the U.S. High Commission for Germany, Project 63, 1948–1952.
39. RG 330 Records of the U.S. High Commission for Germany, Files of Research Control Group, Dr Nordstrom.
40. RG 330 Records of the U.S. High Commission for Germany, Project 63, 22 listopada 1950: Hunt, s. 203–6; Bower, s. 253.
41. RG 330 Records of the U.S. High Commission for Germany, Project 63, 1948–1952; notatek ze spotkań brakuje w aktach HICOG – zostały zniszczone lub ich nie zarchiwizowano. Pozostał tylko list przewodni, dzięki któremu wiemy, kto był obecny.
42. RG 330 Records of the U.S. High Commission for Germany, 2 sierpnia 1951. CIA działała pod kryptonimem „7955 Scientific Detachment", który można rozszyfrować jako CIA dzięki nazwisku jego przedstawiciela, Karla H. Webera.
43. RG 330 Records of the U.S. High Commission for Germany, Project 63, „Instrukcje dla obywateli Niemiec i Austrii przebywających w Stanach Zjednoczonych na warunkach porozumienia" (Instructions for German and Austrian Nationals residing in the United States Under the Terms of Contract Agreement), s. 5–7.
44. RG 319 Otto Ambros, File 291 888 , „Release of Inmate from Landberg Prison", RG 319 Otto Ambros, 11 stycznia 1951.
45. Schwartz, s. 162–5.
46. RG 319 Otto Ambros, SHAEF file card dated 10/44, WD44 714/36, „Microfilm Project MP-B-102"; w rozmowie z 2012 roku, syn Ambrosa, Dieter Ambros, odmówił komentarza na temat tej kwoty.
47. Bird, s. 360–1.
48. Congressional Record – Senate, luty 1951, s. 1581. Drew Middleton, *7 Nazis Executed for War Murders*, „New York Times", 7 czerwca 1951.
49. RG 549 Otto Ambros, akta sprawy. „Zarządzenie zgodne z wyrokiem Otto Ambrosa" zostało podpisane przez Johna J. McCloya i opatrzone datą 31 stycznia 1951.
50. Ibid.
51. W takiej formie cytat pojawia się w wielu książkach i czasopismach. W jej artykule (28 lutego 1951) brzmi on: „fakt, że

ostatnio uwolniliśmy tak wielu nazistów, musi zastanawiać Niemców".
52. Nachama, s. 379.
53. RG 330 Kurt Blome, Special Projects Team, 27 marca 1951.
54. RG 330 Kurt Blome, Special Projects Team, 25 czerwca 1951.
55. Wywiad z dr Götzem Blomem, 3 sierpnia 2012, w Niemczech.
56. RG 330 Kurt Blome, Document No. 384.63.
57. RG 330 Kurt Blome, 12 października 1951.
58. RG 330 Kurt Blome, 19 października 1951.
59. RG 330 Kurt Blome, 24 października 1951.
60. RG 330 Kurt Blome, 27 listopada 1951.
61. Ibid.
62. Wywiad z dr. Götzem Blomem, 3 sierpnia 2012, w Niemczech.
63. RG 319 Walter Schreiber, 18 stycznia 1951.
64. Ibid.

Rozdział 18: Upadek

1. Alexander Papers, Harvard Law School Library, Series II, Box 7, Subseries A, Personal Life, 1883–1985; Papers of dr. Leopold Alexander, Duke University Medical Center Archives, „Log Book, Journey to Nuremberg."
2. *Cured in U.S. of Her Ills, Left as Nazi Guinea Pig*, „New York Times", 7 marca 1952.
3. RG 330 Walter Schreiber, 3 grudnia 1951.
4. RG 330 Walter Schreiber, „Department of the Air Force Headquarters United States Air Force Washington", 14 grudnia 1951.
5. RG 330 Walter Schreiber, Memo No. 24–170.
6. RG 319 Walter Schreiber, Basic Personnel Record for Paperclip Specialist, 30.
7. RG 330 Walter Schreiber, „Department of the Air Force Headquarters United States Air Force Washington", 14 grudnia 1951.
8. RG 330 Walter Schreiber, Memo No. 24–170.
9. Ibid.
10. RG 65 Walter Schreiber, File No. A8 091 581.
11. RG 330 Walter Schreiber, 3 stycznia 1952.
12. RG 330 Walter Schreiber, pisemne oświadczenie, 23 stycznia 1952, s. 2.
13. Weindling, s. 15.

14. RG 330 Walter Schreiber, „Statement taken from Miss Janina Iwanska in connection with an investigation of dr. Walter Emil Wilhelm Paul Schreiber, at the Boston Office", 27 lutego 1952.
15. Ibid.
16. RG 330 Walter Schreiber, list z 27 marca 1952.
17. RG 330 Walter Schreiber, NSDAP Party document 160–75, Nazi Party No. 917 830.
18. *Charges Denounced as „Lies" by Schreiber*, „Washington Post", 13 lutego 1952.
19. RG 330 Walter Schreiber, oświadczenie pisemne, 23 stycznia 1952.
20. RG 330 Walter Schreiber, transkrypcja wywiadu z dyrektorem JIOA, pułkownikiem Heckemeyerem, przeprowadzonego przez panią Moran, „Time", 26 lutego 1952.
21. Drew Pearson, *Air Force Hires Nazi Doctor Linked to Ghastly Experiments*, Associated Press, 14 lutego 1952.
22. RG 330 Walter Schreiber, telegram do prezydenta datowany 24 kwietnia 1952, 21:34.
23. RG 330 Walter Schreiber, transkrypcja wywiadu z dyrektorem JIOA, pułkownikiem Heckemeyer, przeprowadzonego przez panią Moran, „Time", 26 lutego 1952.
24. RG 330 Walter Schreiber, Department of the Air Force staff message No. 52 571.
25. RG 330 Walter Schreiber, memorandum, Travis Air Force Base, Kalifornia, 4 kwietnia 1952.
26. Dokumenty teściowej Schreibera, Marie Conrad oraz Waltera E.W. Paula Schreibera, na: www.myheritage.com.

Rozdział 19: Serum prawdy

1. CIA Memorandum for the Record, Subject Project Artichoke, 31 stycznia 1975. Była to część opracowania będącego odpowiedzią na żądanie FOIA Johna Marksa, znajduje się w zbiorze Johna Marksa w National Security Archives. „Pomiędzy 1950 a 1952 rokiem odpowiedzialność za kontrolę umysłu była przerzucana z Biura Bezpieczeństwa CIA do Jednostki Wywiadu Naukowego i z powrotem do Biura Bezpieczeństwa", pisze Marks, który w 1975 roku na podstawie ustawy o swobodzie informacji złożył skuteczną petycję do rządu o udostępnienie mu dokumentów MKUltra.
2. RG 330 Kurt Blome, Contract, DoD DA-91–501, 3 grudnia 1951.

3. Marks, s. 31.
4. Ibid., s. 61.
5. Wywiad z Richardem Helmsem, History Staff, Center for the Study of Intelligence, Central Intelligence Agency, adaptowany z wywiadu Davida Frosta z Richardem Helmsem, zarejestrowanym w Waszyngtonie 22–23 maja 1978 roku.
6. Marks, s. 61.
7. „Joint Hearing Before the Select Committee on Intelligence," s. 91.
8. Marks, s. 61, 70–72; Regis, s. 116–9.
9. Helms był w tym czasie zastępcą Wisnera. „CIA's Program of Research in Behavioral Modification", 3 sierpnia 1977; „Joint Hearing Before the Select Committee on Intelligence", s. 72–76.
10. Memorandum CIA wystosowane do zastępcy dyrektora (Planowanie), temat: Przesłuchania specjalne, 12 lutego 1951.
11. „Joint Hearing Before the Select Committee on Intelligence", s. 101. Notatka ta została odczytana na głos w czasie rozprawy.
12. Koch i Wech, s. 115–6; CIA nazywała Camp King ECIC, czyli European Command Intelligence Center (Centrum Europejskiego Dowództwa Wywiadu), DOJ Klaus Barbie investigation, s. iii, wykaz skrótów.
13. „Joint Hearing Before the Select Committee on Intelligence", s. 68; Koch i Wech, s. 113.
14. Memorandum CIA wystosowane do dyrektora Agencji, temat: Artichoke, czerwiec 1952.
15. Wywiad z Egmontem Kochem, 6 sierpnia 2012, w Niemczech; Koch and Wech, s. 102–5.
16. Film dokumentalny *Codename Artichoke* (2001), Egmonta Kocha i Michaela Wecha, 16. minuta.
17. CIA nadaje każdemu z projektów kryptonim. Jeden z programów przesłuchań wspomaganych lekami w Detrick nosił nazwę MKDETRIC, ale agenci stwierdzili, że kryptonim jest zbyt oczywisty i zmienili go na MKNAOMI, od imienia sekretarki Abramsona, Naomi Busner.
18. Marks, s. 84.
19. „Joint Hearing Before the Select Committee on Intelligence", s. 77.
20. Regis, s. 158. Pracował też nad książką na temat LSD, która ukazała się w 1959 roku.

21. „Joint Hearing Before the Select Committee on Intelligence", 75–78; Abramson dał Frankowi Olsonowi butelkę bourbona i środek nasenny nembutal.
22. Marks, 84.
23. „Joint Hearing Before the Select Committee on Intelligence", 75–76.
24. Marks zauważa, że pokój 1018 znajdował się trzynaście pięter wyżej.
25. Ciekawy szczegół z opowieści Regisa – Lashbrook przyniósł skrawek papieru z rzędem trzydziestu liter, który był według niego szyfrem do sejfu.
26. Amatorski film Franka Olsona, znaleziony przez jego syna Erica, który można obejrzeć w 11. minucie filmu *Codename Artichoke*.
27. „Joint Hearing Before the Select Committee on Intelligence", 3, 23, 68–78.
28. *Codename Artichoke*, 16. minuta.

Rozdział 20: W mroku

1. Hunt, s. 182.
2. NARA 59 General Records of the Department of State, HICOG notatka Karla Webera do P.G. Stronga, 18 marca 1952. Warto zauważyć, że CIA dysponowała własnymi fotokopiami akt Osenberga, w których znajdowały się nazwiska, dane biograficzne i adresy blisko osiemnastu tysięcy niemieckich naukowców z czasów Rady Badań Naukowych Rzeszy, a których CIA używała jako listy rekrutacyjnej.
3. Akta Dornbergera, „Calendar 1952", Deutsches Museum, Monachium.
4. Hunt, s. 182, 304n.
5. NARA 59 General Records of the Department of State, HICOG Cable from John McCloy to Secretary of State, 21 lutego 1952.
6. Ibid., s. 182–3.
7. RG 330 U.S. High Commissioner for Germany, „Project 63 (Index 1948–52)".
8. Ibid.
9. Hunt, s. 2–3.
10. Hunt, s. 202–3.
11. Hunt, s. 2; RG 319, Records of the Army Staff, temat: Ocena Techniczna Re: podpułkownik w stanie spoczynku William

Henry Whalen, 8 kwietnia 1967; „Damage Assessment of Classified Documents", 18 stycznia 1965.
12. *Indicted in Espionage*, Associated Press, 13 lipca 1966.
13. Neufeld, *The Rocket and the Reich*, s. 274.
14. York, s. 144.
15. Ibid., s. 145.
16. Ibid., s. 148.
17. RG 319 Walter Schieber, Agent Report, 10 stycznia 1950.
18. Ibid.
19. Ibid.
20. RG 319 Walter Schieber, Agent Report, 22 marca 1950; Agent Report, 1 maja 1950. Schieber otrzymywał również regularnie zapłatę czekiem w wysokości 880 marek niemieckich z Wydziału Badań Naukowych Badenii-Wirtembergii. To znaczyło, że pracował dla trzech rządów jednocześnie.
21. RG 263 Walter Schieber, „Official Dispatch, Chief of Mission, Frankfurt", 18 listopada 1963.
22. Tucker, s. 213.
23. Ibid., s. 128; Keogh i Betsy, s. 10.
24. Hylton, s. 59–70.
25. Hylton, s. 60; Tucker, s. 133.
26. Ryan, s. 89.
27. Tucker, s. 164–9.
28. Osobiste notatki Hoffmanna; Tucker, s. 160.
29. Hunt, s. 159–61.
30. Wywiad telefoniczny z Gabriellą Hoffmann, 17 października 2012 i 22 marca 2013.
31. CIA *poison arsenal explained*, Associated Press, 17 września 1975.
32. „Joint Hearing Before the Select Committee on Intelligence", s. 9–12, 67–71; Regis, s. 151.
33. Marks, s. 81.
34. Regis, s. 184.
35. Housen, s. 1–21; Regis, s. 182–5.
36. Housen, s. 8.
37. Senate Committee on Veterans' Affairs, „Is Military Research Hazardous to Veterans' Health?", 8 grudnia 1994.
38. Weeks i Yevich, s. 622–9.
39. Weeks, Weir, Bath, s. 663. Maurice Weeks przeprowadzał w laboratorium w Edgewood eksperymenty z „ekspozycją wziewną" na gryzoniach.

40. Wywiad telefoniczny z Gabriellą Hoffmann, 17 października 2012.
41. Wywiad telefoniczny z Johnem Dippelem, 19 października 2012.
42. Wywiad telefoniczny z Gabriellą Hoffmann, 17 października 2012; „Agent Orange" Product Liability Litigation, s. 1–115.
43. „Agent Orange" Product Liability Litigation, s. 52–3.
44. RG 65 Erich Traub, Special Contract, War Department.
45. Wywiad z dr. Rolfem Benzingerem, 19 lutego 2013; marynarka wojenna prowadziła badania nad technikami wybuchowej dekompresji w celu stworzenia czegoś, co podczas przesłuchań w Senacie określono mianem „perfekcyjnego wstrząśnienia mózgu", wywołującego u nieprzyjaciela amnezję.
46. Moon, s. 22.
47. Loucks Papers (USAMHI), „Fort Terry Historical Report: 1 January 1951–30 June 1952"; U.S. Army Chemical Corps; Robert Hurt, „Fort Terry Historical Report: 1 April–30 June 1953", 31 lipca 1953.
48. RG 65 Erich Traub, File A-7 183 623.
49. RG 65 Erich Traub, Special Contract. Po niemiecku instytut nazywa się Bundesanstalt für Virusforschung.
50. RG 65 Traub, Agent Report, wywiad środowiskowy, 28 stycznia 1963.
51. RG 65 Erich Traub, 11 listopada 1965.
52. Tucker, *Farewell to Germs: The U.S. Renunciation of Biological and Toxin Warfare, 1969, 1970*, „International Security" 27, nr 1 (lato 2002): s. 107–48.
53. Do 1972 roku nie było zakazu składowania chemikaliów w oceanach. Zakazała tego ustawa o ochronie, badaniach oraz narodowych parkach morskich z 1972 roku.
54. Tucker, s. 221–2.
55. U.S. Army Chemical Materials Agency, „A Success Story – Johnston Atoll Chemical Agent Disposal System", komunikat prasowy, 21 września 2005.
56. Keogh i Betsy, s. 9.
57. Ibid., s. 10.

Rozdział 21: W blasku jupiterów

1. Dornberger files, Calendars 1949–1959, Deutsches Museum, Monachium.

2. Dornberger, *V-2: The Nazi Rocket Weapon*; McGovern, s. 46; W papierach Dornbergera przechowywanych w Deutsches Museum znajduje się niepublikowany rękopis tej książki z zapisem rozmowy, jaką Dornberger miał przeprowadzić z Himmlerem. W skrócie, Dornberger cytuje Himmlera mówiącego o pracy niewolniczej: „Potęga Niemiec [oznaczała] powrót do ery niewolnictwa". Na to Dornberger zastanawia się głośno, czy inne narody nie będą protestować, a Himmler odpowiada: „Kiedy zwyciężymy, nie ośmielą się!".
3. Neufeld, *Creating a Memory of the German Rocket Program for the Cold War*, s. 78.
4. Heppenheimer, s. 133.
5. RG 65 Walter Dornberger, FBI file No. 39–137.
6. Biografia dr Wernhera von Brauna, First Center Director, 1 lipca 1960–27 stycznia 1970 (dostępna na stronie www.nasa.gov).
7. Neufeld, *Von Braun*, s. 246.
8. Ibid., s. 271.
9. Neufeld, *Creating a Memory of the German Rocket Program for the Cold War*, s. 77.
10. Wolper, *The Race to Space*, narrator Mike Wallace; Brzezinski, s. 91.
11. NASA facts, „Building KSC'S Launch Complex 39" (www.nasa.gov); McGovern, s. 251.
12. Wolper, *The Race to Space*.
13. Neufeld, *Creating a Memory of the German Rocket Program for the Cold War*, s. 76.
14. Neufeld, *Von Braun*, s. 286.
15. Cornwell, s. 423.
16. Neufeld, *Creating a Memory of the German Rocket Program for the Cold War*, 84.
17. Neufeld, *Von Braun*, s. 388.
18. Ibid., s. 408.
19. Bundesarchiv Ludwigsburg, Rickhey Files, B-35/66, 20 kwietnia 1967.
20. Bundesarchiv Ludwigsburg, Rickhey Files, B-162/964.
21. Neufeld, *Von Braun*, s. 408.
22. Neufeld, *Von Braun*, s. 409; Wywiad telefoniczny z Michaelem Neufeldem, 3 kwietnia 2013.
23. Feigin, s. 330–5.
24. Neufeld, *Von Braun*, s. 455.

25. Neufeld, *Von Braun*, s. 498.
26. Mackowski, s. 125–6.
27. Tara Gray, „A Brief History of Animals in Space", NASA History Office, 1998, http://history.nasa.gov/printFriendly/animals.html.
28. Hasdorff, s. 9.
29. Bullard i Glasgow, s. 69.
30. Ibid., s. 70–75.
31. Ibid., s. 77.
32. RG 330 Hubertus Strughold, 16 listopada 1945.
33. Hunt, s. 54.
34. RG 330 Konrad Schäfer, 27 marca 1951.
35. RG 263 Central Intelligence Agency, Hubertus Strughold file, A-1–2062.
36. RG 330 Konrad Schäfer, 27 marca 1951.
37. Ibid.
38. RG 65 Konrad Schäfer, FBI File No. 105–12 396. FBI złożyło Schäferowi przynajmniej jedną wizytę w Nowym Jorku, w trakcie której „pouczyło go o swoich uprawnieniach do ścigania szpiegostwa, sabotażu i działalności wywrotowej". Schäfer obiecał FBI, że jeśli Rosjanie spróbują go zwerbować, da znać FBI.
39. „Memorandum to Advisory Committee on Human Radiation Experiments", 5 kwietnia 1995; Jacobsen, s. 302–3, 331.
40. Jacobsen, s. xi–xvi, 107–23.
41. USAF School of Aviation Medicine, Randolph Air Force Base, Randolph Field, Texas, „Trip Report", 19 sierpnia 1952 (FOIA).
42. Ibid. Prócz badań nad oślepianiem, SAM przeprowadzał eksperymenty nad skutkami działania „hałasu, oparzeń oraz działań psychologicznych".
43. Welsome, s. 292.
44. Ibid., s. 293.
45. Welsome, s. 295.
46. Harbert and Whittemore, s. 54.
47. Ibid., s. 55.
48. Ibid., s. 290.
49. Harbert i Whittemore, s. 33.
50. Minie kolejnych dziesięć lat, zanim dwie małpy, Able i Miss Baker, polecą w kosmos i wrócą na ziemię żywe. Wypchane ciało Able'a w fotelu astronauty można zobaczyć w National Air and Space Museum.

51. Reichhardt, First Up? *Even Before NASA Was Created, Civilian and Military Labs Were in Search of Spacemen*, „Air & Space", wrzesień 2000.
52. Thomas, s. 54.
53. Ibid.
54. „Himmler the Scientist", listy Juliana Bacha Jr. do wydawcy „Saturday Review", 9 sierpnia 1958.
55. Benford, *Doctors in the Sky: The Story of the Aero Medical Association*, s. 56.
56. Mackowski, s. 215–6.
57. Thomas, s. 49–56.
58. Bundesarchiv Ludwigsburg, akta Hubertusa Strugholda, 828/73.
59. Ibid.
60. Charles Allen Jr., *Hubertus Strughold, Nazi in U.S.*, „Jewish Currents", 28 września 1974.

Rozdział 22: Dziedzictwo

1. Pendas, s. 1–3.
2. Hermann Langbein opowiada tę historię w *Verdict on Auschwitz* (2007), filmie wyreżyserowanym przez Rolfa Bickela i Dietricha Wagnera. Sekwencja zaczyna się w siódmej minucie. Film oparto na 430 godzinach oryginalnych nagrań z procesu.
3. Bundesarchiv Koblenz, akta dr. Ottona Ambrosa, B 162/3221.
4. Wszystko to zostało przedstawione ze zdumiewającą precyzją w werdykcie w sprawie Auschwitz. Szczegóły są niesamowite. Na przykład, prokurator Joachim Küger zrządzeniem losu znalazł prawą rękę Rudolfa Hössa. Kruger oglądał igrzyska olimpijskie w Rzymie i zwrócił uwagę, że medal w żeglarstwie zdobył sportowiec o nazwisku Mulka. „Mulka to rzadkie nazwisko", tłumaczył Küger. Dzięki temu Kügerowi udało się odnaleźć pomocnika Hössa w Auschwitz, Roberta Mulkę. Olimpijczyk Rolf Mulka był synem zbrodniarza wojennego.
5. Bundesarchiv Koblenz, akta dr. Ottona Ambrosa, B 162.
6. Ibid.
7. Ibid. Tytuł gazety nieznany, została tylko wspomniana w jednym z listów Ambrosa.
8. Bundesarchiv Koblenz, akta dr. Ottona Ambrosa, B 162; oba listy są datowane 25 kwietnia 1964.
9. Ibid.

10. Korespondencja z dawnym kolegą Ambrosa (z lat 50.) Michaelem Howardem, 2012. Ambros był „zawsze najinteligentniejszy spośród tych, z którymi się zadawał – wspomina Howard. – To Ambros pociągał za sznurki, był szarą eminencją".
11. Memorandum dla prezydenta, od Jamesa W. Nance'a, Biały Dom, Waszyngton, 23 marca 1982 (FOIA).
12. Ibid.; List do kongresmana Toma Landona od Jamesa W. Nance'a, Biały Dom, Waszyngton, 23 kwietnia 1982 (FOIA).
13. Hilberg, s. 1089.
14. Bundesarchiv Ludwigsburg, akta dr. Kurta Blomego, B 162/28 667.
15. *Sonderbehandlung*: Ibid.
16. Wywiad z Götzem Blomem, 3 sierpnia 2012, w Niemczech.
17. Bird, s. 375.
18. Weindling, s. 309, 315.
19. Sereny, s. 646; Van Der Vat, s. 328.
20. Neufeld, *Von Braun*, s. 498.
21. Knemeyer, s. 70.
22. O'Donnell, „The Devil's Architect", SM45. Warto zwrócić uwagę na los Wilhelma Beiglböcka. Był nazistowskim lekarzem, który przeprowadzał w Dachau eksperymenty z wodą morską i usunął Karlowi Höllenrainerowi bez znieczulenia cześć wątroby. Skazany na piętnaście lat pobytu w więzieniu Landsberg, został w 1951 roku ułaskawiony przez Wysokiego Komisarza USA, Johna McCloya. Rok później Beiglböck wrócił do praktyki lekarskiej w szpitalu w Buxtehude w Niemczech dzięki dawnemu koledze z SS, Augustowi Dietrichowi „Dieterowi" Allersowi, który kierował szpitalem. Beiglböck publikował w czasopismach medycznych i cieszył się wysoką pozycją w środowisku lekarskim aż do 1962 roku, kiedy pojechał do swojego rodzinnego Wiednia, gdzie miał wygłosić wykład. W Austrii postawiono mu zarzut zbrodni wojennych i aresztowano go. Wrócił do Niemiec prawdopodobnie ze względu na proces oświęcimski we Frankfurcie. Mniej więcej w tym samym czasie został aresztowany Dieter Allers. Beiglböck, który nie mógł już znaleźć zatrudnienia w szpitalu, popełnił samobójstwo 22 listopada 1963 roku. Miał wtedy pięćdziesiąt osiem lat. Wszystkie swoje pieniądze zostawił w spadku kierowanej przez Allersa tajnej organizacji o nazwie Die Stille Hilfe, czyli Cicha Pomoc, która wspierała ukrywających się członków SS (Weindling, s. 309, 315).

Rozdział 23: Co pozostaje?

1. Michel, s. 98.
2. Ordway and Sharpe, s. 70–71, 77–79.
3. Feigin, s. 2.
4. Ibid., s. 300–42.
5. Hunt, wkładka obok s. 149.
6. Neufeld, *The Rocket and the Reich*, s. 186–7, 227.
7. Wywiad telefoniczny z Michaelem Neufeldem, 3 kwietnia 2013. Neufeld dodaje, że latem 1990 roku, kiedy zbierał materiały do *The Rocket and the Reich*, natknął się w niemieckim archiwum na dokument świadczący o tym, że Arthur Rudolph był zagorzałym zwolennikiem pracy przymusowej jeszcze przed powstaniem Mittelwerk. 12 kwietnia 1943 roku „Rudolph zwiedzał fabrykę samolotów Heinkel i wrócił do Peenemünde zachwycony pomysłem wykorzystania robotników przymusowych", mówi Neufeld, zwłaszcza że zapewniało to współpracę z SS i „skuteczniejsze zachowanie tajemnicy".
8. Książkę Hunt, *Secret Agenda: The United StatesGovernment, Nazi Scientists, and Project Paperclip, 1945–1990*, poprzedziła książka brytyjskiego dziennikarza Toma Bowera, *The Paperclip Conspiracy: The Hunt for the Nazi Scientists*, w której Bower powołuje się na nieodnotowane wcześniej relacje z amerykańskich i brytyjskich archiwów. Dzięki obu tym książkom udało mi się zrozumieć, czym była Operacja Paperclip.
9. *Portrait of Nazi Prompts Protest*, „New York Times", 26 października 1993.
10. Breitman, Goda, Naftali, Wolfe, s. 7.
11. Ibid.
12. List do kongresmana Toma Landona od Jamesa W. Nance'a, Biały Dom, Waszyngton, 13 kwietnia 1982 (FOIA).
13. Roger Williams and Jonathan Stone, *The Nazis and Thalidomide: The Worst Drug Scandal of all Time*, „Newsweek", 10 września 2012.
14. Statystyki na temat uwalniania się leku dostępne na stronie firmy: http://www.contergan.grunenthal.info.
15. Daniel Foggo, *Thalidomide „Was Created by the Nazis"*, „Times" (Londyn), 8 lutego 2009.
16. Korespondencja z dr. Martinem Johnsonem, 15 maja 2012; 1 czerwca 2012; 25 października 2012.

17. Andrew Levy, *Nazis Developed Thalidomide and Tested It on Concentration Camp Prisoners, Author Claims*, „Daily Mail", 8 lutego 2009.
18. *Nachrichten aus der Chemie*, maj 2006, s. 514; rewelacyjne informacje są także zawarte w *Complete Dictionary of Scientific Biography* z 2007 roku pod hasłem Richard Kuhn.
19. Uwaga autorki: ponieważ FOIA odmówiła mi wglądu w dokumenty, a ja odwołałam się od tej decyzji, czekają one jeszcze na przejrzenie i ewentualne opublikowanie. Ale zgodnie z zarządzeniem 13 489 , prawo udostępnienia dokumentów ma aktualny przewodniczący.
20. *Ambros, Convicted Nazi War Criminal, Abandons Plans to Visit U.S.*, Jewish Telegraphic Agency, 3 maja 1971.

BIBLIOGRAFIA

WYWIADY I KORESPONDENCJA AUTORKI

Z LAT 2011–2013

John Dolibois: przesłuchiwał jeńców wojennych w głównym kontynentalnym obozie jenieckim numer 32, kryptonim Ashcan. Wywiad wojsk lądowych G-2

Vivien Spitz: amerykańska reporterka sądowa, obserwowała proces lekarzy w Norymberdze

Hugh Iltis: tłumaczył zdobyte dokumenty nazistowskie, Sprawa nr 707 – eksperymenty medyczne, dokumenty Himmlera

Michael Howard: Brytyjskie Biuro Wywiadu nr 1, T-Force; Około 1958 roku pracował w fabryce W. R. Grace

Ib Melchior: agent OSS i amerykańskiego kontrwywiadu wojskowego

Gerhard Maschkowski: Więzień obozu koncentracyjnego w Auschwitz, IG Auschwitz, Buna-Monowitz

Herman Shine: więzień obozu koncentracyjnego w Auschwitz, IG Auschwitz, Buna-Monowitz

Hanna Marx: więźniarka obozu koncentracyjnego Stutthof

William Jeffers: inżynier lotniczy, służył w Siłach Powietrznych USA, jeniec wojenny, Luftwaffe-Dulag, Luft, Oberursel

Dr Leonard Kreisler: pracował w Camp Detrick (później Fort Detrick), w strefie „R”, znanej także jako kompleks Raven Rock Mountain

Dr James Ketchum: Edgewood Army Chemical Center
Dr Götz Blome: syn dr. Kurta Blomego
Dirk Knemeyer: wnuk Siegfrieda Knemeyera
Gabriella Hoffmann: córka dr. Friedricha „Fritza" Hoffmanna
Dr Dieter Ambros: syn dr. Ottona Ambrosa
Dr Rolf Benzinger: syn dr. Theodora Benzingera
Paul-Hermann Schieber: syn dr. Waltera Schiebera
Katrin Himmler: wnuczka brata Heinricha Himmlera
Eric Olson: syn dr. Franka Olsona
Hanns-Claudius Scharff: syn Hannsa Scharffa
Clarence Lasby: pisarz i historyk
Werner Renz: dyrektor Fritz Bauer Institute
Dr Harald Eichinger: strażnik, więzienie Landsberg
Albert Kroll: dyrektor archiwum i biblioteki obozu koncentracyjnego w Dachau
Mathias Korn: komisarz policji, Dachau
Anna Naab: komenda policji w Dachau, historyk
Manfred Kopp: historyk, Camp King, Oberursel
Jens Hermann: pracownik opieki społecznej, zamek Kransberg
Dr Jens Westemeier: historyk, Uniwersytet Poczdamski
Egmont Koch: dziennikarz i pisarz
Joe Houston: pracownik cywilny, Dowództwo Wywiadu i Bezpieczeństwa Sił Lądowych USA
Dr Martin Johnson: Thalidomide Trust, Anglia
Mark Campbell: były prezes Stowarzyszenia Medycyny Kosmicznej (Space Medicine Association)
Steve Griffin: prezes National Space Club
Michael J. Neufeld: kustosz Muzeum NASA w Instytucie Smithsona

ARCHIWA

National Archives and Records Administration (NARA, Amerykańskie Archiwa Państwowe), College Park, Maryland

RG 549 Akta Armii USA, Europa
RG 466 Akta Wysokiego Komisarza USA ds. Niemiec
RG 341 Akta sztabu Sił Powietrznych USA
RG 331 Akta Naczelnego Dowództwa Alianckich Sił Ekspedycyjnych
RG 330 Akta JIOA dotyczące cudzoziemskich naukowców 1945–1958
RG 319 Akta z przesłuchań (Investigative Records Repository)

RG 319 Akta Army Intelligence and Security Command
RG 319 Akta Military Intelligence Division
RG 263 Akta Centralnej Agencji Wywiadowczej (CIA)
RG 238 Akta dotyczące zbrodni wojennych popełnionych w czasie II wojny światowej („201 Files")
RG 226 Akta Biura Służb Strategicznych (Office of Strategic Services)
RG 218 Akta Kolegium Połączonych Szefów Sztabów (U.S. Joint Chiefs of Staff)
RG 165 Akta Departamentu Wojny (War Department General and Special Staffs)
RG 153 Akta Wojskowego Biura Śledczego (Judge Advocate General)
RG 65 Akta Federalnego Biura Śledczego (FBI)
RG 59 Akta Departamentu Stanu

Wojskowy Instytut Historyczny U.S., Carlisle, Pensylwania
Dokumenty generała brygady Charlesa E. Loucksa
Kolekcja zdjęć Charlesa E. Loucksa

Biblioteka Kongresu, Waszyngton
Akta Biura Badań Naukowych i Rozwoju (OSRD)
Akta Veterans History Project

Harvard Law School Library (Biblioteka Wydziału Prawa Harvardu), Cambridge, Massachussetts
Dokumenty dr. Leopolda Alexandra

Harvard Medical School, Countway Library of Medicine, Boston, Massachusetts
Dokumenty Roberta J. Benforda
Dokumenty Henry'ego K. Beechera

Wright State University, Zbiory Specjalne i Archiwa, Dayton, Ohio
Dokumenty Theodora Benzingera

Archiwum Duke University Medical Center, Durham, Karolina Północna
Dokumenty dr. Leopolda Alexandra

Hoover Institution, Stanford University, Palo Alto, Kalifornia
Dokumenty Borisa Pasha

Lilly Library, Indiana University, Bloomington, Indiana
Dokumenty Shirley Thomas

Pollak Library, California State University, Fullerton, Kalifornia
Dokumenty Williama Aalmansa, process Dora-Nordhausen

Mandeville Special Collections Library, UC San Diego, San Diego, Kalifornia
Dokumenty U.S. Army Air Forces, Aero Medical Center

Air Force Historical Research Agency, Maxwell Air Force Base, Montgomery, Alabama
Air Materiel Command Historical Study No. 214 & No. 215, History of AAF Participation in Project Paperclip (Exploitation of German Scientists)

Archiwum California Institute of Technology, Pasadena, Kalifornia
Dokumenty dr. Howarda P. Robertsona

Louis Salmon Library, University of Alabama, Huntsville, Alabama
Dokumenty Johna Risena Jonesa Jr.

ARCHIWA NIEMIECKIE
Bundesarchiv Koblenz (Koblencja)
Bundesarchiv Berlin: akta z dawnego Berlin Document Center (BDC)
Bundesarchiv Berlin-Lichterfelde
Bundesarchiv Militärarchiv Freiburg
Bundesarchiv Ludwigsburg
Bayerisches Staatsarchiv Nürnberg (Norymberga)
Dachau, obóz koncentracyjny, muzeum, archiwum i biblioteka
Deutsches Museum, archiwum, Monachium
Muzeum Wollheima, Instytut Fritza Bauera, Frankfurt
Pełnomocnik Federalny do spraw Materiałów Państwowej Służby Bezpieczeństwa NRD (Urząd Gaucka, BStU)

PRYWATNE DOKUMENTY, KSIĄŻKI I NIEPUBLIKOWANE RĘKOPISY

Siegfried Knemeyer
dr Kurt Blome
Friedrich Hoffmann
Paul-HermannSchieber

KSIĄŻKI I MONOGRAFIE

Alibek Ken i Stephen Handelman, *Biohazard: The Chilling True Story ofthe Largest Covert Biological Weapons Program in the World–Toldfrom Inside by the Man Who Ran It*, New York: Random House, 2000 (wyd. pol. *Biohazard*, Warszawa 2000).

Allen Michael T., *The Business of Genocide: The SS, Slave Labor, and the Concentration Camps*, Chapel Hill: University of North Carolina Press, 2002.

Andrus Col. Burton C. i Desmond Zwar, *I Was the Nuremberg Jailer*, New York: Coward-McCann, Inc., 1969.

Bar-Zohar Michel, *The Hunt for German Scientists*, New York: Avon Books, 1970.

Baumbach Werner, *The Life and Death of the Luftwaffe: Germany's „Lost Victories" of the Air by the Commander of Bomber Forces*, New York: Ballantine Books, 1972.

Beevor Antony, *The Fall of Berlin 1945*, New York: Penguin Books, 2002 (wyd. pol. *Berlin. Upadek 1945*, Warszawa 2005).

Benford Robert J., M.D., *Doctors in the Sky: The Story of the Aero Medical Association*, Springfield, IL: Charles C. Thomas Publisher, 1955.

Blome Götz, *Bachflower Therapy: A Scientific Approach to Diagnosis and Treatment*, Rochester, VT: Healing Arts Press, 1999.

Blome Kurt, *Arzt im Kampf*, Leipzig: Johann Ambrosius Barth, 1942.

Bower Tom, *The Paperclip Conspiracy: The Hunt for the Nazi Scientists*, Boston: Little, Brown and Company, 1987.

Breitman Richard, Norman J.W. Goda, Timonthy Naftali i Robert Wolfe, *U.S. Intelligence and the Nazis*, New York: Cambridge University Press, 2005.

Burrows William E., *This New Ocean: The Story of the First Space Age*, New York: Modern Library, 1999.

Campbell Mark R., Stanley R. Mohler, Viktor A. Harsch i Denise Baisden, *Hubertus Strughold: The „Father of Space Medicine"*, „Aviation, Space, and Environmental Medicine", 78, nr 7 (lipiec 2007): 716–19.

Clifford Clark, *American Relations with the Soviet Union*, Washington, D.C.: Special Counsel to the President, 24 września 1947.
Cornwell John, *Hitler's Scientists: Science, War and the Devil's Pact*, New York: Penguin, 2004 (wyd. pol. *Naukowcy Hitlera*, Kraków 2012).
Covert Norman M., *Cutting Edge: A History of Fort Detrick, Maryland, 1943–1993*, Frederick, Maryland: Headquarters, U.S. Army Garrison, 1994.
Czertok Boris E., *Rockets and People*, Washington, D.C.: NASA History Office, 2005.
Deichmann Ute, *Biologists Under Hitler*, Translated by Thomas Dunlap. Cambridge, MA: Harvard University Press, 1996.
Diefendorf Jeffry M., Axel Frohn i Hermann-Josef Rupieper, *American Policy and the Reconstruction of West Germany, 1945–1955*, Cambridge: Cambridge University Press, 1994.
Dolibois John E. Pattern of Circles: *An Ambassador's Story*. Kent, OH: Kent State University Press, 1989.
Dornberger Walter, *V-2: The Nazi Rocket Weapon*, New York: Ballantine Books, 1954.
Drummer Heike i Jutta Zwilling, *Von Der Grüneburg Zum Campus Westend: Die Geschichte des IG Farben-Hauses*, Frankfurt: Präsidium der Johann Wolfgang Goethe Universität, 2007.
DuBois Jr. Josiah E., *The Devil's Chemists: 24 Conspirators of the International Farben Cartel Who Manufacture Wars*, Boston: Beacon Press, 1952.
Dwork Debórah i Robert Jan van Pelt, *Auschwitz: 1270 to the Present*, New York: W.W. Norton, 1996.
Eckart Wolfgang U., ed., *Man, Medicine, and the State: The Human Body as an Object of Government-Sponsored Medical Research in the 20th Century*, Stuttgart, Germany: Franz Steiner, 2006.
Evans Richard, J. *The Third Reich at War*, New York: Penguin, 2009.
Feigin Judy, *The Office of Special Investigations: Striving for Accountability in the Aftermath of the Holocaust*, Washington, D.C.: Department of Justice Criminal Division, grudzień 1996.
Ferencz Benjamin B., *Less Than Slaves: Jewish Forced Labor and the Quest for Compensation*, Bloomington, IN: Indiana University Press, 2002.
Frankenthal Hans, *The Unwelcome One: Returning Home from Auschwitz*, Evanston, IL: Northwestern University Press, 2002.
Franklin Thomas, *An American in Exile: The Story of Arthur Rudolph*, Huntsville, AL: Christopher Kaylor Company, 1987.

Frei Norbert, *Adenauer's Germany and the Nazi Past: The Politics of Amnesty and Integration*. Translated by Joel Golb, New York: Columbia University Press, 2002.

Gehlen Reinhard, *The Service: The Memoirs of General Reinhard Gehlen*. Translated by David Irving, New York: Popular Library, 1972 (*Sensacyjne wspomnienia szefa wywiadu*, Warszawa 1993).

Gimbel John, *Science, Technology, Reparations: Exploitation and Plunder in Postwar Germany*, Palo Alto, CA: Stanford University Press, 1990.

Goudsmit Samuel A., *Alsos*, Los Angeles and San Francisco: Tomash Publishers, 1983.

Groehler Olaf, *Der Lautlose Tod: Einsatz und Entwicklung deutscher Giftgase von 1914 bis 1945*, Hamburg: Rowohlt Taschenbuch Verlag GmbH, 1989.

Hager Thomas, *The Alchemy of Air: A Jewish Genius, a Doomed Tycoon, and the Scientific Discovery That Fed the World but Fueled the Rise of Hitler*, New York:Three Rivers Press, 2008.

———, *The Demon Under the Microscope: From Battlefield Hospitals to Nazi Labs, One Doctor's Heroic Search for the World's First Miracle Drug*, New York: Harmony Books, 2006.

Halberstam David, *The Fifties*, New York: Random House, 1993.

Harris Robert i Jeremy Paxman, *A Higher Form of Killing: The Secret History of Chemical and Biological Warfare*, New York: Random House, 2002.

Heigl Peter, *Nuremberg Trials*, Amberg: Druckhaus Oberpfalz, 2007.

Henkel Matthias i Hans-ChristianTaubrich, *Memorium Nuremberg Trials*, Museen der stadt Nürnberg, 2012.

Hersh Seymour M., *Chemical & Biological Warfare: America's Hidden Arsenal*, New York: Anchor Books, 1969.

Hilberg Raul, *The Destruction of the European Jews*, New Haven, CT: Yale University Press, 2003.

Hitler Adolf, *Reden und Proklamationen, 1932–1945*. Redakcja Max Domarus, Wauconda, IL: Bolchazy-Carducci Publishers, 2003.

———, *Hitler's Second Book: The Unpublished Sequel to Mein Kampf*. Translated by Krista Smith, New York: Enigma Books, 2003.

———, *Table Talk, 1941–1944: His Private Conversations*, Translated by Norman Cameron and R.H. Stevens. Edited by H.R. Trevor-Roper, London: Enigma Books, 2000 (wyd. pol. *Rozmowy przy stole 1941–1944*, Warszawa 1996).

Howard Michael, *Otherwise Occupied: Letters Home from the Ruins of Nazi Germany*, United Kingdom: Old Street Publishing Ltd., 2010.

Hunt Linda, *Secret Agenda: The United States Government, Nazi Scientists, and Project Paperclip, 1944–1990*, New York: St. Martin's Press, 1991.

Huzel Dieter K., *Peenemünde to Canaveral*, United States: Prentice-Hall, Inc., 1962.

Irving David. *The Rise and Fall of the Luftwaffe: The Life of Field Marshal Ernhard Milch*, Focal Point, 2002 (wyd. pol. *Wzlot i upadek Luftwaffe*, Pruszków 2001).

Isaacson Walter i Evan Thomas, *The Wise Men: Six Friends and the World They Made*, New York: Simon & Schuster, 1986.

Jacobsen Annie, *Area 51: An Uncensored History of America's Top Secret Military Base*, New York: Little, Brown and Company, 2011.

Jeffreys Diarmuid, *Hell's Cartel: IG Farben and the Making of Hitler's War Machine*, New York: Metropolitan Books, 2008.

Karman Theodore von, *Where We Stand: A Report Prepared for the AAF Scientific Advisory Group*, Dayton, OH: Headquarters, Air Materiel Command, Publications Branch, Intelligence T-2, May 1946.

Kershaw Ian, *The End: The Defiance and Destruction of Hitler's Germany, 1944–1945*, New York: Penguin, 2011.

Kleber Brooks E. i Dale Birdsell, *The Chemical Warfare Service: Chemicals in Combat*, Washington, D.C.: Center of Military History, United States Army, 1990. Tytuł serii: *United States Army in World War II: The Technical Services*.

Koch Egmont R. i Michael Wech, *Deckname Artischocke: Die geheimen Menschenversuche der CIA*, Munich: C. Bertelsmann Verlag, 2002.

Koritz Thomas F., *USAF Pilot/Physician Program: History, Current Program, and Proposals for the Future*, Brooks Air Force Base, TX: USAF School of Aerospace Medicine, lipiec 1989.

Krause Joachim i Charles K. Mallory, *Chemical Weapons in Soviet Military Doctrine: Military and Historical Experience, 1915–1991*, Boulder, CO: Westview Press, 1992.

Lasby Clarence G., *Project Paperclip: German Scientists and the Cold War*, New York: Atheneum, 1971.

Lebert Norbert i Stephan Lebert, *My Father's Keeper: Children of Nazi Leaders – An Intimate History of Damage and Denial*. Translated by Julian Evans. Boston: Little, Brown and Company, 2001.

Lifton Robert Jay, *The Nazi Doctors: Medical Killing and the Psychology of Genocide*, New York: Basic Books, 1986.
Lockwood Jeffrey A., *Six-Legged Soldiers: Using Insects as Weapons of War*, New York: Oxford University Press, 2009.
Longden Sean, *T-Force: The Race for Nazi War Secrets, 1945*, London: Constable & Robinson Ltd., 2009.
Longerich Peter, *Heinrich Himmler*. Translated by Jeremy Noakes i Lesley Sharpe, New York: Oxford University Press, 2012.
Lord M. G., *Astro Turf: The Private Life of Rocket Science*. New York: Walker & Company, 2006.
Mackowski Maura Phillips, *Testing the Limits: Aviation Medicine and the Origins of Manned Space Flight*, College Station: Texas A&M University Press, 2006.
Marks John, *The Search for the „Manchurian Candidate": The CIA and Mind Control: The Secret History of the Behavioral Sciences*, New York: W.W. Norton, 1991.
Mauroni Albert J., *Chemical and Biological Warfare: A Reference Handbook*, Santa Barbara, CA: ABC-CLIO, 2007.
McGovern James, *Crossbow & Overcast*, London: Hutchinson & Co., 1965.
Melchior Ib, *Case by Case: A U.S. Army Counterintelligence Agent in World War II*, Novato, CA: Presidio Press, 1993.
———, *Order of Battle: Hitler's Werewolves*, Novato, CA: Presidio Press, 1991.
Michel Ernest W., *Promises to Keep: One Man's Journey Against Incredible Odds*, New York: Barricade Books, 1993.
Michel Jean i Louis Nucera, *Dora: The Nazi Concentration Camp Where Modern Space Technology Was Born and 30,000 Prisoners Died*, New York: Holt Rinehart and Winston, 1979.
Miller Judith, Stephen Engelberg i William Broad, *Germs: Biological Weapons and America's Secret War*, New York: Simon & Schuster, 2001.
Mole Robert L. i Dale M. Mole, *For God & Country*, New York: Teach Services, Inc., 1998.
Moreno Jonathan D., *Undue Risk: Secret State Experiments on Humans*, New York: W.H. Freeman and Company, 1999.
Nachama Andreas, *Topography of Terror – Gestapo, SS, and Reich Security Main Office on Wilhelm and Prinz Albrecht-Strasse*, Berlin: Stiftung Topagraphiedes Terrors, 2010.
Naimar Norman M., *The Russians in Germany: A History of the Soviet Zone of Occupation, 1945–1949*, Cambridge, MA: Belknap Press, 1997.

Nelson Donald M., *Arsenal of Democracy: The Story of American War Production*, New York: Harcourt, Brace and Company, 1946.

Neufeld Michael J., *Creating a Memory of the German Rocket Program for the Cold War*, Washington, D.C.: NASA Special Publications, 2008.

———, *The Rocket and the Reich: Peenemunde and the Coming of the Ballistic Missile Era*, New York: The Free Press, 1995.

———, *Von Braun: Dreamer of Space, Engineer of War*, New York: Alfred A. Knopf, 2007 (wyd. pol. *Von Braun, inżynier nazistów i Amerykanów*, Warszawa 2011).

Newell Homer E., Jr., *Beyond the Atmosphere: Early Years of Space Science*, Washington, D.C.: NASA, 1980.

O'Donnell James P., *The Bunker: The History of the Reich Chancellery Group*, Boston: Houghton Mifflin Company, 1978.

Oleynikov Pavel V., *German Scientists in the Soviet Atomic Project*, „The Nonproliferation Review" 7, nr 2 (lato 2000): 1–30.

Ordway Frederick I. III i Mitchell R. Sharpe, *The Rocket Team*, New York: Thomas Y. Crowell, 1979.

Overy Richard, *Interrogations: The Nazi Elite in Allied Hands, 1945*, New York: Penguin, 2002.

Pash Boris T., *The Alsos Mission*, New York: Charter Books, 1969.

Pendas Devin O., *The Frankfurt Auschwitz Trial, 1963–1965. Genocide, History, and the Limits of the Law*, New York: Cambridge University Press.

Pogue Forrest C., *U.S. Army in World War II, European Theatre of Operations, the Supreme Command*. Washington, D.C.: Center of Military History, United States Army, 1954.

Regis Ed, *The Biology of Doom: The History of America's Secret Germ Warfare Project*, New York: Henry Holt and Company, 1999.

Ryan Allan A. Jr., *Quiet Neighbors: Prosecuting Nazi War Criminals in America*, San Diego: Harcourt Brace Jovanovich, 1984.

Samuel Wolfgang W.E., *American Raiders: The Race to Capture the Luftwaffe's Secrets*, Jackson: University Press of Mississippi, 2004.

Sasuly Richard, *IG Farben*, New York: Boni & Gaer, 1947.

Sayer Ian i Douglas Botting, oraz „London Sunday Times", *Nazi Gold: The Biggest Robbery in History*, New York: Grove Press, 1986.

———,*The Untold Story of the Counter Intelligence Corps, America's Secret Army*, New York: Franklin Watts, 1989.

Scalia Joseph M., *Germany's Last Mission to Japan: The Failed Voyage of U-234*, Annapolis, MD: Naval Institute Press, 2000.
Schmaltz Florian, *The Death Toll at the Buna/Monowitz Concentration Camp*,Frankfurt am Main: J.W. Goethe-Universität, 2010.
Schmidt Amy i Gudrun Loehrer, *The Mauthausen Concentration Camp Complex: World War II and Postwar Records*, Washington, D.C.: National Archives and Records Administration, 2008.
Schmidt Ulf, *Justice at Nuremberg: Leo Alexander and the Nazi Doctors' Trial*, New York: Palgrave Macmillan, 2004.
———, *Karl Brandt: The Nazi Doctor: Medicine and Power in the Third Reich*, London: Hambledon Continuum, 2007.
Schwartz Thomas A., *America's Germany: John J. McCloy and the Federal Republic of Germany*. Cambridge, MA: Harvard University Press, 1991.
Sereny Gitta. *Albert Speer: His Battle with Truth*, New York: Alfred A. Knopf, 1995.
Shirer William L., *End of a Berlin Diary*, New York: Alfred A. Knopf, 1947.
———, *The Rise and Fall of the Third Reich*, New York: Simon & Schuster, 1960 (wyd. pol. bardzo okrojone, *Powstanie i upadek Trzeciej Rzeszy*, Warszawa 1995).
Simpson Christopher, *Blowback: The First Full Account of America's Recruitment of Nazis and Its Disastrous Effects on Our Domestic and Foreign Policy*, New York: Weidenfeld & Nicolson, 1998.
Smith Bradley F., *Adolf Hitler: His Family, Childhood, and Youth*, Palo Alto, CA: Hoover Institution Press/Stanford University, 1986.
Smith Marcus J., *Dachau: The Harrowing of Hell*, Albany, NY: State University of New York Press, 1995.
Speer Albert, *Inside the Third Reich: Memoirs*. Translated by Richard Winston and Clara Winston, New York: Galahad Books, 1995 (wyd. pol. *Wspomnienia*, Warszawa 1973).
———, *Spandau: The Secret Diaries*. Translated by Richard Winston and Clara Winston. New York: Macmillan, 1976.
Stafford Peter, *Psychodelics Encyclopedia*, Berkeley, CA: Ronin Publishing, 1993.
Strughold Hubertus, *Your Body Clock*, New York: Charles Scribner's Sons, 1971.
Swift Shayla, *Lost Lessons: American Media Depictions of the Frankfurt Auschwitz Trials 1963–1965*, Lincoln: DigitalCommons@University of Nebraska, 8 kwietnia 2006.

Taylor Telford, *The Anatomy of the Nuremberg Trials: A Personal Memoir*, New York: Little, Brown and Company, 1992.
———, *Nuremberg and Vietnam: An American Tragedy*, New York: Bantam Books, 1971.
———, *Final Report to the Secretary of the Army on the Nuernberg War Crimes Trials Under Control Council Law No. 10*, Washington, D.C.: U.S. Printing Office, 15 sierpnia 1949.
Thomas Shirley, *Men of Space, Volume 7: Profiles of the Leaders in Space Research, Development, and Exploration*, Philadelphia: Chilton Books, 1965.
Thompson Nicholas, *The Hawk and the Dove: Paul Nitze, George Keenan, and the History of the Cold War*, New York: Henry Holt and Company, 2009.
Thomson Ian, *Primo Levi: A Life*, New York: Metropolitan Books, 2002.
Toliver Raymond F., *The Interrogator: The Story of Hanns Joachim Scharff – Master Interrogator of the Luftwaffe*, Atglen, PA: Schiffer Military History, 1997.
Tucker Jonathan B., *War of Nerves: Chemical Warfare from World War I to Al-Qaeda*, New York: Pantheon, 2006.
Urban Markus, *The Nuremberg Trials: A Short Guide*. Translated by John Jenkins, Nuremberg: Geschichte für Alle e.V. – Institut für Regionalgeschichte, 2012.
Van Der Vat Dan, *The Good Nazi: The Life and Lies of Albert Speer*, New York: Houghton Mifflin Company, 1997.
Wagner Jens-Christian, *Produktion Des Todes: Das Kz Mittelbau-Dora*, Göttingen: Wallstein, 2001.
Wegener Peter P., *The Peenemünde Wind Tunnels: A Memoir*, New Haven, CT: Yale University Press, 1996.
Weichert Klaus, *100 Jahre JVA Landsberg am Lech: Ein Chronik über 100 Jahre*, Nuremberg, Germany: 2008.
Weindling Paul Julian, *Nazi Medicine and the Nuremberg Trials: From Medical War Crimes to Informed Consent*, New York: Palgrave Macmillan, 2004.
Weiner Tim, *Legacy of Ashes: The History of the CIA*, New York: Anchor Books, 2008 (wyd. pol. *Dziedzictwo popiołów. Historia CIA*, Poznań 2009).
Weinreich Max, *Hitler's Professors: The Part of Scholarship in Germany's Crimes Against the Jewish People*, New Haven, CT: Yale University Press, 1999 (Po raz pierwszy opublikowana w 1946

przez Yiddish Scientific Institute, z nową przedmową Martina Gilberta).
Welsome Eileen, *The Plutonium Files: America's Secret Medical Experiments in the Cold War*, New York: Dial Press, 1999.
Wheelis Mark, Lajos Rózsa i Malcolm Dando. *Deadly Cultures: Biological Weapons Since 1945*, Cambridge, MA: Harvard University Press, 2006.
Wiesenthal Simon, *The Sunflower: On the Possibilities and Limits of Forgiveness*, New York: Schocken Books, 1970.
Winterbotham F.W., *The Nazi Connection: The True Story of a Top--Level British Agent in Pre-War Nazi Germany*, London: Granada, 1978.
York Herbert F., *Arms and the Physicist*, Woodbury, NY: American Instituteof Physics Press, 1995.

DOKUMENTY RZĄDOWE

Aalders Gerard, *Operation Safehaven*. Amsterdam: Netherlands Institute for War Documentation, 1996.
Aalmans William J., *A Booklet with a Brief History of the „Dora"-Nordhausen Labor Concentration Camps and Information on the Nordhausen War Crimes Case of the United States of America Versus Arthur Kurt Andrae et al.: Trial Commenced at Camp Dachau, Germany, August 7, 1947*, [Germany]: Prosecution Staff, 1947.
„Agent Orange" Product Liability Litigation, United States Court of Appeals for the Second Circuit, Brief for Defendants-Appelleeson the Government Contractor Defense, No. 05–1760-CV: New York, n.d.
„The Air Force and the Worldwide Military Command and Control System", Montgomery, AL: USAF Historical Division, Liaison Office.
„An Air Force History of Space Activities, 1945–1959", United States Air Force Historical Division, Liaison Office, sierpień 1964.
Alexander Leo, „German Military Neuropsychiatry and Neurosurgery", CIOS Item 24, August 2, 1945.
———, „Miscellaneous Aviation Medical Matters", CIOS Item 24, File no. XXIX-21, n.d.
———, „Neuropathology and Neurophysiology, Including Electroencephalography, in Wartime Germany", CIOS Item 24, File no. XXVII-1, n.d.

———, „The Treatment of Shock from Prolonged Exposure to Cold, Especially in Water", CIOS Report 24/CIOS Target No. 24 Medical, File no. XXVI-37, n.d.

Anderson Arthur O., *Biowarfare to Biodefense: Operation Whitecoat & USAMRIID History*. U.S. Army Medical Research Institute of Infectious Diseases Office of Human Use and Ethics, 2011.

Andrews A. H., „The Aviation Medicine Organization of the Luftwaffe", CIOS Target Number 24/36, File No. XXIII-10, maj 1945.

Armed Services Technical Information Agency. AD 20 374 . Dayton, OH: Document Service Center, 4 lutego 2009.

Army Air Forces Aero Medical Center, „Report from Heidelberg: The Story of the Army Air Forces Aero Medical Center in Germany, 1945–1947".

„Aviation Medicine: From the Aeronauts to the Eve of the Astronauts", Bethesda, MD: National Library of Medicine, luty 1979.

Benford Robert J., „Report from Heidelberg: The Story of the Army Air Forces Aero Medical Center in Germany, 1945–1947", nieopublikowany.

Brophy Leo P. oraz Wyndham D. Miles i Rexmond C. Cochrane, *The Chemical Warfare Service: From Laboratory to Field*, U.S. Center of Military History Publication 10–2. Washington, D.C.: U.S. Government Printing Office, 1959.

Central Intelligence Agency, „50 Years of Supporting Operations", Office of Technical Services, 7 marca 2007.

———, Participation in Planning of Department of Defense Experiments, Advisory Committee on Human Radiation Experiments, 1 września 1994.

Central Registry of War Criminals and Security Suspects, Consolidated Wanted Lists, Part 1, Part 2, Supplementary Wanted List No. 2, CROWCASS Allied Control Authority, APO 742, U.S. Army, wrzesień 1947.

Cole Ronald H. oraz Walter S. Poole, James F. Schnabel, Robert J. Watson i Willard J. Webb, *The History of the Unified Command Plan, 1946–1993*, Washington, D.C.: Office of the Chairman of the Joint Chiefsof Staff, 1995.

Committee on Human Resources, *Biological Testing Involving Human Subjects by the Department of Defense*, 1977, Washington, D.C.: U.S. Government Printing Office, 1977.

Committee on Toxicology, National Research Council. „Review of Acute Human-Toxicity Estimates for Selected Chemical-WarfareAgents", Washington, D.C.: National Academies Press, 1997.

„Counter Intelligence Corps History and Mission in World War II", The Counter Intelligence Corps School, Baltimore, MD: Counter Intelligence Corps Center.

Cromartie, William J. i Carl Henze. „Medical Targets in the Strasbourg Area", CIOS Black List Item 24 Medical, File No. XIII-8, XXX-9, and XIV-3, n.d.

Dean Jay B., *Aviator vs. the Environment: Aeromedical Research and the Physiology of High-Altitude Flight During WWII*, Dayton OH: Wright State University School of Medicine, n.d.

Dempsey Charles A., *Fifty Years of Research on Man in Flight*, Air Force Aerospace Medical Research Lab, Wright-Patterson AFB, OH: U.S. Air Force, 1985.

Department of Commerce, Classified List of OTS Printed Reports, Washington, D.C.: Office of Technical Services Reports Division, październik 1947.

Dick Steven J., red., *Remembering the Space Age*, Washington, D.C.: National Aeronautics and Space Administration Office of External Relations, History Division, 2008.

Dornberger Walter. *Centralized vs. Decentralized Development of Guided Missiles*, Fort Bliss, TX: Ordnance Department U.S.A., 1948.

Dowden H.J., „Examination of dr. Ing. [Engineering] W. Osenberg and Documents", CIOS Target No. 28, File no. XXXI-49, 25 czerwca–2 lipca, 1945.

„Elimination of German Resources for War", Hearings Before a Subcommittee of the Committee on Military Affairs, Volumes 10–11, Washington, D.C.: U.S. Government Printing Office, kwiecień 1946.

Feigin Judy, *The Office of Special Investigations: Striving for Accountability in the Aftermath of the Holocaust*, Department of Justice, Criminal Division. New York, grudzień 2006.

Greene Wilson L., *Psychochemical Warfare: A New Concept of War*. Army Chemical Center, sierpień 1949.

Harbert John i Gil Whittemore, „Advisory Committee on Human Radiation Experiments, Interview with Colonel John Pickering", Transcript, Albuquerque, NM, 2 listopada 1994.

Helms Richard, *History Staff*, Center for the Study of Intelligence, Central Intelligence Agency, Vol. 44, No. 4; Adapted from an interview with Helms taped by David Frost in Washington, D.C., 22–23 maja 1978.

Hilmas Corey J., Jeffery K. Smart i Benjamin A. Hill, „History of Chemical Warfare", *Medical Aspects of Chemical Warfare*, edited by Martha K. Lenhart, Washington, D.C.: Borden Institute/U.S. Government Printing Office, 2008.

Housen Roger T., *Why Did the U.S. Want to Kill Prime Minister Lumumba of the Congo?*, Washington D.C.: National War College, 2002.

Hylton A. R., *TheHistory of Chemical Warfare Plants in the United States*, Kansas City: Midwest Research Institute, U.S. Arms Control and Disarmament Agency, 1972.

Intelligence Throughout History: U.S. Intelligence and the German Invasion of the Soviet Union, Studies in Intelligence, CIA Story Archive, 2011.

Joint Hearing before the Select Committee on Intelligence and the Subcommittee on Health and Scientific Research of the Committee on Human Resources, United States Senate, Ninety-Fifth Congress, First Session, August 3, 1977. „Project MKUltra, the CIA's Program of Research in Behavioral Modification", Washington, D.C.: U.S. Government Printing Office, 1977.

Kent Sherman, *Sherman Kent and the Board of National Estimates: Collected Essays*, Washington, D.C.: History Staff, Center for the Study of Intelligence, Central Intelligence Agency, 1994.

Keogh James i Tom Betsy, *Assessment of the Continuing Operability of Chemical Agent Disposal Facilities and Equipment*, Committee on Continuing Operability of Chemical Agent Disposal Facilities and Equipment, National Research Council, Washington D.C.: National Academies Press, 16 marca 2007.

The Last Days of Ernst Kaltenbrunner: Personal Recollections of the Capture and Show Trial of an Intelligence Chief, Washington, D.C.: Central Intelligence Agency, 22 września 1993.

Lovelace W.R., „Research in Aviation Medicine for the German Air Force", CIOS Item Number 24 Medical, File no. XXVI-56, n.d.

Nazi War Crimes & Japanese Imperial Government Records Interagency Working Group: Final Report to the United States Congress, Washington, D.C.: National Archives, kwiecień 2007.

Office of the Chief, Chemical Corps, „Classification of Quick-Acting, Non-persistent Agent, GB, as a Substitute Standard Type", Edgewood, MD: Army Chemical Center, 1948.

O'Mara John, „Long-Range Policy on German Scientific and Technological Research, AIF", CIOS XXXII-66, 16 maja 1945.

Paperclip, Part I, „Office of Naval Intelligence Review", luty 1949.
Pash Boris T., *Code Name: Alsos Mission, Scientific Intelligence Mission*, A Photographic History of the Alsos Mission, 11 May 1944–15 November 1945.
Peyton G., *Fifty Years of Aerospace Medicine*, AFSC Historical Publication Series No. 67–180, Bethesda, Maryland, 1968.
„Report to the Secretary of War by Mr. George W. Merck, Special Consultant for Biological Warfare", Washington, D.C.: styczeń 1946.
Ruffner Kevin C., *Forging an Intelligence Partnership: CIA and the Origins of the BND, 1945–1949*, A Documentary History, Vol. 1. CIA History Staff, Center for the Study of Intelligence, European Division, 1999 (declassified 2002 per Nazi War Crimes Disclosure Act).
Savage Charles, *Lysergic Acid Diethyl Amide (LSD-25): A Clinical-Psychological Study*. Naval Medical Research Institute, Bethesda, MD: National Naval Medical Center, 9 września 1951.
Schreiber Walter Paul, Affidavit of January 23, 1952, recorded by Dolly C. Buechel, Notary Public, Bexar County, Texas.
Simon Leslie M., „Special Mission on Captured German Scientific Establishment: Artillery and Weapons, Rockets and Rocket Fuels, Guided Missiles, Aircraft Instruments and Equipment", CIOS Items 2, 4, 6, 25 & 27, File no. XXX-71, 1 czerwca 1945.
Technical Report No. 331–45, „German Aviation Medical Research at the Dachau Concentration Camp", październik 1945, U.S. Naval Technical Missionin Europe.
Tilley Edmund, „Report on the Finding of Evidence of Hermann Schmitz's Connection with and Knowledge of the Auschwitz Concentration Camp", 11 kwietnia 1947, Archive of the Fritz Bauer Institute.
Tilley Edmund i J.M. Whitten, „Interrogation of German Scientific Personnel I.G. Farbenindustrie A.G., Ludwigshafen, March 25–31, 1945", CIOS Item No. 30, File no. XXV-49, 10 kwietnia 1945.
United States Army, Army Intelligence & Security Command. On the Trail of Military Intelligence History: A Guide to the Washington, D.C., Area. Washington, D.C.: U.S. Army Intelligence and Security Command History Office, n.d.
United States of America v. Karl Brandt et al., Case No. 1 (The Medical Case), Vols. 1 and 2. Washington, D.C.: U.S. Government Printing Office, 1946–czerwiec 1948.

U.S. Department of the Army, „Soviet Research and Development Capabilities for New Toxic Agents", Intelligence Staff Study, Project No. A-1735. Washington, D.C.: Office of the Assistant Chief of Staff for Intelligence, 28 lipca 1958.

Weber Karl H., „The Directorate of Science and Technology, Historical Series, Top Secret, The Office of Scientific Intelligence, 1949–1968, Volume II, Annexes IV, V, VI and VII", OSI-1, czerwiec 1972, FOIA/Declassified 2008.

Weir Francis W., Dale W. Bath i Maurice H. Weeks, „Short Term Inhalation Exposures of Rodents to Pentaborane-9", ASD Technical Report 61–663, Chemical Research and Development Laboratories, Army Chemical Center, Bethesda, MD, grudzień 1961.

Westphal Otto, „Research on the Production and Immunological Examination of Artificial Antigens Containing Known Sugars (or Oligosaccharides) as the Determinant Groups, in Relation to the Immuno Chemical Analysis of Enterobacterial O-Antigens (Endotoxins)", Frankfurt am Main: Wander Forschungsinstitut, 30 listopada 1962.

Winfield R.H., „Preliminary Report of Points of Interest in Aviation Medicine and Physiology in Belgium and France", CIOS Black List Item 24 Medical, File no. XIII-10, 8 stycznia 1945.

Ziemke Earl F., *The U.S. Army in the Occupation of Germany, 1944–1946*. Center of Military History, United States Army. Washington, D.C.: U.S. Government Printing Office, 1990.

MIKROFILMY

Records of the United States Nuremberg War Crimes Trials: *United States of America v. Carl Krauch et al.* (Case VI). Washington, D.C.: National Archives Microfilm Publications, 1977.

Records of the United States Nuremberg War Crimes Trials: United States Army Investigation and Trials Records of War Criminals: *United States of America v. Kurt Andrae et al.* (and Related Cases) April 27, 1945–June 11, 1985. Washington, D.C.: National Archives Trust Fund Board National Archives and Record Services, 1981.

ARTYKUŁY

Allen Charles Jr., *Hubertus Strughold, Nazi in U.S.*, „Jewish Currents", 28 września 1974.

Ambros, Convicted Nazi War Criminal, Abandons Plans to Visit U.S., Jewish Telegraphic Agency, 3 maja 1971.

Bach Julian Jr., *Himmler the Scientist*, „Saturday Review", 9 sierpnia 1958.

Beasley Norman, *The Capture of the German Rocket Secrets Military Intelligence: Its Heroes and Legends*, „American Legion Magazine", październik 1963.

Blumenthal Ralph, *Drive on Nazi Suspects a Year Later: No U.S. Legal Steps Have Been Taken*, „New York Times", 23 listopada 1974.

Boeri David, *Looking Out: Nazis on the Harbor*, WBUR, 19 sierpnia 2010.

Campbell Mark R., et al., *The Controversy of Hubertus Strughold during World War II*, http://www.spacemedicineassociation.org/strughold.htm.

———, *Hubertus Strughold: „The Father of Space Medicine"*, Aviation Space Environmental Medicine, http://www.spacemedicineassociation.org/strughold.htm.

Conason Joe i Martin A. Rosenblatt, *The Corporate State of Grace: Reagan's Friends Tries to Bury the Past*, „Village Voice", 12 kwietnia 1983.

Central Intelligence Agency, *The Last Days of Ernst Kaltenbrunner: Personal Recollections of the Capture and Show Trial of an Intelligence Chief*, 22 września 1993.

Crowther Bosley, *About von Braun: I Aim at the Stars Opens at the Forum*, „New York Times", 20 października 1960.

Day Matthew, *SS Documents Discovered Near Auschwitz*, „Telegraph", 23 marca 2010.

Eliot George F., *Our Armed Forces: Merger or Coördination?*, „Foreign Affairs", styczeń 1946.

Epstein Edward J., *The Spy Wars*, „New York Times Magazine", 28 września 1980.

Foggo Daniel, *Thalidomide „Was Created by the Nazis"*, „Sunday Times", 8 lutego 2009.

Foreign Relations of the United States, 1950–1955: The Intelligence Community, Document 244, U.S. Department of State Office of the Historian, grudzień 1955.

Gapay Les, *The Holocaust and the Sins of the Father*, „Los Angeles Times", 6 maja 2012.

Hunt Linda, *U.S. Coverup of Nazi Scientists*, „Bulletin of the Atomic Scientists" 41, no. 4 (kwiecień 1985).

Lagnado Lucette, *Space Medicine Group Jousts over Fate of Strughold Prize*, „Wall Street Journal", 1 grudnia 2012.

Lang Daniel, *A Romantic Urge*, „The New Yorker", 21 kwietnia 1951.

Marlow James, *60 Million Jobs. Late Henry Wallace's Dream Comes True*, Associated Press, 6 kwietnia 1966.

McBee Susan, *Interviewing an Accused Spy*, „Life", 22 lipca 1966.

McCoy Alfred W., *Science in Dachau's Shadow: HEBB, Beecher, and the Development of CIA Psychological Torture and Modern Medical Ethics*, „Journal of the History of the Behavioral Sciences" 43, no. 4 (jesień 2007): 401–17.

Middleton Drew, *7 Nazis Executed for War Murders*, „New York Times", 7 czerwca 1951.

Nazi Brains Help U.S., „Life", 9 grudnia 1946.

Nazi Doctors to Be Tried Next, „Stars and Stripes", 12 października 1946.

Nazi Escape Plan Revealed to Fly Leaders to Greenland, „Scotsman", 28 grudnia 2003.

Cured in U.S. of Her Ills, Left as Nazi Guinea Pig, „New York Times", 7 marca 1952.

O'Donnell James P., *The Devil's Architect*, „New York Times Magazine", 26 października 1969.

Pearson Drew, *Air Force Hires Nazi Doctor Linked to Ghastly Experiments*, Associated Press, 14 lutego 1952.

Ravo Nick, *Dr. Theodor H. Benzinger, 94, Inventor of the Ear Thermometer, Obituary*, „New York Times", 30 października 1999.

Reichhardt Tony, *First Up? Even Before NASA Was Created, Civilian and Military Labs Were in Search of Spacemen*, „Air & Space", wrzesień 2000.

Factbox: Five Facts about Russian Military Intelligence, Reuters, 24 kwietnia 2009.

Roosevelt Eleanor, *My Day*, United Feature Syndicate, 14 grudnia 1949.

Rule Andrew, *Thalidomide, A Wreckage of Innocent Lives*, „Daily Telegraph", 27 czerwca 2011.

Ryan Cornelius, *G-Gas: A New Weapon of Chilling Terror. We Have It – So Does Russia*, „Collier's", listopad 1953.

Schmidt Dana Adams, *Germans on Trial in „Science Crimes"*, „New York Times", 10 grudnia 1946.

Shane Scott, *C.I.A. Knew Where Eichmann Was Hiding, Documents Show*, „New York Times", 7 czerwca 2006.

———, *Md. Experts' Key Lessons on Anthrax Go Untapped*, „Baltimore Sun", 4 listopada 2001.

Shaw Herbert, *Wright Field Reveals „Operation Paperclip"*, „Dayton Daily News", 4 grudnia 1946.

Shevell Michael I., *Neurosciences in the Third Reich: From Ivory Tower to Death Camps*, „Canadian Journal of Neurological Sciences" 26, no. 2 (maj 1999):75–76.

Siegel Barry, *Can Evil Beget Good? Nazi Data: A Dilemma for Science*, „Los Angeles Times", 30 października 1988.

Silver Arnold M., *Questions, Questions, Questions: Memories of Oberursel*, „Intelligence and National Security" 8, no. 2 (kwiecień 1993): 202–6.

Stoll Werner A., *Lysergsäure-diethylamid: Ein Phantastikum aus der Mutterkorngruppe*, „Schweizer Archiv für Neurologie und Psychiatrie" 60 (1947).

———, *Psychische Wirkung eines Mutterkornstoffes in Ungeewöhnlich Schwacher Dosierung*, „Schweizer medizinische Wochenschrift" 79, no. 5 (1949).

Tucker Jonathan B., *Farewell to Germs: The U.S. Renunciation of Biological and Toxin Warfare, 1969, 1970*, „International Security" 27, no. 1 (lato 2002): 107–48.

What's Happening in the Race to the Moon?, U.S. News & World Report, 1 czerwca 1964.

Walker Lester C., *Secrets by the Thousands*, „Harper's", październik 1946.

Weeks Maurice i Paul Yevich, „American Industrial Hygiene Association Journal" 24, no. 6 (1963): 622–29. Odtajniono 27 grudnia 2007.

PRZEKAZY USTNE

Gen. dyw. w st. spocz. Charles E. Loucks, USA, wywiad przeprowadzony przez Morrisa C. Johnsona, Senior Office Oral History Program, U.S. Army, 1984.

Gen. dyw. w st. spocz. Harry G. Armstrong, wywiad przeprowadzony przez J. Bullarda i T.C. Glasgowa, U.S. Air Force Oral History Program, 1976.

Hubertus Strughold, wywiad przeprowadzony przez Jamesa C. Hasdorffa, Office of the Air Force History, San Antonio, Teksas, 25 listopada 1974.

Hubertus Strughold, wywiad przeprowadzony przez Ingrid Kuehne Kokinda, Institute of Texan Cultures Oral History Collection, University of Texas at San Antonio, 1982.

Paul A. Campbell, wywiad przeprowadzony przez Frances Kallison, Institute of Texan Cultures Oral History Collection, University of Texas, 1977.

Robert C. Haney, wywiad przeprowadzony przez Charlesa Stuarta Kennedy'ego. The Association for Diplomatic Studies and Training Foreign Affairs Oral History Project, 21 września 2001.

Kurt H. Debus, wywiad przeprowadzony przez Waltera D. Sohiera i Eugene'a M. Emme. John F. Kennedy Presidential Library and Museum, 31 marca 1964.

Wernher von Braun, wywiad przeprowadzony przez Roberta Sherroda, NASA, 25 sierpnia 1970.

Wernher von Braun, wywiad z filmu bez tytułu (na temat Mittelwerk), dar Lindy Hunt dla Amerykańskiego Muzeum Holocaustu, luty 2003.

INFORMACJE ONLINE

Centralna Agencja Wywiadowcza, Freedom of Information Act Electronic Reading Room.

Nuremberg Trials Project, A Digital Document Collection, Harvard Law School Library, Harvard University.

Biblioteka Kongresu: Trial of the Major War Criminals before the International Military Tribunal, Nuremberg, November 14, 1945–October 1, 1946.

Archiwum Narodowe, Kew, Richmond, Surrey.

T-Force and Field Information Agency, Technical Archiv und Bibliothek, Fritz Bauer Institut, Frankfurt nad Menem.

The Avalon Project, Lillian Golden Law Library, Yale Law School, New Haven, CT. Nuremberg Trial Proceedings, Vol. 7, 2008.

Time & Life Pictures Collection, Getty Images.

United States Holocaust Memorial Museum, Washington, D.C.: *Holocaust Encyclopedia; Photo Archives; Encyclopedia of Camps and Ghettos, 1933–1945.*

Muzeum Wollheima, Fritz Bauer Institute, Frankfurt, Germany.

INDEKS OSOBOWY

INDEKS RZECZOWY

Książkę wydrukowano na papierach
Creamy HiBulk 2.4 53 g/m²
oraz Lux Creamy 1.6 70 g/m²
dostarczonych przez PaperlinX Sp. z o.o.

PaperlinX

www.paperlinx.com.pl

Wydawnictwo Akurat
imprint MUZA SA
ul. Marszałkowska 8, 00-590 Warszawa
tel. 22 6211775
e-mail: info@muza.com.pl

Dział zamówień: 22 6286360
Księgarnia internetowa: www.muza.pl

Warszawa 2015
Wydanie I

Skład i łamanie: MAGRAF s.c., Bydgoszcz
Druk i oprawa: ABEDIK S.A., Poznań